U0908272

本丛书为
国家出版基金资助项目
全国教育科学规划教育部重点课题研究成果
国家重点图书出版规划项目

《日本侵华殖民教育史料》

编辑出版委员会

日本侵华殖民教育史料

第二卷

余子侠　宋恩荣　主编

人民教育出版社
·北京·

图书在版编目（CIP）数据

日本侵华殖民教育史料．第二卷/余子侠，宋恩荣主编．—北京：人民教育出版社，2016.6
ISBN 978-7-107-24392-9

Ⅰ．①日… Ⅱ．①余…②宋… Ⅲ．①侵华事件—殖民统治—教育—教育史—史料—日本 Ⅳ．①G529.6 ②K265.606

中国版本图书馆 CIP 数据核字（2016）第 129633 号

人民教育出版社出版发行
网址：http://www.pep.com.cn
山东临沂新华印刷物流集团有限责任公司印装　全国新华书店经销
2016 年 6 月第 1 版　2016 年 6 月第 1 次印刷
开本：787 毫米 × 1 092 毫米　1/16　印张：41.25
字数：832 千字　印数：0 001 ~ 1 000 册
定价：129.00 元

如发现印、装质量问题，影响阅读，请与本社出版部联系调换。
联系地址：北京市海淀区中关村南大街 17 号院 1 号楼　邮编：100081
电话：010－58759215　电子邮箱：yzzlfk@pep.com.cn

出版说明

众所周知，日本帝国主义在中国进行的殖民教育和奴化教育是伴随着军事侵略、政治统治而产生和进行的，是其整个侵略政策的重要组成部分。这种教育侵略与军事占领、民族压迫、经济掠夺相比，更狡猾，更毒辣，更隐蔽，后果也更严重。对日本侵华教育历史的认识，决不仅仅是学术问题，更是一个重大的政治原则问题。

我社长期以来对国内外日本侵华教育史的研究极为关切。为了纪念中国人民抗日战争和世界反法西斯战争胜利60周年，弘扬不忘国耻、振兴中华的爱国主义精神，推动在全面、系统地搜集、整理日本侵华教育史料的基础上，对日本侵华殖民教育和奴化教育进行全方位的考察和深层次的理性思考，我社在2005年资助出版了由宋恩荣、余子侠主编的四卷本《日本侵华教育全史》（以下简称《全史》）。作为新中国第一套全面系统论述日本侵华教育历史的大型学术专著，《全史》在海内外产生了很大反响。《全史》相继荣获中国大学出版社图书奖首届优秀学术著作奖、教育部人文社会科学优秀成果奖和全国教育科学优秀成果奖等奖项，并先后入选新闻出版总署“经典中国国际出版工程”及国务院新闻办公室“中国图书对外推广计划”，获得相应项目资助。同时，我社还与日本明石书店签订了日文版版权输出协议。

在撰著《全史》之前和过程中，《全史》的作者广泛搜集了大量弥足珍贵的史料。为进一步推动日本侵华教育史研究，我社特约请《全史》作者将这些史料整理成册，汇编成四卷本《日本侵华殖民教育史料》（以下简称《史料》）。经由我社申报，《史料》被评定为“十一五”国家重点图书出版规划项目，后又被评为2014年度国家出版基金资助项目。《史料》分为四卷：第一卷为“东北卷”，第二卷为“华北卷”，第三卷为“华东、华中、华南卷”，第四卷为“台湾卷”。完成这项史料编辑出版工程，不仅仅是在学术方面作出一种历史的探究，让人们了解日本帝国主义对华进行教育侵略的事实，更重要的是通过编辑出版《史料》，立此存照，有利于中日两国人民以史为鉴，正视过去，面向未来，登高望远，有利于中日友好关系的发展建立在对历史正确反思的基础之上，阻止某些势力肆无忌惮地篡改历史。

《史料》的编辑出版工作或有不当，敬请广大读者不吝赐教。

谨以此书纪念中国人民抗日战争暨世界反法西斯战争胜利70周年。

人民教育出版社文化教育编辑室

2015年8月

总　　序

在人类历史长河中，一衣带水的中日两大民族，很早就在文化教育领域发生了一定的交往活动。仅从信史记载就可得知，东汉光武帝时期，在今日日本土地上的“倭奴国”即遣使前来中华“奉贡朝贺”。到西晋太康时期，日本的应神帝即让其皇太子接受儒学教育。自是而后，以儒家学说为主体的中华文化通过教育等途径传输到日本，并逐渐由宫廷扩延到民间，成为日本的重要教育内容。尤其到了隋唐时期，随着中日两国间的频繁交往，两大民族友好的教育交流形成了历史上第一个高潮。隋唐两朝约三百年的中日教育交流活动，让中华文化得到了广泛的传扬播衍。尽管唐末之后高潮不再，但教育领域的中日交往从未断流，即使进入近代社会门槛之前后，中日两大民族间教育交往活动仍然相当频繁。不仅“锁国”的江户时代，日本不少人物对由中国输往的种种书籍“热心阅读”，而且“开放”的明治初期，中国新版书籍何时被商船带归日本，仍为日本学者“急切盼待”。

站在较近的历史时段上看，中日两大民族几乎同时跨入近代社会的门槛，而且跨入的动因和方式也是共态同形——在西方殖民势力的欺逼下被迫进入新的世界体系的运行轨道。面对“数千年来未有之变局”，中日两国的社会转型力度和速度却出现了不同的变化：由于过沉的历史负重，中国在进入近代社会的行程中步履蹒跚，成为备受欺凌者；日本却因善于借石攻玉的传统迅即变革成功，而跻身资本世界的强国之林。于是风水轮回，昔日的“天朝上国”不得不转而“以日为师”，在中日之间教育交往的第二个高潮时期，大潮的走向反由日本涌往中国。在清末短短十余年间，中国在教育领域的变革竟形成一种全方位学习日本的态势。仅就其时两国之间教育交往的几条主要路径或渠道来看，显现的时代景观可谓旷古空前：为求新知而留学日本，中华学子有如过江之鲫；为兴新学而借材异域，日籍教师络绎来华；考察日本教育，中华衣冠不绝航路；译印日本书籍，中华书肆汗牛充栋。至于学制的设计、学堂的建置、教材的选编、教法的施为……率皆取法日本或通过日本来学习欧美各国。因此，详察历史实情，近代中国在新式教育的初步发展阶段，“同文比邻”的日本无疑起了导引先路的示范作用。

然而，令中日两大民族后世子孙遗憾的是，就在进入近代社会门槛之际，日本社会中某些非良性因素，在弱肉强食的国际环境中，产生了一种“失之东隅收之桑榆”的民族心理。这就是在幕府时代末期提出的“蓄养国力，割取易取的朝鲜和中国东北”，“收琉球”，

“取台湾”，“把失于美俄者取偿于中国和朝鲜”的立国应变之策。于是侵略扩张就成了日本进入资本主义世界运行轨道后的强国之路和发展之资。尤其中日甲午战争以降，日本的霸气愈足，野心愈大，而侵略扩张愈甚。由于东方世界的教育从来都以服务于国家政治为目标，因此举凡教育领域的立德立言只能以“国家利益”或“民族事业”为原则或标准，立功立业都离不开现时国家方针政策的规范或制约。基于这种教育服务并俯从于政治的恒定法则，日本在用武海外的同时，即开始谋划从教育上如何对邻国实行“先事而制其权”。因此，当中国“以日为师”借鉴日本经验来改革自己的教育时，日本通过向中国派遣教师和接收中国留学生，以便成为中国“智识上之母国”，以利获得中国“将来万种主权”。同时，考虑到如何真正做到“可无限量地扩张势力于大陆”，觉得还有必要直接在中国开办学校，以为“智”取中国之长策。于是有如绘制几何图案，自甲午战争以降，日本即由点而线而面地“绘制”在中国实行殖民奴化教育的发展蓝图。而这种教育实践蓝图的“绘制”，又是紧随着日本军事势力侵略扩张的战旗而逐步实现的！

自走上“耀皇威于海外”的侵略扩张道路后，在“兴亚”的幌子下，日本政府在进行“物质”灭亡中国的同时，一直在实行着以对华的教育作为其主要措施或手段的“精神”灭亡中国的策略。随着战旗所向，通过甲午战争迫使中国签下屈辱的《马关条约》，日本先是割占中国的领土台湾，很快即将台湾地区的学校教育纳入其殖民奴化教育范围之中。就在 1895 年 6 月占领台湾后，日本侵略者为统治和奴役我台湾地区人民，迅即建立军政最高机构“台湾总督府”，并设立教育行政机关学务部，开始了对台湾地区的殖民奴化教育体系的建构。自是而后的五十年间，日本据台的教育行政机构几经变更，最终成为“军事后援会”性质的组织；对其地的殖民奴化教育政策，也由最初的“渐进主义”而实行“内地延长主义”到“皇民化教育”；各级各类学校机构，无不成为迫使台湾地区人民成为日本帝国二等“皇民”而灌输“皇民意识”的奴化场所。因此，日本占据台湾的五十年，也即是日本全面殖民奴化台湾地区人民的五十年，日本于其时其地经营的“教育事业”，实质上无非是日本帝国实行“教育敕语”教育体制的一块海外“飞地”。

继甲午战争之后对台湾地区开始全面殖民奴化教育的经营，在“以教育为扶植势力之源”，“以支那为可取也则速取之，以支那为可教化也则速教化之”的殖民教育理念下，日本又借助日俄战争和第一次世界大战，先后在中国大陆的辽东半岛和山东半岛开始了设置学校、经营教育的行动。先是借助日俄战争，日本攫取到东北地区的一些权益。自 1905 年，即其侵占旅（顺）大（连）的第二年，日本在辽东半岛的殖民机构“关东州”民政署正式颁布《关东州公学堂规则》起，日本的侵略势力通过撤并或改建其地原有的中国人自己开办的学校，实现对该地区城乡教育阵地的全面控制。到 1914 年第一次世界大战爆发之际，通过十年经营所开办的以大连为“龙头”、沿南满铁路一线的殖民教育，已经成为日本人“攫得教育权之根据地”，从而打下后来尤其伪满时期在整个东北地区全面推行殖民奴化教育的历史基础。第一次世界大战的爆发，让日本再次获得在中国大陆侵占教育主权、扩充教育基地的机会。1914 年 11 月，日军占领我山东，对德国人原在山东攫取的权益，包括德人开办的学校，实行一揽子取替。以 1915 年 4 月在青岛创办第一青岛寻常高等小学校等教育机构为起点，日本又开始了在胶济路沿线地区的殖民奴化教育活动，并且在数年间就形成了以青岛为“龙头”的胶济铁路沿线的殖民奴化教育带。

除上述一面（整个台湾地区）两线（沿南满铁路一线和胶济铁路一线）殖民奴化教育的经营，近代以来日本人在中国其他地区也零星地开设学校教育机构，尤其在中国土地上日本居留民生活区内的点状设学，表明日本对借助教育来“建立侵略据点的重视”。这种点线面的结合，到“九一八”事变爆发，日本在中国的殖民奴化教育迅即蔓延至整个东北沦陷区——日本对华的殖民奴化教育覆盖着整个中国山海关以外的国土。及至伪满政权在日本军事侵略势力的扶植下粉墨登场，日本在我国东北地区的殖民奴化教育体制和秩序已经完全确立，形成了一个包括各级各类教育机构的庞大教育体系。为实现其“王道主义”的教育方针，贯彻其“民族协和”的“建国精神”，直至最终使东北成为“天照大神”子孙的“王道乐土”，日本开始了对广大中国东北地区人民长达十余年精神摧残和思想奴化的教育行动。

随其铁蹄踏关而进，日寇在东北地区施行的殖民奴化教育的种种伎俩，先是在冀东地区的二十二县，接着借发动“七七”事变挑起全面的侵华战争，相继上演于中国的华北、华东、华中、华南的广大地区。为了完整实现“全面亡华”的既定国策，日本军事侵略势力对中国实行“分而治之”的政策，先后在华北、华东、蒙疆等地区扶植出多个伪政权，并且利用这些伪政权来全面推行其殖民奴化教育政策。在日寇铁蹄所到之处，中国既有的教育事业在日本军事势力的烧、杀、抢、掠之下几至毁坏殆尽，随着各伪政权沐猴而冠，日本将铁蹄践踏到的地区相继纳入其实施殖民奴化教育的范围，建立起全面亡华的奴化教育体系。于是，既往日本人在中国大陆推行殖民奴化教育的布点、划线，在中日民族战争期间借助军事侵略而强行连缀起来。直到中国人民全面抗日战争胜利，包括台湾地区、东北地区在内的东部大半个中国，先后不同程度地受到了日本殖民奴化教育的侵略和污染。

鉴于近代以来日本对华的军事侵略和教育侵略，中国各相关地区受其殖民奴化教育的毒害程序有先有后、时间有长有短、创面轻重不一、程度深浅有别，是故我们在组织研究和编撰日本侵华殖民奴化教育的历史时，根据不同地区各自的特殊情形，并以该地区伪政权的登台表演作为各区域的地标，将日本侵华教育史分作四卷来进行研究：以伪满政权统治区域的殖民奴化教育为第一卷；以伪华北政权管领地区的殖民奴化教育为第二卷，其中附以同样位于今日地理概念上的华北地区的伪蒙疆政权的相关活动；以伪维新及后来汪伪政权所统治的华东、华中、华南地区的殖民奴化教育为第三卷；而将日本占据时间最长且其殖民奴化教育体系最具“日本特色”的台湾地区单列为第四卷。于 2005 年，正式出版了四卷本《日本侵华教育全史》（以下简称《全史》）。

在撰著《全史》之前和撰著过程中，我们广泛搜集了大量史料。这些史料若不整理成册公之于世，殊为可惜。在人民教育出版社的积极鼓励和大力支持下，我们又花费很多时日将相关史料整理成册，以供中日双方更多的研究者用作学研参考，并为中日两大民族后来者真切地了解历史真相保存资料。这套史料集经由人民教育出版社申报，被评定为“十一五”国家重点图书规划出版项目，后又入选国家出版基金资助项目。完成这项工程，不仅仅在于学术方面作出一种历史的交代，让人们“知道”历史上的中国曾有过这种外侵势力扶植经营的亡华教育，更重要的主旨在于立此存照，让中日两大民族后世子孙在企求世代友好的良愿下“记取”这种惨痛的历史教训——立下“前车之鉴”，这正是历史研究的功能或作用之一！

这种吃力并非就能讨好的工作，只能说是我们这个研究群体为时人和后人的深入研究尽己绵薄而已。能够将这四集史料辑印成册以献于方家，自然应当感谢人民教育出版社有关领导和编审人员的大力支持。同时要感谢中国第二历史档案馆及海内外其他档案、图书部门对有关史料的无私献助，没有他们的大力支持，这套史料集也难以成书。在史料的搜集过程中，编者们直接和间接地得到了很多单位和个人的帮助，同时也借取了诸多前人和今人的研究成果，限于篇幅难以一一罗列，我们在此谨以“学术为公”之心，一并表示真挚的谢忱，并求大家的宽谅！

余子侠

2015 年 8 月

凡　例

一、本史料集所选资料，为保持历史档案文件原貌，凡原文中一些冠冕堂皇的话，诬蔑不实、谬误甚至反动之词，编者均全文照录，未加改动；但对少数文件中因内容重复及与主题无关者则酌予删节，并加注说明。资料出处，于文末注明。

二、所选史料一般以首次行文或发表的时间为序；凡原件已注明写作或发布时间者，则以写作或发布时间为序。

三、所选史料一般用原标题；原件无标题者，由编者根据文意另拟，并加注说明；有的篇目需加题解者，以 * 注明，置于页脚。

四、本史料集采用横排，凡竖排原件中涉及版式上的方位词上、下、左、右者，一仍其旧。

五、本史料集所选资料，原则上用简体字，但遇有可能引起歧义者，酌用繁体字、异体字。采用现行标点符号。

六、为了保持不同历史时期的语言文字风格，本史料集对以下文字均保留原貌："的""地""得"不分者，"他""它"不分者，"给予"写作"给与"者，"授予"写作"授与"者，"修炼"写作"修练"者，"磨炼"写作"磨练"者，"训诫"写作"训戒"者，"厉行"写作"励行"者，"联系"写作"连系"者，"联络"写作"连络"者，"身份"写作"身分"者，等等。

七、翻译名称，包括人名、地名、著作名、报刊名、组织机构名等，均保持原貌。若有必要改动时，则加注说明。

八、所选史料原注用［1］［2］等表示，置于原件篇末；编者所加注释用①②等表示，置于页脚，予以说明。

九、原件错、别字词加［］改正，多、衍字词加〖〗删除，失、缺字词加【】填补；原件如因破损漏缺或字迹不清者，用□代替，一□代替一字。

本卷前言

本卷系《日本侵华殖民教育史料》之华北卷，主要辑录日本侵华时期日伪控制下华北沦陷区的教育方针与政策、教育行政与制度、初等教育、中等教育（包括普通中学、师范、职业教育）、高等教育、社会教育及成人教育、留学教育与教育交往、教育团体及组织活动、教育统计与总结报告，以及相关思想言论等有关教育领域的史料。编辑此集的目的，在于比较全面而真实地再现日伪统治时期华北地区教育的变化情况，为教育科学和历史科学工作者提供研究日本侵华时期实行教育侵略的参考文献，以及为广大的读者提供认识日伪奴化教育实际及实质的历史资料。

比较日寇沦陷或占领的其他地区而言，华北沦陷区在行政管辖上有两点“特殊情况”：一是由于日本人一直未能寻觅到一个“可以充任总统”的“一流人物”（汉奸），故而所谓“中华民国临时政府”从建立到解散，始终是一个“虚位元首”的伪政权，尤其打着“中央政府”旗号的汪伪政府出台后，南北两伪实行“合流”，伪华北政权于1940年3月29日自动撤除“中华民国临时政府”的僭号，而成为汪伪政权统辖下的半独立性的地方性质伪政府——“华北政务委员会”。但直至抗日战争结束，这种地方性质的伪政权一直是“麻雀虽小，五脏俱全”，其行政机构内部建制的完备与其他由日寇扶植的伪政权相较并不逊色多少。二是由于日寇实行“分而治之”的亡华政策，不仅在伪华北政府的统治区内，各省市伪政权的建立时序杂乱、花样百出，各自为政的政令频频出现，而且在今日地域概念上的华北地区，其时除了设于北平（北京）的伪华北政府外，还有一个以张家口为“首都”的伪蒙疆政权的建立——几经演变最后定名为“蒙疆联合自治政府”，其行政建制与政令所出俨然以一个另立的“中央政府”自作自为。正因这种历史情状，加之日寇灭亡前夕对相关资料的有意销毁，故而日伪统治下的华北地区教育资料颇为零星散乱，搜集起来亦较其他地区困难得多。缘此，本资料集的选录体现了下述原则。

一是坚持以原始文献资料为主，对于其时的报刊资料和打印或出版的成型文件亦作适当选录。其中报刊资料包括敌我双方反映其时教育实情的相关报道。

二是既选录伪华北中央政府的教育文献，也选录伪华北政权下各省市伪政府的教育资料。其中华北伪政权的“中央”资料几乎照录，而各省市伪政府的相关资料则有选择性地摘收有一定代表性的文字资料。同时考虑到资料的完整性以利历史实情得到更全面的显现，对汪伪政权与伪蒙疆政权的有关教育资料，也有少许选录。

三是选录编辑过程中以专题为纲、年代为目，分篇分点，依年代顺序按内容主次进行编排。

在编选过程中，除本套资料集的凡例已作相关规定外，本集资料的选编另有以下数点需要说明。

一是考虑到一些重要文献资料的完整性，有些文件资料的咨文或其他说明性文字不剥离开文件正文，而统一在一个标题之下实行完整的展示。

二是有数件档案资料在原藏档案馆并未编有编号，故于全宗号、案卷号无法标明具体数码，只好阙如。

三是相关数据统计表因其原件容量过大，只能择其总数据和重要数据列示。同时，一些资料原有的图表因篇幅所限也只好从略。

本卷资料的搜集和选录，于我们来说可谓“十年磨一剑”，但由于种种条件的限制，尤其自身水平所限，显然存在一些本应选录的资料而漏选在本集之外的缺憾。其中最大的遗缺是伪蒙疆政权的教育史料，所以本卷称为“华北卷”明显不太全面。对此只好请读者包涵和谅解。至于选编等方面存在的种种欠妥之处，更希望读者不吝批评指正，以利今后有机会时进行必要的补充、修订或重新整编。即使现已收录入本卷的资料，也是得到多方帮助从各地搜集而成，因此，当本卷呈现在读者诸君面前之际，我们必须衷心地感谢中国第二历史档案馆、山西省档案馆、天津市档案馆、山东省档案馆、河南省档案馆、天津市图书馆、青岛市图书馆、中国社会科学院近代史所图书馆、青岛市教科所、北京市教育史志办公室、天津市教育史志办公室、山西省教育史志办公室、山东省教育史志办公室，以及北京师范大学图书馆、华中师范大学图书馆等单位及其相关领导和工作人员的热情接待和无私帮助。感谢北京市教育史志办公室、天津市教育史志办公室、山西省教育史志办公室、山东省教育史志办公室为本课题提供了部分启动经费。参加本卷选编者还有钟春翔、孙新兴、冉春、陈怡琴、方玉芬、王晋丽，在此深表感谢。同时对人民教育出版社有关编审人员表示诚挚的敬意和感谢！

余子侠　宋恩荣

2015 年 8 月 10 日

目录

contents

第一编 教育政令与教育制度

一、方针及政策

临时政府教育部关于教育方针应注意事项之训令（1938 年 4 月 15 日） …… 2

临时政府教育部为河北省署顾问要求各中小学添派日籍日语教员与行政委员会往来函（1938 年 8 月） …… 3

山东省公署教育厅重要公文章则及图表（节录）（1938 年） …… 4

华北政务委员会教育总署训令（1940 年 6 月 21 日） …… 7

国民政府训令·令华北政务委员会（1940 年 8 月 22 日） …… 7

华北政务委员会教育总署施政方针（1940 年） …… 9

华北教育总署施政方针及实施概况（1941 年） …… 11

华北教育总署关于形势趋紧对于英美及其他各国所立学校即予封锁电（1941 年 12 月 8 日） …… 14

华北政务委员会关于核备华北各省市封闭英美等国籍人所办各级学校善后处置要纲指令（1941 年 12 月 31 日） …… 14

华北教育总署检送1943年度华北教育施策要纲及其实施方案呈（1943年2月19日） …… 15
华北教育总署教育局关于利用星期日讲述孔孟道义及有关训育的提案（1943年） …… 20
华北教育总署关于学生修养问题的布告（1944年2月） …… 21
华北政务委员会致教育总署令（1944年5月16日） …… 22

二、规则与章程

北京特别市公署教育局中等学校及小学日语教员检定试验办法（1938年1月18日） …… 24
国立各院校保管章程（1938年1月28日） …… 25
北京特别市公署教育局补助私立学校经费暂行规程（1938年7月3日） …… 25
修正学校毕业证书规程（1938年7月15日） …… 26
暑假讲习会简章（1938年8月3日） …… 27
学生制服规程（1938年8月19日） …… 28
修正各级学校学年学期及休假日期规程（1938年10月15日） …… 28
山东各级学校学术讲演会组织办法（1938年） …… 30
山东县公署教育科长任免暂行规程（1938年） …… 31
山东县公署视学员任免暂行规程（1938年） …… 32
山东检定中学及师范学校教员暂行规程（1938年） …… 33
山东检定日语教员暂行规程（1938年） …… 36
山东省公署教育厅组织暂行规则（1938年） …… 37
山东省公署教育厅办事细则（1938年） …… 38
山东文化教育委员会组织大纲（1938年） …… 42
山东文化教育委员会各组办事细则（1938年） …… 43
山东检定教员委员会组织大纲（1938年） …… 44
教育部督学规程（1939年1月10日） …… 45
管理北京特别市市立初级日语学校规程（1939年1月17日） …… 46
青岛特别市公署日本语学试验奖励规则（1939年3月22日） …… 47
教育行政会议规程（1939年4月5日） …… 49
山东省整理私立学校暂行办法（1939年12月12日） …… 50
修正学校学年学期及休假日期规程（1940年5月） …… 51

聘用日本籍教职员经费支给办法纲要（1940 年） …… 53
山东省学校组织暂行规程（1941 年 1 月 8 日） …… 55
拟具《华北各省市举行日本语文检定试验暂行办法》等（1941 年 5 月 2 日） …… 56
华北各级学校学年学期及休假日期规程（1941 年 8 月 1 日） …… 59
整顿日本语学校暂行办法（1942 年 3 月 4 日） …… 61
日本驻北京大使馆公使通知改正派遣教职员薪俸规则之件（1945 年 5 月 15 日） …… 62
华北教育总署会计科送发修正日籍派遣教职员俸给规则之训令（1945 年 6 月 2 日） …… 62

三、机构及团体

北京国立省立学校保管委员会之设立（1938 年） …… 69
青岛中国少年团团则（1938 年 5 月） …… 72
北京特别市公署教育局补助私立学校经费审核委员会组织规程（1938 年 8 月 3 日） …… 74
青岛治安维持会学务委员会规则（1938 年 8 月 20 日） …… 75
华北临时政府教育部组设学制研究会经过（1938 年 9 月） …… 75
北京特别市公署教育局中等学校及小学日语教员检定委员会暂行组织规程（1938 年 11 月 18 日） …… 76
修正教育部直辖编审会组织规程（1939 年 1 月 19 日） …… 77
教育部教育法规编审会规程（1939 年 7 月 13 日） …… 78
山东学校少年团组织暂行规则（1940 年 5 月 3 日） …… 79
修正教育总署直辖编审会组织规程（1941 年 5 月 15 日） …… 80
修正山东省学校青少年团实施训练暂行办法（1943 年 9 月 3 日） …… 82
北京特别市公署考选委员会教育局校长教员铨衡委员会规则（1943 年） …… 82

四、课程与教材

日寇在华北实施奴化教育之狠毒与荒唐（1936 年 5 月） …… 86
为呈报小学教科书审查完竣印制删正表拟定实施规则并将删正教科书等件一并送请鉴核备案由（1937 年 9 月） …… 87

全市中小学校更改一部课程并加添日语随意科（1937 年 10 月） …… 88
市立各校读经标准课本决定采用万国道德总会印行本（1937 年 10 月） …… 88
训令市、私立中等学校为令知关于中华及世界书局出版史地用书采用办法（1937 年 10 月） …… 89
为呈报遵令派员赴京参加中小学教科用书审委会并组织天津组审委会各情形请鉴核由（1937 年 12 月） …… 89
训令市、私立各中小学、补习、民众、聋哑学校为奉教育部令各中小学教科用书不得再用未审定之各项课本（1938 年 3 月） …… 90
教科图书审查规程（1938 年 5 月 4 日） …… 91
训令市、私立中等学校及各小学校为准教育总署直辖编审会函为改善新民印书馆印行之各种教科书籍等因附发调查表式（1938 年 7 月） …… 92
中小学及师范学校教学科目及每周教学时数表（1938 年 8 月 24 日） …… 93
修正教科图书审定规程（1938 年 9 月 8 日） …… 98
山东省公署教育厅图书审核委员会组织暂行规则（1938 年） …… 101
（汪伪）教育部为承日方旨意规定中小学教授日语原则请核示呈（1940 年 7 月） …… 101
华北政务委员会教育总署训令・令山东等省市（1940 年 7 月 30 日） …… 102
统一日语教材　教局拟定读本标准（1940 年 8 月 2 日） …… 102
华北政务委员会教育总署训令・令直辖编审会（1940 年 8 月 31 日） …… 103
训令市、私立中等学校及各小学校为检发日语教科书配当表仰遵照采用（1941 年 7 月） …… 103
定兴亚读本为修身科目补充教材即日施行（1942 年 3 月） …… 104
训令市、私立各级学校对于注音符号务须认真教学不得稍存忽视（1942 年 8 月） …… 104
华北教育总署直辖编审会为报各科教材纲要编订委员会组织规程致教育总署呈（1942 年 11 月 10 日） …… 105
（汪伪）国民政府抄发以大亚洲主义及党义为公民教育主要内容提案及建议的训令（1943 年 2 月 20 日） …… 107
华北教育总署直辖编审会为请派员参加国文教材审查委员会致教育局函及复函（1943 年 5 月 7 日、8 日） …… 108
华北教育总署关于改善国定教科书配卖办法训令（1945 年 7 月 10 日） …… 111
华北教育总署为各级学校课程教材应恢复至 1937 年前办法致各省市政府直辖行政区函、咨（1945 年 8 月 16 日） …… 113

第二编 初等教育

一、法令与规章

准中央电台函邀本市小学选送儿童担任表演项目转令遵办（1938 年 2 月） …… 116
北京特别市简易小学及短期小学教员请假暂行办法（1938 年 3 月 15 日） …… 116
青岛治安维持会会立小学校教职员任免奖惩及待遇暂行规程（1938 年 4 月 1 日） …… 117
国立北京师范学院、北京女子师范学院附属中小学优免学费暂行办法（1938 年 10 月 29 日） …… 119
山东小学教职员讲习所组织大纲（1938 年） …… 120
山东小学校长任免及待遇暂行规程（1938 年） …… 121
山东检定小学教员暂行规程（1939 年 2 月） …… 123
北京市市立简易小学校修正暂行规程、课程标准及发放经费暂行标准（1939 年） …… 125
河南省教育厅整顿私塾实施方案（1941 年 2 月） …… 128
河南省教育厅管理私塾暂行章程（1941 年） …… 129
自本年度起改正各校请领毕业证书办法（1941 年 4 月） …… 131
山西省义务教育委员会组织规程（1941 年 12 月 4 日） …… 131
北京特别市教育局令发训育指示事项（1942 年 9 月） …… 132
山东省设置短期小学暂行办法（1943 年 4 月 9 日） …… 133
山东省第一期实施义务教育办法大纲（1943 年 6 月 1 日） …… 134
山东省立中等学校及小学附设短期小学暂行办法（1943 年） …… 136
修正山东省小学校长任免及待遇暂行规程（1944 年 2 月 9 日） …… 137
山东省小学教职员任免及待遇暂行规程（1944 年 2 月 9 日） …… 140

二、教师与学校

华北政务委员会教育总署训令（1940 年 6 月 21 日） …… 143
奉令举办小学教员暑期讲习班筹备经过情形（1940 年 7 月） …… 144

山东省筹设中心小学实施方案（1940 年 10 月 29 日） …… 144
北京市教育局小学教员暑期讲习班组织简章（1941 年） …… 146
山东省检定小学教员要项（1942 年 3 月 17 日） …… 147

三、课程与教材

为令各校每周添授日语各一小时所有教员业经本局委定分组分校按周轮流教授以便学习由（1937 年 10 月） …… 151
令市立各小学校三四年级日语课程应自本年二月份起添授（1939 年 1 月） …… 151
（汪伪）国民政府教育部抄送小学校日语课程调整原则及过渡办法呈（1940 年 8 月 10 日） …… 152

第三编 中学教育

一、法令与规章

教育部为核定暂行救济办法以免多数青年辍业训令（1938 年 4 月 6 日） …… 156
山东中等学校校长任免及待遇暂行规程（1938 年） …… 157
京市中等学校自然科学观摩会教育局严令遵行各生均须参加不得规避如有故违即行开除学籍（1939 年 4 月） …… 159
训令私立各中学校兹据督学报告私立中学有男女同校同班上课者实属违背功令通令纠正（1939 年 4 月） …… 160
严饬各中学厉行男女分校制（1939 年） …… 160
（汪伪）国民政府教育部关于《中学训育方针及实施办法大纲草案》等件拟订核签有关文件（1941 年 7—8 月） …… 161

二、课程与教材

教育局规定中学日语教科书（1939 年 9 月 7 日） …… 165
（北京特别市）新制初级中学教学科目及各学期每周教学时数表（1941 年） …… 165

（北京特别市）新制高级中学教学科目及各学期每周
教学时数表（1941 年） …… 166
规定自四一年度起初高中入学试验科目要领（1941 年 6 月） …… 168
训令市、私立各中等学校规定初高中入学试验以日语一科为考试正科目
其他外国语免试（1942 年 7 月） …… 168
呈报遵令办理本市第二回日本语文检定试验情形缮列统计表请鉴核备案
（1942 年 11 月） …… 169

三、计划及实施

京市中等学校概况及今后之改革方针（1938 年） …… 170
青岛特别市教育局训令・令市立各中学校（1940 年 3 月 21 日） …… 176
中国中小学生日本语奖励计划案（1941 年） …… 178
北京市教育局三十一年度中等教育行政计划（1942 年 6 月） …… 179
山东省第四届公私立中等学校校长会议要览（1944 年 11 月 1 日） …… 181

第四编 高等教育

一、法令与规程

国立北京大学农学院暂行组织大纲（1938 年 5 月 31 日） …… 196
教育部立外国语学校奖学金规则（1939 年 1 月 18 日） …… 197
临时政府教育部关于颁发《专科以上学校专任教员任课时数暨专任教员
及其他人员兼课限制暂行办法》训令（1939 年 12 月 30 日） …… 198
华北政务委员会教育总署训令・令直辖及私立各校院
（1940 年 6 月 17 日） …… 199
华北政务委员会教育总署训令・令直辖各校院（1940 年 6 月 17 日） …… 200
国立专科学校暂行教职员薪给等级表（1940 年 12 月 26 日） …… 201
国立大学或独立学院暂行教职员薪给等级表（1940 年 12 月 26 日） …… 203
天津特别市市立日语专科学校职教员及工役薪额工资表（1941 年 12 月、
1942 年 1 月、1942 年 2 月） …… 205
华北各省市教育厅局日本人教员派遣费表（1942 年） …… 205

二、教师与教学

华北政务委员会关于核备国立专科以上学校聘任教职员办法的指令（1941 年 10 月 22 日） …… 207
华北政务委员会教育总署公函（1941 年 11 月 14 日） …… 208
华北政务委员会令各校日语列必修科（1943 年 6 月） …… 209
国立北京师范大学拟具设置大东亚学术讲座计划办法呈（1944 年 1 月） …… 209
华北伪组织之工程教育（1944 年） …… 210
华北教育总署通令各院校体察现状克日整顿课业训令（1945 年 4 月 6 日） …… 214
北京师范大学为遵令整顿课业致教育总署呈（1945 年 4 月 28 日） …… 215
北京大学为送各学院关于改进课程人事行政详细方案致华北政务委员会教育总署呈（1945 年 5 月 19 日） …… 215
北京大学为送理法工农医五学院整顿课业办法致教育总署呈（1945 年 5 月 22 日） …… 216

三、学校与学生

蒙疆学院设立　六月一日开校（1939 年 4 月 12 日） …… 218
国立专科以上学校学生生活指导委员会组织大纲（1941 年 10 月 4 日） …… 218
华北政务委员会教育总署呈（1941 年 10 月 27 日） …… 219
华北政务委员会教育总署训令・令国立各校院馆（1941 年 11 月 8 日） …… 220
私立燕京大学、协和医学院学生及教职员善后处置要纲（1941 年 12 月） …… 221
北京大学校长呈报该校收编燕京大学转学学生情形及名册（1942 年 5 月 29 日） …… 223

第五编　师范教育

一、法令及规程

临时政府教育部立师资讲肄馆组织大纲（1938 年 9 月 28 日） …… 226

特别师范科设立计划案（1938 年 11 月） …… 227
教育部主办第一届中等学校教员暑期讲习班简章（1939 年 6 月 24 日） …… 231
（汪伪）立法院为通过修正师范学校法致国民政府呈（1940 年 9 月 12 日） …… 232
华北政务委员会教育总署指令・令师资讲肄馆（1940 年 10 月 8 日） …… 235
华北政务委员会教育总署训令・令抽调教员训练（1940 年 10 月 9 日） …… 235
华北政务委员会教育总署训令・令设置日语教员养成所（1940 年 10 月 12 日） …… 236
华北政务委员会教育总署咨（1941 年 8 月 5 日） …… 236
华北政务委员会教育总署训令・令华北各省市教育厅局（1941 年 8 月 19 日） …… 237

二、师资与培训

临时政府教育部部立中等教育师资讲肄馆开学典礼记录（1938 年 4 月 1 日） …… 238
北平奴化教育任用大批日籍教授（1938 年 5 月） …… 238
小学教员暑期讲习班组织纲要（1940 年 7 月） …… 240
青岛市教育局呈报该市第二回日语讲习会实施报告及听讲名册（1941 年 6 月 2 日） …… 241
普及日本语教育　指定师范学校设专修科（1943 年 9 月 11 日） …… 243

第六编 留学教育

一、法令及要函

华北政务委员会教育总署训令・令直辖各校院（1940 年 7 月 19 日） …… 246
华北政务委员会教育总署呈（1940 年 9 月 21 日） …… 246
华北政务委员会教育总署呈（1940 年 11 月 14 日） …… 247
教育总署抄送国外临时选派留日学生办理情形函（1940 年 12 月 2 日） …… 248
华北政务委员会教育总署训令・令驻日办理留学事务专员办事处（1941 年 2 月 13 日） …… 249
华北政务委员会教育总署训令・令女子师范学院等（1941 年 7 月 14 日） …… 250
华北政务委员会教育总署训令・令驻日办理留学事务专员办事处

（1941 年 7 月 15 日） …… 251
华北政务委员会教育总署咨（1941 年 7 月 15 日） …… 251
华北政务委员会教育总署呈（1941 年 9 月 27 日） …… 252
华北教育总署高等教育科关于选定留日学生事项函（1942 年 9 月 12 日） …… 253
1943 年度选派留日公费生计划草案（1943 年） …… 255

二、规则与条例

发给留日自费生留学证书暂行条例（1939 年 1 月 24 日） …… 257
外国学生入学规则（1939 年 6 月 8 日） …… 258
选拔留学生之选定及学费支给要纲（1939 年 12 月 8 日） …… 258
华北政务委员会临时选派留日学生考试委员会组织规则（1940 年 5 月） …… 260
华北政务委员会临时选派留日学生办法（1940 年 5 月） …… 260
发给留日公费生留学证书暂行条例（1940 年 10 月 12 日） …… 262
山西省留日学生考选委员会组织规则（1940 年 10 月 14 日） …… 262
留日自费生补领留学证书暂行办法（1941 年 5 月 17 日） …… 263
发给留日自费生留学证书暂行条例实施办法（1941 年 8 月 19 日） …… 264
华北各省市考送留日公费生办法纲要（1941 年 10 月 31 日） …… 264
留日学生出国暂行办法（1942 年 8 月 14 日） …… 265
留日自费生甄别试验办法（1943 年 1 月 28 日） …… 267
留日自费生甄别试验委员会组织规程（1943 年 1 月 28 日） …… 268
驻日办理留学事务专员办事处呈送华北留日公费生公费支给规则、请假规则（1943 年 8 月 13 日） …… 269

三、数据及其他

促进中日文化提携两国交换留学生（1939 年 6 月 8 日） …… 271
训令市、私立各中等学校定期在市立第四中学校举行选拔赴日留学生（1942 年 6 月） …… 271
日本政府决定留日学生指导方针　物质与心理二者并重（1943 年 9 月） …… 272
华北各省市公费留日学生统计表（1942 年 3 月 1 日） …… 274
华北最近派遣留日公、私费生统计表（1944 年 2 月 1 日） …… 275

第七编　职业教育及特种教育

一、职业教育

北京市公署设日语讲习班　昨已开始讲习（1938 年 11 月 3 日）…… 280
北京特别市日语普及状况（1940 年）…… 280
青岛日华女学院简章（1940 年）…… 282
青岛特别市设立职业补习学校方案（1940 年）…… 284
天津特别市市平民日语学校教职员及工役薪额工资表（1941 年 5—7 月）…… 285

二、特种教育

江朝宗发起组织北京古学院　章程草案已拟就公布（1937 年 11 月）…… 286
余晋和为南云防卫司令交办青年训练事宜附送青年训练所规定组织纲要等件呈（1939 年 2—8 月）…… 287
新民学院概况（1939 年 12 月）…… 290
日人在平设立军校（1940 年 2 月）…… 292
新民千字课本（节录）（1943 年 10 月 1 日）…… 294

第八编　社会教育

一、组织及章程

青岛特别市设立新民教育馆方案（1940 年）…… 298
青岛特别市设立新民学校方案（1940 年）…… 299
“中国社会教育学会”为请准备案致教育部呈（1940 年 10 月 11 日）…… 301
华北社会教育协进会简章（1941 年）…… 302
华北政务委员会教育总署呈（1941 年 11 月 8 日）…… 304

二、治安强化运动

华北政务委员会第二次强化治安运动实施及宣传计划（1940 年 7 月）…… 305

山东省教育厅为预备第三次治运召开教育恳谈会（1941年） …… 308
山东省第三次治安强化运动实施办法（1941年） …… 310
华北政务委员会教育总署咨（1941年11月11日） …… 314
青岛特别市公署、新民会青岛特别市总会第三次治安强化运动方案（1941年11月） …… 316
华北政务委员会情报局第四次强化治安运动宣传计划（1942年） …… 318
华北教育总署转发第五次治安强化运动实施纲要训令（1942年9月21日） …… 320
华北教育总署呈送所属各机关公私立专科以上各学校暨各省市教育厅局办理第五次治运实施概况报告书（1943年3月24日） …… 322
山西省公署咨送教育厅举办关于第五次治运事项纪要（1943年5月22日） …… 334

三、其他社教运动

山东省教育厅颁发兴亚纪念运动实施纲领（1941年） …… 342
青岛特别市"兴亚纪念周"实施方案（1942年6月） …… 343
河北省咨送本省各道市县局处校所举办剿共讲演大会实况报告（1944年1月11日） …… 346
第二次中日善邻旬间实施计划（1944年4月4日） …… 347
青岛特别市教育局第二次中日善邻旬间实施工作报告（1944年5月） …… 349

四、书刊及出版

华北政务委员会教育总署咨（1940年11月16日） …… 351
一年来中国的出版界（1941年） …… 351

第九编 教育报告与教育统计

一、总 体 总 结

（临时政府）教育部二年来行政摘要（1939年11月） …… 364
华北教育总署教育局普通教育科检送该署教育行政报告书（1943年2月） …… 374

华北教育总署三十一年度施政概况（1943 年） …… 388
华北教育总署 1943 年度施政概要（1943 年 11 月） …… 396
华北政务委员会教育总署施政辑要（1944 年） …… 405
华北教育总署五年以来关于华北文教施政概况之简略报告（约 1944 年） …… 413

二、分类报告

北京教育工作报告（1938 年） …… 421
一年来教育实施之回顾（1939 年） …… 430
山东省公署教育厅工作纪要（节录）（1939 年 1 月） …… 432
青岛特别市教育概况（1939 年） …… 437
山东省公署教育厅推进日语教育概况（1941 年） …… 440
三年来之北京市教育（1941 年） …… 443
河北省教育厅呈报大东亚战争之政务择要（1942 年初） …… 449
北京特别市教育局处理英美系学校情形报告（1942 年 3 月） …… 450
北京市公署关于处理美系学校情形致教育总署咨（1942 年 3 月 16 日） …… 451
冀东特别区三十三年度教育概况报告书（1945 年 6 月） …… 453
华北政务委员会第一直辖行政区公署三十四年度教育
　　行政报告书（1945 年 6 月） …… 457
第五次教育行政会议山西省教育状况报告书（1945 年 6 月 22 日） …… 459
教育总署第五次教育行政会议天津特别市报告书（1945 年） …… 463

三、教育统计

二十八学年度华北教育统计（1940 年） …… 469
二十九学年度华北教育统计（1941 年） …… 495

第十编　言论及报道

一、思想言论

成立教育局之意义（1938 年 6 月 18 日） …… 540
论述新中国教育的新动向（1939 年） …… 541

教育部汤总长（尔和）民国二十九年新年感言（1940 年）…… 545
剿灭共产党以及教育者之任务（1941 年 1 月 24 日）…… 546
兴亚运动与教育的重要（1941 年）…… 550
从抗日教育说到亲日教育（1941 年）…… 551
（山西）省长在山西第三届小学日语教员讲习会上的讲话（节录）（1942 年 2 月 27 日）…… 560
决战期间教育施策之重点——第十二次省立学校校长、社教机关馆长场长座谈会讲词（1944 年）…… 562
山东省第四届公私立中等学校校长会议训词（1944 年）…… 564
中日文化交流与东亚文艺复兴（1944 年）…… 566
大东亚与日本语座谈会（1944 年 3 月 11 日）…… 570

二、相关报道

（冀东政府）内政改善之现状（节录）（1937 年 7 月 10 日）…… 575
地方维持会文化组复审中小学教科书竣事（1937 年 9 月）…… 576
中学课本审委会昨开审查会议（1937 年 9 月）…… 576
中学课本审委会开会通过史地国文审查结果（1937 年 9 月）…… 577
中小学教科书平【市】维持会复审完竣（1937 年 10 月）…… 577
函请维持会补助教育经费（1937 年 10 月 2 日）…… 578
被蹂躏的天津（1937 年 10 月 3 日）…… 578
奴化教育（1937 年 10 月 6 日）…… 579
京津教科书审委会今晨举行成立大会　分组审订中小学教科书（1937 年 11 月）…… 581
中小学教科书将增添睦邻意识　扫除一切赤化思想（1937 年 11 月）…… 582
极力养成东洋复兴思想人材（1937 年 11 月 3 日）…… 582
北平伪地方维持会的透视（节录）（1937 年 11 月 21 日）…… 583
市、私立中小学决定在中小学教科书未印就以前课务进行办法（1938 年 2 月）…… 584
在和制伪组织下华北的奴化教育（1938 年 3 月 24 日）…… 584
敌对华北实施奴化教育与文化侵略（1938 年 4 月 8 日）…… 586
新生华北之一瞥（节录）（1938 年 7 月 9—10 日）…… 587
日军奴化北平教育（节录）（1938 年 10 月 15—16 日）…… 590

北平学校的近况（1938 年 11 月 26 日）…… 592
（北京特别市）市立中小学校恢复十成教薪（1939 年 1 月）…… 594
华北华中教育制度确立（1939 年 6 月 7 日）…… 595
日人在华北的奴化教育（1939 年 8 月 10 日）…… 596
北京大学各院所用之讲义将以日语为中心（1939 年 11 月 16 日）…… 597
冀东沦陷区奴化教育的实况（1940 年 1 月 10 日）…… 598
铁蹄下的北平（节录）（1941 年）…… 604
寇蹄下的中国学生（1942 年）…… 605
牛鬼蛇神统制下的北平（1944 年 2 月 19—28 日）…… 606
华北敌伪奴化教育一瞥（节录）（1944 年 9 月）…… 620
伪蒙之畸形教育（1944 年 9 月）…… 622
北平的“学府”（1945 年 7 月 9 日）…… 624

第一编

教育政令与教育制度

一、方针及政策

临时政府教育部关于教育方针应注意事项之训令

（1938 年 4 月 15 日）

令

国、私立各院校暨各省市教育厅、局

为令遵事。查新政府之教育方针，业经通令饬知在案，兹将实施上切应办理或注意之事项逐条指示如左：

一、过去国民政府所施行之教育，以党化为方针，以排日为手段，驯致引起此次之事变，此后对于党化、排日之教育，亟应严加取缔。

二、关于事变后学校之恢复，应从小学着手，次及中学。至于大学之开办，应事先向政府申请，受本部节制。

三、中小学之学制年限，仍暂按照中学三三、小学四二之旧制办理。

四、教育本有改善生活之功能，故教育之实施，亟应使其与生活保持密切之关联。嗣后自小学阶段起，即应切实注重生活之职能，务期能使教育与生活融成一片。同时尤宜注意于卫生教育。

五、中学以男女分校为原则，大学及专科学校在未设女子大学及女子专科学校以前，得兼收女生。

六、女子自有其在家庭、社会之天职，其所应受之教育，自与男子所受之教育不尽相同，切宜顾虑其本身之需要，施以适当之教育，尤应注重品格之修养。

七、凡外国人所办之学校，宜切实监督指导，务使其遵循新政府之教育方针。

八、中小学原有之体育课程，其名称仍为体育，所有教材应就体操运动及国术酌量分配。

九、童子军应改称少年团，以团体训练、纪律训练及服务精神为实施之目标，废除军队式之联合编制，以各校单独办理为原则，称为某某学校少年团。

十、以前各级学校所用之教科书、教材欠妥之处甚多，改正之本现经印就，由书局出售，应一律采用。惟此次不过改订，未臻完善，此后依据新政府之教育方针，由部立编审会另行编纂。

十一、会考制度流弊滋多，应即废止。惟各校办学成绩亟应切实调查，可添设督学，作详密之分科视察。

十二、事变后各省市学生如因本校停顿请求转学而无从取得转学证书或证明文件者，可由各校举行严格之检定试验，准其转学。

十三、中小学教职员应从新加以训练，俾得纠正以往错误之观念。可由各该地方教育行政机关举办讲演会，由当地行政长官出席指示一切。本部主办北京市中小学教职员讲演班，讲演集已另行颁发，着资参考。

（伪）华北临时政府教育部编：《教育公报》第 2 期，“公牍”，1938 年 8 月。

临时政府教育部为河北省署顾问要求各中小学添派日籍日语教员与行政委员会往来函

（1938 年 8 月）

（1）伪临时政府教育部公函（8 月 10 日，函字第六五一号）

敬密陈者：

案据河北省教育厅厅长陶尚铭函称：本月二十三日省署顾问邀职厅张科长儒林面告，此后各中小学校应添聘日籍日语教员一员，人选由省署铨衡办理，并由职厅分派各学校服务，薪津另行规定，至其职权，听其语气，似有与闻校内一切事务之意等情。兹事关教育行政，不得不加以考虑。查各县小学为数甚多，且程度较低，本无添设外国语文之必要（冀东情形特殊，不在此例），况地方秩序多未恢复，保护难周，安全亦有问题。此应考虑者一也。至于中等学校添用日籍日语教员，在吾国此项教员不敷支配以前，似可暂予照办，惟职权一层，似应于聘用时明白规定。此项外籍教员除担任学课外，总以不直接干预校务为原则，如有改革意见，不妨向校长或主管机关提议。此应考虑者又一也。厅长管见所及，谨以上陈，究应如何应付之处，伏祈鉴核，迅赐训示遵行等情到部。当经饬由本部教育局函复，以中小学聘请日籍日语教员，须斟酌各校状况及各地方需要情形，在本国日语教员不敷时，可量予聘用，但聘用手续及方式，务先期呈请主管教育厅转呈教育部核示备案，以便考查。至聘用之日籍教员，应以任课为专责，对于校务及行政事项，万万不宜干涉，如有意见，得采取建议方式，以清权责，统希查照等语，饬知在案。理合录案密陈，函请鉴核备查。

谨上

行政委员会

教育部总长　汤尔和

中华民国二十七年八月十日

（2）伪行政委员会函稿（8 月 13 日，函字第六九九号）

径启者：

准贵部函字第六五一号密函，关于河北省各中小学添聘日籍日语教员一节，此事一两日内即将谈判，自必坚持。希通知河北教育厅告省顾问，正在谈判，尚未定议，所拟应稍从缓，陶厅长本人可暂静听，无须出面。相应函复贵部，至希查照办理为荷。

此致

教育部

中华民国二十七年八月十三日

中国第二历史档案馆藏“伪临时政府行政委员会档案”

山东省公署教育厅重要公文章则及图表（节录）

（1938年）

山东省公署训令·通令指示今后教育应注重固有道德改正思想由

为训令事。查教育为庶政之本，明德为作新之基，东亚民族屹立于世界，有数千年悠久之历史，虽政教为之纲维，实赖人群道德贯注于其间。山东为圣贤梓桑、人文渊薮，正心诚意乃道德之源泉，亦即圣功王道所由立。近世欧风东渐，一般士大夫竞尚物质文明，道德日渐颓废，驯至人心险恶、世道凌夷，青年学子受此影响，观念错误几于不堪收拾。言之可为痛心！当兹新政初颁，与民更始，非将旧染污俗涤荡净尽，难以彻底改革。本省长不忍固有道德日就沦亡，大好青年终于堕落，故受任以来，即以兴学立教明德新民挽回陷溺人心固结民族感情为施政先导。前在维持会时期，首先规复小学多处，复以慎重教育人选，举行教员考试，冀获健全师资以固教育始基，诚以善政不如善教，革面要在革心，凡我寅僚，惟望共体斯意。此后对于地方教育或学校教育，应随时督饬教职人员，认真整理力图改进，尤望以身作则，对于青年学子负责领导，以提倡固有道德、改正误谬思想为实施标准。总期正本清源，纳民轨物，以挽颓风而振薄俗，俾民族感情益臻巩固，东方文化日进高明，上承变齐变鲁之庥风，永跻同轨同文之盛治，本省长有厚望焉。除分令外，合亟令仰该市长（道尹、知事）即便遵照，并转饬所属一体遵照。此令。

山东省公署训令·令济南市长查明本市失学儿童人数分别列表具报由

为训令事。查本市自去岁秋间学校停歇，全市儿童忽焉辍学，虽经前维持会先后成立小学多处，然为数甚少，不足容纳。际兹新政初颁，教育亟待推广，小学教育尤为当务之急。现在全市儿童，除已入学者不计外，其失学人数共有若干，自应入手调查，以便设计。合行令仰该市长即便遵照，迅饬主管人员，就市区范围内所有儿童已届入学年龄尚未就学或已经入学因乱中辍者共有若干名，调查清楚，分别列表呈报，以凭察核，勿延。此令。

山东省公署训令·通令速行整顿小学以维教育并将办理情形具报由

为训令事。查小学为教育之母，童蒙为养正之基，本省自去岁秋间弦歌中断，一般儿童苦无求学机会，废时失业，殊为可惜。现在新政颁行，地方秩序渐就恢复，兴学立教较庶政为先，整顿小学尤属刻不容缓。此后本市设立（各道属县立、各县设立）各小学，已成立者固应力图改进，其停闭者尤应及早规复，并于偏远地方筹划增设，以期普及。除分令外，合行令仰该市长（道尹、县知事）即便（督饬所属）遵照办理，并将办理情形随时具报，以凭察核。此令。

山东省公署训令·通令公立小学教员尽先延聘省立讲习所毕业学员为原则由

为训令事。查本省各级学校逐渐恢复，本署为慎重师资起见，此后公立小学教员应尽先延聘省立小学教职员讲习所毕业学员为原则。如因情形特殊或人地相宜，亦须具有下列各项资格方可酌量延用：一、师范学校毕业者；二、曾受检定领有合格证书者；三、各道县筹办小学教职员暑期讲习班受训期满成绩优良者。凡不合于以上资格者，概不得延聘，以重师资而宏教育。除分令外，合行令仰该市（道、县）公署转饬所属各校遵照为要。此令。

山东省公署训令·通令制定各级中小学校徽校旗样式暨图说由

为令遵事。查校徽、校旗关系学校至为重要，兹为划一起见，特制定各级中小学校徽、校旗样式暨图说，令发遵行。除分令外，合行检发校徽、校旗样式及图说各一纸，令仰该市长（道尹、校长）遵照（并转饬所属一体遵照）。此令。

附发校徽校旗样式暨图说各一纸（图略）。

一、各级学校徽章图说

形取四方，表示思想行为均以方正为标准，况今邪说横行，人心陷溺，更当崇正不阿，息邪说距诐行以正人心。图以泰山黄河者，因泰山为五岳之尊，黄河为四渎之大，山河钟秀圣贤踵生，且仁者乐山智者乐水，使各级学校学生触目惊心，顿悟身居明秀之邦，观摩默化，弥坚希圣希贤之心，自易养成伟大人格健全国民，以期合于新民主义有用之人材也。

二、校旗图说

旗杆上铜圆头下铁锤，校旗上角为国旗，余绘泰山黄河。山之中间为校名。旗杆用蓝白带间杂缠之。中等学校旗，杆高七尺半，长四尺四，宽二尺二；小学旗，杆高七尺，长四尺，宽二尺。国旗占校旗长七分之二，宽五分之二，均以市尺计算。

山东省公署训令·通令规定学生对于师长上官礼节三条由

为令遵事。查礼节为治人之大防，为国以礼，古有明训，况学校为明伦之地，礼教所关，风纪所系，使荡检逾闲，将何以模范社会。乃近世以来，莘莘学子每受党化之熏陶，以辞让为迂腐，以礼仪为具文，对于师长上官，毫无礼节。若长此以往，其关系于学校之风纪者尚微，其关系于社会之观瞻者甚大。本署有鉴于此，兹拟定学生对于师长、上官礼节三条，以资纠正。除分行外，合行令仰该市长（道尹、县知事、校长）即便遵照，并转饬所属一体遵照，勿得视为具文，切切。此令。

（一）学生在课堂受课时，遇上官莅临，由级长发起立、敬礼、坐下等口令致敬。

（二）学生上体育班正走步法，遇师长、上官，须行注目礼。若其他节目，须立正致敬。

（三）学生非上课时，在校内外遇师长、上官时，须立正致敬。

山东省公署训令·通令将各社会教育机关凡冠有“民众”字样者一律改称“新民”由

为训令事。查社会教育为刷新政治之始基，划一名称易引起人民之观感。以前省市立各社教机关，如教育馆、体育场等，有冠以“民众”两字者，在今日新民主义领导之下，尚嫌宽泛，亟应改定名称，俾符实际。嗣后省市县及私立各教育机关、各学校，凡冠有“民众”字样者，一律改称“新民”，于循名核实之中，兼寓除旧布新之意。从此民风丕变，俱革面而洗心，王道坦平，亦政成而俗美。除分令外，合亟令仰该市长（道尹、县知事、校长、场长）即便遵照（转饬所属一体遵照），并将遵办情形具复备查，切切。此令。

山东省公署教育厅训令·令各省立学校校长非经呈准不得远离由

为通令事。查学校校长职司全校行政，表率师生，责任至为重大，现值新政初基，各校开办伊始，不惟百废待举，日不暇给，且学生趋向尚未大定，杜渐防微，尤赖校长时时注意。自当常川驻校，既使员生有所秉承，亦且督察考核在在可以实施。用特严申诰诫，嗣后各校校长毋论省内省外，非先呈经本厅核准不得擅自远离。如有故违情事，一经查出，定予相当惩处。除分行外，合亟令仰该校长即便遵照。此令。

（伪）山东省教育厅编印：《山东省公署教育厅二十七年工作报告》“丙编”，1939 年 1 月。

华北政务委员会教育总署训令

（1940 年 6 月 21 日）

令

河北省教育厅	北京特别市教育局
河南省教育厅	天津特别市教育局
山东省教育厅	青岛特别市教育局
山西省教育厅	国立北京师范学院
	国立北京女子师范学院

为令遵事。案查小学教员暑期讲习班，依据前教育部第一次教育行政会议议决案之规定，应由各省市教育厅局就近择地举办，其第一届小学教员讲习班业于上年暑期通饬遵行在案，本年第二届小学教员暑期讲习班自应援案办理。兹为改善组织加强训导起见，由本总署规定训话纲要、课程标准及组织纲要，随令颁发，仰即遵照切实施行。其讲习期间一律以二十日为限，务于七月二十五日遵期开讲。关于选派小学教员，须按照讲授科目以选拔体质健全之适当人员为合格。其各班讲授课程，本届选修偏重国文史地，而尤注重于精神训话，应由各该厅局长或延聘适当人员宣讲。至经费补助，暂定每处约一千五百五十元，一俟华北政务委员会令准后再行另令饬遵。除分令外，合行令仰遵照，并将办理情形随时具报核夺。再国立两师范学院附属小学援上年成例，仍就近参加北京市讲习班听讲，名额支配径由该市教育局届时饬知遵照可也。此令。

附发小学教员暑期讲习班组织纲要一份（略）、课程标准一份（略）、训话纲要一份（略）

教育总署督办　汤尔和

《华北政务委员会公报》第 7 期至第 12 期，“教署·公牍”，1940 年 7 月 9 日。

国民政府训令·令华北政务委员会

（1940 年 8 月 22 日）

据行政院行字第一八五号呈称：“案据教育部、内政部会呈称：‘查旧制春丁秋丁祀孔典礼，已于民国十七年明令废止，迄二十三年七月五日第四届中央执行委员会第一百二十八次常务会议通过先师孔子诞辰纪念办法一案，以后每年八月二十七日全国各级机关均依办法规定分别放假集会纪念。现国府还都，关于纪念孔子诞辰事项，经本两部会商，拟即照案恢复，并重订纪念秩序单，以资一致。是否有当，理合检同先师孔子诞辰纪念办法、孔子纪念歌及拟订先师孔子诞辰纪念秩序单，备文会呈，仰祈鉴核，指令遵行。’等因，附呈孔子诞辰纪念办法、纪念歌及秩序单各一份。据此查孔子诞辰纪念办法，前经通令遵行在案，兹值国府还都，自应照案恢复。据呈前情，除指令外，理合抄同孔子诞辰纪念办法、纪念歌及秩序单呈请鉴核赐予分饬遵照。”等情。据此，除指令准予通饬遵行外，合行抄发先师孔子诞辰纪念办法、纪念歌及秩序单各一份，令仰遵照并转饬所属一体遵照。此令。

计抄发孔子诞辰纪念办法、纪念歌、秩序单各一份

先师孔子诞辰纪念办法

一、纪念日期：八月二十七日

二、纪念日名称：先师孔子诞辰纪念。

三、孔子事略：先师孔子，名丘，字仲尼，鲁人。幼年即志于学，壮游四方，阐扬尧舜禹汤文武周公救世致治忠恕一贯之道，晚年复删诗书、定礼乐、赞周易、修春秋，垂法后世，为儒家之祖，历代尊为师表。国父孙中山先生亦每推崇不置。先师生民国纪元前二四六二年（周灵王二十一年），卒于同纪元前二三九〇年（周敬王四十一年），年七十有三。

四、纪念仪式：是日休假一天，全国各界一律悬旗志庆，各党政军警机关、各学校、各团体分别集会纪念，并由各地高级行政机关召开各界纪念大会。

五、宣传要点：

（一）讲述孔子生平事略。

（二）讲述孔子学说。

（三）讲述国父孙中山先生革命思想与孔子之关系。

拟定先师孔子诞辰纪念秩序单

一、全体肃立

二、奏乐

三、唱国歌

四、向国旗、孔子遗像行三鞠躬礼

五、主席报告纪念孔子之意义

六、演讲

七、唱孔子纪念歌

八、奏乐

九、礼成

先师孔子纪念歌谱（略）

（伪）青岛特别市教育局编印：《青岛教育半月刊》第1卷第18期，“公牍”。

华北政务委员会教育总署施政方针

（1940年）

一、肃正思想　教育思想即教育精神之表现。为纠正教育界以往思想错误起见，前临时政府教育部创设伊始，首先举办本市中小学教员讲演班，汇刊讲演集，公布新教育方针。上年及本年暑期，举办中等学校教员讲习班，同时通令各省市自办小学教员暑期讲习会，先后制定精神训话纲要十条，以及各学校实施训育方针八条，通饬各省市切实遵行在案。

附：中小学教员暑期讲习班训话纲要

（一）善用我国固有之家族精神，以固五千年立国之本。

（二）睦邻之道，以积极且诚意主张之。

（三）认识东亚及世界时局。

（四）民族、文化、经济各方面造成东亚集团，以建设真正新秩序。

（五）了解国家远大之利害，排斥崇拜欧美观念。

（六）排斥虚伪宣传，以躬行实践为宗旨。

（七）以儒家精义为依归，屏弃外来之功利主义。

（八）以东方固有之美德为立身基础，尽量吸收日新科学消化而运用之。

（九）青年须以国士自许，将来始能分担复兴东亚之重任。

（十）纠正因循保守之积习，发皇进取努力之新气象。

附：各级学校实施训育方针

（一）尽力提倡我国固有之美德，以领导学生之思想趋于正轨，而为建设东亚新秩序之始基。

（二）根绝容共思想，以亲仁善邻之旨，谋东亚及全世界之和平。

（三）善用我国固有之家族精神，以敦风纪而固国本。

（四）阐发修齐治平之道，以儒家精义为依归，屏弃外来之功利主义。

（五）注重人格之修养、品德之陶镕，宜使学生有以国士自许之志向，俾将来能以担负复兴东亚之重任。

（六）厉行节约运动，纠正奢侈陋习，以养成勤苦耐劳之精神与习惯。

（七）个人生活与团体生活宜有严格的规律，俾公私德双方得以平均发展。

（八）加强竞技运动等训练，以锻炼强健之体格及振奋有为之精神。

二、统一教材　旧有各级中小学应用教科书，概系由商务印书馆及中华书局等自由编纂，既不统一，又不适合于新教育方针，因于二十七年创设编审会，编辑各级中小学及师范、简师、乡师、职业各校应用之教科书，并于小学书籍内增注注音符号，通令遵照采用在案。

三、训练中小学师资　事变后，各地学校陷于停顿，师资尤感缺乏，因于二十七年创设师资讲肄馆，造就中小学之师资，迄今已有三期毕业，分发各省市充任校长或教员。现第四期改善组织，就现任中学教员分期分组抽调来京肄业，其小学教员则由各省市教育厅局自行抽调训练，现已开始实行。

四、实施义务教育　实施义务教育为普及教育根本计划之一端，曾于上年第一次教育行政会议议决，按照原定实施办法赓续进行，并宽筹经费，以作义教之专款，早经通令，先从调查整理着手，以次恢复，分期推进，逐渐扩充。

五、推行中心小学　扩充小学为发展初等教育之基础，前教育部于二十七年八月曾颁定《筹设中心小学十年计划》，通令实施，先由河北省创办二十校，以作各省市之模范。现据各厅局呈报，已分期仿办推行。

六、注重自然科学　自然科学为中等学校课程中主要科目，亟应力图精进，注重实验，于第一次教育行政会议曾决定强化改进办法三项，通饬各省市转行各学校遵照在案。

七、推广职业学校　发展生产教育，以推广职业学校为前提。本署曾于第一次教育行政会议决定推广中初等职业教育，并注重实习办法八条，通饬各省市遵照规章，各视地方实际需要情形，设法推进在案。

八、增设各种有关产业及国民生计之专科学校　查事变之后，百废待举，建设人才需用尤殷，此项人才之养成，自不得不以增设有关产业及国民生计之专科学校为起点。诚以大学或独立学院之设置，非有相当巨款难期成立，专科学校规模较小，设备亦可稍从简单。各省市应即斟酌各当地实际需要，筹设此项专科学校，以期为国储才，用资建设。

九、恢复专科以上学校　查自事变后三年以来，关于高等教育之恢复，只北京一地业已略具规模，其他各省市在事变前原有之国立、省立大学及专科学校，均在停顿状态中。揆厥原因，只以地方治安未尽恢复，省市收入款项锐减，教育经费亟感支绌，以致无力兼顾。第各级教育应采平衡发展主义，现当破坏之后建设需材，中等学校毕业学生痛感升学无路之苦，是以此项问题之解决，实已不容或缓。各省市对于原有之国立、省立大学及专科学校，似应择其性质重要、损失较少者，酌于［予］恢复一二校，以应现实环境需要。

十、整顿社会教育　前临时政府教育部于去年五月间召开教育行政会议，曾提出《整顿社会教育纲领》一案，并经大会修正通过。按该项纲领，系参酌事变后各地方社会情况及财政状态而拟定者。其内容：第一，规定社会教育以新民教育馆、新民学校及职业补习学校为活动之中心。凡此三种机关，于事变后未经恢复者，应限期恢复；原来设立者，每县应至少各设立一处。第二，各省市应参酌需要，筹设社会教育人员养成所，以造就充任社教之师资。第三，各省市对于社会教育经费，应详加核计，规定成数，严予限制，不得移作别用。

以上各端，经前教育部咨行各省市施行去［之］后，各省市均已作成具体方案，逐步推行。兹据查报，成绩尚佳，现在本署仍照原案督饬推行中。

十一、施行农事教育　本署鉴于都市教育与农村教育发展之不平衡，及学校教育向来偏重于精神活动，缺少筋肉活动之弊害，拟施行农事教育，以为补救之道。施行之方法，拟于各级学校酌添农业科目，注重圃场工作，使学生从事于实际劳动。农村方面，更以学校及各种社会教育机关为中心，作成各种方案，联合乡镇公所及公私立农事机关，推行农事教育于一般农民。如此，一可以使一般学生获得适应现实生活之体验，二可以促进农村文化之向上，现代教育之空虚，或可由此而予以充实。以上各端，已由本署考究筹议，拟有具体方案，预备施行。

十二、确定教款成数　事变后，地方教育文化事业之复兴困难，其原因由于收入锐减，资源缺乏，曾于第一次教育行政会议暨各省市长官会议先后决定省市教育经费，应按全年总收入提拨成数，最低不得少于百分之十五。其旧有超过此成数者，仍应维持原数，通饬遵照在案。

十三、整顿教育产款　各地方校产、基金、学田等项统属教育产款，为发展教育文化事业之资源，事变后迄未整理，曾于第一次教育行政会议决定整顿办法五项，以调查清理为第一步，迭经通令遵办在案。

十四、统筹优遇教员办法　近年生活程度日益增高，各级学校教员之待遇较之一般公务人员至为微薄，已迭次通行各省市切实调查，统筹具体办法，预备改善待遇，以足维持其生计为标准。

中国第二历史档案馆藏“伪华北政务委员会教育总署档案”二〇二一（2）·5

华北教育总署施政方针及实施概况

（1941 年）

本总署施政方针，业于上年贵会举行全体联合协议会会议时，送请参考在案。顾以为政之道，端在力行，方针既已确定，自应依据实施，固不可率意更张，尤不宜务广【为】炫饰。故年来根据前项方针，切实厉行，并未能尽副国人之期望，而本总署同人黾勉从公，问心聊以自慰。兹特列举前述方针，分别将进行状况加以阐述，此外复就目前有关重要之措施，缕举数则，统希参考。

一、肃正思想：本总署周督办自就任以来，一本汤故督办之遗志，积极推进，更于本年六月间开陈对于世界大势及华北教育事业之所怀，昭示于华北教育界全体（附通令），此于肃政［正］思想，影响极深。本年七月间复循例举行第三届中等学校教员暑期讲习班，本届除于思想方面予以指示外，更注重理科学术之研讨。而华北各省市小学教员暑期讲习班，亦同时分别在各地举行，并由本总署聘请中日学术界名流，分赴各该地区，担任特别讲演。至于专科以上各校，前已由本总署颁布训育方针，复为推行有效起见，先就直辖各校院，组织学生生活指导委员会，对于学生中心思想、日常生活，随时予以指导及监督。其学生生活指导委员会总会，即设立于本总署之内，俾于推行上更较切实而有效。

二、统一教材：各级中小学及师范、简师、乡师、职业各校应用之教科书及教学法，已由编审会积极编订，复拟委托专家厘订中小学各科教材大纲，同时并由该会编纂《兴亚读本》，以资补充。

三、训练中小学师资：本总署为谋切实改进中等学校之师资，设立师资讲肄馆，分别抽调华北各省市中等学校之现任教员轮流来京受训，每期七十人，时期六个月。兹为充实内容扩大训练范围计，并拟在西郊新市区，建筑新馆，分三年实施。至小学师资之训练，则交由各省市分别办理。

四、实施义务教育：依据第二次教育行政会议议决案，拟定推行实施义务教育分期办法，计：（一）规定期限；（二）划分学区；（三）恢复义教委员会；（四）调查义教经费，专案保管。更拟于民国三十一年度预算案内，列入各省市义务教育实验区补助费专款，积极推行。

五、注重自然科学：依据第一次教育行政会议议决《强化中等学校自然学科改进办法》，已于上年两次通令华北各省市教育行政机关，考核所属中等学校以往自然学科之教学成绩，并令充实其设备。

六、推广职业教育：关于《推广中初等职业教育并注重实习办法案》，业经通饬各省市遵章设法推行在案。兹再拟通饬各省市征集中等职业学校成绩品，举行展览会，以资观摩，并拟于三十一年度预算案内，列入补助各省市优良职业学校之款，以资鼓励。本年第二次教育行政会议，关于职业师资之养成，业已决定办法，统筹办理。

七、增设各种有关产业及国民生计之专科学校：关于《增设各种有关产业及国民生计之专科学校》一案，业于第一次教育行政会议时决议实行，并通饬各省市妥拟计划，呈候核夺。无如各省市均以教款不足，时难实行，本总署深为遗憾。诚以处此环境，目击建设需材，中学生升学无【望】，实感各省市专科以上学校之设置，无可再缓，爰于本年第二次教育行政会议之际，又复提出《各省市酌订恢复专科以上学校计划》之案，并说明凑集各校设备之残余部分，试行恢复一二校，希冀各省市当局共体本总署之苦心，力襄此举，期底于成。

八、整顿社会教育：依据第一次教育行政会议议决之《整顿社会教育纲领》通行各省市后，现已据分别拟具方案前来，经本总署逐一审核指正，分饬积极推行。此外又于本年九月间举办华北各省市社会教育人员短期讲习班，借以充实社会［教］人员之学识，并促进其行政之效率。举凡现任各省市立新民教育馆、图书馆馆长以及办理社教之行政人员，均经选送来京听讲。

九、施行农事教育：关于施行农事教育，本总署已将施行之方法，于上次施政方针内大略说明。嗣为集思广益、详细商讨农事教育实施之计划起见，乃于本年六月间，于本署成立农事教育设计委员会，罗致农事教育专门人才，聚集讨论，共策进行。

十、确定教款成数：关于各省市教育经费之筹措及整理，业经第一次教育行政会议议决，通饬遵行在案。所有会议决议事项能否顺利推动，实有重行检讨之必要，故于本年第二次教育行政会议时，曾由本署提出专案讨论，审查结果，认为各省市教育经费在岁出总额中所占成数不足百分之十五者，再行令之各省市设法划补。

十一、统筹优遇教员办法：第一次及第二次教育行政会议，均已有《改善中小学校教员待遇》之决议，本总署为谋切实推行起见，刻已咨行各省市调查现在中小学教员之生活状况及薪给数目，并拟于三十一年度预算案内，列入补助各省市提高中小学教员待遇之补助专款，并积极实施。

十二、整顿私立学校：事变后，私立各校，间有未经呈准立案即行开办者，又有一切校务竟未遵章办理者，各该学校虽系私立，亦同在政府教育系统之下，自未便任其自由措置，恝置不理，故由本总署厘订《整顿华北各级私立学校纲领暨实施方法》，认真调查，随时取缔。

十三、奖励修习日语：本总署为奖励现在或志愿在华北各省市公私各机关团体服务人员学习日本语文起见，特订定《华北各省市举行日本语文检定试验办法及章则》，主持办理华北各省市日本语文检定试验。其第一次试验业于本年六月间举行，现在各省市已陆续将各级试验成绩送到，由本总署从事审查。至为增进各地中小学日语教员之教学效能，曾分别由各省市举办日语讲习会，此外照上届成例，奖励各地中小学儿童修习日语，并颁行实施计划。

十四、增进教育行政效率：本总署为谋增进各省市教育行政人员之学识及加强其服务效能起见，特于本年十月举办华北各省市教育行政人员短期讲习班，分由各省市教育行政机关选送思想纯正、体格健全之教育行政人员来京受训，讲习科目注重在教育行政之实际智能及精神讲话，由本总署聘请中日两国学术名流担任讲师，期于短时间内，俾各学习人员收到极大效果。

中国第二历史档案馆藏“伪华北政务委员会教育总署档案”二〇二一（2）·5

华北教育总署关于形势趋紧对于英美及其他各国所立学校即予封锁电

（1941 年 12 月 8 日）

河北、河南、山东、山西省公署，北京、天津、青岛市公署，苏北区行政专员公署鉴：

现在国际情势骤趋紧张，应请与当地关系方面机关妥为联络，将英美系及与英美有关各国之私人或团体设立之各级学校即时予以封锁，听候处置。其他各国人所立之学校，应依据本署前此厘定之《整顿华北各级私立学校纲领及实施办法》切实予以指导及监督。至各国私人或团体所办之图书馆及社教机关，并应严重予以监视为荷。

教育总署（印）

中国第二历史档案馆藏“伪华北政务委员会教育总署档案”二〇二一·456

华北政务委员会关于核备华北各省市封闭英美等国籍人所办各级学校善后处置要纲指令

（1941 年 12 月 31 日）

令

教育总署

三十年十二月二十日呈一件，呈送本署所拟《各省市封闭英美等国籍人所办各级学校善后处置要纲》，请鉴核备案由。

呈暨附件均悉，应准备案，附件存。此令。

华北政务委员会委员长　王揖唐

中华民国三十年十二月卅一日

附：华北各省市封闭英美等国籍人所办各级学校善后处置要纲

一、各省市对于已封闭英美等国籍人所办各级学校之善后办法，悉依本要纲处理之。

二、各省市主管教育行政机关于办理善后期间，对于已封闭之各级学校校长、重要教职员及学生，应随时调查其思想，并注意其行动。

三、应限期令各该校负责人交出教职员学生名簿、财产目录及其他重要文书，并须严密考核所交各项文书簿册内容是否确实。

四、已封闭之各级学校，经主管教育行政机关调查清楚后，得斟酌需要之缓急，依照《修正私立学校规程》分别另组校董会，筹划复校。学校之名称，有必要时得变更之。

五、已复校之学校，应遵照教育总署之教育方针、现行各种法规及教育总署所颁各项训令办理，并须服从主管教育行政机关之指挥及监督。

六、各省市主管教育行政机关，对于已复校之各级学校应负切实整理监督指导之责，不得疏忽。

七、学校开学后，原有之教职员经主管教育行政机关考察之后认为称职者，得仍令其在本校服务。

八、已封闭之各级学校因故不能复校时，得由主管教育行政机关斟酌情形改为公立。

九、已封闭之各级学校如认为无必要时，得不准其复校。

十、未能复校之各级学校，其原有学生应由主管教育行政机关令其转入公立或已立案之私立各级学校肄业。

十一、前项转学学生须经入学试验，编入相当年级，此项试验尤应注重于思想行动之考查，经试验及格入学之学生，仍应由该校随时监察之。

十二、未能复校之各级学校，其原有之中国籍教职员，经严密考查认为思想行动确属纯正时，得由主管教育行政机关设法录用，或予以职业之介绍。

十三、各省市教育厅局应依照本要纲拟订实施办法，呈报教育总署备案。

十四、本要纲自呈报备案之日施行。

中国第二历史档案馆藏“伪华北政务委员会教育总署档案”二〇二一·456

华北教育总署检送1943年度华北教育施策要纲及其实施方案呈

（1943年2月19日）

呈为呈报拟具三十二年度华北教育施策要纲及其实施方案，仰祈鉴核备案事：查现值新国民运动展开之际，并为战时体制下适应当前需要起见，特拟具三十二年度华北教育施策要纲及其实施方案，除分别咨令外，理合检同该项施策要纲及实施方案各一份，具文呈报，仰祈鉴核备案。

谨呈

华北政务委员会

附呈三十二年度华北教育施策要纲及其实施方案各一份

教育总署督办　苏体仁

中华民国三十二年二月十九日

附一：三十二年度华北教育施策要纲

教育总署为适应当前需要，厘定三十二年度教育施策四大要纲如左：

一、协力食粮增产运动

1. 扩充添授农业课程之中等学校及附设农业补习班之小学校校数。

2. 动员各级学校学生参加食粮增产。

3. 于可能范围设法使学生襄助父兄，协力家庭增产运动。

二、实施集团训练

1. 高小及初中学生组织少年团，高中及专科以上学校学生组织青年团，实施严格训练。

2. 指导各级学校学生，利用休假课余，于不防碍健康之范围内实施勤劳服务。

三、肃正思想，革新生活

1. 由各级学校及社会教育机关宣传倡导，使大东亚解放新国民运动具体化。

2. 使一般民众确立中日共存共荣，必须协力完成大东亚战争之信念。

3. 励行节约，提倡朴素生活，减免一切虚文酬应。

四、提倡体育及正当娱乐

1. 举办各种体育竞赛会，促进保健运动。

2. 提倡国术，并举行竞技观摩。

3. 利用音乐、美术、电影、广播等高尚娱乐，调剂工作之勤苦。

4. 设法谋文化设施与生产场所之紧密连系。

以上各项办法，实施时应注意其连贯性，由个人推及全体。学校校长及教职员尤应以身作则，率先倡导。并应顾及东方文化之振兴，及治强运动之成果。所需经费，除协力增产运动一项外，余悉应就各机关、学校原预算撙节动支。详细实施办法，各省市由教育厅局拟定，呈报备案，直辖各学校、各文化教育机关，分别自订，呈准施行。

附二：三十二年度华北教育施策要纲实施方案

教育总署为适应当前需要，厘定三十二年度华北教育施策四大要纲，并分别厘定其实施方案如左：

第一，协力食粮增产运动。

（一）本年度华北四省添授农业课程之中等学校，及各省市附设农业补习班之小学校校数，各较上年度增加一倍，计前项中等学校总数为十六校，小学校为四十校，由教育总署分别补助经费。一切办法，均照上年成案，积极办理。

（二）各级学校学生，由校长及全体教职员领导，协力食粮增产，其详细计划另订之（附学生协力食粮增产计划）。

（三）学生襄助父兄，协力家庭增产，并以社会教育机关之新民教育馆为中心，实行家庭小菜园普及运动。其步骤如下：

1. 学校当局应尽量鼓励农家学生协助其父兄之田园工作。

2. 由华北社会教育协进会领导各省、市、县新民教育馆，普及宣传。

3. 新民教育馆应举行左列各项：

一、应于馆内馆外举行食粮增产讲习会，以示提倡。

二、应利用馆内外空地，由馆长、馆员自行经营小规模之菜园（不用工人），作一般民众之模范，并设法劝导民众家庭利用其家庭空地种植菜蔬，其优良者酌予奖励。

三、制作各种优良农品绘画标本，并征集实物，陈列展览，引起民众观感，俾其彻底明了食粮增产之意义。

四、对于民众请购种苗者，应予以购入之斡旋，实行配布。

五、由馆编印指导栽种农产品浅说，张贴陈列，以供众览，或多印复本，分送农民。

六、新民教育馆办理前列各事项所需经费，由主管机关列入概算，酌于补助。

4. 此外其他文化团体或机关，并应利用空地，由团体人员或机关职员分别经营，俾作一般民众之模范。

第二，实施集团训练。

（一）青少年团训练。

以往各级学校虽均注重训育，但对于集团训练则颇多忽视，兹当大东亚战争展开之际，为补救上项缺点，并养成具有实践力及建设新中国之基本人才起见，特将高小及初中学生组成少年团，高中以上各校学生组成青年团，严格实施集团训练。除锻炼坚强体格外，并清除一切不良思想，涤荡旧染，完成心理之建设。其应行活动之要项如左：

1. 无论校内外一切事项，凡认为适合于青少年团之活动者，应由学校当局尽量指导其实行。

2. 学生在校内一切行为，如学业之研究、德行之修养、体格之锻炼及竞技娱乐等，应于可能范围内作为青少年团之行事，俾各分子领会其应服任务。

3. 为使青少年团之活动与学校训育互为表里、顺利推行起见，学校当局应与各地青少年团本部或各省市团部保持紧密之联系。

4. 以往学校教育忽视之集团训练，此后应特别加以重视，实行国防训练及服务训练。

5. 为健全青少年团之指导，以完成其活动起见，学校当局应招集担当指导任务之教职员及学生干部，作指导上之实际训练。

6. 上列各项，应与学生协力食粮增产运动互为表里，一体推行。

7. 直辖各学校及各省市教育厅局，应依照上列趣旨，斟酌实际情形，分别拟订具体办法，呈准施行。

（二）勤劳服务训练。

指导各级学校学生，于不影响学业及健康之范围内，实施勤劳服务，以矫正以往学校偏重智育、漠视劳动之积习，使学生勤劳服务渐成为一种新兴制度。其实施要领如左：

1. 本年度学生勤劳服务之重点，暂以协力食粮增产为中心工作。

2. 致力前项工作，有余裕时，酌量举办凿井、筑堤、修路、架桥等事项。

3. 养成特殊技能之学校，应利用其技能，酌定实施勤劳服务之工作。

4. 各学校得斟酌情形，将勤劳服务比照职业学校实习课程，列为正课。

5. 在实行勤劳服务时，应注意左列各项：

一、勤劳工作应由全体教职员学生参加，而教职员尤应以身作则，率先倡导。

二、作业种类应按照学生之年级能力，酌加选择，循序渐进，由易而难，由简而繁。

三、应预先明示作业之目的，候作业终了后，并应考查其成绩。

四、应将勤劳作业作为青少年团之训练行事，指导其彻底实施。

第三，肃正思想革新生活。

（一）各级学校及社会教育机关等，应按照左列要领，宣传倡导，使东亚解放新国民运动具体实现。

1. 各学校、各教育机关以及文化团体等，对于新国民运动应持积极态度，努力倡导。

2. 各学术团体等应对吾国现在之学问艺术加以检讨，扫除由欧美传来而不合于中国国情之影响，根据中国固有之道艺精神，以创造东亚新文化。

3. 负教育责任者，除照上列各项努力外，并应矫正以往偏重智育之风尚，以知行合一、躬行实践之精神，养成能担当复兴中国重任之人材。

4. 负教育责任者，不仅对学生个人前途及教育效果设想，并应对学生家庭及社会上一般民众，直接或间接予以指导，避免高深之理论，以浅近易行之事，诱导实施，期收宏效。

5. 直辖各学校、各机关及各省市教育厅局，应照上列要领，斟酌实际情形，分别拟具办法，呈准施行。

（二）使一般民众确立中日共存共荣之信念，其实施要项如左：

1. 组织共济会　中、日国籍教职员，应利用种种时机组织共济会，养成互助互济之精神。

2. 励行共同行事　中日两国同级学校校友会，应互通声气，学校杂志应登载双方学生作品，并应利用相当时机励行参加共同组织之体育会、学艺会及研究会。

3. 提倡家庭交际　同一学校或机关服务之中日两国教职员，均应努力于家庭之交际，以倡导两国之友谊合作精神。

（三）励行节约，减免一切虚文酬应，确立朴素生活。

值此非常时期，一般国民均应自觉，举凡承平时代之一切虚文酬应及个人享乐，空耗物力人力，均与大东亚战争及新中国建设前途有莫大障碍，故应厉行节约，树立朴素生活。兹将实施要领，列举如左：

1. 社会教育机关及文化团体对于一般民众之生活方式，应加以检讨，躬行实践，倡导俭素生活，并将其生活之精神及方式设法广为宣传。

2. 学校方面，除使学生彻底实行简素生活外，对于学生家庭之冠婚丧祭及其他一切行事服装等，亦应妥予指导，励行俭约。

3. 各级学校及社教机关应提倡坚［艰］苦耐劳之精神，排斥囤积之风，不购不急需之物品。

4. 各专科学校、各大学及各省市教育厅局，应照上列趣旨，拟订具体办法，切实施行。

第四，提倡体育及正当娱乐。

（一）举办各种体育竞赛会，促进保健运动。

（二）提倡国术，并举行竞技观摩。

（三）利用音乐、美术、电影、广播等高尚娱乐，调剂工作之勤苦。

（四）设法谋文化设施与生产场所之紧密连系。

综合以上四者，展开厚生运动。其实施要项如下：

1. 地方学校应于教育厅、局指导监督之下，实施左列事项：

一、朝会时实行体操与合唱。

二、学生应保持端正姿态。

三、假期作郊外旅行。

四、奖励学生组织音乐队及合唱队。

五、校内多举行音乐会。

六、制定含有建设新中国及新东亚理念之校歌。

七、依学生年龄及性别，分别奖励各种不同之游戏运动。

八、由教员指导学生，分别组织读书会、文艺会及诗词书画研究会等。

九、利用巡回电影在各校轮流巡回映演。

实施上列各项时，应注意左列各点：

一、校长及教职员须理解趣旨，率先躬行，努力指导。

二、注意学生之娱乐，随时监督，勿令对于身心稍有不健全之影响。

三、在勤劳作业之中途休息时间，实行体操、唱歌，以调节其精神。

2. 直辖学校实施事项。直辖各学校应参照上列各项，拟具办法，呈经核准，由校、院长督率施行。

3. 新民教育馆、图书馆实施事项。各馆除对一般民众提倡正当娱乐外，并应以巡回文库向生产场所巡回，使勤劳者得于业余借阅。

4. 华北体育协会实施事项。除举办各种体育竞赛外，并于举办运动会时，增入负重项目。

中国第二历史档案馆藏“伪华北政务委员会教育总署档案”二〇二一（2）·5

华北教育总署教育局关于利用星期日讲述孔孟道义及有关训育的提案

（1943年）

（1）教育局提案：华北各级学校应利用星期日讲述孔孟道义以确立国民道德之基础案

理由　查前国民政府公布之教育宗旨中，曾以“忠孝仁爱信义和平”为国民之道德，事变后临时政府教育部所定之教育方针，则注重“东方传统之文化”；又二十九年教育总署公布之训育方针，亦以尽力提倡“我国固有之美德”为要图，三十一年教育【署】刷新教育命令中，亦有“中国固有之道德文化为立国之基础”之训话。总观历来教育当局之主张，与夫社会一班人士之心理，则中国教育之基础当以东方传统之文化及中国故有之道德为依归，当无异议。惟此二者究系何物并于何处探求，则孔孟经书乃其本源。若于课程中增加读经钟点，则事实上诸多不便，且无命学生诵读全部经书之必要。兹拟利用星期日，由学校聘请名家，将孔孟之精义择要讲述，并按我国现代之情形与夫世界文化之趋势而发挥之，则费时少而收效宏久，则国民思想与道德胥有共同之轨范矣。

办法

1. 通令华北各学校，除朝会、周会时间由师长轮流举行精神训话外，每星期日上午或下午须举行特别讲演，学生全体均须出席（初小除外）。讲演内容，高小及初中以《四书》、《孝经》、《孔子家语》等书为范围，高中及大学以《诗》、《书》、《易》、《礼》、《春秋》等书以及中外历史与重要时事问题为范围。

2. 讲演人员由本校职教员或校外名人担任均可。

3. 讲演题材，即选择经书中某节或某句详细解释，并以现代情势而发挥之，无须按原书章句逐次解读。

4. 每学期之末，由学校按讲演内容命题数则，使学生发表个人之感想，以观其成效。

（2）教育局体育科提案：中等以下学校应采用体育人员担任训育案

理由　训育方针，应以训练方法领导学生步入正轨，过去各级学校对于训育多采管理纠正等方式，又仅注意个人行为，而其结果只有防止之功，而无领导之效，如以体育教员担任训育，则能于一切体育及集团训练中收到健全训育之效。

办法　将现有体育教员加以训练，选择能胜任者，俾以训育职务。

中国第二历史档案馆藏“伪华北政务委员会教育总署档案”二〇二一（2）·36

华北教育总署关于学生修养问题的布告

（1944年2月）

华北政务委员会教育总署布告各校学生文

华北自昔即为吾国文化重心之所在，当此举世为战火所笼罩之时，独我华北匕鬯无惊，弦歌不辍，战后教育不仅未蒙受丝毫破坏，抑且数年以来逐步发展，质与量均较前有长足之进步。此固国家之福，而诸生得于此文化区域内攻治学问，难能可贵，亦至堪庆幸之事也。诸生处此幸福之地，度此幸福之生活，当亦自感未来责任之重大矣。我国经此次变故以后，欲图复兴，非从事积极建设不可。今日之学生，即他年建设国家之基干。诸生素具爱国热诚，对于复兴国家、复兴民族，当已早萦怀抱。本督办莅任伊始，即本建设中国之方针以施教育，愿诸生一洗从来弊习，共图自立，挽回国家之颓运。今与诸生以数事相约，其共守勿渝。

一、应竭力吸取外来学术之真谛，勿忘固有之文化。夫学无止境，古已云然，矧在现代，其进步更为迅速，而学问之道，尤贵不分畛域，允宜撷取他人之长，补我之短，同时于我国固有文化之保存发扬，更当致意。惟是故步自封，固已诟病于当时，而徒效皮毛，尤蒙讥于今日。是以学者必须于外来学术提要钩玄，获其真谛，庶几学可有成，本源弗坠。

二、应尊师重道。古谓：师者所以传道【授业】解惑者。以先知觉后知，以先觉觉后觉，其责任之艰巨概可想见。吾国素重师资，至侪于父兄之列，诚以任重道远，允宜受人之钦崇也。晚近师道陵夷，学子往往不能敬礼其师长，此殊非吾人所当效法。要知敬人人敬，爱人人爱，诸生今日从人学，他日亦将为人师，以身作则，切勿玩视。

三、应重礼义，事整洁，尚勤俭。我国素称礼义之邦，幼小之时，即首重洒扫应对进退之节。盖洒扫即所以求整洁，事勤俭，而应对进退即所以明礼义也。成年之人，持躬治行，更其首务，尤当洗涤其心思，整肃其礼仪，勤劳其身体。欧阳修云：忧劳可以兴国，逸豫可以亡身。诸生切须矫正安逸怠惰之风，寓锻炼于勤俭，勿蹈以往之覆辙，则德之进、业之修，可计日而待也。

四、应明了亲仁善邻之道。国于天地，必有与立，世界进化，全球交通频繁，万无孤立独行之国家。是以集团生存，为大势之所趋，亦必由之途径，同文同种尤当团结。诸生应知讲信修睦乃国家所必需，则患难相扶，休戚相共，亦国家之道义所持重。所望共体斯旨，用期东亚集团之促成、共存共荣之实现。

五、应以国士自相期待。国势阽危，人所共知，吾人责任之重，匪可言喻。诸生当念于国步艰难之际，在此安心向学，以备他日之用，既不可见异思迁，徒增其纷纭之念，尤不宜妄自菲薄，遽存不可终日之心。目前困难为民族解放战争中所必经之过程，务须刻意忍耐，作未来担当重任之准备。诸生居于斯，学于斯，奋发自励，诚不可一息稍宽。盖华北为复兴中国保卫东亚之重心，华北如能臻于上治，即可开中国生存之路也。尤有进者，东亚之保卫既有赖于国家之集团合作，而国与国之间尤须不存芥蒂，互通情好。愿诸生以此自策，以国士自期，以国家为己任，刻苦磨砺，图东亚建设之完成，共从事未来之大业。

以上所列，在战时体制之下为万不可少之修养，亦为国家兴复之关键。所望诸生毋隳己志，毋堕家声，时时以邦国为念，互相切磋，力竞上游，有厚望焉！

督办　王谟

中华民国三十三年二月

中国第二历史档案馆藏“伪华北政务委员会教育总署档案”二〇二一（2）·36

华北政务委员会致教育总署令

（1944 年 5 月 16 日）

令

教育总署

为训令事。案准行政院咨，据教育部呈，奉令为共匪施展诡计，吸收青年，饬即通令注意防范。经遵照办理，并请转咨华北政务委员会一体办理等情，抄同原咨，请查照等因，自当照办。除咨复外，合行抄发原咨件，令仰该总署遵照分行直辖各学校及各省市教育厅局一体注意防范为要。此令。

计抄发原咨及附件各一件

华北政务委员会委员长　王克敏

照抄原咨

现据教育部呈称：“案奉钧院三十三年四月二十日院字第四九八四号训令为准军事委员会咨，据第五集团军回代电，报告共匪吸收和平区青年诡计，饬即通令各校及学生严密注意防范等因。奉此，除通令直辖各学校暨各省市教育厅局一体遵照，严密注意防范外，理合具文呈复，仰祈鉴核，并乞咨请华北政务委员会通饬所属学校及学生一体严密注意防范，实为公便。”等情。据此，除指复应如所议办理外，相应抄同军事委员会原咨一份，咨请贵会查照，通饬所属学校及学生严加防范，并转商友邦有关机关密为注意为荷。

此咨

华北政务委员会

附抄军事委员会咨乙件

院长　汪兆铭

三十三年五月三日

抄　军事委员会原咨

案据第五集团军总司令项致壮回代电称："军事委员会委员长汪钧鉴：（密）层据第九军军长颜秀五帤密电略称：'共匪新四军近施吸收和平区青年方法如次：一、密派干员潜赴我各城镇，调查男女学生姓名，捏造名词曰青年抗日团；一、将青年抗日团名册献与友邦宪兵队，意在便其拘捕青年，造成青年恐怖心理，离开学校家庭而加入匪党；一、匪军给予青年大刀手榴弹等，充第一线白刃战斗兵，并以第二线步枪机枪掩护，夺取我军据点。'等情。据此，除饬属严防并函第一区督察专员及苏北顾问部外，谨此电陈。职项致壮回叩。"等情。据此，查共匪惯用鬼蜮伎俩残害良民，近复在和平区内实行反间，陷害青年手段毒辣，阴谋百出，亟应严加侦防，免中诡计。除指复并分令外，相应咨请查照，转饬教育部通令各校及学生严密注意防范为荷。

此咨

行政院

委员长　汪兆铭

中国第二历史档案馆藏"伪华北政务委员会教育总署档案"二〇二一·34

二、规则与章程

北京特别市公署教育局
中等学校及小学日语教员检定试验办法

（1938年1月18日）

本局为检定本市各中学及小学日语教员起见，举办检定试验，兹特制定检定办法如下：

（一）资格

甲、合于下列资格者，准受小学日语教员之检定：

（1）凡公私立高级中学毕业，对于日语文有研究者；

（2）年龄在十八岁以上，身体健全，品行端正者。

乙、合于下列资格者，准受中等学校日语教员之检定：

（1）凡公私立大学及专门学校毕业，对于日语文有研究者，或具有中小学日语教员资格，足资证明者；

（2）年龄在二十二岁以上，体格健全，品行端正者。

（二）报名日期（略）

（三）报名地点

教育局第二科。

（四）报名手续

先期向报名处领取履历书及保证书，依式填明，粘贴最近二寸半身相片一张，另相片一张随同学历证明文件送缴。

（五）考试地点（略）

（六）检定试验科目

分笔试、口试两种。

甲、笔试

1. 默写；2. 书法；3. 文法；4. 翻译——由中文译成日文，由日文译成中文。

乙、口试

1. 读音；2. 语法；3. 态度言语体格；4. 日文以外之学识。

（七）考试日期（略）

（八）检定结果

凡经检定合格者，由本局发给证书，听候派往所属各校服务。未经检定合格者，不得充任中等学校及小学日语教员。

《北京特别市市政法规汇编》第3辑，1940年。

国立各院校保管章程

（1938年1月28日）

临时政府教育部令字第三三号令公布

第一条　在国立各院校未经本部分别整理以前，暂设各院校保管处，所有保管事宜按照本章程办理之。

第二条　各院校保管事宜由各院校保管处秉承本部意旨负责主持之。

第三条　各院校保管处设主任一人，保管员若干人，均由本部选派充任。

第四条　各院校保管处为办公上之需要，得酌用雇员若干人，由本部遴派之。

第五条　各院校保管人员除保管现有财产及一切档案外，并应就现有财产重新编制财产目录，呈部备案。倘以后财产〖如〗有变更情事，亦应随时造报备核。

第六条　各院校保管人员在可能范围内，对于学校一切校舍、场圃应负整理之责。

第七条　各院校保管处应于每月月终将该月份保管状况呈部备案。

第八条　各院校保管处保管员之职务，由各该处主任就保管员中分配指定之。

第九条　各院校保管处经费另定之。

第十条　各院校保管处应于每月月终造具收支清册呈部备核。

第十一条　本章程如有未尽事宜得随时由本部修改之。

第十二条　本章程自公布之日起施行。

（伪）华北政务委员会编印：《华北政务委员会法规汇编》“六、教育”，1941年。

北京特别市公署教育局补助私立学校经费暂行规程

（1938年7月3日）

第一条　北京特别市公署教育局为奖进私立学校之发展，特制定补助私立学校经费暂行规程以补助之。

第二条　凡私立学校具备下列各款者，得申请补助之：

（甲）经核准立案，继续办理在三年以上，确有成绩者；

（乙）学校组织、学级编制、各班学生人数暨各科课程均合于部局颁行各种规程者；

（丙）设备适合于规程及设置标准之规定者；

（丁）学校经常各费足以维持其存在者；

（戊）职教员资格均系经局核准者。

第三条　凡申请补助学校，须于每年三月至五月呈报，以五月三十一日为截止日期。

第四条　补助申请截止后，由局组织审核委员会核议，并将议决之补助费数目及其他事项由局呈请市公署核定施行。

第五条　各校领得补助费后，应尽量用于充实设备方面，并应将开支情形详报备查。

第六条　补助期间为一学年，期满后得继续声请补助。

第七条　在补助期间，经视察有违第二条各款之一及第五条之规定者，得停止其补助。

第八条　本规程有未尽事宜，得随时呈请修正之。

第九条　本规程自呈准市公署公布之日施行。

《北京特别市市政法规汇编》第3辑，1940年。

修正学校毕业证书规程

（1938年7月15日）

临时政府教育部令字第五七八号令公布

第一条　各级学校学生修业期满成绩及格者，由各该校给予毕业证书。

第二条　各学校所用毕业证书应遵照本规程所规定之式样。

第三条　各学校毕业证书应依照左列规定呈请或函请教育行政机关验印：

一、专科以上学校毕业证书由教育部验印；

二、中等学校（专科以上学校之附属中学同）毕业证书由所在地之教育厅与特别市教育局验印；

三、小学毕业证书（中等以上学校之附属小学同）由所在地之特别市教育局或市县教育行政机关验印。

第四条　中等以上学校毕业证书应贴毕业生最近二寸相片一张。

第五条　专科以上学校毕业证书应贴印花五角，中等学校毕业证书应贴印花三角。

第六条　凡证书均须置备存根簿，编定号数，载明学生姓名及所修学科，存校备查。

第七条　本规定自公布日施行。

附证书式样四种（略）

（伪）华北政务委员会编印：《华北政务委员会法规汇编》“六、教育”，1941年。

暑假讲习会简章

（1938年8月3日）

北京特别市公署署令核准

一、宗旨

本会以使北京市市立、私立中小学校长及中等学校首席教员认识时局，了解日本情况及其教育之现状为宗旨。

二、主办机关

北京特别市公署教育局。

三、时期

第一组：自七月十一日（月）至七月二十日（水）十日间（中等学校组）；

第二组：自七月二十一日（木）至七月三十一日（土）十日间（初等学校校长组）；

每日（新时间）自午前九时至十二时。

四、会场

新民堂。

五、讲习课目及时数

1. 东西之现状（军事、外交、经济）　九小时

2. 日本事情（国势、国民生活）　八小时

3. 关于日本之初等中等教育　六小时

4. 新民精神　七小时

六、讲师

国势及经济　满铁调查部阿部勇

军事　军特务部河野少佐

外交　大使馆参事官山田久就

教育　编审院横山督学官

国民生活　编审院藤本编辑官

新民精神　新民会缪部长、宋部长

七、听讲员

1. 市立、私立各中等学校校长及首席教员。

2. 市立、私立各小学校长。

八、会费

无。

九、细则

细则另定之。

《北京特别市市政法规汇编》第3辑，1940年。

学生制服规程

（1938年8月19日）

第一条　全国各学校男女学生制服除有特别规定外应依本规程之规定。

第二条　小学男生之制服应依左列各款之规定：

一、帽式如附图一之甲。

二、衣分冬夏两种：冬衣式如附图一之乙，不开领。夏衣式如附图一之丙，开领。衣扣铜质平面。

三、裤分冬夏两种：冬裤式如附图一之丁，长过膝。夏裤式如附图一之戊，长不及膝。

四、外套正面式如附图一之己，背面式如附图一之庚，长与膝齐，袖长至手腕，单排明扣，对襟，其腰带之质及颜色与外套同。

五、帽、衣裤外套之质及色均须一律，冬黑或深灰，夏白或黄或浅灰，但同地之学校须用同色之制服。

第七条　绑腿材料须采用质坚价廉之棉织品。

第八条　各学校学生帽徽限用五色国徽。男生兼用领章，女生兼用襟章，以为标志。其式样由各校校长酌定呈报主管教育行政机关备案。

第九条　初高两级小学男生及初级小学女生之制服，如因经济关系不能依照本规程者，须由校长呈经主管教育行政机关之许可后方准从缓施行。

第十条　本规程自公布日施行。

附图（略）

《青岛教育周刊》第1卷第15期，“法规”。

修正各级学校学年学期及休假日期规程

（1938年10月15日）

临时政府教育部令字第九二八号令公布

第一条　各级学校学年学期之起讫及休假日期，除另有规定者外，悉依本规程之规定。

第二条 每年以国历八月一日为各级学校学年之始，翌年七月三十一日为学年之终。

第三条 一学年分为两学期，以八月一日至翌年一月三十一日为第一学期，以二月一日至七月三十一日为第二学期。

第四条 各级学校每学期除第五条所列之休假日期外，开学期内之日数依左列之规定：

专科以上学校第一学期一百三十六日，第二学期一百三十三日（逢闰加一日）；

中等学校第一学期一百四十三日，第二学期一百四十日（逢闰加一日）；

小学校第一学期一百四十六日，第二学期一百四十三日（逢闰加一日）。

第五条 各级学校每年休假日期依左列之规定：

甲、例假

一、暑假：

专科以上学校以七十日为限（自六月二十三日起至八月三十一日止）；

中等学校以五十六日为限（自六月三十日起至八月二十四日止）；

小学校以五十日为限（自七月三日起至八月二十一日止）。

二、年假：一日（国历一月一日）。

三、寒假：十四日（自国历一月十八日起至一月三十一日止）。

四、春节：三日（夏历一月一日至三日）。

五、植树节：一日（夏历清明日）。

六、春假：四日（在四月以内由当地教育行政机关斟酌决定）。

七、端阳节：一日（夏历五月五日）。

八、中秋节：一日（夏历八月十五日）。

乙、纪念假

一、孔子诞辰：一日（夏历八月二十七日）。

二、国庆日：一日（国历十月十日）。

各级学校于左列纪念假日应举行纪念仪式及讲演。

第六条 各地方之特殊纪念应休假者，须由各省市公署教育厅或教育局核定呈报教育部备案。

第七条 各级学校本校纪念日休假，每年至多不得过二日。

第八条 除星期日及第五、第六、第七各条各种休假日期外，不得任意休假，遇有各种会议、演讲事项，应于星期日举行。

第九条 专科以上学校之学校历，应于学年开始两个月以前，依据本规程编制，并分别径报或转报教育部核定。中等以下学校之学校历，应于学校开始两个月以前，由各该省市教育厅或教育局依据本规程制定颁布，呈报教育部备案。

国立、省立、市立或私立专科以上之学校附设之中等以下学校暨政府各机关在各省市所设之中等以下学校，均应遵照所在地之教育厅或教育局颁布之学校历办理。

第十条 暑假、休假日期之起讫，乡村小学之有特殊情形者，得按照所在地农业状况酌量移动之（提早或改迟），并得将假期分为数节，作间隔之休假（如分放蚕假、麦假、秋收假等，而减少暑假之日期），惟休假日期总数不得超过五十日之限制，并须呈经各省市教育厅或教育局之核准。

第十一条 严寒酷暑之省市境内寒暑假之起讫，得按照当地情形酌量变更，惟休假日期总数不得超过第五条（甲）款（一）、（三）两项之规定，并须由各省市教育厅或教育局呈报教育部备案。

第十二条 本规程自公布之日起施行。

（伪）华北政务委员会编印：《华北政务委员会法规汇编》“六、教育”，1941年。

山东各级学校学术讲演会组织办法

（1938年）

第一条 各级学校学术讲演会以交换知识、研究学术、改正思想为宗旨。

第二条 各级学校应各组织学术讲演会，凡教职员均须参加。

第三条 各级学校学术讲演会每星期开会一次，学生均须到会听讲，教育厅得派员参加。开会时须有详细记录并妥为保存，以备教育厅调阅。

第四条 在省会之省立中小学校应分别组织学术讲演联合会，每星期轮流召集开会一次，并先期通知教育厅派员参加。

联合会详细办法由各校校长分别会商定之。

联合会开会时，除会场所在之校外，他校学生毋庸参加。

第五条 济南市公私立学校应分别组织学术讲演联合会，由市教育局规定办法，并随时督察考核其进行。

第六条 在省会外之省立学校举行学术讲演会时，所在地之道尹或县知事得派员参加。

第七条 属于道县之公私立学校举行学术讲演会时，道尹或县知事应派员参加，并随时调阅其开会记录。

第八条 各级学校学术讲演会应由校长切实负责督率进行，不得有名无实。

第九条 本办法自公布日施行，如有未尽事宜，教育厅得随时呈请省公署修正之。

（伪）山东省教育厅编印：《山东省公署教育厅二十七年工作报告》“丙编”，1939年1月。

山东县公署教育科长任免暂行规程

（1938 年）

第一章　总　　则

第一条　本规程依据教育部第二百四十六号训令，暂沿旧法令酌定之。

第二章　任　　用

第二条　县公署教育科长由县长遴选合格人员，呈请道公署转函民政厅会同教育厅提经省政会议通过，由省长委任之。

第三章　资　　格

第三条　县公署教育科长之任用，须具有左列资格之一者为合格：

（一）国内外师范大学、大学教育系或高等师范学校毕业曾任教育职务一年以上著有成绩者；

（二）国内外专门以上学校毕业曾任教育职务二年以上著有成绩者；

（三）师范学校本科、高级中学师范科或后期师范毕业曾任教育职务二年以上著有成绩者；

（四）中等以上学校毕业曾任教育职务三年以上著有成绩者。

第四章　免　　职

第四条　有左列情形之一者由主管长官查明属实应即免职：

（一）受刑事处分者；

（二）行为不检或有不良嗜好者；

（三）患精神病或身有痼疾不能任事者；

（四）怠惰渎职者。

第五章　附　　则

第五条　县公署教育科长不以本县人为限。

第六条　本规程如有未尽事宜，由教育厅呈请省长提出省政会议修正之。

第七条　本规程经省政会议议决，呈请教育部核准后施行之。

（伪）山东省教育厅编印：《山东省公署教育厅二十七年工作报告》“丙编”，1939 年 1 月。

山东县公署视学员任免暂行规程

（1938 年）

第一章 总 则

第一条 本规程依据教育部第二百四十六号训令，暂沿旧法令酌定之。

第二章 任 用

第二条 县视学由县知事呈请教育厅核委，或由教育厅直接委任之。

第三章 资 格

第三条 县视学之任用，须具有左列资格之一者为合格：

（一）师范大学、大学教育系或高等师范学校毕业者；

（二）师范学校本科、高级中学师范科或后期师范毕业曾任教育职务二年以上著有成绩者；

（三）大学或专门学校毕业曾任教育职务一年以上著有成绩者；

（四）中等以上学校毕业曾任教育职务二年以上著有成绩者。

第四章 免 职

第四条 有左列情形之一者由主管长官查明属实应即免职：

（一）受刑事处分者；

（二）行为不检或有不良嗜好者；

（三）患精神病或身有痼疾不能任事者；

（四）怠惰渎职者。

第五章 附 则

第五条 县视学不以本县人为限。

第六条 本规程如有未尽事宜，由教育厅呈请省长提出省政会议修正之。

第七条 本规程经省政会议决，呈请教育部核准后施行之。

（伪）山东省教育厅编印：《山东省公署教育厅二十七年工作报告》“丙编”，1939 年 1 月。

山东检定中学及师范学校教员暂行规程

（1938 年）

第一条　中学及师范学校教员之检定，分无试验检定与试验检定两种。

无试验检定，由检定委员会审查其各项证明文件决定之；试验检定，除审查其各项证明文件外，并加以试验。

第二条　试验检定至少每三年举行一次，无试验检定每学期开始前举行之。

第三条　具有左列资格之一者得受无试验检定：

一、高级中学教员

（1）国内外师范大学、大学教育系或高等师范学校毕业者；

（2）国内外大学本科毕业曾充中等学校教员一年以上者；

（3）国内外专科学校或专门学校本科毕业曾充中等学校教员二年以上者；

（4）曾任高级中学教员五年以上经督学视察认为成绩优良者；

（5）有有价值之专门著述发表者。

二、初级中学教员

（1）具有高级中学教员无试验检定资格之一者；

（2）国内外专科学校或专门学校本科毕业曾充中等学校教员一年以上者；

（3）与高级中学程度相当学校毕业后有三年以上之教学经验，于所任教科确有研究成绩者；

（4）曾任初级中学教员五年以上经督学视察认为成绩优良者；

（5）具有精练技术者（专适用于劳作科教员）。

三、师范学校教员

（1）国内外师范大学、大学教育系或高等师范学校毕业者；

（2）国内外大学本科毕业曾充中等学校教员一年以上者；

（3）国内外专科学校或专门学校本科毕业曾充中等学校教员二年以上者；

（4）曾任师范学校教员五年以上经督学视察认为成绩优良者；

（5）有有价值之专门著述发表者；

（6）具有精练技术者（专适用于劳作科教员）。

四、简易师范学校教员

（1）具有师范学校教员无试验检定资格之一者；

（2）国内外专科学校或专门学校本科毕业曾充中等学校教员一年以上者；

（3）与高级中学程度相当学校毕业后有三年以上之教学经验，于所任教科确有研究成绩者。

第四条　具有左列资格之一者得受试验检定：

一、高级中学教员

（1）国内外大学本科毕业者；

（2）国内外专科学校或专门学校本科毕业后有一年以上之教学经验者；

（3）检定合格之初级中学教员；

（4）曾任高级中学教员二年以上者；

（5）具有精练之艺术技能者（专适用于图画、音乐教员）。

二、初级中学教员

（1）国内外专科学校或专门学校本科毕业者；

（2）与高级中学程度相当学校毕业后有一年以上之教学经验者；

（3）有专门著述发表者；

（4）曾任初级中学教员二年以上者；

（5）具有精练之艺术技能者（专适用于图画、音乐教员）。

三、师范学校教员

（1）国内外大学本科毕业者；

（2）国内外专科学校或专门学校本科毕业后有一年以上之教学经验者；

（3）曾任师范学校教员二年以上者；

（4）具有精练之艺术技能者（专适用于图画、音乐教员）。

四、简易师范学校教员

（1）国内外专科学校或专门学校本科毕业者；

（2）与高级中学程度相当学校毕业后有一年以上之教学经验者；

（3）有专门著述发表者；

（4）曾任简易师范学校教员二年以上者；

（5）具有精练之艺术技能者（专适用于图画、音乐教员）。

第五条　中学及师范学校教员请求检定时须呈缴下列各件：

一、毕业或修业证书；

二、服务证明书；

三、著作（无著作者缺）；

四、本人履历书、志愿书及最近照片。

第六条　举行中学及师范学校教员试验检定须于三个月前由教育厅登报公布。

第七条　中学及师范学校教员试验科目如左：

甲、共同应试科目

（1）教育概论；（2）教学法；（3）新民主义；（4）口试。

乙、专科应试科目

一、修身科：(1) 法学通论；(2) 政治学；(3) 经济学；(4) 伦理学。

二、体育科：(1) 体育原理；(2) 各种运动法则及原理；(3) 健康教育及健康检查；(4) 运动裁判法及指导；(5) 体育教学法。

三、国文科：(1) 作文（一篇）；(2) 中国文学史；(3) 文字学；(4) 论理学；(5) 国文教学法。

四、英语科：(1) 作文（一篇及翻译）；(2) 英国文学；(3) 英语文法；(4) 英语语音学；(5) 英语教学法。

五、算学科：(1) 普通算学（包括算术、代数、几何及三角）；(2) 立体几何；(3) 高等代数；(4) 微积分；(5) 平面及立体解析几何；(6) 算学教学法。

六、生物科：(1) 植物学；(2) 动物学；(3) 遗传学及进化论；(4) 生物教学法。

七、生理卫生科：(1) 生理学；(2) 病理学；(3) 传染病；(4) 急救；(5) 卫生；(6) 卫生教学法。

八、化学科：(1) 有机化学；(2) 无机化学；(3) 分析化学；(4) 理论化学；(5) 工作化学概要；(6) 化学教学法。

九、物理科：(1) 物性学及热学；(2) 力学；(3) 光学；(4) 电学；(5) 近世物理学；(6) 物理学教学法。

十、历史科：(1) 本国史；(2) 外国史；(3) 历史教学法。

十一、地理科：(1) 本国地理；(2) 外国地理；(3) 地图画法；(4) 地理教学法。

十二、国画科：(1) 作画（中国画一幅，木炭画、石膏模型一幅）；(2) 美学概要；(3) 西洋画概论；(4) 透视学；(5) 图画教学法。

十三、音乐科：(1) 普通乐学；(2) 和声学；(3) 各种乐器奏法（钢琴、提琴及中国乐器中之任何一种）；(4) 音乐教学法；(5) 唱奏。

十四、师范学校教育科：(1) 教育心理；(2) 教育史；(3) 教育统计及测验；(4) 教育行政；(5) 小学各科教法及教材。

十五、幼稚教育科：(1) 儿童心理；(2) 保育法；(3) 教育测验及统计；(4) 幼稚园行政；(5) 幼稚园教材及教学法。

各市如有特殊情形，对于本条所列各项专科应试科目得酌量减试一二科目。

丙、口试

初中及简易师范学校各科教员试验科目，应比照上列科目酌量减少并减低程度。

第八条　试验成绩以各科目及口试均满六十分者为及格。

第九条　检定合格者由教育厅给予检定合格证书。检定合格证书有效期间为六年，期满重行检定。

第十条　受试验检定未能及格而某科目成绩满六十分者，给予该科目及格证明书，以后再请检定时得免除该科目之试验。

第十一条 本规程自呈准之日施行。

（伪）山东省教育厅编印：《山东省公署教育厅二十七年工作报告》“丙编”，1939年1月。

山东检定日语教员暂行规程

（1938年）

第一条 日语教员之检定分左列二种：

一、无试验检定；

二、试验检定。

第二条 无试验检定每学期举行一次，试验检定每年举行一次。

第三条 具有左列资格之一者得受无试验检定：

一、留学日本专门以上学校毕业并曾充中等以上学校日语教员二年以上者；

二、专门研究日语确有心得并曾充中等以上学校日语教员三年以上者。

第四条 具有左列资格之一者得受中学日语教员试验检定：

一、留学日本专门以上学校毕业得有毕业证书者；

二、高中以上学校毕业并专修日语二年以上得有证明文件者；

三、以日语为外国语主科之高级中学或旧制中学毕业得有毕业证书者。

第五条 具有左列资格之一者得受小学日语教员试验检定：

一、具有本规程第四条资格之一者；

二、初中以上学校毕业并研究日语有相当程度者；

三、曾充小学教员一年以上并研究日语确有心得者；

四、与中学毕业程度相当并对于日语有精深研究者。

第六条 日语教员请求检定时须呈缴左列各件：

一、登记表及最近照片；

二、毕业证书或其他证明文件。

第七条 试验检定须审查其资格及各项证明文件决定之。

第八条 试验科目（中小学同，但须酌量程度分别命题）：

一、日语（翻译、文法、书取）；

二、国文；

三、常识；

四、口试。

第九条 试验成绩以各科平均分数及口试分数均满六十分者为合格。

第十条　检定合格者由教育厅给与检定合格证书，有效期间为三年。期满重行检定。

第十一条　本规程自呈准之日施行。

（伪）山东省教育厅编印：《山东省公署教育厅二十七年工作报告》“丙编”，1939 年 1 月。

山东省公署教育厅组织暂行规则

（1938 年）

第一条　本规则依据省公署组织大纲第五条、第九条及第十四条之规定制定之。

第二条　本厅直隶省公署掌理全省教育事宜。

第三条　本厅置厅长一人，承省长之命综理全厅事务，并指挥监督所属职员及所辖各机关。

第四条　本厅设秘书室第一、二、三科及督学室。

第五条　本厅各科分设左列各股：

第一科

甲、人事股；

乙、文书股；

丙、庶务股；

丁、会计股。

第二科

甲、初等教育股；

乙、中等专门教育股。

第三科

甲、社会教育股；

乙、礼教股。

第六条　本厅秘书室设荐任秘书一人、委任秘书二人、办事员若干人。

第七条　本厅各科各设荐任科长一人、委任科员若干人、办事员若干人。

第八条　本厅督学室设荐任督学主任一人、委任督学指导员各若干人，但遇必要时得设办事员若干人。

第九条　本厅因缮写文件及助理事务得酌用雇员若干人。

第十条　本厅遇必要时得设各种委员会，其组织另定之。

第十一条　本厅办事细则另定之。

第十二条　本规则如有未尽事宜，得由厅长呈请省长提出，省政会议修正之。

第十三条　本规则自省政会议议决之日施行。

（伪）山东省教育厅编印：《山东省公署教育厅二十七年工作报告》“丙编”，1939年1月。

山东省公署教育厅办事细则

（1938年）

第一章　总　　则

第一条　本细则依据本厅组织暂行规则第十一条之规定制定之。

第二条　本厅于不抵触法令及省令范围内对于直属机关得发布厅令及制定单行规则。

第三条　本厅荐任职员由厅长提出、省政会议表决后，由省长呈请临时政府任命之。其委任秘书、股长、督学等职，由厅长提出、省政会议表决后，省长发给委任。其余职员由厅长委任，呈报省署备案。

第二章　职　　掌

第四条　秘书室职掌如左：

一、综核各科稿件及撰拟审查章则事项；

二、撰译机要函电文稿及保管密电事项；

三、汇集本厅工作报告及编纂出版物品事项；

四、掌管会议记录、公布法令及管理书报事项；

五、办理厅长交办事项；

六、其他不属各科事项。

第五条　第一科分为四股。其职掌如左：

甲、人事股

一、掌理本厅及所属机关人员之进退及铨叙奖惩事项；

二、记录本厅职员之考勤及请假事项；

三、铨叙捐资兴学事项；

四、办理所属各机关之设置、变更、废止及纠纷事项；

五、其他有关人事事项。

乙、文书股

一、收发分配缮校文件事项；

二、典守印信事项；

三、撰拟文电事项；
四、颁发所属机关钤记事项；
五、保管卷宗事项；
六、其他有关文书事项。
丙、庶务股
一、管理及备办本厅一切应用物品事项；
二、管理本厅勤务之进退及分配工作事项；
三、保管本厅房舍及器具事项；
四、掌管本厅房舍修缮事项；
五、其他有关庶务事项。
丁、会计股
一、经理本厅用度及编制预算决算事项；
二、编制及审核所属机关之预算决算事项；
三、办理所属机关之经费统计报告事项；
四、保管公产公物事项；
五、其他有关教育款产事项。
第六条　第二科分为二股。其职掌如左：
甲、初等教育股
一、掌理小学、幼稚园及同等之各种学校事项；
二、调查学龄儿童就学、失学事项；
三、办理考核及训练小学教员事项；
四、其他有关初等教育事项。
乙、中等专门教育股
一、办理中学、师范教育事项；
二、办理职业、专门教育及留学事项；
三、办理考核及训练中等以上教职员事项；
四、审核译著及出版物品事项；
五、其他有关中等、专门教育事项。
第七条　第三科分为二股。其职掌如左：
甲、社会教育股
一、办理民众教育事项；
二、管理博物馆、体育场及各种运动事项；
三、办理补习及特殊教育事项；
四、审核及指导学术团体事项；

五、其他有关社会教育事项。

乙、礼教股

一、管理图书馆及保存文献、古物事项；

二、办理宗教、礼俗事项；

三、其他有关礼教事项。

第八条　督学室职掌如左：

一、督察或指导学校教育之进行事项；

二、督察或指导社会教育之进行事项；

三、指导宗教、礼俗之改善事项；

四、调查所属机关之纠纷事项。

第三章　权　　责

第九条　厅长对于厅内事务以文字表示意思时，以厅令行之。其以口头表示者，由主管人员报告秘书室登载传知簿，交全体职员传阅。

第十条　厅长因事或公出不能执行职务时，其职权得指定荐任秘书或科长一人代行之。

第十一条　机要事件由厅长交秘书办理者，如与主管科有关时，须与该科科长协商之。

第十二条　秘书科长就其主管事务对于所属职员有指挥、监督之权，但遇有特别事件须他科职员协助时，应呈明厅长调派之。

第十三条　本厅职员对于经办一切文件未签发以前不得泄漏，关于机密事务尤须严守秘密，违者分别轻重惩戒之。

第十四条　凡因一事关系两科以上者，由主管科会同他科办理之。

第十五条　各科遇有特别事件科长不能决定者，得陈明厅长核示办理，或提交厅务会议公决后办理之。

第十六条　关于教育改良整顿事项，本厅职员均得以书面提出建议案，交由荐任秘书或主管科长转呈厅长察核。

第十七条　本厅经费照额定数目由会计按月具领，由第一科长转呈厅长核发。其簿册俟月底结清后，仍送请转呈厅长查核盖章。

第四章　文书之处理

第十八条　收发员收到文件开拆后，加粘到文单，摘由、编号、填注到厅日期，登入总收文簿内，汇呈厅长核阅批示后，再由秘书室加盖最要、次要、普通及某科戳记，发交收发员分送各科办理。但文件标明亲启或密件字样者，收发员不得开拆，应登入机要簿内即时送交秘书室转呈。

第十九条　各科收到文件，应由科收发，注明收到日期，编号、摘由，登入收文簿，汇送科长核阅标明办法后，发交主管员承办。

第二十条　收发员收到来电，应即送交秘书室译后，摘由、编号，登入收电簿，径呈厅长核阅。

第二十一条　附有重要物品等之文书，收发员须于收文簿上逐一注明数目，送交会计、庶务分别收存盖章。

第二十二条　凡承办文稿，除繁杂要件及有特殊情形一时不能办理者外，每一事件至迟不得逾三日。其不能遵限办结者，须列表逐件叙明理由，送交科长查核。其电报及紧要事件，须随到随办。

第二十三条　各科承办文稿，应由拟稿员盖章登入送稿簿内送由股长复核，再送科长核阅加章转送秘书室编审，汇呈厅长核定，转呈省长判行发还，主管科督率雇员缮签登簿，由校对员校对无讹，交收发员摘由、编号、登簿，连同原稿送省署监印员用印，交总收发处封发，原稿发还本厅，收发员交主管科编号归档。

第二十四条　文稿内字句如有涂改、增损等处，应由本人加盖名章。

第二十五条　稿件之专属本厅权限者，由秘书室径呈厅长判行印发。其未经判行者，不得缮签用印。但紧要文件标明签稿并送或先行缮发者，不在此限。

第二十六条　凡应登公报文件，由主管之秘书、科长加盖送登公报戳记，由雇员抄录校对无讹，交秘书室汇送登载。

第二十七条　本厅归档之文件稿件，由各科管卷员编列号数，并将种别、类别、卷数、案由、件数、附件等项记录卷宗簿内，分别保存。

第二十八条　文稿归档后，如须检阅，应由调卷人员开具案件清单，署名盖章，交管卷员检送，俟发还时再将原单收回。

第五章　厅务会议

第二十九条　本厅厅务会议分为左列二种：

一、普通会议　每星期六、日十五时举行。

二、特别会议　由厅长临时召集。

第三十条　厅务会议出席人员为厅长、荐任秘书、科长、督学主任，或建议之职员，其经厅长指定或有关系人员亦得列席。

第三十一条　厅务会议以厅长为议长。如厅长因事不能出席时，由厅长指定或互推一人为临时议长。

第三十二条　厅务会议之事项如左：

一、厅长交议事项；

二、各科应行会商事项；

三、荐任秘书、科长、督学主任及各职员提议事项；

四、各种章程、规则之制定、变更及废止事项。

第三十三条 厅务会议之议决案应由各科分别执行。

第六章 办公时间

第三十四条 本厅办公时间经省长指定均须遵照到班，不得迟到早退。如有要公得延长时间。

第三十五条 每日上班应于考勤簿上签名。

第三十六条 每日所办事项应列入工作报告。

第三十七条 本厅职员非有要事或疾病不得请假。其请假规则另定之。

第三十八条 本厅休息日除例假外，余由省长命令行之。

第三十九条 本厅职员于办公时间不得接见宾客。其因公接洽者不在此限。

第七章 附 则

第四十条 本细则如有未尽事宜，由厅长呈请省长提交省政会议修正之。

第四十一条 本细则自省政会议议决之日施行。

（伪）山东省教育厅编印：《山东省公署教育厅二十七年工作报告》“丙编”，1939 年 1 月。

山东文化教育委员会组织大纲

（1938 年）

第一条 本大纲依据山东省公署教育厅组织大纲第十条之规定制定之。

第二条 山东省公署教育厅为发展教育促进东方文化起见，特设山东文化教育委员会。

第三条 本会由教育厅主要职员及厅外富有教育经验者组织之。

第四条 本会会址假新东门外华美街十一号。

第五条 本会职权如左：

一、讨论或审查教育厅交办事项；

二、纠察或指导山东礼俗、宗教事项；

三、提倡东方文化，发扬圣道；

四、发表教育理论；

五、计划实施教育方案；

六、建议改良教育方案。

第六条 本会委员资格如左：

一、当然委员　教育厅长、秘书主任、各科科长、督学主任、市教育局长。

二、聘任委员　（教育厅呈请省长聘任）富有教育经验声望素著者若干人。

第七条　本会设会长一人、副会长一人，综理全会事务。

第八条　本会会长由全体委员公推之。

第九条　本会推定常务委员三人处理本会日常事务。

第十条　本会设分组委员会讨论及审查各该组范围内一切问题（各组办事细则另定）。

第十一条　本会委员概为名誉职，但聘任委员无其他有给职务者，得酌给车资。

第十二条　本会设干事一人至二人，办理本会庶务、会计、文书事项。

第十三条　本会遇必要时得用雇员一人至二人，担任缮写事项。

第十四条　本大纲经省政会议议决呈请教育部备案施行之。

（伪）山东省教育厅编印：《山东省公署教育厅二十七年工作报告》“丙编”，1939 年 1 月。

山东文化教育委员会各组办事细则

（1938 年）

第一条　本细则依据本会组织大纲第十条之规定订定之。

第二条　本会分左列三组：

（一）文化组（关于经学、美术及其他文化事业均属之）；

（二）教育组（关于学校教育事项均属之）；

（三）社会组（凡礼俗、宗教及通俗教育事项均属之）。

第三条　凡关于教育应兴应革事项，得由各组提具意见书交大会议决之。

第四条　遇有教育厅交议事项，由各组审查并加具意见交大会议决之。

第五条　凡遇各组有关事项，得开各组联席会讨论之。

第六条　本会每星期六十七时为例会时间，遇有特别事项得临时召集之。

第七条　本会非有过半数之委员出席不得开会。

第八条　本会开会时各委员非有特别事项不得缺席。

第九条　凡关于行政案件，由本会通过后，须附加说明书，函送省公署教育厅采择施行。

第十条　本细则如有未尽事宜，得由委员二人以上之提议召集大会讨论修改之。

第十一条　本细则自大会通过后施行。

（伪）山东省教育厅编印：《山东省公署教育厅二十七年工作报告》“丙编”，1939 年 1 月。

山东检定教员委员会组织大纲

（1938 年）

第一条　本大纲依据山东省公署教育厅组织暂行规则第十条之规定制定之。

第二条　山东省公署教育厅为检定各级学校教员组织检定教员委员会。

第三条　本会由教育厅主要职员及曾任或现任学校校长教员者组织之。

第四条　本会检定教员分左列四部：

一、中学、师范教员部；

二、日语教员部；

三、小学教员部；

四、职业教员部。

第五条　本会职权如左：

一、审查教员证明文件；

二、核定教员资格；

三、拟订试验规则；

四、检定试验成绩；

五、其他关于检定教员事项。

第六条　本会设委员长一人，由教育厅长兼任；主任委员一人，由厅长委任；常任委员四人至六人，由教育厅秘书主任、科长、督学主任兼任。临时委员无定额，于施行试验时择左列资格之一者由厅长委任：

一、督学；

二、中小学校长或教员。

第七条　本会举行会议时，以委员长为议长；委员长缺席时，由委员长指定委员一人代理。

第八条　本会委员除主任委员外，概为无给职。但临时聘请委员，得酌给车资。

第九条　本会主任委员为专任职，所有本会日常事务统由负责处理。

第十条　本会设办事员一人至二人，承主任之命办理一切事务。

第十一条　本会因缮写文件用雇员一人，如遇事务繁忙得临时增加若干人。

第十二条　本会临时需用干事若干人，由委员长就其他机关调用之。

第十三条　本会举行试验时得设命题阅卷委员若干人，由委员会就左列人员聘请之：

一、富于某科教学经验之大学教授；

二、中学及师范教育专家；

三、小学教育专家；

四、某科专家。

第十四条　本会办事细则另定之。

第十五条　本大纲如有未尽事宜，由教育厅呈请省长提交省政会议修正，并呈请教育部备案。

第十六条　本大纲经省政会议议决，呈请教育部备案施行之。

（伪）山东省教育厅编印：《山东省公署教育厅二十七年工作报告》“丙编”，1939 年 1 月。

教育部督学规程

（1939 年 1 月 10 日）

第一条　本部依教育部组织法之规定，得派督学视察及指导全国教育事宜，于必要时并得酌派部员协同办理。

第二条　督学应视察及指导事项如左：

一、关于教育法令之推行事项；

二、关于学校教育事项；

三、关于社会教育事项；

四、关于地方教育行政事项；

五、关于其他与教育有关事项；

六、关于部令特命视察或指导事项。

第三条　地方教育之视察分定期及临时两种。定期视察每年两次，每次期间自两个月至五个月；临时视察由部令定之。

第四条　督学视察之区域及其任务之分配另定之。

第五条　督学应就第二条第一款至第五款事项，于出发之前拟订标准、制成表格并加具说明，会同各主管司处呈请部长核定行之。

第六条　督学赴各地方视察学校或其他教育机关，毋庸先期通知。

第七条　督学于所至地方，得于［与］当地行政长官、省市县督学官、公立学校校长及其他教育有关人员接洽讨论，借知当地教育过去之历史、现在之状况及将来之企划。

第八条　地方各校如遇发生重大纠纷时，本部得派督学前往视察，并相机纠正或处分之。遇必要时，应电请部示核准，会同地方官办理。

第九条　督学视察时，对于各校所用课本、所订课程及一切行动，如有违反教育法令事件，应随时纠正之，其有情节重大者，得依前条后段规定办理。

第十条　督学视察时，得查点学生名额及试验学生成绩。

第十一条　督学执行职务认为必要时，得暂行变更学校授课时间。

第十二条　督学视察学校及其他教育机关，得调阅各项簿册。

第十三条　督学视察所至，得住宿教育机关或公共处所，但不得向索供应。

第十四条　督学关于第二条视察及指导之事项，应随时择要报告部长、次长，于任务完毕后，除面陈概要外，应造具详细报告，并附改进意见，呈送部长、次长核阅，发交关系司处核办。

第十五条　遇有特殊情形，部长得聘任临时专门视察员。关于第六条至第十四条之规定，临时专门视察员俱适用之。

第十六条　督学办事细则另订之。

第十七条　本规程自公布日施行。

（伪）华北临时政府教育部编：《教育公报》第 1 期，“法规”，1938 年 7 月。

管理北京特别市市立初级日语学校规程

（1939 年 1 月 17 日）

北京特别市公署署令核准

第一条　本市教育局为使市民便利学习日语起见，特就各区新民教育馆分别附设初级日语学校。

第二条　日语学校设管理员一人、事务员一人，由新民教育馆馆长及职员分别兼任之；教员若干人，由教育局委任之。

第三条　日语学校教授课目：（一）简易会话；（二）日语文法及作文；（三）日本现代进化情况。

第四条　每日授课时间暂定为午后五时（新）至七时，休假日期依照学校历规定办理。

第五条　学生修业期间，暂定为六个月，修业期满考试及格，由教育局发给毕业证书。

第六条　学生入学年龄资格均无限制。

第七条　学费每月一元，杂费免收。

第八条　各日语学校行政及监督管理事项，由管理员直接秉承教育局办理。

第九条　各日语学校单行细则另定之。

第十条　本规程未尽事宜，得随时呈请修正。

第十一条　本规程自呈奉市公署核准之日施行。

《北京特别市市政法规汇编》第 3 辑，1940 年。

青岛特别市公署日本语学试验奖励规则

（1939 年 3 月 22 日）

令

各员、各机关

为训令事。查奖励日语试验事务，业经令知由教育局主办，会同总务、警察两局，筹组试验委员会在案。兹特派周家彦充试验委员会委员长，饭田晁三、对马百之充试验委员会副委员长，林喜源太、宇野祐四郎、锻治谷信夫、曲益三、邹树槐、高伯亮充试验委员会委员。除分令外，合亟令仰该员（局会知照此令、院知照此令）即日召集会议，筹商试验日期、试验地址、审定资格及考试命题等一切事宜，并随时具报查核为要。此令。

附发日本语学奖励规则原案一份

青岛特别市公署印

日本语学奖励规则之说明

一、本案宗旨

新东亚之民族须与日本提携，方可宣扬东方之道德，况青岛为东亚大陆华北华中之门户，日本人之往来者逐日增加，故本市市长前在治安维持会会长期内，曾于去年六月六日颁发日本语奖励明令，现在市公署已正式成立，欲求奖励办法之适当及能永久存在，实有拟订本规则之必要。

二、本案目的

前次所定合格者之奖励甚轻，兹为仰副上峰提倡之意旨及激发向学者之热诚起见，特参照日本警察及宪兵队之成例及满洲国之奖励规程，将原有规定稍加改正。

三、施行本规则需要之预算额。

（一）约计本市各机关人员共为二千五百人，按每二十人中奖励一人计算之，每月需费六百元（依规则内特、一、二、三等之津贴为一年，比较四、五两等多半年，平均应每月增给一百元，合共预算月需七百元）。

（二）徽章每枚按三角计算，共需三十七元五角（似宜增加二十五枚以备特、一、二、三等之用）。

（三）试验费用依每年举行两次试验，一切纸张饭食杂项，约计每年二百元。

依上预算额之支出，可使东亚民族趁此机会普遍学习日语，且因奖励之效力，而能使其乐于学习努力上进，诚为有益之举。至每二十人中奖励一人及分配奖额标准，均为日本内地所用之成例。

青岛特别市公署日本语学试验奖励规则

第一条 青岛特别市公署为鼓励职员学习日本语起见，特制定本规则奖励之。

第二条 凡在公署及各机关任委任职及同等待遇之职员，均得依本规则受日本语学试验（以下简称试验）。合格者给予津贴及徽章，但现任翻译、联络、外交等职务者毋庸参加试验，其办法另定之。

第三条 试验合格之等级，分为特等、一等、二等、三等、四等、五等，其津贴依附表一之规定连同徽章发给之。

第四条 合格奖励之有效期间，特等、一等、二等、三等为一年，四等、五等为六个月，期满后得应第二次试验。

但第一次受有试验奖励第二次应试仍无进步成绩者，不得奖励。

第五条 试验于每年一月及七月之中旬举行一次，其津贴及徽章由受验之当月起发给之。但第一次试验于二十八年三月下旬举行，其受奖期间以本年六月底为止。

依前条规定期间，凡受奖各员每届一年或六个月，应即将津贴取消，并将徽章同时缴还所属机关。

第六条 市公署于试验实施之前月十五日以前，委派试验委员长及试验委员若干人组织试验委员会，规定试验日期及地址，并审定受验【人员】之资格。

第七条 受验人员须于十一月三十日及五月三十日以前填具受验志愿书（式样另附），呈经所属长官转呈市长核交试验委员会审定之。

各机关长官如认为资格适宜者得推荐受试。

第八条 试验时分笔试及口试二种。笔试为译解作文及默写，口试为会话及读解。

第九条 试验之方法、试题及手续等，由试验委员会规定，呈请市公署核准备案。

第十条 试验合格之成绩，依附表一之规定由试验委员会议定之。

第十一条 入场试验时，除铅笔、自来水笔外，不得携带片纸只字及其他物品。于受验时有不正当行为者，得由监试员停止受验，驱逐出场。

第十二条 凡在以日本语为主语之学校毕业经试验合格确有成绩者，得限定二等以上之奖励支给津贴。

第十三条 试验合格后有左列情形之一者即停止支给津贴及收回徽章：

一、有不正当之行为者；

二、休职、退职及死亡者；

三、长期出差及奉命留学者；

四、发见有第十一条之行为者。

第十四条 语学津贴于发给薪俸同时支给之。

第十五条　本规则自公布之日施行。

附一：语学津贴之定额及试验等级之程度一览表（略）

附二：受验外国语学志愿书式样（略）

青岛市档案馆藏“市档临 23-1-52”

教育行政会议规程

（1939 年 4 月 5 日）

临时政府教育部令字第三一二号令公布

第一条　教育部为明了各省市教育实况，研讨教育行政方案，以期地方教育及文化之进展，召开教育行政会议。

第二条　本会议由教育部总长召集之。

第三条　本会议于每年适当期间召集一次，遇必要时得开临时会议。

第四条　本会议以左列人员为会员：

教育部总长、次长、秘书长、局长、参事、秘书及有关系之科长；

各省市教育厅长、局长。

各省市教育厅长、局长因特别事故不能到会者，得派代表出席。

第五条　教育部及直辖编审会，各省市教育厅局，有关系之重要职员，于必要时得列席本会议。

第六条　本会议由教育部总长主席，因事不能出席时，由次长代理。

第七条　本会议应议事项列左：

甲、关于改进全国教育及文化之一般事项；

乙、关于改进各省市教育或文化之特殊事项；

丙、关于次年度教育行政实施计划之事项；

丁、关于其他教育上或文化上之重要事项。

第八条　各项议案应于开会十日以前送部核定后编入议事日程。

第九条　会议事项有应付审查者，由主席于会员中指定三人至五人审查之，俟报告后再行付议。

第十条　本会议议决事项由教育部总长酌量采择施行。

第十一条　本会议设干事长一人、干事若干人，由教育部总长就部员内指派，分别办理会中事务。

第十二条　本规程如有未尽事宜，得由教育部随时修正之。

（伪）华北政务委员会编印：《华北政务委员会法规汇编》“六、教育”，1941 年。

山东省整理私立学校暂行办法

（1939 年 12 月 12 日）

山东省第 100 次省政会议通过

第一条　凡私立或团体设立之学校为私立学校，外国人及外国团体设立之学校亦属之。

第二条　凡事变后新开办之私立学校，须遵照民国二十二年十月前教育部公布之《修正私立学校规程》立案。

第三条　凡事变前已开办之私立学校并呈经立案核准者，事变后如继续办理，须遵照本办法重行立案，但以前未经呈请立案核准者仍以新开办论。

第四条　外国人或外国团体设立之学校，外国人不得充任校长。如有特别情形，外国人得充任校董，但名额至多不得超过三分之一，其董事长仍须以中国人充任。

第五条　宗教团体设立之学校，不得以宗教科目为必修科及在课内作宗教宣传，并不得举行宗教仪式，强迫或劝诱学生参加。

第六条　私立学校组织课程及其他一切事项，均须遵照现行教育法令办理。

第七条　私立学校教职员均须以检定合格者充任。

第八条　私立学校须受该管教育行政机关之指导及监督。

第九条　私立学校遇必要时，得由主管教育行政机关委派日籍教官。

第十条　私立学校重行立案，须开具左列事项呈请主管教育行政机关核办：

一、校董资历表；

二、校董会章程；

三、学校组织概况表；

四、职教员及学生资历表；

五、学校平面图及说明书；

六、学校经临费预算表；

七、课程标准；

八、教科书目录表；

九、财产目录表。

第十一条　私立学校重行立案，须具有左列各项方得核准：

一、呈报事项查明属实并适合者；

二、能遵守现行教育法令并遵照以上各项办法实行者；

三、学生入学资格合格、在校学生成绩优良者；

四、设备足敷应用者；

五、资产或资金之租息连同其确定收入（学费除外）足以维持其每年经常费者。

第十二条　私立学校重行立案已核准之中等学校，由省公署咨呈教育总署核办，在中等学校呈由该管市县公署转呈省公署核办，在小学及其同等学校呈请该管市县公署核办。

第十三条　私立学校重行立案已核准之中等学校，由省公署咨呈教育总署备案，小学及其同等学校由该管市县公署转呈省公署备案。

第十四条　凡事变后未经重行立案之私立学校，限三个月以内呈请立案，如逾期不立案或立案未经核准者，实行取缔或勒令停办。

第十五条　私立学校除本办法规定外，仍依前教育部公布之《修正私立学校规程》办理。

第十六条　本办法如有未尽事宜，得由教育厅长呈请省长提出省政会议修正之。

第十七条　本办法经省政会议议决公布之日施行。

（伪）山东省政府教育厅编印：《教育法令汇编》，1944 年 8 月。

修正学校学年学期及休假日期规程

（1940 年 5 月）

第一条　各级学校以每年八月一日为学年开始，翌年七月三十一日为学年之终。

第二条　一学年分为二学期，以八月一日至翌年一月三十一日为第一学期，以二月一日至七月三十一日为第二学期。

第三条　各级学校每学期除第四条甲种休假日期外，开学期内之日数依左列之规定：

专科以上之学校第一学期一百三十六日，第二学期一百三十五日（闰年一百三十六日）；

中等学校第一学期一百四十三日，第二学期一百四十二日（闰年一百四十三日）；

小学第一学期一百四十六日，第二学期一百四十五日（闰年一百四十六日）。

第四条　各级学校每年休假日期依左列之规定：

甲、例假

一、暑假：

专科以上学校以七十日为限（起六月二十三日讫八月三十一日）；

中等学校以五十六日为限（起六月三十日讫八月二十四日）；

小学以五十日为限（起七月三日讫八月二十一日）。

二、年假：各级学校一律定三日（起一月一日讫一月三日）。

三、寒假：各级学校一律定为十四日，其起讫日期由教育部每年以部令规定之。

四、春假：各级学校一律定为七日（起四月一日讫四月七日）。

春假、暑假、寒假期内应由各该校规定学生作业。

乙、纪念假

一、孔子诞生纪念日（国历八月二十七日）。

二、国庆纪念日（国历十月十日）。

三、总理诞辰纪念日（十一月十二日）。

四、中华民国成立纪念日（国历一月一日）。

五、革命政府纪念日（国历五月五日）。

右列各纪念日各级学校均应休假一日，并于是日举行纪念式及演讲。

第五条　各级学校于左列各纪念日举行集会纪念，不放假。

一、总理逝世纪念日（三月十二日）。

二、革命先烈纪念日（三月二十九日）。

三、国府还都纪念（三月三十日）。

四、清党纪念日（四月十二日）。

五、云南起义纪念日（十二月二十五日）。

第六条　各地方特殊纪念日应休假者，须由各省教育厅或行政院直辖市各市教育局核定，并呈报教育部备案。

第七条　各级学校本校纪念日休假，每年至多不得过二日。

第八条　除星期日及第四、第六、第七各条各种休假日期外，不得任意休假，各种集会应于星期日举行。

第九条　专科以上学校之学校历应于学年开始两个月以前，由各该学校根据本规程编订，径报或转报教育部核定。

中等以下学校历应于学年开始两个月以前，由各该省教育厅或行政院直辖市各市教育局根据本规程制定颁布，并呈报教育部备案。

国立或私立专科以上学校附设之中学以下学校，及国民政府各机关在各省或行政院直辖各市所设之中等以下学校，应遵用所在地之教育厅或教育局所制定颁布之学校历，各省省立中等以下学校或各省省立专科以上学校附设之中等以下学校之在行政院直辖各市境内者同。

第十条　暑假休假日期之起讫，乡村小学之有特殊情形者，得按照各该所在地农业状况酌量移动（如提早或改迟）之，并得将假期分为数节，作间隔之休假（如分别放蚕假、麦假、秋收假等而减少暑假日期），惟休假日期之总数不得超过五十日之限制，并须经各该省教育厅或行政院直辖市各市教育局之核准。

第十一条　寒暑假日期之起讫，在严寒酷暑之省市境内得按照当地情形酌量变更，惟休假日期之总数不得超过第四条甲款一、三两目之规定，并须由各该省教育厅或行政院直辖市各市教育局呈请教育部核准。

第十二条　本规程自公布日施行。

（附注：该规程由 1940 年 5 月 28 日汪伪政府行政院第九次会议决议通过。）

《汪伪政府行政院会议录》二

聘用日本籍教职员经费支给办法纲要

（1940 年）

一、华北文化事业协会自民国二十九年（昭和十五年）七月一日起至民国三十年（昭和十六年）三月三十一日止，以另行编造之概算书所列金额赠与华北政务委员会教育总署，作为该期间内中国学校聘用日本籍教职员所需各项费用之一部之用。

二、教育总署及各省（包含县市）各特别市应于前项赠与金之外，加以中国方面之经费，支给公立小学校、中等学校（包含师范学校）、国立各校院及特定之私立学校等所聘用日本籍教职员之薪俸及其他各项费用。

三、日本籍教职员之薪俸及其他各项给与金，照左列规定支给之：

甲、薪俸“在勤手当”及房金：

（1）关于在本纲要实施以前业经在上列各校任职而领受一定金额之人员，除有特殊情形者外，该项金额应划分为薪俸及“在勤手当”两部，凡超过中国薪级表内相当等级之薪俸额者，其超过数额应一律视为“在勤手当”。

（2）对于新聘用之日本籍教职员，应以其各人之学历及经历为标准，照中国薪给表规定其薪俸，同时并支给所定之“在勤手当”。

（3）因物价腾贵安定生活而支给临时津贴时，应照中国方面之规定行之。

（4）对于在职人员因种种困难不能配给住宅时，应暂照附表（一）之规定，由民国二十九年七月起支给房金。

（5）本年度以后应行聘用之日本籍教职员，其名额应于每年度另行规定之。

（6）关于日本籍教职员之增俸，依附件（一）之规定行之。

乙、赴任旅费及退职归国旅费：

日本籍教职员之赴任旅费及退职归国旅费，应于事实确定后依附件（二）之规定支给之。

丙、年终奖金及退职金：

年终奖金及退职金，依附件（三）之规定支给之。

四、对于各省（包含县市）及各特别市所辖学校聘用日本籍教职员所赠之金额，由教育总署交付于各该省（包含县市）市公署，使其依照前记各项规定经理之。

五、因此次赠与而中国财政上所生之余裕，应作为优遇各该校教员或改善学校内容之用。

附件（一）：日本籍教职员增俸规则

第一条　中国各学校所聘用日本籍教职员之增俸，均依照本规则办理之。

第二条　增俸分为普通增俸及特别增俸两种：

普通增俸在每年二月或八月行之，特别增俸在教职员死亡、负伤或遇有特殊情形时行之，其增俸金额临时规定之。

第三条　普通增俸应就成绩优良而且经过左表所定进级期间之人员铨议之，但给与额在三百九十元以下者，得于经过所定期间二分之一时，将所定之增俸额酌量分期先支给其一部分。

附件（二）：

1. 赴任旅费

区分 / 给与类别	本人赴任旅费	家族手当	家族同伴赴任旅费
六五〇元以上	七〇〇元	一五〇元	八五〇元
六四九元～四八〇元	六〇〇元	一五〇元	七五〇元
四七九元～三〇〇元	五〇〇元	一五〇元	六五〇元
二九九元～一一二元	三五〇元	一〇〇元	四五〇元
一一一元以下	一五〇元	五〇元	二〇〇元

2. 归国旅费

区分 / 给与类别	本人归国旅费	家族手当	家族同伴归国旅费
六五〇元以上	四二〇元	九〇元	五一〇元
六四九元～四八〇元	三六〇元	九〇元	四五〇元
四七九元～三〇〇元	三〇〇元	九〇元	三九〇元
二九九元～一一二元	二一〇元	六〇元	二七〇元
一一一元以下	一〇〇元	三〇元	一三〇元

附件（三）：

（1）年终奖金规则

服务六个月以上者，支给一个月之薪俸及其“在勤手当”；服务不满六个月者，支给半个月之薪俸及其“在勤手当”。

（2）退职金规则

退职人员服务在一年以上者，每在职一年支给一个月之薪俸及其“在勤手当”，在职六个月以上一年未满者，以服务一年计，不满六个月者不计。

服务在十五年以上者，退职金以十五年计，服务在二十年以上而著有劳绩者，临时决定之。

在职期间死亡者支给“死亡给与金”，其金额应参酌本人之在职年数等临时规定，但不再支给前两项规定之退职金。

附表（一）：房金表

区分 给与类别	房金（月额）	
一〇〇〇元以上	二〇〇元	
九一〇元～六〇〇元	一三〇元	
五九九元～四五〇元	一〇〇元	
四四九元～二七〇元	七〇元	
二六九元以下	四〇元	

中国第二历史档案馆藏“伪华北政务委员会教育总署档案”二〇二一·271

山东省学校组织暂行规程

（1941 年 1 月 8 日）

第一条　学校设校长一人，总理校务并监督指挥全体职教员、学生；专任教员若干人，分掌校务及担任教学管理。

第二条　校长为专任职，但视学级之多寡得兼任教学，每周二小时以上。

第三条　专任教员除担任教学外，均须兼任校内其他职务。

第四条　专任教员担任教学，每周小学以二十四小时为原则，中等学校以上十八小时为原则，专科学校以上十五小时为原则。但专任国文教员（小学除外）以十二时为原则。如有出入，均不得逾三小时。

第五条　小学课程之支配，以每级一专任教员为原则。

第六条　专任教员兼任其他职务较重者，得减少授课时间三分之一至二分之一。

第七条　学校得视学级之多寡酌设教务委员会、事务委员会或教导委员会，各承校长之命分掌教务、训育、事务一切事宜。其委员会各设主任委员一人、常务委员一人至三人、委员若干人，均由校长指定专任教员兼任之。

第八条　学校得视学级之多寡，酌设校医一人至二人、事务员一人至三人、雇员一人至三人。

第九条　学校实行级任制，每级设级任一人，由校长择该级一专任教员兼任之，掌理该级之管理、训育事项，并以终任一学级为原则。

第十条　教员均需负训育责任，应以身作则，采用团体训练及个别训练，指导学生一切课内课外之活动。

第十一条　教职员均以同室办公为原则。

第十二条　学校办事细则，教职员及学生请假规则以及考勤办法，均应详为制定，呈请主管教育行政机关备案。

第十三条　专任教员及校役，均以住宿校内为原则，与学生共同生活。但有特殊情形，得酌量变通之。

第十四条　校长、专任教员及事务员均不得兼任校外职务，但经特许者不在此例。

第十五条　学校得应教学之需要，酌设兼任教员若干人（但不得超过专任教员总额三分之一）。

第十六条　为养成劳动习惯起见，教职员应领导学生躬亲操作，雇用夫役力求减少。

第十七条　为促进校务起见，学校得设校务会议，由全体教职员组织之，校长为议长。

第十八条　为改善校务起见，学校得设各种研究会，由专任教员分别组织之。

第十九条　为促进学生学业起见，学校得令学生分别组织各种研究会。

第二十条　初级小学在三年级以下者，得依据本规程按实际情形酌量变通之。

第二十一条　教员职奉之分配，应以学校组织定员表为标准，并于每学期开学前三星期呈报主管或该管教育行政机关核定之。

第二十二条　各级学校应于每学期开学后一个月内，将学校组织概况、教职员学生一览表及其他重要表册章则等事项，呈报主管教育行政机关备案。

第二十三条　学校组织定员表制定如左（附后，略）。

第二十四条　本规程自省政会议议决公布之日施行。

（伪）山东省政府教育厅编印：《教育法令汇编》，1944 年 8 月。

拟具《华北各省市举行日本语文检定试验暂行办法》等

（1941 年 5 月 2 日）

为咨行事。查自中日实行提携以来，双方关系益形密切，彼我交际日趋广泛，各公私机关团体，对外书牍之往还，以及口头之接洽，几无日无之。处此情形，日本语文，实为必要工具。惟查各公私机关团体服务人员，多不谙日语，每遇涉外事项，时生隔阂，贻误事机。兹为补救此种困难起见，拟由本署主持于每年秋季举行日本语文检定试验一次，俾使现在服务人员及志愿服务者得以自由应试。凡合格者，按照其应考等级给与合格证书。

如此办理，既可以奖励服务人员修习日语，以利事务之进行，又可使各机关团体录用翻译人员有所准据。至举行检定试验之办法，由本署组织检【定】试验委员会，决定试验之原则及各种重要事项，以资划一。各省市教育厅局，应分别组织检定试验委员会，定期举行试验，以期普及。关于举行检定试验所需经费，由本署与各省市分别负担，并经拟定《华北各省市举行日本语文检定试验暂行办法》、《教育总署日本语文检定试验委员会组织规则》暨《华北各省市教育厅局日本语文检定试验委员会组织规则》，呈奉华北政务委员会指令核准施行在案。除分行外，相应检同附件，咨请查照办理为荷。

此咨

苏北行政专员公署

附《华北各省市举行日本语文检定试验暂行办法》一份、《华北各省市教育厅局日本语文检定试验委员会组织规则》一份、《教育总署日本语文检定试验委员会组织规则》一份

教育总署督办　周〇〇

附一：华北各省市举行日本语文检定试验暂行办法

第一条　为奖励现在或志愿在华北各省市公私各机关团体服务人员学习日本语文起见，特制定本办法。

第二条　日本语文检定试验（以下简称检定试验），应经教育总署日本语文检定试验委员会审定，由华北各省市教育厅局日本语文检定试验委员会于每年秋季举行之。

前项两种检定试验委员会之组织规则另定之。

第三条　检定试验按程度之高低，分为初、中、高三级。兹将检定标准分列于左：

一、初级：能谈日常应酬用语，并能笔译浅近中日语文者。

二、中级：能谈普通言语，堪任普通交际翻译，及能笔译浅近中日语文，简洁正确，并能作短篇日文者。

三、高级：分为第一、第二两类。第一类注重语言，第二类注重文字，其检定标准分列如左：

第一类：能自由谈话，堪任长篇讲演翻译，并能笔译普通中文及日文，不失原意者。

第二类：能互译中日长篇论文，简洁正确，并能作长篇日文，且了解普通语言者。

第四条　检定试验分口试及笔试二种，其考试科目如左：

一、初级：会话、念写、读法及译解、作文。

二、中级：会话、文法、读法及译解、念写、作文。

三、高级：第一类：会话、口头翻译（中日语互译）、读法、念写、中日文互译；第二类：会话、中日文互译、文法、作文。

第五条　检定试验应在各省市公署所在地举行，但各省视环境之需要，得于省公署所在地以外之地方举行之。

第六条　各省市教育厅局举行检定试验时，得由教育总署派员前往监视。

第七条　检定试验合格者，由省市教育厅局按照等级种类分别给予合格证书。合格证书之样式，由教育总署定之。

第八条　检定试验合格者，除由省市教育厅局公布外，并分别登载于各省市公署公报及华北政务委员会公报。

第九条　各省市教育厅局举行检定试验完毕后，应将办理经过情形连同合格者之成绩单及试卷呈报教育总署备案。

前项试卷由教育总署检阅后，仍分别发还各省市教育厅局保管之。

第十条　本办法由教育总署呈请华北政务委员会核准后施行。

附二：教育总署日本语文检定试验委员会组织规则

第一条　教育总署为主持日本语文检定试验，组织检定试验委员会。

第二条　本委员会设委员七人至十一人，由本署署长充任委员长，并就左列人员分别指派或聘任为委员：

一、本署局长及参事；

二、富于日本语文教授经验之人员；

三、对于日本语文富有研究之人员。

第三条　本委员会举行会议时，以委员长为主席；委员长缺席时，应指派委员一人为代理主席。

第四条　本委员会审定之事项如左：

一、各项试验规则之拟定；

二、命题标准之商订；

三、试题之拟订（由委员长就委员中指定若干人担任之）；

四、检定日期之规定；

五、各省市检定合格者成绩之检阅；

六、其他关于应行审定之重要事项。

第五条　本委员会委员概为无给职，聘任委员得于开会期间酌支车马费。

第六条　本委员会设干事若干人，由委员长就本署职员中调用之。

第七条　本委员会办事细则另定之。

第八条　本规则自呈准华北政务委员会之日施行。

附三：华北各省市教育厅局日本语文检定试验委员会组织规则

第一条　华北各省市教育厅局为举行日本语文检定试验，组织检定试验委员会。

第二条　本委员会设委员七人至十一人，由省市教育厅局长充任委员长，并就左列人员分别指派或聘任为委员：

一、教育厅局之秘书、科长、督学；

二、富于日本语文教授经验之人员；

三、对于日本语文富有研究之人员。

第三条　本委员会举行会议时，以委员长为主席；委员长缺席时，应指派委员一人为代理主席。

第四条　本委员会之职掌事项如左：

一、办理检定试验广告；

二、办理报告事项；

三、试场及试场用品之准备；

四、监考；

五、办理口试（由委员长就委员中指定若干人担任之）；

六、考试成绩之评定（由委员长就委员中指定若干人充任之）；

七、合格证书之准备；

八、关于检定试验之其他重要事项。

第五条　本委员会委员概为无给职，聘任委员得于办理考试期间酌支车马费。

第六条　本委员会得设干事若干人，由委员长就本职或本局职员中调用之。

第七条　本委员会办事细则另定之。

第八条　本规则自呈准华北政务委员会之日施行。

中国第二历史档案馆藏“伪华北政务委员会教育总署档案”二〇二一·691

华北各级学校学年学期及休假日期规程

（1941 年 8 月 1 日）

教育总署公布

第一条　各级学校学年学期之起讫及休假日期，除另有规定者外，悉依本规程之规定。

第二条　各级学校以每年国历八月一日为学年之始，翌年七月三十一日为学年之终。

第三条　一学年分为两学期。以八月一日至翌年一月三十一日为第一学期，以二月一日至七月三十一日为第二学期。

第四条　各级学校每学期除第五条所列之休假日期外，开学期内之日数依左列之规定：

专科以上学校第一学期一百三十日，第二学期一百二十八日（逢闰年加一日）；

中等学校第一学期一百三十七日，第二学期一百三十五日（逢闰年加一日）；

小学校第一学期一百四十日，第二学期一百三十八日（逢闰年加一日）。

第五条　各级学校每年休假日期依左列之规定：

甲、例假

一、暑假

专科以上学校以七十日为限（自六月二十三日起至八月三十一日止）；

中等学校以五十六日为限（自六月三十日起至八月二十四日止）；

小学校以五十日为限（自七月三日起至八月二十一日止）。

二、年假三日（国历一月一日起至一月三日止）。

三、寒假十四日（其起讫日期由教育总署每年以署令规定之）。

四、春节三日（夏历一月一日起至一月三日止）。

五、植树节一日（清明日）。

六、春假七日（在四月以内由当地教育行政机关斟酌决定）。

七、夏节一日（夏历五月初五日）。

八、秋节一日（夏历八月十五日）。

九、冬节一日（冬至日）。

春假、暑假、寒假期内应由各校规定学生作业。

乙、纪念假

一、中华民国成立纪念日一日（国历一月一日）。

二、总理逝世纪念日一日（国历三月十二日）。

三、国府还都、华北政务委员会成立纪念日一日（国历三月三十日）。

四、和平反共建国先烈殉国纪念日一日（国历九月一日）。

五、孔子诞辰纪念【日】一日（夏历八月二十七日）。

六、国庆纪念日一日（国历十月十日）。

七、总理诞辰纪念日一日（国历十一月十二日）。

第六条　各地方之特殊纪念应休假者，须由各省市公署教育厅局核定呈报教育总署备案。

第七条　各级学校本校纪念日休假，每年至多不得过二日。

第八条　除星期日及第五、第六、第七各条各种休假日期外，不得任意休假，遇有各种会议演讲事项，应于星期日举行。

第九条　专科以上学校之学校历，应于学年开始两个月以前依据本规程编制，并分别径报或转报教育总署核定。中等以下学校之学校历，应于学校［年］开始两个月以前由各该省市教育厅局依据本规程制定颁布，呈报教育总署备案。国立、省立、市立或私立专科以上之学校附设之中等以下学校暨政府各机关在各省市所设之中等以下学校，均应遵照所在地之教育厅局颁布之学校历办理。

第十条　暑假休假日期之起讫，乡村小学之有特殊情形者，得按照所在地农业状况酌量移动之（提早或改迟），并得将假期分为数节作间隔之休假（如分放蚕假、麦假、秋收假等而减少暑假之日期)。惟休假日期总数不得超过五十日之限制，并须呈经各省市教育厅局之核准。

第十一条　严寒酷暑之省市境内寒暑假之起讫，得按照当地情形酌量变更。惟休假日期总数不得超过第五条（甲）款（一)、(三）两项之规定，并须由各省市教育厅局呈报教育总署备案。

第十二条　本规程自公布之日起施行。

《华北政务委员会公报》第95、96期合刊，“教署·法规”，1941年10月9日。

整顿日本语学校暂行办法

（1942年3月4日）

一、凡以教授日本语文为目的之学校，无论为旧有或新设，其修业期限在二年以内者，均依照本办法之规定办理。

二、为统一名称免除混淆起见，所有以教授日本语文为目的之学校，统称为日本语学校，旧有学校名称分歧，凡与此项规定不合者，均须于本办法公布后一年内加以改正，公立者称为某县某市或某省立日本语学校，私立者称为私立某某日本语学校，但私立者不得以当地地名为其学校之名称。

三、日本语学校修业期限定为一年以上，但视环境之需要，得附设速成班，旧有之学校与本项之规定不合者，应于本办法公布后一年内改正之。

四、日本语学校依照前两项之规定加以改正后，公立者应由主管教育行政机关呈由上级机关转呈或径呈教育总署备案，私立者应由创办人呈由该管教育行政机关转呈或径由该管教育行政机关立案。私立日本语学校立案后，应由省市教育行政机关呈报教育总署备案。

五、私立日本语学校于本办法公布后一年内不遵章呈请立案者，得由主管教育行政机关呈请上级机关或径令其停办。令其停办者，应呈报教育总署备案。

六、第四项内公私立日本语学校备案或立案时，应由主管教育行政机关或创办人开具学校所设班级之种类，并参酌《修正私立学校规程》第三十条之规定办理之。

七、日本语学校应招收完全小学校以上之毕业生或有同等学力者。

八、日本语学校之课程除日本语文外，并须规定修身、国文、体育为必修科，但不满六个月之速成班得变通办理。

九、日本语学校学生以男女分班或分校为原则。

十、日本语学校于每学期之始，应将教职员一览表、学生名册、学业成绩、经费收入及实施概况，呈由主管教育行政机关转呈或径呈各该省市教育行政机关备案，并由省市教育行政机关汇呈教育总署备查。

十一、日本语学校每届办理毕业应于期后一个月内造具毕业生毕业成绩表，转呈或径呈省市教育行政机关转报教育总署备案。

十二、日本语学校学生修业期满经考试及格者，发给毕业证书，并于证书背面注明该生入学以前之学历、资历及在本校修业之期限。毕业证书之样式另订之。

十三、日本语学校以昼间授课为原则，但视环境之需要得变通办理。

十四、日本语学校始业日期以每年八月一日或二月一日为原则。

十五、各主管教育行政机关及上级教育行政机关，于本办法施行期内，对于管内日本语学校应随时加以考查或视察。

十六、私立日本语学校经呈准立案后办理不善或违背法令者，得由主管县市教育行政机关呈请省教育厅或径由市（特别市）教育局撤销其立案或令其停办。令其停办者应呈报教育总署备案。

十七、本办法自公布之日施行。

附：毕业证书式样（略）

中国第二历史档案馆藏“伪华北政务委员会教育总署档案”二〇二一·690

日本驻北京大使馆公使通知改正派遣教职员薪俸规则之件

（1945 年 5 月 15 日）

径启者：

查现行中国方面派遣日系教职员薪俸规则，自昭和十七年（民国三十一年）改正以迄于今，兹者为期于适合现下诸般情形，特又予以改正，今附上该新改正之规则，如蒙台允，即请自四月一日起实行为荷。此致

教育总署文督办

在北京大日本帝国大使馆事务所长特命全权公使　楠本实隆

三十四、五、十五

中国第二历史档案馆藏“伪华北政务委员会教育总署档案”二〇二一（2）·26

华北教育总署会计科送发修正日籍派遣教职员俸给规则之训令

（1945 年 6 月 2 日）

令

国立北京大学、北京师范大学、北京艺术专科学校、北京外国语专科学校

河北、山东、山西、河南省政府教育厅

北京、天津、青岛特别市政府教育局

冀东特别区行政公署

径启者，为令遵事。准驻北京大日本帝国大使馆送到《修正日籍派遣教职员俸给规则》一份，嘱照转饬遵照等由。除分行外，合行（相应）抄附该项规则，令仰遵照（随函送请）并转饬遵照（北大）。此令。

查照　此致

冀东特别区行政公署

附修正《日籍派遣教职员俸给规则》一份

附：日籍派遣教职员俸给规则（民国三十四年即日本昭和二十年四月一日修正）

第一条　日籍派遣教职员之增俸，依照本规则办理。

第二条　增俸分为普遍增俸及特别增俸二种。

一、凡成绩优良者，得依另表所列各级应经过之期间，于每年二月及八月给予普通增俸。

但各省市所属教职员之增俸，自民国三十三年即日本昭和十九年八月一日起算。

二、凡因公死亡负伤或有其他特殊事故者，得给予特别增俸，其增额临时酌定。

三、凡俸给在四百七十元以下者，于经过所□□□□□一而有特别情形时，得考核其勤务状况及成绩等，特予增俸一级。

第三条　支给一级俸者，经过相当年限而成绩优良，得支给特别俸，其金额临时定之。

1. 国立大学教授俸给及增俸表

级俸	俸给	经过年限
一级	九一〇	三年
二级	八四五	三年
三级	七八〇	二年半
四级	七一五	二年
五级	六五〇	二年
六级	六〇〇	二年
七级	五七〇	一年
八级	五四〇	一年

续表

级俸	俸给	经过年限
九级	五一〇	一年
十级	四八〇	一年
十一级	四五〇	一年
十二级	四二〇	一年
十三级	三九〇	一年
十四级	三六〇	一年

2. 国立大学副教授、专任讲师【暨】国立专科学校教授、专任讲师俸给及增俸表

级俸	俸给	经过年限
一级	五七〇	三年
二级	五四〇	三年
三级	五一〇	二年
四级	四八〇	一年半
五级	四五〇	一年
六级	四二〇	一年
七级	三九〇	一年
八级	三六〇	一年
九级	三三〇	一年
十级	三〇〇	一年
十一级	二七〇	一年

3. 国立大学、专科学校助教、技士、助理、护士俸给及增俸表

级俸	俸给	经过年限
一级	四二〇	三年
二级	三九〇	三年
三级	三六〇	二年
四级	三三〇	一年半
五级	三〇〇	一年半
六级	二七二	一年半
七级	二五六	一年半
八级	二四〇	一年

续表

级俸	俸给	经过年限
九级	二二四	一年
十级	二〇八	一年
十一级	一九二	一年
十二级	一七六	一年
十三级	一六〇	一年
十四级	一四四	一年
十五级	一二八	一年
十六级	一二〇	一年
十七级	一一二	一年
十八级	一〇四	一年
十九级	九六	一年

4. 中等学校教员俸给及增俸表

级俸	俸给	经过年限
一级	五一〇	三年
二级	四八〇	三年
三级	四五〇	二年半
四级	四二〇	二年
五级	三九〇	一年半
六级	三六〇	一年半
七级	三三〇	一年
八级	三〇〇	一年
九级	二七二	一年
十级	二五六	一年
十一级	二四〇	一年
十二级	二二四	一年
十三级	二〇八	一年
十四级	一九二	一年
十五级	一七六	一年
十六级	一六〇	一年
十七级	一四四	一年

5. 小学校教员俸给及增俸表

级俸	俸给	经过年限
一级	四五〇	三年
二级	四二〇	二年
三级	三九〇	二年
四级	三六〇	一年半
五级	三三〇	一年半
六级	三〇〇	一年半
七级	二七二	一年半
八级	二五六	一年
九级	二四〇	一年
十级	二二四	一年
十一级	二〇八	一年
十二级	一九二	一年
十三级	一七六	一年
十四级	一六〇	一年
十五级	一四四	一年
十六级	一二八	一年
十七级	一一二	一年

6. 赴任及归国旅费

<table>
<tr><th>区分
给与额别</th><th>本人</th><th>家族</th></tr>
<tr><td>五〇〇元以上</td><td>一等船车费相当额</td><td rowspan="3">1. 妻所支与本人同额。
2. 其他同一户籍内满十二岁以上之子女，照本人支额二分之一支给；未满十二岁者，照本人支额四分之一支给。</td></tr>
<tr><td>五〇〇元未满、二〇〇元以上</td><td>二等船车费相当额</td></tr>
<tr><td>二〇〇元未满</td><td>三等船车费相当额</td></tr>
</table>

备考：

一、右表所列之旅费，以东京—北京为准（包含快车车费）。至由北京赴任地之旅费，则归地方筹给（包含快车车费）。

二、同伴者，于其他方面已领得旅费时，不再支给旅费。

三、对于满四岁或未满者，不支给旅费。

四、本人赴任后未满六个月而归国者，支给规定旅费之半额，但因病或其他不得已情形时，不在此限。但家族旅费，则不支给。

五、本人赴任后六个月以上未满一年而归国者，支给规定旅费。但家族旅费支半额。

7. 赴任治装费及移转费

区分 / 给与额别	治装费及移转费
五〇〇元以上	一〇〇〇元
五〇〇元未满、二〇〇元以上	八〇〇元
二〇〇元未满	五〇〇元

8. 归国移转费

区分 / 给与额别	归国移转费
五〇〇元以上	二〇〇〇元
五〇〇元未满、二〇〇元以上	一五〇〇元
二〇〇元未满	一〇〇〇元

备考：

一、在职满一年以上而有勤劳者，得支归国移转费。

二、在职未满六个月归国者，支给其半额。

三、仅家族归国者，不支给移转费。

9. 退职金

退职者，依左表之规定支给退职金。

（表缺）

（一、二两条缺）

三、服务十年以上者，其退职金临时酌定之。

四、对于在职中功劳显著者，得不拘在职期间，支给超过基准额之退职功劳金，此种情形临时酌定之。

10. 死亡吊慰金

凡在职中死亡者，除支给退职金外，并支给死亡吊慰金，其金额视其在职年限功绩等，临时酌定之。

11. 住宅费

区分 / 给与额别	住宅费（月额）
九一一元以上	二〇〇元
九一〇元～六〇〇元	一五〇元
五九九元～四五〇元	一二〇元
四四九元～三〇〇元	一〇〇元
三〇〇元未满	七〇元

12. 年终奖金

年终奖金照以下之规定支给之：

一、服务未满六个月者，得按其月数酌量支给。

二、服务六个月以上未满一年者，支俸给一个月。

三、服务一年者，支俸给三个月。

备考：

一、上列标准额，得因勤惰及成绩等变更之。

二、成绩优良者，得支特别奖金，其金额临时酌定之。

本规则自民国三十四年即日本昭和二十年四月一日起实行。

中国第二历史档案馆藏“伪华北政务委员会教育总署档案”二〇二一（2）·26

三、机构及团体

北京国立省立学校保管委员会之设立

（1938年）

溯自事变后，北京国立及省立各学校虽多未能开学，而校址设备不可无人保管，故本会于九月间即设置国立省立学校保管委员会，并令各学校设立保管分会，由各校原有职员担任校内保管之责，并管理校内一切事务。兹将保管委员会简则、委员姓名及各校保管员主任、保管费数目分别详记于后。

国立省立学校保管委员会简则

一、在京国立、省立各大学、专科学校、中学及附属学校，开学无期，为免疏虞起见，由北京地方维持会特设保管委员会暂为管理。

二、北京大学、北平大学、清华大学、师范大学、交通大学、铁道学院、艺术专科、蒙藏学校、河北省立各校，每校各出代表一人，北平大学五院各出代表一人，地方维持会代表若干人，北京市政府代表一人，警察局代表一人，共同组织学校保管委员会。

三、前条各学校于本校教职员中推出若干人组织分会，保管本校一切财产器物，而受学校保管委员会之监督指挥（北平大学五院得独立各组分会）。

四、学校保管委员会主席由北京地方维持会第五组（文化）主任担任之。

1. 国立省立学校保管委员会各委员一览表

职别	姓名	代表机关及学校	备考
主席	周肇祥	北京地方维持会代表	
委员	马鄰翼	同上	
	周大文	同上	
	西田影一	同上	
	武田熙	同上	
	桥川时雄	同上	
	吴承	北京市政府代表	
	徐荣善	北京警察局代表	

续表

职别	姓名	代表机关及学校	备考
	包尹辅	北京大学代表	包尹辅辞职继推固丰
	华正宣	清华大学代表	
	陈仲平	北平大学代表	陈仲平离辞改推吕介民
	马志道	平大医学院代表	马志道离职改推石裔唐
	张延祖	平大工学院代表	张延祖赴津改推谭孔新
	张建时	平大农学院代表	
	高建藩	平大女子文理学院代表	
	王清晨	平大法商学院代表	
	汪如川	师范大学代表	
	张静峰	国立师大附中代表	
	孙蕴璞	师大第一附小代表	
	孙世庆	师大第二附小代表	
	叶麟佑	国立交通大学铁道管理学院代表	
	赵少侯	国立艺术专科代表	
	敖景文	蒙藏学校代表	
	臧家桢	河北省立通县师范学校代表	
	麻涛珊	河北省立高级中学代表	
	马润民	河北女子职业讲习所代表	
	周萼芬	国立第一助产学校代表	
	吕士熊	河北省立黄村农业学校代表	

2．国立省立各学校保管委员会分会各校保管主任暨职工数目表

校名	地址	保管主任姓名	保管员人数	校役数	备考
北京大学	沙滩	固丰、盛铎	115	200	原保管主任包尹辅
清华大学	西郊清华园	毕正宣	45	200	
师范大学	厂甸	汪如川	10	57	
铁路学院	府右街	叶麟佑	3	6	
北平大学办公处	中海	吕介民	12	8	
北平大学医学院	后孙公园	石裔唐	23	20	原保管主任王德容
北平大学女子文理学院	朝内北小街	高建藩	11	16	
北平大学法商学院	国会街	王清晨	38	30	
北平大学农学院	阜外骆驼庄	张建时	25	60	
北平大学工学院	西四端王府	谭孔新	35	27	
艺术专科	前京畿道	赵少侯	22	20	

续表

校名	地址	保管主任姓名	保管员人数	校役数	备考
河北高级中学	地安门外东皇城根	麻涛珊	14	19	
蒙藏学校	西单堂子胡同	敖景文	15	15	
河北女子职业讲习所	地安门西皇城根	马润民	5	7	
通县师范学院	皮库胡同	臧家桢	7	4	
黄村农业学校	黄村	吕士熊	17	8	

3. 国立省立各学校保管委员会分会经费表

学校名称	十月份		十一月份		十二月份	
北京大学	3 746	00	3 746	00	3 746	00
清华大学	3 184	00	3 484	00	3 484	00
师范大学	1 675	00	1 755	00	1 755	00
北平大学办公处	466	00	466	00	466	00
平大法商学院	1 106	00	1 106	00	1 106	00
平大农学院	1 525	00	1 605	00	1 605	00
平大女子文理学院	738	00	738	00	738	00
平大工学院	1 192	00	1 192	00	1 192	00
平大医学院	756	00	756	00	756	00
医学院附属医院	4 690	00	4 750	00	4 750	00
交大铁路学院	214	50	214	50	214	50
艺术专科学院	746	50	704	50	704	50
蒙藏学校	744	80	1 584	80	1 500	00
通县师范附设小学	239	00	239	00	239	00
河北省立高级中学	1 131	40	1 249	40	1 249	00
河北省立女子职业教育讲习所	260	60	260	60	1 160	60
师范大学附设中学	5 731	80	5 731	80	5 731	80
师大附小一校	1 477	20	1 477	20	1 477	20
师大附小二校	1 251	00	1 251	00	1 251	00
黄村农业学校			476	00	476	00
附市各级学校补助费	50 000	00	50 000	00	50 000	00
附义务教育补助费	10 000	00	10 000	00	10 000	00

（伪）北京地方维持会编印：《北京地方维持会报告书》（下），1938 年。

青岛中国少年团团则

（1938年5月）

第一条　方针

本团方针在使中国少年阶级者脱离国民党教育之弊害，培养高洁之操行及健全之体力，俾得修养清新活泼之国民精神，而为中日敦睦之先驱。

第二条　少年团纲要

一、明朗以团结。

二、自肃以向上。

三、先驱以亲日。

四、奉公以利民。

五、赤诚以报国。

第三条　少年团标语

一、在团旗之下努力猛进。

二、以实质刚健为吾等之夸耀。

三、吾等之使命即是中日敦睦。

四、以赤诚报国之精神为少年之光荣。

五、少年团旗灿烂四海。

第四条　总则

一、本团定名为青岛中国少年团。

二、本团推戴青岛治安维持会教育科长为总团长。

三、本团推戴青岛治安维持会警察教练所长为副总团长。

四、本团以年龄十四岁至十七岁居住青岛之中国少年组织之。

五、本团于各地区设置分团。

六、分团名称冠以各地区名。

七、本团之本部事务所设置于……

第五条　组织及任务

一、本团设置左列之职员

1. 顾问　若干名

2. 总团长　一名

3. 副总团长　一名

4. 委员　若干名

5. 主事　一名

6. 干事　若干名

7. 名誉指导员　若干名

8. 团长　一名

9. 副团长　一名

10. 分团长　每分团设置一名

二、职员之聘请或委任如左：

1. 顾问　总团长认为适当者聘请之。

2. 委员　总团长认为适当者聘请之。

3. 主事　依委员之推举由总团长委任之。

4. 干事　依委员之推举由总团长聘请或委任之。

5. 名誉指导员　总团长认为适当者聘请之。

6. 团长　团员中认为适当者由总团长委任之。

7. 副团长　团员中认为适当者由总团长委任之。

8. 分团长　团员中认为适当者由总团长委任之。

三、职员之任务如左：

1. 顾问　关于重要事项应协议总团长之咨询。

2. 总团长　代表青岛中国少年团统辖团务。

3. 副总团长　辅佐总团长，如总团长有事故时得代理之。

4. 委员　依照总团长之意志审议团内主要事项以谋团之统一。

5. 主事　承受总团长之命令掌理团之常务。

6. 干事　辅佐主事处理团务。

7. 名誉指导员　依照总团长之意旨指导训育及演练等项。

8. 团长　承授总团长之命令指挥团务。

9. 副团长　辅佐团长如团长有事故时得代理之。

10. 分团长　承授团长之命令指挥分团。

四、职员任期如左：

除总团长副总团长外其他职员任期均为一年但得连任。

第六条　会议

本团会议定为左列两种：

一、定期总会

二、职员会

1. 定期总会

定期总会每年开会一次，于四月间由总团长召集之，但总团长认为有必要时得临时召集之。

2. 职员会

职员会总团长认为有必要时得随时召集之。

第七条　会计

一、本团之经费在原则上虽为自给自足，而亦得仰给补助金或捐款。

二、本团之会计年度以每年四月一日起至翌年三月末日止。

三、总团长委任主事执掌金钱出纳及财产保管。

第八条　附则

本团则如有改废时，经职员会之审议依总会之决议后，由总团长行之。

附：青岛中国少年团职员名单（略）

《青岛教育周刊》第1卷第4期，“教育史料”。

北京特别市公署教育局补助私立学校经费审核委员会组织规程

（1938年8月3日）

第一条　本规程依照《北京特别市公署教育局补助私立学校经费暂行规程》第四条之规定制定之。

第二条　本会委员由下列人员组织之，并以教育局局长为委员长：

（一）教育局局长；

（二）市公署教育股长；

（三）教育局秘书一人；

（四）教育局第一、第二、第三科科长；

（五）教育局督学三人；

（六）教育局第二科各股股长、第三科社会教育股股长。

第三条　本会职权如下：

（一）审核各私立学校补助经费申请书；

（二）审核各私立学校补助经费标准及额数；

（三）为明了各学校实际办理情形，除参酌督学视察报告外，遇必要时得临时实地调查之。

第四条　本会定于每年度六月上半月举行会议，以两星期为限。

第五条　本会议决事项，由教育局呈请市公署核定施行。

第六条　本会除定期会外，得由委员长召集临时会。

第七条　本规程有未尽事宜，得随时呈请修正之。

第八条 本规程自呈准市公署公布之日施行。

《北京特别市市政法规汇编》第3辑，1940年。

青岛治安维持会学务委员会规则

（1938年8月20日）

第一条 为应青岛治安维持会咨询关于各校之经营事项起见，设立学务委员会。

第二条 学务委员定为十名，以中日两国名流组织之。

第三条 学务委员为名誉职。

第四条 由各学务委员互选委员长一名、代理委员长一名。

第五条 学务委员任期为一年，但定员缺席时得补充之，其任期以前任者遗留之任期为限。

第六条 学务委员会得设顾问若干名，顾问经委员会议决，由治安维持会长聘任之。

第七条 学务委员会应答关于左列事项之咨询。

一、关于学校之预算事项。

二、其他关于学校经营之一切事项。

第八条 学务委员会有必要时由委员长随时召开之。

第九条 学务委员会以调查研究及协议决定等事项报告治安维持会。

第十条 为处理学务委员会业务起见，得设干事若干名。

第十一条 关于干事会之规定另定之。

第十二条 学务委员会得向治安维持会陈述意见。

第十三条 治安维持会委员得出席学务委员会陈述其意见。

附则：本会则于本会成立日施行之。

《青岛教育周刊》第1卷第16期，“法规”。

华北临时政府教育部组设学制研究会经过

（1938年9月）

本部为商讨今后教育之设施及学校制度之改善起见，特决定于部中设立学制研究会负责研讨一切。该会正会长由本部汤总长兼任，副会长由黎次长兼任，关于会员人选，由正会长聘定各教育专家、各省市主管教育机关首脑人员及各级学校校长等担任，共计十九人，聘书于三月七日分别送出，并于三月十七日下午三时假本部西花厅召开首次会员会议。兹分志详情如次：

会员名单：周作人、徐祖正、何其巩、庞敦敏、阮尚介、鲍鉴清、张水淇、萧述宗、韩秋圃、李洲、杨荫庆、俞大酉、王淑周、李如松、刘家壎、文元模、陶尚铭、李泰棻、张儒林

首次会议除在京会员十四人出席外，本部总长、次长、教育局张局长、普通教育科赵科长，均亲自到会，共同研究。首由总长报告成立意义及筹备经过，并表示希望大家嗣后对于学制改革、教育设施等，尽量发表意见，期收集思广益之效，借以对于过去党化色彩各点，予以彻底之刷新云。次即开始讨论，推选甲乙两组会员及常务委员。

甲组会员　关于高等教育方面，统属于甲组，当推定周作人、徐祖正、何其巩、庞敦敏、阮尚介、鲍鉴清、张儒林、张心沛、李泰棻为甲组会员，并互推周作人、张心沛二人为该组常务委员。

乙组会员　关于普通教育及一般中小学方面，统属于乙组。当推定韩秋圃、李洲、杨荫庆、俞大酉、王淑周、李如松、刘家壎、张水淇、萧述宗、陶尚铭、李泰棻、张儒林、张心沛、赵祖欣为乙组会员，并互推韩秋圃、赵祖欣为该组常务委员。

（伪）华北临时政府教育部编：《教育公报》第 3 期，“记载”，1938 年 9 月。

北京特别市公署教育局中等学校及小学日语教员检定委员会暂行组织规程

（1938 年 11 月 18 日）

北京特别市公署署令核准

第一条　本局为检定市、私立中等学校及小学日语教员，特组织检定委员会。

第二条　检定委员会由局长任委员长，举行会议时以委员长为主席；委员长缺席时，由委员长指定委员一人为代理主席。

第三条　检定委员会设委员　人，以下列人员由本局分别指派或聘请之：

一、本局科长；

二、本局秘书；

三、督学主任；

四、现任市、私立中等学校或小学校长。

第四条　下列各事项须经检定委员会会议审核决定之：

一、各项检定试验规则之拟订事项；

二、受检定各员呈缴各项文件之审查事项；

三、受检定各员合格或不合格之检定事项；

四、检定试验成绩之核算及揭示事项；

五、关于检定之其他重要事项。

第五条　检定委员会设命题阅卷委员　人，由会就富于日语、日文经验人员聘请之。

第六条　检定委员会为办理事务起见，分设三股，办理下列各事项：

第一股：办理关于会计、庶务事项。

第二股：办理关于检定试验之一切文书、试卷等事项。

第三股：办理关于试场之布置及监试事项。

第七条　检定委员会各股办事人员，就本局职员中调用，均为无给职，但因公外出时，得酌支车马费。

第八条　市、私立中等学校及小学日语教员检定办法另定之。

第九条　本规程如有未尽事项，得随时秉承委员长意旨办理。

第十条　本规程自呈奉核准之日施行。

《北京特别市市政法规汇编》第3辑，1940年。

修正教育部直辖编审会组织规程

（1939年1月19日）

临时政府公布

第一条　本会定名为教育部直辖编审会，直隶于教育部，掌理关于中小学及师范、职业各级学校应用教科图书与各种教育刊物之编辑、审查及发行等事宜。

第二条　本会设左列各股：

一、中等教育股；

二、初等教育股；

三、通俗教育股；

四、教育刊物股；

五、发行股。

第三条　本会各股之职掌如左：

一、中等教育股　掌理关于中等教育教科图书之编辑及审查事项。

二、初等教育股　掌理关于初等教育教科图书之编辑及审查事项。

三、通俗教育股　掌理关于通俗读物之编辑及审查事项。

四、教育刊物股　掌理关于各种教育刊物之编辑及审查事项。

五、发行股　掌理关于各级教科图书及各种教育刊物之发行事项。

第四条　本会置会长一人，综理本会一切事务，由教育部总长选任之，但亦得由教育部总长自行兼任。

第五条　本会置总编纂一人，承会长之命，综理并分配本会一切编审及发行事务；副编纂一人或二人，辅佐总编纂处理事务。

第六条　本会置秘书一人或二人，承会长之命办理本会文书之撰拟、收发及会计、庶务等事务。

第七条　本会置编审若干人，分配各股办理各该股主管事务，并由会长于每股指定一人为主任编审。

第八条　本会酌置特约编审若干人，得出席编审会议。

第九条　本会置办事员二人至四人，书记及打字员各若干人，分别办理收发、缮校及会计、庶务等事务。

第十条　本会关于编辑、审查及发行各事遇有应行讨论事项，得举行股务会议或编审会议。股务会议由各股主任编审召集之，编审会议由总副编纂商承会长之命召集之。

第十一条　总副编纂、编审、特约编审均由会长聘任之，秘书、办事员由会长委派之，书记及打字员由会长雇用之。

第十二条　本会办事细则另定之。

第十三条　本规程如有未尽事宜，得随时由教育部修正之，并呈报行政委员会备案。

第十四条　本规程自修正公布之日施行。

（伪）华北临时政府教育部编：《教育公报》第9期，“法规”，1939年3月。

教育部教育法规编审会规程

（1939年7月13日）

临时政府教育部令字第七一六号令公布

第一条　教育部为拟订及审议各种教育法规起见，特设教育法规编审会。

第二条　教育法规编审会（以下略称本会）之任务如左：

一、检讨旧有各类教育法规与临时政府宣言之主旨有无抵触；

二、审检旧有各种教育法规是否完备并是否适合现时之需要；

三、起草各种教育法规。

第三条　本会以左列人员组织之：

一、会长一人，由教育部总长兼任之；

二、总编审一人，由教育部次长兼任之；

三、编审若干人，由教育部职员中调派兼任之；

四、特约编审若干人，由教育部聘请部外人员充任之。

第四条　本会设教育行政、学校教育、社会教育、文化事业四组，每组置主任一人，由会长指派充任，其各组人员由总编审商承会长指定分配之。

第五条　本会遇有应行讨论专项，得举行编审会议或分组会议。编审会议由总编审商承会长召集之，分组会议由各组主任商承总编审召集之。

第六条　本会得置事务员、书记各若干人，由教育部职员中调派兼任之。

第七条　本会各项人员均为无给职，但特约编审得酌给车马费。

第八条　本规程由教育部总长核定并咨呈行政委员会备案后公布施行。

（伪）华北政务委员会编印：《华北政务委员会法规汇编》“六、教育”，1941 年。

山东学校少年团组织暂行规则

（1940 年 5 月 3 日）

山东省第一三八次省政会议通过教育总署教字第四四号咨准备案

第一条　本规则依据教育部第二百四十五号训令第九条之规定制定之。

第二条　各中小学校均应组织少年团，定名为某校少年团。

第三条　本团顺应东亚新秩序之建设，提倡学生课外活动，以团体训练、纪律训练及防共精神为实施之目标。

第四条　本团组织，合山东省道、市、区、县中小学校各团为总团，每一学校为一分团，每分团分三大队，每大队为三中队，每中队分三小队，每小队三人至十八人。总团置总团长一人、副总团长一人，道、市、区、县各团各置团长一人、副团长一人，分团置分团长一人、指导员及其他职员若干人，各队各置队长一人。

第五条　总团长由省长兼任，统辖及监督各团。副总团长由教育厅长兼任，秉承总团长综理本团一切事宜。道、市、区、县各团长由道尹、市长、署长、县知事兼任，副团长由各公署教育科局长兼任，依次秉承总团长命令监督所属各分团一切事宜。分团长由各校长兼任，秉承总副团长、各主管团长处理各该团事宜。指导员及其他职员由分团长呈请总团长委任，各队长由团员互选，呈请主管团长聘任之。

第六条　总团设置顾问，由总团长聘任之。

第七条　各队长及团员均由学生充任之。凡学生年在十二岁以上者，无论男女均有加入本团之义务。但女生须另队编制，不得与男生混合。

第八条　各队长每学期更替一次。

第九条　团员以校方原定之制服为少年团服。

第十条　本团训练纲要另定之。

第十一条　团内所有之经费，由各该团事务费作正开支。

第十二条　总团及各团办事细则另定之。

第十三条　本规则如有未尽事宜，由教育厅呈请省长提交省政会议修正之。

第十四条　本规则经省政会议议决并呈请教育部核准后施行之。

附：山东省学校少年团训练纲要

一、启发良善思想　例如精神训话、读书运动、宣传演讲等事，必须纠正其思想，导入良善。

二、养成纪律生活　例如个人训练、团体训练及随时随地实施训练，必须严守纪律。

三、振兴体育　例如劳作运动、国术竞赛及温冷水浴之善良习惯等事，必须提倡振导力图发展。

四、培养公德　例如服务慈善团体、助理公益事业、保护公共物品，必须出以至成［诚］，养成社会之公德。

五、崇拜祖先神圣　例如祭祀祖先、表彰先哲以及称述历代圣贤之嘉言懿行，引起崇拜之意。对于先哲祠庙及家庙宗祠必须竭诚爱护。

六、发扬自治精神　例如团员自动请办运动会、讲演会、学艺会等事，必须极力提倡，使人人有独立自治之精神。

七、注重社会教育　例如各地之新民教育馆、图书馆、讲演所、阅报室皆为社会教育所寄托，对于各种书报必须悉心观摩，讲求时务之正确认识及社会正当之动向。

八、励行各种礼节　例如开会庆祝等事必须循规蹈矩，遇有师长训话、来宾参观尤须遵守仪规，以正学风而端士习。

九、讲求家庭伦理　例如孝敬父母、友于兄弟为社会道德之所必具，务须躬行实践去伪存诚，方足以资修养。

十、指导女子轨范　女少年团应养成贤妻良母之观念，例如房舍布置、洒扫、缝纫、烹调等事为女子生活之所需要，必须严加训练使之井井有条，用资表率。

（伪）山东省政府教育厅编印：《教育法令汇编》，1944 年 8 月。

修正教育总署直辖编审会组织规程

（1941 年 5 月 15 日）

教育总署公布

第一条　本会定名为教育总署直辖编审会，直隶于教育总署，掌理关于中小学及师范、职业各级学校应用教科图书与各种教育刊物之编辑、审查及发行等事宜。

第二条　本会设左列各股：

一、中等教育股；

二、初等教育股；

三、通俗教育股；

四、教育刊物股；

五、发行股。

第三条　本会各股之职掌如左：

一、中等教育股　掌理关于中等教育教科图书之编辑及审查事项。

二、初等教育股　掌理关于初等教育教科图书之编辑及审查事项。

三、通俗教育股　掌理关于通俗读物之编辑及审查事项。

四、教育刊物股　掌理关于各种教育刊物之编辑及审查事项。

五、发行股　掌理关于各级教科图书及各种教育刊物之发行事项。

第四条　本会置会长一人，综理本会一切事务，由教育总署督办聘任之，但亦得由教育总署督办自行兼任。

第五条　本会置总编纂一人，承会长之命综理并分配本会一切编审及发行事务；副编纂一人或二人，辅佐总编纂处理事务。

第六条　本会置秘书一人或二人，承会长之命办理本会机要文书及会长交派事务。

第七条　本会置编审若干人，分配各股办理各该股主管事务，并由会长于每股指定一人为主任编审。

第八条　本会酌置特约编审若干人，得出席编审会议。

第九条　本会置总务主任一人，承会长之命监督事务人员办理各项事务。

第十条　本会置事务员四人至六人，书记及打字员各若干人，分别办理文书、会计、庶务、保管及缮校等事务。

第十一条　本会关于编辑、审查及发行各事，遇有应行讨论事项，得举行股务会议。股务会议由各股主任编审召集之，编审会议由总副编纂商承会长之命召集之。

第十二条　总副编纂、编审、特约编审均由会长聘任之，秘书、总务主任、事务员由会长委派之，书记及打字员由会长雇用之。

第十三条　本会办事细则另定之。

第十四条　本规程如有未尽事宜，得随时由教育总署修正之，并呈报政务委员会备案。

第十五条　本规程自修正公布之日施行。

《华北政务委员会公报》第81、82期合刊，“教署·法规”，1941年7月29日。

修正山东省学校青少年团实施训练暂行办法

（1943 年 9 月 3 日）

第一条　本办法为便于各级学校实施青少年团训练，特依据《青少年运动指导要纲》制定之。

第二条　学校青少年团分下列组织：

1. 小学校高级班男生组织少年团，女生组织少女团；
2. 初级中等学校男生组织少年团，女生组织少女团；
3. 高初中等学校及专科学校男生组织青年团，女生组织女子青年团。

第三条　各级学校青少年团训练时间，每周暂定二小时，列为正课。

第四条　学科训练与术科训练之分配，学科占四分之一，术科占四分之三，即学科每隔周上一次，术科每两周上三次。

第五条　学科与术科训练，各校青少年团应以合班训练为原则，人数在百人以上者得分组合班训练。

第六条　学校青少年团训练应注意下列四项要纲：

1. 精神训练；
2. 生活训练；
3. 服务训练；
4. 国防训练。

第七条　小学校高级班及初级中等学校之少年团或少女团，以精神训练、生活训练为主，以服务训练与国防训练为副。

第八条　高级中等学校及专科学校之青年团或女子青年团，以服务训练、国防训练为主，以精神训练、生活训练为副。

第九条　实施训练纲目另定之。

第十条　本办法如有未尽事宜，得由教育厅长呈请省长提交省政会议修正之。

第十一条　本办法经省政会议议决公布之日施行。

（伪）山东省政府教育厅编印：《教育法令汇编》，1944 年 8 月。

北京特别市公署考选委员会教育局校长教员铨衡委员会规则

（1943 年）

第一条　北京特别市公署为注重教育人才起见，另设教育局校长、教员铨衡委员会

（以下简称本会），隶属于北京特别市公署考选委员会。

第二条 本规则依据《北京特别市公署考选委员会组织章程》第二条第四款规定之。

第三条 本会以下列人员组织之：

（一）教育局长；（二）辅佐官；（三）秘书；（四）关系专员；（五）关系科长；（六）关系督学；（七）关系股长。

第四条 本会以教育局长为委员会长，其他各员为委员。

第五条 市属各级学校校长、教员遇有缺额或需要某项学科教员而有补充之必要时，得由教育局长提出合格人员，交付本会审核资格选定之。

但前项合格人员须提出毕业证书或毕业同学录及经历证明文件，如不能提出时，无论具何种理由，不认为合格。

第六条 本会会议由委员长召集之，委员长为当然主席；委员长缺席时，由市长指定委员中一人为临时主席。

第七条 本会会议事项用不记名投票式，由出席委员过半数之同意决定之可否，同数取决于主席。

第八条 本会议决选定人员，由本会委员长转达，考选委员会呈市长任命之。

第九条 第八条选定人员，如发现有第五条证书不合格情事或有下列各款情事之一者，市长有取消决议案之权；倘市长认为有考试之必要时，得交由考选委员会考试之。

一、褫夺公权或停止公权尚未复权者；

二、品行卑污被控有案者；

三、受破产之宣告尚未复权者；

四、年逾六十者；

五、亏欠公款或侵蚀公款者；

六、其他认为不适当校长、教员者。

第十条 市属各级学校校长、教员资格规定如下：

甲、师范学校

师范学校校长、主任及教员须品格健全，其所任教科为其所专习之学科，并于初等教育具有研究，且合于下列资格之一者：

一、国内外师范大学或高等师范本科或专修科毕业者；

二、国内外大学本科毕业后有一年以上之教学经验者；

三、有有价值之专门著述发表者；

四、具有精练技能者（专适用于劳作科教员）。

乙、中学校

高初级中学校校长、主任及教员须品格健全，其所任教科为其所专习之学科，且合于下列资格之一者：

一、国内外师范大学或高等师范本科或专修科毕业者；

二、国内外大学本科毕业后有一年以上之教学经验者；

三、有有价值之专门著述发表者。

丙、职业学校

高等职业学校校长、主任及职业学科教员须品格健全，对于所任教科有专长学识，且合于下列资格之一者：

一、国内外大学、专科学校、专门学校或高等师范本科或专修科毕业后，有二年以上之相当职务经验者；

二、职业师资训练机关毕业后有一年以上之相当职务经验者；

三、有专门之职业技能，曾任职业机关相当职务四年以上著有成绩者。

初级职业学校校长、主任及职业学科教员须品格健全，对于所任教科有专长知识，且合于下列资格之一者：

一、具有相当高级职业学校教员规定资格之一者；

二、国内外大学、专科学校、专门学校、高等师范本科或专修科毕业后，有一年以上之相当职业经验者；

三、高级职业学校或与高级职业学校程度相当学校毕业后，有二年以上之相当职业经验著有成绩者。

高初级职业学校之普通学科教员，依照高初级中学教员资格规定办理。

丁、职业补习学校

职业补习学校校长及教员须品格健全，具有下列资格之一者：

一、高初级职业学校专科或专门学校毕业后，有一年以上之相当职业经验者；

二、具有专门技能之匠师。

普通学科教员资格得依照中小学校教员资格之规定办理。

戊、小学校

小学校校长及教员须品格健全，合于下列资格之一者：

一、市立师范学校毕业者；

二、师范大学或大学毕业者；

三、师范学校本科毕业者；

四、高等师范学校或专科师范学校毕业者。

己、简易、短期小学校

简易、短期小学校校长及教员须品格健全，合于下列资格之一者：

一、师范学校本科毕业者；

二、师范大学或大学毕业者；

三、中等学校以上毕业者。

庚、幼稚园

幼稚园主任及教员须品格健全，合于下列资格之一者：

一、市立师范学校毕业者；

二、幼稚师范学校毕业者；

三、师范学校、幼稚师范毕业者。

辛、新民学校

新民学校校长及教员须品格健全，合于下列资格之一者：

一、曾受民众教育师资训练者；

二、具有小学教员资格者；

三、初中以上学校毕业，而对于推行识字教育具有研究者。

壬、聋哑学校：

聋哑学校校长及教员须品格健全，合于下列资格之一者：

一、曾受聋哑教育师资训练者；

二、具有小学教员资格或中等以上学校毕业，曾服务聋哑学校一年以上，而对于聋哑教育有深切研究者。

第十一条　本规则如有未尽事宜，得由本会提出意见转由考选委员会呈市长核定。

第十二条　本规则自考选委员会成立之日起施行。

《教育时报》1943 年

四、课程与教材

日寇在华北实施奴化教育之狠毒与荒唐

（1936年5月）

日寇谓：万里长城系为防共而建筑　运河系为便利殷逆而开凿

殷逆汝耕伪组织的日本顾问曾语日本新闻记者云：“改革殷汝耕的‘政府’，只需两年工夫；改革中国人民的思想，则需十年。”不久前上海日本报纸要求南京政府修改中国学校之课本，谓为防止学生“生事”之根本办法。

日本驻华军阀亦将正式向南京提出删去中国课本内之“国耻”、“五九”、“日本侵占东三省”等要求，蔡元培之辞中央研究院长之职，局外人虽多所猜揣，其根本原因，实为反对修改课本而然。但现在不仅“冀东反共委员会”治下的课本已完全修改，即“冀察政务委员会”治下的课本亦遭遇同样的命运。然而日寇犹以为未足，又拟向冀察当局提出，各学校必须引用日本教员与“顾问”，审定和监视一切课程。在殷汝耕伪组织和冀察“政府”治下，教科书之修改，均由所谓“日满文化协会”主持。其目的在于灌输中国人民以“大亚细亚主义”和中日“满”必须亲善的思想，并使之忘却本国。所以，在初级学校课本内，“五三济南惨案”、“五九”、“国耻”、“提倡国货”、“国旗史”、“孙中山伦敦逃难”、“中国气候”、“中国地理”、“国防和飞机”等均被删去，即稍涉及国粹、斗争、爱国、中国历史的阶段与变迁亦无不被删改。书内的“我国”二字则以“支那”代之。提到东北四省则谓东北四省业经声言独立，对于“冀东政府”大吹大擂，颂之为“为人民谋幸福”的政府。在“常识”课本上，还有更使人读之发指者，例如“常识”第二册第十课，原为“纪念孙中山”，现则改为“课堂的清洁”。书内印有南京通讯，该“南京”二字已改为“天津”与“北平”。信封上之“中华民国邮政局”，现只留“邮政局”三字。第六册上之“中国国货与爱国”，现改为“增加生产”，“华侨”一课改为“地方生产品”。第八册上之“以和平斗争去救国”现改为“通商口岸与租界地”。“中国之将来”那一课因为说到不平等条约，现在改为“科学家爱迪生之生平”。第八册第三十三课“选举与罢官”改为“冀东防共自治政府”。尤其可笑与可恨的是，说中国万里长城的建筑是为预防共产主义之侵入中国，运河之开掘，是为“冀东自治政府”的便利。

这种奴化的教育，日本在朝鲜以及近年来之“满洲国”，均在极力施行过，然而冀东汉奸当局，从以仅仅秉承寇意修改教课［科］书为未足，复委派中小学校赴日教育参观团，到日本去接受更深刻的奴化教育，以便返国后奴我华北民众的身心，使之孝顺日寇，可恨哉日寇！可恨哉汉奸！

《救国时报》，1936 年 6 月 5 日。

为呈报小学教科书审查完竣印制删正表拟定实施规则并将删正教科书等件一并送请鉴核备案由

（1937 年 9 月）

呈字第一二号·接管卷

窃查本局前为审查中小学教科书成立临时审订委员会，提经钧会通过后，即聘定沈职公伊与田太宰、王仕任、单贵娥、王班如、黄道、陶子权、张友栋九人为委员，于八月二十日开会成立，一面搜集中小学教科书以便审查，嗣经大会议决，为谋周密迅速起见，按中小学分组，推定委员，并加聘孙泽民、李石如、马乐襄、赵阶平、王稚轩、尹复生、王琴舫、孙以敬等八人，分在各组负责审查。除关于中学教科书部分因种类繁多现正审查未竣俟再另案呈报外，所有小学教科书，如国语、自然、卫生、地理、历史等类分别审查，其中涉有妨碍中日邦交及赤化意义者，已经分别删去修正，并于八月二十九日提出大会复审通过。每次会议均经多喜顾问及长领特务机关长列席参加。以上开会及小学教科书审查完竣经过情形，前经局长报告钧会在案。兹依小学教科书审查结果印制删正表，并拟定删正小学教科书实施规则、临时小学科目订定表，除分发各小学遵照办理外，理合检同前项表件规则及各种教科书一并备文呈送。敬请钧会鉴核备案。谨呈

天津市治安维持会

附呈送临时教科书删正表四份、删正小学教科书实施规则一份、临时小学科目订定表一份、删正小学教科书六种计五十四册。

天津市治安维持会社会局（印）

局长　钮传善

中华民国二十六年九月六日

（伪）天津特别市教育局编：《教育公报》第 2 期，“公令”，1938 年 1 月 1 日。

全市中小学校更改一部课程并加添日语随意科

（1937年10月）

社会局昨训令各校遵照办理

（本市消息）平市社会局，顷准地方维持会函，以中小学课程不适用者，均经决定修改，计：公民改为修身，体育改为体操，童子军、军事训练、军事看护改为国术，并加添日语随意科。该局据情，昨已转令各市、私立中小学遵照办理，兹录原令如次：

案准北平市地方维持会公函内开："查中小各校，原有公民等课，已不适用，现经规定，小学公民改为修身，体育改为体操，中学初高级公民改为修身，体育改为体操，童子军改为国术，军事训练（或军事看护）改为国术，外国语科目添加日语（随意科）。即希贵局查照，转饬中小各校切实遵照办理为要。"等因，准此。查关于中小学教科用书审定结果，经已分别通饬遵照在案，兹准前因，除分令外，合亟令仰该校遵照办理为要。此令。

《世界日报》，1937年10月6日。

市立各校读经标准课本决定采用万国道德总会印行本

（1937年10月）

社会局昨已训令各校遵照

（本市消息）京市社会局案据万国道德总会呈称：以该会江希张先生编著四书一部，兹值提倡尊孔读经之际，训饬所属中小学校一体采用，全部只收洋四角五分，社会局据呈后，昨已训令全市公私立中小学校一体遵照采用。原文如次：

（训令原文）

案据万国道德总会呈称："呈为呈请订定学校读经专本，似宜采用江著四书新编，以资划一而利讲授事。窃本会欣悉钧局力倡尊孔读经，并已通行各中小学校修正课程，添《论语》、《孝经》、《礼记》、《左传》诸课，从此圣道复兴，经术昌明，已发端矣，亟应将上述加课列为必修正课，分别订定每周钟点，及授读专本，以利全市通行，而端教育之大本，实为当务之急。盖历来经书版本多失诸训诂考据之学，又困于朱注词理之奥，致中小学生不能接受，而讲席亦废然兴欢，究其原因，两千年来经本无人整理之故也。江希张先生童年以钻绍圣传为职志，即致力经书注疏，近年另著四书新编，业经刊行于世。书内特点：（一）篇目章节依其自然分类，加以合理的整理，使有一贯的系列；（二）为利于普及，故尽力缩，以免读者望洋兴叹；（三）经文逐节译成现行的白话，以利初学；（四）每章另附以论说，以说明经文之微言大义；（五）全编冠以序言，从修齐说到治平，证明孔教，包罗宗教科哲及调和一切主义，而渐进大同，以故中外名流硕彦，同声赞称，此编最适用于中小学校作读本。本会系江希张先生所发起，本尊孔读经之职心，愿求钧局订定学校读经专本。关于四书一课，可否即以江著四书新编充此读本，以资划一，而利讲授。除另呈市政府外，理合检同四书新编一部，随文送呈，以备分别存交，仰祈鉴核夺办，实为公便。又本书著作权版权属于江希张先生，书每部原订价一元五角，本会代分销各大书局寄售六扣，折收九角，兹为力倡学校读经，甘愿效力一半，全部只收洋四角五分。现存书有千余部，合并声明。”等情。据此，除批示外，合行令仰该校酌予采用。此令。

《世界日报》，1937年10月21日。

训令市、私立中等学校为令知关于中华及世界书局出版史地用书采用办法

（1937年10月）

审查各校教科用书，前以本局遵奉地方维持会要旨组织审查委员会，实行删改，印制标准表册，令发各校通饬遵行在案。惟查有中华书局出版之初中本国地理，因出版有二十五年及二十六年之不同或同年初版与再版之别，以致内容虽属相同，而章节先后颠倒者，往往有之。此种教科书各校既有购得，自应一律通用，惟应由讲授教员查照审查标准实行更调删改，以符标准。查世界书局出版之初中新本国地理，在审查标准册内未列第一及第四两册，以致各校多有疑询。经查，第一册内并无删改之处，全书可用；其第四册尚未出版，未经审查，自不能采用。除分令外，合行令仰遵照办理为要。此令。

局长　李景铭

中华民国二十六年十月二十二日

《北平市市政公报》1937年第417期

为呈报遵令派员赴京参加中小学教科用书审委会并组织天津组审委会各情形请鉴核由

（1937年12月）

天字第三三号

案奉钧会安字第六三九号训令以准京津地方治安维持会联合会函，定于十一月二十一日

午前十时在居仁堂协商教科书改定事宜，令局遵照派员参加等因。奉此，遵派秘书主任陶子权、天津市中学代表王班如、小学代表刘宝常、天津县政府教育科科长岳子馨，会同顾问冈部平太，赴京出席参加去后，兹据该员等报称：窃职奉派参加京津中小学教科用书审查委员会谈话会，遵于十一月二十日赴京报到，该会即于十一月二十一日上午在南海居仁堂举行。京方出席者为雷局长寿荣、周委员长养庵、编审局局长饭河道雄、顾问武田熙及文化机关代表五十余人（另附名单）。当于是日下午即行议竣闭会。兹将议决案分陈如下：（一）天津负责审定普通小学教本（高小、初小）、短期小学课本（一、二年制）、民众学校课本，北平负责审定初高中、师范、简师、乡师课本。（二）双方组织小组审委会审定后，津方应由冈部顾问转京编审局复审后，再交审定委员会通过，送京津治安联合会作最后决定。（三）小学用书，除初小改用中华出版之自然卫生、商务出版之常识外，另添修身一科。高小改卫生为修身，并应普遍加添日语。其余仍照天津前审用书再加复审呈会通过后即令一体采用。（四）读经一科，指定选读《论语》。自高小一年级起采用由编审局选择教材。（五）修身课本由编审局编纂教本。（六）短期小学一二年用书，可依据津市原本加以复审。（七）民众教本，可依据京方用书加以复审。（八）教员参考书籍暂不删审，仍用旧书。兹谨检呈委员名单及会议纪录、报告书请鉴核等情报告前来，查议决案内关于普通教本及短期小学暨民众学校课本，均由天津负责审定，并应组织小组会等语，职局当于十一月二十九日在局成立临时教科书审查委员会天津组，即由局长、顾问及指定秘书主任、秘书、督学、第三科科长主任并天津县政府教育科科长、督学以及市立各小学校校长、短期小学教员等三十四人为会员，即照京会议决案，将各种教科书分组审查，以昭慎密而期迅速。除俟各种教科书审查完竣另行呈报外，所有遵令派员赴京参加中小学教科用书审委会，并组织天津组审委会各情形，理合缮具附件备文，呈请钧会鉴核。

谨呈

天津市治安维持会

计呈送京津中小学教科用书审查委员会委员名单一纸、中学组开会报告书一份、会议纪录二份、小学组会议一份、临时教科书审查委员会天津组委员名单一纸

天津市治安维持会教育局局长　沈同午

中华民国二十六年十二月九日

（伪）天津特别市教育局编：《教育公报》第 2 期，“公令”，1938 年 1 月 1 日。

训令市、私立各中小学、补习、民众、聋哑学校为奉教育部令各中小学教科用书不得再用未审定之各项课本

（1938 年 3 月）

案奉教育部本年二月第八九号训令内开：“为令行事。查中小各校学生应用各级教科

书现经新民书局修正承印发售，业将修正教科书目录暨中等教科书目录于二月十一日函送在案。刻值开学伊始，正各校选择用书之时，合亟令行遵照，仰即转饬所属各学校务必按照目录内所列书名分别采择购用，不得再行沿用未经修正审定之各项教科书，是为至要。此令。”等因。奉此，除分令外，合行令仰该校遵照为要。此令。

局长 张水淇

中华民国二十七年三月九日

《市政公报》1938年10期

教科图书审查规程

（1938年5月4日）

奉教育第三〇二号训令饬知

第一条 学校所用之教科图书，未经临时政府教育部审定者，不得发行或采用。

第二条 图书发行人或编辑人应于图书发行前呈送本书三份请求审查。如用稿本送请审查，应即预印数页作为纸张印刷款式等之样本。此项样本及稿本应各呈送二份，凡未完成及无定价之图书不予审查。

第三条 教科图书分教员用及学生用两种，具呈人于呈请审查时应分别声明。

第四条 呈请审查图书时，应将图书定价十倍之审查费连同样本呈纳，但挂图类以每种定价之二倍为审查费。审定后定价如有增加，应照前项规定补缴审查费。但依第八条之规定，呈请复审者，其复审费以前项规定之半额为准。

第五条 凡呈请审查之图书，如有应行修改者，由教育部编审会签示要点于图书上，饬具呈人遵照修正，以半年为期，逾期不修正，呈核时不予审查。

凡定价过高之图书，教育部得令发行人酌减之。

第六条 已经审定之图书，由教育部将左列各项在《教育公报》上宣布之：

1. 书名
2. 册数
3. 定价
4. 某种学校用
5. 发行之年月
6. 编辑人及发行人之姓名

第七条 已经审定之图书，应在书面上记明某年某月经临时政府教育部审定字样，更须就教员用与学生用两种分别标明。

第八条 已经审定之图书，如发行人或编辑人将内容或形式变更，须于两个月内呈请复审，逾期即失审定效力。正在审查中之图书，其内容如有变更，得随时呈请审查。

第九条　图书经审定后如遇事实变更，其内容有不适当之处，经教育部饬令修改者，发行人或编辑人应于三个月内遵照修正呈核，逾期即失审定效力。

第十条　图书审定之有效时期为三年，届期满三个月前应再呈送审查。

第十一条　凡未经审定或依前列各条已失审定效力之图书，书面上不得载有临时政府教育部审定字样，违犯前项之规定或对于禁止发行之命令故不遵守者，科以法律上相当之处罚。

第十二条　本规程自公布日施行。

附：审查教科图书共同标准

（甲）关于教材之精神者

一、适合国情

二、适合时代性

（乙）关于教材之实质者

三、内容充实

四、事理正确

五、切合实用

（丙）关于教材之组织者

六、全书分量适宜

七、程度浅深有序

八、各部轻重适度

九、条理分明

十、标题醒目确切

十一、有相当之问题研究或举例说明

十二、有相常之注释、插图、索引等

十三、适合学习心理

十四、能顾及程度之衔接

《青岛教育周刊》第1卷第3期，“法规”。

训令市、私立中等学校及各小学校为准教育总署直辖编审会函为改善新民印书馆印行之各种教科书籍等因附发调查表式

（1938年7月）

案准教育总署直辖编审会函开：“查本会所编各种教科书籍，向由新民印书馆承印发

行，亦由该馆直接办理，本会只立于监督地位。近据调查，该馆对于发行事宜，似尚不能称为完善，恐不免影响学生学业，为此本会特将发行股加以充实，除对于新民印书馆切实指挥外，并谋与各省市教育当局联络，以期发行结果圆满而资教育便于推行。惟过去实际情形足供今后改善参考者甚多，兹特制定调查表格式附上，即希饬属查填，并盼早日汇复为荷。”等由（附表）。准此，合亟照式制发，令仰各该校每校遵照填报二份，于文到三日内送局，以凭汇核转复为要。此令。

附调查表二份（略）

局长　王养怡

中华民国二十七年七月

《市政公报》1941年第128期

中小学及师范学校教学科目及每周教学时数表

（1938年8月24日）

临时政府教育部令字第七四三号令修正公布

一、小学教学科目及每周教学分数表

<table>
<tr><th colspan="2">年级
分数
科目</th><th>第一学年</th><th>第二学年</th><th>第三学年</th><th>第四学年</th><th>第五学年</th><th>第六学年</th></tr>
<tr><td colspan="2">修身</td><td>60</td><td>60</td><td>60</td><td>60</td><td>60</td><td>60</td></tr>
<tr><td rowspan="4">国语</td><td>说话</td><td rowspan="4">420</td><td rowspan="4">450</td><td rowspan="4">450</td><td rowspan="4">450</td><td rowspan="4">450</td><td rowspan="4">450</td></tr>
<tr><td>读书</td></tr>
<tr><td>作文</td></tr>
<tr><td>写字</td></tr>
<tr><td rowspan="2">算术</td><td>笔算</td><td rowspan="2">60</td><td rowspan="2">150</td><td>150</td><td>150</td><td>150</td><td>150</td></tr>
<tr><td>珠算</td><td>60</td><td>60</td><td>60</td><td>60</td></tr>
<tr><td colspan="2">常识</td><td>150</td><td>150</td><td>150</td><td>150</td><td>150</td><td></td></tr>
<tr><td colspan="2">历史</td><td></td><td></td><td></td><td></td><td>90</td><td>90</td></tr>
<tr><td colspan="2">地理</td><td></td><td></td><td></td><td></td><td>90</td><td>90</td></tr>
<tr><td colspan="2">自然</td><td></td><td></td><td></td><td></td><td>120</td><td>120</td></tr>
<tr><td colspan="2">工作</td><td>150</td><td>150</td><td></td><td></td><td></td><td></td></tr>
</table>

续表

科目 \ 年级 分数	第一学年	第二学年	第三学年	第四学年	第五学年	第六学年
劳作			90	120	120	120
美术			60	60	60	60
唱游	180	180				
体育			150	150	150	150
音乐			60	60	60	60
日语			（60）	（60）	（90）	（90）
每周教学总分数	1 020	1 140	1 290	1 320	1 500	1 500
说明	一、时间支配，以三十分一节为原则，视科目性质得分别延长到四十五分或六十分。 二、周会于星期六举行，作团体训话。 三、晨会星期一至星期五每日十分钟，作分级训话及卫生检查。 四、国术应占体育时间三分之一。 五、高小得设少年团，其时间在体育钟点内酌量支配。 六、各年级日语斟酌地方情况经主管教育行政机关之许可得予免授。					

二、初级中学教学科目及各学期每周教学时数表

科目 \ 学年 学期 时数	第一学年		第二学年		第三学年	
	第一学期	第二学期	第一学期	第二学期	第一学期	第二学期
修身	2	2	2	2	2	2
体育	3	3	3	3	3	3
生理卫生	1	1				
国文	5	5	6	6	6	6
日语	3	3	3	3	3	3
英语（法语或德语）	2	2	2	2	2	2
算学	4	4	4	4	5	5

续表

科目＼时数＼学期＼学年		第一学年		第二学年		第三学年	
		第一学期	第二学期	第一学期	第二学期	第一学期	第二学期
自然（分科制）	植物	2	2				
	动物	2	2				
	矿物			1	1		
	化学			3	3		
	物理					3	3
历史		2	2	2	2	2	2
地理		2	2	2	2	2	2
劳作		2	2	2	2	2	2
图画		1	1	1	1	1	1
音乐		1	1	1	1	1	1
每周教学总时数		32	32	32	32	32	32
说明		一、初中学生每日上课及在校自习总时数规定为八小时，每星期以四十八小时计算，除上课时间外，另定自习时间。 二、不论住校学生或通校学生，均须规定督促考查自习办法，学生课外运动不包括在自习时间内。 三、每周应规定一小时为团体训话时间，课间操时间每日以十分钟为限。 四、由第一学年起，得视地方需要，减去图画、音乐，加修职业科目。 五、体育时间内应授国术一小时。 六、将来少年团实施时，应就原有体育钟点内匀出一小时，再另加一小时，每周共二小时，作为少年团之钟点。 七、劳作科应授以关于农艺及工艺初步之技能，女生加授家事、裁缝初步之练习。					

三、高级中学教学科目及各学期每周教学时数表

科目　时数　学期　学年		第一学年		第二学年		第三学年	
		第一学期	第二学期	第一学期	第二学期	第一学期	第二学期
修身		2	2	2	2	2	2
体育		3	3	3	3	3	3
国文		6	6	6	6	5	5
日语		3	3	3	3	3	3
英语（德语或法语）		2	2	2	2	3	3
算学		4	4	4	4	4	4
生物学		4	4				
化学				6	6		
物理						6	6
历史	世界历史	2	2	2			
	本国历史				2	2	2
地理	世界地理	2	2	2			
	本国地理				2	2	2
劳作		2	2	2	2	2	2
图画		1	1	1	1	1	1
音乐		1	1	1	1	1	1
每周教学总时数		32	32	34	34	34	34
说明	一、高中学生每日上课、自习及课外运动，总时数为十小时，每星期以六十小时计算。 二、每周除上课时间外，规定团体训话一小时，课间操及课外运动时间由校另行规定，余为自习时间。 三、图画、音乐系选修科目，其钟点学校当局得斟酌支配，认为必要时，得以之改授其他主要科目。 四、劳作科实授农艺、工艺、商业及家事、裁缝等技能之练习，男生应选修农艺、工艺、商业三种中之一种，女生除专修家事、裁缝外，仍应选修前三种中之一种。 五、体育时间内应授国术一小时。 六、将来少年团实施时，应就原有体育钟点内匀出一小时，再另加一小时。 七、世界史地应酌量加授本国史地教材，俾使学生明了本国与世界各国地理上之关联及时代上之对照。						

四、师范学校教学科目及各学期每周教学时数表

科目 ＼ 时数 ＼ 学期 ＼ 学年		第一学年		第二学年		第三学年	
		第一学期	第二学期	第一学期	第二学期	第一学期	第二学期
修身		2	2	2	2	2	2
体育		3	3	3	3	3	3
生理卫生		1	1				
国文		4	4	5	5	5	5
日语		2	2	2	2	2	2
算学		3	3	3	3	2	2
珠算				1	1		
历史		2	2	2	2	2	2
地理		2	2	2	2	2	2
生物		3	3				
矿物				1	1		
化学				3	3		
物理						3	3
劳作	农艺	3	3	3	3	3	3
	工艺	(3)	(3)	(3)	(3)	(3)	(3)
	商业	(3)	(3)	(3)	(3)	(3)	(3)
	家事、裁缝	(3)	(3)	(3)	(3)	(3)	(3)
美术		2	2	2	2		
音乐		2	2	2	2	1	1
教育概论		3	3				
教育心理				2	2		
各科教学法						3	3
小学行政						2	2
选修科目		3	3	3	3	6	6
(国文)		(3)	(3)	(3)	(3)		
(日语)		(3)	(3)	(3)	(3)	(3)	(3)
(英语)(法语或德语)		(3)	(3)	(3)	(3)	(3)	(3)
(教育史)				(3)	(3)		

续表

科目＼时数＼学年学期	第一学年		第二学年		第三学年	
	第一学期	第二学期	第一学期	第二学期	第一学期	第二学期
（教育测验及统计）				（3）		
（幼稚教育）					（3）	（3）
（民众教育）					（3）	（3）
（乡村教育）					（3）	（3）
（农村经济及合作）					（3）	（3）
（地方教育行政）					（3）	（3）
（教育视导）					（3）	（3）
每周教学总时数	35	35	36	36	36	36
教育实习					288 乃至 360	288 乃至 360
说明	一、师范学生每日上课、自习及课外运动，总时数为十小时，每星期以六十小时计算。 二、每周除上课时间外，应规定团体训话一小时，课间操及课外运动时间由校另行规定，余为自习时间。 三、劳作科男生应选农艺、工艺或商业，女生除应习家事、裁缝外，应就农艺、工艺或商业中选习一类。 四、体育时间内应授国术一小时。 五、将来少年团实施时，应就原有体育钟点内匀出一小时，再另加一小时，每周共二小时作为少年团之钟点。 六、教育实习包括参观、试习、试教三项。					

（伪）华北政务委员会编印：《华北政务委员会法规汇编》“六、教育”，1941 年。

修正教科图书审定规程

（1938 年 9 月 8 日）

临时政府教育部令字第七九九号令修正公布

第一条　教科图书之审定，应遵照教育部所公布中学、师范学校、职业学校、小学及社会教育机关之法令，并依据各教科课程标准，认定为某种学校之教科书。

本规程所指定之教科图书，适用于中学、师范及职业学校者，完全为学生用书。

第二条　学校所用之教科图书，依本规程须经临时政府教育部之审定，其未经审定者，不得发行或采用。但小学教科书应完全采用编审会自行编纂之课本，外来者概不予以审定（见本部二十七年四月二十五日令编审会第二七四号指令）。

第三条　图书发行人准备发行之图书，须于发行前呈送本书三份，请临时政府教育部审定之。如用稿本，须一律用正楷抄写或用打字机打成，有图表者，添附之，并须预印数页作为纸张印刷款式等之样本，此项稿本及样本应各呈送二份。凡未完成及无著作人与发行人姓名、住所，并无定价之图书，不予审查。

第四条　教科图书应分为某种学校学生用及教员用两种，于呈请审定时须声明之。

第五条　呈请审定图书时，应缴定价十倍之审查费，但挂图类以每种定价之二倍为审查费。既纳之审查费，虽有任何理由，不予退还。

第六条　凡呈请审定之图书，如有应行修改者，由教育部编审会签示要点于图书上，饬具呈人遵照，如不遵从签示时，不予审定。

第七条　图书发行人于接到教育部编审会签示之时，应立即将签示之处加以修正，再请教育部编审会复阅。

第八条　经复阅之后，仍应将其修正印刷完成之本书两份，呈送教育部编审会核校。倘经签示后半年以内不请求核校时，仍不予审定。

第九条　已经审定之图书，由教育部将左列各项在《教育公报》上宣布之：

一、书名

二、册数

三、定价

四、某种学校用

五、审定之年月日

六、著作人及发行人之姓名、住所

第十条　已经审定之图书，应【于】书面上记明某年某月某日经临时政府教育部审定字样，更须就学生用与教员用两种分别标明。

第十一条　图书经审定后，如遇有重大事实之变更，或其内容有不适当之处，教育部编审会得对其发行人命令修正，该图书该发行人于接到命令后，须于一个月以内加以修正，再行呈核，倘逾期限，即失审定效力。

第十二条　图书审定之有效时期，中等学校为六年，届时满六个月前，应再呈送审查，并应按第五条之规定缴纳审查费。

第十三条　已经审定之图书，如遇该学科课程之制定有变更时，应失其审定效力。

第十四条　凡未经审定或依前列各条已失审定效力之图书，不得标明临时政府教育部审定字样。违犯前项之规定，或对于禁止发行之命令故不遵守者，科以法律上相当之处罚。

第十五条　本规程自公布日施行。

附：审定教科图书共同标准

甲、关于教材之精神者

一、适合国情

二、适合时代性

乙、关于教材之实质者

三、内容充实

四、事理正确

五、切合实用

丙、关于教材之组织者

六、全书分量适合

七、程度浅深有度

八、各部轻重适度

九、条理分明

十、标题醒目确切

十一、有相当之问题研究或举例说明

十二、有相当之注释、插图、索引等

十三、适合学习心理

十四、能顾及程度之衔接

十五、能顾及各科之联络

丁、关于文字者

十六、适合程度

十七、流畅通达

十八、方言俚语屏弃不用

戊、关于形式者

十九、字体大小适宜

二十、纸质无碍目力

二十一、校对准确

二十二、印刷鲜明

二十三、装订坚固美观

（伪）华北政务委员会编印：《华北政务委员会法规汇编》“六、教育”，1941 年。

山东省公署教育厅图书审核委员会组织暂行规则

（1938 年）

第一条　山东省公署教育厅为搜集图书馆散佚图籍古物慎重审核起见，特设图书审核委员会。

第二条　本会附设于省立图书馆。

第三条　本会设委员七人，由教育厅函聘之。

第四条　本会委员均系义务职，概不支薪。

第五条　凡图书馆所搜集图书古物可否购买，概由本会审核并酌定价值。

第六条　本会议长由全体委员公推之。

第七条　本会会议由议长召集之。

第八条　本规则如有未尽事宜，由本厅提经厅务会议修正之。

第九条　本规则自厅务会议议决之日施行。

（伪）山东省教育厅编印：《山东省公署教育厅二十七年工作报告》“丙编”，1939 年 1 月。

（汪伪）教育部为承日方旨意规定中小学教授日语原则请核示呈①

（1940 年 7 月）

案查各级学校规程，本可由本部制定修正，呈请钧院核准备【案】，惟目前中小学究竟应否加授日语一课，关系重大，牵涉国交。本部以国民教育意义立论，小学为启蒙时期，对外国语扞格不入，且儿童学习能力有限，负担太重，尤与教育原理相悖，故小学外国语实无教授必要。此次全国各省市教育会议，亦有小学应取消外国语之决议。惟按之日方意旨竟有将日语之是否列为中小学必修课程，以觇我中日亲善程度与真诚之情势。兴亚院文化局森局长及大使馆书记官长清水，曾先后以私人名义访问正平，表达此旨。清水且以善意说明国府改进各政宜采渐进，免致日方惊疑。本部一再考虑，为兼筹并顾起见，拟在小学课程中，不列外国语，而于课程表中附加一条说明：“外国语以不授为原则，但于大都市区域，依实际需要，高年级得于正课外补授外国语（日语或英语）。至于初级中学以上，则列为必修科。”此虽为课程中之一部分规定，然关系重大，理应呈请核示。应否

---

① 1940 年 7 月 27 日，汪伪行政院指令照办。

提交行政会议讨论，或交托与日方协商调整国交负责人先与本部会商决定，或径请指令祇遵，均乞钧夺，实为公便。

谨呈

行政院院长汪

教育部部长　赵正平

中国第二历史档案馆馆藏“汪伪国民政府行政院档案”

华北政务委员会教育总署训令·令山东等省市

（1940年7月30日）

令

山东省公署教育厅　天津特别市公署教育局

河北省公署教育厅　北京特别市公署教育局

河南省公署教育厅　青岛特别市公署教育局

山西省公署教育厅

为令遵事。案查修正各级学校课程标准及编审会新编行之各种应用教科书，迭经通令实施采用各在案，兹值学年开始，特再重申前令，仰该厅局迅饬所属公私立各级中小学校，务各厉行采用编审会所编行之新教科书，并应遵照前临时政府教育部公布之课程标准及教学时数表设置日语课程，切实奉行。至普通私立中小学以及外籍人所经营之学校，尤应随时派员勤加视察，照章严行监督为要。此令。

教育总署督办　汤尔和

《华北政务委员会公报》第13期至第18期，“教署·公牍”，1940年8月9日。

统一日语教材　教局拟定读本标准

（1940年8月2日）

京市教育局，顷以日前各校所用日语读本多不一致，以至学生程度亦不衔接，该局兹为统一本市各校日语教材起见，特拟订各年级采用日语读本标准，于昨日分别训令市、私立中小学校，一体遵照。原令如次：

为令遵事。查各校所用日语课本向不一致，以故学生转学程度多不衔接，非惟教学困难，且于日本语进展上亦窒碍颇多，兹经规定，小学三四年级采用教育总署编审会所编之小学日语读本卷一，五六年级采用该项读本卷二，初中一二年级采用本局所编之日语读本，三年级采用编审会所编之中等日语读本，高中一二年级可随意选择，仰即遵照。

《新民报》，1940 年 8 月 2 日。

华北政务委员会教育总署训令·令直辖编审会

（1940 年 8 月 31 日）

为令遵事。案据山东省公署教育厅呈称："为呈复事。案奉钧署训令教字第四七八号以各级学校课程标准及编审会新编行之各种教科书迭经通令实施各在案，特再重申前令，迅饬所属各级公私立中小学校厉行采用，并遵照课程标准设置日语课程，随时派员视察严行监督为要。"等因。奉此，遵经呈奉省令通饬切实遵办在案，惟查去岁教科书时常缺乏，各县无处购买，不第教材不能一律，而教学方面亦多受影响。现在开学伊迩，而北京新民印书馆在济虽有代理分销处，往往供不应求，颇感困难，惟有仰恳钧署转饬该馆迅予筹划，俾资源源接济，以免遗［贻］误所有，奉令遵办情形及呈请各缘由，理合备文呈报，伏祈鉴核实为公便等情到署，合行令仰该会转饬新民印书馆迅予遵照办理，庶免延误为要。此令。

教育总署督办　汤尔和

《华北政务委员会公报》第 25 期至第 30 期，"教署·公牍"，1940 年 10 月。

训令市、私立中等学校及各小学校为检发日语教科书配当表仰遵照采用

（1941 年 7 月）

查三十年度中等学校及小学各年级应用日本语教科书，业经规定，合行附发配当表一件，通令各该校遵照采用为要。此令。

附发日语教科书配当表（附列）

中华民国三十年七月

（一）小学校日本语教科书配当表

三年	四年	五年	六年
编审会编小学日本语读本卷一	同左 卷二	同左 卷二	同左 卷三

（二）中学校日本语教科书配当表

	一年	二年	三年
初级	教育局编阶梯中等日本语读本上卷	编审会编初中日本语卷一	同左
高级	编审会编初中日本语卷一	同左	编审会编初中日本语卷二

《市政公报》1941 年第 128 期

定兴亚读本为修身科目补充教材即日施行

（1942 年 3 月）

为令遵事。案奉市公署署字第五零七号训令内开："案准华北政务委员会教育总署教字第七五号咨开：'查本总署前为提倡东方文化以复兴东亚起见，饬由直辖编审会编辑《兴亚读本》一书，现在该读本第一册业经编印完毕，应即定为中小学校修身科补充教材，于修身科目原订教学时数内酌量讲授。现在小学校第五年级第二学期及第六年级，中学校初级第一、二年级，均应添授。惟该书既系补充教材，原有应授之修身教本仍须依期授毕，不得稍予省略。再该书由新民印书馆各地代理店发售，应由各学校就近购买，即日施行。除分咨外，相应咨请查照并转饬遵照。'等因。准此，合行令仰该局遵照办理。此令。"等因。奉此，合亟转令通饬遵照办理。此令。

局长　王养怡

中华民国三十一年三月十六日

《市政公报》1942 年第 156 期

训令市、私立各级学校对于注音符号务须认真教学不得稍存忽视

（1942 年 8 月）

为令事。案奉市公署署字第一八八零号训令内开："案准教育总署教字第三六一号咨开：'案准新民会中央总会三十一年六月十二日第一三八号公函内开："径启者：关于第二届全体协议会之议案，曾由本会分请关系各机关选派代表分组处理议案，分科委员会并经函请贵总署派员参加，各在案。兹查与贵总署有关之第十号，请提倡学习注音符号以资普

及识字运动一案，业经处理议案，第二分科委员会处理完竣。该案经分科委员会讨论结果，关于注音符号之推行，应由贵总署通令华北各级学校积极推行，并于办理各地师资训练班时，将注音符号列为正式课程，记录在卷，相应检同会议记录一份，函请查照办理，并希将办理经过见复为荷。”等由，附会议记录一份，准此。查注音符号对于统一国语及普及教育所关甚重，前国民政府教育部于民国十九年九月通饬施行之《各省市县推行注音符号办法》第十一条即规定：公私立各级学校，一律于课内或课外教授注音符号。各学校均经遵办。惟自事变以还，据报各地学校因种种关系，对于注音符号教学上间有不甚切实之处，或因师资缺乏，而所用代用教员难免有对注音符号不甚熟习者，实于推行注音符号，务须认真教学，不得稍存忽视，其各省市县举行师资训练班或讲习会时，尤应详加调查，倘有不甚熟识注音符号之代用教员，应即酌量予以补习。至各地师范学校，为小学师资所出，尤应于平时认真练习，俾日后身任教职，得以矫正儿童读音，借收国语统一之效，准函前因，除分行外，相应咨请贵公署查照办理，见复为荷。’等因。准此，除咨复外，合行令仰该局切实遵照办理，并将办理情形具报。”等因。奉此，合行通令一体遵照办理。此令。

局长　王养怡

中华民国三十一年八月九日

《市政公报》1942年第170期

华北教育总署直辖编审会为报各科教材纲要编订委员会组织规程致教育总署呈

（1942年11月10日）

呈为呈报事。案奉钧署教字第一四六九号训令内开：“为训令事。查各级学校各种教科书纲要，如初高中史地等，业据该会陆续编订，并经呈送在案，惟尚有大多数未经编印，自应积极编订，以竟全功。前据该会负责人员将本年度已着手编订各教科书纲要开具草单，赍送前来，经核单列以外，尚有多项亟待编订，当经择要添列，期于本年年底完成。此种添列项目，本署只概括列举，所有细目仍应由该会查明详列具报，以资查考。又初高级农职用国文教科书，核其性质，与普通中学校用本不同，应侧重应用文，俾切实用，该项国文纲要自应另行编订。关于以上添列各项编订经费，业经本署追加本年度概算一万五千元，呈奉华北政务委员会令准。兹为推进编订工作效率起见，由本总署参酌该会已往编订情形，制定《教育总署编订教科书纲要办法》八条，以资遵守。内第三条所列聘任及指派各委员，应于聘定后，将各该委员简明履历并担任工作列表具报。其各委员应支夫马、润笔等费，亦应事先呈准，方能动支。合行抄发该项编订教科书办法暨本署规定三十一年度先编各种教科书目次，附已编及未编各级学校教科书纲要目录表，令仰该会分别遵照办理，仍将遵办情形尽先报核为要。再本年度追加概算一万五千元，应由该会造送分月预算书，以凭转呈，并仰遵照。此令。”等因，附发编订教科书纲要办法一份，三十一年度先编各种教科书纲要目次及已编、未编目录表各一份。奉此，属会查组织编订各种教科书纲要委员会从事编订各科纲要实为根本切要之图，既奉钧令，自应积极办理，惟兹事体大，必须缜密周详，方免贻误。迭经召集总副编纂及关系各组课主任会议，佥以关于委员会之组织专门委员之选聘，应编纲要之综计，经费之补充，种种计划，均须兼顾统筹，绝非短时所能竣事。属会已经编订纲要，只有初高中史地等数种距需要种类相差悬殊，又非将委员会组织强大，不足以资应付，而期完备，业于本月七日请由钧署派员莅会参加讨论，并经拟具各科教材纲要委员会组织规程，以便依据从速推行，理合检同组织规程二份，备文呈报鉴核备案。再查属会从前编订教纲范围极小，事务简单，关于文书、会计、庶务、缮校诸端，均由属会职员代办，不给酬金。此次各科教纲编委会组织强大，部门甚繁，关于办理事务部分人员，拟就属会职员酌派，以资熟手，如必要时得临时征用，以专责成，合并陈明。

谨呈

教育总署督办

附呈各科教材纲要编订委员会组织规程二份（注：档案原件所附仅一份）

教育总署直辖编审会会长　方宗鳌（印）

附：教育总署直辖编审会各科教材纲要编订委员会组织规程

一、本会奉教育总署令编订各科教材纲要，特组织各科教材纲要编订委员会（以下简称教材纲要编委会）。

一、教材纲要编委会以本会会长、总副编纂、各组课主任及秘书为常务委员，凡一应事宜，均由常务会议议决行之。常务会议由本会会长主席，会长因事缺席时，由总编纂、副编纂主席，对外文件，应由会长以本会名义行之。

一、教材纲要编委会依学科性质，得分置各学科教材纲要编订会议（以下简称编订会议）。

一、编订会议之会员，以本会会长、总副编纂及本会各组课主任为当然会员，并由会长延聘会内编审，及北京各级学校富有教学经验之现任教员暨专家充任之，遇必要时，并得呈请教育总署指派署内职员参加讨论。但初高职业农科及简师各学科等委员，得延聘各省市专家充任之。

一、编订会议委员人数，视学科之性质酌定之。

一、教材纲要编委会所有办理文书、会计、庶务、缮印事宜服务人员，暂就本会职员酌派之。如遇必要时，得临时添雇。

一、本规程自公布日施行，并呈请教育总署备案，如有未尽事宜，得随时呈请修改之。

中华民国三十一年十一月七日公布

中国第二历史档案馆藏“华北政务委员会教育总署收文”壬字第4923号

（汪伪）国民政府抄发以大亚洲主义及党义为公民教育主要内容提案及建议的训令

（1943年2月20日）

国民政府训令字第八七号

令

行政院

据本府文官处签呈称：准中央执行委员会秘书厅秘函字第一〇六一号公函开："案奉中央执行委员会第五次全体会议决议案内开：'周委员化人提，规定"大亚洲主义"为学校课程，以养成东亚解放之正确观念案；两路特别党部建议，拟请以党义列为全国学校必修科案。以上两案，经教育组审查，提出审查意见办法，修正为"以三民主义、大亚洲主义、领袖言论、新国民运动纲要为公民教育主要内容"，送国民政府转饬教育、宣传两部办理，决议照审查意见通过。'等因，记录在卷。相应检同两案原文各一份，录案函达贵处，至希查照转陈核办。"等由，理合签请鉴核等情。据此，合行抄发原附各件，令仰该院转饬教育、宣传两部办理。此令。

计抄发原附抄提案及建议各一份

主　　　席　汪兆铭

兼行政院院长　汪兆铭

教育部部长　李圣五

宣传部部长　林柏生

中华民国三十二年二月二十日

抄原附抄提案

案由　规定"大亚洲主义"为学校课程，以养成东亚解放之正确观念案。

理由　总理遗教中以大亚洲主义为最后主张，此一理论经二十二年之湮没，始为事实证明其为真理。和平理论固以大亚洲主义为理论根干，即大东亚战争亦为大亚洲主义之实践，现在智识阶层虽已明白，中国之自由独立须求于东亚解放之中，然一般国民及学生犹未能普遍了解。为发扬总理遗教，培养东亚解放之正确观念及协力大东亚战争起见，拟请规定大亚洲主义为各级学校必修课程。

办法　（一）由国民政府明令规定大亚洲主义为各级学校必修课程。

（二）由教育部、宣传部编定大亚洲主义专书及课本，颁发全国各级学校习读。

提案人　周化人

抄原附抄建议

案由　拟请以党义列为全国学校必修科案。

理由　本党之主义，原为总理毕生革命，积四十年之经验，昭示吾党后死同志之遗训，凡我国人，允宜拳拳服膺，遵行勿怠。事变以前，政府重视本党通令全国学校以党义列为必修科，用以阐发幽微，心体力行，不独为总理伟大人格所感召，抑且足以继总理未竟之遗志，发扬光大，完成国民革命。奉行以来，成效卓著。事变以还，格于环境，致使本党之主义久遭漠视，除少数党员以深切研究外，几有不知党义为何物，似此废弛党务，漫不经心，实非本党同志之始料所及。值兹和建已至拓展阶段，新国民运动推行之际，加强党务，实属刻不容缓。且以本党三民主义，原为惟一救国之主义，与和平反共国策原为一贯，必须揭扬真谛，深入民间，使民众不为邪说所眩惑，且学生为国家之中坚，将来服务社会，为国努力，尤应训练其思想，坚强意志，使有深切之认识。况青年脑力简单，如不彻底加以灌输，认识主义，一旦为邪说所蒙蔽，妄不知返，则影响国家前途尤大。为此，拟请以党义列为全国学校必修科，庶使全国学子，知所凭式，本党主义发扬光大。

办法　（一）由中央转咨国府，令饬教育部通令全国学校，以党义为必修科。

（二）由中央党史史料编纂委员会编订党义课本，供给全国学校采用。

（三）全国学校党员教师，应由本党党员经各省市主管教育机关考试及格后，方得担任。

建议者　两路特别党部

中国第二历史档案馆藏“汪伪国民政府系统档案”

华北教育总署直辖编审会为请派员参加国文教材审查委员会致教育局函及复函

（1943年5月7日、8日）

径启者：

查本会各科教材纲要编订委员会照案，应请贵局派员参加会议，借资指导。兹订于本月八日（星期六）午后三时，在本会开国文教材审查委员会。除分函外，相应检送初中国文教材纲要草案乙份，函请查照，前案派定人员，届时莅临参加会议，并祈见复，俾便嗣后遇有此类会议，即径函奉约，至为企荷。

此致

教育总署教育局

附送初中国文教材纲要草案一份

教育总署直辖编审会启

五月七日

附：初级中学国文教材纲要①

甲、教材目标

一、使学生从本国语言文字上了解固有文化，并培养其新时代精神。

二、使学生养成运用本国语言文字叙事、说理、表情、达意之技能。

三、使学生养成了解平易的文言之能力。

四、使学生养成阅读书籍之习惯与欣赏文艺之兴趣。

乙、时间支配

依据教育总署颁行之《初级中学教学科目每周教学时数》所规定，初中国文第一学年每周五小时，第二、三学年每周六小时。其分配如下：

一、第一学年每周精读三小时，略读指导及文章法则一小时及习作一小时。

二、第二、三学年每周精读四小时，略读指导及文章法则一小时，习作一小时。

丙、教材标准

选用精读与略读教材标准必合于左列各项：

一、内容

1. 思想积极活泼，足以发扬民族精神，并合于新时代建设之理想者。

2. 增长国民应具之普通知识，培养国民道德，并有助于国民之身心锻炼者。

3. 内容允［充］实切当，合于现实生活及学生身心发育之程序，而无浮薄浮［虚］靡或消极厌世之色彩者。

二、形式

1. 叙事明晰，说理透切［彻］，描写真实，抒情恳挚，而富有文学意味者。

2. 句读简明，音节谐适，藻饰美化，而无文法及论理上之错误者。

3. 组织完整，具有风格，堪为学生写作之模范者。

（注）选用略读教材之标准，除适用上面所列各项外，并稍举其范围如下：

1. 中外名人传记及有系统之历史记载。

2. 有诠释之中外名著节本、选本。

3. 古代语录及近人演讲集。

4. 古今名人尺牍。

5. 古今名人游记、日记及笔记。

6. 中外名人之诗歌、小品文及小说集。

7. 歌剧、话剧之脚本及民众文艺之有价值者。

8. 适合学生程度之定期刊物。

丁、教材编制

一、教材之体制依照左列分配：

---

① 此件起草者，署名温知新。

百分比　学生 类别	第一学年	第二学年	第三学年
记叙文	35%	30%	30%
说明文	20%	20%	20%
抒情文	10%	10%	10%
议论文	10%	15%	15%
小说诗歌及戏剧	15%	15%	15%
应用文	5%	5%	5%
文章法则	5%	5%	5%

二、教材之文字，语体文与文言文并选，创作、翻译兼收。语体文与文言文分量之比例，约为第一学年七与三，第二学年六与四，第三学年五与五。第一年所选文言文之文字，尤须与语体接近，以期语体、文言之逐渐沟通。

三、教材之选用，实质、形式并重。为使学生明了各种文体之性质与其作法，及一种文体内各种不同之作法起见，尤重文章之体制。

四、教材之组织，采分组法。依其内容或体制之相同、相近或有连带关系，分为若干组。每组成一单元。前后各组亦有适当之联络，俾得教学之便利。

五、教材之排列，体制互为错综，内容由浅及深，年代由近及远。切须顾及时序及环境，借收直观教学之效。

六、略读教材，每学年依照学生个别之兴趣与能力，至少选读若干种。

七、文章法则自成系统，置于每学期精读选文之后，俾免割裂不相联属之弊。

戊、教材分配

第一学年

一、精读选文八十篇，约四万字。分编两册（第一、二册）。每册分十组。各组选文四篇。

二、选文以记叙文、抒情文为主，而辅以说明文、议论文及应用文。

三、略读名著选读若干种，总字数在十万字以上。

四、文章法则为文法上之词性、词位、句式之提示。尤注意于语体文法与文言文法之比较。

第二学年

一、精读选文八十篇，约五万字。分编两册（第三、四册）。每册分十组。各组选文四篇。

二、选文以说明文、抒情文为主，而辅以记叙文、议论文及应用文。

三、略读名著选读若干种。总字数在十五万字以上。

四、文章法则为记叙、抒情两种文体之性质、种类、取材及结构。

第三学年

一、精读选文八十篇，约七万字。分编两册（第五、六册）。每册分十组。每组选文四篇。

二、选文以议论文、应用文为主，而辅以记叙文、说明文、抒情文。

三、略读名著选读若干种，总字数在二十万字以上。

四、文章法则为议论、应用二种文体之性质、种类、取材及结构。

己、教材辑注

每篇选文为谋教学上便利起见，文后附列如次之各项：

一、题解，就本文之内容、含议［义］、体制以及出处作简要之说明。

二、作者生平，略述本文作者生平、著作、作风及在文学史上之地位。

三、注释，凡本文中初见或艰深之单字、复词及术语、典故、人地时三者之须加说明者，均加以诠释。至于字音则用注音符号标注国音。

四、语文对译，指示语体文与文言文之异同点，使学生由比较而了解两种文种［体］不同之处（前四册文言译为语体，后二册语体译为文言）。

五、习题，就本文或与本文有关系之特点，及语文可以对译者命题，以供学生欣赏、讨论及课外练习之用。

教育总署教育局复函

径复者：

接准贵会函以本月八日下午三时开国文教材审查委员会，嘱派员参加等因，准此。兹派本局普通教育科科长孙访渔届时前往出席，相应函复，即希查照为荷。

此致

编审会

（教育总署教育局戳）启

五月八日

中国第二历史档案馆藏“伪华北政务委员会教育总署档案”二〇二一·640

华北教育总署关于改善国定教科书配卖办法训令

（1945 年 7 月 10 日）

令

华北各省市教育厅局

直辖编审会

国立北京师范大学

为令遵事。查本总署前为补救中小学教科书购置困难，拟具改善国定教科书配卖办

法，呈奉华北政务委员会总参酉字第四五六号指令略开："尚无不合。唯处罚办法，仰另行妥拟具报。"等因。奉此，为推行尽［便］利起见，经即遵照指令要旨，并斟酌现在实际情形，将该项配卖办法，另行修正，于四月三十日召集华北各省市区主管教育行政机关代表，及其他关系机关代表，在署开教科书问题讨论会，提出商讨。参照各方意见，再行予以修正补充。并提经六月二十三日第五次教育行政会议议决通过，记录在卷。查该项办法，关系救济书荒，及防止流弊，至为重要，亟应早日施行。除饬新民印书馆遵照转饬该馆各地代理店一体遵办，并分别咨令，及呈报备案外，合行检发前项办法一份，令仰该大学（厅、局、会）遵照并转饬（转饬各附校）遵照。此令。

附发《改善国定教科书配卖办法》一份

改善国定教科书配卖办法

一、各省市区主管教育行政机关，应于每年六月，将本省市区下年全年所需中小学教科书总数切实统计汇列总表（分列春季、秋季、全年三栏），同样三份，呈报教育总署一份，由署存查，二份由署分发新民印书馆及直辖编审会。

二、新民印书馆及编审会各应根据各省市区用书数目统计表，汇列全华北用书数目总表。

三、新民印书馆应照全华北用书数目统表所列册数，印制教科书，不得缺少。

四、新民印书馆每学期分发各省市区代理店教科书数目及发送日期，应分别列表，各三份。以一份报编审会，二份报教育总署内——一份由署存查，一份令发关系省市区主管教育行政机关，并同时电知发送地点教育机关派员会同当地代理店前往提点【验】收，是否全数收到，如有短少册数，应立即报告教育总署。

五、新民印书馆各代理店区域应按各省市区现在行政区域另行划分。

六、各省市区属学校应于每学期开学前，由校长预计本学期用书数目，开单报由学校所在地主管教育行政机关核明盖戳，交原校长持赴当地代理店购买分配，将来有余或不足时，并准于开课后一个月内分别退补（但不得逾期）。

国立北京师范大学附属中小学校用书，一并由北京市教育局办理。

七、各学校教科书购到及分配情形，应于每学期终了一个月以前，报由主管教育行政机关汇报教育总署备查，各代理店配卖情形，应同时报由新民印书馆，分别汇报教育总署及编审会查核。

八、新民印书馆印制教科书数目，应由编审会负责监督；各地代理店配卖教科书情形，应由各当地教育行政机关及新民印书馆负责监督。

九、新民印书馆各地代理店应照教科书定价售卖，但偏僻地方得酌加运费，惟须严格限制成数，并须经主管教育行政机关核准转报教育总署备案。

十、新民印书馆各地代理店如有擅自抬高售价，或与书贩串通囤积居奇，或毁作废纸售卖情事，经各省市区府署查有确证，应对该代理店认真罚办，并布告周知。

前项处罚办法另【定】之。

十一、教科书自本年改自由贩卖为统制配给办法，以后凡设有代理店地方，概不准其他书商、摊贩贩卖，由各省市区府署布告周知。

十二、本办法由教育总署公布之日施行，亦呈报华北政务委员会备案。

中国第二历史档案馆藏“伪华北政务委员会教育总署档案”二〇二一·643

华北教育总署为各级学校课程教材应恢复至 1937 年前办法致各省市政府直辖行政区函、咨

（1945 年 8 月 16 日）

为咨行事，径启者：

溯自民国二十六年七月以后，华北各级学校课程因环境关系多有变更，现在时局转变实现和平，所有各级学校课程应即恢复以前原有状况，各项教材有关我国历史、地理之记述，凡不合于现在情势者，均应加以修正，至外国语一科，亦应照二十六年以前办法设置，其余各科亦然。开学在即，除分行并径令各省市教育厅局遵办（除分行）外，相应咨（函）请查照办理为荷。

此咨（致）

各省市政府、直辖行政区公署

督办

中国第二历史档案馆藏“伪华北政务委员会教育总署档案”二〇二一·440

第二编

初等教育

一、法令与规章

准中央电台函邀本市小学选送儿童担任表演项目转令遵办

（1938 年 2 月）

案准北京中央广播电台函开："径启者：查本台为提倡儿童教育、增加儿童兴趣起见，现已于二月一日起每日下午五时二十分添加儿童节目。例如唱歌、讲故事等，拟请本市公私立各小学校学生轮流担任。届时由本台预备汽车赴校接送，演毕并酌送纪念品，以示酬谢。相应函请贵局查照，协助指定公私立各小学校若干处，以便本台派员赴各校接洽为荷。"等因。准此，自应照办。除函复并分令外，合行令仰即日将选派儿童姓名、担任节目等项，列表二纸，一纸径送本局第三科初等教育股存案备查；一纸径送该电台，并与妥洽，仰即遵照办理为要。此令。

局长　张水淇

中华民国二十七年二月十日

《市政公报》1938 年第 6 期

北京特别市简易小学及短期小学教员请假暂行办法

（1938 年 3 月 15 日）

一、凡本市简易小学、短期小学教员请假时应依照本办法办理之。

二、教员不得无故缺席，如因病或因事必须请假时，应于前一日填具假单及委托代课教员姓名，送社会局义务教育股核准方得离校，否则以旷课论。

三、遇有特别事故不及填送假单时，须先用电话声明，补送假单。

四、凡教员二人以上之短期小学，如其一教员临时请假时，得委托另一教员兼代督促学生温课。但请假期限超过二时，应呈请本局指定检定合格教员前往代课。

五、仅教员一人之短期小学，请假时，其代课办法与前同。

六、请假教员及指定代课教员之薪金，均按日结算支给具报。惟临时兼代温课教员不另支薪，请假教员亦不扣薪。

七、凡教员临时请假，委托同校教员代课，每学期不得逾三次。至正式请假每学期合计不得逾三十日，逾限即由局另派检定合格教员接充，旧教员并应负责交代。

八、女教员请产假办法与市立完全小学同。（附录《修正小学课程》第七十四条：“小学女教员在生产时期内应予六个星期之休息，其代理人之俸金应由学校呈请主管教育行政机关另行支给。”）

九、本办法如有未尽事宜，得呈请修正之。

十、本办法自呈奉北京特别市公署核准之日施行。

《北京市政公报》1938年第9期

青岛治安维持会会立小学校教职员任免奖惩及待遇暂行规程

（1938年4月1日）

第一条　会立小学校每校设校长一人，依照北京临时政府教育宗旨暨本会教育方针并各项教育法令，秉承本会总务部教育科，处理全校行政事宜。

第二条　会立各小学校校长均由本会总务部教育科呈请会长委任之，校长人选以具有左列资格之一者为合格：

甲、师范学校本科、后期师范或高级中学师范科毕业者；

乙、乡村师范、县立师范讲习所或师范简易科二年以上毕业，曾任小学教员二年以上著有成绩者；

丙、旧制中学或高级中学毕业，对于初级教育素有研究，曾任小学教员二年以上著有成绩者；

丁、曾受小学教员检定委员会检定合格，得有小学正教员许可状，曾任教员三年以上著有成绩者。

第三条　各小学校校长委任期间分为三阶段。第一阶段一年，为试用期；第二阶段为二年；第三阶段为三年。于每一阶段内经教育科严格考查，认为服务勤恳成绩优良有统计可考，始得继续次一阶段。

第四条　为尊重校长职务之专业精神及谋校长发展学校计划之便利起见，各小学校校长在未满每阶段委任期间不予更换，但犯左列事项之一者不在此限：

一、违背北京临时政府教育宗旨暨本会教育法令规程者；

二、违抗命令或禁止事项者；

三、办事不力改进无方者；

四、训育无方校风恶劣者；

五、学生各科成绩不良、不合规定之标准者；

六、操守不谨侵蚀校款者；

七、行为不检人格堕落者；

八、擅离职守放弃责任者；

九、因无故旷职或不能执行职务者。

第五条　小学校校长均为专任职，不得在校外兼任其他有给职务，但在本校必须兼任课业。

第六条　小学校教员应由该校校长聘任，但须呈报教育科审查核准后始得发给聘书，遇必要时得由教育科选派之。

第七条　小学校呈报聘任教员应将左列各件呈验以备审查：

甲、详细履历；

乙、毕业证书；

丙、服务证书；

丁、著作品等。

第八条　小学教员之聘任标准以具有左列资格之一者为合格：

一、师范学校本科及后期师范、高级中学师范科毕业者；

二、旧制中学或高级中学毕业曾有小学教员经验者；

三、曾受小学教员检定委员会检定合格得有许可奖，或经本会小学教员登记得有登记证未满有效期间者；

四、乡村师范、县立师范讲习所及师范简易科二年以上毕业者。

第九条　小学校教员聘任期间以一学年为一期（自八月一日起至下年七月三十一日止），得继续聘任，惟新聘教员得以一学期为一期。

第十条　小学教员不得于中途解约，但经教育当局认为不能称职并举出确证者不在此限。

第十一条　各校所聘教员续约与否须于一个月以前由校方知照之。

第十二条　小学校校长、教员养老金、恤金，遵照北京临时政府颁布教职员养老金及恤金条例施行。

第十三条　小学校校长及教员之俸给另定之。

第十四条　小学校校长、教员服务五年以上并叙至最高级俸后确有劳绩者，得按等级给予年功奖金。其年功奖金表另定之。

第十五条　小学校校长、教员在职日久著有勤劳，如无从进级或年功奖金时，得由本会给予褒状。前项褒状形式、等级另定之。

第十六条　小学校校长、教员如有特别优良成绩时，得由本会转请教育部给奖。

第十七条　小学校校长、教员考成之事项如左：

一、职教员品学之优劣；

二、学生人数之增减（学生人数之增加如有揑报应分别惩戒）；

三、办理之当否；

四、学风之优劣；

五、教育方法之当否。

第十八条 小学校校长、教员考成之不合格者，应予以减俸或停给年功奖金及停职等处分。

第十九条 每年给予校长、教员之褒奖种类、数目及惩戒处分者，于学年终了后汇呈本会及教育部备案。

《青岛教育周刊》第1卷第2期，“法规”。

国立北京师范学院、北京女子师范学院附属中小学优免学费暂行办法

（1938年10月29日）

临时政府教育部令字第九七〇、九七一号令准颁行

一、国立北京师范学院、女子师范学院附属中小学为奖励学业及体恤贫寒学生起见，特规定优免学费暂行办法。

二、优免学费学生除政府有明令公布者遵办外，均依此办法办理之。

三、优免学费之有效期间为一学期，并分全免费及半免费两种。

四、具左列资格之一者，得免收其学费之全数：

（一）上学期学业操行成绩均在甲等且考列第一名者；

（二）上学期学业操行成绩均在乙等以上，家境确系贫寒无力交纳学费，经校主任调查属实、负责证明并觅具妥实保证，经主管学院院长核准者。

五、具左列资格之一者，得免收其学费之半数：

（一）上学期学业操行成绩均在甲等，考列前二三名者；

（二）上学期学业成绩在甲等，操行成绩在乙等，考列第一名者；

（三）上学期某项课程成绩特别优良，而其他学业成绩暨操行成绩均在乙等以上，并经主管学院院长核准者。

六、凡免费学生，如查明有捏词虚报等情弊，除取消其学籍外，校主任及保证人同负责任，并追缴其所免之学费。

七、免费学生应由校主任于开学后一个月以内呈报主管学院核办，逾期不得再请。

八、本办法自公布日起施行。

（伪）华北政务委员会编印：《华北政务委员会法规汇编》“六、教育”，1941年。

山东小学教职员讲习所组织大纲

（1938 年）

第一章 设置及目的

第一条 本所为山东省公署教育厅设置训练小学教员之临时机关。

第二条 以严格之身心训练养成小学之健全师资为目的。

第二章 资格及修业期限

第三条 资格以考试及格之小学教员为限。

第四条 修业期间定为一个月。

第三章 经 费

第五条 本所一切经费由山东省公署直接拨发。

第四章 编 制

第六条 学员定额四百名，编为八班，分两期训练，每期四班，每班五十人。

第五章 课 程

第七条 以东方文化概论、经学概论、普通教学法、伦理学、日语、学校卫生、史地概论、体育等科为讲习科目。附表：

科目	每周时数	四周时数
东方文化概论	六	二十四
经学概论	六	二十四
普通教学法	三	十二
伦理学	三	十二
日语	六	二十四
学校卫生	二	八
史地概论	六	二十四
体育	二	八
讲演	二	八
合计	三十六	一四四

第六章　职教员职权

第八条　本所设所长一人，综理本所一切事务。

第九条　本所设教务、训育、事务三处，各置主任一人、助理员一人，承所长之命分掌各该处事务。

第十条　本所管理女生，为便利起见，特设女管理员一人。

第十一条　本所聘请教员若干人，分任各科教授。

第十二条　本所用雇员二人，司缮写事宜。

第七章　待　　遇

第十三条　职教员酬金（详预算，略）。

第十四条　学员饭费由本所供给，余归自备（详预算，略）。

第八章　附　　则

第十五条　本大纲如有未尽事宜，得由省政会议修改之。

第十六条　本大纲自省政会议议决之日施行。

（伪）山东省教育厅编印：《山东省公署教育厅二十七年工作报告》“丙编”，1939 年 1 月。

山东小学校长任免及待遇暂行规程

（1938 年）

第一章　总　　则

第一条　本规程依据教育部第二百四十六号训令暂沿旧法令酌定之。

第二章　任　　用

第二条　省立小学校长由省教育厅长委任，呈请省长备案；市立小学校长由市教育局长委任，呈请市长转呈省长备案；县立及区立小学校长由县知事委任，呈请道尹转呈省长备案；私立小学校长由校董会遴选合格人员，呈请当地主管教育行政机关委任并转呈省长备案。

第三条　小学校长委任，第一年为试任。试任期满经严格考查认为成绩优良，方得正式加委。

第三章　资　　格

第四条　小学校长之委任标准，以人资高尚、服膺新民主义、信仰东方文化，并具有左列资格之一者为合格：

甲、完全小学校长

一、师范学校本科、高级中学师范科或后期师范毕业曾任小学教职员一年以上著有成绩者；

二、国内外大学本科或专门学校毕业曾任小学教职员二年以上著有成绩者；

三、中等学校毕业曾任小学教职员三年以上著有成绩者；

四、国内外师范大学、大学教育系或高等师范学校本科毕业者。

乙、初级小学校长

一、具有完全小学校长资格者；

二、乡村师范、省县立师范讲习科或师范简易科二年以上毕业曾任小学教职员一年以上著有成绩者；

三、小学师资讲习所毕业曾任小学教职员一年以上著有成绩者；

四、师范学校本科、高级中学师范科或后期师范毕业者。

前项委任人员须审核其履历、毕业证书及服务证明书。

第四章　免　　职

第五条　小学校长犯左列事项之一者由主管长官查明属实应即免职：

一、违反教育宗旨者；

二、违背主管教育行政机关及教育法令者；

三、治校不力或训育无方者；

四、学生成绩太劣不合规定之标准者；

五、操守不谨人格堕落者；

六、擅离职守放弃责任者；

七、受刑事处分者；

八、身体残废或身有痼疾不能任事者。

第五章　待　　遇

第六条　小学校长均为专任职，不得兼任其他有给职务。

第七条　小学校长月薪定左列九级：

完全小学	初级
100	60
90	55
80	50
70	45
60	40
50	35
40	30
30	25
20	20

第八条　小学校长应支月薪等级，由主管教育行政机关按上列规定数目就各校班次之多寡、事务之繁简及各校长之学历、经验规定之。

第九条　小学校长试任期满后继续任职二年著有成绩者进一级，已进一级者得每一年或二年酌进一级，但须学校成绩优良有统计可考并经查明属实者方得进级。

第六章　附　　则

第十条　本规程如有未尽事宜，由教育厅呈请省长提出省政会议修正之。

第十一条　本规程经省政会议议决呈请教育部核准后施行之。

（伪）山东省教育厅编印：《山东省公署教育厅二十七年工作报告》“丙编”，1939 年 1 月。

山东检定小学教员暂行规程

（1939 年 2 月）

第一条　小学教员分为高级小学教员、初级小学教员及小学专科教员三项。

第二条　检定小学教员办法分左列二种：

一、无试验检定；

二、受试验检定。

第三条　具有左列资格之一者得视其学历或经验分别受初、高级小学教员或专科教员无试验检定：

一、师范大学、大学教育系或高等师范本科毕业者。

二、高中师范科、师范学校本科或后期师范毕业者。

三、国内外大学或专门学校毕业曾充高级小学教员一年以上者。

四、高级中学、旧制中学、甲种实业学校毕业曾充高级小学教员二年以上者。

五、乡村师范学校、师范学校讲习科、农［乡］村师范科或二年以上之师范简易科、三年以上之师范讲习所毕业曾充高级小学教员二年以上者，但仅有本项毕业资格愿充初级小学教员者，受无试验检定。

六、曾在中等学校毕业历充高级小学教员二年以上，复在小学教职员讲习所毕业者。

七、曾充高级小学教员三年以上，有关于小学教员之专著发表，经主管教育行政机关认为确有价值者。

八、曾经小学教员检定及格领有证书在有效期间以内者。

具有前项各款资格之一者，如曾任高级小学或初级小学教员年限与各该款规定相合者，得分别受高级小学或初级小学教员无试验检定；初级小学教员无试验检定合格后任职四年以上有相当成绩者，得受高级小学教员无试验检定。

九、武术传习所或图画、手工、音乐、体育、美术学校毕业曾充该科教员一年以上者，得受该科无试验检定为专科教员。

第四条　具有左列资格之一者，得依其志愿分别受高级或初级小学教员或小学专科教员试验检定：

一、旧制中学或新制初中毕业者。

二、前期师范或师范学校初级部肄业满三年者。

三、师范讲习所毕业其修业期未满三年者。

四、职业学校或甲种实业学校毕业者。

五、幼稚师范毕业者。

六、曾任或现任小学教员满二年以上者。

七、省立小学教员讲习所毕业者。

八、研究专科学术兼明教育原理而有相当证明者。

第五条　有左列事情之一者不得受检定：

一、受剥夺公权处分未复权者。

二、吸食鸦片或染有其他不良嗜好者。

第六条　受试验检定每二年分区举行一次，其检定日期于三个月前宣布之，但无试验检定每学期举行一次。

第七条　考试科目及程度，以旧制师范本科、后期师范或高中师范科课程为标准。如系初级小学教员试验，按照程度酌减。

第八条　试验分口试、笔试及体格检查。

第九条　各区主试委员由教育厅委派，监试委员以各该区所在地之市长或县知事充任，襄试委员以各区内之市县教育局科长或教育主管人员充任，均由教育厅临时委派之。

第十条　试验检定以各科目平均分数在六十分以上者为及格。如某市县及格教员过少时，得酌取代用教员，以各科目平均分数在四十分以上为合格。

第十一条　检定及格者分别给予检定合格证书，代用教员亦给予代用教员许可状。

第十二条　受检定者须填具登记表，并由保证人填具操行保证书，由其服务机关出具服务证明书，报由市县承办检定事务所转呈教育厅查核。现在中小学校校长、教员及各市县教育局科长、市县视学均得为保证人。

第十三条　报名时须缴纳检定费二角，领受合格证书或许可状时交纳书状费三角。

第十四条　领合格证书或许可状后，有第五条各款之一或其他不正当行为有玷师资或不称职者，经教育厅查实得褫夺其合格证书及许可状。

第十五条　检定合格教员成绩在八十分以上者，其有效期间自发给合格证书之日起定为五年；七十分以上者四年；六十分以上者三年；代用教员之有效期间为二年；期满后须重受检定。但在有效期间教学成绩特别优良者，省督学查报有案并经市县教育局科长切实呈保，或在暑假学校肄业得有合格证书者，得酌量增加有效期限。

第十六条　每次检定终了由教育厅将检定成绩及经过情形呈由省公署转咨备案。

第十七条　本规则如有未尽事宜，得由教育厅长呈请省长提交省政会议修正之。

第十八条　本规程自省政会议议决之日施行。

（伪）山东省政府教育厅编印：《教育法令汇编》，1944 年 8 月。

北京市市立简易小学校修正暂行规程、课程标准及发放经费暂行标准①

（1939 年）

本市简易小学与短期小学，共二百四十九校，有由自治区创设者，有由前京师警察厅所属各区段创设者，有由前义教委员会创设者，宗旨纯为教育贫苦失学儿童，用意固善。无如各该校既非同一机关所创设，事前未能通盘筹划，事后自难尽与环境适合，历任教、社各局，墨守成规，一切悉仍旧贯，未暇加以整理，以故组织纷歧，设置重复，课程及教授时间，亦多不一致。长此以往，则虚縻国帑事小，贻误学生事大。为义务教育前途计，实有切实归并以专责成之必要。且查市立小学附设之短期小学，向系利用小学教室，于小学学生下课时始能上课，故小学学生上课时，短小学生在院内嬉戏，以致妨碍学生课业。为免除此项弊端计，各小学附设之短小，实有尽量使其分立之必要。简易小学四年毕业，

① 原标题为《将城内市立简小短小暨自治区新归并之简小设置重复者，分别移并整理，一律定名为简易小学，并改为四年制俾资深造》。

所学课程虽较正式小学为简，尚可得有普通学识。短期小学，肄业期限仅为一年，欲求粗通文理，尚不可得，遑论其他学识。据视察报告，短小学生有因普通小学限于名额不能收容，致一年修满后，仍入原校肄业。甚有继续至三年者，其所习之课业，仍为一年程度，似此光阴虚掷，实属可惜，故为使贫苦儿童有志求学者得以深造，无志深造者亦可中止起见，所有城内短期小学，自应一律改为简易小学，以期两便。当经本局派督学、科股长及其他职员，由二十八年二月起，无分城郊，每日逐校详细视察，依据视察情形，拟定整理办法六项：

一、原有简、短小距离较近者即予归并，附设短小使其尽量分立，其设在四郊乡村内之简、短小确实无法归并者，予以保留，以便儿童就读。

二、所有城内短小一律改为简小，施行半日授课制。

三、制定简易小学规程。

四、各校一律添派校长，雇用差役，以专责成。

五、厘订划一经费标准。

六、制定课程标准。如斯则学校数目虽减，而容纳学生反多，非惟旧有学生不致失学，而失学儿童，反多一求学机会。且事权统一，负责有人，从前互相推诿之积弊自除。而学生肄业年限增多，所得学识，自较前增加数倍。简小教员待遇一致，不必终日遑遑强招学生。市小校长，专心办理小学，不再因附有短小分其精力，斯诚一举而数利具。此项计划，业经呈奉市公署提交市政会议通过，现正着手筹备，预计暑后当可施行。附简小课程标准及经费标准。

1. 北京市市立简易小学校修正暂行规程

第一条　本市教育局为谋教育普及及救济无力求学之学龄儿童，特设简易小学校，授以初级简易之小学知识。

第二条　简易小学设立地点，由教育局察酌城郊人口及学龄儿童情形，择定适宜地点设立之。

第三条　简易小学每校设校长一人，教员若干人，均由教育局任免。

第四条　简易小学教授科目为修身、国语、算术、常识、唱游及美术、劳作等，其每周授课时数另定之。

第五条　简易小学每班名额五十人，其编制采用半日二部制，分上下午教学。

第六条　简易小学授课时间，每日三小时至四小时，寒暑假期与市立小学同。

第七条　简易小学学生四年毕业，证书由教育局发给。

第八条　简易小学教员以每两班设置一人为原则。

第九条　简易小学应备各项表簿及应报表册，所有行政事项，由校长呈报教育局核办。

第十条　简易小学应支经常各费，按照预算规定由教育局按月支领。

第十一条　简易小学学生学杂各费，一律免收，并由学校供给书籍。

第十二条　本规程未尽事宜随时呈请修正。

第十三条　本规程自呈奉市公署核准之日施行。

2. 北京市市立简易小学课程标准

每周分数 \ 年级 \ 编制		二部制每周教学时数			
		一年	二年	三年	四年
修身		60	60	60	30
国语	说话	30	30	30	30
	读书	240	270	240	240
	作文				
	写字	60	60	60	60
常识		120	120	120	120
算术	笔算	90	120	120	120
	珠算				
劳作				60	60
美术					
体育		180	180	120	120
音乐				30	30
总计		780	840	900	900

说明：(1) 一、二年级体育与音乐合并教授称为唱游。三、四年级劳作、美术合并教授为工作科。(2) 时间支配以三十分钟一节为原则，视科目的性质得分别延长到四十五分或六十分。(3) 每日上课时间，上午由九时三十分起至十二时三十分止，下午由二时起至五时止（新时间）。(4) 冬季四个月上课时间，上午由十时起（新时间）。

3. 北京市市立简易小学发放经费暂行标准

项目 \ 月支额人数 \ 班级		附设一	附设二	一	二	三	四	五	六	七	八	九	十	十一	十二
校长				20	30	30	32	32	32	34	34	34	36	36	36
教员	人数	1	2			1	1	2	3	3	4	4	6	6	6
	薪俸	18	36			18	26	52	70	78	96	104	132	140	148

续表

项目＼月支额人数＼班级		附设一	附设二	一	二	三	四	五	六	七	八	九	十	十一	十二
校役	人数					1	1	1	1	2	2	2	2	2	2
	薪俸					9	9	9	9	18	18	18	18	18	18
办公费		3	6	3	6	9	12	15	18	21	24	27	30	33	36
煤费1、2月，10、11月，四个月		5	10	8	8	16	16	24	24	32	32	40	40	48	48

说明：(1) 此表系照二部制编制，每一部按一班计算，教员以担任两班为原则。(2) 教员任一班者，月薪十八元，两班者二十六元。(3) 煤费按教室数目计算，每一教室每月煤费八元。附设班每月津贴煤费五元，一切安装修理等项不另给费。

(伪) 北京特别市教育局编印：《北京特别市教育局施政述要》，1939年。

河南省教育厅整顿私塾实施方案

(1941年2月)

(附注) 本市于二十九年二月为整顿私塾举办第一次私塾及塾师登记，在此一年的过程中，全市私塾在本署管理指导之下，逐步改善，成绩颇佳，现在又逢三十年度开始，业经布告征求第二次私塾登记，布告已于二月二十四日公布，限于半月内来署领表登记。兹附上奉发《管理私塾暂行章程》及《整顿私塾实施方案》各一份。

一、重行登记

查各市县私塾数目，虽前经通令查报，惟时隔经年未报者固难臆断，已报者尤应复查，拟自二十九年元月份起，通令各市县，按照前发《管理私塾暂行章程》第七条规定私塾登记表式，重行查报，以期确实而便整顿。

二、塾师训练

查私塾有无成绩，全视塾师教授之是否得法及是否认真，本省各地塾师，多系年老及无聊寒士，对于教学及训育上一切事宜，多未明了，况处今之时，教育事业，日新月异，绝不能再以旧年之教学方法施之于今日之儿童，故欲为整顿私塾计，第一步，应先训练塾师，拟即通令各市县教育科股，利用假期，或相当时间，举行塾师讲习会，授以教学及训育上一切应知事项，俾知逐步改进，有益学子。至每年举行期间，及受讲习者姓名、讲习科目等，并应事先呈报教育厅备查。

三、按月报告

各市县私塾应于每月终将本月教学情形缮表二份，呈由该市县教育科股转报教育厅备查（一份存县，一份呈厅）。其表式另定之。

四、厉行考绩

由教育厅分期派员前往各私塾视察其成绩，优良者酌予奖品或奖状，以资鼓励。其成绩低劣者酌予惩罚，或取消其塾师资格，以示惩处。

五、附则

1. 查各市县教育科股负直接管理私塾之责，嗣后当以教育厅视察各塾之结果，定各市县教育科股长考成绩之优良。其办法，凡一县私塾经视察后，得奖品或奖状在全数二分之一以上者，该县教育科股长应予嘉奖或记功，反之各塾受惩处取消其塾师资格在全数二分之一以上者，该县教育科股长应予申斥或记过。

2. 各市县私塾之设立、变更或废止及内部一切之设备等事，悉依教育厅前发《管理私塾暂行章程》规定办理之。

（伪）新民会开封市教育分会编：《开封教育》第12期，“教育行政”，1941年3月24日。

河南省教育厅管理私塾暂行章程

（1941年）

第一条　在义务教育未普及以前暂准设立私塾，兹为督促其改良起见，特制定本章程。

第二条　凡私人或私人联合设立之私塾，及未经呈准立案之私立小学，而以教读为目的者，均以私塾论。

第三条　私塾须遵守教育部颁布之教育宗旨，及其实施方针办理之。

第四条　私塾应受本区教育委员之指导，及所在地教育行政最高机关之管辖。

第五条　凡距高［离］小学三周里以内之地不得设立私塾，但该小学，每班儿童均已超过五十名以上时，可酌量情形准其设立。

第六条　私塾应以所在地区域最小之地名命名。

第七条　私塾于每年开学之始，依照左列表式详填二份，呈报教育科、股经核准设立后，由教育科、股汇转教育厅备查。

第八条　私塾塾师须年在二十岁以上，品行端正，服膺新民主义，并具有左列资格之一者为合格：

1. 经小学教员检定，或塾师甄别试验合格者；

2. 曾受师范教育者；

3. 曾在初中以上学校毕业者；

4. 曾任小学教员一年以上，经视察评语成绩优良者。

第九条　塾师甄别试验由教育科、股办理之。

第十条　私塾应授科目如左：

（甲）必修科

1. 修身；

2. 国语；

3. 常识（包括社会、自然、卫生科）；

4. 算术（珠算及笔算）；

5. 劳作（包括体育在内）。

（乙）随意科

1. 艺术；

2. 音乐。

第十一条　私塾所用教科书，应以教育部编辑或经审定者为标准，凡违背新民主义，及妨碍儿童个性发展之书籍，概不准教授，但年满二十岁程度较高之学生，对于经史有兴趣者，准其自动研究，并将学习书名及人名呈报教育科、股备查。

第十二条　私塾教学应采用分团制。

第十三条　私塾设备至少须有下列各项：

1. 中日国旗；

2. 黑板、钟、铃或哨、粉笔、适宜之桌凳；

3. 课程表、学籍簿、成绩簿、算盘；

4. 相当运动具及书籍（如教科书、教授书、字典、参考书等）；

5. 日报一份。

第十四条　私塾应依规定纪念日举行仪式，农忙时得斟酌放假，全年休假不得过三个月。

第十五条　私塾教授儿童应持诚恳辅导态度，不得滥用体罚。

第十六条　私塾不得收纳附近小学之肄业生学［学生］。

第十七条　教育科、股应随时考查，如私塾其办理不合法，经指导后，仍不改良者，予以警告。警告二次，仍无进步者，勒令解散。

第十八条　塾师有下列情形之一者，应饬私塾设立人辞退之：

1. 违背新民主义者；

2. 操行不检，或染有不良嗜好者；

3. 身心缺陷者；

4. 违犯刑法证据确凿者。

第十九条　教育科、股应利用假期，举行塾师讲习会，实行训练。

第二十条　本章程自公布之日施行。

（伪）新民会开封市教育分会编：《开封教育》第12期，“教育行政”，1941年3月24日。

自本年度起改正各校请领毕业证书办法

（1941年4月）

案查各校历届毕业学生应填发之毕业证书，时有延至数月之久始行呈请验印者，殊属不合，自应予以矫正。兹规定：自本年度起，各校毕业学生一律限于举行毕业典礼时，将各生毕业证书颁发受领。此项毕业证书用纸，按照各校呈报应届毕业生名籍表所列人数，由局备妥，各校于举行毕业试验前请领，随同呈报及格各生毕业试验成绩时，送请查核验印。其毕业试验成绩不及格者，所领毕业证书用纸随同缴呈。至毕业证书查核验印期间，自呈局之日起以一周为限。各校举行毕业典礼，应行领到验印证书后行之。自兹规定后，各校如违此项规定办法请领证书用纸，概不发给，填呈之毕业证书则不予验印，以示限制。合行令发办法一件，仰即遵照办理，勿忽勿怠。此令。

附发办法一件（附列）

局长　王养怡

中华民国三十年四月　日

附：市立各小学请领毕业证书办法

一、应届毕业生名籍表于办理毕业前两个月造报呈局。

二、各校奉到名籍表核符之局令，立即到局领取毕业证书用纸，一面举行毕业试验，试验完毕，随即呈报及格各毕业生试验成绩（手工、图画成绩免送），并将填齐之毕业证书，送请查核验印。

三、前项毕业生试验不及格者，原领证书用纸随同缴还。

四、各校领到局发验印之证书，立即举行毕业典礼，并同时发给各毕业生受领。

五、违背第一项规定办法，本局概不发给证书用纸；违背第二项办法，填呈之毕业证书不予验印。

《市政公报》1941年第118期

山西省义务教育委员会组织规程

（1941年12月4日）

山西省公署第一一五次省政会议通过

第一条　本规程依据部颁《实施义务教育暂行办法大纲施行细则》第二十七条订定之。

第二条　本会置委员长一人、委员六人至八人办理本会一切事务。

第三条　本会委员长由省公署教育厅厅长兼任，委员由省公署指派省教育行政机关高级职员或延聘教育界资望素著人士充任之。

第四条　本会分设总务、企划、考核三股，每股置股长一人，由委员兼任；各股视事务繁简各置股员一人至三人，均由本会任用。

第五条　本会各股办理事务如左：

甲、总务股

一、本会文书事项；

二、本会经费收支事项；

三、本省各学区义务教育经费动用及保管之监督事项；

四、不属其他各股一切事项。

乙、企划股

一、本省义务教育推行计划之草拟事项；

二、本省分年训练义务教育师资办法之草拟事项；

三、本省义务教育经费之分配计划事项。

丙、考核股

一、本省各县办理义务教育成绩之考核事项；

二、本省各县学龄儿童就学或失学确数之调查事项；

三、本省各年［县］所需义务教育师资确数之调查事项；

四、本省各县义务教育经费支配及保管情况之考核及调查事项。

第六条　本会之委员长及委员均系义务职，职员由会支给薪俸。

第七条　本规程如有未尽事宜，得提经省政会议修正之。

第八条　本规程自公布之日施行。

《教育法令辑要》，第12—14页。

北京特别市教育局令发训育指示事项

（1942年9月）

为令遵事。查小学训育关系儿童心身锻炼者至巨，即应严予规定，切实遵行，合将指示事项分条摘录，令发该校遵照办理为要。此令。

附发关于训育指示事项一纸（附列）

局长　王养怡

中华民国三十一年九月一日

附：关于训育指示事项

一、训育以校长为全校训育之中心枢纽，并责成级主任为该班之训育责任者。

二、训育宜使教学与体育结成一体，而以全体教职员任其责任。

三、每日在上课前举行二十分朝会，实施朝礼体操训话。

四、借朝会与其他之机会致力实施团体训练，养成协同一致之习惯。

五、在三十一年度特别注意积极的训练学生礼貌及敬礼，不论在校内校外，使之对于师长实践敬礼。

六、第四次治强方案业经施行之，校舍、校庭扫除及校园之栽培事项，仍须继续办理。

《市政公报》1942年第174期

山东省设置短期小学暂行办法

（1943年4月9日）

第一条　山东省公署为救济年长失学儿童，顾及地方经济困难情形，特制定设置短期小学暂行办法以利进行。

第二条　凡经指定之义务教育实验区，均应尽先设置短期小学若干处。

第三条　凡年满十足岁至十六足岁之年长失学儿童，均应入短期小学或短期小学班补受义务教育。

第四条　短期小学以单独设置为原则，但视地方情形可于小学或代用小学内增设短期小学班。

第五条　各机关团体及私人均有提倡或设立短期小学及短期小学班之义务。

第六条　短期小学所需开办费及经常费，得依照本省第一期实施义务教育办法大纲第七条之规定办理之。

第七条　短期小学及短期小学班均免收学费，所有书籍及学【习】用品亦以学校供给为原则。

第八条　短期小学校舍，得充分利用各该区内之寺庙、善堂、宗祠、公所及公共场所，或借用私人之闲房。

第九条　短期小学或短期小学班至少须成立两班，每班学生至多五十人至少二十五人为限，采用二部制，上下午或夜间分班教学，每日授课三小时，修业年限一年。

第十条　短期小学或短期小学班以识字增长生活知能为目的，其课程以国语为基础，以算术常识为副，并应注重注音符号之练习。其课程标准，得由各市、区、县教育行政主管机关斟酌地方需要妥为筹划，呈准省公署实施之。

第十一条　短期小学或短期小学班有二班学生者，暂设校长兼教员一人，三班至四班者，得增加教员或兼任教员一人或助教一人。余类推。其待遇应与其他小学同。

第十二条　短期小学之教职员，除聘请合格人员充任外，应充分利用左列人员：

一、当地师范学校或乡村师范学校已届实习之师范生；

二、已受相当训练可为代用教员之私塾教师；

三、当地热心教育而有相当资历者。

第十三条　短期小学班附设于小学或代用小学者，应尽量利用原有小学及代用小学之教员。

第十四条　此项短期小学应尽量提倡私人捐助设立。其热心劝导著有成绩者，得依兴学褒奖条例办理。

第十五条　本办法如有未尽事宜，得由教育厅长呈请省长提交省政会议修正之。

第十六条　本办法自省政会议议决公布后施行。

（伪）山东省政府教育厅编印：《教育法令汇编》，1944 年 8 月。

山东省第一期实施义务教育办法大纲

（1943 年 6 月 1 日）

第一条　山东省公署为救济失学儿童普及义务教育，特依据华北政务委员会教育总署教字第五一六号训令，制定第一期实施义务教育办法大纲，其第二期实施办法另定之。

第二条　山东省第一期义务教育之实施，自民国三十二年二月起至三十五年七月止。其实施之地区与标准如后：

一、济南、烟台两市及历城县、潍县、滋阳县等五处，应就现有之学区均划为义务教育实验区，推行义务教育。是项实验区收容学龄儿童总数至少应占全市、区、县失学儿童半数以上。

二、其他各项［市、区、县］应先指定城市或乡村各设一区或数区为义务教育实验区，推行义务教育。是项实验区收容学龄儿童总数至少应占全县失学儿童十分之二。

第三条　第一期义务教育之实施分下列四种时期划期推行之：

一、发轫时期——自民国三十二年二月起至本年七月止为发轫时期。在此时间各市、区、县应即组织义务教育委员会，着手筹备一切义务教育应行推进事宜，并应训练师资、创立短期小学或短期小学班。

二、推动时期——自民国三十二年八月至三十三年七月止为推动时期——在此期间各市、区、县应即完成义务教育实验区之组织，竞设全日小学、半日小学及补习班、短期班、改良私塾等，至少达到预定标准三分之一，并应着重实验工作以便将来推广。

三、扩张时期——自民国三十三年八月至三十四年七月为扩张时期，继续以前推动成绩续行增加校数普及推进，最小须完成预定标准三分之二。

四、完成时期——自民国三十四年八月至三十五年七月为完成时期。在此期间继续扩张增设学校，将预定第一期义务教育推动之标准完全达到。

第四条　各市、区、县为试验推行义务教育办法并为各学区示范起见，应就各该市、区、县指定相当地点设义务教育实验区，每市、区、县至少各设一区。

第五条　各市、区、县为推动义务教育应组织各该市、区、县义务教育委员会以专责成。其组织规程另定之。

第六条　各市、区、县义务教育委员会之职权如左：

一、拟具各该市、区、县义务教育实施计划事项。

二、宣传义务教育之意义及其关系事项。

三、筹划义务教育经费事项。

四、编制各该市、区、县推行义务教育预算事项。

五、会同军警机关调查各该市、区、县内失学儿童并督促其就学事项。

六、督促视察及指导义务教育推行情形事项。

七、改良私塾并奖励改良之私塾改为小学或短期小学事项。

八、提倡私人设学事项。

九、关于其他义务教育事项。

第七条　推行义务教育所需经费以就地筹款为原则。其筹措办法分左列各项：

一、由主管教育行政机关遵照本省整理各县教育费暂行办法之规定，切实整顿现有教育款产，即将整理增收之款提出半数以上，专作第一期实施义务教育之用。

二、由主管教育行政机关遵照前教育部所公布之《繁盛都市推广小学教育办法》第六项甲乙内各款之规定，宽筹经费作为义务教育之用。

三、于必要时得按实际需要呈准省署酌征附加捐税。

四、劝导私人捐助。

第八条　义务教育之推行，得视地方情形采用左列各种办法：

一、初级小学校：招收学龄儿童，以每乡村设立一校为原则，其未设校之乡村应设法迅予设立。至学龄儿童密集之区，并应设法扩充班次以资收容。

二、简易小学校：招收年长失学儿童，修业年限四年，采用半日二部制，分为上下午两班，每班每日教学三小时。

三、短期小学校及短期小学班：招收年长失学儿童，修业年限暂定一年，一律采用二部制教学（半日二部制或全日间时二部制）。

第九条　义务教育实验小学校舍，得充分利用当地之寺庙、善堂、宗祠、公所及公共场所，或借用私人之闲房。

第十条　各市、区、县于各学区内应于可能范围内建筑适宜之大规模小学校。

第十一条　义务教育实验区所有小学校舍之使用，应办求经济，在昼间天晴时并应充分利用露天之场地。

第十二条　义务教育实验区得指定已改善之私塾作为代用小学。

第十三条　义务教育实验区内初级小学校课程，遵照教育总署颁布之初级小学校课程标准办理；简易小学校课程与初级小学校同，惟以教学时数较少，得将不重要课程酌予核减，短期小学校及短小学班之课程另定之。

第十四条　义务教育实验区小学每级儿童额数最多五十人，至少二十五人。

第十五条　义务教育实验区小学教员之待遇，如地方财力充裕应酌量提高。

第十六条　义务教育实验区内学龄儿童入学年龄，因特殊情形得展至七足岁至九足岁。其入简易小学校及短期小学校者，得展至十足岁以上，但不得超过十六足岁。

第十七条　各市、区、县有自愿提前完成义务教育者，其实施义务教育之期限不受本法拘束。

第十八条　本办法大纲如有未尽事宜，得由教育厅长呈请省长提交省政会议修正之。

第十九条　本大纲自省政会议议决公布后施行之，并呈请教育总署备案。

（伪）山东省政府教育厅编印：《教育法令法编》，1944 年 8 月。

山东省立中等学校及小学附设短期小学暂行办法

（1943 年）

山东省公署省教义字第四七五号训令颁布

第一条　山东省公署为救济年长失学儿童普及义务教育，特制定省立中等学校及小学附设短期小学暂行办法，以利进行并资倡导。

第二条　凡省立中等学校及小学均各设一班短期小学，遇必要时得续增班次。

第三条　短期小学每班以五十名为标准，以招收十足岁至十六足岁年长失学儿童为原则。

第四条　短期小学学生每人每学期书籍补助费以二元为限，每班每月办公费十五元，由教育厅于开班月份起发给之。

第五条　短期小学以一年为限，利用学校职教员或高级班学生于下午（利用空闲教室）或课后时间领导教学，每日授课至少两小时。

第六条　短小教室得利用各校教室或各该校所在地区内之寺庙、善堂、宗祠、公所及公共场所，或借用私人之闲房。

第七条　短期小学以识字增长生活知能为目的，其课程以国语为基础，以算术为副。

第八条　各中等学校及小学为推动义务教育，应组织各该校义务教育推广委员会，以专责成。

第九条　中等学校及小学义教推广委员会设委员【长】一人，由校长兼任，主任委员一人，由教务主任或教导主任兼任。此外设专任委员一人、兼任委员二人，由校务会议就本校职教员中选定之。

第十条　中等学校及小学义务教育推广委员会之职权如左：

一、关于拟具各该校设置短小实施计划事项。

二、关于会同坊、甲长调查各该校所在地区内年长失学儿童并督促其就学事项。

三、关于督促视察及指导短小之推行事项。

四、关于分配短小经费事项。

五、关于编制课程表、颁发毕业证书、招生及其他教务上之事项。

六、关于其他短期小学事项。

第十一条　中等学校及小学义教推广委员会专任委员，受委员长及主任之命处理会中日常事务。

第十二条　各校为便利进行招生事宜，得于〔与〕各该校所在地区内之坊、甲长联络办理。

第十三条　为防止短小学生旷课或中途退学起见，得由各坊、甲长负责督促及保证之。

第十四条　短小举办成绩如何，得列为学校考成。其热心教学成绩优良之教员，得由校长呈请奖励之。

第十五条　短小毕业学生经考试合格，得由各校按照普通学校发给毕业证明书。

第十六条　本办法如有未尽事宜，得由教育厅长呈请省长提交省政会议修正之。

第十七条　本办法自公布日起施行。

（伪）山东省政府教育厅编制：《教育法令汇编》，1944 年 8 月。

修正山东省小学校长任免及待遇暂行规程

（1944 年 2 月 9 日）

第一章　总　　则

第一条　本规程依据前临时政府教育部第二百四十六号训令暂沿旧法令酌定之。

第二章　任　　用

第二条　省立小学校长由教育厅长委任之，市、县立小学校长由市长、县知事委任之

(特别区同市县)，市县区、坊、乡、镇立小学校长由区、坊、乡、镇长呈请市长、县知事委任之，市县私立小学校长由校董会呈请市长、县知事委任之。小学校长委任后，由各该委任机关长官按期汇呈省长，并分呈道公署备查。

第三条　小学校长委任，第一年为试任期，期满经严格考查认为成绩优良方得正式加委。

第三章　资　　格

第四条　小学校长委任标准，以具有左列资格之一者为合格：

(甲) 完全小学校长

(一) 师范学校本科、高级中学师范科或后期师范毕业曾任小学教员一年以上著有成绩者。

(二) 国内外大学本科或专门学校毕业曾任小学教职员二年以上著有成绩者。

(三) 中等学校毕业曾任小学教职员三年以上著有成绩者。

(四) 国立师范大学、大学教育系或高等师范学校本科毕业者。

(乙) 初级小学校长

(一) 具有完全小学校长资格者。

(二) 乡村师范、省县立师范讲习科或师范简易科二年以上毕业曾任小学教职员一年以上著有成绩者。

(三) 小学师资讲习所毕业曾任小学校教职员一年以上著有成绩者。

(四) 师范学校本科、高级中学师范科或后期师范毕业者。

前项委任人员必须审核其履历、毕业证书及服务证明书。

第四章　免　　职

第五条　小学校长犯左列事项之一者，由主管长官查明属实应即免职：

(一) 违反教育宗旨者。

(二) 违背教育法令及主管。

(三) 治校不力或训育无方者。

(四) 学生成绩太劣不合规定之标准者。

(五) 操守不谨人格坠［堕］落者。

(六) 擅离职守放弃责任者。

(七) 受刑事处分者。

(八) 身体残废或身有痼疾不能任事者。

第五章　待　　遇

第六条　小学校长均为专任职，不得兼任其他有给职务。

第七条 小学校长月薪定左列十二级：①

级别＼薪额＼校别	初级	完全小学
1	95	180
2	90	170
3	85	160
4	80	150
5	75	140
6	70	130
7	65	120
8	60	110
9	55	100
10	50	90
11	45	80
12	40	70

第八条 小学校长应支月薪等级，由主管教育行政机关按上列数目就各校班次之多寡、事务之繁简及各校长之学历、经验规定之。

第九条 小学校长试任期满后继续任职二年著有成绩者进一级，已进一级者得每一年或二年酌进一级，但须学校成绩优良者统计可考并经查明属实者方得进级。

第六章 附　　则

第十条 本规程如有未尽事宜，由教育厅长呈请省长提出省政会议修正之。

第十一条 本规程自省政会议议决公布之日施行。

（伪）山东省政府教育厅编印：《教育法令汇编》，1944 年 8 月。

① 根据原表改排。

山东省小学教职员任免及待遇暂行规程

（1944 年 2 月 9 日）

第一章　总　　则

第一条　本规程依据前临时政府教育部第二百四十六号训令暂沿旧法令酌定之。

第二章　任　　用

第二条　专任教员由校长遴选合格人员备具资历表连同证明文件呈请主管教育行政长官核委，兼任教员及其他职员（校医、事务员、雇员）由校长聘任或派充呈请主管教育行政长官备案，但遇必要时专任教员得由上述长官直接委任之。

第三章　免　　职

第三条　教职员犯左列事项之一者，得由校长查明属实呈请免职，但校长直接派充者得由校长直接免职呈报备案：

（一）违反教育宗旨者。

（二）违背教育法令及教育行政机关之命令者。

（三）教授不良或执行校务不力者。

（四）操守不谨人格坠［堕］落者。

（五）擅离职守放弃责任者。

（六）受刑事处分者。

（七）嗜好不良或身罹疾病不能任事者。

第四条　专任教员因故辞职，须备具理由书，请由校长转呈主管教育行政长官核准后方准离职。

第四章　资　　格

第五条　教员均以检定及格者为合格，如合于无试验检定未经检定者，得由校长先将资历书及证明文件呈送或呈请主管长官转送省公署教育厅审核决定其资格。

第六条　校医、事务员及雇员均不限资具，但须具有相当经验能力确能胜任者。

第五章　待　　遇

第七条　教职员月薪定为左列十二级：①

① 根据原表改排。

科别	级别＼薪额＼职别	专任教员	校医	事务员	雇员	兼任教员
高级	1	160	96	63	58	每周一小时，每日薪俸一元五角至三元。
	2	150	90	60	55	
	3	140	85	57	52	
	4	130	80	54	49	
	5	120	75	51	46	
	6	110	70	48	43	
	7	100	65	45	40	
	8	90	60	42	37	
	9	80	55	39	34	
	10	70	50	36	31	
	11	60	45	33	28	
	12	50	40	30	25	
初级	1	95	95	63	58	每周一小时，每日薪俸一元二角至二元三角。
	2	90	90	60	55	
	3	85	85	57	52	
	4	80	80	54	49	
	5	75	75	51	46	
	6	70	70	48	43	
	7	65	65	45	40	
	8	60	60	42	37	
	9	55	55	39	34	
	10	50	50	36	31	
	11	45	45	33	28	
	12	40	40	30	25	

第八条　教职员应支月薪等级，由校长备具资历表加具意见呈请主管教育行政长官核定之。

第九条　教职员进级办法另定之。

第十条　教职员奖励金办法另定之。

第六章　附　　则

第十一条　本规程如有未尽事宜，得由教育厅长呈请省长提交省政会议修正之。

第十二条　本规程自省政会议议决公布之日施行。

（伪）山东省政府教育厅编印：《教育法令汇编》，1944 年 8 月。

二、教师与学校

华北政务委员会教育总署训令

（1940 年 6 月 21 日）

令

河北省教育厅　　天津特别市教育局
河南省教育厅　　青岛特别市教育局
山东省教育厅　　国立北京师范学院
山西省教育厅　　国立北京女子师范学院
北京特别市教育局

为令遵事。案查小学教员暑期讲习班，依据前教育部第一次教育行政会议议决案之规定，应由各省市教育厅局就近择地举办。其第一届小学教员讲习班业于上年暑期通饬遵行在案，本年第二届小学教员暑期讲习班自应援案办理。兹为改善组织、加强训导起见，由本总署规定训话纲要、课程标准及组织纲要，随令颁发，仰即遵照切实施行。其讲习期间一律以二十日为限，务于七月二十五日遵期开讲。关于选派小学教员，须按照讲授科目以选拔体质健全之适当人员为合格。其各班讲授课程，本届选修偏重国文史地，而尤注重于精神训话，应由各该厅局长或延聘适当人员宣讲。至经费补助，暂定每处约一千五百五十元，一俟华北政务委员会令准后，再行另令饬遵。除分令外，合行令仰遵照并将办理情形随时具报核夺。再国立两师范学院附属小学援上年成例，仍就近参加北京市讲习班听讲，名额支配径由该市教育局届时饬知遵照可也。此令。

附发小学教员暑期讲习班组织纲要一份（略）、课程标准一份（略）、训话纲要一份（略）

教育总署督办　汤尔和

《华北政务委员会公报》第 7 期至第 12 期，“教署·公牍”，1940 年 7 月 9 日。

奉令举办小学教员暑期讲习班筹备经过情形

（1940年7月）

案奉钧署教字第三〇三号训令内开：“为令遵事。案查小学教员暑期讲习班依据前教育部第一次教育行政会议议决案之规定，应由各省市教育厅局就近择地举办。其第一届小学教员讲习班业于上年暑期通饬遵行在案，本年第二届小学教员暑期讲习班自应授案办理。兹为改善组织、加强训导起见，由本总署规定训语［话］纲要、课程标准及组织纲要，随令颁发，仰即遵照，切实施行。其讲习期间一律以二十日为限，务于七月二十五日遵期开讲。关于选派小学教员，须按照讲授科目，以选拔体质健全之适当人员为合格。其各班讲授课程，本届选修偏重国文史地，而尤注重于精神训话，应由各该局或延聘适当人员宣讲。至经费补助，暂定每处约一千五百五十元，一俟华北政务委员会令准后，再行另令饬遵。除分令外，合行令仰遵照并将办理情形随时具报核夺。再国立两师范学院附属小学援上届成例，仍就近参加北京市讲习班。听讲名额径由该市教育局届时饬知遵照可也。此令。附发小学教员暑期讲习班组织纲要五份、训话纲要五份。”等因。奉此，遵经拟具简章，定于本月二十八日起，假北京市立师范学校举行，并分令市、私立各级小学遵办。关于经费一项，经酌按事实需要核拟预算，总计共需款三千八百零二元，除由钧署补助一千五百五十元外，其余二千二百五十二元，拟由本局呈请市公署准予转饬财政局如数拨发。理合抄同本局所拟简章及临时费支付预算书各一份，备方呈请鉴核备案。

谨呈

督办汤

附呈简章一份（略）、预算书一册（略）

北京特别市公署教育局局长　王养怡

中华民国二十九年七月十八日

《市政公报》1940年第93期

山东省筹设中心小学实施方案

（1940年10月29日）

山东省公署省教字第七九号训令颁发

甲、设立目的

一、夫教育为国家之命脉，农村为国家之基础，农村教育关系国家至为重要，尤其在建设东亚新秩序之过程中，推进农村教育更为当务之急。然推进之法，要在以教育为中心，举凡农村之文化、经济、农工商业以及其他实务工作，均须以教育为先导，而教育更须以发展农村为主旨。过去小学教育，仅以造就学子为任务，而于社会事业未曾顾及，致使学校自为学校，农村自为农村，彼此不发生关系，故农村不发达，而教育亦无甚效果。为改善教育、发展农村计，中心小学之设立实属刻不容缓。

乙、设立区域及名称

一、中心小学依自治区之划分，每一镇为一学区，每一学区设一中心小学。主校设于镇所在地，分校设于各村庄。

二、中心小学以所在地名名之，主校称为某某小学校，分校称为某某小学某某分校。

丙、设立计划

一、中心小学本应切实调查学龄儿童具体计划普遍设立，惟以地方治安尚未完全恢复，不惟划分学区实地调查诸感困难，而财政支绌整个推进亦力有未及，兹斟酌地方情形，暂拟权宜办法，逐渐设立。一俟地方秩序稳定，再详为具体规划，以期早日成功。

（1）由省款列入预算，先就模范地区选择现有小学，由省酌量改设，或由县改设以省款补助。每年增列预算，逐渐扩充，俟各县能自行设立之时为止。

（2）催促各县在可能范围内尽量设立，或就现有乡镇完全小学改设。

（3）令饬各县现有小学先按照中心小学事业试办。

（4）令饬各县迅速划分学区，调查学龄儿童，以便拟订全省中心小学十年计划。

丁、组织及编制

一、中心小学主校设校长一人、专任教员若干人。分校各设主任一人、专任教员若干人，但主任仍以专任教员兼任。

二、校长掌理主校一切事务，并监督指挥各分校进行事宜。

三、主校编制以完全小学为原则，至少须设初级三班、高级一班，采用单式编制，但遇必要时得采用复式制或二部制。分校编制以初级小学为原则，但在可能范围内亦可设高级班。

戊、设备及教材

一、校舍除具有应用教室、办公室、职员宿舍外，应设备劳作室、图书室、卫生室、阅报室、农事陈列室以及宽大农场、运动场等。

二、教授用具以及推进农村事业需要用品应尽量设备。

三、教材除采用部定课本外，应就当地职业发达情形编辑讲义参加讲述，尤其注重劳作训练及课外活动，俾资养成生产技能与劳动习惯。

己、学校事业

一、学校方面　遵照学校规程，适应农村儿童需要，推行学校教育。例如实施精神训练、涵养道德意念、灌输国民知识、养成爱国观念、授与农村知识、训练实业生活等等。

二、社会方面　遵照社会教育事业，酌量农村情况实行全区活动。例如农村业余补习、职业指导、风俗改良、礼仪纠正、妇女识字、卫生运动、巡回讲演，以及其他有关文化事业等等。

附注：

一、学校经、临费应酌量地方情形按照财政状况核实列入预算。

二、教职员之任用、待遇及一切办法，均依照本省学校教育暂行规程办理。

（伪）山东省政府教育厅编制：《教育法令汇编》，1944 年 8 月。

北京市教育局小学教员暑期讲习班组织简章

（1941 年）

第一条　为使本市小学教员深切认识时局及彻底了解新秩序之涵义，对于教学上之知能有所进修起见，特利用暑假期间由本局举办暑期讲习班（以下简称本班）。

第二条　本班分为劳作、音乐及史地三组，每组学员四十名。

第三条　本班劳作、音乐两组讲习地址在北京市立师范学校内，史地组在市立第一女子中学校内。

第四条　本班分设事务、教务、训育三组，其职掌如下：

一、事务组：掌握关于文书、会计、庶务及讲师之招待、所［听］讲人之照料等事宜。

二、教务组：掌理关于讲师之聘请、听讲人员之分配、课程之规定、讲义之印发及其他属于教学事宜。

三、训育组：掌理关于听讲人员之登记、考勤纪律及其他属于训育事宜。

第五条　本班设主任一人、副主任一人、组长三人，事务、教务、训育人员各一人。主任、副主任由本局局长及辅佐官分别兼任，总理全班事务。组长由局长派第一、第二科科长、督学主任兼任，分掌各组事务。每组事务由局长派局员一人兼任办理各组事务，并为缮发讲义、文件及传递公文等酌用雇员。

第六条　本班听讲人员以市立小学教员为限（市立小学郊外者无须参加），就其平日所担任之课程，分别指定参加劳作、音乐及史地各组听讲。

第七条　本班讲题及讲师并讲习时数另表规定之。

第八条　劳作组暨音乐组讲习期限各为二周，计自三十年七月十日起至七月二十三日止；史地组为十二日，自七月十日起至二十一日止。逐日自上午九时十分至下午一时举行讲习。

第九条　本班之职员凡月薪不满百元者酌予津贴。各讲师之教薪，每小时规定四元，其预算书另编定之。

第十条　本简章如有未尽事宜，由局长主持之。遇有必要陈请市长办理。

第十一条　本简章自呈奉核准之日施行。

《市政公报》1941 年第 129 期

山东省检定小学教员要项

（1942年3月17日）

甲、登记

一、资格

（1）未受检定现任省、市、县立及私立各小学校长、教员及曾经检定合格已满有效期间者。

（2）具有检定规程各项资格之一，现未在学校服务而志愿充任小学教员者。

二、办法

（1）必须登记：由各市县承办检定小学教员事务所将全市县具有（一）条（1）项资格者分别调查清楚，一律饬其遵照颁发小学教员登记表式分别填注，俟交各市县教育局或教育科加以初审后，再汇呈省公署教育厅复审。但省立各学校具有（一）条（1）项之资格者，应由各该校依法办理登记径送教育厅审查。

（2）准行登记：具有（一）条（2）项资格人员，由各市县公署布告周知后，得自向承办检定小学教员事务所填写登记表，再由各市县教育局或教育科汇齐审查后，呈送教育厅审查。

（3）汇送期限：自教育厅令到之日起五十日止。

乙、报名

一、具检定小学教员暂行规程第三条各项资格之一者，准予报名无试验检定。

二、具检定小学教员暂行规程第四条各项资格之一者，准予报名受试验检定。

三、登记时应缴各件：

（1）操行保证书（与登记表合制）。

（2）登记表。

（3）登记时应按检定规程所定之各项资格，分别呈缴毕业证书及著作品等（但毕业证书不得以照片代之，服务证明书须原校证明，如原校已不存在，如有案可稽，得由教育局或教育科代为证明）。

附注：所有令发各种书表式及证件封筒等，应由各承办检定事务所酌量本地情形印刷若干份分发应用。

（4）缴检定费国币二角，由承办检定事务所掣给收据。

四、报名地点：登记公布后定期报名时，在市县者向各本市县承办检定小学教员事务所报名，在省立学校者向各该校报名。

五、报名日期：教育厅以命令行之。

丙、审查

一、初次审查

各市县承办检定小学教员事务所或省校对于审查受检定人之资格及所缴证书文件及检定费等负完全责任，如审查时发生疑问，应呈请教育厅解释。

二、复审查

登记日期截止，由各市县承办检定小学教员事务所或省校作初次之审查完竣后，在考期以前汇呈教育厅发交检定小学教员委员会复审。如发现伪造、假冒等情事，经查明属实，应由承办之原机关负责。

三、公布审查结果

初次审查结果由各市县承办检定小学教员事务所审毕呈报复审，再由检定小学教员委员会审查毕，以教育厅令公布之。

丁、试验

一、各区受检定人，应于试验前三日赴试验所在地之试场报到，并领取试验证，方得应试。试验证之式样如下：（式样略）

二、各区试场由教育厅指定，预先公布，并由所在地之市长、县知事或教育局、教育科长预先位置。

三、各区主试委员须于考试前五日到场。

四、试卷由检定小学教员委员会预备姓名，一律盖印弥封。

五、试题由检定小学教员委员会拟定，发交主试委员临时揭示。

六、试场座位应依次编号。

七、主试委员于考试前二日将逐日试验科目列表布告周知。

八、襄试委员由主试委员于举行试验前一星期约定。

九、如受试人有冒替情事，即撤销其试验证，并公布其受试成绩无效。

十、除笔试及口试外，应举行体格检查。分下列两项由主试委员酌定之：

（1）精密检查法：聘请所在地医生依照表列各项分别检查填注。

（2）普通检查法：由主试、襄试、监试各委员会同举行检查，就不用机械，可检查者分别填注。

附注：如所在地无医生得适用第二款之规定。

体格检查表式如左：

<table>
<tr><td>姓名</td><td></td><td>性别</td><td colspan="2"></td><td>年龄</td><td></td><td>籍贯</td><td></td></tr>
<tr><td rowspan="3">体长</td><td rowspan="3"></td><td rowspan="3">体重</td><td colspan="2" rowspan="3"></td><td rowspan="3">胸围</td><td>盈</td><td colspan="2"></td></tr>
<tr><td>常</td><td colspan="2"></td></tr>
<tr><td>虚</td><td colspan="2"></td></tr>
<tr><td rowspan="2">肺脏</td><td rowspan="2"></td><td rowspan="2">视力</td><td>左</td><td colspan="2"></td><td rowspan="2">听力</td><td>左</td><td></td></tr>
<tr><td>右</td><td colspan="2"></td><td>右</td><td></td></tr>
<tr><td colspan="9">有无传染病</td></tr>
<tr><td colspan="9">总评语</td></tr>
<tr><td colspan="9">中华民国　年　月　日　（检查者签名）</td></tr>
</table>

十一、口试标准规定如左：

（1）态度；（2）言语；（3）思想；（4）常识。

附注：口试分数由主试委员列册评定。

十二、笔试科目

笔试科目应依照检定规程第七条之规定办理之。

十三、应试规则

（1）受试验人按照试验证上号数入座。

（2）受验委员应随时稽查座位号数。

（3）受试验之人应遵守试验委员之命令。

（4）卷末备有稿纸，不得另纸起草，稿纸须与试卷同缴。

（5）缴卷不得逾限。

（6）缴卷时须将卷面浮签揭去。

（7）缴卷后不得请求添改字句，出场后不得复入。

（8）试验委员如当场发现受试验人有不规则行为者，全部成绩应作无效。

附注：以上规则应由主试委员预期公布试场。

十四、各科试验完毕，主试委员会同各试验委员应将试卷、口试成绩册及体格检查表、点名册等汇集封固加盖印章，当即寄呈教育厅发交检定小学教员委员会评阅，并将考试情形会报备核。

十五、各区办理检定负责人员

各区举行试验检定，其所在地之道尹、市长、县知事、教育局长、教育科长固应负责筹办一切，但所属各县之教育科长亦应在试验期前率同各该县应试人员赴试验所在地，并襄助一切。其他书记等职员，临时聘请。

十六、试验所在地之道尹、市长、县知事均得为监试委员。

十七、试验所在地之教育局长及有关系教育科长，由教育厅委为襄试委员。

戊、评卷

一、阅卷人

于每区试验终了试卷交到教育厅发交检定小学教员委员会后，由委员会延聘专家评阅。

二、记分标准

甲等八十分以上；

乙等七十分以上；

丙等六十分以上；

丁等四十分以上。

附注：列丁等者准充代用教员。

三、揭晓

于每区试验终了试卷发交检定小学教员委员会六个月内公布录取者姓名，并通行各市县或省校分别饬知。

己、发许可状

一、除免试验检定者经复审合格后随即发给证明书外，所有试验录取之教员，由检定小学教员委员会发给许可状，并由教育厅通行各市县分配应用。

二、领许可状时须交国币三角。

庚、检定用费

试场用费及主试委员川资等，均由检定小学教员委员会支给之。

辛、证件发还

每区试验揭晓后，即将各该市县前送之证明文件由检定小学教员委员会分别发交原送机关给领。

（伪）山东省政府教育厅编印：《教育法令汇编》，1944 年 8 月。

三、课程与教材

为令各校每周添授日语各一小时所有教员业经本局委定分组分校按周轮流教授以便学习由

（1937 年 10 月）

令

市、私立各小学校

查津市地方自事变以还，中日人士交际往返日见增繁，惟语言文字不通，窒碍良多，本局为适应需要起见，定自本年十一日一日起，先择市、私立各小学有高级班者四十处，每周添授日语各一小时，所有教员业经由局委定，并拟分校按周轮流教授，以便学习。兹将日语教授时间表随令分发，俾资遵循。除分令外，合行令仰该校即便遵照办理具报。此令。

计发日语教学时间表一份

局长　沈同午

中华民国二十六年十月　日

（伪）天津特别市教育局编：《教育公报》第 2 期，“公令”，1938 年 1 月 1 日。

令市立各小学校三四年级日语课程应自本年二月份起添授

（1939 年 1 月）

查教育部前颁小学教学科目及每周教学时数表，业经本局以第一二号训令发给各校知照在案，查表内列有小学三、四年级每周各授日语六十分钟，自应增添以符应用。其应需钟点费，本局核计，以每班六十分钟作为一小时计，每小时钟点费仍作六角，每班每月共为二元四角，呈请市公署自本年一月份起追加预算在案。顷奉指令内开：“呈饬均悉，查增加市、私立小学三、四年级日语课程，既系奉部令办理，自应准予照办，所拟支拨经费办法亦无不合，并准。因拟办理，除令知财政局外，仰即遵照，此令。”等因。奉此，除分令外，查该校三四年级共有（按单开填列）班，每月共需款数为（按单开填列）元，仰即聘用教员，自本年二月份起授课为要。此令。

局长　王养怡

中华民国二十八年一月二十五日

《市政公报》1939 年第 43 期

（汪伪）国民政府教育部抄送小学校日语课程调整原则及过渡办法呈

（1940年8月10日）

案奉钧院行字第四五七号训令密示：关于中小学校加授日语核议经过详情，着即遵照办理等因，并抄发《关于日语课程调整之意见》八条。奉此，就中所有关于小学校日语课程调整原则及过渡办法部分，当即分别令饬各地教育行政机关，转饬各都市小学及乡村小学遵办。除分咨、令各省市政府暨各省市教育厅局外，理合抄呈《小学校日语课程调整原则及过渡办法》一份，呈请鉴核，并乞令饬华北政务委员会教育总署转饬各地教育行政机关暨各都市小学及乡村小学一体遵照办理，实为公便。

谨呈

行政院院长汪

附呈《小学校日语课程调整原则及过渡办法》一份

教育部部长　赵正平

中华民国二十九年八月十日

附：小学校日语课程调整原则及过渡办法

（节录中小学日语课程调整之意见）

（一）原则

小学课程，无论初级、高级，本无外国语之规定，仅少数大都市因其实际需要，间有在高小加授外国语（大抵系英语）者，今可于小学课程表中附加说明一条如下：

“外国语以不教授为原则，但于都市区域，依实际需要，高年级（即五、六年级）得加授外国语（日语或其他外国语①）。”（此项原则可公开发表。）

（二）过渡办法

现在各小学，如事实上已列有日语课程者，应按照上述原则即行更正，如确有困难一时未易改正者，得暂采用左列过渡办法：

一、都市小学

甲、原五年级已授日语者，本学期升入六年级，得继续之。

乙、原四年级已授日语者，本学期升入五年级，得继续之。

丙、原三年级已授日语者，本学期升入四年级，明年升入五年级，均准暂得继续。

丁、原二年级及一年级，本学期升级后，亦不得加授日语，须俟递升至五年级时，如

① 此处原为“英语”，因汪精卫批示：“英语改为其他外国语。”

实际需要，始得加授。

戊、原三、四年级并无加授日语者，不得再行加授。

己、原五、六年级并无加授日语者，加授与否应依实际需要而定。

以上办法，在使现在已授日语者，得于升级之后继续授至毕业为止。其他本学期升级后，在四年级以下者，如原未授日语，则非俟升至五、六年级不得加授，并须符合“实际需要”之规定。如此三年之后，大都市小学高年级可依实际需要而授日语，低年级不授。此后一依部章办理。

二、乡村小学

甲、原五年级已授日语者，本学期升入六年级，得继续之。

乙、原四年级已授日语者，本学期升入五年级，得继续之。

丙、原三年级已授日语者，本学期升入四年级，明年升入五年级，均准暂得继续。

丁、原二年级及一年级，此后递升至三、四、五、六年级，均不加授日语。

戊、原三、四、五、六年级并无加授日语者，不得再行加授。

以上办法，在使现在已授日语者，得按其升级，继续授至毕业为止。至于本学期升级后在四年级以下者，则虽递升至五、六年级，亦不加授日语。如此则三年之后，乡村小学日语课程可以告一段落。此后一依部章办理。（此项调整过渡办法，以不公开发表为宜。）

中国第二历史档案馆馆藏“汪伪国民政府行政院档案”

第三编

中学教育

一、法令与规章

教育部为核定暂行救济办法以免多数青年辍业训令

（1938 年 4 月 6 日）

令

河北、山东两省教育厅

天津市公署教育处

为令行事。案据北京特别市社会局呈请，以本市各私立中学因受事变影响，招收最后年级编级生率多冒滥，请酌予变通设法补救一案。现经本部核定暂行救济办法，以一年为度，举办检定试验，以免多数青年中途辍业。已令饬遵办去后，事关通案，除指令外，合行抄录原案，令仰遵照办理，并转饬所属各中学一体遵照。此令。

附：抄北京特别市社会局原呈

呈为呈请事。案查本市私立各中学，前以招收最后年级编级生率多冒滥，职局为维护教育及整齐学生学业计，曾经限制各校最后年级第二学期不得招收编级生。又查《修正中学规程》第七十四条内载，中学收受插班，须有其他中学学期衔接之转学证书或成绩单之规定，历经各校遵办在案。本学期业已开始，各校招收插班生，不免有已届毕业年限之学生，其肄业原校因事变停办暨辍学请求转学，或因前情而未取得转学证件者，若依照旧章，则此项学生当有失学之虞，若从宽办理，是其学历又无从证实，应如何酌予变通办法，以资补救之处，理合备文呈请钧部鉴核示遵。

谨呈

教育部

北京特别市社会局局长　张水淇

附：教育部令字第二一六号指令

为指令事。据呈已悉。查各中学招收最后年级第二学期之编级生，以及收受无转学证明文件之插班生，本为规章所不许，第念此次多数青年中途辍业，系受事变之影响，确属情节特殊，自应设法变通，以资补救。兹经厘订检定试验办法三则分列如下：（一）检定机关应以各省市主管教育行政官厅组织之，冠以某省市公私立中等学校最后年级编级生检定委员会名称；（二）检定期限暂以一年为度，定于二十七年五月底以前为第一次检定试验，以后每满三百人即举行一次；（三）试验范围应依据上学年第二学期课程为标准，务须杜绝躐等取巧之弊，以昭慎重。除通令外，仰即遵照办理，并转饬所属各中学一体遵照。此令。

教育部总长　汤尔和

（伪）华北临时政府教育部编：《教育公报》第3期，“公牍”，1938年9月。

山东中等学校校长任免及待遇暂行规程

（1938年）

第一章　总　　则

第一条　本规程依据教育部第二百四十六号训令暂沿旧法令酌定之。

第二章　任　　用

第二条　省立中等学校校长由教育厅长遴选合格人员，提经省政会议通过后委任之；市立中等学校校长由市长遴选合格人员，提经省政会议通过后委任之；县立中等学校校长由县知事遴选合格人员，呈请教育厅核委；私立中等学校校长由校董会遴选合格人员，呈请教育厅核委。

第三条　中等学校校长任用，第一年为试任期，期满经严格考查，认为成绩优良，方得正式加委。

第四条　中等学校校长任用后，由教育厅按期汇案呈请教育部备案。

第三章　资　　格

第五条　中等学校校长之任用标准，以人格高尚、服膺新民主义、信仰东方文化，并具有左列资格之一者为合格：

甲、高级中学校长

一、国内外师范大学、大学教育系或高等师范学校本科毕业曾任中等以上学校教职员一年以上著有成绩者。

二、国内外大学或专门学校本科毕业曾任中等以上学校教职员三年以上著有成绩者。

三、曾任初级中学校长三年以上著有成绩者。

乙、初级中学校长

一、具有高级中学校长之资格者。

二、国内外大学或专门学校本科毕业曾任中等以上学校教职员一年以上著有成绩者。

丙、高级职业学校校长

一、具有高级中学校长之资格而有职业教育之研究者。

二、国内外职业、专门学校毕业曾任职业学校教职员一年以上著有成绩者。

三、曾任初级职业学校校长三年以上著有成绩者。

四、曾任高级职业学校主科教员四年以上著有成绩者。

丁、初级职业学校校长

一、具有高级职业学校校长之资格者。

二、职业师资训练机关毕业后从事职业教育一年以上著有成绩者。

三、具有专门技能或热心职业教育曾任教育职务二年以上者。

戊、师范学校校长

一、国内外师范大学、大学教育系或高等师范学校本科毕业曾任师范学校教职员二年以上著有成绩者。

二、国内外大学或专门学校本科毕业曾任师范学校教职员三年以上著有成绩者。

三、曾任高级中学校长一年以上或初级中学校长三年以上著有成绩者。

己、农村师范学校校长

一、国内外师范大学、大学教育系或高等师范学校本科毕业曾任中等以上学校教职员一年以上著有成绩者。

二、国内外农业、专门以上学校本科毕业曾任中等以上学校教职员二年以上著有成绩者。

三、国内外大学本科毕业曾任中等以上学校教职员三年以上著有成绩者。

四、国内外高等师范专修科、专科学校或专门学校毕业曾任中等以上学校教职员四年以上著有成绩者。

前项委任人员须审核其履历、毕业证书及服务证明书。

第四章　免　　职

第六条　中等学校校长犯左列事项之一者，由主管长官查明属实应即免职：

一、违反教育宗旨者。

二、违背主管教育行政机关及教育法令者。

三、治校不力或训育无方者。

四、学生成绩太劣不合规定之标准者。

五、操守不谨人格堕落者。

六、擅离职守放弃责任者。

七、受刑事处分者。

八、身体残废或身有痼疾不能任事者。

第五章　待　　遇

第七条　中等学校校长均为专任职，不得兼任其他有给职务。

第八条　中等学校校长月薪定为左列九级：

高　级	初　级
280	180
260	170
240	160
220	150
200	140
180	130
160	120
140	110
120	100

第九条　中等学校校长应支月薪等级，由主管教育行政机关按上列规定数目就各校班次之多寡、事务之繁简及各校长之学历、经验规定之。

第十条　中等学校校长试任期满后继续任职二年著有成绩者进一级，已进一级者得每一年或二年酌进一级，但须学校成绩优良有统计可考并经查明属实者方得进级。

第六章　附　　则

第十一条　本规程如有未尽事宜，由教育厅呈请省长提出省政会议修正之。

第十二条　本规程经省政会议议决呈请教育部核准后施行之。

（伪）山东省教育厅编印：《山东省公署教育厅二十七年工作报告》“丙编”，1939 年 1 月。

京市中等学校自然科学观摩会教育局严令遵行
各生均须参加不得规避　如有故违即行开除学籍

（1939 年 4 月）

（本报特讯）京市教育局举办之本市中等学校自然科学观摩会，业经通令各校遵照办理，并将举行观摩会与毕业会考迥异之点暨观摩会办法等，亦已详细令知各校，顷该局昨又发布通令，兹觅录如次：

通令原文：为令遵事。案查本局举行本市中等学校自然科学观摩会，业经通令遵照办理，并将举行观摩会与毕业会考迥异之点，详细令知在案。惟参加观摩会之学生除因为特别事故请假经核准者外，其他各生均须一律参加，不得规避，学校更不得少报学生数额，借图侥幸。至于学校成绩之计算方法，系以各该校本年度应行毕业之真实人数，平均观摩会与考人之总分数。与考各生更不得冒名顶替，如有故违，一经本局查觉立即开除学籍，其校长并另行议处。除分令外，合并令仰遵照勿违为要。

局长　王养怡

《实报》，1939年4月24日。

训令私立各中学校兹据督学报告私立中学有男女同校同班上课者实属违背功令通令纠正

（1939年4月）

案据本局督学视查报告，本市私立中学仍有男女学生同校暨同班上课情事，查中学厉行男女分校为吾国教育之既定方针。

二十七年四月临时政府教育部曾经明令公布中学以男女分校为原则，并通令遵照在案。兹据报前情自应从严取缔以符功令。凡本市私立中学有因环境需要呈请添办女子部者，均系男女分部分班上课。经局查明核准有案，自不得中途擅行变更办法，实施男女同校同班上课。其未经令准添办女子部者，尤不许暗自招收女生随同男生同班上课。除分令并派督学彻查外，合亟令仰遵照勿违为要。此令。

局长　王养怡

中华民国二十八年四月十一日

《市政公报》1939年第50期

严饬各中学厉行男女分校制

（1939年）

中学男女分校，为我国教育之既定方针，乃私立中学仍有男女同班上课者，若不从严制止，则流弊所及，非言可喻。当于四月间，令行各男子中学，如有女生，应即转送女校上课。其无女生者，不得招收，并饬督学随时严查，以资整顿。

（伪）北京特别市教育局编印：《北平特别市教育局施政述要》，1939年。

（汪伪）国民政府教育部关于《中学训育方针及实施办法大纲草案》等件拟订核签有关文件

（1941 年 7—8 月）

教育部呈（7 月 29 日）

案查本部前因感觉过去之中小学训育办法已不适用于现在，特于去年九月召开全国中小学训育实施委员会，关于中学训育方面曾订定训育方针及实施办法大纲草案一种，决定先由各省市中学试行，当经本部依照会议决议，抄录全案，通令各省市及国立各中学于民国二十九年度内切实试行，并将试行结果情形报部备核，以凭审定在案。兹据各该省市及国立各中等学校先后呈报试行结果到部，经逐一审核，关于草案各项条目，多数认为尚称适合，试行结果，颇著成效。是原订草案，其精神与实质尚能适应现代中学训育之要求，而并无缺乏妥善之处。现值三十年度第一学期行将开学，为使全国各中学实施训育有所遵循起见，拟将是项草案正式公布施行，一面令饬各省市厅局于本学期试行《小学公民训练标准草案》，以利训育。是否有当，理合检同原订《中学训育方针及实施办法大纲草案》及《小学公民训练标准草案》各一份，备文呈请鉴核示遵。再查上年会议时与现在环境微有不同，拟将中学原草案训育方针第一条修正为“训练学生反共睦邻思想，并深切了解国父遗教及和平建国国策”，小学原草案目标第四项修正为“关于公民的政治训练，养成奉公守法的观念，爱国爱群的思想，并了解国父遗教及和平建国之策”。合并呈请核示。

谨呈

行政院院长汪

附呈《中学训育方针及实施办法大纲草案》一份、《小学公民训练标准草案》一份

教育部部长　赵正平

中华民国三十年七月二十九日

附一：中学训育方针及实施办法大纲草案

训育方针

（一）训育原则

1. 训练学生反共睦邻思想、和平建国途径。

2. 施行“训练合一”，全体教师共负训育责任。

3. 励行师生共同生活，注重积极指导，实施人格感化。

（二）训育目标

甲、高初中共同的目标

1. 养成忠孝仁爱信义和平之德性。

2. 养成创造建设好学精研之兴趣。

3. 养成安分务本坚忍不挠之意志。

4. 养成快乐奋勉勇于进取之情绪。

5. 养成严守秩序服从纪律之生活。

6. 养成活泼健康整齐清洁之习惯。

7. 养成娴习礼貌敬友乐群之态度。

8. 养成推己及人祛私爱物之观念。

9. 养成节俭朴实刻苦耐劳之精神。

10. 养成互助合作知行合一之能力。

乙、初中重要的目标

1. 灌输具备公民之条件。

2. 培养从事职业之技能。

丙、高中重要的目标

1. 准备从事升学之知能。

2. 培植专门职业之基础。

（三）训育组织

1. 中等学校施行“训教合一”。在校长之下设教导主任一人，以专责成。六学级以上之中学，经主管教育行政机关之核准，得设教务、训育主任各一人，协助校长分别处理教务、训育事宜。

2. 各级设级任导师一人，普通导师若干人，协助教导主任及训育主任励行师生共同生活，并负积极指导及感化之责。

3. 由校长、教导主任、训育主任及各级级任导师组织训导委员会，讨论训导事宜，开会时得请事务主任、公民教师、童子军教练及校医列席。

训育实施办法

（一）健康训练

1. 规定各项卫生及运动规约，指导学生遵守。

2. 每学期至少举行体格检查一次，并矫治身体缺陷。

3. 设立医药室及调养室，并按期种痘，注射防疫针。

4. 检查全校各处清洁，并定期举行教室、寝室及全体大扫除。

5. 定期举行整洁及健康比赛。

6. 举行早操、课外运动、级际运动比赛，及远足、爬山、骑驾等各种练习。

7. 严禁阅览淫秽书籍，并注意性教育之指导。

8. 定期举行运动会、同乐会等。

9. 指导学生改进家庭清洁卫生事项。

10. 参加社会上各种卫生运动。

11. 其他。

（二）公民训练

1. 规定各项生活规约，指导学生遵守。

2. 每周举行周会一次，讲述和平反共建国要义，报告国内外政治概况，或举行精神讲话。

3. 各级组织级会，由级任导师指导。

4. 全校组织级联合会，由教导主任及训育主任会同有关导师指导。

5. 每日举行升旗、降旗礼。

6. 规定每周训练德目，指导实践。

7. 举行级别谈话及个别谈话。

8. 全校学生一律穿着制服（男、女生并严禁蓄、烫发）。

9. 励行节约运动。

10. 举行礼仪指导及练习。

11. 其他。

（三）知能训练

1. 组织各学科研究会，由各学科教员担任指导。

2. 定期举行各学科比赛。

3. 组织参观团，利用假期参观各种文化机关。

4. 举行标本采集。

5. 定期举行演讲会、辩论会及各种论文征集。

6. 定期举行各科成绩展览会。

7. 办理升学及就业指导。

8. 其他。

（四）休闲训练

1. 布置整洁优美之环境。

2. 举行游艺会、音乐会、美术展览会等。

3. 组织摄影、音乐、戏剧、书画等研究会。

4. 举行弈棋比赛。

5. 提倡考古、游览等活动。

6. 其他。

（五）服务训练

1. 举行劳作服务。

2. 协助家事操作。

3. 利用假期举行社会服务。

4. 轮值扫除教室、寝室及其他场所。

5. 指导设立民众学校，推行识字运动。

6. 办理消费合作社。

7. 举行社会调查与访问。

8. 其他。

附注：考查及奖惩办法，由各省市教育行政机关规定大纲，呈报教育部核定施行。各中学于其学则内根据是项大纲订定详细规则，呈请主管教育行政机关核定施行。

附二：小学公民训练标准草案（略）

中国第二历史档案馆藏“汪伪国民政府教育部档案”

二、课程与教材

教育局规定中学日语教科书

（1939年9月7日）

北京市教育局关于本市中等学校之日语课程应用之教科书，顷已规定，于昨日训令公私立中等学校遵照，书名如次：

初级第一学年：《速修日本语读本》；

初级第二学年：《中等日本语读本》卷一；

初级第三学年：《中等日本语读本》卷二；

高级第一学年：《中等日本语读本》卷三；

高级第二学年：《中等日本语读本》卷四；

高级第三学年：《高等日本语读本》卷一。

（以上均为饭河道雄著）

《新民报》，1939年9月7日。

（北京特别市）新制初级中学教学科目及各学期每周教学时数表

（1941年）

科目 ＼ 时数 ＼ 学期 ＼ 学年	第一学年		第二学年		第三学年	
	第一学期	第二学期	第一学期	第二学期	第一学期	第二学期
修身	二	二	二	二	二	二
体育	三	三	三	三	三	三
生理卫生	一	一				
国文	五	五	六	六	六	六
日语	三	三	三	三	三	三
英语（法语或德语）	二	二	二	二	二	二
算术	四	四	四	四	五	五

续表

科目 \ 时数 \ 学年 学期		第一学年		第二学年		第三学年	
		第一学期	第二学期	第一学期	第二学期	第一学期	第二学期
自然（分科制）	植物	二	二				
	动物	二	二				
	矿物			一	一		
	化学			三	三		
	物理					三	三
历史		二	二	二	二	二	二
地理		二	二	二	二	二	二
劳作		二	二	二	二	二	二
图画		一	一	一	一	一	一
音乐		一	一	一	一	一	一
每周教学总时数		三二	三二	三二	三二	三二	三二

说明：

一、初中学生每日上课及在校自习总时数规定为八小时，每星期以四十八小时计算，除上课时间外另定自习时间。

二、不论住校学生或通学生均须规定督促考查自习办法，学生课外运动不包括在自习时间内。

三、每周应规定一小时为团体训话时间，课间操时间每日以十分钟为限。

四、由第一学年起得视地方需要减去图画、音乐，加修职业科目。

五、体育时间内应授国术一小时。

六、将来少年团实施时应就原有体育钟点内匀出一小时再另加一小时，每周共二小时作为少年团之钟点。

七、劳作科应授以关于农艺及工艺初步之技能，女生加授家事、裁缝初步之练习。

《北京文化艺术综览》，1941 年。

（北京特别市）新制高级中学教学科目及各学期每周教学时数表

（1941 年）

科目 \ 时数 \ 学年 学期	第一学年		第二学年		第三学年	
	第一学期	第二学期	第一学期	第二学期	第一学期	第二学期
修身	二	二	二	二	二	二

续表

科目 \ 时数 \ 学年 学期		第一学年		第二学年		第三学年	
		第一学期	第二学期	第一学期	第二学期	第一学期	第二学期
体育		三	三	三	三	三	三
国文		六	六	六	六	五	五
日语		三	三	三	三	三	三
英语（法语或德语）		二	二	二	二	三	三
算术		四	四	四	四	四	四
生物学		四	四				
化学				六	六		
物理						六	六
历史	世界历史	二	二	二			
	本国历史				二	二	二
地理	世界地理	二	二	二			
	本国地理				二	二	二
劳作		二	二	二	二	二	二
图画		一	一	一	一	一	一
音乐		一	一	一	一	一	一
每周教学总时数		三二	三二	三四	三四	三四	三四

说明：

一、高中学生每日上课自习及课外运动总时数为十小时，每星期以六十小时计算。

二、每周除上课时间外，规定团体训话一小时，课间操及课外运动时间由校另行规定，余为自习时间。

三、图画、音乐系选修科目，其钟点学校当局得斟酌支配，认为必要时得以之改授其他主要科目。

四、劳作科实授农艺、工艺、商业及家事、裁缝等技能之练习，男生应选修农艺、工艺、商业三种中之一种，女生除专修家事、裁缝外，应选修前三种中之一种。

五、体育时间内应授国术一小时。

六、将来少年团实施时，应就原有体育钟点内匀出一小时再另加一小时。

七、世界史地应酌量加授本国史地教材，俾使学生明了本国与世界各国地理上之关联及时代上之对照。

《北京文化艺术综览》，1941 年。

规定自四一年度起初高中入学试验科目要领

（1941 年 6 月）

兹规定自四一年度起，高级中学校入学试验科目增添日本语，初级中学不考外国语，仅以口头试验简单日语作为入学检定之参考。此项考试并须依照下列要领分由各校准备题材，凡小学及初级中学毕业升学之学生，均应加以预告，俾其各于入学试验以前先事预备。合行令仰遵照办理。此令。

要领计开

一、初级中学

标准：《小学日本语读本》卷二。

方法（口试）：1. 关于身边简单会话之举述。2. 简单文章之诵读。

二、高级中学

标准：本局印行之《阶梯中等日本语读本》下卷。

方法（笔试）：1. 简单日语及日文华译。2. 常用汉字之读法。3. 短文之改正错误。

局长　王养怡

一九四一年六月　日

《市政公报》1941 年第 125 期

训令市、私立各中等学校
规定初高中入学试验以日语一科为考试正科目　其他外国语免试

（1942 年 7 月）

为令遵事。案奉市公署字第一五五零号训令内开：“为令遵事。顷准教育总署漾代电开：‘初高级中学校入学试验均无庸考试外国语，但有必要时得以日语为参考科目（即考试不计分）或考试科目，特电查照，希转饬遵照。’等因。准此，除电复外，合行令仰该局遵照。”等因。奉此，查本市为华北首都，日语关系重要，初高中入学试验应即认日语一科为考试正科目，其他外国语免试。合亟通令各校一体遵照。此令。

局长　王养怡

一九四二年七月二十日

《市政公报》1942 年第 168 期

呈报遵令办理本市第二回日本语文检定试验情形缮列统计表请鉴核备案

（1942 年 11 月）

呈为呈请事。案奉钧署署字第二四一八号训令，以准教育总署咨达，决定本年度日本语文检定试验日期，附抄指示事项，饬遵照办理等因。奉此，遵即查照成案，组织本市第二回日本语文检定试验委员会遵照规定及指示事项，分在市立第四中学、第八中学先后举行。各级试验完竣，所有参加考试人数，计初级一百四十一名，中级一百六十八名，高级一类三十八名，高级二类三十名，其各科试卷并已分别评定竣事，除检同各级试卷成绩表、统计表等件呈请教育总署复核再行榜示及填发合格证书外，理合将本案办理情形并缮列统计表一并具文呈请钧署鉴核备案，实为公便。又高级第一类报名人数原为四十七名，嗣于考期前申明理由，特准续报与考者二名，共为四十九名，合附陈明。

谨呈

市长

附呈统计表一份（略）

北京特别市公署教育局局长　王养怡

一九四二年十一月十四日

《市政公报》1942 年第 180 期

三、计划及实施

京市中等学校概况及今后之改革方针[①]

（1938年）

时代变迁，人心厌乱，其所以防共灭党，以谋东亚之永久和平者，教育之功，甚伟且著。辟邪说，正人心，纳民于规物，以谋亲仁善邻、家给人足之道，借保东方固有道德与文化，与世界争一日之短长，此正其时也！回忆我国之历史，政治清明，王道昌隆，仁民爱物，大公无私，诚所谓“不偏不党，王道荡荡”，较今日权利义务之说，其成败利钝，不可同日语也！自新政府成立，国基奠定，新教育方针早有所树立，今日所亟待行者，推进方法如何而已。惟欲谋未来之改进，须知已往之得失；已往之得失如何，又须预明现今之状况。京市教育范围，所辖至广，现今状况究属如何，须为文分别论述。本文所及者，仅限于中等学校而已。

本京教育，已往十年中，操于党人之手，暮气沉沉，腐败不堪，除为政府之政治工具外，绝无兴革可言。客岁芦沟事变，本市教育大受影响，究其罪由，暂不置论。吾人所最当注目者，则为事变前后中等学校概况之比较，观其数字之升降，可为将来改革之准绳。全市中等学校，事变前后概况比较，有如下表：

---

① 此件作者署名知非。

项别			校数			学级数			学生数			职教员数			经费数（单位：元）		
			男	女	计	男	女	计	男	女	计	男	女	计	男	女	计
国立	普通中学	事变前	2	1	3	22	12	34	713	334	1 047						
		事变后	2	1	3	16	10	26	468	364	832						
省立	普通中学	事变前	1		1	9		9	298		298				48 600.00		48 600.00
		事变后	1		1	9		9	213		213				48 600.00		48 600.00
市立	普通中学	事变前	5	2	7	51	24	75	1 635	816	2 451	—	—	273	291 974.00	111 100.00	343 074.00
		事变后	5	2	7	51	24	75	1 402	693	2 095	229	36	265	215 172.00	99 408.00	314 580.00
	师范	事变前	1		1	6	6	12	226	234	460	—	—	68	119 520.00		119 520.00
		事变后	1		1	6	6	12	156	185	341	58	10	68	119 520.00		119 520.00
	工业	事变前	1		1	9		9	120		120	—	—	45	51 542.00		51 542.00
		事变后	1		1	9		9	113		113	33	1	34	50 784.00		50 784.00
	商业	事变前	1		1	6		6	152		152	—	—	38	25 272.00		25 272.00
		事变后	1		1	6		6	105		105	37	—	37	25 272.00		25 272.00
私立	普通中学	事变前	44	16	60	326	119	445	12 244	8 693	20 937	—	—	1 845	1 246 377.00	302 175.00	1 548 552.00
		事变后	40	14	54	250	90	340	7 077	2 309	9 386	1 171	181	1 352	488 782.00	200 262.00	689 044.00
	师范	事变前		1	1		6	6		163	163	—	—	36	—	22 298.00	22 298.00
		事变后		1	1		5	5		183	183	26	2	28	—	14 100.00	14 100.00
	商业	事变前	1		1	6	—	6	198	—	198	—	—	22	27 126.00	—	27 126.00
		事变后	1		1	4	1	5	73	8	81	20	—	20	14 179.00	—	14 179.00
	职业	事变前	3	5	8	7	11	20	260	186	446	—	—	161	59 280.00	50 400.00	10 9680.00
		事变后	3	4	7		14	21	128	183	311	92	13	105	35 578.00	16 725.00	52 303.00
总计		事变前	59	25	84	444	178	622	15 846	10 926	26 272	—	—	2 488	1 809 691.00	485 973.00	2 295 664.00
		事变后	55	22	77	358	150	508	9 735	3 925	13 660	1 666	243	1 909	997 887.00	1 328 382.00	330 495.00
比较		增	—	—	—	—	—	—	—	—	—	—	—	—	—	—	—
		减	4	3	7	86	28	114	6 111	6 501	12 612	—	—	579	811 804.00	155 478.00	967 282.00

附注：

1. 国立中学职教员及经费未及调查详细，故未列入。
2. 市、私立中等学校事变前之职教员统计，概未分男女性别，故本表亦无从分项。
3. 私立普通中学内，有中法大学附属高级中学一校之经费，系由大学部支出，向无单独统计，故未计入本表内。

观上表，可知全市中学生数字，已大见减落，求其原因，约而有三：（一）一般无识之人，携子弟逃走他乡；（二）一般家庭，因受战事影响，无力担负学费；（三）悲观派之自暴自弃。此三原因所受之影响，一年来，于政治，于经济，于社会各方面正在改善中。自南京攻下，徐州陷落，临时、维新两政府相继成立，得友邦之协助，治安可保无虞，交通渐次恢复，人民各安其业，民生状况日佳，所谓第一、二原因，可无问题矣。一般无识之人，携子弟逃走他乡，其愚可笑，亦复可怜，伊等离乡别井，人生地疏，既无资用，又乏衣食，流离失所，无可救援，求生不得，求死不能，悔不当初者，大有人在。故今日绕道归来者，几相踵接。其自暴自弃之辈，亦因眼界太狭，缺乏国际知识，不识世界大势。当此共产与反共两大势力对峙之下，国际防共战线加强之时，东亚民族所负之使命，应特别重大。党政府误之于前，吾人岂可复误之于后。明乎此者，当不以此次事变为悲观，忍痛刳治，除旧革新，此乃长治久安，万不可失之良机也。依此而论，事实可为证明，逃亡者既复归来，悲观者可转为乐观，所谓二、三两原因之难题，可迎刃而解矣。

综上所述，北京为新政府治下之首都，全国文化之中心，学校林立，东西人文荟萃，由今日市面之繁荣，人口较事变前增加观之，学生数之逐渐锐增，可逆睹也。本市中学生，嗣后既无虑恢复原状，关于教育问题，则当注意如何改善与改进也。

本市中等学校，原有国立、省立、市立、私立四种之别。国立与省立，不属于市教育局统治之下，且为数极少（共四校），其改革方策，自当别论。余共七十三校，除市立者不计外，私立者性质颇形复杂，而为数又多——共六十三校，约占全数百分之八十二，其于全市之教育动向，有相当之重大关系焉。言其来源，有本国立、外国立及中法合办、爱尔兰法国合办者四种，于此情形下，又有属于基督教及天主教者十七校。今将私立中等学校系统详表列后：

国籍＼立别	个人或团体	基督教	天主教	总计
中国	41	3	1	45
美国		7	1	8
英国		2		2
法国			3	3
中法合办	4			4
爱尔兰、法国合办			1	1
总计	45	12	6	63

观上表，私立中等学校之系统，既如是之复杂，改革自不易谈。有外国籍者，动辄以洋人为护符，对于官方命令，素则置若罔闻，不惟有此特殊性者为然，即普通属于本国籍者，当事之人，亦因经费自筹，不受官方辖制，自谓任何人对我亦无可如何也！因是，对于官方命令，亦多阳奉阴违。例如，国文每周六小时，伊等可改为四小时；英文本为五小时，彼辈又可任意增为八小时九小时。至呈报官方时，仍依官方之规定焉。官方亦因私立学校有特殊性质，不便认真查究，多取敷衍态度。如是，虽不敢直谓养痈遗患，而尾大不掉，于教育行政方面，难期因应之效，此乃铁证之事实也。

虽然，此一时也，彼一时也，既往不究［咎］，于今日新政权之下，政府之命令，当有绝对威权，不复容有彼怪现象发生焉！

作者对于本市中等学校之改革，略具四种意见，以备当局之参考焉。

（一）对于学生思想之改革　所谓青年，乃国家未来之主人翁也，负社会改革之重责，尤以青年学生为然。关于此辈青年之训练，对国家将来之影响甚巨，偶一不慎，遗［贻］害匪浅。已往学校教育，所中党化之毒甚深。所谓三民主义，实包含共产思想。吾人于今日防共战线加强之际，宜如何革面洗心，参加剿共灭党工作，尤宜如何挽救纯洁无点之青年学生，使为人类效命，以为将来国家社会之柱石乎！

国民党当政时，于各级学校，教授党义、三民主义，实行党化教育。迄乎今，三民主义与党义之课程，早已随蒋方之大小三军，逃亡无踪无影，惟是此种思想于各级学生之脑海中，日久根深，一时恐未能洗涤净尽。吾人继续努力之方，就消极方面而言之：一、中小学之国民历史各种课程，已行改编，剪除一切有关妨碍邦交、扰乱东亚和平之文字；二、取消党义，禁止党人活动。以积极方面言之：于中小学学生灌输新民知识，借排三民思想，以达新国家新教育之目的，实行日中亲善，以谋东亚之永久和平。此乃今日今时当务之急，万不容缓。北京为全国文化教育之中心，于青年学生所负使命之重大，对于本市教育，事实万不可忽略也。

事变后，中小学添设修身一科，初中规定讲《四书》，高中规定讲《诗经》与《左传》。《诗经》、《左传》、《四书》为中国无论何人须必读之书，于今日新时代之下，中等学校添授此类书籍，意义尤深。对于青年学生，无论道德修养，知识学问，均有极重大之关系，缘五经四书之所载，纯为中国数千年来文化道德之精华，亦即新民主义之所本，新民主义乃其结晶品也。

经书之教授方法如何，问题颇为重大。吾人于教授青年学生时，须教其读活书，不宜教其读死书。五经四书必须读，如教之以读死书，无异增授数小时之国文，于学生之品性修养何补！其与添设修身之目的，大相径庭。

本学年内，请问担任修身科诸位教员先生之责任心如何？作者敢言，大多数之中等学校所授《诗经》、《左传》、《中庸》、《大学》，直等于加授国文，故今后担任修身课程之教员，须经严格之训练，或依他法选拔真正胜任之人材。因此一科，关系新教育之方针与目的，以及影响青年学生之身心，均甚巨也。

（二）对于学校之改善　北京市中等学校，私立者多因陋就简，设备极不完善。一般赁用民房，或其他官产，校址校舍，内外毫无学校规模与观瞻。每班常置学生七八十人，或百余，视其用意，纯以营利为目的，绝未顾全学校教育，大违国家准许私人创办学校之初志，是固不论矣！即市立者之校址、校舍、校具、学校环境，以及学校卫生，功令之执行，知识品性之训练，亦难达理想之境地。今后应如何改善，设备方面因限于物资，一时颇不易谈，惟吾人负地方教育重责，不可不尽最大之努力，总期设备完善，便于教学，以获有益青年之心身。于人事方面，无论如何，较为易行，学校当局，受国家之委托，应思尽己身之责任，万不可视学校为私人之产业，以阻进贤之路。吾人设身处地，非云学生无事，学校无事，一年复一年，敷衍度过即为竣事。全体学生之成绩如何，于国家所期之效果又如何，学校当局，均当负责，甚至社会之治乱，国家之安危，亦办教育者之责任。故今后对于国家之教育功令，负学校责者，应敏速执行，万不可忽略，市立学校应如此，私立者亦非例外也。

欲行学校改革，经费一项，关系至巨。客岁七、八两月，因受战局影响，市立教育经费，颇起恐慌，嗣后经各方之努力，稍有办法，迄乎今，虽未发至十成，而无问题矣。惟私立方面之经费，向以学生之学费为主，学生多时，学费多，学校可有办法。客岁因受时局影响，各校学生数锐减，每校五六班者有之，三四班者亦有之；每班一二十人者有之，三五人者亦有之。学生数既如此减少，征费又较往年为难，各私立中等学校，狼狈情形，可想而知，各校长大呼时运乖违。学生求学之困难，尤为可怜。每日跑祈于校长大人之前，需要免费之声不绝，各校长点金乏术，慈悲为怀，致无法应付。结局，将学费一减再减，十成征收，化为梦想矣。

私中方面之经费来源，既如是之困难，素日办理即欠完善，迄今益甚！将来即可恢复学生数之原状与经费之征收，以已往历史言之，似亦难达教育之最低限度。故当局对于私中方面，不可不从事改善与整理：一、整理基金，并严加限制；二、设法补助，采普遍原则。此二条例，乃整理私中，改善本市教育之最低准绳也。

（三）改善职教员待遇　教育原为清高事业，职教员生活最为勤苦。中等学校之职教员，概为中年以上之男女，除一二例外者外，余皆负有子女之累，以及家庭担负。作者今年六月，曾调查本市各校职员生活状况，中等学校教员每周任课三十小时以上者有之，每时受酬二角洋者亦有之，十之八九，叫苦连天，不惟子女教育费无法供给，即一日三餐亦难果腹。事变后如此，事变前虽云较优，亦相差无几。作者度教员生活有年，深知此中情况。本市中等学校职教员待遇，市立方面，可差强人意，除教员薪金，高级以每时一元七角五分，初级每时一元五角计算外，兹将市立中等学校按级发放经费标准，介绍如下：

项别（人数及银数）\学级数		一	二	三	四	五	六	七	八	九	十	十一	十二	十三	十四	十五	十六
校长薪金		72	72	72	96	96	120	120	132	132	144	144	156	156	156	156	156
教务主任薪金		48	48	48	48	48	60	60	60	60	72	72	72	72	72	72	72
训育主任薪金		48	48	48	48	48	60	60	60	60	72	72	72	72	72	72	72
事务主任薪金		48	48	48	48	48	60	60	60	60	72	72	72	72	72	72	72
事务员	人数	2	2	2	4	4	4	4	4	4	4	4	4	4	4	5	5
	薪金总数	72	72	72	144	144	144	144	144	144	144	144	144	144	144	180	180
雇员	人数	2	2	2	2	2	3	3	4	4	5	5	6	6	7	7	8
	薪金总数	48	48	48	48	48	72	72	96	96	120	120	144	144	168	168	192
校役	名额	4	4	4	6	6	7	7	8	8	9	9	10	10	11	11	12
	工资总数	36	36	36	54	54	63	63	72	72	81	81	90	90	99	99	108
办公费		50	100	150	200	250	300	350	400	450	500	550	600	650	700	750	800
初级教薪		240	408	612	816	1 020	1 224	1 428	1 632	1 836	2 040	2 244	2 448	2 652	2 856	3 060	3 264
高级教薪		238	476	714	952	1 190	1 428	1 666	1 904	2 142	2 380	2 618	2 856	3 094	3 332	3 570	3 808

附注：1. 教薪每周按三十四小时计算。

2. 师范学生伙食杂费另行规定。

3. 职业学校每班月加工厂消耗及材料费五十元。

4. 职员人数及薪数有变更时须呈候核准，但不得超过预算。

市教育经费，一载来虽仅八成，而职教员生活尚可维持。私立中等学校方面，则景况大惨。高级职员，如校长以及主任，待遇或无受何影响，低级职员及教员则迥非前昔可比。教员报酬，每时三四角者有之，一二角者亦有之，自身衣食住尚不敷用，何况有家庭之累耶！今后当局为谋教育之发展，第一要安定教职员之生活，使其无后顾之忧，专心致力于己身之业务，教育效率，自可增加。市中方面职教员之生活，较为安定，彼辈既获公家之殊遇，负教育重任，应思尽己身应尽之责任，庶不负于国家，负于自己。政府方面，对于伊等，亦应依其清苦，设法提高其待遇，庶可公私两全，同舟共济，挽狂澜于既倒，则国家社会如磐石之固也。

（四）增设职业学校　教育为国民实际生活之指导，故吾人不当离实际生活而言教育。我国向以生活学术，为非女人之事，一般士子，卑视而不屑为之，故教学与生活日离，所造人材，类多吟风弄月之士。手工技术，悉操于劳苦工人之手，因之职业技术，颇难进步。年来国家虽提倡生产教育，而党府之人，言不顾行。本市迄今，市立职业学校，仅高级工业暨高级商业两校，私人方面，创办之职业学校，亦不过七校而已。市私立职业学校，仅占全市中等学校百分之九点一而弱，其不重视生产教育，此乃铁证之事实。于今日新局面之下，本市教育，应痛改前非，以定百年树人之大计。求党府所以提倡生产教育，言不顾行之由，无他，扩充军队与军火使之然也。养数百万之私兵，飞机枪炮赛逾高山，结果，不值人一击！由是言之，已往养兵，每年徒耗千亿万之国币而已！今后为谋国家之安全，当少养兵将，多辟实业，务使人尽其材，地尽其力，用其所学，学有所用。增设职业学校一所，胜于养兵十万，亦胜于学无所用，流为土匪。国家为达此项目的，除应添设职业学校外，更应于普通中学内加授职业课程，使一般中学生毕业后，至低限度可以自谋生活，减轻国家社会消耗，不啻即为社会谋安宁，知已往教育之所以失败，当可猛醒矣！

综上所述，三十年来，中国社会之紊乱，国势之衰微，吾教育界不能不负相当责任！五四运动以降，学风大炽，学界生波，毁诗书，诋孔孟，将古圣先贤之嘉言懿行、礼乐道德，遣［遗］弃迨［殆］尽，自谓聪明一世，不知昏愦已极！自古立国之道，必有所与立，其亡也，亦必有所与亡。中国以圣道立国，儒书支配中国之政治社会，已有数千年之历史。时至今日，社会进步，一日千里，五花八门，诡计莫辨，吾人对于古来之立国精神，宜善导利用，不容有所损毁。一旦不慎，人心失其归宿，社会坠其平衡，上无道揆，下无法守，世衰道微，江河日下，虽有大力，莫能为之！近年来，吾人所受社会扰乱，兵连祸结之教训，足资证明。痛定思痛，自此改革日新，本新教育方针，共同努力迈进，知命受命，不强为之，万有一收其效，亦亡羊补牢之计也。

（伪）北京市教育局第三科设计股编印：《教育概况》，1938 年 7 月 15 日。

青岛特别市教育局训令·令市立各中学校

（1940 年 3 月 21 日）

第二六二号令

为令遵事。案奉教育部训令教字第一〇六七号开示："关于第一届教育行政会议议决案内所议中等学校课程加强自然学科一案，系属发展教育之根本计划，亟应切实遵照实施，合行抄发原议决案及办法令仰遵办，并将办理情形具报。此令。"等因。奉此，查各中学自然学科之教授，久宜力图加强，以期有效之改进，合行抄发原议决案及办法，令仰该校切实遵照办法拟具设施计划呈候核转备查。此令。

附发原议决案并办法各一份

教育部提案并办法共四案

（一）中等学校课程加强自然学科力图改善案

依据上年东亚文化协议会提案，以现时中学自然学科之教授未能充分宜力图改善强化一节，兹略拟办法三项，务各转饬所属各中学切实研究试行，以期有效之改进。

（甲）尽量改善各中学自然科学之实验设备，或商借他校设备较佳之实验室应用，予学生以充分实验之机会。

（乙）添购自然科学之应用书籍，以增加该科之参考材料。

（丙）选聘富有经验才识高深之教员导师，以期学生得其循诱而获良好效果。

决议：于提案内原定之三项办法外增加一项。

（丁）由中央及各省市酌量情形预备筹设科学馆以便学生之实习。

办法：通令所属各中学遵照办理具报备查。

（一）推广中等职业教育并注重实习案

上年（1939年）八月间，由东亚文化协议会提议振兴中等程度之职业学校，以开发产业、改善生活、增加技能在案，此项计划本部业于上年四月间公布教育方针应行特加注意事项第四条内关于此点亦经明白指示，以推广职业教育为原则，亟应设法扩充见诸实行。兹拟具办法八条如次：

（甲）在经济状况可能范围内，视各地方实际需要，应尽量分别加设初高级职业学校及各种职业补习学校。

（乙）经费不充足之地方，除竭力设法筹款外，应呈准上级机关督促各县、市、区、镇就原有公私立中小学成绩低落者，改办职业学校或职业补习学校。其中小学之办理完善者，应酌令附设职业班或职业补习班。

（丙）原有职业学校之设备简陋者应设法充实之，遇必要时得停招各科或学科新生之一次，将其余款拨为充实设备之用。

（丁）应设法利用附近各工厂场所，以增加学生实习之机会。

（戊）职业教育之制度、科目，应使富有弹性，并宜适合于当地之经济状况。

职业学校之设置以单科为原则，遇有性质相同者可设二科以上。

其不同性质者，须学校之经济、人才、设备各方面均有设置多科之可能，而事实又有设置之必要，并经本部核准者方得设立。

高级职业学校之设置，以每校设置一业为原则。

（己）督促并奖励私人及职业团体筹设职业学校或职补班。

（庚）各省市厅局平时对于中小学在学学生家庭职业经济状况以及毕业生升学与就业人数及其百分之比，应有精密之调查，以为实施职业指导之准则。

（辛）各省市应根据各地需要设立职业学校师资训练班。

决议：提案题目内“中”字下加一“初”字，余照原案通过。

办法：遵照议决案尽力筹备推行，并将办理情形随时具报核夺。

（一）调查学龄儿童分别比较表案

为普及教育起见，首须调查学龄儿童数目，兹编订学龄儿童总数百分比较表，拟予颁发，分令省、市、县分期汇报备查。表式另印附发。

决议：由部通令办理。

办法：应遵照颁发表式仿印，通饬所属详细查填，限文到两个月内汇报到部。

（一）恢复旧有简师以培养师资案

自前教育部通令师范学校独立设置并尽量发展乡村师范教育后，各县简师及乡村简师校数乃日渐增加。事变发生多陷停办，亟应力图恢复，培养健全人才以备师资之选。其应用经费，应由主管机关查照原有来源，统盘计划，以期实施。

决议：由部通令办理。

办法：先行查明事变前旧有校数，于可能范围内设法尽量恢复。

（伪）青岛特别市教育局编印：《青岛教育半月刊》第1卷第6期，“公牍”。

中国中小学生日本语奖励计划案*

（1941年）

一、方针

平素使儿童能以发表于教室内所学习材料与特别指导之教材，以资增进日本语学习能力及日本语普及之彻底，奖励并使有亲日之涵养为目的。

二、实施事项

1. 募集日本语作文。

2. 开办日本语学艺会。

三、实施计划

1. 募集日本语作文

（1）实施日期

预选：三月二十五日以前

决选：三月二十九日

（2）募集办法

预选：由中小学各校日语教员随意命题，令学习日本语之全体学生（小学三、四年级生除外）各用日本语作文一篇。经公正评判后，中学每校预选优秀学生初、高中各二名，

---

* 此案立案者为伪北京市教育局。

初中或高中单设者，预选二人。小学（无高级者免）每校预选五、六年级学生各一人，开具名单限于三月二十七日以前报局。

决选：各校预选之学生，定于三月二十九日午前新十一时在市立第四中学集合，举行日本语作文大决选（作文一篇，题目先期【通】知）。

（3）审查委员

预选审查委员：各校日语教员。

决选审查委员：学务专员、第一二科科长、日系教员二十名、华籍日语教员中小学各三名。

（4）发表与奖赏

入选作文，特别佳作在《新民报》及《好朋友》半月刊上发表作者姓名及作品，并给入选作文及特别佳作之作者奖品。

2. 日本语学艺会

（1）小学校：四月十五日。中学校：四月二十二日。

（2）方法：初等学校、中等学校分别开会。

（3）场所：怀仁堂。

（4）种类项目：剧、舞蹈、唱歌、朗诵、演说、研究发表、其他。

（甲）新剧表演限十分钟，舞蹈、唱歌各五分钟，朗读三分钟，演说五分钟。

（乙）右列各项，中小学每校至少须选报一项或二项。

（5）参加学校由各校提出计划书，于三月三十一日以前送局审查其内容后选定之。

（6）出演次数：四十次（节目）。

（7）将全般成绩优秀者，中小学各选定五项，各给特别奖品及奖状，其他均给参加奖品。

（8）审查委员：学务专员、第一二科科长、日系教员十名、华籍日语教员若干名。

《市政公报》1941年第116期

北京市教育局三十一年度中等教育行政计划

（1942年6月）

甲、为使校长、教职员、学生彻底认识时局以资坚持北京市教育之目标起见，关于下开事项应加注意：

一、遵照民国二十六年教育部训令字第二四五号及同第二四六号之趣旨施行教育而特别努力，根本芟除依存欧美之错误思想并图复兴中国古有之道德文化，养成大东亚共荣圈之一环之健全新中华民国国民为要。

一、借学校各种行事以及各科教学之机会，使其彻底认识时局乃值改造世界之一大转机而为建设东亚共荣圈之良机也。

一、使其彻底认识华北于中华民国及东亚共荣圈地位重大同时北京立于华北指导之立场为要。

一、东亚共荣圈因以日本为中心而中日满三国为其共荣圈之中核体，故此三国民亟宜提携亲和以加强东亚全般亲善之倾向。

一、各学年之进级及各级毕业生之决定应经校长及全体教职员会议决议后而行之。

一、对于初高级毕业生宜使其充分洞察时局且考虑男女之本质的使命适当指导其进学。

乙、关于采用教职员及其服务事项：

一、各校教务、训育主任及各科教员之聘用，应由校长开具详细履历及证件，事先呈局核准后再由学校备具聘书送达受聘教员，遇有不合格者，本局应令原校更选，不得先令上课然后呈报。

一、各校自民国三十一年度起应由专任教员担任教学为目的，并由各校逐渐整顿，但担任全校教课时数过少学课之教员得允兼任。

一、校长、主任及级任不得兼务。

一、专任教员须由朝会起至放课止在校服务。

一、凡专任教员及兼任教员均负有指导学生自习之责任。

一、兼任教员于各校教学总时数每周不得超过二十小时。

丙、关于教授事项：

一、凡各校所用之教科书应采用编审会出版或经其检定之教科书。

一、倘拟采用非编审会出版或未经检定之教科书，须先报局候允采用之。

一、各年级教学科目及时间，必须遵照教育部之规定暨本局之指令。

一、为充实理科教学起见，各校对教科书及教授时所需用之仪器应尽量购置。

一、各校应将体育、劳作、音乐、图画等之教学科目尽量午后时间。

一、各校应设置各科教学研究会，并与他校举办共同研究会。

丁、关于训育事项：

一、训育基于校长之指导下，以训育主任为全校训育之中心枢纽，并责成级主任为该班之训育责任者。

一、训育宜使教学与体育结成一体，而以全体教职员任其责任。

一、每日在上课前举行二十分朝会，实施朝礼体操训话。

一、借朝会与其他之机会，致力实施团体训练，养成协同一致之习惯。

一、在三十一年度特别注意积极的训练学生礼貌及敬礼，不论在校内校外使之对于师长实践敬礼。

一、第四次治强方案业经施行之，校舍、校庭扫除及校园之栽培事项仍须继续办理。

一、教育局在暑假期间举办训育研究会，各校校长转饬训育主任必须出席参加。

戊、关于招收新生事项：

一、中学校每班定额为五十名，惟得视教室之情形，以不妨害教学为限，暂时认可增加十名；中等职业学校每班定额为四十名。

一、本校初中毕业生与他校毕业生受同样之入学考试始得升入高中肄业，但本校初中毕业生其成绩特别优良者得不经考试而许可入，其人数占高中录取人数二成以内。

一、高初中一年级招收新生时均添考日文。

己、其他：

一、各校学生在期考及年考前后应照常教学，或在教员指导下使其温习复习，不得随意放假致荒学业。

《市政公报》1942 年第 164 期

山东省第四届公私立中等学校校长会议要览

（1944 年 11 月 1 日）

1. 开会词（略）

2. 省长训词（略）

3. 厅长训词（略）

4. 秘书室指示事项

一、认真实践精神训练周目：查三十三年度上学期各级学校精神训练周目业经令发饬遵在案，各级学校务须依照训练目标，及主要活动事项，详拟训练办法及实施要纲，根据各校现况及环境情形，指导学生按期认真施行，以收实效。

二、强化学校行政机构：查学校为培养青少年之唯一场所，其组织机构与行政管理均须以适应青少年之需要为前提，否则即足以影响其身心之发展。校长为学校行政之主脑，对于校务之推进，以及行政校［效］率之加强，均须胸有成竹，对于各部主任之选择，以及各科教员任用更应慎重，此外尤应注重各种会议之举行，俾资随时研究学校行政之兴革事项，并认真督促员役各尽职守，埋头苦干，以期达成教育报国之伟大使命。

三、促进教职员相互间感情之联络：查教育事业繁复艰巨，绝非校长一人所能胜任，实有赖诸同仁精诚团结，共同协力，分工合作，始克奏效。校长对于同仁所具之专长，以及工作之成绩，应有详切之认识，并随时加以奖励，以示鼓舞，而昭激劝。对于能力稍差及经验不足之同仁，亦应因势利导，彼此融洽，俾免废弛校务。此外，更应注重举行同仁进修会、教职员同乐会等，借资增进相互间之感情，免除彼此之隔阂，以期充分发挥行政工作之效率。

四、指导学生励行决战生活：教育之功用在促进社会效能之发展，并助长国家行政工作之推行，当兹决战体制下，教育自应以适应决战生活为依归。校长对于学生日常生活之训练，如行动之迅速，举止之沉着，思想之肃正，礼貌之周全，以及衣饰之朴素，均须以身作则，切实指导，认真奉行，俾资发挥决战总力。

五、关于本厅机构改革事项：查本厅为适应时代之变迁及战时体制之需要起见，特于本年十月一日将现有之机构加以改革，业经提请省政会议通过，兹将改革情形重要之点，分述如左：

（一）秘书室原有之职掌外，并增入办理统计及企划事项。

（二）第一科计划股改为公益股，办理学用品之配给事项。

（三）第二科增设高等教育股，办理高等教育及国外留学事项。

（四）检委会改为第四科，下设检定及考核两股，分别办理教员检定及全省教育人员资历审核及任免事项。

（五）义委会增设调查股，办理义教之调查事项。

（六）其他各科室，职掌仍旧。

以上为本厅此次机构改革之重要情形，嗣后各校校长关于学务之商洽，希即径向关系科、室、会接洽为要。

5. 第一科指示事项

一、各校请领职教员晋级加俸：查各校请领教职员晋级加俸，向例由各校遵照核定数目专案呈领，由晋级加俸专款项下开支。现准财政厅通知，该项晋级加俸专款已合并拨支无余，各校晋级加俸仅能拨支一至五月份，六月份以后至十二月份应由各校经费一至五月未支经费余尾项下拨支，所以各校前送各月份请领晋级加俸，均改为一至五月份，其六月以后者，应再另案专办。

二、各校教科书分配事项：查本学期教科书数量不足之原因，业经在第五届教育行政会议，临时由北京新民印书馆济南驻在员百濑威在会议席上报告，甚为详尽，兹不再述。而小学教科书如期运到，即行分领，惟中学书籍迟至十月二十日始到，其间函电交催，复电请教育总署代催，并饬补足不敷之书，均经邀允，嗣经该社查明声复，系由车站装卸无定所致，特撮要批示俾明真象，至三十四年春季用书，已将需要數量呈报总署转饬该馆，及早充分印制，以免贻误。

三、省立各级学校体育用费标本仪器费之措置：查省立各级学校体育费及标本仪器费，自本年二月份起，按月坐扣由厅代为购备分发各校领用，除体育用品自本年二月份起至八月份止，共计扣齐七个月体育费两万二千零五十七元。业经分期购妥篮球、排球、垒球、手榴弹模型等项，先后分别发给各校具领备用外，其标本仪器一项，截至本年九月止共计扣起国币两万八千五百三十七元正。惟迭经与中日商店及配给家接洽连络，均无现成售品，因之迄今尚未购妥，现在正计划再与日本配给家积极商洽购办，一俟购妥，即行分配备用。

6. 第二科指示事项

一、各校应促进决战体制下教育重点工作：

（一）军事训练：查中等学校学生，年龄体格多届成年，在此决战时期，应严格实施军训，力谋强健青少年体魄，各自俱备军事技能，以昂扬其尚武精神，养成遵守纪律、服从命令之美德。其训练办法，应遵照本府颁布各级学校军事训练暂行办法，切实施行。

（二）精神训练：查中小学校学生，以年龄幼稚之故，理解既不正确，意识更属薄弱，最易受环境所移转，其将来之成就，端赖师长之领导。本府前为树立学生中心思想、坚强意志起见，曾经颁布教育主旨，以为本省教育实施之中心理念。各校长及教师，应利用朝会及周会，举行精神训话，并以此主旨为训练学生之最高方针，以期统一学生思想，且使主旨精神深入学生脑海，故对主旨之内容，当不止背诵纯熟，更须身体力行，尤其逢此重大时代，凡我教育界同仁，须本以身作则、率先垂范、埋头苦干之精神，努力实践，以完成训练新时代青年之重大使命。

（三）经费开支：查教育之推进，端赖经费，当此时势艰难，财政支绌之际，各校长关于一切用款，须顾念财政困难，力求撙节，尤其对于学校设备建筑等项，均须因陋就简，不必多事铺张，能节省一分钱，即培养一分元气，量入为出，总期涓滴归公，即教育经费之开支，自能措置裕如，以免入不敷出之弊。

（四）职教员精锐化：查职教员有教诲领导学生之责，职教员之良窳，实影响教育前途颇巨。近查本省市区县各中等学校现任职教员，品学兼优，资历相当，热心教学者，固不乏人，然幸进滥竽，敷衍塞责者，亦所在难免。当此决战时期，各校长关于职教员之选任，应慎重取材，力求精锐化。在选任之初，对于职教员之资历、品格、学识、经验及能力等，详加考查，确能胜任，而后呈请任用。至其到校后，各校长更应实地视察教学实况，以及训育情形，是否得到学生之信仰，若系优良教师，则努力保障奖励，如不称职则应破除情面，克日更换，另选贤能。校长务须以身作则，抱定诚敬爱精神，努力苦干，与职教员打成一片，推进校务。如此，自能达到教职员精锐化之目的，学校成绩亦能显著，教育之效果自然日渐增大。

（五）刷新教学：我国过去教育之途径，根本错误，徒知狭意的知识传授，而忽略实际生活之指导，故数十年来，教育事业未能达到显著效果。今后必须彻底刷新教学，一洗过去知识零售之积习，而谋全盘课业之统合指导，贯彻教学做合一之精神，利用学生之工作兴趣，启发其责任观念，以养成其独立服务社会之习惯，更应利用诱导启发之方法，对于学生施以严格之训练，培养吃苦耐劳精神，以资提高学生之素质，整饬学校之风纪。

（六）防空训练：查现在战争，为立体战争，防空体制之完密与否，直接影响前方作战之机能，及后方治安之安全，政府已一再明令民众，应特别注意防空事项，并随时随地准备演习，切望各校长，剀切晓谕学生，对防空知识之训练，次及待避壕之挖凿，使学生均有彻底之认识，并切实奉行，以达万全之准备。

（七）废物利用及献纳：当此决战体制之下，各种物质，亟感缺乏，各校长应如何节约，增强战时物力，首须倡导力行。如学生所用习字本、笔记本、日记本、作文本、算术演草等用纸，极应引导学生利用废纸，先以铅笔使用，再以蓝钢笔使用，后以红钢笔使用，最后使用毛笔。即图画纸，亦可使用两面。如此无形中，直接可以养成学生节约美德，间接可以减少物质消耗，以增强战时后方物的资源。此点务希各校长切实倡导施行。再关于其他废铜、废铁，及有关于军用上一切物资，应尽量节约献纳，以期增强战力，早日完成大东亚战争。

二、各级学校协力食粮增产，收获之蓖麻子，应全数献纳：查本省各级学校协力食粮增产运动，早经通令实施，并于本年九月二日，以政教职字第三零三号令饬将本年收获蓖麻子，全数献纳在案，现已届成熟收获之期，仰各校长，务须遵照前令，依限径送本府教育厅，以达成勤劳报国之目的。

三、各级学校协力食粮增产农作物收获数量应速依式填报：查各级学校协力食粮增产运动，迭经令饬切实力行，所有本年度农作物收获数量，亟待转报，经于本年九月以33政教职字第三五七号令发报告表式，限于十月二十日以前，查填三份径呈本府，以凭核转在案，现遵期呈报者，尚属寥寥，各校长应速依照表式填报，勿再延误为要。

四、各校收获农作物应储留优良种子以备下期播种：查农作物种子之良窳，与生长力之强弱，及收获量之多寡等，关系綦重，各校应将收获农作物，选采优良品种，纯粹母本如新鲜清洁、充实丰满、内容致密、发芽势强及表现固有色彩等之种子，储留于空气流通之处，以备下期播种之用。

五、各市、区、县立中等学校优良学生应领奖学金者亟应迅速呈报：查本省各市、区、县立中等学校优良学生奖学金暂行办法，业经本府以33政教中字第一六六号训令各市、区、县，转饬各校自三十三年度第一学期起施行在案。现查各市、区、县立中等学校，呈报优良学生，请领奖金者，仅有安邱、宁阳、高密、泗水、诸城、牟平、滕县、栖霞等县中，及禹城、淄川简师，烟台市立第一女中等十一校。其他各校，均尚未呈报，亟应迅速呈报，以凭汇案核发，再各校长对应得奖学生，务审慎选拔认真办理。

六、各校专任教员不得兼任他校课业及职务：查各校专任教员，其职责不仅在校授课，凡学生课外作业及日常生活，应随时随地予以正确之指导，故专任教员，应以住宿校内为原则，与学生共同生活，不得在校外兼任课业及其他职务，以专责成。

七、私立中等学校应恪遵规定认真办理：查私立各级学校，原为补助公立学校之不足，均负有培养国家英才之使命，所有私立学校，已大多数呈请立案。凡未立案者，应迅速呈请立案；其已立案者，对设备之充实，教学之进行，训管之认真，军训之实施，课外活动之辅导，以及其他校内外一切事宜，均应恪遵规定，认真办理。

八、各县新成立中等学校，开办较晚者，应利用寒假期补授缺课：查学校授课，每学年以规定授课周数为标准，故各种教科书之编辑，均依据此种标准使用衔接，惟近查各县新设立中等学校，每因筹备较繁，开学过晚，以致课程不能如期授完，亟应注意改进，并利用寒假期间，酌予补授，以资救济。

九、各县立简易师范，应一律筹设附属小学：查师范教育之推进，一半在学校本身，一半在附属小学，各师范生非有充分之实习，不足增进其教学之技能与经验。如各县简易师范，尚有未设立附属小学者，须一律计划专案呈县筹设。如限于经费不能增设者，应就县［现］有小学一处，改为附小，以便师范生之实习。

十、各县中等学校，应紧密联络，互相借用仪器，以利教学：查现值非常时期，物资缺乏，各县新成立中等学校，设备难期充实，而图书、仪器、标本等项尤难完备，为补救起见，凡同一所在地之各校，应彼此紧密联络合作，互相通融、借用，以期便利教学，冀收学习之实效。

十一、各县新设立中等学校，迅将开办情形及应报事项，呈县据转，以备查核：查新设各县立中等学校，多已开班上课，其照章呈请立案者，尚属寥寥，似此延缓，殊属不合。凡未呈报立案各校，应迅将学校开办情形、学校组织大纲、学校平面图及职教员新生或编级生等表册，从速造竣呈县，转呈核示。

十二、道县立中等学校例报表应按新修正表式造报：查中等学校例报表式，种类繁多，所费纸张甚巨，今岁春季曾经本厅删繁就简，力事归并，并分别令饬施行在案。惟查近来各道县中等学校呈报情形，仍未臻预期效果，亟有重行修正之必要，并为励行节省人力物力，适应决战体制起见，已将此项例报表式，归纳一表，纸张既可节省，填造尤感便利，除省市属公私立各校仍须沿用前定表式外，所有道县属各中等学校，凡学生在七班以下者，着于本年度，均改用新表已另令颁发施行，（表式及说明从略）。

7. 第三科指示事项

一、各校应施行学生健康检查：查各校多偏重学生运动成绩，而忽略学生身体健康，俟后宜于每学期开始及学期终了时，各举行健康检查一次，将检查结果，统计核对，制表揭示，以唤起学生对健康之注意。

二、应严禁学生阅读不良读物：查不良读物影响社会风化，本厅曾会同警务厅严禁，并通饬各在案。现各中等学校学生，仍有以不合青年需要之小说随身携带，互相传阅，并不时发生传借纠纷。此种情形，尤以女生为甚。嗣后应由各校训育处切实检查学生携带物品，遇有不良读物，即行没收，并予以记过处分，以资彻底防止。

三、各级教育会组单位，应积极协力活动展开工作：查各道、市、区、县教育支分会，现已先后组织成立。按照规程规定，各驻在地学校均为各地教育支分会之组单位，应如何协力活动，以期助长教育行政施策，于举行第三届公私立中等学校校长座谈会时，亦曾批示在案。惟截至现在，考查各级教育会工作情形，除省总会不时举办教学研究及社教改进各种座谈会外，其他支分会则仅据报告组织成立，实际不过一种机构形式而已。似此有名无实之组织，究于教育前途有何补益，且以违反本所倡导成立各级教育会之初旨。查各学校既为各级教育会之组单位，而各教职员又为教育界有力分子，今后自应团结教育界之总力，不时联络协力举办各种助长教育发展之会议或座谈会，借以研究与发展各地教育事业，俾期增强教育行政施策之效率，并促进社教之推动，而达成教育建国之伟大使命，希望各校长注意为要！

8. 第四科指示事项

一、各省立小学校现任教员准予随时报检：查第三届小学教员检定已将办理完竣，兹为考核省立各小学教员资格起见，凡未经检定合格之现任教员，于任职两个月内，填具登记表，连同证件，随时直接呈厅登记，并由各校长主任严格加以初审，证件是否与规定相符，于表内初审栏注明合于第几条第几项，以重师资，而免驳回。

二、各校长对于毕业生负责介绍职业：查本厅为救济中等学校毕业生失业起见，曾制定《山东省中等学校毕业生职业介绍登记暂行办法》，业经通令各道、市、区、县在案，各该校长对于中等学校以上毕业生，应尽量负责介绍职业，以免学生误入歧途。

三、新任校长应填送身份调查表：查本厅为调查新任校长身份起见，特制定身份调查表，令饬填报在案。现以新委校长尚有未填报者，应向本厅秘书室领取该项表格，从速填报，以凭查核。

四、各校如缺乏教员应向服务指导部登记：查本厅成立山东省战时教育设计委员会服务指导部，办公地点在本厅第四科办理推荐教员及毕业学生职业介绍事宜，各校如需要教员，应将需用何项人才及待遇，先向服务指导部登记，以便代为介绍。

9. 督学室指示事项

一、注意实践中等教育目标：按青年为社会国家中坚，关系至大，而中等学校为培育青年场所，责任尤重，况当决战决胜之际，对于青年教育更当特别注意，以适应战时需要，是故当前中等学校教育之实施，应注意下列各点：（一）指导青年学生认清时代，献身报国；（二）养成劳动习惯，努力增产；（三）严守纪律，精诚团结；（四）注意体魄锻炼；（五）促进科学技术。各校校长务须领导全体教职员依照目标一致努力，以期于最短期间获得相当效果。

二、组织家长会，协力学校进行：按学校家庭，应取紧密联络，在第三届公私立中等学校校长会议已详为指示在案。至家长会之组织，本厅已一再催促，近查各校组织者固有，而未组织者尚多，为谋改造学生环境，以期身心健全发展计，各校应迅速依照规定办法，组织学生家长会，借使学校与家庭打成一片，采同一方针，抱同一目的，协力学校进行，共担教育责任。

三、推进校务，应有缜密计划：按教育为百年树人大计，学校为实施教育重要场所，关于校务之推进，既不可急切草率，以求近功，又不可支离破碎，而图速效，更不可敷衍应付，致滋贻误，是故所有校舍的修建、校具的设备，以及课程的订定、训管的实施等等，均应有“整个的”、“永久的”缜密计划，以便逐步推行，而后方能收相当效果。凡事豫则立不豫则废，无计划的推进，乃过去教育失败之一大原因，今后各校校长对于此点应加注意。

四、坚定信念，昂扬专业精神：按学校教职员应重整专业精神，在第三届公私立中等学校校长会议上业已指示在案。近查有少数教员因生活困苦而改业，此固属事实上迫不得已，无可奈何，但教育为民族命脉所繄［系］，国家存亡所关，在战时体制下，较平时尤为重要，教员负培育第二代国民重责，念及使命之伟大，任何困苦，亦应忍痛牺牲，因为教育报国，此正其时，自当坚定信念，昂扬专业精神，为教育界放一异彩。各校校长应以身作则，领导教职员，一致努力，借达教育报国之目的。

10. 义委会指示事项

一、附设短期小学赶速开班授课：查本省为谋义务教育之积极推广，除于去岁令饬各市区县分别成立义委会，并遵照省颁第一期实施义务教育办法大纲，预定标准，划期积极推展外，复制定省立各中等学校及小学附设短期小学暂行办法，饬各校一律于九月间组成各该校义教推广委员会，附设短小一班。此外对于县立及私立各中小学，亦应遵照本省推行义教方策，先行组织义教推广委员会，就现有之教室及师资，利用课余时间，附设短小班，业于本会第二届座谈会指示有案。自实施以来，迄今一载内，专就省立各校附设短小班而言，总计三十三班，增收学童共达一千六百余名。如综合现有县私立已附设短小班之各校一并言之，招收学童数额，定当更多增溢。就本省“多收一失学儿童即为国家多增一分元气”之主旨而论，此等成绩实为学校当局协助义教之收获，殊堪庆幸。兹本年度新学期业经开始多日，仰各县立、私立中小学仍本期［斯］旨，其已招足短小学额开班授课者，于二年制课本尚未配到以前，应先予以适当之补充教材，其尚未招生开班者，望返校后积极着手筹备，以救失学，而广教化。

11. 附载

（一）山东省各级学校学生训育实施要纲

第一条　本要纲系遵照教育总署颁发中等学校学生训练要点并参照本省教育主旨制定之。

第二条　各级学校校长职教员均负训育责任，关于学生思想指导、军事训练、生活习惯之管理与纠正，应随时随地认真办理。

第三条　各级学校学生训育实施，应注重人格之修养，品德之陶融，并养成勇毅之精神与规律之习惯。

第四条　本省为适应战时教育体制，对于各级学校学生日常训练采用军事管理，以昂扬其尚武精神，养成遵守纪律服从命令之习惯。其训练办法另定之。

第五条　各级学校校长及教职员，均以住宿校内为原则，与学生共同生活。

第六条　各级学校职教员须以身作则，对一切生活行动及服装应力求军事化，借资垂范。

第七条　各级学校学生之奖惩，应恪遵奖惩办法。其办法另定之（但小学得斟酌实际情形变通办理）。

第八条　各级学校学生应恪遵校内各项规则，不得逾越，违者按奖惩办法处罚。各项规则另定之。

第九条　本要纲如有未尽事宜，得由教育厅随时修正之。

第十条　本要纲自公布之日施行。

（二）山东省各级学校军事训练暂行办法

第一条　本办法依据本省各级学校学生训育实施要纲第四条之规定制定之。

第二条　各级学校应设军事训练委员会，由各主任及级任教员组织之，并指定教导或训育主任为主任委员，负责计划进行训练事宜。

第三条　中等学校及小学五年级以上学生军事训练，得按三三编制，十人为一班，排头为班长，三班为一小队（小队长在外），三小队为一中队（中队长在外），三中队为一大队（大队长在外）。

第四条　小学未达五年级之学生，斟酌情形参照少年团组织办理之。

第五条　每校为一分团，以校长为分团长，教导或训育主任为副分团长，体育教员为大队长，其他中队长、小队长，得选优秀学生充任之，并得轮流派定中队长或小队长一人值适负管理之责。

第六条　各级学校军事训练，得斟酌情形聘请具有军事学识人员担任之。

第七条　凡一地有同等学校在两校以上者，每月应联合集团军训一次。

第八条　各级学校学生，每日应励行早操或课间操二十分钟，以新民操为原则，动作姿势力求整齐振奋，除平时校内操练外，并应利用星期例假联合外校表演，此项表演每学期最少二次。

第九条　各级学校学生无论校内校外，应一律于左襟上佩带横方形之符号，其符号上须标明某校某大队某中队某小队及学生姓名，并加盖学校图记，由各级学校分别制定发给之（附图样）（但女生个人外出时得不佩带）。

第十条　各级学校学生应力求整洁朴素，男生不得蓄留长发，女生不得烫发及涂抹脂粉。

第十一条　各级学校学生军事训练方式分下列各项：

甲、各个基本动作；

乙、小队教练；

丙、中队教练；

丁、大队教练；

戊、集团教练。

前项训练参照新民青少年团训练规定进行。

第十二条　本办法如有未尽事宜，得由教育厅随时修正之。

第十三条　本办法自公布之日施行。

（三）山东省各级学校学生奖惩办法

第一条　本办法依据本省各级学校学生训育实施要纲第八条之规定制定之。

第二条　各级学校学生之奖惩统依本办法办理之（小学得斟酌实际情形变通办理）。

第三条　学生奖惩办法分左列两部：

甲、奖励部分；

乙、惩戒部分。

第四条　奖励分左列四种：

（一）奖词；

（二）奖状；

（三）奖品；

（四）表彰（留影或题名及特别奖励）。

第五条　各级学校学生有左列各条之一者，得由校长集合全校学生宣布事实，予以语言奖励；具有二条以上者，予以奖状；具有四条以上者，酌予奖品；如左列各条俱全并学业成绩列甲等者，除留影或题名于校内作永远表彰外，并由校长请教育当局酌予特别奖励。

（一）每班学生学业成绩列甲等并各列前五名者；

（二）勤勉向学恪守时间在一学期曾会未迟到早退者；

（三）一学期曾未请假者；

（四）未受申斥及记过处分者；

（五）军训振奋学术科特优者；

（六）课外作业有特殊成绩者；

（七）对勤劳增产特别勤奋者。

第六条　惩戒分左列四种：

（一）申斥；

（二）记过；

（三）记大过；

（四）除名。

第七条　各级学校学生有左列各款之一者予以申斥：
（一）升降旗及出操集会及上课迟到早退者；
（二）态度亵慢或精神不振者；
（三）任意喧哗者；
（四）欺侮同学或与人口角者；
（五）服装不整礼貌不周者；
（六）初犯校内各项规则者。
第八条　各级学校学生有左列各款之一者予以记过：
（一）升旗及出操集合无故不到者；
（二）出言轻狂迹近藐视师长者；
（三）无故旷课在一日以上者；
（四）请假逾限在二日以上者；
（五）扰乱学校秩序者；
（六）经申斥在二次以上者。
第九条　各级学生有左列各款之一者予以记大过：
（一）故意损坏学校器具及建筑物者；
（二）未经请假或请假未准擅自离校者；
（三）吸烟饮酒或其他不良习惯及防害公共卫生者；
（四）破坏风纪有侮学校名誉者；
（五）记〖大〗过三次者。
第十条　各级学校学生有左列各款之一者予以除名：
（一）性情暴戾行为悖谬者；
（二）涉足不正当娱乐场所者；
（三）侮慢师长者；
（四）行为不检有偷窃行为者；
（五）故意破坏学校名誉者；
（六）记大过三次者。

第十一条　各级学校校［学］生受申斥者，应扣学期总成绩平均一分；受记过一次者，应扣学期总成绩平均二分；受记大过一次者，应扣学期总成绩平均分数六分。

第十二条　各级学校学生凡体育、军训及操行成绩不及格者，不得升级或毕业。

第十三条　每学期缺席时数达教学总时数三分之一以上学生，不得参与该科之学期考试。

第十四条　每学期成绩之学科或成级［绩］之不及格之学科在三科以上之学生，或主要学科每学期成绩或不及格在两科以上，均所［应］留级。

第十五条　每学期成绩之学科或成绩不及格之学科仅有一科或普通科二科之学生，均应令于次学期仍随原学级附读，一面设法补习，经补行学期考试成绩及格后，准予正式进级。

第十六条　本办法如有未尽事宜，得由教育厅随时修正之。

第十七条　本办法自公布之日施行。

（四）山东省立专科学校学生原籍市区县贷费暂行办法

第一条　本省为造就专门人才，使其安心精研学术以免中辍而资策励起见，特制定本办法。

第二条　请领贷费学生以本省籍为限。

第三条　请领贷费学生，须以考取入学后将姓名、年龄、籍贯、入学年月、所习学科、修业年限分别填表，并出具贷借约，呈由学校转送原籍市、区、县注册，方为有限[效]，但贷费借约须有妥实保人签名盖章，借约格式由各市、区、县自定之。

第四条　各市、区、县政府于各该管区域内肄业本省专科学校学生合于第三条之规定者，应不限名额，均予贷费。

第五条　贷费款额每名暂定为一百元，由原籍市、区、县政府按月汇寄该校转发，并取具收据以备存查。

第六条　支领贷费自原籍市、区、县政府注册之翌月起至毕业之月止，其休学、退学者以接得该校通知之月止。

第七条　领受贷费学生于毕业后四年内，应将所贷款项分年如数归还，如不履行，由保人负责偿还之。

第八条　领受贷费学生如中途无故或有不正当行为经学校开除时，已领贷费由保人负责偿还。

第九条　领受贷费学生毕业后有尽先服务原籍之义务。

第十条　凡专科学校，应于学生毕业前三个月，将各该生履历表分别函送其原籍市、区、县政府登记，以便存查。

第十一条　各市、区、县贷费，或指定专款，或指由教育预备费内指定一部分充之，并呈报省府备案。

第十二条　本办法如有未尽事宜，由教育厅长呈请省长提交省政会议修正之。

第十三条　本办法自省政会议议决公布之日施行。

（五）山东省立各级学校抽考委员会组织大纲

第一条　本委员会依照山东省公私立各级学校抽考暂行办法第三条之规定组织之。

第二条　本委员会设委员长一人，由教育厅长兼任之，设委员七人至十一人，由左列人员兼任之。

教育厅秘书主任，第一、二、三、四科长，督学主任，督学，义委会主任，中教股长，职教股长，初教股长，遇必要时得由委员长加聘临时委员。

第三条　本委员会设干事若干人，由委员长就教育厅职员中指派之。

第四条　本委员会之任务如左：

一、拟定抽考计划；

二、命抽考试题；

三、监督试场；

四、评阅抽考试卷；

五、统计抽考成绩；

六、办理抽考奖惩；

七、建议与抽考有关之一切兴革事项。

第五条　本委员会委员及干事均为无给职，但因公外出，得按照官吏出差旅费暂行办法支给旅费。

第六条　各市区县抽考，得参照本大纲分别组织抽考委员会。

第七条　本大纲如有未尽事宜，得由教育厅随时修正之。

第八条　本大纲自公布之日施行。

（六）山东省中等学校联合招生暂行办法

第一条　本省为提高学生程度，划一考试方法，并实行联络一致严慎选拔以杜冒滥起见，特制定本办法。

第二条　本省各市、区、县凡设有中等学校二处以上者，于每年秋季招生时均应联合举行考试。

第三条　联合招生得组织联合招生委员会。

第四条　联合招生委员会于考试前一月组织成立，并于考试事宜结束时撤销之。

第五条　联合招生委员会内，设委员若干人，由各校校长及专任教员组织之，并由委员内互推一人为主任委员。

第六条　招生委员会之任务如左：

一、拟订招生计划；

二、规定考试试题；

三、监督考试试场；

四、评阅考试试卷；

五、统计考试成绩分数；

六、公布榜示及布告。

第七条　招生委员会分命题委员、监视委员，由主任委员指定分别担任命题及监试事宜。

第八条　命题委员之职权为拟撰各科试题，加倍拟撰由主任委员选定后呈报主管教育行政长官核示，并拟订标准答案，兼任评阅试卷。

第九条　监试委员之职权为规定试场规则，检查应试学生有无舞弊情事，并报告有关考试事项。

第十条　招生委员对于考试事项应严守秘密，评阅试卷须公正详实，倘有作弊情事，一经查出，由主管教育行政长官严予惩处。

第十一条　试题范围如下：

一、试题内容应依据课程标准之各科教材大纲；

二、试题应包括各科目教材全部；

三、注重教科书之教材，避免隐僻含糊之题目；

四、估计试验时间；

五、注重时事测验。

第十二条　投考人数过多之处，可分1. 男生高中、2. 男生初中、3. 女生三处，试验地址临时规定。

第十三条　考试手续为下：

一、体格检查：于考试前举行，体格不健强者不准参加考试。

二、试　　题：由主管教育行政长官核准后交招生委员会印制。

三、制　　卷：由招生委员会制成弥封试卷。

四、监　　场：由监试委员负责并由主管教育行政长官临时派员前往监试。

五、口　　试：规定口试标准，口试时须经二人以上试问评定分数。

六、阅　　卷：命题委员评阅盖章，并须呈送主管教育行政长官核阅盖章发回。

七、揭　　晓：将评定分数抄录核算后，规定录取标准分数，所有及格学生按考试成绩排列名次榜示，并造具名册送呈主管教育行政机关备查。

八、存　　卷：录取及未取学生试卷，均按成绩分别排列装订封存备查。

第十四条　关于招生时所有一切费用，均由报名费项下动支。

第十五条　各校为有特殊情形或该地仅有中等学校一处不能参加联合考试时，须呈由主管教育行政长官核准，单独组织招生委员会，其考试手续仍按本办法第十三条办理。

第十六条　录取学生名额，得按照各该校应招人数定额录取，各班至多不得超过六十名，并于学期中间不得任意收取学生。

第十七条　本办法如有未尽事宜，得呈准教育厅修正之。

第十八条　本办法自公布之日施行。

（伪）山东省政府教育厅编印：《山东省第四届公私立中等学校校长会议要览》，1944年11月。

第四编

高等教育

一、法令与规程

国立北京大学农学院暂行组织大纲

（1938年5月31日）

临时政府教育部设立国立北京大学农学院之计划早经筹议，最近已成立具体案，三十一日发表暂行组织大纲如左：

第一条　本学院根据中华民国临时政府教育方针，以研究高深学术、培养农业专门人才为宗旨。

第二条　本学院设农学系、林学系、农艺化学系，并附设农场、林场。

第三条　本学院设院长一人，综理全院院务，由教育部派充之。

第四条　本学院设秘书一人，商承院长，掌理本院事务，由院长聘任之。

第五条　本学院设教授、副教授、讲师、助教各若干人，由院长聘任之；设助理及技术员各若干人，由院长委任之。

第六条　本学院各学系各设主任一人，商承院长，主持各系教务实施之计划，由院长就教授中聘任之。

第七条　本学院农场、林场各设总技师一人，掌理全场技术事宜，由院长就教授中聘任之。

第八条　本学院农场、林场各设技师若干人，商承总技师，分掌各项技术事宜，由院长聘任之。

第九条　本学院设立文书、会计、庶务、教务、斋务五股，及仪皿室、标本室、药品材料室、农林场管理处。各股、室、处各设主任一人，股员、办事员、管理员、书记各若干人，由院长分别聘、委之。

第十条　本学院图书馆设主任一人，商承院长，主持馆务，由院长就教授或副教授中聘任之，设馆员、书记各若干人，由院长委任之。

第十一条　本学院设院务会议，由院长、秘书、各学系主任及教授代表若干人组织之，以院长为主席。

第十二条　院务会议职权如左：

（一）编造预算案；（二）审议各项章制规程；（三）拟定各学系之设立及废止；（四）计划全院事务及教务改进、督促事项；（五）决议院长交议之事项。

第十三条　本学院设教务会议，由院长、各学系主任及教授、副教授代表若干人组织之，以院长为主席。

第十四条　教务会议职权如左：

（一）审定课程；（二）计划教务改良事项；（三）决议学生试验事项；（四）决议学生训育事项；（五）审定毕业生成绩；（六）决议院长交议之事项。

第十五条　本学院附设之农场、林场及农林场管理处，其组织另定之。

第十六条　本学院学则暨办事细则另定之。

第十七条　本组织大纲经院务会议通过呈报教育部备案后施行，如有未尽事宜，得由院长提出院务会议修正呈报备案。

《庸报》，1938 年 6 月 1 日。

教育部立外国语学校奖学金规则*

（1939 年 1 月 18 日）

第一条　本校为奖励学生之学业及操行起见，特设奖学金。

第二条　奖学金名额暂定为每班五名，每次试验成绩在八十五分以上者，每名给予国币三十元；在八十分以上者，每名给予国币二十元。

第三条　本校学生须具备左列条件，方得依照本规则领受奖学金：

甲、学期考试或学年考试列前五名，其平均分数在八十分以上者；

乙、体格强健者；

丙、品行端正未受惩戒者；

丁、不缺课旷课者。

第四条　凡领受奖学金之学生，在本年度如犯重大过失，得停止其全年度领受奖学金之权利，如必要时，并得追还其已领之奖学金。

第五条　本校对于奖学金之给予以及其他有关奖学金之事项，得由校长召集有关系之教职员会议审核之。

第六条　本规则如有未尽事宜，得由校长提出校务会议修正之，并呈请教育部备案。

第七条　本规则呈准教育部备案后公布施行。

（伪）华北政务委员会编印：《华北政务委员会法规汇编》“六、教育”，1941 年。

---

* 本规则于 1939 年 1 月 18 日由伪临时政府教育部教字第六二号令施行，同年 10 月 7 日伪临时政府教育部教字第一〇二五号令修正施行。

临时政府教育部关于颁发《专科以上学校专任教员任课时数暨专任教员及其他人员兼课限制暂行办法》训令

（1939年12月30日）

令　河北、河南、山东、山西省公署教育厅
　　北京、天津、青岛特别市公署教育厅
　　国立北京大学
　　国立北京师范学院
　　国立北京女子师范学院
　　国立北京艺术专科学院
　　部立外国语学校
　　部立师资讲肄馆

为令遵事。查专科以上学校专任教员所任职务，非仅按时授课，且对于所授学科尤须随时研讨，孜孜不息，始能于学术上有所贡献发明，至于指导学生课外之研究与实习，尤属应尽之职责。以前各校院专任教员，往往仅以授课之钟点为服务之时间，此外非所过问。此种情形，衡之兴学育才之本义，殊有未合，亟应加以纠正，借使增益教学效率。爰将前此制定之《各校院教授、副教授及其他人员限制兼课办法》重加修订，补充条文，更名为《专科以上学校专任教员任课时数暨专任教员及其他人员兼课限制暂行办法》。除分令外，合行印发一份，仰即转饬（北大及厅局用此）遵照办理。此令。

附：专科以上学校专任教员任课时数暨专任教员及其他人员兼课限制暂行办法

第一条　本办法所称专任教员，系指大学、独立学院之教授、副教授，专科学校之专任讲师、专任教员而言。

第二条　专任教员每周任课时数，担任理论课目者最少八小时，最多十二小时，担任语文科目者最少十二小时，最多十六小时。

第三条　专任教员如有左列情形之一者，得由校、院长提交校务或院务会议议决通过酌量减少每周任课时数：

一、在本校院任有兼职者；

二、所授科目性质特殊者；

三、从事专门研究并有论文发表认为有益于学术者；

四、指导学生课外实习或研究有成绩报告者。

第四条　专任教员所任实习钟点由各校、院自行酌订计算方法。

第五条　专任教员如因特别情形不能不兼任他校课程时，兼课时数每周至多以六小时为限，并须征得校、院长之同意。

第六条　校、院长在本校院得担任课程，每周以四小时为限制，但不得担任其他校院课程。

第七条　各机关之公务员担任学校课程时，每周以四小时为限，并不得就聘专任教员，且须得有主管长官之许可。

（伪）华北临时政府教育部编：《教育公报》第20期，“公牍”，1940年2月。

华北政务委员会教育总署训令·令直辖及私立各校院

（1940年6月17日）

为令遵事。查学校教育之实施，对于德智体三育应采取平衡之发展与陶镕，庶能造成完材，以遂国家树人大计。前临时政府教育部业将各级学校教育实施方针以及切应办理或注意之事项剀切申明，通饬遵办在案。唯关于专科以上学校训育实施之方针，尚未有具体之规定，兹由本署体察现实情形，厘订专科以上学校实施训育方针如下：

一、尽力提倡我国固有之美德，以领导学生之思想趋于正轨，而为建设东亚新秩序之始基。

二、根绝容共思想，以亲仁善邻之旨谋东亚及全世界之和平。

三、善用我国固有之家族精神，以敦风纪而固国本。

四、阐发修齐治平之道，以儒家精义为依归，屏弃外来之功利主义。

五、注重人格之修养、品德之陶镕，宜使学生有以国士自许之志向，俾将来能以担负复兴东亚之重任。

六、厉行节约运动，纠正奢侈陋习，以养成勤苦耐劳之精神与习惯。

七、个人生活与团体生活宜有严格的规律，俾公私德双方得以平均发展。

八、加强竞技运动等训练，以锻炼强健之体格及振奋有为之精神。

除分令外，合行令仰切实遵照施行，并转饬遵行（北大用此）。

此令。

教育总署督办
汤尔和

《华北政务委员会公报》第7期至第12期，“教署·公牍”，1940年7月9日。

华北政务委员会教育总署训令·令直辖各校院

（1940 年 6 月 17 日）

为令遵事。查专科以上学校实施训育方针，业由本署拟定通饬遵办在案，兹为增进推行效率起见，各校院应即分别组织学生生活指导委员会，俾有专司而收速效。关于此项委员会之组织及职权，特规定以下二项原则：

一、委员应由校、院长就重要教职员中聘任之，并以教务或训育负责人员为主席。

二、委员会之职权，在推行训育方针，并审议及指导关于学生生活一切事项。

各该校院应即依此原则，迅行着手组织，拟具简章呈候核夺。又各校院为互相检讨俾资联络计，应再组织学生生活联合指导委员会。关于组织筹备事宜，由署指定国立北京大学召集，本署直辖各校、院长讨论之。除分令外，合行令仰遵照办理，并转饬遵办，仍将办理情形具报（北大用此），并将办理情形具报。此令。

教育总署督办

汤尔和

《华北政务委员会公报》第 7 期至第 12 期，“教署·公牍”，1940 年 7 月 9 日。

国立专科学校暂行教职员薪给等级表*

（1940 年 12 月 26 日）

华北政务委员会令准备案

等	级	薪给	校长	专任教员	总务主任	股主任	助理
一等	一级	400					
	二级	380					
	三级	360					
	四级	340					
	五级	320					
	六级	300					
	七级	280					
	八级	260					
	九级	240					
二等	十级	230					
	十一级	220					
	十二级	210					
	十三级	200					
	十四级	190					
	十五级	180					
	十六级	170					
	十七级	160					
	十八级	150					
	十九级	140					
	二十级	130					
	二十一级	120					
	二十二级	110					
	二十三级	100					
三等	二十四级	95					
	二十五级	90					
	二十六级	85					
	二十七级	80					
	二十八级	75					
	二十九级	70					
	三十级	65					
	三十一级	60					
	三十二级	55					
	三十三级	50					
	三十四级	45					
	三十五级	40					
	三十六级	35					
	三十七级	30					
四等	三十八级	27					
	三十九级	24					

* 此薪给等级表系 1939 年 6 月 15 日伪临时政府行政委员会第五三〇号函准备案，1940 年 12 月 26 日伪华北政务委员会文字第五五五三号令准备案。

续表

等	级	薪给	事务员 股员 管理员	办事员 佐理员	书记
一等	一级	400			
	二级	380			
	三级	360			
	四级	340			
	五级	320			
	六级	300			
	七级	280			
	八级	260			
	九级	240			
二等	十级	230			
	十一级	220			
	十二级	210			
	十三级	200			
	十四级	190			
	十五级	180			
	十六级	170			
	十七级	160			
	十八级	150			
	十九级	140			
	二十级	130			
	二十一级	120			
	二十二级	110			
	二十三级	100			
三等	二十四级	95			
	二十五级	90			
	二十六级	85			
	二十七级	80			
	二十八级	75			
	二十九级	70			
	三十级	65			
	三十一级	60			
	三十二级	55			
	三十三级	50			
	三十四级	45			
	三十五级	40			
	三十六级	35			
	三十七级	30			
四等	三十八级	27			
	三十九级	24			

附注：

一、校长薪俸由教育部总长核叙。

二、各级教职员薪给由校长核叙后呈报教育部备案。

三、教务主任、训育主任、教导主任、图书馆主任等均由专任教员兼任，不另支薪，专任教员兼任本校他项职务者，亦不另支薪。

四、兼任教员之薪给以任课钟点之多寡计之，每周任课一小时者每月致酬十四元乃至二十元。

五、各级教职员之晋级以一年为期，除有特殊情形者外，在一年之间不得连晋二级。

六、各校如因事实上之需要，设置某项职员，为本表所未规定者，得由校长比照相当等级核叙薪给。

（伪）华北政务委员会文字第5553号令准备案

国立大学或独立学院暂行教职员薪给等级表*

（1940年12月26日）

华北政务委员会令准备案

等	级	薪给	校长	院长	教授	秘书长	副教授	秘书	股主任 股长 室主任
一等	一级	600	|						
	二级	550	|						
	三级	500	|	|					
	四级	450		|					
二等	五级	400		|	|				
	六级	380			|				
	七级	360			|				
	八级	340			|				
	九级	320			|	|			
	十级	300			|	|	|	|	
	十一级	280			|	|	|	|	
	十二级	260			|	|	|	|	
	十三级	240			|	|	|	|	
三等	十四级	230					|	|	
	十五级	220					|	|	
	十六级	210					|	|	
	十七级	200					|	|	|
	十八级	190					|	|	|
	十九级	180					|	|	|
	二十级	170							|
	二十一级	160							|
	二十二级	150							|
	二十三级	140							|
	二十四级	130							|
	二十五级	120							|
	二十六级	110							|
	二十七级	100							|
四等	二十八级	95							|
	二十九级	90							|
	三十级	85							|
	三十一级	80							|
	三十二级	75							|
	三十三级	70							|
	三十四级	65							|
	三十五级	60							|
	三十六级	55							
	三十七级	50							
	三十八级	45							
	三十九级	40							
	四十级	35							
	四十一级	30							
五等	四十二级	27							
	四十三级	24							

* 此薪给等级表系1939年6月15日伪临时政府行政委员会第五三〇号函准备案，1940年12月26日伪华北政务委员会文字第五五三号令准备案。

续表

等	级	薪给	助教	事务员 股员 管理员	助理	办事员 佐理员	书记
一等	一级	600					
	二级	550					
	三级	500					
	四级	450					
二等	五级	400					
	六级	380					
	七级	360					
	八级	340					
	九级	320					
	十级	300					
	十一级	280					
	十二级	260					
	十三级	240					
三等	十四级	230					
	十五级	220					
	十六级	210					
	十七级	200					
	十八级	190					
	十九级	180					
	二十级	170					
	二十一级	160					
	二十二级	150					
	二十三级	140					
	二十四级	130					
	二十五级	120					
	二十六级	110					
	二十七级	100					
四等	二十八级	95					
	二十九级	90					
	三十级	85					
	三十一级	80					
	三十二级	75					
	三十三级	70					
	三十四级	65					
	三十五级	60					
	三十六级	55					
	三十七级	50					
	三十八级	45					
	三十九级	40					
	四十级	35					
	四十一级	30					
五等	四十二级	27					
	四十三级	24					

附注：

一、校、院长及医院长薪俸由教育部总长核叙。

二、各级教职员薪给由校、院长核叙后，呈报教育部备案。

三、教务长、训导长、科系主任、教室主任、图书馆主任等均由教授兼任，不另支薪，教授、副教授或助教兼任本校院他项职务者，亦不另支薪。

四、讲师之薪给以任课钟点之多寡计之，每周任课一小时者，每月致酬二十元，按比例递增。

五、各级教职员之晋级以一年为期，除有特殊情形者外，在一年之间不得连晋二级。

六、各校院如因事实上之需要，设置某项职员为本表所未规定者，得由校、院长比照相当等级核叙薪给。

（伪）华北政务委员会文字第5553号令准备案

天津特别市市立日语专科学校职教员及工役薪额工资表①

（1941 年 12 月、1942 年 1 月、1942 年 2 月）

职别	姓名	年龄	薪额			备注	到差年月
			12 月	1 月	2 月		
校长	何庆元	43	无	无	无	由教育局长兼任暂不支薪	三十年九月
主任	李书香	31	150 元	150 元	150 元		仝上
教授	李书香	31	100 元	100 元	100 元		仝上
讲师	藤本荣治郎	36	30 元	30 元	30 元	系补助车费	仝上
讲师	臼居千代子	29	30 元	30 元	30 元	同上	仝上
讲师	张长江	32	32 元	32 元	32 元		仝上
讲师	李辛人	31	48 元	48 元	48 元		仝上
训育员	陈子居	28	90 元	90 元	90 元		三十一年二月
教务员	严少帆	26	90 元	90 元	90 元		三十年九月
事务员	范弢之	33	70 元	70 元	70 元		三十年九月
书　记	穆静仪	26	50 元	50 元	50 元		三十年九月
书　记	冯澍滋	22	50 元	50 元	50 元		三十年九月
书　记	张秀山	25	45 元	45 元	45 元		三十一年二月
工　役	钟德明	30	30 元	30 元	30 元		三十年九月
工　役	王廷尧	25	25 元	25 元	25 元		三十一年一月
工　役	张荫堂	25	25 元	25 元	25 元		三十年九月
合计			865 元	865 元	865 元		

天津市档案馆藏档案，全宗号 55，目录号 3，案卷号 5597。

华北各省市教育厅局日本人教员派遣费表

（1942 年）

北京市　　三四，一九〇元

天津市　　二二，三六〇元

① 此表由“天津特别市财政局”制。

青岛市　　二二，八四〇元
河北省　　二七，九二〇元
山东省　　二五，四二〇元
山西省　　一五，四八〇元
河南省　　一二，三九〇元
合计：　　一六〇，六〇〇元

日本昭和十七年度第一次寄赠金（四月至七月份）

农学院　　三三，九九〇元
医学院　　五六，〇二〇元
文学院　　一五，四九〇元
理学院　　一二，七〇〇元
工学院　　二三，三六〇元
法学院　　八，七四〇元
师范大学　　三六，〇二〇元
艺术专科学校　　六，四七〇元
外国语专科学校　　三，六〇〇元
合计：　　一九六，三九〇元

北京市　　三四，一九〇元
天津市　　二二，三六〇元
青岛市　　二二，八四〇元
河北省　　二七，九二〇元
山东省　　二五，四二〇元
山西省　　一五，四八〇元
河南省　　一二，三九〇元
合计：　　一六〇，六〇〇元

中国第二历史档案馆藏“伪华北政务委员会教育总署档案”二〇二一·403

二、教师与教学

华北政务委员会关于核备国立专科以上学校聘任教职员办法的指令

（1941年10月22日）

令

教育总署

三十年十月十一日呈一件：为拟具国立专科以上学校聘任教职员办法呈请鉴核备案由。

呈暨附件均悉，准予备案。附件存。此令。

华北政务委员会委员长　王揖唐

中华民国三十年十月廿二日

国立专科以上学校聘任教职员办法

第一条　国立专科以上学校（以下简称校院）聘任教职员，由校院长负责依照本办法办理。

第二条　校院教职员以专任为原则，除讲师及兼任教员外，非有特殊情形呈经核准，不得在两校院兼任。

第三条　大学或独立学院教授、副教授及专科学校专任教员，每周任课时数以至少八小时至多十二小时为原则。

第四条　教授、副教授或专任教员如有下列情形之一者，得由校院长酌减其每周任课时数，并须呈报教育总署备案。

一、在本校院兼任职员者；

二、所授科目性质特殊者；

三、从事特殊研究工作并有论文发表，认为有益于学术者；

四、指导学生课外工作或研究，有成绩报告者。

第五条　实习钟点计算方法由各校院自行酌定，呈报教育总署备案。

第六条　各校院教授、副教授或专任教员不得兼任其他公私机关职员。

第七条　教授、副教授或专任教员经本校院长许可，得兼任其他大学或独立学院讲师及专科学校兼任教员，其兼课总时数每周不得超过六小时，但有特殊情形经呈准者不在此限。

第八条　甲校院聘乙校院之教授、副教授或专任教员为讲师或兼任教员时，须先征得乙校院长之同意。

第九条　有特殊情形经呈准时，两校院得合聘一人为教授或专任教员，但均须经两校院商定，会呈教育总署核准。

第十条　各公私机关职员得该机关主管长官或主管人员之同意，得担任各校院讲师或兼任教员，其任课总时数每周不得超过六小时，但有特殊情形经呈准者不在此限。

第十一条　各校院聘任各公私机关职员担任讲师或兼任教员时，须先征得该机关长官或主管人员之同意。

第十二条　教授、副教授或专任教员经本校院长之同意，得兼任其他机关名誉职，但得酌支车马费。

第十三条　教授、副教授或专任教员兼本校院职员者，除得酌减任课时数外，不另支薪。

第十四条　助教不得兼任任何机关职员，但经校院长之许可，得在其他学校兼课，其兼课总时数每周不得超过六小时。

第十五条　各院校职员非有特殊情形经呈准者，不得由其他机关职员兼任。前项兼任之职员，得酌支车马费，不得兼薪。

第十六条　本办法由教育总署公布施行，业呈报华北政务委员会备案。

中国第二历史档案馆藏“伪华北政务委员会教育总署档案”二〇二一·434

华北政务委员会教育总署公函

（1941年11月14日）

函育字第六二八号

径启者：

兹由本总署制定国立专科以上学校聘任教职员办法，业经呈奉华北政务委员会核准备案，并分令各校院一体遵照在案。相应摘录上项办法函请查照办理为荷。

此致

新民会　邮政总局　华北电信电话公司　华北电业公司

华北交通公司　电车公司　高等法院　地方法院

附送摘录办法一份

教育总署督办　周作人

附：国立专科以上学校聘任教职员办法（摘录）

第六条 各校院教授、副教授或专任教员不得兼任其他公私机关职员。

第十条 各公私机关职员得该机关主管长官或主管人员之同意，得担任各校院讲师或兼任教员，其任课总时数每周不得超过六小时，但有特殊情形经呈准者不在此限。

第十一条 各校院聘任各公私机关职员担任讲师或兼任教员时，须先征得该机关长官或主管人员之同意。

第十二条 教授、副教授或专任教员经本校院长之同意得兼任其他机关名誉职，但得酌支车马费。

第十四条 助教不得兼任任何机关职员。但经校院长之许可，得在其他学校兼课，其兼课总时数每周不得超过六小时。

第十五条 各校院职员非有特殊情形经呈准者不得由其他机关职员兼任，前项兼任之职员，得酌支车马费，不得兼薪。

《华北政务委员会公报》第111、112期合刊，“教署·公牍”，1941年12月29日。

华北政务委员会令各校日语列必修科

（1943年6月）

（北京十一日中央社电）华北政务委员会教育总署为谋彻底普及日语教育，俾与友邦日本实践真实合作起见，从来对于北京大学以下直辖大学专门学校之入学考试科目，加入日本语一科，又入校后亦将日语列入选科，积极普及日语教育，苏体仁督办兹决定树立日语之彻底教育方针，自本年度起将日语列入必修科，业已通令各直辖学校遵办。

《申报》，1943年6月12日。①

国立北京师范大学拟具设置大东亚学术讲座计划办法呈

（1944年1月）

为呈报事。案查接管卷内奉钧署三十二年十二月十七日教字第一一八号训令，规定国立专科以上各学校设置大东亚学术讲座，由各校延聘学术名流担任讲席，以启发青年阐扬学术。设置费用由本总署筹拨国币每院五百元，饬将设置计划与办法妥拟呈署备核等因，奉此。黎、孙两前任未及办理均即卸事，校长任职后，整顿各部略有端倪，此项大东亚学术讲

① 此时的《申报》已为日人所控制。

座自应遵令办理。兹经详审妥拟，按本大学文理教三学院各设讲座一处，每一讲座每周均举行二小时，延聘中日学术名流担任讲席。理合缮具计划暨办法，备文呈报鉴核，指令祗遵。

谨呈

教育总署督办王

附呈计划及办法一纸

国立北京师范大学校长　杨为桢

国立北京师范大学设置大东亚学术讲座计划暨办法

甲、计划

中日两国为谋大东亚战争之最后胜利，以完成东亚民族之全体解放，爰经签订同盟条约，一致协力，共同迈进。本大学遵照钧署训令，为借文化之发展，以图战力之增强，乃拟于各学院分别设置大东亚学术讲座，借资启发青年，阐扬学术。

乙、办法

一、本大学文、理、教三学院各设讲座一处。

二、由本大学延聘中日学术名流担任各学院讲座之讲席。

三、各学院之讲座每周均举行二小时。

四、各学院之讲座费用遵照钧署训令发给补助费每院国币五百元，核实遵［撙］节开支。

国立北京师范大学校长　杨为桢

中国第二历史档案馆藏“伪华北政务委员会教育总署档案”二〇二一（2）·36

华北伪组织之工程教育[①]

（1944年）

二十六年“七七”变起，平津随即沦陷。斯时我华北神圣自主之高等教育，无法在原校院继续办理，于是国立者如北洋工学院、交大唐山工学院、清华工学院、平大工学院、山东大学工学院，省立者如山西大学工学院，私立者如南开大学各工程学系及焦作工学院，均相继内迁。河北省立工业学院，则不幸因抗战而停办。彼时华北工程教育机关，仅

① 本文作者为苏闻。

遗天主教神父在天津特别一区马场道所办之工商学院，其维持亦煞费苦心。内迁院校，重要设备，几尽他移，独国立北平大学工学院则几全部未曾移运。迨华北伪组织之教育机构所谓华北政务委员会之教育总署者成立以后，汤逆尔和首任督办，竟亦开设北京大学，置文、理、法、农、工、医等各学院，其工学院则系因利乘便，于二十七年七月，就前国立北平大学工学院祖家街校舍设备及一部分教职员而组设，以阮尚介其人为院长。阮氏感于汤逆尔和之委以长院重任，于是修校合，聘师资，并曾自谓："日夜兢兢，以期无负故友云云。"于此可见其觍然鞠躬尽瘁之程度，或竟误解司马迁两千年前所谓"士为知己者死"之名言欤！

此伪北京大学工学院，既系利用前国立北平大学工学院之校舍设备及一部分旧教职员而开张，则此校来源及其改变递嬗，自为国人所欲知其详。最初为高等实业学堂，系前清光绪二十九年时，清廷农商部就北京祖家街神机营军械分所原址所创设。首任监督为旗人绍英，其经费则系就慈禧太后胭脂费项下拨发。可见专制时代特别是慈禧太后专政时皇室之奢侈。民元易名为北京工业专门学校，改隶教育部。十三年改称国立北京工业大学。十六年改名京师大学工科，十七年改称国立北平大学第一工学院。十八年以后改名国立北平大学工学院。二十六年七八月以后平大工学院大部分教职员及学生内迁。二十七年七月伪华北教育总署利用以成立其伪北京大学工学院以后，分设机械、电工、土木、建筑、应化五系。平大工学院时代，曾有纺织系，伪北大工学院则竟裁去此系，而另添平大工学院时代所无之土木及建筑两系。伪北大工学院现为华北教育总署范围内惟一之伪公立工学院，兹就最近调查所获，揭述其粉黛之丑态，借供关心教育者认识其狰狞之面目。

伪北大工学院，既属伪北大之一院，故亦用伪北大校歌，系老志诚作曲，自谓取"中庸壮严"之声调，其歌曰：

"北大洵大哉——，北大洵大哉——，黄河之水天上来——

历史悠然五千载，惟我多士辟草莱——

研精科学，发抒文章，共为国士勿相忘——

须知校运有升替，北大寿命永无疆——"

凡我不能间道来后方之高中毕业青年，而不得已投入此伪北大工学院之学生，当合唱此阘然无声有臭之奴化教育伪北大校歌时，不知皆作何感想。吾大中华民国之教育宗旨，系根据三民主义，而此伪北大校歌所表现者，只傀儡气息，哪有一点民族民权民生意识！噫！傀儡文学作品，亦何尝容易！其用字造句，或曾颇费周章，大有苦心在焉。

此伪北大工学院不乏校舍，颇有不少老旧设备，各种机械工厂、电气实验室、测量及制图设备、材料实验所、各种化学实验室、图书馆之书库及阅览室俱备。此外尚有所谓兴亚工学研究馆者，系东京内阁直辖之设于北平侵华总机构所谓兴亚院拨款联银券（即伪币）二十五万元，并美其名曰捐款，所建筑与设备者，且有东京帝大与日本及来华各教授所捐与之图书数万册。自二十九年开馆以来，每月并由该馆按期出版所谓《北京大学工学院新闻》，最初只如小报晚报张幅，一年余以后即改编印为每期五六十页之杂志，名称仍旧，内容空洞，毫无可取。查其目的，无非欲极尽其倭化华北与贯［灌］输我青年学生以日间所梦想之大东亚主义思想之能事。该学院学生之精神生活虽苦，但物质享受，殊为不恶。非但宿舍宽敞，有第一、第二、第三各所，且洗面所（倭化名称）、浴室、草亭、走廊、学生集会所（倭化名称）、运动场并包括篮球场、网球场、排球场、滑冰场等，均应用［有］尽有。然尽管百般麻醉，吾爱国青年纵不得已而暂投就学，从未尝有“乐不思蜀”之感。

该院讲师以上之教员，共有九十四人，连院长共为九十五人，有名誉教授、教授兼系主任、教授、副教授、专任讲师、特别讲师及讲师之别。教员九十四人，内日人占二十二人，尚不及全数四分之一。内名誉教授一人，名佐野秀之助，现年五十八岁，不担任课程，住在东京市本乡区弥生町三［三町］，每年来院一二次，实即该学院之太上院长也。系主任尚均为汉裔。教授共十六人，日人尚只占其四，仅四分之一而已。副教授共七人，日人仅占一席。专任讲师共四人，悉为日人。特别讲师共六人，亦悉为日人。讲师共有五十六人，而日人则只有六人。最近据新由北平来陕之学人言，该院日籍教员，均担任课程无多，且常常不上堂讲授，殆寓监督于教员之中，醉翁之意岂在酒耶？

该院课程多已倭化，日文为第一外国语，且属必修课目，英文已变为第二外国语。其倭化内容，因篇幅所限，姑不具论，国人可想象而知。兹举若干例证，可见一般［斑］。例如吾人谓“钢筋混凝土设计”，彼云“铁筋洋灰设计”，实则系钢筋并非铁筋，系混凝土并非只为洋灰，可见倭人文化粗野，学西洋文明，尚未克消化也。又如该院日籍教授浅野好担任“内河工学”，“河工学”已够了，试问还有“外河工学”么？再如“电气”一名词，很不合乎科学，他们依然沿用，不知维新应当早在明治时代。

该院主任以上之职员，共有十四人，除去由教员兼任者之二人外，实只十二人。内日人三人，占全数四分之一。其相当于我国立校院训导处之组织，曰“学生指导部”，其主持人曰“部长”，名今三夫，字东州，日籍，现年三十九岁，并兼任副教授，担任美学等科目，又学生指导部专门员（倭化名称），系奈良冈良二，亦日籍，现年三十七岁。再学生指导部训练主任为本村逸英，亦属日籍，现年只三十三岁。彼辈为控制学生，实施奴化训练管理之中枢，所有学生活动，均经其严格统制，即毕业生纪念刊之编辑，亦须由学生指导部代为办理。其处心积虑，直不值佛学家之一笑。而其心所谓危之情绪，可于其分别另在北平西城祖家街甲五号、十二号及甲六号，赁房居住觇之。彼等身负指导学生之责任，而竟不敢住居校内，亦殊可怜耳！上述主任以上之职员十二人，学生指导部竟占六人，相当于该院重要职员百分之五十。学生指导部长之下，置“专门员”、总务主任、调查主任、训练主任、宿舍主任及公益主任。现时学生指导部之总务主任、调查主任、宿舍主任兼公益主任（如不兼任，则学生指导部之重要职员，应共有七人，占该院重要职员之过半矣），尚均属汉裔。于此显而易见：（一）敌人防范我爱国青年，无微不至，总其务之不足，辅之以调查，加之以训练，更美善之以公益，复巧立“专门员”之名目，是该院“学生指导部”者，日阀驻屯军之驻院特务机关变相耳。（二）敌人之人力，过于捉襟见肘，故彼认为如是机密重要之工作，亦尚用一半汉裔。（三）敌人实在吃不消，故又不得不利用奸伪，以发挥为虎作伥之义。

伪北大工学院在生活方面，则竭力导演；亦有所谓大运动会者，网球场活动，更尽力提倡；篮球排球，则伪北大与伪师大，常常对垒；他们毕竟处在纬度较高之地，所以尚有滑冰运动大会；更有所谓“团结”活动者，居心何在？意义如何？他们也举行野餐、音乐大会、展览会，且亦提倡研究，组织旅行，也办毕业生欢送大会。每班学生尚举行所谓“日本见学”（倭化名词）一次。形形色色，极尽导演之能事。

战前华北国立、省立、私立之工程学院，计达十院，共有二十八学系，学生不下三千余人。敌人军事占领之后，华北伪教育总署范围内，除天津天主教所办之工商学院仅有两系仍然苦撑外，其伪北京大学工学院虽为唯一之工程教育机关，且百方计饵，然仍人数寥寥，仅勉强敷衍局面而已。其第一届学生，于二十七年秋入校以后，已于三十一年夏毕业，机械工学系仅二十五名，电工学系仅十七名，土木工学系仅二十七名，建筑学系仅十七名，应用化学系仅十六名，共只一百另二名而已。至其第二届毕业生，系于去年三十二年毕业，则尚未获其具体有关资料。

按其第一届毕业生之籍贯统计之，河北以近水楼台居首位，有四十四名之多，诚属不得已而又不得已也。然此数殊亦可怜，战前河北省定县一县同时肄业于大学之学生，即常达一百数十名之多。江苏次之，计十二名。天津市又次之，八名。再次为山西，计六名。山东、安徽各五名。湖北四名。北平市、浙江、湖南各三名。辽宁、四川各二名。河南、广东、广西、蒙古各一名。其他各省市无。日本人来留学者，亦有一人。此日籍学生，名日下部礼二，前年毕业于该院电工学系时，已二十七岁，系日本山形县人，伊家住日本山形县饱海群松野町。

伪北大工学院对于牢笼毕业生，更无微不至，其前年三十一年第一届毕业生中，留校者十人，达全数十分之一弱，送至日本留学者七人，占全数十五分之一弱。此项留校与留学，各系均有分配，尚无过甚偏枯情事。除此十七人外，则尽量为之安插于伪组织下之各机关公司中。录用最多者为建设总署，计二十五人，内土木系毕业者最多，占十六人，分别派在平、津、保、豫、晋、徐及蒙疆工作，又派赴日本留学者一人。华北电业公司为第二主顾，计有九人前往。用于筹划中牟堵口工作者五人。公用管理局及华北房产公司各用三人。华北车辆公司、东洋造纸公司、琉璃河洋灰公司、豫建厅、北京福昌建筑公司、保定市公署及又新工厂各用二人。又下列十机构，曾各有一人前往就业，即实业总署、南京铁道部、冀建厅、井陉碳矿公司、华北电影公司、华北交通公司、龙虎建筑公司、阜民公司、北京大仓组建公司、华北开发公司是也。以上合计八十五人。该院第一届毕业生中之其他十七人之就业情形，则未获有确切资料。上述各机关及各公司之命名与其类别，尤足显示华北伪组织情态中敌寇经济掠夺活动之姿态。

此辈学生，恐无一人甘于受其熏染，或各有其暂时不能离开之不得已情形。其正肄业与已毕业者，尚不乏间关逃来后方者。作者不但殷望我政府宽予来归者以出路，对其资格铨审，尤当特予以机会，更希望我教育部设法予此辈毕业生以特殊补救机会，即凡已来后方而补足党义、军训各必修课目，经考试及格者，悉予以教育部认可之工学士学位，加发证书，成全其资历，则敌人之原为侵略打算者，亦将终归反为吾人打算矣。

《东方杂志》第40卷第14号，1944年7月30日。

华北教育总署通令各院校体察现状克日整顿课业训令

（1945年4月6日）

为训令事。查本总署前以各校院课程、人事、行政等项均应改善，曾于三月二十七日通饬妥拟方案呈核在案。兹以设学主旨课业为先，而各校教授、讲师、助教、助理又皆负有课业直接责任，关系国家及学子前途至深且巨，惟近查各校院课业情形，其能按时讲授秩然有序者，固属不少，而一般状态仍难尽如所望。以教员言，迟到早退者有之，连续请假者有之，甚或并不通知学校无故缺席者，亦所恒有①，学子习以为常，怠惰因之成性，驯至上课时间，教室十有九空。以管理课程人员而言，对于某班有课无课、某员已到未到竟亦漠然不知。学子虚耗光阴，荒废学业，主持讲授以及训导人员，扪心自问，更属有愧职责。须知教授、副教授、专任讲师等，既属专任性质，授课时间以外，自应常川在校，负担研究指导或实验实习，至普遍讲师纵非专任，亦应按时到校，专心讲授。余如助教、助理等，原为辅助课业，更应克尽厥职，以补教学之不足。果能束身作则，以教育人才为己任，则学子自然心悦诚服，精修学业，潜移默化，收效至宏。况职司教责者，在校为学生之师表，在社会为民众之楷模，文化之发扬，风俗之移转，均有待于倡导，立言即以立功，树人原为兴国，果能各本所学，循循善诱，教育前途，国家兴盛，胥系于此，责任之重，讵容再事敷衍。各校院长应即体察现况，若有上述情节，务宜克期整顿，彻底励行，能庠序弦诵之不辍，即国家复兴之先声，愿与同人共勉之。除分令外，合亟令仰遵照，并转饬所属一体遵照，仍将遵办情形，克日具报为要。此令。

督办　文（元模）

中国第二历史档案馆藏“伪华北政务委员会教育总署档案”二〇二一·440

① 此件此处先作“实繁有徒”，继之改为“亦不乏人”，最后改定为“亦所恒有”，可见“无故缺席”现象之严重！

北京师范大学为遵令整顿课业致教育总署呈

（1945 年 4 月 28 日）

为呈复事。案奉钧署教字第三〇九号训令，略以各校院应体察现况，克期整顿课业，仰遵照，并饬属遵照，仍将办理情形具报等因。奉此，自应遵照，并转饬四附校遵照。查尔康自接任以来，审察本大学现况，刻刻以整顿校务彻底励行为职志。关于课业方面，作为第一步之调整，至于统盘整顿，正在规划进行之中。凡教授、讲师有废弛职务连续请假或无故缺席者，概行解聘；对于职员、助教有不称职或不按时到班者，立予停职，不稍宽假。先后教授、讲师解聘者二十四人，职员、助教停职者五十六人。现在本大学各院系教授、讲师尚能按时讲授，管理课程人员随时查堂登记，并于每星期六、日统计一次，尚能认真服务，以尽厥职。此外各职员、助教一律按时到班，亦尚称努力。奉令前因，所有本大学遵令整顿课业情形，理合备文，呈请鉴核示遵。

谨呈

教育总署督办文

国立北京师范大学校长　张尔康谨呈

中国第二历史档案馆藏“伪华北政务委员会教育总署档案”二〇二一·440

北京大学为送各学院关于改进课程人事行政详细方案致华北政务委员会教育总署呈

（1945 年 5 月 19 日）

呈为呈报事。案查钧署本年三月二十七日教字第二六〇号训令，为各校院关于课程、人事、行政等拟具详细方案呈署，以便通盘筹划等因。奉此，本大学当即转函各学院遵照办理，从速具报去后，兹报各学院先后①

附：国立北京大学文学院拟具改进方案

查第一点课程标准，历年俱经审慎讨议，准酌实际，逐有损益。此次奉令前情，再当加以审议，要在切实施行，大致当无多更张。至本学期授课时数，已逾三分之二，即有更改，

① 原件后缺文，特此说明。依据文意，此件后附《国立北京大学文学院拟具改进方案》，对照后件《北京大学为送理法工农医五学院整顿课业办法致教育总署呈》中所言，“至文学院整顿课业办法，一俟函报到校，再行另文呈报”，显然是回应伪华北教育总署 1945 年 4 月 6 日教字第 309 号训令的内容。读者可依据文意，将此件分析为两件取用。现因档案馆原件合收如此，故为保持原状而作如是处理。

亦拟从下学期实施。第二点人事调整，稻荪①就职之始，即已裁减人员，几及半数，并经依照修正组织大纲，统由校长分别聘委在案。现在但觉人少事繁并无冗滥员额，今后益当严加督察，随时奉告。至第三点行政改革，要以会计公开为最要，稻荪就职以来，一切收支均依法办理，素无缄默之事，奉令前因，当再于院务会议时，特为公开报告，以符整饬之意。

国立北京大学

中国第二历史档案馆藏“伪华北政务委员会教育总署档案”二〇二一·440

北京大学为送理法工农医五学院整顿课业办法致教育总署呈

（1945 年 5 月 22 日）

呈为呈报事。案奉钧署本年四月六日教字第三〇九号训令，为各校院应体察现状，克期整顿课业，遵照办理具报等因。奉此，当经转函各学院遵照办理具报去后，兹据理法工农医五学院先后函报整顿课业情形前来，理合照录该五学院整顿课业办法，先行具文呈送，伏乞钧署鉴核。至文学院整顿课业办法，一俟函报到校，再行另文呈报，合并陈明。

谨呈

教育总署督办文

附呈整顿课业办法一份

国立北京大学校长　鲍鉴清（印）

谨将国立北京大学理法工农医五学院整顿课业办法缮呈

钧阅：

计开

理学院

一、请各系教授、副教授、专任讲师实行课外指导。

二、各系助教、技士、助理除已按日签到以备考核外，并特别注重学术之研讨。

三、教授有兼职者均已改聘为讲师。

四、督促管理课程及训育人员认真严守职责。

法学院

查本院为提倡教师研究、重视学生课业起见，当开办之时，即经指定校舍一部为各系教师研究室及日籍教师研究室，凡属专任教师，均常川在校从事研究工作，学生问业请益

① “稻荪”同“稻孙”，即钱稻孙。余同。

者，随时予以指导。一时学术研究气象颇有向上趋势，优良学风逐渐养成。惟在不久以前，一般教师感受生计压迫，精神稍见松懈，但此情形亦以兼任之教师较多，专任教师授课尚能尽其责任，请假之事极少。本院对于请假过多之教师，一再致函，恳词劝告，请以学子课业为重，教育当局迭次对于整顿教育之训示，亦屡向全体教师宣达，授课现状近已良好。目下改善公务员待遇办法业已实行，教职员生活日趋安定，倘若再有不尽心任课或玩忽职司者，院方惟有根据学校立场，力任劳怨，出以适当处理。至于学生任意请假旷课不遵训导者，凡经告诫不悛，即予严厉惩处，其有甘自暴弃，赏罚不足以动其心，实属无法造就者，亦惟有采取最后办法，严加淘汰。如此课业必可整肃，学风由是振兴。

工学院

遵经职院详为考察课业情形，为彻底整顿起见，业将请假过多之讲师、助理、助教分别予以解聘，或自行辞职。对于教授、副教授、专任教员等，现经系主任会议，依照课程种类规定，专任教授名额务须一体常川在院，除授课时间外，担任研究指导以及学生实验实习工作，并切实平均任课钟点，以期尽量发挥所长。至辅助课业之助教、助理，并由各系主任指定固定工作，必须常川驻院，现已实施签到，派定专人考勤。对于学生缺旷课办法，每周公布学生缺旷课表一次，并分送各系主任存查。其缺旷课逾规定时间数者，已按校规处理。至教员请假与缺课表，亦随同学生缺旷课表附送各系主任，以便稽考对照。

农学院

查本院近来上课情形尚属良好，各教员亦无迟到早退或连续请假及无故缺席等情事，而助教、助理各员对于职务尚知努力。

医学院

本学院之课程历经组织检讨委员会确立标准，从详检讨，去其浮泛不堪实用者，取其重要必须精修者，编定课程总表，尚属适合需要，将表检附备核。因医学深奥而且日新月异，必须力学始克专精，向未设立选课，原所以杜爱博不专之流弊。惟各学系一二年级之修身、体操、物理、化学、生物等课程，每周几占十余小时之多，尚无相当设备，徒为口头及图表之讲解，似可渐加，减缩其日文钟点。当改订之初，缘中学生多未学习，恐阅读日文之参考书未能得其要领，故订为每周十二小时，后因初高中多已习过日文，遂改订为八小时。现在小学普习，当有相当根底，似可减至四小时，以便加习其他之主要课程，巩固学业之基础。

中国第二历史档案馆藏“伪华北政务委员会教育总署档案”二〇二一·440

三、学校与学生

蒙疆学院设立　六月一日开校

（1939 年 4 月 12 日）

（张家口）于昨年四月蒙联委员会定例会，研究设置学院设立准备处，近已完成，预算、人员及其他各种准备，告一段落，决自六月一日开校。学校教育之大纲使把握蒙疆政权成立之真义及特殊重要，置主［着］眼点于与以建设东亚新秩序统一的指导精神，因此学课亦努力达成东亚圣战论、民族论、东洋文化史、蒙疆历史的情形之使命，使官吏彻底民族协和之政治的意义，并对东洋先进国日本有正确认识。职员为院长、副院长、教官、教授、助教授、顾问等，本年度合计十六人，外招聘顾问、讲师。联合委员会金井最高顾问以下，决与首任青年中坚官吏，以兴亚之大精神。学生分第一部（大学、专门学校卒【业】及有同等以上实力现为政权之职员者），第二部（与以□□□□□□□□□□□□）度仅采用第二部六十名。校舍预定在张家口郊外黑沟子湾，以五万余坪之广大土地新筑。首任院长当任命蒙疆联合委员会总务部长特巴扎布氏云。

《盛京时报》，1939 年 4 月 12 日。

国立专科以上学校学生生活指导委员会组织大纲

（1941 年 10 月 4 日）

教育总署公布

第一条　本会以指导学生人格之修养、身体之锻炼并谋改善其公私生活为宗旨。

第二条　本会之职掌如左：

一、关于学生修养事项。

二、关于学生体育保健事项。

三、关于学生公益事项。

四、关于学生生活调查事项。

第三条　本会于教育总署设总会，于国立各校、院、馆分别设置学生生活指导委员会。

第四条　总会为计划审议机关，各校、院、馆学生生活指导委员会为执行机关，但有意见时得建议于总会。

第五条　总会由教育总署署长、总务局局长、教育局局长及各校、院、馆长组织之，并以署长为会长，教育局长为副会长。

第六条　各校、院、馆学生生活指导委员会由各该校、院、馆长及重要教职员组织之，并以各该校、院、馆长为会长。

第七条　总会会章及各校、院、馆学生生活指导委员会会章另定之。

第八条　本大纲由教育总署公布施行，并呈报华北政务委员会备案。

《华北政务委员会公报》第103、104期合刊，“教署·法规”，1941年11月19日。

华北政务委员会教育总署呈

(1941年10月27日)

呈育字第五四八号

呈为呈报拟具储备农事教育人员选拔委托生办法等件仰祈鉴核备案事。查农事教育，关系国民生计至为重要，亟待推行，本署为计划实施，前经拟具农事教育设计委员会暂行组织规程，呈奉钧会本年五月二十四日政法字第三四〇八号指令备案。当将该会组织成立并迭经开会商讨进行各在案。嗣经该会以该项师资及指导人员刻下异常缺乏，议决筹设农事教育人员养成所，陈请采择施行，前来本署以设立此项养成所固有必要，而筹备需时缓不济急。为适应目前急需起见，拟先就国立北京大学农学院农艺学系二年级以上学生，选拔委托生十二名，加授教育及其他需要科目，给予津贴，并规定毕业后服务年限，以为农事教育人员之储备。除利用农学院一切原有设备无需开办费外，其经常费本年度按六个月核计，共需三九一二元，核与本年度岁出经费概算所列农事教育普施费五九八〇元之数并无超过，拟即请由前列农教普施费项下动支。该项委托生之选拔及加习科目、讲师聘请等事项，一并饬由农学院代为办理。其经费亦由该学院具领转发造报。兹由本署拟订储备农事教育人员选拔委托生办法、委托生补修教育及其他科目时数分配表并经费概算各一件。除令发国立北京大学转饬农学院遵照办理外，理合检同前项办法、分配表、概算等件具文呈报，仰祈鉴核备案。

谨呈

华北政务委员会

附呈选拔委托生办法、补修科目时数分配表（均见后幅）、经费概算各一份（略）

教育总署督办　周作人

附：华北教育总署储备农事教育人员选拔委托生办法

一、本总署为储备农事教育人材起见，特由国立北京大学农学院农艺学系二、三、四年级学生中各选四名为委托生。

二、志愿接受委托之学生，须填写定式之志愿书，连同二名以上保证人之保证书，呈由北京大学转呈本总署核定。志愿者超过定额时，由本总署考选之。

三、委托生除农学院规定之学科外，须于适当时期补修左列之学科：

（一）教育概论；（二）教学法；（三）教育行政（包括教育法令）；（四）其他。

四、委托生在学期间，由本总署酌给津贴，每人以三百六十元为度，分月支给之（由本年八月份起）。支给办法如左：

（一）自四年级起选定之委托生每人每月支给三十元；

（二）自三年级起选定之委托生每人每月支给十五元；

（三）自二年级起选定之委托生每人每月支给十元。

五、委托生毕业后须在本总署指定之学校或机关服务三年以上。

六、委托生中途退学或毕业后不能在本总署指定机关服务者，其所领之津贴应悉数缴还。如本人不缴，向保证人追缴之。

附：委托生补修教育及其他科目时数分配表（略）

经费概算（略）

《华北政务委员会公报》第109、110期合刊，“教署·公牍”，1941年12月19日。

华北政务委员会教育总署训令·令国立各校院馆

（1941年11月8日）

令育字第一九七八号

为令遵事。查本总署前为改组各校院馆学生生活指导委员会起见，曾经厘订《国立专科以上学校学生生活指导委员会组织大纲》公布施行，并通令该校院馆遵照办理在案。兹拟定《国立各校院馆学生生活指导委员会会章纲要》一份随令颁发。总会已于上月七日正式成立，各该校院馆学生生活指导委员会应即依据组织大纲并参照上项纲要拟订会章，迅行着手组织成立，以利进行。除分令外，合行令仰遵照办理，并将成立日期及所拟会章呈报候核。此令。

附发《国立各校院馆学生生活指导委员会会章纲要》一份

教育总署督办　周作人

附：国立各校院馆学生生活指导委员会会章纲要

一、国立校院馆学生生活指导委员会会章，须依照《国立专科以上学校学生生活指导委员会组织大纲》拟订之。

二、各校院馆学生生活指导委员会名称应冠以本校院馆名。

三、各校院馆学生生活指导委员会由各校院馆长、教务长（或教务主任）、秘书长（或总务主任）、训导长（训育主任或训导主任）（以上名称以各校院馆组织大纲为根据）及其他重要教职员组织之。

四、各校院馆学生生活指导委员会之执行事项如左：

甲、关于学生修养事项

（一）陶冶人格；

（二）肃正思想；

（三）规制行为；

（四）训练纪律；

（五）提倡学艺。

乙、关于学生锻炼事项

（一）厉行体育；

（二）训练竞技；

（三）勤劳作业；

（四）卫生保健。

丙、关于学生公益事项

（一）宿舍饮食；

（二）消费储蓄；

（三）代办事务；

（四）援助清寒学生；

（五）介绍职业。

丁、关于调查学生生活事项

《华北政务委员会公报》第111、112期合刊，“教署·公牍”，1941年12月29日。

私立燕京大学、协和医学院学生及教职员善后处置要纲

（1941年12月）

一、私立燕京大学暨协和医学院两校，既经封闭，不予恢复。

二、该两校原有学生酌予编入国立北京大学各学院，如不能收容时，则分配编入于其

他国立各校院或已立案之私立专科以上各学校。该两校中国教职员则视其学识、技能并思想行动酌予聘【用】，或介绍于各教育学术机关。

三、由教育总署制成公告，刊登报纸，限期召集该两校学生及教职员前来登记，并填写登记表。登记地址，学生在国立北京大学校长办公处、教职员在教育总署登记，办法另订之。

四、该两校学生登记完毕后，由教育总署组织燕大、协和两校学生铨衡委员会，办理该两校学生转学事宜。

五、该两校教职员填表登记后，由教育总署加以审查，认为思想纯正，确能协力于东亚新秩序建设者，酌予介绍就职。

六、学生经铨衡合格后由教育总署编入相当之院系班级。

七、已入学之学生，应由各该校院负责考查其思想行为。

八、私立燕京大学研究院及协和医学院之高年级学生，应考查其思想，确属纯正者，得予以介绍职业。

九、私立协和医学院护士科学生，由国立北京大学医学院收容。

十、私立燕京大学附属中小学校及幼稚园学生、教职员并全部工役等，由北京市教育局处理。

十一、私立燕京大学宗教学院之设立本不合法，其学生应不予受理。

附：华北政务委员会教育总署公告

查已封闭之燕京大学及协和医学院两校，所有学生自应早日设法收容，以免荒废学业。本总署现拟将该两校学生加以铨衡，编入国立北京大学各学院相当年级。如北京大学不能全部收容时，亦得酌予编入其他公私立校院。至该两校教职员，亦拟视其资历酌予聘任录用，或介绍于各教育学术机关，俾免失业。兹规定登记办法四项，合亟通告周知。

登记办法

一、登记日期：自本年二月十四日起至二十八日止（星期日照常办公），时间每日上午自十时至一时，下午自三时至六时。

二、登记地点：学生包含燕京研究院学生及协和护士班学生，登记在本市地安门内松公府夹道国立北京大学校长办公处。教职员登记在本市宣武门内教育部街教育总署。

三、登记手续：学生及教职员登记时，应由本人携带原在学校证明文件及最近四寸半身像片三张，到登记处填写登记表。

四、学生铨衡日期：俟登记完毕后订期通告。

中国第二历史档案馆藏“伪华北政务委员会教育总署档案”二〇二一·456

北京大学校长呈报该校收编燕京大学转学学生情形及名册

（1942 年 5 月 29 日）

呈为呈报事。案据本大学法学院五月八日法字第四三三号呈称，为呈报本院收编燕京大学转学学生情形并附呈学生名册，请予鉴核转呈备案事。窃于三月十三日案奉钧处校字第七二号公函略开，为奉教署令发录取私立燕京、协和两校登记表及录取学生名簿，仰筹划收编具报等因，附录取学生名簿一册、登记表及像片各一九三份。奉此，嗣于四月八日又奉到钧处校字第九七号公函略开，为奉教署令发私立燕大、协和两校补行登记录取学生名簿，转函各该学院筹划收编具报等因，附登记及录取学生名簿各一册及证件、像片二十八件。奉此，查两次录取学生拨入本院者，计共二百二十九名，未经到院注册者计共二十二名。复因性格所近，请求转入其他校院者，计共七名。有已经在本院注册又行转入他校者，计四名。又有由其他校院转入本院者，计共二十名。现计入校上课切实共二百一十六名，除少数陆续转学各生外，所有此次燕京大学转入本院各生均经于四月一日分班上课，继续攻读。兹经缮就收编燕大编级学生名录，并将接收及转送其他校院各生，分别于册内注明，理合连同名录四份，具文呈报，请予鉴核存案，并请转呈备案等情，附学生名录四份。据此，除抽存学生名录一份备查外，理合检同学生名录三份，随文呈请钧署鉴核，赐予备案，实为公便。

谨呈

教育总署督办周

附呈法学院燕大转学生名录三份（缺）

国立北京大学校长　钱稻孙（印）

中华民国三十一年五月廿九日

中国第二历史档案馆藏“伪华北政务委员会教育总署档案”二〇二一·456

第五编

师范教育

一、法令及规程

临时政府教育部立师资讲肄馆组织大纲

（1938年9月28日）

第一条　本馆根据临时政府教育部所定教学方针，以养成中小学师资为宗旨，定名为教育部立师资讲肄馆。

第二条　本馆置馆长一人，综理全馆馆务。

第三条　本馆置专任讲师二人，兼任讲师若干人，由馆长聘任之。

第四条　本馆置教导主任一人，商承馆长掌理本馆一切教务训育事宜，由专任讲师兼任之。

第五条　本馆设训教、事务两股，各置股主任一人，由馆长聘任之；办事员、书记各若干人，由馆长任用之，分掌各项事宜；并置校医一人，担任本馆教职员、学生疾病治疗及卫生事宜。

第六条　本馆设馆务会议，由馆长、教导主任、各股主任及专任讲师组织之，以馆长为主席。

第七条　馆务会议之职权如左：

一、编造预算案；

二、审议各项章则规程；

三、计议招生考试及毕业等事项；

四、计划全馆事务及教务、训育改进督促事项；

五、决议馆长交议之事项。

第八条　本馆设训教会议，由馆长、教导主任、各股主任及全体讲师组织之，以馆长为主席。

第九条　训教会议之职权如左：

一、审定课程；

二、计划教务改进事项；

三、决议学生训育事项；

四、决议学生实习及参观事项；

五、审定毕业学生成绩；

六、决议馆长交议之事项。

第十条　本馆学生定额八十名，分为两班，其学科及时数另定之。

第十一条　本馆入学资格规定如左：

一、凡国内外公私立各大学、师范大学及各种专科学校毕业并曾任中学教员一年以上，有文件可资证明者；

二、凡高级中学、高级职业及师范学校毕业并曾任小学教员两年以上，有文件可资证明者。

第十二条　本馆学生修业期限定为一年，期满择优介绍服务或呈请教育部分发任用。

第十三条　凡经录取各生，均免缴学宿费，并酌助膳费。除各科讲义免费发给外，凡图书、文具等项，均由学生自备。其因故中途退学或休学者，应分别情形，追缴膳费。

第十四条　本馆办事细则另定之。

第十五条　本组织大纲如有未尽事宜，得经馆务会议修正呈部核准备案。

第十六条　本组织大纲以呈奉教育部指令备案之日施行之。

（伪）华北临时政府教育部编：《教育公报》第7期，“附录”，1939年1月。

特别师范科设立计划案

（1938年11月）

一、设立之趣旨

为期学校教育之完璧起见，在其施设上须具有数种条件，首推采用教员人才，使新中国今后教育得到更生者为第一义。惟中国今后之教育，因陷于多年错觉误谬中，应将过去之教育从根本上清理，使其还元［原］于东洋固有的道义教育。所谓东洋百年大计在于造就人才者，应随时代之命运进行之。如言从梢末改革者，实全然解错也。全以根本的划期的又一新的作［重］大改革，其意义并不较此而上［止］，故应靠教育者之力量者尤多。

本会有鉴及此，故当采用教员之际，制定任免赏罚暂行规程，专以严选主义为原则。虽至今日，而实际不过应付在过渡期内一种应急的便利方法而已。在现任多数教职员中，有实力不足者，或有思想上应加考虑者，人事自然应有刷新之必要，是故需要养成新时代之教育家。又鉴于其使命重大，欲广罗天下逸才进而讲求教员优遇之道，同时广集人才，而养成善良有为之新进教育家，更为紧要。本会希望将来教职员待遇法之改善，及师范教育之完全。如此欲期师范教育之完全，使初中毕业学生于四年或五年期间内，将必要之课程修习。虽有如此计划，而查当地现下实际情形，如若期间过长，急需上添有相当障碍，所以本会先拟作师范教育之第一阶段，于会立男子中学校内附设特别师范科，以一年为修业期限，以作养成教员之机关，毕业后使其分配于管下各小学校内服务。其入学资格以高中毕业或有同等学力者为合格。内容大体以盟邦日本师范学校旧二部制为标准，并使其修练东洋道德之本义，及新教育方针，学习日语，于事实上可能范围内，倾注全力勉励教养之，以期养成适合时代之新进教育家。

二、特别师范科暂行规程案

第一章　总　则

第一条　以养成小学教员为目的，于本市会立男子中学校内附设特别师范科。

第二条　本特别师范科以一年为修业年限。

第二章　教养学生之要旨

第三条　本特别师范科以师范教育令之趣旨为基础，应特别注意左记事项教养学生：

一、以王道精神为一贯之教育宗旨，使其确认中日满一体不可分离之关系及民族协和之精神，在为教员者殊属重要，故使学生切实明了此点，并洞悉新民精神之本义，振发国民之志操实为至要。

二、使其确认更生新中国之姿态及振起东洋本来之道义的观念在为教员者尤为重要，故使其深切认识与友邦日本之关系，同时使其知悉中国之现状，并特别明了人伦之大道，实践躬行之至为要务。

三、锻炼精神、涵养德操在为教员者殊属重要，故使学生常注意此点，并使其深切认识对于时局及防共之必要，理解党化教育及三民主义教育之弊害至为要务。

四、守规律、保秩序而具师表之威仪者在为教员者殊属重要，使其服从长上平素之命令及训诲，纠正其起居言动皆为要务。

五、图身体之健康在为教员者殊属重要，故使学生平素留意体育及卫生，以便增进健康者至要也。

六、教授时应常注意方法，务使学生于受业时即可领会其方法，并应自求进取，养成好学博闻及研究技术之习惯。

第三章　学科及每周教授时数

第四条　本特别师范科应修习之学科为修身、国文、教育（教育学、论理学、儿童心理学、教授法、学校管理法）、日本语、图画、音乐、体操。除前项必修学科外，以生理卫生、理科、手工、实业为选修科目，使任意选修增课。

第五条　各教学科目每周教授时数之规定如左：

修身	国文	教育	日本语	图画	音乐	体操
二	四	一〇	一二	一	二	三

前项必修学科外，选修科目之每周教授时数在二小时以内，一周总计不得超过三十六小时。

第四章　教科用图书

第六条　本特别师范科学生应使用之教科书，以北京政府教育部所编纂之教科书为限，若非北京政府教育部所编纂之教科书，校长认为有使用之必要时，得向青岛治安维持会会长呈准后暂时使用之。

第五章　学期及休假日

第七条　本特别师范科分左列两学期，但于开学初限于年度关系，于修业期间一年内得适宜变更之。

第一学期　八月一日起至二月十九日止。

第二学期　二月二十日起至七月三十一日止。

第八条　本特别师范科之休假日，遵照北京政府教育部令实行之，但遇有次条之场合不在此限。

第九条　为预防传染病之必要及有其他非常变灾时，由校长具报呈明青岛治安维持会会长批准后得临时休假，但于急迫之际无暇待前项批准时，校长得临时休假。

前项休假实行后，应由校长速将事由报告青岛治安维持会会长。

第六章　教授日数及仪式日

第十条　本特别师范科之教授日数为二百日以上，但依照前条如有临时休假之场合时不在此限。

第十一条　本特别师范科应于一定期间内使学生作教育实习。

第十二条　关于教育实习之规定，由校长基于师范教育令之宗旨制定之。

第十三条　国家之祝日、祭日及纪念日，应依照北京政府教育部令之规定，招集教职员、学生于校内举行仪式，但于此种场合，本特别师范学生及中学校学生不妨会同举行之。

第七章　学生定额及编制

第十四条　本特别师范学生定额暂以八十名为限。

第十五条　本特别师范科之学生应编制为两班教授之，但音乐、体操得会同教授之。

第八章　入学、退学及惩戒

第十六条　凡欲入本特别师范学科者，应将第一号书式之入学【志】愿书、最终学校校长发给之学业成绩证明书及最近一月内之像片填讫后呈交校长。

第十七条　凡希望入本特别师范科者，须身体健全、品行端正，具有高级男子中学校毕业资格及有同等以上学力。

第十八条　校长应依据入学志愿书举行所定之检定而决定合格者。

第十九条　关于入学志愿者检定之规定，由校长呈请青岛治安维持会会长批准后制定之。

第二十条　得到入学许可者应具正、副保证人两名，于十日内将第二号书式之誓约书呈交校长，但以正保证人为其亲权者或为代理人。

前项保证人内之一人应居住于青岛治安维持会地区以内。

第二十一条　保证人遇有迁移时，应从速呈明校长。

第二十二条　如校长认为保证人不适当时得命其更换之。

第二十三条　校长认为学生学力劣等或身体虚弱难期造就者，或思想不稳健性行不良不堪为教员者，应命其退学。

第二十四条　学生不得以自己便利任意退学，但有不得已之事故得到校长许可者不在此限。

第二十五条　校长认为教育上有必要时，对于学生得加以惩戒。惩戒分谴责、停学、开除三项。

第九章　教　职　员

第二十六条　本特别师范科之教职员，校长以下由中学校教职员中选任，使其兼任，并特置左列专任教员：

一、教务部长（日本人）一人。

二、担任教育学教员（中国人）一人。

三、担任日本语教员（日本人）一人。

第二十七条　除前条外，校长认为有专任教员之必要时，得呈请青岛治安维持会会长批准后增加员司。

第十章　考查成绩及毕业

第二十八条　本特别师范科学生之成绩应分为学业、教育实习、操行及体育四项考查之。

第二十九条　在本特别师范科毕业者，应由校长发给第三号书式之毕业证书。

第十一章　学　　费

第三十条　本特别师范科除不收学费外，并供给学生宿舍及发给所定之饭费。

关于前项宿舍及饭费之规定，由校长呈请青岛治安维持会会长批准后制定之。

第三十一条　凡本特别师范科学生因被惩戒而开除者，或因自己便利而退学者，青岛治安维持会会长得向其追还在学中支给之学费及授业费，但得酌量情形免其全部或一部。前项授业费定为每月三元。

第十二章　服务义务

第三十二条　凡本特别师范科毕业学生，应由毕业之日起在青岛治安维持会会长指定小学校内从事教员，以二年为义务期间。

第三十三条　遇有特别事故时，于服务义务期间内，经青岛治安维持会会长许可后，得从事其他小学校教员之职务。前项在职期间认作服务义务期间。

第三十四条　服务义务期间内，经青岛治安维持会会长之许可，得投考养成教员为目的之官立学校。

考入前项学校之场合，在学中服务义务之履行暂行停止。当其毕业后，依照关于该校法令之规定，如有毕业后服务义务时，得免除遗留之服务义务。

第三十五条　已毕业者因疾病或他种原因发生不能尽服务义务之职时，青岛治安维持会会长认为必要时，得停其服务义务或免除之。

第三十六条　于服务义务期间内如犯左列一项者，青岛治安维持会会长应命其偿还支给之学费及授业费，但得酌量情形免其一部或全部：

一、无正当之事由而不能尽职服务义务者。

二、被惩戒免职者。

三、因前条之事由被免除服务义务者。

第十三章　附属小学校

第三十七条　以师范教育令之宗旨为基础，设置附属小学校，暂时以市内公立小学校代用之。

第三十八条　依据前条，以江苏路、台西镇两小学校充作附属代用小学校。

第三十九条　于附属小学校内，为便利实习教育学生起见，除单式学级外，应编制复式学级。

关于前项学级之编制，须征得原校教务部长及担任教育学教员之意见后，由原校校长制定之。

第十四章　杂　　则

第四十条　校长应将左列各项报告青岛治安维持会会长：

一、教职员分担教务及事务之件。

二、校内诸规则之制定及改废之件。

三、学生之入学、退学、停学、开除之件。

四、其他关于学校发生异变之件。

第十五章　附　　则

第四十一条　本规程如青岛治安维持会认有增补或删除之必要时，征得学务委员会之意见后得随时改修之。

第四十二条　本规程自民国二十七年　月　日施行之。

《青岛教育周刊》第1卷第23期，“计划及报告”。

教育部主办第一届中等学校教员暑期讲习班简章

（1939年6月24日）

第一条　本部为补充各省市中等学校教员之学识并促进其教学效能起见，特设中等学校教员暑期讲习班。

第二条 各省教育厅及各特别市教育局应各由所辖公私立中学师范学校及高级初级职业或实业学校教员中选送若干名（另列清单）来京集合听讲，并应于六月三十日以前将听讲人员姓名报部。

第三条 听讲人员之往返川资及滞京旅费由各省市自行筹发。

第四条 听讲人员之宿舍由本部就国立各院校宿舍指拨充用。

第五条 暑期讲习班设左列各种课程：

甲、共修课程

精神讲话 教育行政 最近教育学说 教学心理 自然科学概论 特别讲演

乙、选修课程

最近数学之发展 数学教学法商榷 最近物理学之发展 物理学教学法商榷

最近化学之发展 化学教学法商榷 最近生物学之发展 生物学教学法商榷

第六条 讲习期限定为四星期，自七月十日起至八月五日止。

第七条 每日讲习时间定为四小时，自上午九时起至下午一时止（新时间），星期【天】休息。

第八条 关于卫生事项，委托北京大学医学院附属医院代为办理。

第九条 关于宿舍管理事项，委托所在院校原有之管理人员代为照料。

第十条 本简章自批准之日起实行。

《青岛教育周刊》第2卷第25期，“法规”。

（汪伪）立法院为通过修正师范学校法致国民政府呈

（1940年9月12日）

案准中央政治委员会秘书厅本年八月三日中政秘字第四一二号函开：

“查二十九年八月一日中央政治委员会第十六次会议讨论事项第三案行政院提：‘本院第十七次会议通过修正师范学校法及职业学校法，请核议案。’当经决议：‘交立法院审议。’除记录在卷，并分函行政院查照外，相应抄附修正师范学校法及职业学校法各一份及行政院原送审查意见一份，函请查照办理见复为荷。”等由，并抄附修正师范学校法及职业学校法各一份暨行政院原送审查意见一份。准此，经将师范学校法饬由本院法制委员会审查去后，旋据审查报告称：“奉交审查修正师范学校法草案一案，遵于八月十五日召开本委员会第六次会议，并函准教育部派普通教育司司长徐季敦、参事施景崧列席。经将原案提出，逐条讨论，佥以行政院原送审查意见，以原案第四条与第五条意义重复，将第四条予以删除，并加‘国立师范学校’一节，以为全国师范之模范，并示中央重视师范教育之本旨，似均无不可，其他原有各条，尤属施行有年，尚少窒碍，与国民政府政纲及现实情况亦无不合之处。讨论结果，予以修正通过。唯澄宇以为第六条实习规程一项，若任教育部自由规定，似嫌失之宽泛，拟于本条增加一项：'前项学生实习期间，最少应占全部修学年限六分之一。'因鉴于过去师范教育与普通中学教育无甚特殊，即因对于实习方面不甚注意，复查德国对于国民学校师资之训练，特别规定于联邦宪法，足见其对于师范教育之重视，德国小学师资训练依一九二四年经教育部大学校及专业团体之协议，定为四年，首三年为大学研究，末一年为教学实际之训练，同时在大学肄业期间，提出一部分时间，供实际训练之用。此种训练又于一九二七年决定：一、在大学附设之学校从事观察及各种教育的与心理的试验；二、学校实习共有三个学期，每个学生至少须有六十四小时，在各种学校依照周密计划之程序，从事实习工作；三、学校助理期即于学校休假期中，任各人自择教师下全日参加工作，从事试教。由上以观，德国对于师资注重实习。为复兴吾国计，理当革新，不能放任，由教育部自由规定，因部定可以随时因人事而变更，使增加一项在法律上严格规定，则一方面表见立法之精神，而他方面亦使教育政策有一贯之效能。至是否应为增加审查会，少数赞成，未获通过，当时曾征询教育部列席代表意见，谓实习期间已预有规定，约占全部修学时间六分之一，不过将来有无影响，应否以法律规定，系成一问题。似此情形，教育部代表亦认为有研究之必要，究竟应否于立法方面规定，以昭重视，因审查时未获通过，用将上项意见一并附陈，连同修正师范学校法修正案一份，呈候鉴核，提出大会公决。"等情，并附修正师范学校法修正案前来，当经提交本年八月二十日及九月三日本院第十六次及第十七次会议议决"照审查意见修正通过"等语纪录在卷。除函复中央政治委员会秘书厅查照转陈并将审议职业学校法经过情形另案呈报外，理合将审议修正通过师范学校法经过情形，缮同该法全文一份，备文呈请鉴核公布施行。

谨呈

国民政府代理主席汪

附呈修正师范学校法一份

立法院院长　陈公博

中华民国二十九年九月十二日

（汪伪）国民政府修正师范学校法

（二十九年九月三日立法院第十七次会议修正通过）

第一条　师范学校应遵照中华民国教育宗旨及其实施方针，以严格之身心训练养成小学之健全师资。

第二条　师范学校得附设特别师范科、幼稚师范科。

第三条　师范学校修业年限三年，特别师范科修业年限一年，幼稚师范科修业年限二年或三年。

第四条　师范学校由教育部、省或直隶于行政院之市设立之，但依地方之需要，亦得由县市设立或两县以上联合设立之。

第五条　师范学校由教育部、省、市或县设立者，为国立、省立、市立或县立师范学校；由两县以上联合设立者，为某某县联立师范学校。

第六条　师范学校之设立、变更及停办，其系国立者，应由教育部呈请行政院核准；由省或直隶于行政院之市设立者，应由省市教育行政机关呈请教育部备案；由县市设立者，呈由省教育厅核准转呈教育部备案。

第七条　师范学校及其特别师范科、幼稚师范科之教学科目及课程标准、实习规程，由教育部定之，师范学校应视地方需要，分别设置职业科目。

第八条　师范学校及其特别师范科、幼稚师范科之教科图书，应采用教育部编辑或审定者。

第九条　师范学校得设附属小学，其附设幼稚师范科者，并得设幼稚园。

第十条　师范学校设校长一人，综理校务。国立师范学校由教育部遴选合格人员任用之；省立师范学校，由教育厅遴选合格人员，经省政府委员会议通过后任用之；直隶于行政院之市市立师范学校，由市教育行政机关选荐合格人员，呈请市政府核准任用之；县市立师范学校，由县市政府选荐合格人员，呈请教育厅核准任用。除应担任本校教课外，不得兼任他职。

前项师范学校校长之任用，除国立者应呈请行政院备案外，均应由省市教育行政机关按期汇案，呈请教育部备案。

第十一条　师范学校教员由校长聘任之，应为专任，但有特别情形者，得聘请兼任教员，其人数不得超过教员总数四分之一；师范学校职员由校长任用之，均应呈请主管教育行政机关备案。

第十二条　师范学校校长、教员之任用规程由教育部定之。

第十三条　师范学校及其幼稚师范科入学资格，须曾在公立或已立案之私立初级中学毕业；特别师范科入学资格，须曾在公立或已立案之私立高级中学或高级职业学校毕业，均应经入学试验及格。

第十四条　师范学校及其特别师范科、幼稚师范科学生，修业期满，实习完竣，成绩及格，由学校给予毕业证书。

第十五条　师范学校及其特别师范科、幼稚师范科均不征收学费。

第十六条　师范学校规程及师范学校毕业生服务规程，由教育部定之。

第十七条　本法自公布日施行。

中国第二历史档案馆藏“汪伪国民政府立法院档案”二〇〇二·496

华北政务委员会教育总署指令·令师资讲肄馆

（1940 年 10 月 8 日）

呈一件为遵令拟送本馆学员训练办法暨课程草案等件请核示由。

呈件均悉。查该馆拟呈各改组办法及课程草案，业经分别审核，除临时经费预算应连同经常预算并案办理另令饬遵外，关于学员训练办法应改为“训练计划”，组织大纲应改为“修正组织大纲”，课程草案应改为“课程表”，其内容条文、编制办法均欠妥适，已另行修正随令颁发。至本期改组伊始，据称限于临时经费关系，准先办文科两班，每班名额暂定为三十五人。其抽训支配办法，依据各省市现有中等学校校数为标准，每校选派专任教员一人，除将支配名额清单及训练计划、课程表分别通行各省市公署暨教育厅局负责选送查照办理外，兹随令附发支配学额清单一纸，仰遵照迅将修正组织大纲遵令公布，连同训练计划、课程表依式赶印送署备查。至学员入学手续、开课日期及应行填送之表册、像片等，由该馆径函各省市教育厅局接洽可也。余件存。此令。

附发抽调学员训练计划一份（略）、修正组织大纲一份（略）、课程表一份（略）、学员名额支配标准清单一纸（略）

教育总署督办　汤尔和

署长　方宗鳌代行

《华北政务委员会公报》第 31 期至第 36 期，“教署·公牍”，1940 年 11 月。

华北政务委员会教育总署训令·令抽调教员训练

（1940 年 10 月 9 日）

令教字第九五七号

令

各省教育厅

各市教育局

为令行事。案查抽调各小学现任教员设置师资训练班办法，业于九月六日咨教字第一七五号咨行转饬所属各厅局遵办在案。关于各省市中学师资之训练，现由本署厘订办法交由本署直辖师资讲肄馆办理，就各省市所属公私立中等学校现任教员，分设文理两科，轮流抽调来馆受训。其修学期限以六个月为一期，并优遇受训之学员，对于在学期内一律免收膳宿、讲义、制服等费，并酌给临时津贴，保留原职原薪。其各学员往返川资，另由各省市斟酌情形设法筹给。兹决定本期先办文科两班，每班定额三十五名，共为七十名。其学额支配标准，依据各省市现有中等学校为比例，随令颁发名额标准清单一纸及抽调学员训练计划一份、课程表一份，仰即遵照办理，届期负责照额选送。至选送学员入学手续、开课日期以及应行填送之表册、照片等，应另由该馆遵章径函各厅局分别接洽办理。除咨行转饬遵照外，合亟令行迅即遵办为要。此令。

附发抽调学员训练计划一份（略）、课程表一份（略）、学员名额支配标准清单一件（略）

教育总署督办　汤尔和

署长　方宗鳌代行

《华北政务委员会公报》第31期至第36期，“教署·公牍”，1940年11月。

华北政务委员会教育总署训令·令设置日语教员养成所

（1940年10月12日）

令教字第九九〇号

令

各省教育厅

各市教育局

为令遵事。近查各省市各级学校需用日语教员，因校数班次日形增加，每感人才缺乏，供求不能相济，甚至各学校临时需要，未遑选择。既未经检定试验，自难免程度不齐，影响于学业前途，关系匪浅。兹为预储人选兼培养健全教师，力谋教学双方日增进步起见，定于下学期三十年会计年度开始后，各省市应设置短期日语教员养成所，由各主管教育厅局察酌地方需要情形自行举办。所有应需之经费，准其列入下年度预算作正开支，并将组织纲要、招生办法、编制课程以及设置班次、开办日期，连同预算一并妥为筹划，分别呈报核夺。除分令外，合亟令仰遵照办理。此令。

教育总署督办　汤尔和

署长　方宗鳌代行

《华北政务委员会公报》第31期至第36期，“教署·公牍”，1940年11月。

华北政务委员会教育总署咨

（1941年8月5日）

咨育字第三五三号

为咨复事。前准贵公署本年四月二十五日教学字第三四零号咨略开，据教育厅案呈，拟请将原颁四年制简易师范、简易乡师及一年制简易师范科教学科目时数表重行修正颁发，并另编定各项简师教科书，以期适用。再现值普及日语之时，拟将简师日语教学时数仿照师范标准增加为五小时等情，相应咨请查照见复以便饬遵等因。准此，查该厅所请另编各项简师教科书尚属切要，本署现已令行编审会编订在案。至关于修正各项简师教学科目时数表及简师添设日语课目一节，系为划一课程适应需要起见，亦尚可行。惟日语教学时数须添多少，自应斟酌实际需要及学生对于现有应习课程之负担能力而定。兹规定自下学年第一学期起，除简易乡师及一年制简易师范科每星期均添设日语三小时外，所有简师日语教学时数第一二学年应添设五小时，第三四学年添设三小时，以资划一而应需要，准咨前因相应检附修正各项简师教学科目时数表三份，咨复贵公署查照转饬遵照办理为荷。

此咨

河北省公署

附件（略）

教育总署督办　周作人

《华北政务委员会公报》第103、104期合刊，“教署·公牍”，1941年11月19日。

华北政务委员会教育总署训令·令华北各省市教育厅局

（1941年8月19日）

令育字第一五二六号

为令遵事。案查分期抽调华北各省市公私立中等学校现任教员由本署直辖师资讲肄馆集中训练一案，前经厘定抽调训练计划、学员名额、支配标准及课程表等件，于上年十月九日以令教字第九五七号训令抄发通饬遵照保送在案。现在第五期学员业经训练终了分别回校服务，第六期学员亟待抽调训练，兹经本署规定各省市选送额数及支配标准开列清单随令附发，一切办法仍照上届成案办理。计本届仍办文科两班，每班三十五名，计共七十名，并规定各省市学员自九月十九日至二十日到馆注册，九月二十二日开学。其报到入学手续，应由师资讲肄馆遵章径函各教育厅局接洽办理。除饬知该馆并分别咨令外，合行抄发前项清单一纸，令仰该厅局遵照保送为要。此令。

附件（略）

教育总署督办　周作人

《华北政务委员会公报》第105、106期合刊，“教署·公牍”，1941年11月29日。

二、师资与培训

临时政府教育部部立中等教育师资讲肄馆开学典礼记录

（1938 年 4 月 1 日）

部立中等教育师资讲肄馆于四月一日上午十时在和平门外该馆礼堂内举行开学典礼，该馆主任刘家壎柬请各界莅临指导。兹录开学典礼秩序如次：

典礼秩序：（一）振铃开会；（二）学生入席；（三）来宾入席；（四）全体向国旗行最敬礼；（五）主任报告筹备经过；（六）长官训词；（七）来宾训词；（八）师长训词；（九）学员答词；（十）礼成退席；（十一）摄影；（十二）茶点。

本部总长训词：今天是中等教育师资讲肄馆开馆之日，承友邦官宪暨各界来宾友好惠然光临，不胜欣慰。今天借此略讲几句话：（一）我们相信创造一件事情殊属不易，俗谓“缔造艰难”，而临时政府教育部虽在财政积极减缩下，对过去之学校仍在极力设法使其开课，师资讲肄馆也就在此种情形之下，于今日开学。师生聚集一堂讲学，这是很荣幸而隆重的。（二）师资讲肄馆因非与普通学校性质相同，故诸位学生责任非常重大，世界各国现一致注重国民教育，教部有鉴于此，遂设立此馆，在短时期内予以相当训练，以备充任中小学校的教员。教部即将这种重大责任托付诸位，诸位勿视为暂时的职业，应当看作为本身永久的事业才对。（三）此外尚有一点应该特别注意，就是我们对于过去的党化教育，要彻底改革，我们教育的目的乃为培养健全的人民，决非徒为一党作工具，故我们必须认识时代，对于党化教育以彻底的反对。（四）本人从事教育二十余年，从经验得来一般毕业生多愿在都市里求生存，实为错误，本馆学生将来毕业后，务须全体到乡村去，启发儿童与恶势力奋斗，如此才不失掉本馆对诸位期望。最后希望遵从师长的训导，来完成自己的天职云。

（伪）华北临时政府教育部编：《教育公报》第 3 期，“记载”，1938 年 9 月。

北平奴化教育任用大批日籍教授

（1938 年 5 月）

中学教员及武夫竟充大学教授　设“陆军军官学校”训练伪军干部

（北平通讯）北平伪府教育，最近亦有可记者。自伪北京师范学院院长徐祖正辞职后，曾由伪教部派刘家壎为筹备主任，近乃派令王谟为该院院长，并分别任命柯政和为总务课长，刘家壎为文书课长，王长青为庶务课长，赖宗岳为会计课长，张铁笙为出版课长，陈述修为注册课长，张国璘为斋务课长，柯政和兼秘书长，焦丰为教务长。经费规定每月五万八千元，曾招考新生二六一名。伪女师学院亦于日前考取新生三百五十名，收容旧日学生百五十名，共达五百名左右，四月四日举行开学典礼，十一日上课。日寇为指导并监视伪方实行奴隶教育起见，特派日人九名至平，充当两学院教授。计有：大西贞一，原系日本武德会武道专门学校讲师；荒木干二，原日本师范学院教授；获原朝男，日本数学局嘱托；若山长干，日本数学局嘱托；白坂丰太郎，日本山形中学校教师；河原塚幸司，日本千叶师范教师；□贮日未吉，日本宫崎高等农林学校教授；宇田尚，东洋齿科医专学校校长（将任伪女师副院长）；田原万吉，会津中学毕业（将任伪院助教）。日伪以武夫及中学教员为大学教授，中学毕业生为大学助教，亡国教育之前途如何，可想而知矣！

伪教部于四月十四日公布所谓教育方针十三条，通令各省市伪教育机构遵照执行。其重要之点，曰“对党化排日教育亟应严加取缔”，实即扶殖［植］其亡国奴隶教育。曰“中学男女分校，大学亦然”，以仿行日本之“女子返回家庭”式教育。“童子军改为少年团，废除旧日之军队式联合编制，以各学校单独办理为原则”，消除我旧日童子军原有半军事训练之精神，以免儿童有组织常识，将来不易驾驭。曰“教科书依据教育方针，由部立编审会另行编纂”，以统制中小学教育，根绝青年有独立爱国思想。曰“废止会考”，曰“中小学教职员应从新加以训练，俾得纠正以往错误观念”，以谋改变我同胞之国家民族思想，务求供其随意指使成为百分之百之亡国奴而后已！

此外伪教部所设立之师资讲肄馆，招考新生一百二十名，分为中小学两部，训练三个月，以为奴隶教育之干部者，亦于师大旧址内，于四月一日举行开学典礼，四日正式上课矣。

伪府为训练干部傀儡，曾有所谓新民学院之设，招考无聊分子，训练三月，毕业者共计六十人，近已分别派往伪府各部供日人遣使，成为高等汉奸。第二批共计一百名，亦已开始训练。伪教部为训练外国语人材，又设立外国语学校，该校校长为刘宏钰，校址为北平鼓楼东大街前警官学校旧址，本拟招考二百人，报名者仅百名，录取八十名，已开学上课。

伪治安部复有“陆军军官学校”之设，分别于北平、天津、济南、石家庄招生，以训练伪军干部。

（下略）

《申报》（香港版），1938年5月3日。

小学教员暑期讲习班组织纲要

（1940 年 7 月）

一、宗旨　为补充小学教员学识并促进其教学效能起见，由华北各省市教育厅局分别主办小学教员暑期讲习班。

二、地点　为便利集中听讲授课计，择定各省市相当地点分办小学教员暑期讲习班共十七处。其应需之讲堂、宿舍，由主管各教育厅局就下列各地方公私立学校或团体机关临时指拨或借用。地点分列如次：

（一）河北省五处：保定、石门市、顺德、唐山市、沧县；

（二）山东省五处：济南、兖州、德县、潍县、烟台市；

（三）河南省二处：开封、新乡；

（四）山西省二处：太原、临汾；

（五）北京特别市一处：北京；

（六）天津特别市一处：天津；

（七）青岛特别市一处：青岛。

以上共计十七处。

三、名额　各省市教育厅局就所辖公私立各级小学校中饬由校长遴选（除年老教员不便听讲外）体格健全、思想学力纯正之优秀中坚教员，每处定额一百名，酌分两班，于开班前十日，应将听讲人员姓名列册具报各厅局。

四、日期　讲习期间，除星期外，自七月二十五日起，以二十天为限，如遇特殊情形不能如期开班，在七月下旬至八月中旬以内，可酌量变更，但以不逾规定小学开学日期（八月二十一日）为标准。

五、课程　讲习班课程以左列各科目为标准。

（一）共修课程

精神训话、东方文化及其伦理、教育行政、乡村教育、特别讲演。

（二）选修课程

国语教学法、国语教材商讨、历史教学法、历史教材商讨、地理教学法、地理教材商讨、修身教学法、修身教材商讨、儿童心理、学校教育与家庭教育之联系、儿童个性之启发及劣等儿童之教学。

以上选修课程，可就范围内择要选授，关于史地课程，并可斟酌归并。

六、经费　每一处讲习班经费，由总署补助国币一千五百五十元，以作薪津、办公及学员膳费补助等用。如有不敷部分，准由省库市库负担，不得向所在地之道县公署摊派。但学员膳费补助额，须在入班听讲期内约计每人应需之半数以上为标准。此外各学员往返川资及滞留旅费，由各厅局斟酌情形，或饬派送之原县原校自行筹拨。

七、合宿　听讲人员以合宿为原则。关于合宿训练办法，由各厅局会同所在地特务机关暨教育当局协议，选拔中日指导员各三名以上，除学员每日在班听讲时间外，俾得共同起居，并委托举行体操、见习座谈会、映画会、参观等事。

八、讲师　每一处由总署特派中日讲师二人负辅导教务之责，其特别讲演时间，每人以四小时为标准。讲演时，除在班学员外，所有附近各学校一般教员均可参加听讲。关于特派讲师之往返川资旅费及其报酬，概由总署负担另行筹发。

九、考核　听讲人员期满后，由各省市主管教育厅局发给证书，并考核成绩。如学员中对于听讲学科确有心得，或笔录札记等撰述，准予拔擢特加褒奖，并呈报总署存记，以示鼓励。

（伪）青岛特别市教育局编印：《青岛教育半月刊》第 1 卷第 14 期，“公牍”。

青岛市教育局呈报该市第二回日语讲习会实施报告及听讲名册

（1941 年 6 月 2 日）

案查前准钧署教育局函为赓续举办日语讲习会一案，嘱即按照新旧规定各办法，如期举行，并应将办理经过情形及听讲人员名册等报署备查等因。查本市第二次学校教职员日语讲习会，已自二十九年十二月一日起至本年三月三十一日止，共计十二星期间，讲习完毕。为使各级学校教职员听讲便利起见，特分设讲习会十四处，出席人数共计六百名，其出席听讲日数在三分之二以上之五百名，业经发给修业证书。兹谨检具日语讲习会实施报告（附决算书）及听讲人名册各一份，备文呈报，仰乞鉴核备案。

谨呈

督办周

附呈实施报告、听讲名册各一份

青岛特别市教育局局长　陈命凡（印）

副局长　饭田晁三（代）（印）

附：第二次学校教职员日语讲习实施报告（民国三十年五月）

一、实施状况

（一）期间：自民国二十九年十二月一日至民国三十年三月三十一日（十二星期）。

（二）方法：

1. 每星期内当放课后实施二节，每节一小时，计二十四小时。

2. 为使市、私立中小学校教职员受讲便利起见，特设讲习会场十四处，以资全员皆得讲习。

3. 教科书采用《速成日本语读本》（上、下卷），讲师由教育指导官及日籍教员分担教授。

4. 受讲累计人数计六百名，但对出席讲习日数三分之二以上之五百名，业由本会发给证书。

5. 讲习终了后，各级学校以校为单位，仍然继任日语指导。

（三）修业式：四月十九日午后三时假市立江苏路小学校礼堂举行修业式，当即颁发修业证书。

（四）实施状况表：

<table>
<tr><th>学校名</th><th>讲师名</th><th>助手名</th><th>组数</th><th>受讲人员</th><th>修了人员</th><th>备考</th></tr>
<tr><td>市立中学校</td><td>灵田寿雄</td><td>王世备
赵常春</td><td>二</td><td>三四</td><td>三二</td><td></td></tr>
<tr><td>市立女子中学校</td><td>山本英</td><td>福田ほるみ</td><td>二</td><td>三〇</td><td>二三</td><td></td></tr>
<tr><td>江苏路小学校</td><td>志贺敏夫</td><td>崔毓卿</td><td>二</td><td>三五</td><td>三二</td><td></td></tr>
<tr><td>北京路小学校</td><td>沟口千守</td><td>杨剑芳</td><td>二</td><td>六七</td><td>五六</td><td></td></tr>
<tr><td>黄台路小学校</td><td>野岛正</td><td></td><td>二</td><td>五八</td><td>五四</td><td></td></tr>
<tr><td>台东镇小学校</td><td>金山克成</td><td>刘可俊</td><td>二</td><td>六六</td><td>六一</td><td></td></tr>
<tr><td>台西镇小学校</td><td rowspan="2">前原鹤三郎</td><td>董启德</td><td rowspan="2">二</td><td>六七</td><td>六一</td><td></td></tr>
<tr><td>红字平民小学校</td><td>王孟平</td><td>四</td><td>四</td><td></td></tr>
<tr><td>四方小学校</td><td>西村孝子</td><td>王彬先</td><td>一</td><td>三三</td><td>三〇</td><td></td></tr>
<tr><td>沧口小学校</td><td>野际信雄</td><td>张如川</td><td>一</td><td>三三</td><td>二九</td><td></td></tr>
<tr><td>崇德中学校</td><td rowspan="3">古川原
森田一枝</td><td rowspan="3">项济源</td><td rowspan="3">一</td><td>一五</td><td>一二</td><td></td></tr>
<tr><td>文德女子中学校</td><td>一二</td><td>一〇</td><td></td></tr>
<tr><td>崇德小学校</td><td>一〇</td><td>八</td><td></td></tr>
<tr><td>礼贤中学校</td><td rowspan="2">山村好美</td><td rowspan="2">张凤山</td><td rowspan="2">二</td><td>二五</td><td>二四</td><td></td></tr>
<tr><td>尚德小学校</td><td>一〇</td><td>一〇</td><td></td></tr>
<tr><td>圣功女子中学校</td><td rowspan="2">秦纯乘</td><td rowspan="2">于淑媛</td><td rowspan="2">一</td><td>九</td><td>九</td><td></td></tr>
<tr><td>圣功女子小学校</td><td>一二</td><td>一二</td><td></td></tr>
<tr><td>明德小学校</td><td>村上竹一</td><td>刘振铎</td><td>一</td><td>一一</td><td>一〇</td><td></td></tr>
<tr><td>三江小学校</td><td rowspan="2">古川原</td><td rowspan="2">项济源</td><td rowspan="2">一</td><td>一七</td><td>一五</td><td></td></tr>
<tr><td>培基小学校</td><td>九</td><td>八</td><td></td></tr>
<tr><td>计</td><td></td><td></td><td>二二</td><td>五五七</td><td>五〇〇</td><td></td></tr>
</table>

二、日语讲习诸费决算书

款	项	目	金额		备考
日语讲习经费			一五〇〇	〇〇	华北文化事业协会助成金一五〇〇元
	手当		一二七一	〇〇	
		讲师手当	九二〇	〇〇	七〇元五名、六〇元八名、五〇元一名、四〇元一名（兼）
		助手手当	二八一	〇〇	五〇元（日系）一名、二五元三名、六元一名、一五元一一名
		夫役手当	七〇	〇〇	各班五元宛，十四班
	印刷费		一〇四	七五	
		证书印刷	一〇四	七五	修了证书印刷代
	杂费		一二四	二五	
		杂　费	一二四	二五	笔墨纸代各班八元宛，十四班宛分一一二元，其他夫役饭费并诸用纸代一二元二五

中国第二历史档案馆藏“伪华北政务委员会档案”二〇二一·601

普及日本语教育　指定师范学校设专修科

（1943年9月11日）

教育总署为期中日文化彻底交流，力谋日本语之普及，呈请华北政务委员会，语各省市师范学校内设立日语专修科，以培养日语师资，而收普及日语教育之实效，并分令各省市教育厅局将该省市办理情况具报。兹录师范学校设置日语专修科办法如兹：

一、华北各省市，自三十二年暑假起，各选定师范学校一校，设置日语专修科。

二、前项师范学校之选定，以设备完善，经费充足为标准，其省立者，并以校址在省城为原则。

三、日语专修科学生入学资格，须年在十八足岁至二十五足岁，曾在师范学校毕业，经入学试验及格者。

四、日语专修科学生，修业年限定为一年，其在学期间待遇，及毕业服务年限，均照师范生办理。

五、日语专修科采单级制，设置一班，每班学生以四十人为原则，至多不得超过五十人，至少不得少于二十五人。

六、日语专修科经费，由教育总署拨款补助，每班每月补助五百元，三十二年度自八月份起，计五个月补助二千五百元，不敷之数，由省市区筹拨。

七、日语专修科，各学期每周教学科目及时间另定之。

八、各省市选定师范学校，设立日语专修科具体办法，由教育厅局斟酌当地实际情形，自行规定，签呈省市公署核转教育总署备案。

《新民报》，1943 年 9 月 11 日。

第六编

留学教育

一、法令及要函

华北政务委员会教育总署训令·令直辖各校院

（1940年7月19日）

为令遵事。案查《临时选派留日学生办法》，有选派留日特别生十名之规定，此项特别生之派遣，系就曾在国内外大学毕业现在国立各校院充任助教或助教以上之教员，服务一年以上对于专门研究之学科具有优良成绩者，由各该员服务校院选拔保送，由本署核定之。各校院应即日着手办理，斟酌保送，并将保送各生姓名、学资【履】历连同四寸半身照片二张，于本年八月二十日以前呈送本署以凭核办。除分令外，合行检发《临时选派留日学生办法》一份，仰即遵照办理。此令。

计发《临时选派留日学生办法》一份（略）

教育总署督办　汤尔和

《华北政务委员会公报》第13期至第18期，“教署·公牍”，1940年8月9日。

华北政务委员会教育总署呈

（1940年9月21日）

呈教字第一八四号

为呈请事。窃查本署奉令办理考选留日学生一案，前经拟具《临时选派留日学生办法》并《考试委员会组织规则》，呈奉钧会核准施行在案。旋奉钧会并准内务、实业、财务、建设四总署暨河北、河南、山东、山西四省公署北京、天津两市公署分别保送学生共二十三名，连同本署保送学生一名暨自行投考之学生十名，合计应考学生三十三名，其治安总署及青岛市公署均未保送。此项学生除未经报到者二名、因资格不合未令与试者六名、临考未来应试者四名外，计实到应试学生二十一名。当经依据《临时选派留日学生办法》第六条规定，由本署组织考试委员会，聘定委员，分任审查资格、命题、阅卷、评定成绩各事宜，爰自八月二十六日起分门举行考试，于八月二十九日试毕。嗣即依照各生考试成绩详慎考核，综计录取学生王庚等十二名，业于本月六日依次榜示周知在案。惟查《临时选派留日学生办法》第一条规定，选派留日学生名额定为四十名，由国内考选派遣者二十名，其余二十名就已在日本官公立大学或专科学校肄业成绩优良之留学生选拔之。此次国内考选结果仅录取十二名，既不足原定之额，现拟即将余额八名移归国外名额之内慎重考选，至《选派办法》第十六条规定另行选派留日特别生十名一节，亦经本署通令直辖各校院遵照选送。业据分别检送成绩优良之助教或助教以上之教员履历等件呈请核定前来，经本署审慎选定国立北京大学文学院助教苏瑞成等十名。所有奉令办理选送留日学生一案，理合缕陈经过情形并检具录取选派留日学生姓名、成绩表并留日特别生资历表，一并呈送钧会，敬乞鉴核备案。至所拟将国内选派学生余额八名移归国外选派学生名额之内一节是否可行，并乞核示祇遵。

谨呈

华北政务委员会

附呈选派留日学生姓名成绩表一份（略）、留日特别生资历表一份（略）

教育总署督办　汤尔和

《华北政务委员会公报》第25期至第30期，“教署·公牍”，1940年10月。

华北政务委员会教育总署呈

（1940年11月14日）

呈教字第二七七号

为呈请事。窃查临时选派留日学生一案，前因国内考选学生仅录取十二名不足原订二十名之额，业经呈准将余额八名移归国外名额之内，遵经行知本署驻日办理留学事务专员办事处，慎重考选在案。兹据该处呈，略称：此项学生之推荐，规章所限，以肄业于日本官、公立各大学及专科学校之华北自费留学生为合格，而实际情形，凡肄业于官、公立各校之学生，其已领有官费或补助费者居多数，现在报名者只尹怀莘等二十四名，谨将报名各生缮具清单并各该生缴来之证件及申请书、推荐书等件。据此，当经本署慎重审核，准将该处选送之学生尹怀莘等二十四名，一律选定为临时选派留日学生。唯查国外选派学生名额，连同自国内移归之八名，共计为二十八名，兹据该处只呈送二十四名，尚有余额四名，又国内考取学生原为十二名，嗣又据学生杨曾艺、濮思本二名声称因家庭关系不能出国，业经由署批示照准在案。兹拟将此项余额亦移归国外，连同上开国外余额四名，共计余额六名，并交该处，再行慎重选送，以副钧会优遇留学各生之至意。除令知本署驻日办理留学事务专员办事处遵照办理外，理合检具国外选送留学各生名单一份，备文祇请钧会鉴核备案。

谨呈

华北政务委员会

附呈名单一份（略）

教育总署署长　方宗鳌代行

《华北政务委员会公报》第43、44期合刊，“教署·公牍”，1941年1月14日。

教育总署抄送国外临时选派留日学生办理情形函

（1940 年 12 月 2 日）

径复者：

准贵局函开关于临时选派留日学生国外选定尹怀莘等廿四名一案，请将全卷抄送过局，以备存查等因，到局。兹将本案全卷抄齐，相应函送贵局，即希查收为荷。

此致

总务局

附抄送呈华北政务委员会文一件、指令驻日办理留学事务专员办事处文一件、驻日办理留学事务专员办事处呈文一件、会议纪录一份

教育局　启

十二月二日

照抄指令（二十九年十一月十四日）

令

驻日办理留学事务专员办事处

呈一件为检送选取国外临时选派留学各生名册证件请鉴核选定由。

呈暨附件均悉。所送尹怀莘等廿四名业经本署审核，准予选定为临时选派留日学生，仰即分别转知所有此次国外选定之临时选派留日学生，应给之留学费，应即自本年十一月份起支，并仰遵照办理。又国内选派学生杨曾艺、濮思本二名，因故不克赴日留学，业经本署批示照准，此项余额二名，应即移归国外，连同此次国外余额四名，共计余额六名，并仰再行慎重选拔送署候核，名册存、证件分别存还。此令。

附发还学生证件及申请书二十四份、外务省文化事业部原函二件、工业大学推荐书一纸

教育总署署长　方□□　代行

照抄原呈

呈为呈请事。窃查临时选派留日学生，关于已在日本留学生之推荐，前已分函日本官、公立各校转知华北各生来职处报名，业经呈报钧署，其报名日期并经令准展延至十月二十日截止，各在案。查此项学生之推荐，规章所限，以肄业于日本官、公立各大学及专科学校之华北自费留学生为合格，而实际情形，凡肄业于官、公立各校之学生，其已领有官费或补助金者居多数，现有各校之复函可借。故报名日期虽经延长而截至本月二十日止，其已来职处报名者只尹怀莘等二十四名。谨将报名各生缮具清单，并各该生缴来之证

件及申请书等，呈请钧署选拔核定，其落选各生之证件仍乞指令发还，以便转发。理合检同各该生之证件及申请书各二十四份，外务省文化事业部原函二件，东京工业大学推荐书一纸，及请求推荐学生名单十份，一并备文，呈请鉴核选定，指令祇遵。

谨呈

教育总署督办汤

附呈学生证件及申请书二十四份、外务省文化事业部原函二件、工业大学推荐书一纸、请求推荐学生名单十份

代理驻日办理留学事务专员 方念慈谨呈

抄件 呈华北政务委员会原文（二十九年十一月十四日）

为呈请事。窃查临时选派留日学生一案，前因国内考选学生仅录取十二名，不足原订廿名之额，业经呈准将余额八名移归国外名额之内，遵经行知本署驻日办理留学事务专员办事处，慎重考选在案。兹据该处呈，略称：此项学生之推荐，规章所限，以肄业于日本官、公立各大学及专科学校之华北自费留学生为合格。而实际情形，凡肄业于官、公立各校之学生，其已领有官费或补助费者居多数，现在报名者只尹怀莘等二十四名，谨将报名各生缮具清单，并各该生缴来之证件及申请书等，呈请钧署选拔核定等情，附呈证件及申请书、推荐书等件。据此，当经本署慎重审核，准将该处选送之学生尹怀莘等廿四名一律选定为临时选派留日学生。唯查国外选派学生名额连同自国内移归之八名，共计为廿八名，兹据该处只呈送廿四名，尚有余额四名，又国内考取学生原为十二名，嗣又据学生杨曾艺、濮思本二名，声称因家庭关系不能出国，业经由署批示照准在案。兹拟将此项余额亦移归国外，连同上开国外余额四名，共计余额六名，并交该处再行慎重选送，以副钧会优遇留学各生之至意。除令知本署驻日办理留学事务专员办事处遵照办理外，理合检具国外选送留学各生名单一份，备文祇请钧会鉴核备案。

谨呈

华北政务委员会

附呈名单一份（略）

教育总署署长 方宗鳌代行

中国第二历史档案馆藏“伪华北政务委员会教育总署档案”二〇二一·271

华北政务委员会教育总署训令·令驻日办理留学事务专员办事处

（1941年2月13日）

令务字第二八四号

为令遵事。案据二十九年度选定各机关保送留日学生刘崇谦等二十六名呈为留学费用

不足恳请设法补助一案，当经转呈核示。兹奉华北政务委员会政审字第五二四号指令内开："呈暨附件均悉。查二十八年度该署直辖各院校保送之选拔留日学生董桂兰等，曾经本会议决按照北京市补助市属各校留日学生给予补助办法，于日本外务省补助费之外，在补习日本语文期间每名每月津贴十元，在大学预科肄业期间每名每月津贴二十元，在大学肄业期间每名每月津贴三十元，通过饬遵。又同时尚有河北省选拔留日学生并据该署呈明已咨请河北省公署查酌办理各在案。兹据呈以二十九年度选拔留日学生刘崇谦等呈请设法补助等情，查附送名单，计该署直辖各学院学生四名，核与前案事同一律，自可准予援案补助。其北京特别市公署保送八名，应由该市公署查案办理。其河北、山东、山西、天津、青岛各省市公署所保送之学生共计十五名，仍应由该署分别咨请各该省市公署查酌核办。自行申请选拔学生六名，准此照该署直辖各院校保送学生办理，业于本年一月九日提出，第七十三次常会议决通过纪录在卷，仰即遵照办理。件存。此令。"等因。奉此，除咨请各省市公署查核办理外，本署直辖各院校留日学生谷端贺等四名及自行申请选拔留日学生纪乃晏等六名，应由本署造具清册及支出概算书呈请核发。查民国二十八、九年度选拔留日学生，现在入学情形尚在调查，本署无从造报，为此令仰该处将各该生等姓名、原保送机关、现在某校、第几年级肄业以及何年何月毕业，详细列表迅速呈报以凭核办。此令。

教育总署督办　周作人

《华北政务委员会公报》第55、56期合刊，"教署・公牍"，1941年3月16日。

华北政务委员会教育总署训令・令女子师范学院等

（1941年7月14日）

令育字第一三五一号

令

女子师范学院	外国语专科学校
北京大学农学院	北京大学医学院
艺术专科学校	男女两师范学院附中

为令遵事。案查民国三十年度选拔留日学生名额，业经中国留学生选拔委员会议决，计本年度选拔总额规定为五十五名。除兴亚高级中学保留二十七名、各省市及苏北选送十四名、已赴日在学者选拔七名外，其余七名就本署直辖北京大学医学院、农学院、女子师范学院、艺术专科学校、外国语专科学校及男女两师范学院附属高中之本年度毕业学生各选拔一名。此项学生之选拔，应先由各该校院就本年度毕业有志赴日留学各生审核其学业成绩并思想倾向，依考试名次拟定等级，加具考语，作初次之考核，造具名册送由本署再行核定。除分令外，合行检同附表令仰造具志愿留学各生清册，照印附表依式填明，连同

各生履历书、毕业证书、照片六张、学业成绩证明书，并应注明志愿之学科（入学后不许变更），统限于本年七月底以前呈送到署，以凭核夺。至将来被选定各生，应于本年九月十日入预备学校，明年四月投考正式入学。其在预备学校期内，每名每月给予津贴五十元，正式入学后，依附发津贴等差表发给，仰并转知。此令。

附发津贴等差表一纸、表式一纸、履历格式一纸（略）

教育总署督办 周作人

《华北政务委员会公报》第89、90期合刊，“教署·公牍”，1941年9月9日。

华北政务委员会教育总署训令·令驻日办理留学事务专员办事处

（1941年7月15日）

令育字第一三六七号

为令遵事。案查民国三十年度选拔留日学生名额，业经留学生选拔委员会会议议决记录在卷，计本年度选拔总额规定为五十五名，除予兴亚高级中学保留二十七名外，其余二十八名分配如下：计河南省一名，河北省二名，山东省二名，山西省一名，北京市四名，天津市二名，青岛市一名，苏北一名，共计十四名；此外就本署直辖各校院之本年度毕业学生选拔七名，已赴日在学者选拔七名。关于已赴日在学学生之选拔，应由该办事处依据附发民国三十年度声请选拔留日学生名单，转令已入公立学校各生补送在学成绩证明书，其初入学尚未经过考试者应补缴以前所在学校之学业成绩证明书，并审核其学业成绩、思想倾向，加具考语，造具志愿留学各生清册，务于本年七月底以前呈送到署以凭核夺。除分令外，合行令仰遵照办理。此令。

附发声请选拔留日学生名单一份（略）

教育总署督办 周作人

《华北政务委员会公报》第89、90期合刊，“教署·公牍”，1941年9月9日。

华北政务委员会教育总署咨

（1941年7月15日）

咨育字第三二四号

为咨行事。查民国三十年度选拔留日学生亟需举办，兹经规定先由各省市教育厅局将已在公立或已立案之私立高级中学校、专科学校或大学毕业志愿赴日留学各生造具清册，附带履历书、高中毕业证书或高中以上之在学证明书、照片六张及学业成绩证明表、注明志愿之学科（入学后不许变更），并于各生之操行及其思想之倾向，应加具确切考语，拟定等次，依照附送表式分别填明，务须于七月底以前汇送过署以凭选拔。至将来选定各生应于本年九月十日入预备学校，明年四月投考正式入学。其在预备学校期内每名每月给予津贴五十元，正式入学后照附送津贴等差表发给，相应检同附表一并咨请查照转饬办理为荷。

此咨

河北省公署　北京特别市公署

河南省公署　天津特别市公署

山东省公署　青岛特别市公署

山西省公署　苏北行政专员公署

附送表式一份（略）、履历书格式一张（略）、津贴等差表一张（略）

教育总署督办　周作人

《华北政务委员会公报》第89、90期合刊，“教署·公牍”，1941年9月9日。

华北政务委员会教育总署呈

（1941年9月27日）

呈育字第五一三号

为呈复事。案奉钧会政外字第五七七七号训令内开：“为令知事。据本会外务局签称准满洲通商代表部函开：‘敝国政府为处理留华学生，前曾规定留华学生处理要纲及指定留华学生入学学校，自本年度新学期开始实行。兹特检同处理要纲及指定学校表各一份，函请贵局查照予以援助，并希分别转知教育总署及教育关系机关，无任感荷。’等由，附留华学生处理要纲及指定学校表到局，请分别令行查照等情前来。除分令北京特别市公署外，合行照抄原件令仰查照核议具复。此令。”等因，计抄发留华学生处理要纲及指定学校表各一份。奉此，遵查原订处理要纲尚无不合，惟指定入学学校表内第一项大学之部，有国立北京师范学校暨国立女子师范学校，均应改为国立北京师范学院暨国立北京女子师范学院，俾与现在该两学院名称相符。又关于该两学院附属中学校亦应列入第二项中等学校之部内，以免遗漏。复查前临时政府教育部曾于民国二十八年六月间制定《外国学生入学规则》呈准前行政委员会备案并公布施行在案。此项规则关于外国学生入中国公私立专科以上学校应行注意之事项规定颇详，兹谨附呈前项规则一份，敬乞鉴核转致该通商代表部俾供参考。奉令前因理合具文呈复，祇请鉴核示遵。

谨呈

华北政务委员会

附呈《外国学生入学规则》一份（略）

教育总署督办　周作人

《华北政务委员会公报》第103、104期合刊，“教署·公牍”，1941年10月29日。

华北教育总署高等教育科关于选定留日学生事项函

（1942年9月12日）

径启者：

查本年度选拔留日学生已经选定，并定于本月十七日来署报到，十九日出国。兹附上选委会第二次议决案一册，内中已选定各生，除法学院陈松年一名及在日留学生八名，毋庸发给旅费外，其余二十五名请贵科依照规定数目发给旅费，相应函请查照办理为荷。

此致

会计科

附纪录一册

高等教育科　启

九月十二日

为签请事。顷准高等教育科函，请于本月十七日发给三十一年度选拔留日学生二十五名出国川资，每名三十元，共七百五十元，治装费每名一百五十元，共三千七百五十元，两共总计四千五百元整。查上项选拔生出国川资暨治装费，均未经高等教育科列入三十一年度预算内。该预算仅列选拔生七十名，每名每月津贴五十元，下半年共计应给二万一千元。幸选拔生实为五十五名，未足七十名之数。自九月份起发给四个月津贴，共应给一万一千元，核计预算数较实支数尚余一万元，除三十名原在国外留学者外，惟此二十五名需给川资及治装费共四千五百元，可否在所余津贴一万元数内暂为拨给，其后不得援以为例之处，职科未敢擅拟，理合签请鉴核示遵。

谨呈

局长

转呈

督办、署长

会计科科长罗震　谨签

九月十五日

附一：民国三十一年度中国留学生选拔委员会第二次会议纪录

出席人员：

小泽重则　西田匠　臼井亨一

张心沛　陈菩缘　毛颂芬　孙季瑶　关卓然

日期：民国三十一年八月六日

时间：下午四时

地点：本署西花厅

主席：张署长

纪录：裴科员乃征

一、主席报告

上届会议议决三项办法，当即分行各选送机关，现经分别将应选学生名册证件送齐，今次会议请就应选各生成绩、思想及志愿、学科予以审查。又顷接国立北京师范大学黎校长函推荐该大学男附中本届毕业学生陈福煦品学兼优，请格外成全，并予选取等语，是否可行，亦请一并审查讨论。

二、议决事项　选定学生姓名如左：

（甲）各校院十一名

国立北京大学文学院　崔宝瑛

国立北京大学理学院　曹恩爵

国立北京大学法学院　陈松年①

国立北京大学农学院　聂连增

国立北京大学工学院　王宏硕

国立北京大学医学院　陈集舟

国立北京师范大学　柯友枝　乌木白

国立北京师范大学附属中学　韩懿方

国立北京艺术专科学校　吴让宾

国立北京外国语专科学校　李尚相

（乙）各省市十五名

河北省　王绍亭　赵维周

河南省　李　靖

山东省　薛文厚　秦新生

山西省　张纯一

北京市　张以溥　赵维民　陈析曾　陆迺抟　金静仁

天津市　寇用义　张哲儒　杨连祥

青岛市　孙月岫

（丙）在日留学者八名

阮志大　张家铭　罗宏信　杨大成　刘连宝　刘永鑫　宋志中　文　重

（丁）备补生五名：就国内外保送之成绩优良学生中择取五名，作为备补生，倘正选

① 原件于此生姓名下有一行注明文字：因病不能出国，以备补生王承仁递补。

各生有缺额时，以备补生依次递补。

一、王承仁（在日） 二、陈福煦（国内） 三、毛信炳（在日） 四、刘崇悌（在日） 五、谢福信

国内选定各生预定八月下旬出国，召集日期容后决定。

散会：下午七时半

附二：三十一年度选拔留日学生出国川资及治装费数目清册（略）

中国第二历史档案馆藏“伪华北政务委员会教育总署档案”二〇二一（2）·27

1943年度选派留日公费生计划草案

（1943年）

一、留日教员

此项系仍照上年成案办理者：

甲、名额及分配 总数十二名。第一项十一名：北大六名、师大二名、艺专一名、外国语一名、师资一名；第二项一名。北大、师大共选。

乙、留学年限 一年：自民国三十二年九月起至三十三年八月底止。

丙、选派标准

（一）第一项就助理以上人员选派，以各该学校所需要者指定研究范围。第二项就北大、师大教授中选派，而以留学期满能兼充师资讲肄馆研究部指导员者为合格。

（二）性格循良、思想纯正、身体强健。

丁、留学费用 学费第一项留学生每名月给一百五十元，第二项每名月给二百元；治装费每名一百元；往返旅费每名四百元；毕业后各地见学旅费每名二百元。

此项留学费用内，学费、治装费均与上年旧案数目相同，惟旅费因火车票加价，故增加一百元，并增加见学费一项二百元。

二、留日职员

为谋编纂工作之向上，有使编审会编审赴日留学之必要，其办法规定如左：

甲、名额 二名。

乙、留学年限 半年。

丙、选派标准 现任编审职务人员。

丁、留学费用 学费每名月给二百元；治装费每名一百元；往返旅费每名四百元；毕业后各地见学旅费每名二百元。

前两项留学人员十四名，于规定留学年限内拟选定三名，参照《河北省依托生办法》

入日本国民精神研究所研究半年，并因该所为该生等特设讲座，拟予一次致酬二千元。

三、预备训练

查前列一、二两项留日教员及编审留学年限甚短，所需日语应在国内预备，并为使明了日本事情起见，故拟于派遣之前，先施以预备训练。所拟方法如左：

甲、修习日语　自本年六月初至七月末，每日晚间修习日语两个月。

乙、讲授日本事情　自本年八月初至八月末，每日昼间除修习日语外，并讲授日本事情。

丙、此项预备训练，拟委托兴亚高级中学代为办理，并借用其校舍校具等。

丁、费用　讲授日语拟聘讲师三名，每名每月支薪一百五十元，两个月计九百元。

讲授日本事情拟聘特别讲师一月，授课六十小时，每小时致酬十元，计六百元。通译一小时致酬五元，六十小时计三百元。委托兴亚高级中学代办此项预备训练事宜，拟酬其员工及印刷纸张等费八百元。

四、选拔留学生预备教育

为使国立各校院选拔留学生深切明了日本情形起见，拟于该生等出国之前，再受短期间之预备教育，委托兴亚高中代办，所拟办法如左：

甲、讲授科目　日本语及日本事情。

乙、期间　一个月（每日昼间）。

丙、费用　拟聘讲师三名，每名每月支薪二百元，计六百元。

特别讲师，一月授课六十小时，每小时致酬十元，计六百元。

通译，一小时致酬五元，六十小时计三百元。

其他杂费，五百元。

五、经费

甲、留日教员一项共需经费国币三万零六百元。

乙、留日职员一项共需经费国币三千八百元。

丙、致酬日本国民精神研究所特别讲座国币二千元。

丁、预备训练一项共需经费国币二千六百元。

戊、选拔生预备教育一项共需经费国币二千元。

以上五项共需国币四万一千元。

中国第二历史档案馆藏“伪华北政务委员会教育总署档案”二〇二一·503

二、规则与条例

发给留日自费生留学证书暂行条例

（1939 年 1 月 24 日）

临时政府教育部令字第八三号令公布

第一条　凡自备费用或由私法人遣派并供给费用赴日本留学，或研究专门学术，或入其他机关研究实习者，称为留日自费生。

第二条　留日自费生出国，均须依照本条例之规定，呈请当地教育行政机关转请本部发给留学证书（式样附后）。

第三条　留日自费生请领留学证书须具有左列资格之一：

一、公立或已立案之私立专科以上学校毕业者；

二、公立或已立案之私立高级中学或同等学校毕业者。

第四条　留日自费生请领留学证书须呈缴左列各件：

一、毕业证书；

二、保证书（式样附后）；

三、最近四寸半身像片二张；

四、证书费国币二元；

五、印花税票国币一元。

第五条　由私法人派遣之留日自费生，应由遣派机关代请发给留学证书，并须呈缴第四条所规定各件。

第六条　留日自费生取得留学证书后，须按照手续向主管机关请领渡日身份证明书，并向日本领事馆申请签字。

第七条　留日自费生取得留学证书后，其出国日期以三个月为限；倘至期因故不能成行，须开具理由，检同留学证书，呈请本部复加签注，得延期三个月，但以一次为限。

第八条　本条例得由教育部于必要时修改之。

第九条　本条例自公布之日起施行。

附一：保证书（略）

附二：自费生留学证书（略）

（伪）华北政务委员会编印：《华北政务委员会法规汇编》“六、教育”，1941 年。

外国学生入学规则

（1939 年 6 月 8 日）

临时政府教育部令字第五五九号令公布

第一条　凡外国学生欲入中国公私立专科以上学校肄业者，均须依照本规则办理。

第二条　外国学生声请入学，须于学年开始前，向各该学校呈缴各该国驻华使领馆之介绍书及学历证明书。

第三条　前条所规定之外国学生，计分正式生、选科生、旁听生三种。

第四条　凡学历与中国高级中学毕业生相当，而受入学试验及格录取者，为正式生。

第五条　凡就学校所设各项课程中选习一种或数种者，为选科生。

第六条　选科生入学须受检定，将所选课程修习完毕后，应受该项课程之试验，成绩及格者得给予所选课程之选科修了证书。

第七条　选科生入学后，受学校所规定之试验，认为学力相当者，得改为正式生。

第八条　凡入学随班听讲，并不参与升级或毕业试验者，为旁听生。

第九条　旁听生入学须受检定，并不得请求改为正式生，亦不发给证明书。

第十条　选科生及旁听生之招收，应以不妨碍中国学生及外国正式生之修业为原则，其名额由各校自行规定。

第十一条　正式生应与在校之中国学生缴纳同一之费用，其选科生、旁听生应缴费用由各校自行酌定。

第十二条　外国学生不论其为正式生、选科生或旁听生，均须遵守学校所订一切规则。

第十三条　本规则施行细则由各校自行厘订并呈报教育部备案。

第十四条　本规则如有未尽事宜，得随时由教育部修正之。

（伪）华北政务委员会编印：《华北政务委员会法规汇编》“六、教育”，1941 年。

选拔留学生之选定及学费支给要纲

（1939 年 12 月 8 日）

行政委员会备案

一、本要纲为中华民国临时政府教育部与驻华日本帝国大使馆协议订定，选拔留学生之选定及学费之支给，暂行依照本要纲办理。

二、选拔留学生应就左列两项学生中选定之：

（一）留学日本本国各学校（台湾、朝鲜、桦太各学校除外）之中华民国留学生或在日本曾受专门教育而在高级之学校或其他机关研究实习者。

（二）在中华民国本国公立或已立案之私立高级中学毕业，有志赴日本入高等学校、大学预科或专门学校留学之中国学生；或在中国国内大学或专科学校毕业，有志赴日本入大学大学院或研究科留学者以及在其他机关研究实习者。

在中国留日同学会设立之兴亚高级中学校毕业之学生，应认为中华民国临时政府之派遣生，得尽先受选拔。

三、选拔留学生应就中华民国临时政府教育部或驻华日本帝国大使馆或中华民国驻日代表机关所推荐，而曾经中国留学生选拔委员会之审查者铨衡之。

中国留学生选拔委员会规程另定之。

四、前条所列推荐机关推荐选拔留学生时，须将被推荐人之现在肄业或已毕业之学校或现在实习之机关以及志愿入学之学校或志愿实习之机关，并推荐之理由，均载明于请求书内，添具左列各件于每年五月底以前（但北京兴亚高级中学之卒业生于二月底以前）提出于中国留学生选拔委员会，经审查合格后，由临时政府教育部总长经由驻华日本帝国大使馆送交日本外务省文化事业部长。

（一）履历书；

（二）学业成绩证明书；

（三）像片。

五、对于选拔留学生支给学费。

此项学费经由该留学生现在肄业学校之校长或实习机关之长官或代表支给之。

六、对于选拔留学生之有下列情形者支给旅费：

（一）对于未赴日留学以前已经选定者得支给赴日旅费；

（二）选拔留学生毕业或研究实习终了后，于归国时得支给归国旅费，但业经停止支给学费者不支给之。

七、对于选拔留学生支给学费之期间，以现在肄业学校之修业年限为限，其他则以二年为限，但毕业后倘更入上级学校者亦得继续支给学费。

八、选拔留学生如有操行或学业不良等情形，认为有背留学之趣旨时，得停止支给其学费。

中国第二历史档案馆藏“伪华北政务委员会教育总署档案”二〇一七·174

华北政务委员会临时选派留日学生考试委员会组织规则

（1940 年 5 月）

第一条　本委员会根据《临时选派留日学生办法》第六条之规定组织之。

第二条　本委员会设委员长一人，委员六人至八人，委员长由教育部次长充任，委员由委员长就左列人员分别指派或聘请之：

一、国立各校院院长或教授；

二、学术专门人员；

三、教育部荐任以上职员。

第三条　本委员会举行会议时，以委员长为主席；委员长缺席时，应指定委员一人代理之。

第四条　本委员会之职权如左：

一、关于审查保送及自行投考各生之资格事项；

二、关于规定考试日期、地点及科目事项；

三、关于出题及阅卷事项；

四、关于考试成绩之评定及揭示事项；

五、关于保送或录取不足额时之遴选递补事项。

第五条　考试成绩由本委员会评定后，送请教育部总长核定之。

第六条　本委员会委员概为无给职，但聘任委员得支给伕马费。

第七条　本委员会设干事若干人，由委员长就关系机关中职员调用之。

第八条　本委员会办事细则另订之。

第九条　本规则由教育部呈准临时政府行政委员会备案后公布施行。

中国第二历史档案馆藏“伪华北政务委员会教育总署档案”二〇一七·174

华北政务委员会临时选派留日学生办法

（1940 年 5 月）

一、选派留日学生名额定为四十名，由国内考选派遣者二十名，其余二十名，就已在日本官公立大学或专科学校肄业成绩优良之留学生选拔之。

二、此项选派留日学生应以修习理、农、工、医四学科之学生为主。

三、选派留日学生在日本留学年限定为四年或五年。

四、由国内考选派遣之学生须具有公立或已立案之私立专科以上学校毕业之资格，就华北政务委员会暨所属各总署、各省市保送应考者及自行报名投考者中考选之。

五、前条考选学生二十名，其录取名额之分配规定如左：

甲、华北政务委员会及内务、财务、治安、教育、实业、建设六总署各保送三名，由教育总署各考取一名。

乙、河北、河南、山东、山西四省及北京、天津、青岛三市，由教育总署寄送试题，自行就地考选学生各一名，教育总署不再复试。

丙、其余六名名额就自行报名投考者中由教育总署考选之。

丁、以上三项名额倘保送或录取不足额时，得由第六条规定之考试委员会就其他应考或投考各生中之成绩优良者递补之。

六、关于考选事宜，由教育总署组织考试委员会办理之。

七、关于已在日本留学学生之选拔，由驻日办理留学事务专员推荐，经教育总署核定之。

八、选派留日学生在留学期间，每名每月给予留学费八十元，但将来生活费用如有变化，得酌予增减之。

九、国内选派之留日学生其出国时，每名给予治装费及川资三百元。

十、选派留日学生于留学期内，须于每学年开始前，将上学年之学业成绩或研究成绩连同主任教授证明文件，呈报驻日办理留学事务专员，转报教育总署审查备案。

十一、选派留日学生实罹重病，不能继续学业者，得由驻日办理留学事务专员报告教育总署，令其返国。

十二、选派留日学生遇家庭重大变故，得呈由驻日办理留学事务专员向教育总署请假返国，但须经许可后方得启程，此项假期不得超过一年，假期内不给留学费，并不给来回川资。

十三、选派留日学生如有操行或学业不良之情形，认为有背留学之趣旨时，应取消其留学资格，勒令返国，并追还其以前所领一切费用。

十四、选派留日学生毕业回国时，每名发给川资一百元。

十五、选派留日学生毕业回国后，两个月内须到教育总署报到，并听命指派服务三年，违者得追还其以前所领一切费用。

十六、在前项选派留日学生四十名之外，另行选派留日特别生十名。

十七、留日特别生之派遣，应就曾在国内外大学毕业，在国立各校院充任助教或助教以上之教员，服务一年以上，并于其专门研究之学科具有优良成绩，而体格健全者选拔之。

十八、前项人员分别由各该服务校院保送，由教育总署核定之，倘保送逾额，以考试决定之。

十九、留日特别生在留学期间，每名每月给予留学费一百二十元，但将来生活费用如有变化，亦得酌予增减之。

二十、留日特别生之留学年限定为三年。

二十一、本办法第九条至第十五条之规定，留日特别生适用之。

中国第二历史档案馆藏“伪华北政务委员会教育总署档案”二〇一七·174

发给留日公费生留学证书暂行条例

（1940年10月12日）

华北政务委员会教育总署令字第九八九号令公布

第一条　凡由政府及各省市教育行政机关考取，或由公共机关遴选派赴日本国研究专门学术并供给其研究期间全部费用者，称为留日公费生。

第二条　留日公费生出国均须依照本条例之规定，由原遣派机关检具第三条所列各件，转请本署发给留学证书。

第三条　留日公费生请领留学证书须呈缴左列各件：

一、履历书；

二、最近四寸半身像片二张；

三、证书费国币二元；

四、印花税国币一元。

经公共机关派遣者如系毕业学生，并须呈缴毕业证书。

第四条　留日公费生取得留学证书后，须依照手续向主管机关请领渡日身份证明书，并向日本领事馆申请签字。

第五条　留日公费生行抵日本后，应于两星期内将所领留学证书向驻日管理留学事务机关呈验报到。

第六条　本条例得于教育总署于必要时修改之。

第七条　本条例自公布之日起施行。

附：履历书（略）

（伪）华北政务委员会编印：《华北政务委员会法规汇编》“六、教育”，1941年。

山西省留日学生考选委员会组织规则

（1940年10月14日）

山西省公署训令省教字第二七四号

第一条　本委员会依《山西省选送留日学生办法》第五条组织之。

第二条　本委员会置正副委员长各一人，由教育厅长及关系顾问、辅佐官充任；委员五人，由委员长聘请专门学者充任之。

第三条　本委员会开会时，以委员长为主席；委员长缺席时，由副委员长或委员长指定之委员代理之。

第四条　本委员会之职权如左：

一、审查应试学生资格事项；

二、命题、监试及阅卷等事项；

三、考试成绩之评定及揭示事项；

四、录取不足额时之遴选递补事项。

第五条　考试成绩委员会评定后由委员长呈请省长核定之。

第六条　本委员会委员概为无给职。

第七条　本委员会于任务终了时撤销之。

第八条　本规则自呈奉省长核准后施行。

《教育法令辑要》，第14—15页。

留日自费生补领留学证书暂行办法

（1941年5月17日）

第一条　本办法对于现在日本自费留学而在国内未经领得留学证书者适用之。

第二条　声请补领留学证书之留日自费生须备具左列之条件：

一、现在日本已入高等学校、专门学校或大学肄业者或已入其他机关研究实习者；

二、在校成绩优良品行端正者。

第三条　声请补领留学证书者，须检具：

一、在学证明书；

二、学业成绩证明书；

三、保证书；

四、最近四寸半身照片四张；

五、证书费国币二元；

六、印花税费国币一元。

呈请驻日办理留学事务专员办事处（以下简称驻日办事处），转请教育总署审核补发。

第四条　驻日办事处对于所缴各项证件应详予审查。其合格者，检同证件陈明该生以前赴日留学日期，代为转请；不合格者，得径行驳斥之。

第五条　本办法自民国三十年五月十一日起至九月十日止，以四个月为有效期间。

第六条　本办法由教育总署制定，呈准华北政务委员会备案施行。

《华北政务委员会公报》第 81、82 期合刊，“教署・法规”，1941 年 7 月 29 日。

发给留日自费生留学证书暂行条例实施办法*

（1941 年 8 月 19 日）

一、发给留日自费生留学证书，除暂行条例已有规定外，悉依本办法办理。

二、留日自费生请发给留学证书，除专科以上学校毕业生外，应依照暂行条例第二条之规定，呈请当地教育行政机关查核，转请本署发给。

前项当地教育行政机关，系指毕业学校所在地之主管教育行政机关。

三、各当地教育行政机关对于请发留学证书者，应依照左列规定切实审核：

（一）毕业证书是否实在；

（二）保证书所具保证人是否殷实可靠；

（三）呈请人之品性及其思想之倾向；

（四）呈请人是否确实留学。

四、前条审核时，如有疑问，得传询原呈请人面加考查。

五、各当地教育行政机关转请发给留学证书时，应将审核情形详细声叙。

六、各当地教育行政机关审核不合格者，得径行批驳之。

七、毕业证书遗失者，应由呈请人请求毕业学校查案证明，如原校业已停闭，得由当地教育行政机关查案证明。

八、留日自费生取得留日证书出国后，应向驻日办理留学事务专员办事处呈请登记。

九、本办法自公布之日施行。

《华北政务委员会公报》第 97、98 期合刊，“教署・法规”，1941 年 10 月 19 日。

华北各省市考送留日公费生办法纲要

（1941 年 10 月 31 日）

第一条　各省市考送留日公费生均依照本纲要之规定办理之。

第二条　各省市考送留日公费生，必须思想坚定、身体健全并籍隶本省市者。

第三条　各省市考送留日公费生须具有左列资格之一者：

---

* 本办法由伪华北政务委员会教育总署公布。

一、公立或已立案之私立专科以上学校毕业者；

二、公立或已立案之私立高级中学校或同等学校毕业者；

三、省市各机关现任人员年在三十五岁以下曾服务二年以上成绩优良经由各该机关推荐者。

第四条　各省市考送留日公费生报名时，具有前条第一、二两项资格之一者，须呈缴毕业证书、成绩证明书、履历书、保证书、最近二寸半身像片，其具有第三项资格者，并须缴服务证明书及推荐机关成绩证明书。

第五条　各省市留日公费生考取后，应规定限期办理出国手续，并依照公布发给留日公费生留学证书暂行条例请发留学证书。

第六条　留日公费生修习学科年限及所入学校，得由各省市就实际需要情形临时规定之。

第七条　留日公费生经选送到达日本后，应即向驻日办理留学事务机关请求注册，并请发给入学介绍书。

第八条　驻日办理留学事务机关，于留日公费生入学后，应将校名、校址、学习科目并每学期修了成绩证明书分别呈报。

第九条　留日公费生应发公费数目，由各省市按照下列各款并参酌各该省市财政现状自行规定之：

一、旅费　此项应分治装费及川资。

二、留学费　此项应按照学校等级、留学所在地之生活状况按月分等规定之。

第十条　留日公费生如有品行不端成绩不良等情事，得停止支给留学费。其情节重大者，应即取消留学资格，勒令回国，并得追缴已领各费。

第十一条　各省市考送留日公费生考试科目暨本纲要之施行细则，由各省市拟订送由教育总署审定后实施。

第十二条　本纲要自呈准公布之日施行。

《华北政务委员会公报》第107、108期合刊，“教署·法规”，1941年12月9日。

留日学生出国暂行办法

（1942年8月14日）

第一条　凡留日学生出国除有特定规程外，均依本办法处理之。

第二条　凡由教育总署及各省市教育行政机关，或由公共机关派赴日本研究专门学术，并供给其研究期间全部费用者，称为留日公费生。凡自备费用或由私法人派遣并供给费用赴日本研究专门学术者，称为留日自费生。

第三条　留日公、自费生每年出国总名额由教育总署分别核定，除通行各地方教育行政机关知照外，并登载华北政务委员会公报通告之。前项每年出国总名额系自本年四月起至次年三月底止之总额。

第四条　各省市或各公共机关每年派遣留日公费生，须于一月底以前将本年预定派遣名额送请教育总署核定后行之。

第五条　留日公费生出国时，须由原派遣机关检具左列各件转请教育总署发给留学证书：

一、履历书；

二、最近四寸免冠半身像片二张；

三、证书费二元；

四、印花税票四元。

第六条　留日自费生须具有左列资格之一：

（一）公立或已立案之私立专科以上学校毕业者；

（二）公立或已立案之私立高级中学校或同等学校毕业者。

第七条　留日自费生出国须请发留学证书，专科以上学校毕业者应径呈教育总署核发，其余应呈请毕业学校所在省市教育厅局转请教育总署核发。

第八条　留日自费生请发留学证书期间，每年分为两次，规定如左：

（一）第一次　向教育总署呈请者，由一月一日起至一月底止；向各省市教育厅局呈请者，由十二月一日起至十二月底止。

（二）第二次　向教育总署呈请者，由七月一日起至七月底止；向各省市教育厅局呈请者，由六月一日起至六月底止。

第九条　留日自费生请发留学证书，须附呈左列各件：

（一）履历书；

（二）毕业证书；

（三）保证书；

（四）最近四寸免冠像片三张；

（五）证书费二元；

（六）印花税票四元。

毕业证书遗失者，应由呈请人请求毕业学校查案证明，如原校业已停闭，得由原管教育行政机关查案证明。

当年毕业生在呈请限期内未能领得毕业证书者，经原校考查该生历次试验成绩，本届确能毕业时，得由该校先行出具证明书。

第十条　由私法人派遣之留日自费生，得由派遣机关代请发给留学证书，并须呈缴前条规定各件。

第十一条　教育行政机关对于自费生请发给留学证书者，应依照左列各项切实审查：

（一）毕业证书是否实在；

（二）保证书所具保证人或商号是否可靠；

（三）呈请人之品性及思想之倾向；

（四）呈请人是否确实留学。

以上各项经审查有疑问时，得传询原呈请人面加考查，如证件不确实或呈请人不合格时，应驳斥之。

第十二条　省市教育厅局第一次应于一月底以前，第二次应于七月底以前，分别检同审查合格者原呈证件及审查事项表呈送教育总署复核，审查事项表式另定之。

第十三条　呈请自费留学学生总额超过教育总署规定额数时，得由总署定期举行甄别试验，《留日自费生甄别试验办法》另订之。

第十四条　留日自费生取得留学证书后，其出国日期以两个月为限，倘至期因故不能成行，须开具理由，检同原发留学证书，呈请教育总署复加签注，得延期两个月，但以一次为限。

第十五条　留日公、自费生取得留学证书后，须向在北京大日本帝国大使馆（前日本兴亚院华北联络部）请求盖戳，并须依照手续，向主管机关请领渡日身份证明书及向日本领事馆申请签字。

第十六条　留日公、自费生取得证书出国后，应向驻日办理留学事务专员办事处呈请登记。

第十七条　本办法如有未尽事宜，得由教育总署修正之。

第十八条　本办法自公布之日施行。

本办法公布施行后，民国二十八年一月公布之《发给留日自费生留学证书暂行条例》，二十九年九月公布之《发给留日公费生留学证书暂行条例》及三十年八月公布之《发给留日自费生留学证书暂行条例实施办法》废止之。

附：省市留日自费生审查表（略）

中国第二历史档案馆藏“伪华北政务委员会教育总署档案”二〇二一·500

留日自费生甄别试验办法

（1943年1月28日）

一、本办法依据《留日学生出国暂行办法》第十三条之规定订定之。

二、凡每届声请自费留日学生超过教育总署所规定之名额时，均须依照本办法受甄别试验。

但公立及曾经立案之私立大学及专科学校助理以上教职员，任职一年以上，提出证件，呈经教育总署核准者，得不受甄别试验。

三、自费留日学生之甄别试验，由教育总署组织留日自费生甄别试验委员会办理之。《留日自费生甄别试验委员会组织规程》另定之。

四、留日自费生之甄别试验分笔试、口试两项。

笔试　专科以上毕业生应考国文、本国史及日语，中等学校毕业生在上列三种科目之外加考数学。

五、甄别试验应按照规定名额，以成绩最优者尽先录取。

六、留日自费生经试验录取者，由教育总署发给留日自费生留学证书。

七、本办法自公布之日起施行。

中国第二历史档案馆藏“伪华北政务委员会教育总署档案”二〇二一·500

留日自费生甄别试验委员会组织规程

（1943年1月28日）

第一条　本规程依据《留日自费生甄别试验办法》第三项之规定订定之。

第二条　本委员会由教育总署署长、参事、关系局局长、科长及国立各校院教职员若干名组织之。

第三条　本委员会之职权如左：

一、命题、阅卷及口试事项；

二、评定考试成绩及决定取舍事项；

三、其他关于一切考试事项。

第四条　本委员会为审查学生资历、弥封试卷、监察试场等，得设事务员，由教育总署督办就总署职员中派充之。

第五条　本委员会委员及事务员均为无给职，但署外委员及事务员得酌支车马费或津贴。

第六条　本规程自公布之日起施行。

中国第二历史档案馆藏“伪华北政务委员会教育总署档案”二〇二一·500

驻日办理留学事务专员办事处呈送华北留日公费生公费支给规则、请假规则

（1943年8月13日）

呈为呈请事。案查前奉钧署三十二年六月十六日育字第一零七四号训令，节开所请颁订请假、销假等规则暨发给学费、补助费、旅费等办法，均属单行规则性质，应由该处自行拟订，呈署候核等因。奉此，遵即拟就《华北留日公费生公费支给规则》及《华北留日公费生请假规则》草案各一份，理合备文，一并呈请，伏乞鉴核示遵施行。

谨呈

教育总署督办苏、署长王

附呈《华北留日公费生公费支给规则》（草案）一份、《华北留日公费生请假规则》（草案）一份

驻日办理留学事务专员　方念慈（印）

附一：华北留日公费生公费支给规则

第一条　凡经华北教育总署选定之公费生得领左列各费：

（一）治装费；

（二）出国旅费；

（三）日本大东亚省补助费；

（四）教育总署补助津贴；

（五）毕业归国旅费。

第二条　治装费及出国旅费，于出国时由教育总署支给之（但国外选拔生不在此限）。

第三条　日本大东亚省补助费，由大东亚省经由“日华学会”或公费生所在学校按月支给之。

第四条　教育总署补助津贴，由本处遵照署定标准按月支给之（每名每月五十元）。

第五条　毕业归国旅费，由日本大东亚省经由“日华学会”或公费生所在学校支给之（每名一百元）。

第六条　公费生于初次来处登记时，应留领款印鉴及详细住址，倘中途印章更换或迁移新址，应随时来处声明并留新印鉴。

第七条　领取本处补助津贴不得委托他人代领，倘因疾病或其他不得已事故时，得亲书理由，签名盖章，交委托人具领。

第八条　本处补助津贴按月发给，不得预支。

第九条　凡有左列情形之一者，本处得按其情形轻重，停发其津贴或追缴其以前所领

各费：

（一）不守规则或有不名誉之行为，经本署训诫不悛者；

（二）于规定修业年限内，未经呈准无故中途退学者；

（三）经指定学校未经呈准中途改入他校者；

（四）学年试验继续落第二次以上者；

（五）有重病或其他事故无毕业希望者。

第十条　本处补助津贴发给日期为每月二十四日至二十六日，其间如遇星期日，改于次日发放，倘有其他原因，得由本署通知提前或延缓之。

第十一条　领取津贴应遵守本处规定之日期及时间。

第十二条　东京以外各处之公费生，于收到本处津贴时，应于三日内将正副收据签名盖章，挂号寄回本处。

第十三条　本规则有未尽善处，得呈请教育总署修正之。

第十四条　本规则自教育总署督办核准之日施行。

附二：华北留日公费生请假规则

第一条　留日公费生遇有左列事由之一拟行返国者，应先向本处请假：

（一）利用年假、春假、暑假返国省亲者；

（二）婚丧事者（须有家长或保证人函件证明）；

（三）重病者（须有医师正式诊断书）；

（四）有其他重大事故者（须有确实证明书）。

第二条　公费生告假期限在学校假期内者，不得超过所在学校假期后半个月，婚丧或事假者以一个月为限，病假以其病状轻重临时规定之。

第三条　公费生请假返国除婚丧病假外，每年以一次为原则，但至多不得超过两次。

第四条　公费生请假手续，在东京者，应亲自到本处填写请假申请书，在东京以外各地者，应先期将请假申请书填寄本处。

第五条　凡有左列情形之一者，本处得停发其归国期间之学费：

（一）未经本署准假擅自离校归国者；

（二）告假逾期者；

（三）已准假而其请假理由与事实不符者。

第六条　公费生告假归国前，应经由本处向驻日大使馆请领归国证。

第七条　本规则有未尽善处，得呈请教育总署修正之。

第八条　本规则自教育总署督办核准之日施行。

中国第二历史档案馆藏“伪华北政务委员会教育总署档案”二〇二一·500

三、数据及其他

促进中日文化提携两国交换留学生

（1939 年 6 月 8 日）

教育部已开始遴选　预计本年九月间东渡

日本外务省文化事业部，为期进行日华两国文化提携之工作，特拟定交换两国留学生，并决定录取临时、维新两政府治域下为建立东亚新秩序造成中日提携基础之官费留学生，本年度第一次外务省官费留学生一切办法已拟定，此间临时政府方面接到是项公文，已转咨教育部办理，教育部已开始慎重遴选，预定本年九月间即可东渡……其各地遴选人数之规定，计北京三十名、张家口三名、青岛五名、天津十五名、济南十五名、太原五名，此外上海十名、南京二十名、厦门三名。其留学资格规定须高中毕业程度以上。本年九月间东渡赴日入东亚学校受预备教育，自昭和十五年四月起凭各人之志愿以官费款额正式入东亚学校，每月津贴五十元，专门学校每月五十元或五十五元，大学每月五十五元或六十元，其赴日之旅费亦予支给云。

《新民报》，1939 年 6 月 18 日。

训令市、私立各中等学校
定期在市立第四中学校举行选拔赴日留学生

（1942 年 6 月）

为令遵事。本局为选拔赴日留学生，定于本年六月十五日、十六日每上午八时起至一时止，在市立第四中学校举行考试。其科目计为国文、数学、日语、英语、理化、史地六门。凡本市所属公私立各中等学校，均应于高级三年每班择优选拔学生五名。其设有高三两班以上各校，并须分班选拔，不得于一班或两班照额合并挑选。统限于本月十一日以前开送入选学生姓名、年龄、籍贯，并最近无帽二寸像片二张一并报局，届时考试不另通

知。除分令外，仰即遵照选拔为要。此令。

局长　王养怡

中华民国三十一年六月十二日

《市政公报》1942年第163期

日本政府决定留日学生指导方针
物质与心理二者并重

（1943年9月）

随着大东亚战争的进展，以日本为中心而日趋成长的大东亚共荣圈，在其完成过程上，养成不屈不挠、挺身于大东亚建设的真正的实践指导者，实为目前的急务。因此，文部省大东亚省进行折冲，把以前由于个人的自由意思前来留学的方式根本加以改革，而确立基于国家意思的留日学生的指导方针。业已获得成案，于十日的定期阁议上决定后，由情报局发表如次：

关于留日学生的处理，原有官民共同担任，在辅导上、体育上，颇著实效。因大东亚建设之具体的进展，从共荣圈内各地希望前来留学者，日趋增加。此等留日学生，将来且为共荣圈内指导的人材，前途远大，所贡献于大东亚建设上的力量，亦极伟大。

政府有鉴于此种情势，乃对以前的处理状况加以检讨，以谋改善并整备国内与此有关的各种机构及设施。

准备宿舍　代谋职业

留日学生的选拔，向各该国政府及关系机关要求推荐有为的人材，在其抵日以后，即为之准备宿舍，首先讲求使其从速习惯适应言语及环境的变化。此外，并在其教养上，衣、食、住上，在物质与心理二方面加以注意。当其入学时，与以适当的指导。在学校中，关于教育方面，研究使其能够充分学习日本学术技能的方法。同时，并在留学期间，加深其大东亚建设的精神，及对日本真相的理解。至其学成归国时，与各该国政府并关系机关密切联络，使其就职。自选择留日以至于学成归国，在一贯的方针下处理之。因此，辅导团体的整备、教育设施的改善等，拟讲求必要的对策。当实施上述对策时，不应单由政府各关系机关协力，全体国民亦应有深切的理解而加以援助，故对国民的协力，颇致期待。

教育方针　实施要领

至其教育方针，原则上用对日本人同样严厉的态度待之，不仅对学校教育，即对一般生活的指导、各种辅导团体的监督、预备教育、卒业后的指导等，亦由大东亚省、文部省整备必要机构，讲求妥善措置。除军关系等特殊留学生外，对现在业已留学中的约二千七百名学生，今后亦根据这方策教育之。其实施要领如次：

一、留日学生的简拔，经各该国政府及当地机关所推荐的优秀人材中选择之，其数由大东亚省、文部省和关系官厅协议，在各国各地域有计划的决定之。

一、留日学生在进入的学校以前，在派遣国、派遣地域及内地，在文部省和大东亚省的协力下，施行准备教育，以训育为重心，以谋提高日本语的熟练及基础学问。

一、选定留学生，由文部省及大东亚省按照各国各地域的情形，并派遣国及本人的志愿，而予以有计划的分配。

一、对留日学生，原则上与日本同样严厉教育之，不采用特别学级等特殊方式。寄宿舍亦与日本学生同处，由于同宿生活而使与日本学生精神上一体化，并任命专任指导教授，以期其妥善。

一、关于留日学生的辅导，另有辅导团体的活动，以谋彻底。

一、对留日学生为使其在卒业后得发挥留日的成绩起见，讲求就职及其他适当的措置。

一、对国内各阶层加深其对留日学生的理解，使协力指导。

一、在文部省、大东亚省，确立留日学生的指导上所必要的机构。

一、辅导团体的指导监督，分别各国各地域而予以一元的统制指导。

留日学生教育辅导案

日本冈部文相于十日午后四时入觐，上奏留日学生之教育辅导案，曰：

“陛下，际此国家多事之秋，虽政务繁碌，本日特赐谒见，令奏闻留日学生之教育辅导案，借悉对留日学生之教育，深注关怀，本日厚承下询，不胜感激。

“当此时局严重之秋，为使优秀留学生善体我国体，并文化之精髓，与我国青年学生深相结合，向冠绝世界之建设大东亚大业迈进起见，与大东亚省联络，以谋恳笃之辅导及教育，实为当务之急，拜奉宸虑，不胜惶悚，自当朝野协力，谨慎奉行，以副圣旨。”（译自九月十一日四部《每日新闻》）

《申报》（日控），1943年9月18日。

华北各省市公费留日学生统计表

（1942年3月1日）

区别	额数 男	额数 女	额数 合计	备考
教育总署临时选派公费生	四一	三	四四	
教育总署派遣各院校公费留日教员	一五	一	一六	
山东省公署选派公费生	二二	五	二七	内计公费生十名　补助费生十七名
山西省公署选派公费生	二五	一	二六	
天津市公署选派日语教员留日见习	六	〇	六	
天津市公署选派公费生	五	〇	五	
河北省公署选派公费生	九八	一六	一一四	
二十八九年度兴亚院选派生	二一	五	二一	
三十年度兴亚院国内选拔生	一二	四	一六	
三十年度兴亚院国外选拔生	一二	一	一三	
北京兴亚高中选派生	二一	三	二四	
合计	二七二	三九	三一一	

注附：一、本表系根据本处案卷内所有公费生而制成者

中国第二历史档案馆藏“伪华北政务委员会教育总署档案”二〇二一·505

华北最近派遣留日公、私费生统计表

（1944 年 2 月 1 日）

华北政务委员会教育总署驻日办理留学事务专员办事处制

中华民国三十三年二月一日

一、华北最近派遣留日学生各年度人数统计表

驻日办理留学事务专员办事处制（1943 年 12 月）

费别及性别		总计	二七年度（1938 年度）	二八年度（1939 年度）	二九年度（1940 年度）	三十年度（1941 年度）	三一年度（1942 年度）	三二年度（1943 年度）
合计	计	647	10	57	155	137	155	133
	男	562	10	46	138	119	130	119
	女	85		11	17	18	25	14
公费生	计	566		51	149	125	133	108
	男	491		42	133	107	112	97
	女	75		9	16	18	21	11
自费生	计	81	10	6	6	12	22	25
	男	71	10	4	5	12	18	22
	女	10		2	1	2	4	3

1. 本表截至三十二年十二月三十一日止，故三十二年度只列前半期。
2. 本表所列人数乃以来处报到者为限。

二、华北最近派遣留日学生之教育程度统计表

驻日办理留学事务专员办事处制（1943 年 12 月）

费别及性别		总计	大学		专门		中学	
			国内	国外	国内	国外	国内	国外
合计	计	647	70	6	67	31	469	4
	男	562	68	5	54	31	401	3
	女	85	2	1	13		68	1
公费生	计	566	58	2	60	22	423	1
	男	491	57	2	49	22	360	1
	女	75	1		11		63	

续表

费别及性别		总计	大学		专门		中学	
			国内	国外	国内	国外	国内	国外
自费生	计	81	12	4	7	9	46	3
	男	71	11	3	5	9	41	2
	女	10	1	1	2		5	1

1. 本表所列人数系至三十二年十二月三十一日止，故三十二年度后半期报到者未列入。
2. 本表所列人数乃以来处报到者为限。

三、华北最近派遣留日学生年龄统计表

驻日办理留学事务专员办事处制（1943 年 12 月）

类别 \ 性别 \ 龄别		总计	20	21	22	23	24	25	26	27	28	29	30	31
合计	计	647	88	81	100	92	72	57	50	31	11	22	14	29
	男	562	66	69	86	73	62	52	49	31	11	22	14	27
	女	85	22	12	14	19	10	5	1					2
公费生	计	566	82	75	90	81	60	46	39	27	11	19	10	26
	男	491	62	65	79	62	52	41	39	27	11	19	10	24
	女	75	20	10	11	19	8	5						2
自费生	计	81	6	6	10	11	12	11	11	4		3	4	3
	男	71	4	4	7	11	10	11	10	4		3	4	3
	女	10	2	2	3		2		1					

1. 本表所列人数系截至三十二年十二月三十一日为止者，故三十二年度者只列前半期。
2. 本表所列之年龄凡在 20 岁以下者概并入 20 岁栏内，31 岁以上者并入 31 岁栏内。
3. 本表所列之人数乃以来处报到者为限。

四、华北最近派遣留日学生籍贯统计表

驻日办理留学事务专员办事处制（1943 年 12 月）

省别	河北省	河南省	山东省	山西省	江苏省	浙江省	湖南省	湖北省	安徽省	陕西省	福建省	广东省	江西省	四川省	贵州省	总计
人数	四二四	七	八八	五五	一七	一〇	一	五	一〇	一	一〇	六	四	五	四	六四七

1. 本表所列人数系截至三十二年十二月三十一日止者，故三十二年度只计前半期。
2. 本表所列人数乃以来处报到者为限。

五、华北最近派遣留日学生攻读科别统计表

驻日办理留学事务专员办事处制（1943 年 12 月）

种　别	总计	理科	工科	法科	文科	医科	商科	农科	其他	未定
合　计	647	57	107	44	41	76	18	48	81	175
公费生	566	53	100	28	40	67	14	47	71	146
自费生	81	4	7	16	1	9	4	1	10	29

1. 本表所列人数系截至三十二年十二月三十一日止者，故三十二年度只列前半期。
2. 本表所列人数乃以来处报到者为限。

六、华北最近派遣留日学生在学学校别统计表

驻日办理留学事务专员办事处制（1943 年 12 月）

校名	人数	校名	人数	校名	人数
东京帝大	38	专修大学	4	东京水产	1
早稻田大学	17	日本体育专门	1	东京女高师	13
庆应大学	18	国民精神文化研究所	1	东京女医药专	17
东京商大	11	东京高师	39	东京共立女专	1
东京文理大	5	东京高农	7	东京音乐	2
东京工大	35	东洋女齿专	6	东京聋哑	1
慈惠医大	2	东京高等兽医学校	4	研数学馆	1
明治大学	13	东京高工	1	昭英学园	1
法政大学	12	日本高等	1	函馆水产	1
日本女大	7	东京医专	2	东亚高等	8
东京女大	2	东京赞育会	1	第一高等	17
日本大学	6	东京美术	4	武藏野音专	2
东亚预备学校	185	东北帝大	3	横滨高工	7
京都帝大	43	神户商大	2	岩平医专	2
京都立命馆	1	千叶医大	2	多贺高工	1
京都女专	1	千叶高等园艺	2	三重高等农林	2
今出川同志社	1	新泻医大	1	盛冈高等农林	2
九州帝大	11	长崎医大	3	仙台高工	5

续表

校名	人数	校名	人数	校名	人数
昭和医专	4	长崎高商	3	岐埠药专	1
东京农大	4	冈山医大	1	盛冈高工	2
北海道帝大	12	大阪帝大	1	桐生高工	1
金泽医大	7	奈良女高师	4		
金泽高工	2	秋田矿专	8		
胜壮鹿道场	15	名古屋高工	6	总计	647

1. 本表所列人数系以三十二年十二月三十一日以前来处报到者为限。

中国第二历史档案馆藏“伪华北政委务员会教育总署档案”二〇二一（2）·24

第七编

职业教育及特种教育

一、职 业 教 育

北京市公署设日语讲习班
昨已开始讲习

（1938 年 11 月 3 日）

北京特别市公署为了适应该属及所属各机关人员之志愿讲习日语之需要起见，现特设立日语讲习班，该属直属各局等日来参加者，颇为踊跃，昨已开始讲习，地点在市属大礼堂，期至明年三月底截止。关于该班一切事务处理办法业经决定，兹纪录如下：

一、本公署为适应公署及各局服务人员讲习日语起见，延聘日本语文专家担任讲师，开班讲习，以宏造就。

二、讲堂地点视讲习人数多寡而定，如人数众多则设于卫生局大礼堂。

三、由本属秘书处通知属内及直属各局，凡现在服务人员，自书记以上志愿讲习日语者，均可自由报名参加讲习，报名者另定之。

四、讲习标准，以发音会话、日语文法、翻译、作文并交际理法为基础，如文语法、新开法，以及文件格式等亦当视其程度循序渐进。

五、讲习如用书籍，由讲师指定开单送署，交由会庶股购买，分发各该员应用，其书价应由各该员如数缴还，以资归垫，其余文具用品概归自备。

《新民报》，1938 年 11 月 3 日。

北京特别市日语普及状况

（1940 年）

查本市日语实施情形，除市、私立各级学校均遵照前临时政府教育部规定授课时数讲授外，至为便利一般市民学习日常必须之日语起见，本局另分别于一九三九年一月及本年一月先后在各新民教育馆及市立虎坊桥小学等处附办初级日语学校八处，修业期限均为六个月，每月每生缴纳学费一元，教授科目为简易日语会话、日语文法及日语作文、日本事情等。除假日外，每日午后五时至七时为授课时间。各校设管理员一人，由各该教育馆馆长、小学校校长兼任之，教师系由日人充任。本年八月并拟在各教育馆附办之四日语学校各增设高级班一班，用谋日语普及。此外，尚有各种职业补习学校及私立日语学校甚多，因系补习或专门性质，故授课时数各异。市立聋哑学校亦于一、二年级每周授日语一小时，三、四年级二小时。以上为本市各级学校实施日语情况，谨将校授课时数及市、私立日语学校职业补习学校名称、地址等列表如下：

市私立各级学校每周日语授课时数表

（一）体育专科学校（市立1校）

学年 每周时数 科目	本科			师范科		
	第一学年	第二学年	第三学年	第一学年	第二学年	第三学年
日语	2	2	2	2	2	2

（二）师范学校（市立1校）

学年 每周时数 科目	第一学年	第二学年	第三学年	选修		
				第一学年	第二学年	第三学年
日语	5	5	5	1	1	1

（三）市、私立高级中学
（市立高级中学1校　高初级合校11校
私立高级中学无　高初级合校31校）

学年 每周时数 科目	第一学年		第二学年		第三学年	
	第一学期	第二学期	第一学期	第二学期	第一学期	第二学期
日语	3	3	3	3	3	3

（四）市、私立初级中学（私立初级中学6校）

学年 每周时数 科目	第一学年		第二学年		第三学年	
	第一学期	第二学期	第一学期	第二学期	第一学期	第二学期
日语	3	3	3	3	3	3

（五）市、私立小学（市、私立小学计156校）

学年 每周时数 科目	第一学年	第二学年	第三学年	第四学年	第五学年	第六学年
日语			（六〇分）	（六〇分）	（六〇分）	（六〇分）

《市政公报》1941年第137期

青岛日华女学院简章

（1940年）

第一条　本学院以专收中国女子，教授日语高等普通教育及女子必要之技艺，而谋日华两国间之融洽为目的。关于技艺一项，暂授以打字必要之教育。

第二条　本学院之修业年限，本科定为二年。

第三条　学年及学期：

学年自九月十日起至翌年七月二十日止。

第一学期自九月十日起至翌年一月三十一日止；

第二学期自二月十五日起至七月二十日止。

第四条　学科课程

	一年第一学期	一年第二学期
日支修身	一小时	一小时
中国语	三	三
日本语	十	十
作文	一	一
数学	二	二
珠算	一	一
手艺	四	四
英语	二	二
通俗讲话	一	一
图画	一	一
体操（运动）	二	二
簿记	一	一
课外教授	一	一
卫生讲话	一	一
合计	三一	三一
	二年第一学期	二年第二学期
日支修身	一	一
中国语	二	二

续表

	二年第一学期	二年第二学期
日本语	五	五
数学	二	二
打字	十二	十二
卫生讲话	一	一
英语	一	一
通俗讲话	一	一
簿记	一	一
手艺	二	二
音乐	一	一
课外教授	一	一
体操	一	一
合计	三〇	三〇

第五条　生徒之入学、在学、退学：

一、募集人员　凡二十名。

二、费用　二元（每月杂费）。

三、本科入学以学期之始行之，但如有缺额时得许可临时入学。

四、入学资格：须中国小学毕业年龄在十四岁以上之女子，或女子中学校初级部毕业生，或具有同等之程度者。

五、凡其他学校在学中而希望入学者，应有该校校长之推荐。

六、对入学者举行入学试验。

七、手艺材料由本院按规定者发给制作。

八、凡被许可入学者，应有保证人足以担负生徒完全责任者出具保证书，由本院发给在学证。

九、凡生徒缺席、迟到或早退者，应具理由书，由保证人提出。

十、凡欲退学者，应具理由书与保证人连署提出。

十一、生徒有违背本学院规则及职员之训诫者，或有其他不正当行为者，本学院按其轻重施行谴责、停学或退学之处分。

十二、对于品行方正、成绩优良之生徒给予褒状或赏品。

（伪）青岛特别市教育局编印：《青岛教育半月刊》第1卷第8期，“附录”。

青岛特别市设立职业补习学校方案

（1940 年）

（一）宗旨

为增进市民职业技能改善其生活并陶冶其思想起见，特设各种职业补习学校。

（二）名称

本市各种职业补习学校，暂分商业及工业二种，于青岛特别市字样下分别番号书明第几商业补习学校、第几工业补习学校。

（三）校址

暂设立于本市商工业各区市立各级学校内。

（四）组织

一、班级编制

各校均设高、初两级，但初开办时只设初级一班，每班内得兼采学科分团及能力分团制。

二、职教员

每校设校长一人，暂由所在学校校长兼任，教员专任者暂定一人。商业补习学校遴选富于商业学识人员充任，工业补习学校遴选富于工业学识人员充任；兼任教员若干人，由所在学校教职员或其他人员兼任之。

（五）课程

一、商业补习学校应授以修身、国文、日语、商业要项、珠算、簿记等科目。

二、工业补习学校除授以修身、国文、日语、工业要项外，并视其环境需要授以其他工科课程。

（六）名额

每班学生定三十人至四十人。

（七）入学

有高小毕业以上之程度，年在二十五岁以下者，经入学试验及格后填具志愿书、保证书入校上课。

（八）期限

一、上课时间

除例假外，每日下午七时至九时为补习时间（随季节变更）。

二、修业年限

定为一年，初级六个月，期满考试及格升入高级六个月，期满考试及格发给毕业证书，不及格者留班补习。

（九）经费

一、薪津——校长一员，月给津贴九十元；专任教员一人，月薪八十元；兼任教员若干人，每班月给津贴五十元，按照担任时分多寡平均分配之。

二、办公费——每季二班，暂定六十元。

（伪）青岛特别市教育局编印：《青岛教育半月刊》第1卷第8期，“附录”。

天津特别市市平民日语学校教职员及工役薪额工资表①

（1941年5—7月）

职　别	姓　名	薪　额		
		5月	6月	7月
教　员	渡边暹	40元	40元	40元
教　员	松山彰	40元	40元	40元
教　员	中田早	40元	40元	40元
教　员	池田元	40元	40元	40元
教　员	藤本荣治郎	40元	40元	40元
教　员	高梨忠利	40元	40元	40元
教　员	单从简	35元	35元	35元
教　员	角谷太郎	40元	40元	40元
教　员	立山吉浦	40元	40元	40元
合计		355元	355元	355元

天津市档案馆藏档案，全宗号55，目录号3，案卷号5599。

① 此表为“天津特别市教育局”制。

二、特种教育

江朝宗发起组织北京古学院　章程草案已拟就公布

（1937年11月）

北京通讯云，本市市长江朝宗等，为保持东方固有文化，延揽旧日宿学，本其所长，分任考古事宜起见，特发起组织“北京古学院”，曾于日前正式成立，院址设在古物陈列所武英殿内。该院组织章程草案，现已拟就公布，兹志如次。

章程草案

第一条　本院以保持东方固有文化，延揽旧日宿学，本其所长，分任考古事宜为宗旨。

第二条　本院设院长一人、副院长二人，主持院务；设提调二人、坐办二人，秉承院长、副院长，分任一切事务。院长由发起人公推耆年硕学者充任，余由院长聘充。前项职员除坐办外，均以现有职守者兼充。

第三条　本院院址，或借用官产，或租用民房，随时酌定。

第四条　考古事宜分科如下：一、经学；二、史地学；三、诗古文辞；四、目录版本；五、农医学（诸子百家附之）；六、书画；七、艺术；八、金石；九、陶瓷；十、古建筑。以上十门分为十科，每科由院长聘请总纂一人，编纂若干人，分纂若干人。

第五条　本院遇必要时，得向故宫博物院古物陈列所、北京图书馆、历史博物馆及其他文化机关，借用图书仪器物品，以供各科考古资料之用，一切均遵该主管机关定章办理。

第六条　总纂名额暂定十名，编纂、分纂无定额，其资格以现无职守之科甲出身，或曾任高级行政官，及曾任大学教授讲师，富有旧学经验者充之，其办事细则另为规定。

第七条　本院设编辑员、翻译员各若干人，由院长派充，将各科研究所得，编译东西文，为沟通东西文化之用。

第八条　编辑员、翻译员以现无职守之东西洋毕业生，及本国专门以上学校毕业生，学有专长、精通外国文字者充之。

第九条　本院得延聘中外名儒宿学为顾问。

第十条　各科研究所得，分明［别］作成报告，以便发行刊物。

第十一条　本院因事务上之必要，得酌用秘书、办事员、书记员各若干人。

第十二条　本院职员分名誉及有给两种，由院长酌定之。

第十三条　本院经费，另定筹集办法。

第十四条　本章程如有未尽事宜，得随时修定之。

第十五条　本章程由发起人呈请市政府核定后，先行筹备就绪，办有成效，再行呈报最高行政机关。

《盛京时报》，1937年11月27日。

余晋和为南云防卫司令交办青年训练事宜附送青年训练所规定组织纲要等件呈

（1939年2—8月）

（1）余晋和呈①（2月10日）

呈为呈报事。案查前据警察局呈报，关于各郊自卫团青年训练事宜，经拟就青年训练计划纲要，并经南云司令订有青年训练要项及分期抽调受训各情，经据以呈报鉴核在案。兹于二月二日南云防卫司令召集会议，并发给青年训练所规定一件，嘱即转饬照办到署。除将该规定译印，令饬警察局转饬各郊区署遵照办理外，理合检同训练所规定一份，具文呈请鉴察备案。

谨呈

行政委员会委员长王

附呈青年训练所规定一份

北京特别市市长　余晋和

中华民国二十八年二月十日

附：南云部队地区青年训练所规定

第一　总　　则

一、关于南云部队地区青年训练所事项，依照本规定办理。

二、各青年训练所隶属于各该市长、县知事，并冠以某县某某（地区之名）青年训练所之名称。

但目下由日本军队监督指导之。

三、青年训练所长以警察署长、各县警务局长、警务分局长，或其他有能力者充任之。

四、青年训练所受训者，以十五岁以上二十五岁以下者为限。

五、关于青年训练所经费，由各该市、县、乡、村负担之。

---

① 此件于1939年2月14日伪临时政府行政委员会指令照准备案。

六、青年训练所之所旗，目下由日本军队发与之。

第二　教育训练方针

一、精神教育　对于中华民国青年，就新政府成立之意义，日本军队之使命，以及共产主义亡国灭身之最要原由加以阐明，务使其明确觉悟并认识，以期本此日华亲善之实，努力迈进于东亚新秩序之建设。

二、教练　关于教练，就徒手敬礼动作，各个密集教练，及联络、报告、搜索、警戒等各简单课目，务反复彻底施以训练，锻炼其身心，并陶冶其众心一致、灭私奉公及规律节制之诸习惯，以使其亲近日本军队，增进自村自卫之能力。

三、社会生活教育　务努力于精神教育及教练之实在生活化，并以其陶冶所得之进取、建设及实行力量，适应于各乡村之实在需要。例如或对于铁路、桥梁、电报、电话等交通通信机关加以积极的保护，或对于乡村内之军用其他公共物、庙宇等施以警备、爱护、清扫，同时养成其对于一般个人之卫生清洁之思想，习得产业之知识技术，以使其努力于农村经济之振兴发展，并使其领会社会生活之向上，乃收效于精神教育及教练之功。

第三　教育训练实施要领

一、教育训练以市警察署员及县警务局员为指导官，并就曾受青年训练者之中，择其优良者为助教，实施训练。

但目下由日本军队授助指导之。

二、入所之始（约十日间），每日实行教育训练。此项基础的训练完毕后，每月须实施训练二次。

三、各乡村内各种团体代表者及学校长，或任为服务员，或任为顾问，使对于青年训练之发展，为直接间接之授助。

第四　赏　罚

一、凡成绩优良堪为模范之青年训练所，或训练生，由青年训练所长以上予以表彰。

二、曾受半年以上之青年训练而成绩优良者，对其就职予以尽先录用，并由青年训练所长以上向各方面推荐之。

三、青年训练生素行不良，或有不正行为者，依其犯行如何，量予处罚之。

(2) 余晋和呈（8月30日）

呈为呈报事。窃奉南云司令官阁下交办，查四郊青年训练所早经成立，城区青年训练应即着手筹办，除饬【城】外三区署先行试办外，其余城内各区署并应继续办理，于九月一日以前一律结成等因。查外三区署青年训练所业于七月二十九日举行结成式，并蒙南云司令官阁下莅临训示。兹再依照批示各点，拟定城区青年训练所组织纲要暨训练课目进度表，并规定筹备办法，一并通饬各区署遵照，克期筹办训练。除将开办费及经常费预算呈请市公署核示办理，并举行结成式日期与地点，另案规定呈报外，理合检附拟定各件备文呈报钧会备查。

谨呈

委员长

附呈城区青年训练所组织纲要、筹备办法暨课目预定进度表各一份

北京特别市公署警察局局长　余晋和

中华民国二十八年八月三十日

附：北京特别市城内各区青年训练所组织纲要

第一　方　针

以陶冶身心，锻炼体魄，养成思想纯正之优秀青年为教育方【针】。

第二　组　织

一、所址　由区署择定适当地点，或借用界内学校较大操场为教练场所，以地点适中为宜。

二、所长　由署长担任。

三、教官及助手　由区署派教练、职员、班长分别担任之。

四、指导员　由南云司令部派军士随时前往指导。

五、顾问　由公益会会长担任。

六、训练生　以年在十七岁以上二十五岁以下，身体健康，身家清白者为合格。

七、人数　每次训练人数以一百二十人为限，并得按公益会数目增减之。

第三　训练课目

甲、精神训练

1. 国旗振扬。
2. 国歌、市歌合唱。
3. 新政府成立之意义。
4. 日本军队之使命。
5. 剿共灭党与中日亲善。
6. 建设东亚新秩序应有之努力。
7. 青年的觉悟。

乙、术科训练

1. 体操　新民操法
2. 教训　徒手各个教练
3. 国术

第四　训练方法

一、期限　两个月训练期满。

二、时间　每日一小时，自十八时至十九时。

三、日期

第一月　每周四次

星期一、五精神训练。

星期三、日术科训练。

第二月　每周三次

星期二、四精神训练。

星期六术科训练。

第五　召 集 方 法

由全体公益会会长就界内住户遴派参加，其受训人数每次每会共选送二人，每期届满，继续训练之。

第六　赏　　罚

训练生素质不良，或有不正行为者，依其犯过轻重酌予处罚。至每次训练期满，一律发给证章，对于成绩优良者酌予奖品，并呈请市长核奖，以资鼓励。

附：各区青年训练所筹备办法

（一）所址　由区署择定。

（二）人数　每期一百二十人，由各区署长召集各公益会会长决定，以二人为限，但会数过多之区得将人数酌减之。

（三）担任人员

一、所长　署长。

二、教练员　区署教练、职员、巡官、班长分别担任。

三、指导员　南云司令部派军士随时指导。

四、顾问　公益会会长。

（四）服装　由南云司令部发给。

（五）经费由局筹措专款，对于开办经常等费酌予补助。

附北京特别市区青年训练所学术科课目预定进度表（略）。

中国第二历史档案馆藏“伪临时政府行政委员会档案”

新民学院概况

（1939 年 12 月）

顺着宣武门内的西城根走，我们可以看见一片浅草铺满的地，两边分出道路，后门有一所伟大的建筑，那便是从事新中国建设的华北最高学府——新民学院。

是值得惊人的！新民学院的成立，仅仅一年多，然而这短的期间内，居然有三批毕业生，造就出二百多名人材，同时有着完善的设备，优美的成绩……一切一切，都令人佩服，所以把它分条介绍给读者。

一、新民学院的成立　中华民国临时政府成立后，为着建设新中国，造就新官吏人材，以举新民的实绩，于是着手修理校舍，拟定规章，招募学生，推举临时政府行政委员长王克敏氏为院长，新民学院于是便在民国二十七年一月十日诞生。

二、分科及课程　新民学院分为三科：特科、预科、本科，我把它分开来说。

甲、特科　由各机关选送合格在职人员入学，学期三月，就学时期，仍保留原职，所以叫做官吏再教育班。课目有训育、东亚政治学、东亚情势、官吏学、法律学、经济学、经济政策、经济地理、厚生学、日本事情、中日文化交流史、日本语、体育等，因为修业期限只有几个月，每周特别延请中日要人和知名饱学的人，实施关于政治、经济、外交等课外讲义，以期彻底。

乙、预科　高中毕业或同等学力均可入学，修业期限是两年，两年后入本科。课目有训育、东亚伦理学、民法、刑法、东亚情势、日本事情、日本语、数学、国文等。

丙、本科　大学毕业或同等以上学力均可入学，课目有训育、行政法、东亚政治学、官吏学、民法总则、无权法、债权法、亲属继承法、刑法、民事诉讼法、民事诉讼实务、刑诉法、刑事诉讼实务、商事特别法、财政学、经济原论、经济政策、厚生学、东亚情势、日本事情、日本文化交流史、公文程式、日本语、体育等。

三、教授　新民学院所聘的教授都是中日方面有名的人物，有永井龙一、大沼喜久男、鹤岗彻一、工藤进、河合笃、朱华、韩宗琦、刘志扬、林天枢、邵同怡诸先生，可算是群贤毕至。

四、学生生活　新民学院的学生是一律住校的，学生生活非常有规律，每天在七点钟便一律起床，盥漱毕，举行朝礼和点操，然后早餐。九时上课，到十二半午餐，下午一点四十分上课，四点体育教练，五点十分到六点半是沐浴时间，六点四十分举行晚餐，七点半开始自修，到十点就寝，每天都是一样。

五、学生队　在新民学院创设后，同时学生队也就组织成立。队长及学生们，都住在队内，用意是大家过着共同生活，由队长领导，施以训育和锻炼。担任队长的是陆军步兵少佐茂川秀和氏、大佐国分习也、大佐横泽高纪氏和小山门作诸氏。

六、礼节　提起礼节，在新民学院可以说是最讲究，无论在什么地方，学生见了师长，以至校役见了本校的师生，没不很恭敬的鞠躬为礼，这的确是很难得的！上课的时候，由值周生喊“立正”口令，全体学生依令站起来，再喊“敬礼”，全体学生向教授鞠躬，由值周生向教授报“立正”、“敬礼”的口令□□□□□□□□须全遵守，绝不像普通大学生那么随便。

七、图书馆及研究馆　新民学院的图书，是承继从前北平大学法商学院的，自然书籍非常完备，之后更增添书籍不少，研究馆是教授参考图书的，图书馆是学生的。

八、同学会及共济会　第一期学生六十名毕业前，因为分离在即，为联络感情起见，特组织同学会。厥后又成立共济会，旨在互助，会员按收入每月缴纳会费作为经费，倘会员有特别事故发生，如死亡、废疾退职、伤痍疾病、退职、结婚、子女出生及死亡、两亲及妻死亡时，由共济会补助资金。

九、运动　新民学院拥有广大的运动场，所以学生在运动方面自然可以充分的发展，每天除了操练以外，各种球类也不乏人练习，在春季曾举行过一次运动会，全体各种节目，都十分精彩。

十、院规　秉着正义而成立的新民学院，它有着几条可以当着修身格言的院规，这也是值得我们介绍的：

一、须明德新民，以期成新中国之建设。

一、须亲仁善怜［邻］，以唱［倡］导东亚之协同。

一、须忠正不党，以奋发奉公之志节。

一、须至诚一贯，以躬行先哲之宏训。

一、须锻炼身心，以振作刚毅之风度。

十一、学生的出身　投考新民学院的学生，差不多全国各大学都有，可算是群英大会，素常各在一方读书，或南或北，或东或西，现在能聚集一堂，互相观摩抵［砥］励，也是一种韵事啊！

十二、院旗　为着表征他们的使命，所以特制定院旗，形状是白地长方，上部是红色，下面稍离一寸多，衬着红色的线条，中央是盾形，里面缀着“新民”两个字，用意表示至诚一贯、勇往迈进，美妙之至！

关于新民学院的大略情形，不过如此，至于里面的详情，和学生们的私生活，一切零零碎碎的故事，还期待着本院的同学们多多介绍。（雪江）

附图八幅（略）

大阪每日新闻社、东京日日新闻社：《大阪每日》（华文版）
第3卷第12期（总第28号），1939年12月15日。

日人在平设立军校

（1940年2月）

日本陆军在此间设立北平“西点”（陆军士官）学校，其目的为帮助日军管辖占领区，同时并节省日军人力，以作他用，盖因日本国内人力缺乏。该军官学校之重要性，日见增加。最近日本议会质问军事当局，因军事需要，劳工缺乏日甚，应采用何种救济步骤。军事当局宣布，彼等正考虑将华军俘虏运往日本，命彼等在田间及工厂内工作，并训练中国军官以总辖华北伪军，与日本陆军命令华人为日本建设新秩序之计划相符，故华北“西点”学校之使命，即为将训练伪军官以统辖占领区内伪军，维持该区治安。此种计划，似可节省多数日军，以从事实际战争。距北平西北七英里之中国陆军营房，现为华北“西点”学校校舍，该学校受齐燮元之治安部管辖，以陆军中将王永泉为校长，但实权则操诸华北日军参谋永峰上佐之手。此外日本陆军军官七人，及日本语言学教师二人，为该校之教官。该校初设于通州，去年十月，移往新址。据永峰上佐声称，第二学期开学时，有学员一千人，尚有投考者四百人，因额满见遗。学员经体格及教育考试及格后，始可进校，中学毕业生始有应考资格。学员中三分之二来自北平、天津，其他则来自华北各乡区。当该校于一九三八年五月在通州开学时，日本当局在华文报纸上大登广告，并在华北占领区内遍贴标语，暨借新民会倡导，设法招生五百人，结果仅得三百人。去年十月，招生运动更形激进，投考学员计一千人。学员年龄，自十八岁起，至二十二岁止，但照规章，投考学员年龄超过二十五岁者，亦得录取。永峰上佐称，除青年学员外，现为日军雇用之伪军旧军官，经“临时政府”之荐举，亦得受训十个月。华北“西点”学校第一期毕业在编入军队服役前，将被派往日本作免费旅行。第一期毕业学员三百人，及重受训练之旧军官多人，目前指挥驻扎济南、保定、正定及其他各处之伪军一万五千人。在上述各处，此辈为“新秩序”砥柱之伪军，不至与华方游击队接触，并不至反正。但欲以此辈受日人雇佣之伪军，瓜代大队日军，维持治安，则希望甚少。为保证华北“西点”学校学员之效忠起见，每一学员须由负责者二人担保，倘学员中有不法行为，则惟保人是问。当学员进校时，彼等服最新式质料优良之褐黄色陆军制服，彼等每人有德国来复枪一枝，及其他各物，包括水壶在内。学员未得军火供给，因彼等课程上并无打靶子练习，及实弹射击等项也。学员所受训练为斯巴达式，每一学员有帆布床一只，床上并无弹簧或席子等物，食品多而简单。每一大间，容学员五十人。旁有一屋，内住军官四人，彼等职务为维持秩序及清洁。房间陈设清洁简单，来复枪放在房之一端枪架上。每一学员私人物件，则安置于帆布床之狭小架子上。房内整齐，可与好莱坞所摄美国“西点”学校影片媲美。除供给生活费及服装等外，每一学员月得零用费日金五元。永峰上佐称，因军官及兵士需要之殷，华北“西点”学校训练仅限一年。渠承认短期训练之不足，但延长训练时期，则目下环境所不许。研究科目，限于交通、保垒、战略及操练之理论，因时间短促，学员仅能受局部操练而已。所有训令，皆用华文，日本教师则借翻译发表训令。记者曾赴日本语言班参观，班中有学生一百五十人，彼等以流利日语，作简而易明之回答。但据记者调查，成绩优良学生，均坐前排，所有回答，皆由彼等任之。坐于后排之学员，对于日语，毫无兴趣。有一学员，虽服活泼制服，但彼之形状，与中国一般农夫无异，彼在教室内，正绘窗外远处之西山风景。学员毕业后被派担任“绥靖华北之任务”。又毕业后，彼等可按等级得薪五六十日金，彼等赖此维持生活。永峰上佐称，新军之主要工作为绥靖，伪军官将统率伪军驻扎于铁路沿线，彼等一部工作，为向民间招募新兵。最近有青年数百人，自乡间应募，拥往北平。永峰上佐又称，日军不视该项新军能与国民党之军队作战，且训练课目并未包括反蒋性质之政治训练，但学员进校时，须作下列誓言曰："余加入军队，誓愿效忠国家，履行军人职务。"学员尚不知国家为何物，因当局尚未决定，倘汪精卫组织"新政府"时，新军是否归汪节制，亦不可知也。永峰上佐最近声称，与学校有关之吾人相信，新军既为保障华北而组织，则新军将照常留驻华北。（二十七日合众社特派员柏杰电）

《申报》，1940年2月28日。

新民千字课本（节录）

（1943年10月1日）

目　录

第一课	家庭	第六课	增产	第十一课	自卫
第二课	道德	第七课	合作	第十二课	历史
第三课	孝道	第八课	参战	第十三课	地理
第四课	诚实	第九课	互助	第十四课	卫生
第五课	勤俭	第十课	剿共	第十五课	求学

第七课　合　作

日华民族　同种同文　精诚团结　共谋共存
东亚秩序　建设一新　拥护政府　国民本分
尊崇道德　步武前人　唇齿之邦　兄弟之亲
不为利诱　不被威侵　合作到底　贯彻精神
友邦携手　福星降临　众志成城　一意一心

第八课　参　战

参战体制　政府发表　各宜凛遵　人尽知晓
战谋生存　国土方保　卫国男儿　觉悟宜早
驱逐英美　共党打倒　和平实现　归功诸老

返还租界	友邦示好	道义精神	民众明了
赞助参战	共敦邦交	戮力同心	世界称豪

第十课　剿　共

共匪罪恶	洪水猛兽	虐政害民	百倍殷纣
破坏组织	粉碎成就	阶级斗争	挑拨各洲
淫人妻女	打破耻羞	若不剿灭	洪水横流
剿灭之道	各有职攸	肃正思想	应先着手
自卫强化	擒贼擒首	情报网布	无一漏走

第十一课　自　卫

自卫自卫	真正可贵	组织严密	各定职位
命令恪守	统一指挥	有功必赏	有过当规
清乡开办	先除匪类	遇警兜剿	鸣炮聚会
农忙耕作	闲暇练队	步伐整齐	射手称最
一旦有警	戮力杀贼	匪类清理	四乡安睡

（伪）河南省淮阳县公署印制

第八编

社会教育

一、组织及章程

青岛特别市设立新民教育馆方案

（1940 年）

（一）设立目标

一、建立民治基础

二、养成纯正思想

三、认识国际环境

四、改善生活状况

五、普施文字训练

六、增进生产能力

七、灌输科学常识

八、推进健康教育

九、培养善良品性

十、提倡高尚娱乐

以养成健全新民、完成社会建设为最后目标。

（三）内部组织

暂设总馆一处、分馆二处。

甲、总馆——分下列四部

一、教导部　负教学讲演之责，灌输常识及宣扬新政，以养成国民健全之精神为主旨。

二、阅览部　办理图书、报章、标本、模型及巡回文库、问字代笔、展览会之计划等事项，以养成民众之读阅习惯，提高民众之科学兴趣，增进国民之生活智能为主旨。

三、康乐部　办理体育、音乐、游艺及普通疾病之治疗等事项，以锻炼民众健康体格、养成善良习惯为主旨。

四、总务部　办理文书、会计及事务，并为职业之介绍及其他调查事项。

乙、分馆

暂不分部。

（三）职员定额

馆长一员，总理馆务，由教育局遴选合格人员呈请市公署派充之。馆长应兼任一部主任，不另支薪。主任三人，辅佐馆长督率馆员办理各该主管事项。

馆员若干人。

雇员若干人。

（四）工作设施

除各种宣传运动中心活动具有时间性之活动集会应随时由各部单独或共同举办外，其常年工作设施暂定最低限度如下：

一、教导部

1. 活动讲演团；2. 公共讲演所；3. 新民夜校。

二、阅览室

1. 阅书室；2. 阅报室；3. 问字处；4. 巡回文库；5. 科学室；6. 展览室。

三、康乐部

1. 简易体育场；2. 音乐会；3. 剧场；4. 诊疗室；5. 游艺室。

四、总务部

1. 文书；2. 会计；3. 事务；4. 职业介绍。

乙、分馆

1. 活动讲演团；2. 问字处；3. 书报阅览室；4. 游艺室。

（五）名称及地点

名称为青岛特别市第一新民教育馆，设于市中心区适当地点。

分馆先设二处，名为青岛特别市第二、三新民教育馆，分设于台东、台西两区适当之地点。俟经费充裕再于其他各区逐渐增设。

（六）经费预算

一、开办费一万五千元（总馆一万元，分馆各二千五百元）。

二、经常费每月二千元（总馆一千五百元分馆各二百五十元）。

（伪）青岛特别市教育局编印：《青岛教育半月刊》第1卷第8期，“附录”。

青岛特别市设立新民学校方案

（1940年）

（一）宗旨

为救济失学民众使能识字读书获得生活上需用之知识，并提高其品格、肃正其思想起见，设立新民学校若干所。

（二）校名

于青岛特别市市立字样下分别番号书明第几新民学校。

（三）校址

暂设于市、乡区各级学校内。

（四）组织

一、班别

各校得斟酌环境需要设立左列各种班次：

1. 早班——上午七时至九时；

2. 晚班——下午六时至八时；

3. 夜班——下午八时至十时。

二、职教员

1. 校长——由所在学校校长兼任。

2. 教员——分专任及兼任两种，由所在学校教员兼任或由局选派。

（五）课程

暂定为修身、国语、日语、笔算、常识、音乐等科，课本由学校呈局核发。

（六）名额

每班学生，市区最少须招足四十人，乡区至少三十人。不足额者不得开班。

（七）招生

暂定招收十六岁至四十岁之不识字男子入学。开学后如遇有学生退学或人数不足时，得随时将学生人数补足之。

（八）入学

学生入学应填具入学志愿书及保证书，免收报名费及学费。

（九）期限

修业期限定为四个月，每年办两期。

（十）毕业

修业期满应举行毕业考试，及格者由局发给证书，不及格者令入次期继续肄业。

（十一）经费

一、办公费——每班每月定为八元。

二、薪津——校长暂定为名誉职，教员薪津每月三十五元，不论专任、兼任，均按担任时分多寡平均分配之。

（伪）青岛特别市教育局编印：《青岛教育半月刊》第1卷第8期，“附载”。

“中国社会教育学会”为请准备案致教育部呈*

（1940年10月11日）

窃查本会前将复会情形附具简章等件呈请钧部鉴核备案，当奉秘字第七四三号批开：“呈悉。应俟该会呈准社会部社会运动指导委员会许可设立后，再行检具证件，补备会员名册，呈候核示。”等因。奉此，遵经呈请社会部社会运动指导委员会许可，嗣奉社字第九十二号指令，准予组织并颁发社字第八号许可证一纸下会。查本会负促进社会改良、辅助教育发展之责，自复会以来，规模粗具，现蒙行政院褚副院长慨允，担任本会名誉会长，统率会务，指导进行，并觅定长乐路三百六十四号为会址。关于社会教育推进事宜，均在筹划分别实行。奉令前因，理合检同社会部许可证一纸、修正中国社会教育学会简章一份、会员名册一本，一并呈请鉴核，仰祈准予备案，实为公便。

谨呈

教育部部长赵

中国社会教育学会理事长　徐公美

附：中国社会教育学会简章

第一章　总　　纲

第一条　本会定名为中国社会教育学会。

第二条　本会以团结精神，研究社会教育学术，促进社会教育事业为宗旨。

条三条　本会设于南京，得于其他地方设立分会。

第二章　会　　员

第四条　本会会员分团体会员、个人会员二种。凡各级教育行政机关、社教机关及大中小学校等，均得申请为本会团体会员。凡品性端正有志研究社会教育，不分性别，均得申请为本会个人会员。团体会员由各该团体推派代表一人，为出席代表。

第五条　凡请求入会者，须有会员二人以上之介绍，填具入会志愿书，经理事会审查通过后方得入会。

第六条　本会会员得享下列权利：

（一）参加本会各种集会。

（二）本会各种出版物，会员得享赠阅权利。

（三）本会刊物尽先采用会员作品，稿酬从优。

（四）会员长篇著述得提交本会，经审查通过后刊印丛书出版。

---

* 此件为汪伪政权的文件，列于此以备参考。

第七条　团体会员年纳会费五元，个人会员年纳会费一元。

第三章　组织及会务

第八条　本会最高权力机关为会员大会。

第九条　本会设置理事会，综理经常会务，理事由会员大会选举之。

第十条　理事任期为一年，连选得连任。

第十一条　理事会设理事十七人，互推理事长一人，常务理事四人。理事长为当然理事，组织常务理事会，主持本会一切会务。

第十二条　本会聘名誉会长一人、顾问一人至三人，扶植及巩固本会之基础。

第十三条　本会理事为名誉职。

第十四条　本会分总务、研究、编辑、调查、推广五部，各部设主任一人，由常务理事兼任之。视事实上需要，各部得增设若干股，股员由各部主任提请理事会通过后聘请之。

第十五条　会员大会每年举行一次，理事会每月举行一次，由理事长召集之。倘遇必要时，召集临时会员大会或理事会。

第十六条　本会开会时以理事长为主席，理事长因故不能出席时，由常务理事互推一人代理之。

第十七条　本会如遇紧急事项，得由理事会议决执行后提请会员大会追认之。

第四章　经　　费

第十八条　本会经费除会费外，得由理事会议决请有关文化之指导机关补助或临时募集之。

第五章　附　　则

第十九条　本简章自成立大会通过后施行。

第二十条　本简章如有未尽善处，得由会员大会提出修正之。

中国第二历史档案馆藏“伪华北政务委员会教育总署档案”二〇七八·97

华北社会教育协进会简章

（1941年）

第一条　本会定名为华北社会教育协进会。

第二条　本会以联络华北各省市社会教育人员，改进教育事业而谋社会教育之发展为宗旨。

第三条　本会职务如左：

一、本会本互助精神，随时联络，以增进工作效率。

二、本会讨论社会教育推行之方案。

三、本会检讨各省市推行社会教育之经过。

四、本会对于教育总署得陈述各省市办理社会教育应行改善之意见，以备采择。

五、本会得受教育总署之委托，调查并报告各省市社会教育推行之状况及其成效。

六、本会得受教育总署之委托，为社会教育事业之活动。

第四条　本会由教育总署及华北各省市教育厅局社会教育行政人员并新民教育馆馆长、图书馆馆长组织之。

第五条　本会采取委员制，设委员十二人，任期二年，得连选连任。

第六条　本会设常务委员七人，由委员中选任之；设主席委员一人，常务委员互选之。

第七条　本会设下列三组：

一、总务组：掌理文书、会计、庶务事宜。

二、计划组：掌理检讨计划及实施社会教育等事宜。

三、调查组：掌理调查统计等事宜。

第八条　本会设干事若干人，辅佐常务委员会主席委员办理各组事务。

第九条　本会全体委员会每年召开一次，其会期由常务委员规定之。

第十条　本会常务委员会每三个月召开一次，由主席委员召集之。

第十一条　本会经费由教育总署酌量补助，不足时由各省市教育厅局分担之。

第十二条　本会会址暂设于教育总署内。

第十三条　本简章由全体会员拟定呈请教育总署批准后施行之。

第十四条　本简章如有未尽事宜，由全体委员会通过后呈请修正之。

附：华北社会教育协进会委员名册

计开

常务委员　教育总署社会教育科科长陈寅生

北京市立第一普通图书馆馆长李文裿

北京市第三社教区新民教育馆馆长宋春韶

北京市第四社教区新民教育馆馆长武鸿桥

天津市第七社教区新民教育馆馆长董亦儒

天津市第五社教区新民教育馆馆长崔文奎

河北省立第一新民教育馆馆长王蕴麟

委员　河南教育厅社教股股长马绍昌

山东教育厅社会教育科教化股股长陆斗生

山西省立新民教育馆馆长张范

青岛教育局社教科教化股股长高谛缘

苏北行政专员公署社教股股长于树人

中国第二历史档案馆藏“伪华北政务委员会教育总署档案”二〇二一·940

华北政务委员会教育总署呈

（1941年11月8日）

呈育字第五六八号

为呈复事。案查前奉钧会三十年九月二十二日秘文字第六一三零号训令内开：“为训令事。案据河北省公署呈，略称本署举办儒学讲习会一案，讲习期内有协议会之规定，据民政厅厅长高培枢缮具提案事由及议决概略并检同原提案暨记录等件签请核示等情，经核所议各案，均尚切要，自应准予分别照办。惟查一、二、三、四、九各案于中小学添设经学并编辑经学读本，俾改善青年思想，事关教育施政方针，似应由上级主管官署审核统筹办理，摘录提案事由及议决概略，并检同协议会记录，请鉴核示遵等情。据此，除指令该省署外，合行抄发原呈并检发原附件，令仰该总署查核具复以凭饬遵。此令。”等因，附抄发原呈一件、检发原附件二份仍缴。奉此，正遵核间，复准河北省公署咨同前因到署。查儒学讲习会协议会议决案内一、二、三、四、九各案主旨，可分为三点：（一）恢复各县中学；（二）编辑经学读本；（三）各级学校添读经书。兹谨依次核议如左：

一、事变以后，学校多数停顿，恢复旧有中学自属需要，惟安抚工作头绪万端，民生凋敝经费困难，普通中学专为预备青年升学而设，一般青年是否均有升入大学之财力及能力殊成问题，现在对旧有中学似可酌量恢复，而中等职业学校之筹设，似尤属刻不容缓。

二、经学含义渊博，文字深奥，古昔学者早有皓首穷经之叹，为使一般民众了解经义起见，编辑经学读本或经学浅说，以供中小学生课外阅读或作民众读物，似属可行，拟交本署直辖编审会酌量办理。

三、各级学校添读经书一语，义意似嫌含混，若就初小儿童设想，即以前初入乡塾学童。往者学童入塾，亦先授以《千字文》、《百家姓》诸书，即读《论》、《孟》亦不开讲，其徒劳无功，前人早已道及。现在小学添读经书似不可行。若大学国文系，则非仅读经，且精研经义，其发挥经学精神，更非科举时代廪贡生员所能企及，余如理工等系则无读经时间，大学添读经书一节似亦无庸置议。至现在中等学校，则所用国文、修身等教科书中，成篇成段之经文已多量容纳，似更无另添授课时间专授经书之必要。所有遵令核议情形是否有当，理合检缴奉发原附件具文呈请鉴核示遵。

谨呈

华北政务委员会

附呈缴奉发原附件二份（略）

教育总署督办　周作人

《华北政务委员会公报》第111、112期合刊，“教署·公牍”，1941年12月29日。

二、治安强化运动

华北政务委员会第二次强化治安运动实施及宣传计划*

（1940年7月）

第一　实施时期及地域

一、自七月七日起举行第二次强化治安运动，期间约二个月。

二、地域为本会统辖下各省市区。

第二　运动之目的

本运动之目的，乃就第一次强化治安运动之成效及其状况扩大而强化之，俾达到次列之效用：

（一）首先将华北宣布为确立反共思想之区。

（二）军政会及民众融合为一体而发挥其统合的威力。

（三）特别扩充乡村之防共自卫力。

即由上述之程序进而为积极的剿共工作，以图全华北之肃清。

第三　实施要项

（一）运动及宣传以实践第一主义展开之。

（二）第一次强化治安运动现在虽尚未脱离消极防御之域，但经第二次运动后则定当移入积极的攻势。

（三）夏防运动应与此次运动以不可分的关系而合作之。

（四）此次之运动工作及宣传须适应各级地方与当地之现实。

（五）此次运动须具有长期持续性质。

（六）在此次运动自本会委员长、各督办、各常务委员以下乃至各中央地方长官、新

---

* 本计划1940年7月颁发。另见青岛市档案馆藏“市档临23-1-1214”案卷，其手抄原件与《青岛教育半月刊》第2卷第17期“公牍”所刊，于文字上有少数不同之处。现对校二者，根据文意核定是文。特此说明。

民会中央地方干部暨各界重要人物指导者率先在其职务范围内，务须对于所属躬任积极的指导与督励同时，且须挺身于第一线躬自参加实践运动，以资所属奉为模楷而利此重要工作。

（七）中央地方各军政机关须先就各该机关内部断行公务员之肃清，并使之恪守规律。

第四　实施事项

本运动及宣传，应依据上列之目的及实施要领，在中央或地方由关系各机关团体等相互紧密连系与合作之下而企划实施，兹并规定基准的规例如次。

其一　运动实施事项

一、编成剿共实践工作班

由警务机关、新民会民众合作下编成剿工［共］实践工作班而实行其工作。

1. 清查没收一切共产主义的书籍及其宣传资料或材料。

2. 将共产分子之组织行动加以破坏、搜查、举发等等。

二、编成反共视察班

由警务机关、新民会民众合作编成反共视察班在各地视察，实行反共剿共之工作并加以指导与协力，以及搜集反共剿共工作应用之各种资料材料。

三、剿共实践

将乡村自卫团扩大强化，同时且在各乡村横断的连系之下，由军警共同协力对中国共产党以及共产军采取积极的长期继续攻势。

四、对共经济封锁

在军政会民众合作之下，阻止对匪共区域内之物资流入，同时依据连坐制强制施行证明书制度或居住证制度，对于不领此等证明书者，禁止生活必需品之买入以及旅行住宿。

五、破坏中共经济建设计划

在军政会民众合作之下，实行对匪共区物资之吸收并其他中共经济建设计划之破坏工作。

其二　宣传实施事项

一、宣布反共思想

二、暴露中共内容

三、暴露蒋共关系深刻化

四、解剖日苏关系及苏联参战与中共之关系

五、解剖最近国际情势及援蒋之关系

六、解剖中原作战

七、比较蒋共与日本之现状

（以上各项供中央地方各报纸杂志讲演而宣布之）

八、广播

在全期间中举办中央地方之军政会，以及各界名士学者宗教家之讲演本运动消息重要行事之中继及其他彻底宣扬本运动旨趣之各种广播。

九、电影

1.《看啊！我们的坚垒》（情报局制作三卷）

是将第一次治安强化运动实况收录而摄成者，在本运动期间中使之在全华北电影院演映及巡回演映（由中央各机关共同担任）。

2.《肃清匪共》（情报局制作五百尺）

系本运动目标之“反共”影片，定在本运动期间中演映或巡回演映于全华北电影院（由中央各机关共同担任）。

十、设定“反共时间”

在各学校各工厂及其他必要处所，应恒久的设定“反共时间”而行反共教育。

十一、大宣传牌

在北京市建立记载中日共同防共基础之中日基本关系条约第三条条文以及嵌入汪主席、日本近卫首相肖像之大宣传牌。

第五　配布宣传资料

由本会情报局制成本运动用之下列宣传资料配布于全部统辖下之各机关。

一、画片

1.“中日共同防共”（两开）

印有中日共同防共基础之中日基本关系条约第三条条文以及汪主席、日本近卫首相像片。

2.“中日协力”（全面）

以中日两国少年为中心。

3.“和平建国”（全面）

以和平建国文字为中心。

（右列之中2、3画片是借本运动前提“兴亚运动”之良机按仿本运动共同精神制作而成者，故特采录之。）

二、传单

1.画片传单

系将上述三种画片缩小印刷，尤其对于画片1之部分为将来供给“反共时间”之教材，特别多加印制。

2.标语传单

以反共剿共标语而制成贴布用、撒［撒］布用两种传单。

三、布告文（两开）

印刷关于本运动实施王委员长之布告

四、中日共同声明文（两开）

印刷六月二十三日汪主席同日本近卫首相连名之彻底中日合作共同声明文。

（伪）青岛特别市教育局编印：《青岛教育半月刊》第2卷第17期，“公牍”。

山东省教育厅为预备第三次治运召开教育恳谈会

（1941年）

第三次治运开始以前，为使各学校及各社教机关彻底明了第三次治运之意义，并激励其努力治运工作起见，当由教育厅召集全省公私立中等学校校长及省立社教机关首领开恳谈会，详为指示并将训词及指示事项印发各教育人员遵照，训词及指示事项附后。

1. 训　　词

教育为立国之根本，欲图国家之富强，必须重视教育，但教育又必须适应国策，兼合时代化，方能有效，否则适得其反，不如不办之为愈也。我国自事变以还，承友邦日本之协助，新政权得以成立，友邦日本以十二分热诚支援中国，冀使早日复兴，更进而建设东亚新秩序，共奠东亚共荣圈，使东亚民族永远享和平幸福。我国政府亦深体斯意，爰本善邻友好、共同反共、经济提携三原则，自力更生，努力向兴亚途径迈进。故今日之教育，乃兴亚教育，决非十余年前之腐化教育，更非事变前之容共教育。要知兴亚之障碍为共党，共党不除，治安不能确立；治安不确立，东亚其何以建设，民生其何以安定。欲图建设东亚，安定民生，惟有强化治安，强化治安必须灭共。现在实行第三次强化治安运动主要目标，厥为经济封锁，意在制共产党之死命，故须全体官民一致总动员，各位教育领袖，要变换思想，彻底醒悟，须知治安与教育有密切关系：治安不定，教育固不能进行；教育不良，治安亦决不能巩固。处今之时，为教育计，为治安计，为东亚计，惟有置教育于治安上，方能有济。缘强化治安之主力，不仅在武力战，而尤在思想战，思想战为教育应独负之责任，至对一切宣传事项，亦为分所应尽。希望诸位振起精神，躬作先锋，领导前进，以期早日完成兴亚大业，切勿以为治安与教育无关也，更勿以为治安未确立，教育不甚重要，可偷闲也。殊不知治安愈不定，教育更要紧，而教育领袖责任更重大也。本厅长愿与诸位共勉之。兹将各项要点分述如左，希望诸位注意。

一、现在治安为第一主义，一切庶政均为治安之后援，而教育事业之趋势，尤应置重点于治安上。

二、友邦日本援助中国之决心，和奠定东亚共荣圈之方针，始终不变，应彻底认识。

三、灭共思想战，教育界应为主力军，教育领袖须切实督导进行。

四、第三次治安强化运动，应采有效方法，加紧进行，内而自肃训练，以身作则，外而宣化民众，务使普遍了解。例如讲演会、辩论会、学艺会、街市游行、家长恳亲会等，总以连络网式，深入农村，以资普及。

五、教育为兴亚基础，教育领袖应彻底觉悟，自任先锋，以期分担兴亚责任，否则依赖成性，实为自暴自弃。

六、教育经费为教育命脉，各种开支，务期撙节合理以归有用。

七、学校精神讲话，以及其他训练，务须以东方文化道德为中心，借以引起学生灭共思想。

2. 指 示 事 项

一、关于教育方针之趋向

现在庶政之推进咸以治安为鹄的，教育为一切之原动力，今后当以教育的全副力量谋治安之强化。换言之，即站在治安强化的立场上而办教育，负起思想战之全责，一致动员，此点应彻底认清。

二、关于治强运动之实施

现在第三次治安强化运动业已开始，学校自应切实推进，一面对学生积极训练，一面对社会民众努力宣传。其要项如左：

甲、自肃方面

（一）自肃训练

（二）讲演会、辩论会

（三）思想之考查及加强

乙、宣传方面

（一）组织宣传网

（二）开学生家长恳谈会

（三）开治安强化游艺会

（四）开治安强化成绩展览会

三、关于经学教材之添授

各级学校于修身国文科目中添授经学教材，业已通令施行，各校应切实遵办。

四、关于行政效率之强化

（一）学校与教育行政机关本为一体，应取紧密之联络，谋精神之团结，每一政令发出，如身使臂、臂使指，自然敏捷迅速，效率增强，此点应共同切实注意。

（二）所有以前令颁事项，均应切实奉行，如表册月报等之呈报，必须依限办理，决不可延忽，呈懈弛气象。

五、关于教员之进退

（一）进退教员应切实遵照以前令颁办法呈厅核准。

（二）教员在任用之先，宜慎重遴选，既用之后，不可无故轻易更动。

（三）教员以专任为原则，除有特别情形者外，兼任教员数目不得超过定员表之规定。

（四）寒暑假如有教员去职，应于放假后五日内呈报，新选教员应于开学后五日内呈报（如有特殊原因不能依限呈报时亦应先声叙理由），平时教职员如有变动，应立即呈报。

六、关于经济事项之整顿

（一）经济以公开为原则。

（二）对于事务人员应切实训练以加强工作效能。

（三）每月决算应于下月内呈报。

七、关于课程之进行

（一）督饬各科教员按照进度进行，每学期教材务须教授完毕。

（二）督饬各科教员功课务求踏实，以期提高学生程度。

八、关于训练之实施

（一）实施精神训练，应以东方文化为基础，灭共兴亚为重心。

（二）应养成学生勤苦耐劳之习惯。

九、关于学生健康之注意

学生为第二代国民，关系国家民族前途至为重要，对于身体之健康应切实注意。

（一）疾病应督饬校医检查治疗。

（二）饮食应督饬事务人员力求清洁卫生。

（三）天气寒暖以及衣服之增减应督饬训育人员随时注意。

十、关于教职员之协和

欲求学校之进展，必须全体教职员具教育之热心，通力合作，而后方能收伟大效果，是完全在校长之人格感化与精神领导，此点应特别注意。

（伪）山东省公署编印：《山东省教育工作概览》，“教育行政”，1941年。

山东省第三次治安强化运动实施办法

（1941年）

查治强运动，为目前当务之急。自第二次完了后，由十一月起，复届第三次治强运动开始。教育关系方面，允宜扩大组织，至其实施要项，尤其精神训练、思想陶冶等，更须加强推进。上而协助政令之推动，下而努力民众之团结，以期众志成城，而获治强运动彻底之功效。其实施办法分述如左：

1. 拟定山东省第三次治安强化运动教育工作委员会组织规划

为协力治安强化运动，促进治运工作起见，由教育厅组织第三次治安强化运动教育工作委员会，于第三次治运开始之日成立，所有本会委员、干事等，均由教育厅职员无给兼任。兹将本会组织规则附后：

山东省第三次治安强化运动教育工作委员会组织规则

第一条　山东省公署教育厅为推进第三次治安强化运动实施各种教育宣传起见，特组织教育工作委员会进行之。

第二条　本会定名为山东省第三次治安强化运动教育工作委员会。

第三条　本会实施各种教育工作悉依据本省治安强化运动颁发之第三次治强运动教育关系实施要领及宣传要义规定办理。

第四条　本会设省公署教育厅内。

第五条　本会置委员长及副委员长各一人综理全会事务。

第六条　本会置主任委员一人、委员兼干事五人，秉承委员长命令处理会内一切事务。

第七条　本会置干事若干人，分组办理会内文书、会计、庶务、交际、设计、督导各项事宜。

第八条　本会实施各种教育工作所需用费，由本省治安强化专款动支，但本会委员干事，均由省公署教育厅职员兼任无给职。

第九条　关于第三次治强运动各种教育事项，由本会主任委员秉承委员长命令按照事项性质分交各组办理。

第十条　各种教育事项遇有特殊情形各组不能单独办理者，由本会主任委员召开临时会议决定之。

第十一条　本规则如有未尽事宜得随时修正之。

第十二条　本规则自核定之日施行。

2. 拟定第三次治安强化运动教育关系实施要领

为使全省教育关系加紧协力治运工作起见，特拟定第三次治安强化运动教育关系实施要领，通饬遵行。兹将实施要领附后：

第三次治安强化运动教育关系实施要领

甲、教育行政方面

一、视察督导　教育厅长及市、区、县教育科局长须躬亲或派要员赴各地实际视察督导教育治运工作。

二、检阅　各学校及社教机关自肃工作，如各种自肃训练及青年团等，均须由教育局科长躬亲或派员分别检阅，并乘机训示治运之要义。

乙、学校方面

一、自肃训练　校长以次职教员学生实行自肃自戒，举凡言语行动以建设新国家确立灭共信念，务期养成兴亚中坚分子作民众之模范为主旨。

二、举办讲演会辩论会　学校举办讲演会或辩论会。每月二三次，校长以次职教员学生全体加入讲演会。职教员学生轮流讲演。辩论会选拔优秀学生担任表演，采选宣抚民众消灭共产之有效材料，俾资感动青年激起灭共思想战，以为宣抚民众之原动力。

三、组织学生生活指导委员会　各学校应组织学生生活指导委员会，由校长以次职教员切实指导，实行自肃自戒训练。

四、青年思想之考查及加强　青年思想为强化治安运动之原动力，欲收伟大效果，必须先考查青年思想是否纯正，同时予以非正式之精神训练，务使潜移默化，令其思想自然加强。

五、组织宣传网　关于治安强化之意义及目标，应以教育力量达于民众，使之彻底觉悟而努力，故须组织宣传网深入农村普及民众。例如举办学生家长恳谈会，使各家长回家转告亲邻，一而十、十而百、百而千、千而万，自能迅速普遍，再印刷小册或文启，令学生带至家中宣传亲邻，再令亲邻各自告其亲属，亦可迅速普遍。

六、举办学艺会　学艺会本属余兴，然感动力最大，各学校应举办学艺会，或数校合并举行，或单独举行，总须酌量实际情形办理，或在城市借一公共场所，召集民众观看，或分区举办，或在乡镇联合举办，总要把强化治安之要点包含在内，务使民众感动。

七、街市游行　以治安强化运动为资料，各级学校联合集队游行，高唱兴亚进行曲。

八、举办成绩展览会　各学校应预将治强运动作品采有效意义定期举办展览会，通知民众观览，并随时加以解说，联合举办或单独举办均可，总以切合实际为要。

九、广播放送　各学校职教员及学生应时作治运论说，广播放送或登报。

丙、社教方面

一、举行电影大会　以灭共讲演及兴亚教育影片由新民教育馆巡回放映。

二、组织临时巡回讲演团　由新民教育馆联合其他讲演机关组织之分区巡回以期普及。

三、召集民众治强运动恳谈会　由新民教育馆分期召集各界民众举行。

四、举行反共漫画巡回展览会　由省立教育馆征集选拔优秀作品巡回各市县公开展览。

五、组织民众思想指导委员会　由新民教育馆联络关系方面组织之，以便纠正民众思想。

六、组织社教机关连络网　省市区县社教机关为互相连络起见，组织通信连络网，以资交换反共宣传资料及文化刊物。

七、组织化装讲演团　由省立新民教育馆话剧部担任，在济南区域内扩大巡回，实施表另定之。

八、普及讲座，组织读书会、工读会及识字班等　各地社教机关联络关系方面协商办理以利宣传。

九、促进宗教团体活动　社会机关或学校人员应彻底认识宗教团体之趣旨，以宗教团体为中心，协力治运推及社会，遇必要时须加入宗教团体，借资加强宣传。

十、广播音乐话剧　由省立新民教育馆办理之。

注意：

一、各市、县、区均应依照本要领之规定，就当地实际情形另拟实施具体方案呈报核夺。

二、本要领所列各事项在本运动期内一律实行，但期满后仍继续办理。

附：宣传要义

一、铲除共党思想

查共党思想基于共产主义，共产主义乃为反道败德之邪说，应尽力发扬东方文化道德籍［借］以征服共产主义，以期根本灭绝共产思想。

二、确立自给自足之理念

关于建设东亚共荣圈，凡东亚民族，人人必须自力更生，确立自给自足之理念，绝对不可依赖成性自取灭亡。

三、实行经济封锁

经济封锁原为制共产党之死命，应将其中意义尽量宣传，使一般民众彻底明了，以期加强灭共力量。

四、增加生产，提倡节约

既以经济封锁匪区，亦应防备匪区之封锁，凡对匪区经济封锁之民众，对于本身生产须增加以开财源，并提倡节约以节财流，如此办法方能掯制匪徒而不为匪徒所掯制。

五、绝禁与匪区经济交换

凡立于经济封锁匪区者，无论钱项及各种物资，绝对不能通融交换，以促进匪区经济之崩毁。

六、利用《教育时报》

推行《教育时报》，利用论著，确立国民思想，借以排斥共产党之邪说。

3. 召开第三次治安强化运动讲演会

为使教育机关全体职教员，彻底了解第三次治安强化运动意义之真谛，以便分别主办学生讲演会、学生家长恳谈会、民众恳谈会等起见，由教育厅召开第三次治安强化运动讲演会，当于十二月四日下午一时半，在省公署大礼堂召集济南市公私立各级学校及社教机关教职员听讲，教育厅长报告开会意义，省长训话，省新民会教化科长讲治运旨趣，省治运本部李督察专员讲经济封锁，佟督察专员讲治运办法，省宣传室阎主任讲治运宣传意义，至五时半讲演完毕，讲演情形异常热烈。计到有省市私立各级学校八十二校，社教机关二十一处，共五百三十七名。

4. 拟定第三次治强运动各道督察专员会议教育指示事项

在第三次治运开始以前，省公署为指示治运实施方针起见，曾召集各道督察专员会议，关于教育方面协力事项，当拟定指示四条。兹附后：

各道督察专员会议关于教育指示事项

一、各教育人员及学生均须由自肃工作推及社会，尤其深入农村普及民众，务以教育力量激起民众灭共实力。

二、社会教育以新民教育馆为中心，应使与关系方面连络，组织各种机构，采取有效方法，务使达到圆满目的。

三、教育治运工作应采取连络网式，以期事半功倍。

四、全省教育治运已定有实施要领，希望各位督察专员依据该要领在可能范围内随时视察督导并检阅尤其协力，以期工作圆满。

5. 拟订第三次治运省教育机关工作预定表

为便于工作之实施，及实地视察及督导起见，拟订省教育机关工作预定表。兹附后：（表略）

（伪）山东省公署编印：《山东省教育工作概览》，“教育行政”，1941 年。

华北政务委员会教育总署咨

（1941 年 11 月 11 日）

咨育字第五一二号

为咨行事。案奉华北政务委员会本年十月二十三日政秘字第六八八零号训令内开：“查以前两次举办治安强化运动，地方安宁赖以增进，现在时届冬令，为求再行增强治安起见，特举办第三次治安强化运动。除分令外，合行检发此次运动实施要领，令仰知照。此令。”等因，附发要领一份。奉此，查此次治安强化运动，乃为扩大已往治强运动之成果，使其组织更加整备，工作更加跃进，以期治安之确立与巩固。此次运动之目标，尤置重点于经济方面，并扩大其运动范围于全华北各地。值兹治强运动实施之际，在文化工作之立场上，应对于教育、宗教、文化等机关加以指导，使其共同协办，唤起一般民众，俾能明了此次运动之意义，自动参加本运动，以期收获实效。兹由本总署依照奉发实施要领，厘定第三次治安强化运动各级学校及文化教育机关施行纲要及实施办法各一份，随文咨送。即希贵公署查照转饬所属切实遵照办理，并将办理情形及所收效果汇报查核为荷。

此咨

各省市公署

附各级学校及文教机关施行纲要暨实施办法各一件

教育总署督办　周作人

（附注）此案同日并以函育字第六二七号公函分行苏北专员公署查照办理，文同，故略。

附：第三次治安强化运动各级学校及文化教育机关施行纲要

第三次治安强化运动，乃为扩充已往治强运动之成果而为进击的活动，以期治安之确保与巩固，故此次运动之目标，尤侧重于经济方面，并扩大其范围于全华北各地。兹值治强运动实施之际，在文化工作之立场，应对于教育、宗教、文化等机关加以适宜之指导，使其自动的参加。本运动用讲演、宣传等有效方法，唤起一般民众，俾能明了左列各要项为当前急务，期其彻底见诸实行。

1. 铲除共产思想。

2. 促进东亚共荣圈内物资之自给自足而谋经济之确立。

3. 实施对于匪区之经济封锁。

4. 增强各种资源之生产力，同时并实行节约消费、奖励储蓄及收用废品等，以谋民众经济之安定。

5. 对于谋个人利益与匪区为货品、食粮交易者，及收买囤积居奇者，加以排击，认为民众之公敌。

6. 暴露匪区之物价昂贵情形及其经济危机。

附：华北各省市各级学校及文化教育机关协力第三次治安强化运动实施办法

一、各省、市、县主管教育行政机关应各厘定办法，对所属各级学校及文教机关，按照当地实际情形为适宜之指导，使用讲演、展览等有效方法，切实宣传，唤起一般民众，使其明了六项要领，积极实行。

二、中等以上学校当局，应聘请当地关系人员举行讲演。

三、小学校得斟酌情形，邀请学生家长定期举行恳谈会从事宣传。

四、乡村小学校应于举行学生家长恳谈会时，劝导其对邻里宣传。

五、文化机关应酌量情形举行治强运动展览会。

六、社会教育机关应举行定期及巡回讲演，并举办展览会或映画会。

七、各学校各机关因举办上项宣传用款，得于原经费办公杂费项下作正开支。

八、各学校各机关举办治安强化运动终了时，应将办理情形及实施效果呈报主管机关备案。

九、各省、市、县教育行政机关应将指导办法及实施结果，呈报或汇报上级教育行政机关查核。

《华北政务委员会公报》第111、112期合刊，“教署·公牍”，1941年12月29日。

青岛特别市公署、新民会青岛特别市总会第三次治安强化运动方案

（1941年11月）

一、趣旨

遵照华北政务委员会颁发第一、二、三次治安强化运动实施纲要，组织青岛特别市治强运动本部实行办法，促进治强运动之效果及重要物资之生产流通，进而实施对匪方之经济封锁使之逐渐消灭，以期治安之永固。

二、实施期间及地域

自本年十一月一日起至十二月二十五日止，于本署所属之市乡各区实施之，必要时得与邻省取得连络。

三、实施事项

（一）强化民间自治机能，发挥保甲制度之效果

1. 邻接之保甲应作密切之联系，以免村、区间之间隔。

2. 户口转移之注意与清查。

3. 保甲长之保甲知识的灌输。

（二）侧重于经济工作

1. 经营合作社以协助物资之流通，而谋对敌方之经济封锁。

2. 力谋农产物之收藏及确保，设立农业仓库，并强化防御设施。

3. 指导各公司、组合、买办巨商以及一切工商各界，使其经济观念适合于新体制。

4. 改革并整备现有之经济机构之适合于新体制。

5. 利用废物，励行节约，奖励储蓄。

（三）强化自卫组织增进讨伐能力

1. 现有之警备队与民间自卫团并一切武装团体、宗教团体均须取得密切连络，俾收互助之效，且行动必须一致。

2. 各种自卫组织须于敌匪区内扩大我方之势力，采取攻势。

3. 训练武装警团人员具有必胜之观念。

四、实施办法

（一）本署总务、社会、警察、乡政各局及警备队农事辅导部指定专员，各以其职责按照本要领所列之实施事项，分别积极推行，其职务分划有如下列：

治安强化运动本部部长：市长

下设总务、经济、宣传、治安、指导五组。

1. 总务组

组长：总务局长

副组长：总务局副局长

司掌本运动之文书、庶务、会计等事宜。

2. 经济组

组长：乡政局长

副组长：社会局长、农事辅导部长

司掌合作社之经营、农产物之收藏、工商界之指导、经济机构之整备及一切有关经济事宜。

3. 宣传组

组长：社会局长

副组长：新民会次长

司掌本运动之一切有关宣传事宜。

4. 治安组

组长：警察局长

副组长：警备队长、警察局副局长

司掌关于民间自卫机能之发挥、敌匪之讨伐等事宜。

5. 指导组

组长：新民会次长

副组长：乡政局长

司掌本运动关于民间自治机能及保甲效果之发挥及一切对市民之指导事项。

（二）青市治强运动本部设于本署，各项责任者宜于实施期限内制作旬报呈报工作情形。

五、宣传要旨

（一）将实施经济封锁之必要原因，使一般市民普遍谅解，而能自动参加此项运动。

（二）将确立自给自足经济之必要，使市民明了，而脱离依存英、美、苏联之错误观念。

（三）将对匪区实施经济封锁之效力，使市民了解，而期树立经济阵营。

（四）使市民明了，若不与匪区经济隔绝，则我方亦有卷入经济紊乱漩涡之虞。

（五）使市民明了，欲行经济封锁必须农工商等一致协力之意义。

六、宣传办法

（一）利用漫画、标语、传单，使之深入民间。

（二）召集工商界重要分子举行座谈会。

（三）广播讲演。

（四）利用本市报纸登载宣传文字，必要时得出版专刊。

（五）于各电影院放映宣传文字。

（六）通知各商号于售货门票上加印宣传词句。

七、附则

各项责任者宜依据本要领另行拟具工作细目以便推行工作。

青岛市档案馆藏“市档临 23-1-1274”

华北政务委员会情报局第四次强化治安运动宣传计划

（1942 年）

第一　方　针

依据本会颁发之第四次强化治安运动实施要纲，此次运动之大目标有三：1. 解放东亚；2. 剿共自卫；3. 勤俭增产。应对此集中发挥宣传之总力量，用以实施强力宣传，俾本运动期间完成大东亚战争，而使华北治安呈飞跃的强化。

第二　实施要纲

一、在本运动期间，须确立应付大东亚战争之华北思想体制，以解放东亚为目标展开强力思想战。

兹将本期间所应实施之宣传要项以及为期达到目标之步骤规定如次：

1. 阐明大东亚战争意义之宣传。

本宣传所应计划实施者，即在治安地区及准治安地区，须将一切宣传机构之总力量尽量发挥而彻底普及之，对于未治安地区，则应力图将上述两地区之宣传普遍浸入于该地区，并视当地情况施行适当的直接宣传。

2. 阐明周知友邦及东亚实力之宣传。

须与前项宣传办法同时并进，为具体□□□□明大东亚战争必胜信念，与对日协力观念益坚，并使彻底再认识中国共产党及依存英美等反轴心之渝方伪政权必然到达消灭的末路。

二、为强化积极的宣传，期在本运动期间彻底深解并实践剿共自卫之理念，兹将本期间所应实施之宣传要项及进行程度基准规定如左：

1. 对共思想战与大东亚战争下之思想战两者应谋联合一体及步调严整，本此意义为强力之宣传工作。

从来华北应付对共宣传，应归纳于大东亚战争理念中再扩大强化之，期本运动得确立以解放东亚为基本观念之反共舆论。

华北前此虽仅以中共为当面大敌而厉行剿除，但彼等始终依存英美等反轴心国，且与依存英美等反轴心国之渝方张开共向战线，阻碍大东亚战争中华北所肩负兵站基地之使命，是以中共今已不仅为华北之敌，同时亦为解放东亚之敌。换言之，实即大东亚之共同敌人。故剿灭此等公敌之工作，以彻底展开“华北之大东亚战”与确立反共理论同为最切要之事。

2. 与其他剿共对策相呼应之对匪区宣传。

与其他之剿共对策为同调之呼应，并以匪区民众及共产党军为对象而实施宣传，在本运动期间所获得之效果，纵依各地区之特质而异，但将来宣传圈之扩大及宣传网之强化等必要工作，须预为特别考量。

3. 为自卫心并自卫力坚强之宣传。

鉴于前三次实绩，所以著有成效者，其主因在实施推进实践运动等必要之宣传，在本运动期间，须就乡村与县之自治自卫及联防等工作为有组织的相互关联作适切有效之宣传，俾使本运动末期得以完成县之剿共自卫态势阵营。

4. 关于对自治自卫之中日军官援助之宣传。

为强化自治自卫组织及将民众组织为攻击的团体，则中日军官之适切支援实为必要条件，尤须强调说明，使一般民众在其支援之下可以放心对共取攻势，并努力宣传，俾在本运动期间得以确立剿共自卫必胜之信念。

三、关于本运动勤俭增产之宣传，须以获得实践的效果为唯一目的，将启发推进奖励等各种宣传计划，实施组织的具体的工作，本宣传特别置重点于治安地区目的，在对本运动期间之勤俭增产诸工作，彻底展开宣传，以期达成以后继续此项目的并确立其基础。

第三　实施计划

一、本宣传须将各种宣传机关及所有一切宣传机构总力量，各依其任务与特性而使之充分完全发挥，同时且使之为有机的统合。其重点应向本运动三大目标集中，庶能获得预期效果，使本运动期间得更进一步强化华北全宣传机构之一元的活动。

二、本运动之三大目标实有相互之连系，且思想战与实践运动两者实具有不可分离之关系，故在实施宣传时不可偏于一方，以免减少效果。

三、兹将对治安地区、准治安地区、未治安地区宣传上之重点构成基准规定如左：

1. 对未治安地区专事展开解放东亚之思想战，须依现状实施并计划适宜直接之宣传，同时且将已普及于治安地区、准治安地区之宣传效果力图周达传布于该地区。

2. 对于准治安地区，须以解放东亚之思想战及剿共自卫之宣传为重点，并以一切宣传机构参加该地区之宣传，然后渐次扩张强化宣传网，以扩大其效能，用为形成治安地区之先驱。

3. 在治安地区，除实施解放东亚剿共自卫两大目标之宣传工作外，须专以勤俭增产为宣传之重点，除应将对于准治安地区之统合的宣传彻底普及于该地区外，尤须实施本地区勤俭增产之宣传。

四、在此次宣传，不论在内容与性质，均为使更进一步向上起见，宜特别留意下列诸点：

1. 为宣传而导入各部门专门家活动及专门知识之参加。

2. 须留意于宣传方法以及资材，在以智识阶级及消费阶级为主之都市方面，与以一般民众及生产阶级为主之农村乡镇，其宣传方式必须截然分开。

3. 对于本宣传要素，即大东亚战争意义、战果、解放东亚理念、东亚共荣圈之经济力、友邦及东亚之实力、剿共思想、自治自卫观念、勤俭增产观念等，须严格的以事实与数目为根据，而用平易简明之方法表现而宣传之，且应特别加以创作的工夫。

4. 一切之宣传资材，须基于相互连系相互辅助等，作成极周密之计划。

5. 除依报纸、杂志、漫画、小册子、传单等印刷物及利用广播、电影、讲演、演剧、演艺等基本的宣传方法之外，宜视各地特性，采取富有创造工夫之新式宣传方法，计划实施之。

6. 在本宣传实施期间，宜常常测定其反响及其效果，而具有可以随机应变并图改补其效果及扩大之准备。

青岛市档案馆藏“市档临 23-2-223”

华北教育总署转发第五次治安强化运动实施纲要训令

（1942 年 9 月 21 日）

令

直辖各机关

公私立专科以上各学校

各省市教育厅局

为令行事。案查前奉华北政务委员会政秘字第五四一一号训令附发《第五次治安强化运动实施纲要》一份，当经本总署于本年九月四日以令教字第一二四五号训令通行在案。兹经拟定《第五次治安强化运动实施办法》呈奉华北政务委员会政秘字第五九九二号指令内开："呈暨实施办法均悉，应准如拟办理，仰即准备，届期彻底推行为要。办法存。此令。"等因。奉此，除分行外，合行印发《第五次治安强化运动实施办法》一份，令仰该〇〇〇切实遵照办理，毋得视为具文，并将办理情形具报。此令。

附发《第五次治安强化运动实施办法》一份

督办　周〇〇

中华民国三十一年九月廿一日

附：教育总署第五次治安强化运动实施办法

一、第五次治安强化运动，以（一）建设华北，完成大东亚战争；（二）剿灭匪共，改正思想；（三）确保农产，平抑物价；（四）革新生活，安定民生为目标。各省市县主管教育行政机关，应各按当地实际情形，依照前项目标，指导所属各级学校及文化教育机关，共同协力。

二、各级学校应尽量利用各种集会时间，继续上届宣传之成果，将大东亚战争之意义及其发展之现状，并将建设华北之必要，竭力宣传。

三、各级学校应举行治运讲演会或家长恳谈会，将共产党之残暴行为及其策略阴谋广为宣传，以诱导民众之反共思想。更应提倡"护乡"、"爱家"、"敬老"、"扶幼"、"节孝"等中国固有之美德，以期把握民心。

前项讲演会、恳谈会，开会之结果，应使影响于学生之家庭，期收实效，又学校授课，应将治强运动之意义及精神，融合于课业之中，使学生彻底理解，并推而使其家族邻里理解。

四、各文化教育机关，应招集治运座谈会；或征集治运论文、治运漫画，举办展览会，或张贴治运壁报，以宣传此次治强运动之意义。

五、各社会教育机关，应组织巡回讲演团，或治运宣传队，分赴各处讲演，或举办治运展览会，或举行民众恳谈会，切实宣传此次治强运动之意义及反共思想，对于确保农产及平抑物价两项，尤应尽力宣传，使民众对华北紧急物价对策，有正确之认识。

六、各级学校及文教机关，教职员应以身作则，对学生民众提倡持躬廉洁、勤劳奉公，互相纠正缺陷，励行自戒自肃、禁烟禁酒，以革新生活。并须继续上届治运精神，奖励勤俭，提倡储蓄，以期对民生之安定，有所协力。各级学校，并应组织青少年团，作校外生活，训练勤劳服务、清扫作业等。

七、关于刊物宣传，除由教育总署主编之《教育时报》，及直辖专科以上学校学生生活指导委员会主编之《学生新闻》随时揭载外，其各省、市、县教育行政机关及各校馆现所出版之文教刊物，均应将此次治强运动之意义解说揭载。各级学校，得征集治强运动论文，刊行发表，以广宣传。

八、各级学校及文教机关，对于举办上项宣传用款，得于原经费办公杂费项下作正开支。

九、各学校各机关应于举办协力治强运动期间，将办理情形呈报主管机关一次，各省、市、县教育行政机关亦应于此时期内，将指导情形呈报上级教育行政机关，以备查考。

十、各学校各机关应于举办协力治强运动终了后，将办理情形及实施效果，于治运完毕十日内呈报主管机关。

十一、各省、市、县教育行政机关应将此次办理协力治强运动指导办法及实施效果，于治运完毕十日内呈报上级教育行政机关查核。

中国第二历史档案馆藏“伪华北政务委员会教育总署档案”二〇二一（2）·35

华北教育总署呈送所属各机关公私立专科以上各学校暨各省市教育厅局办理第五次治运实施概况报告书

（1943年3月24日）

为呈请事。案奉钧会上年八月二十日政秘字第五四一一号训令，附发《第五次治安强化运动实施纲要》，饬就职掌及所属机关实际情形，拟定实施办法呈会核定等因，遵经拟就前项实施办法呈奉钧会上年九月十一日政秘字第五九九二号指令核准当即检发原办法，通饬所属各机关切实遵办。具报各在案。嗣据本总署直辖各机关，公私立专科以上各学校，暨各省市教育厅局，先后将办理第五次治运实施状［概］况具文报告到署，截止本日初旬，始以报齐，当经加以整理，择录报告各项要点，汇集成册，理合具文呈送钧会，敬乞鉴核备案。

谨呈

华北政务委员会

附呈报告一册

教育总署督办　苏〇〇

附：教育总署直辖各机关、公私立专科以上各学校、各省市教育厅局办理第五次治运实施概况报告书（择要）

一、国立北京师范大学办理第五次治安强化运动实施概况

（一）治运训话。自第五次治运展开之日起至十二月十日止，共分九周，请各教授于晨操时分别在本校分校举行训话。

（二）演映时局电影。全体学生到场参观，对东亚民族特有之精神以及青年今后所负之使命，均感有绝大之激励与奋发。

（三）举行各种集会。于本大学学生生活指导委员会指导之下，举行第五次治运讲演会及座谈会，对于反共革新生活及应行协力第五次治运诸问题，均有相当之发挥及讨论。此外又组织青年进德会，以期自肃自戒，相互劝勉。

（四）征集论文、标语、感言、宣传画等。学生对于所缴各件投稿甚多，内容极为丰富。

（五）发行治运专刊。为引起学生对于第五次治运有深刻之注意与认识，特刊印治运专刊。

（六）收集残废金属物。自设置废金属物品收集箱于校内各处，学生尽量搜罗献纳废金属物，交由外二区公所转献关系当局。

（七）校外活动。参加中国留日同学会主办之第五次治运电影大会，新民学院主办之治安强化大学生讲演比赛会，学生生活指导委员总会主办之治运讲演映画大会，有关治运之学术讲演会，华北防共委员会主办之防共讲演大会，新民学院主办之第五次治运大学生座谈会。此外，学生白恒波应教育总署所征治运论文获选第一名，学生陈静应华北防共委员会所征防共论文获选第三名。

二、师大附属中学校办理第五次治安强化运动实施概况

（一）征集学生治运论文、标语、感言、宣传图画等。

（二）演映大东亚战争及日本文化电影。

（三）本校教职员对学生讲述五次治运意义。

（四）举行第五次治运讲演会，阐扬和平反共以及护乡、爱家、敬老、扶助［幼］、忠孝等重大意义，以为新国民运动之准备。

（五）张粘［贴］五次治运标语。

（六）训练学生注重校内劳作，以为将来开发增产之准备。

（七）各班学生搜集残废金属物以谋协力战争体制之强化。

（八）揭示报纸所关于治运之论著。

（九）训练学生崇尚节俭，使其生活革新。

三、师大附属女子中学办理第五次治安强化运动实施概况

分周举行下列各事项：

（一）本校教职员训话。讲述关于反共建国、保卫家乡、敬老扶幼、革新生活、自肃自戒、勤劳奉公、中日亲善、节俭增产、东方道德精神等论题。

（二）张粘［贴］第五次治运标语。

（三）揭示报张杂志有关第五次治运论著。

（四）举行学生勤劳运动。

（五）征集学生关于第五次治运论文、标语、感言、宣传图画等。

（六）收集金属废品。

（七）举行学生讲演会。

四、师大附属第一小学办理第五次治安强化运动实施概况

（一）举行周会训话、朝会训话、学生演说及指定之作文、劳作、美术等，以左列各项为题：

甲、大东亚战争之意义及其发展之现状。

乙、共产党之残暴行为及其活动之现状。

丙、护乡爱家、敬老扶幼、节孝等美德。

丁、推行紧急物价对策之用意。

戊、革新生活之方法、勤劳奉公之精神。

（二）每日授课利用适宜机会，融合治运意义及精神于课业中。

（三）揭示部辟治运栏，征集课外做［作］品。

（四）揭示报纸关于治运之论著。

（五）随康乐活动施行集团训练。

（六）设教职员讲习班，请日籍教员讲日本新兴教育。

（七）收听关于大东亚时局之播音。

（八）参观关于大东亚时局及灌输文化各类电影。

五、师大附属第二小学办理第五次治安强化运动实施概况

（一）讲演及训话。利用朝会时间，由教职员说明第五次治运之目标及中小学生所负之责任。

（二）揭示与宣传。张粘［贴］治运标语、图画，写字、作文等成绩。

（三）加强身心锻炼。扫除教室，实行团体训练，组织儿童反省会纠察团，使日常生活趋于纪律化。

（四）与各科教学相连结。在讲授各学科时，融合治运目标之意义于课业中。

（五）联络与推广。开家长恳亲会，并在电台广播解释五次治运之意义。

六、北大文学院举办第五次治安强化运动实施概况

举办第五次治安强运动讲演会

三十一年十月八日上午十一时，召集全体职教员学生开第五次治强运动讲演会，对于此次治运目标之意义详加阐述，并将中国固有之道德礼教须力为提倡，以及肃正思想、励行自肃自戒、勤俭节约各节论释颇详。

七、北大理学院举办第五次治安强化运动实施概况

（一）讲演会。于第五次治运期间，分日在本学院举行第五次治运讲演会，并学术讲演、巡回讲演、精神训话、学生日语演说会等，此次又参加新民学院主办之治强运动大学

生讲演会，防共委员会主办之防共讲演会，北大学术集谈会主办之讲演映画大会。

（二）座谈会。在本学院举行教职员学生茶话会。

（三）宣传展览。在本学院举行电影会、日本事情介绍写真展览会，又参加留日同学会主办之第五次治运电影，学生生活指导委员会主办之治强运动讲演映画大会。

（四）训练。组织青少年团。

（五）指导。随时指导学生实行勤劳节约，并训迪学生对于护乡爱家敬老扶幼等美德切实力行，同时并加强体育训练，寄宿学生参加防护演习。

八、北大法学院举办第五次治安强化运动实施概况

（一）集会讲演。于第五次治运期间，分日在本学院举行学术讲演，并参加治安强化大学生讲演会，学生生活指导委员总会主办之治运讲演映画大会，北京饭店之大学生座谈会等。

（二）公开征文。遵照专科以上学校学生生活指导委员会拟定之第五次治运实施纲要，征求论文、小说、剧本、漫画等稿件，以便登载学生新闻，此外由本学院命题，令学生关于五次治运意义发抒见解，札载笔记。

（三）宣传事项。于门墙、教室、宿舍分粘［贴］治运标语，其余有关治运各种图书亦随时予以揭示。

九、北大工学院举办第五次治安强化运动实施概况

（一）征集治运标语、宣传图案、论文。征集标语之目的在发挥第五次治运目标之意义。宣传图案取材于：（一）唤起民众对治运之信赖及协助；（二）表明技术人材对治运之重要；（三）关于工学院举行治运时想象中之素描。论文题目：（一）对于治安强化运动之我见；（二）工学院学生与强化治安之关系。

（二）朝礼。自十月十九日至十二月七日共举行七次，由院长或教授、学生指导部长等分别训话。

（三）礼仪周间。计举行二次，其施行要领略举如下：

甲、纠查学生对职教员是否尊敬，态度是否郑重。

乙、纠查学生之服装及举动。

丙、纠查学生上课及其他集会是否严守时间。

（四）宿舍检查。检查学生所有书籍及物品。

（五）举办运动会、音乐会、美术展览会、映画会等。

（六）举办并参加治运讲话，自十一月二日起至十二月九日止，共计四次。

（七）参加新民会青少年团总监部成立会。

（八）调查学生生活及思想。

十、北大医学院举办第五次治安强化运动实施概况

（一）集会讲演。于第五次治运期间，分日在本学院举行治运讲演、学术讲演，并参加治运讲演、映画大会、北大学术集谈会讲演，此外又请高田大尉及庞敦敏秘书长讲演大东亚战争之意义，并映演大东亚战争之电影。

（二）举办巡回诊疗班成绩报告会、巡回诊疗班座谈会等。

（三）举行中日语竞赛会。

（四）举行教员学生间亲睦教化工作。

（五）举行中日研究业绩共同发表会、中日语研修会等。

（六）参加各校院冬季球类比赛。

十一、北大农学院举办第五次治安强化运动实施概况

（一）集会讲演。分期在本学院举办治运讲演、学术讲演、防空讲演等四次。

（二）球类比赛。由本学院学生互相比赛。

（三）举行全体劳作。

甲、扫除学生宿舍。

乙、校庭整理。

丙、修平运动场。

十二、国立北京艺术专科学校办理第五次治安强化运动实施概况

（一）依据实施要纲及办法制成布告，揭示校内。

（二）利用“修身”授课时间讲演治运目标。

十三、国立北京外国语专科学校办理第五次治安强化运动实施概况

（一）举办“新民精神”征文。

（二）改善学生生活纪律。

甲、着用制服；

乙、励行礼仪；

丙、严守规律。

（三）演映有关治运电影。

（四）举办勤劳运动。

（五）敦请新民会陈局长宰平讲演。

（六）学生举行新民操、球类比赛，并清洁运动。

（七）朝会时由校长讲演协力第五次治运意义。

（八）全校员生对于本次治运有深刻之了解及彻底实行之决意。

十四、师资讲肄馆办理第五次治安强化运动实施概况

依照实施纲要范围，拟定实施计划，共计实施九周，每周举办事项分列如下：

（一）强化日常生活；

（二）宣传；

（三）整洁运动；

（四）座谈会；
（五）勤劳运动；
（六）座谈会；
（七）讲演；
（八）座谈会；
（九）自肃自戒，禁烟禁酒。

十五、国立华北观象台办理第五次治安强化运动实施概况

（一）讲演。敦请闻人名士讲演第五次治运之目的及感想。
（二）锻炼运动：（1）举行锻炼运动；（2）停驶职员下班汽车；（3）实际无线电体操。
（三）肃正运动：（1）废止公私宴会；（2）午饭自带；（3）公用品消耗节约。
（四）防谍运动：（1）添置来宾访谒簿；（2）废纸焚毁；（3）取缔参观。
（五）献金运动。实行恤兵献金。
（六）修养教育。于锻炼日，本台职员学生参观兴亚美术展览会。

十六、历史博物馆办理第五次治安强化运动实施概况

遵照治强要义，对所属切实讲解。此外又张贴标语，绘制图说，以坚强一般之观念。

十七、国立北京图书馆办理第五次治安强化运动实施概况

遵照实施办理第四项举办展览会，陈列有关治运之书报、图画、标语及刊物。

十八、编审会办理第五次治安强化运动实施概况

十月八日召集全体职员举行训话，提倡持躬廉洁、勤劳奉公、纠正缺陷、自肃自戒、励行革新生活等。

十九、中国辞典编纂处办理第五次治安强化运动实施概况

（一）召集本处全体人员举行座谈会。
（二）规定实施办法以表协力遵行之意。
（三）本处内外粘贴第五次治运壁报。

二十、华北编译馆办理第五次治安强化运动实施概况

（一）召集馆员训话，促向第五次治运四大目标迈进。
（二）张贴标语。
（三）发表论文。

二十一、国立清华大学保管处办理第五次治安强化运动实施概况

（一）召集本处人员，讲演第五次治强运动之目标及意义。
（二）每旬开座谈会，讨论关于第五次治运之一切问题。
（三）本处职员分向相识者宣传第五次治运目标及意义，并张贴标语。

二十二、教育总署直辖农事教育人员养成所办理第五次治安强化运动实施概况

（一）参加国立北京大学农学院讲演会。

（二）举行全所清洁运动。

（三）参加农学院主办之防空讲演。

（四）举行全体劳力［动］。

（五）参加农学院举办之学生学术研究会。

（六）参加农学院举行之第二次讲演会。

（七）举行各项球类比赛。

二十三、私立北京辅仁大学办理第五次治安强化运动实施概况

（一）防共讲演。

（二）印刷物配布。

（三）宿舍夜游艺会。

（四）映画会。

（五）教员治运茶话会。

二十四、私立北京中国学院办理第五次治安强化运动实施概况

（一）校内外张贴治运标语。

（二）各学系教员于授课时讲述治运之意义及其精神。

（三）本院学生参加：

甲、新民学院主办之辩论会；

乙、汪主席莅京在怀仁堂训话；

丙、新新戏院讲演会；

丁、本市音乐堂成立大会；

戊、新民学院大学生座谈会。

（四）教职员以身作则，对学生提倡勤俭，励行自肃自戒。

二十五、河北省公署教育厅办理第五次治安强化运动实施概况

（一）教育厅举办事项

一、讲演大会；

二、写真巡回展览、治运讲演；

三、中等以上学校学生治运讲演比赛会；

四、中等以上学校学生日语讲演比赛会；

五、全省各级学校日语学艺会。

（二）省立各级学校举办事项

一、学校对学生之训导；

二、治运讲演会；

三、学艺会；

四、展览会；

五、奉公团；

六、村民指导；

七、识字运动。

（三）社教机关协力第五次治运要纲：

一、依据教署规定第五次治运实施办法办理，并拟具实施计划。

二、改善日语班识字班等施教方法及教材内容。

三、每两周呈报办理协力治运情形一次。

二十六、河南省公署教育厅办理第五次治安强化运动实施概况

以省垣各级学校暨社教机关为中心，努力推动下列八周预定行事：

第一周（十月八日至十四日），革新生活运动周；

第二周（十月十六日至二十二日），肃正思想周；

第三周（十月二十四日至三十日），身体锻炼周；

第四周（十一月一日至七日），讲演周；

第五周（十一月九日至十五日），收集废物周；

第六周（十一月十七日至二十三日），普及日语周；

第七周（十一月二十五日至十二月一日），勤劳奉仕周；

第八周（十二月三日至九日），治强作品展览周。

二十七、山西省公署教育厅办理第五次治安强化运动实施概况

召集各学校各社教机关代表开会，决定举办事项十项：

（一）启蒙运动。

（二）制定第五次治运实施办法。

（三）拟定第五次治运征集日语论文实施办法。

（四）令饬各道市县会、各级学校、各社教机关填报第五次治运实施事项预报表。

（五）厅长视察各县治运实况。

（六）函请《新民报》发表各学校、各社教机关第五次治运确定实施事项。

（七）召集各学校、各社教机关代表商讨关于治运补充事项。

（八）规定各级学校街头讲演分配表、学生家长恳谈会时日表、恳谈会程序及实施第五次治运事项等件，饬切实举办。

（九）由教育厅派员前往各校担任街头讲演指导，并核定稿件。

（十）教育厅长巡视各县治运报告。

二十八、山东省公署教育厅办理第五次治安强化运动实施概况

依据颁发之实施办法，参照本省教育实际情形，拟定山东省教育机关协力第五次治强运动实施方案，内容大略规定如下：

实施要领

（一）灭绝英美思想。

（二）彻底强化反共思想。

（三）中国固有道德之确立。

实施细目

（一）教职员组织训练之强化。

（二）学校青少年团指导之强化。

（三）宗教团体指导之强化。

（四）社会教育机关之活跃。

二十九、北京教育局办理第五次治安强化运动实施概况

一、特殊事项

（一）本局成立治安强化运动分部，各中小学成立支部。

（二）本局派员视察各校重要行事。

（三）各校自动工作之尊重。

（四）本局职员及各校学生恒久的伦理运动化。

二、具体案

第一目标

（一）对指导者阶级之指导。

甲、本局局长分头训示局员及所属机关领袖、各校校长对大东亚战争之意义及本次治运之方针均彻底明了。

乙、各校长向教职员训示大东亚战争之意义及本次治运之方针。

丙、在太庙举行教育者大会。

（二）学校日语之普及

甲、中小学校不谙日语之教员，每周月水土曜日均学习日语一小时。

乙、市立各日语学校教员均改由各校教官兼任。

丙、新设日语学校三处。

（三）日华交欢

甲、市立中小学分别举行日华教员交欢会。

乙、本局局长、顾问、辅佐官及中国校长四十名，均参加日本大使馆及居留民团主催［持］之日华职员交欢会。

丙、举办中日联合学生体育大会。

（四）大东亚战争意义之彻底

甲、各学校每日朝会诵读标语，宣传战果。

乙、在新新戏院映演《马来战记》电影。

（五）学术之研究

甲、在市立三中举办数学研究发表会，各中学数学教员均参加。

乙、举行日语研究授业，各校日语教员均参加。

（六）大东亚战争纪念周间

甲、中国学生访问日本学校。

乙、各学校举行游艺会及辩论会，招待学生家长。

丙、市立中小学参加新民青少年团结成式。

丁、本市学生参加广播协会主催［持］之华北中等学生辩论大会。

戊、限各小学校教员必须率领五六年级学生一名，参观日华学童新生南方圈写真展览。

己、各中小学学生分献铜、铁、铅、锡等金【属】品，缴局转解。

第二目标

（一）各学校教职员身份之调查。

（二）各学校学生思想之肃正。

甲、每周月曜日朝会由校长演说，对共产思想、依存英美思想及其他邪说均予以排击。

乙、各校校长及民教馆馆长等广播此次治运之回想。

丙、征集中小学学生论文。

丁、检阅接收学校。

（三）社会教育之实施

各新民教育馆及阅书报处分在各该馆处讲演，对于护乡、敬祖、爱幼、勤俭、储蓄等中国固有美德详细阐明。

第三目标

（一）购买组合一元化。组织筹备委员会，调查各校需用种类数量。

（二）学生分组宣传。中等学校学生在附近街市对民众宣讲物价对策及国民道德。

第四目标

（一）勤劳教育。

（二）节俭教育。

甲、废物利用。

乙、学生节约学用品并实行储金。

（三）学生体魄之锻炼。

甲、各学校实施集团训练。

乙、举办中小学校联合体育大会。

三十、青岛市公署教育局办理第五次治安强化运动实施概况

（一）大东亚战争意义及发展宣传

一、讲演；

二、放送；

三、分发宣传品；

四、报道战况。

（二）国防资源之开发。

（三）日语普及运动之推进。

一、日语讲习会；

二、日语研究授业；

三、日语教育恳谈会；

四、日语检定试验；

五、日语雄辩大会；

六、考查日语讲习会；

七、分发日语杂志。

（四）扫除共产思想之宣传。

一、宗教工作；

二、学生青少年团结成式；

三、表彰善行学生。

（五）学生及人民自肃自戒之倡导。

一、治强展览会及讲演；

二、家长恳谈会，大东亚共荣圈更生展览会；

三、治强更生展览会；

四、奖励学生储金。

三十一、天津市教育局办理第五次治安强化运动实施概况

一、局长训话。召集全局职员及市私立各校馆长等说明教育界应负之责任，注重于肃正思想与革新生活两大精神建设。

二、局长广播。局长在电台广播肃正思想与革新生活。

三、座谈会。教育局职员举行座谈会二次，第一次以革新生活与勤俭节约为题，第二次以如何适应战时体制及其改造方针为谈辩中心。

四、谈话会。各科室分期单独举行，以自肃自励、革新生活、五届治运之连贯性及五次治运之四大目标为题。

五、各校馆教职员座谈会。全市各校馆先后举办座谈会五次，偏重于：（一）自身以省；（二）指导学生；（三）唤起民众对于治运目标之认识与实践。

六、学生座谈会。教育局指定市一中等九校于星期六及星期日各举行座谈会一次，由教育局宣传处派员指导。

七、主妇座谈会。每星期日由各民教馆轮流召集主妇座谈会，由各馆员解述治运要义，与各主妇相互研讨五次治运各主妇应持之态度。

八、教育界名流座谈会。由教育局在市立第一图书馆召请本市中日教育界名流二十余人举办座谈会，对于本届治运教育界应负之使命、进行之方法与理念之实践共同讨论。

九、扩大宣传会。每星期三由各民教馆及实验区轮流举办，由馆长召集民众作治运讲演，并演戏剧、音乐等游艺节目，借以扩大宣传。

十、学生家长恳谈会。市私立各小学校于星期日分区轮流召集学生家长恳谈会一次，恳谈对五次治运意义及实施方略，并望各家长协力推进。

十一、各校馆长对职员训话。全市各教育机关主管人员于十月八日召集全体职教员训话，对本届治运之目标及应如何实践作详明之指示。

十二、各校馆召集夫役讲演。十月八日，各校馆长召集全体夫役讲演五次治运意义及应努力之处。

十三、校长召集学生讲演。每星期四，市、私立各中小学校长在各该校召集学生讲演一次，述说五次治运之意义与目标及学生应具之态度。

十四、校长指派教员或请知名之士召集学生讲演。各级学校于每星期五，由校长指派教员或请知名之士召集学生讲演，关于治运目标、格言，分作详述。

十五、电台讲演。由教育局宣传处与天津电台连络指定民教馆员分期广播治运纲要。

十六、幻灯讲演。各民教馆于每星期五输流在各该馆召集民众，举办幻灯讲演。

十七、街头讲演。由教育局指定之市一中等九校分遣学生于课后赴通衢，对一般民众举行街头讲演。

十八、家庭访问。由教育局指定女一中等九校选派女生，于课后赴各民宅举行家庭访问。

十九、民教馆讲演。市立各民教馆指派馆员每日普通讲演时间作有关治运之宣传。

二十、学生作品展览会。由教育局主办学生作品展览会，该项作品多含有宣传治运之意义。

二十一、发表论文。由教育局甄选教育界论文，先后交由宣传处分在京津各大报发表。

二十二、国术表演大会。在教育局长主持下，于市立公共体育场举办民众国术表演大会。

二十三、敬老会。教育局主办敬老会，于国民戏院由市长亲临训话。

二十四、学生讲演比赛会。教育局主办中学生讲演比赛。

二十五、学生日语讲演比赛会。教育局主办中学生日语讲演比赛会。

二十六、中日学生学艺交欢会。原定由教育局主办，继改由日本居留民团主办，更名为枢轴青少年亲善学艺会，在光明影院举行。

中国第二历史档案馆藏“伪华北政务委员会教育总署档案”二〇二一（2）·35

山西省公署咨送教育厅举办关于第五次治运事项纪要

（1943年5月22日）

为咨送事。查五次治运业经办理完竣，本署教育厅为使关系机关暨所属各校及社教机关明了此次治运期间前后经办事项实况起见，特编印《山西省公署教育厅举办关于第五次治运事项纪要》，借资参考。除分发各道市县会暨各级学校、各社教机关参阅外，相应检同前项纪要一册，备文咨送，即请察照为荷。

此咨

教育总署督办　苏

附《山西省公署教育厅举办关于第五次治运事项纪要》一册

山西省省长　冯司直（印）

山西省公署教育厅举办第五次治运事项纪要

（山西省公署教育厅三十一年十一月印）

查第五次治运，四大目标为：建设华北，完成大东亚战争；剿灭共匪，肃正思想；确保农产，减低物价；暨革新生活，安定民生等四大目标。本厅依据前项目标，遵照华北政务委员会五次治运实施纲要暨教育总署实施办法，令饬所属各级学校及文化社教机关遵办具报各在案。兹将本厅举办关于五次治运事项择要分述如下：

一、启蒙运动。

二、制定山西省公署教育厅第五次治运实施办法，饬属举办（办法附后）具报。

三、拟定第五次治运征集日语论文实施办法，通饬所属遵办。

四、令发省内各道市县会、各级学校、各社教机关第五次治运实施事项预报表式，饬令依式具报（择录各校各机关预报表附后）。

五、函请太原新民报社发表各学校各社教机关五次治运预定实施事项（预报表附后）。

六、召集市内各级学校校长暨社教机关代表开会，商讨关于治运应行补充事项（决定事项附后）。

七、函发市内省立各级学校街头讲演分配表、各小学校学生家长恳谈会时日表、恳谈会程序暨实施五次治运事项等件，饬查照切实举办具报（分配表、时日表、程序事项等附后）。

八、教育厅厅长于十月二十三日亲莅洪洞、赵城、襄陵、临汾、霍县等五县，视察各该县治运实况，并作切实之指导与训话（视察日程表及训词附后）。

九、教育厅裴厅长巡视临汾、洪洞、襄陵、赵城、霍县治运报告。

十、裴教育厅长视察五次治运改进意见。

十一、山西省公署教育厅第五次治运实施效果报告表（表附后）。

十二、协力五次治运终期实地工作情形及所收效果（各道市县、各学校、各社教机关呈报效果表择要附后）。

一、启蒙运动

本厅为使省内各级学校全体员生暨各社教机关各职员事先明了五次治运之意义及四大目标起见，除令饬省内各校各社教机关举行讲演会外，并召集市内各校各社教机关代表开会，商讨五次治运启蒙工作暨事先宣传等事项。

二、山西省公署教育厅第五次治安强化运动实施办法

（一）方针

本厅遵照华北政务委员会第五次治安强化运动实施纲要暨教育总署第五次治运实施办法，并参酌本省地方情形，订定实施办法，领导全省各教育机关、各级学校、各文化社教团体上下合作，共同协力，以期完成大东亚战果而达到五次治运四大目标。

（二）目标

本次治运目标根据华北政务委员会既定纲要如左：

1. 我们要建设华北，完成大东亚战争；

2. 我们要剿灭共匪，肃正思想；

3. 我们要确保农产减底［低］物价；

4. 我们要革新生活，安定民生。

（三）实施期间

本次运动自十月八日起至十二月八日止，约两个月（十二月八日为大东亚战争纪念日），其实施阶段可分二部：

1. 准备时期（启蒙时期），于十月八日以前实施治运目标解说。

2. 实施时期，自十月八日至十二月八日。

（四）实施要领

本次治运依据既定目标，拟定实施要领如左：

1. 各道市县暨维持会主管教育行政机关应各按照当地实际情形，依照前项目标，指导所属各级学校及各文化教育机关，分周期或组队，对此次运动竭力宣传确实工作。

2. 为使学生及民众思想统一，理念确定，事先明了本次治运目标，各级学校应由校长、教职员于十月八日以前召集全校学生，将历次治运成果暨大东亚战争之意义与现状以及建设华北之重要剀切训示，并将全校学生按课程表空堂时间分组轮流作街头讲演，使全省民众逐渐明了，具有义务之自觉向五次治运实效途径迈进。

3. 为期民众一致反共，启发人民“护乡”、“爱家”、“敬老”、“扶幼”、“节孝”诸美德之完成，各级学校应举行讲演会或学生家长恳谈会，各文化社教机关应召集治运座谈会，征集治运论文、治运漫画，张贴治运壁报或举行展览会，俾在最短期间将共

党残暴行为阴谋策略彻底明了，并灌输“护乡”等纯良理念，以完成肃正思想、剿灭共匪之目的。

4. 为诱导民众确保农产与减底［低］物价计，各社教机关应组织巡回讲演或治运宣传队分赴民众聚会处，作简明剀切之讲演。或举行民众恳谈会，依照前次治运经济封锁办法，说明已往得失利害，促醒民众自动确保农产。同时对物价减低政策，勉励其确实奉行，使一般民众对华北紧急物价对策有正确之理解。

5. 各级学校校长、教职员及文化社教机关长官、职员均应以身作则，遵照教育总署所颁办法，对学生、民众竭力提倡持躬廉洁、勤劳奉公、禁烟禁酒，并戒赌戒狎邪，互相纠正，自肃自戒，务于第五次治运期间加紧推行，以革新生活，并奖励勤俭，提倡储蓄，协力民生之安定。

（五）经费

各级学校及文化社教机关举办本次运动经费，得于原经费办公杂费项下作正开支。

（六）呈报

1. 各级学校及各文化社教机关应于举办治运终了后，将办理情形及实施效果于治运完毕十日内呈报主管机关。

2. 各道市县及维持会、教育行政机关应将此次办理协力治运指导办法及实施效果，于治运完毕十日内呈报上级教育行政机关查核。

三、第五次治运征集日语论文实施办法

（一）目的　为使全省各级学校学生阐扬第五次治运之真谛，并促进学习日本语之效率。

（二）主办机关　山西省公署教育厅及东亚新民报社。

（三）征集日期　民国三十一年十月八日起至十月二十五日止（如路途较远准予延长十五日）。

（四）征文作者　凡本省各级学校学生均得参加，但各县属小学校学生征文应由各该县公署先行预选，每县择优秀作品五篇送厅，省立各级学校应先由学校预选，每校择优秀作品五篇送厅，以备发表。至市立各小学校，由市公署主办，不在此例。

（五）征文内容　此次征文须以阐扬第五次治运之意义及其四大目标（建设华北，完成大东亚战争；剿灭共匪，肃正思想；确保农产，减低物价；革新生活，安定民生）为题材。

（六）征文给奖　凡应征作品一律由东亚新民报社发给参加奖。

（七）发表方法　应征作品由本厅送交东亚新民报社，择优秀者陆续登载。

（八）附记　征文题目前应将作者姓名、性别、年龄及所在学校名称并学年、学期等项分别注明。

四、令饬各道市县校暨社教机关依照预报表式具报山西省内各县会各学校暨社教机关实施第五次治运事项预报表（表略）

五、发表太原市各级学校暨各社教机关拟定举办第五次治运事项

本署为唤起全省各级学校、各社教机关自动参加第五次治运实施工作起见，曾经依照华北政务委员会第五次治运纲要暨教育总署第五次治运实施办法，并参酌本省地方实际情形，制定山西省公署教育厅第五次治运实施办法，令饬遵办具报。复以五次治运首重自觉自发自主活动，并为明了各该学校及社教机关在治运期间拟定之举办事项，俾使指导查考计，又制定实施第五次治运事项预报表式，以省教社字第四七八号训令附发，饬将各学校暨社教机关预定举办事项依式填报各在案。兹查各学校及社教机关均先后具报到署，特先将市内各学校各社教机关所拟举办治运事项逐一发表如下：（表略）

六、召集市内各级学校校长各社教机关商定关于治运应行补充事项

1. 各校分组定期街头讲演——由厅拟表通知实施。

2. 各校在本市各街巷张贴壁报、标语、漫画等——由各该校自动印制张贴。

3. 发散传单——各该校拟稿后送厅检查后实施。

4. 报端发表——由厅暨各校负责双方进行。

5. 讲演会——由各该校斟酌情形，决定举办次数。

6. 座谈会——各学校、各社教机关召集各该校、各该机关职教员举行座谈会，商讨今后对五次治运实施事项。

7. 讲演比赛大会——由省立新民教育馆、省教育会及留日同学会等机关主办（市内各级学校后援、参加讲演），于讲演前演映电影。

8. 学生家长恳谈会——省立各小学校由厅拟定时日表，通知实行，市立各小【学】校由市署通知举办；中等学校以各家长多在外县，故不举办。

9. 治运征文（中日论文）——各校多已举办，凡未举办者开始举办。

10. 勤劳奉仕——由各校定期举办大扫除。

11. 整洁比赛——各校应举行班级整洁比赛。

12. 随时呈报举办经过情形。

七、规定太原市各级学校街头讲演分配表（表略）

八、裴教育厅长第五次治强运动讲演词

此次本人奉派来此巡视第五次治安强化运动，承当地官民热心协力，联合进行，本人不胜欣慰。溯自事变以来，各地治安因受抗战破坏，匪共骚扰，多陷入崩溃状态，一般无辜民众日处水火之中，厥状至为惨痛。故时际今日，强化治安实属必要。我华北最高当局有鉴及此，遂有历次治强运动之举。并承友邦官民指导协助，各县官民一致努力，获得不少的效果。此次运动乃为继续前四次而来举行的，其目标有四：一、为我们要建设华北，完成大东亚战争；二、为我们要剿灭共匪，肃正思想；三、为我们要确保农产，减抵［低］物价；四、为我们要革新生活，安定民生。这四个目标，都是根据时势之需要，参考前几次的得失而规定的。现在本人特就其意义与必要性来向诸位披沥一谈。

第一，我们中国自从西历一八四二年因鸦片战争失败，签定［订］《南京条约》以来，屡受英美侵略，以致国势日衰，沦为次殖民地。不仅我国如此，其他地居东亚之国家，无不受其侵略。惟友邦日本能发愤为雄，解除一切不平等条约，一跃而为世界强国，才并不忍坐视东亚邻邦常［长］期受制于英美，遂于去年十二月八日本其道义精神，发动大东亚战争。军兴迄今，节节胜利。友邦军队既为解放亚洲起而与彼英美作殊死战争，那末我们居于后方的人，虽不能披坚执锐到前线去参战，也应本着同甘共苦的精神，积极从事后方建设，并充实一切物资，以助友军，争取最后胜利。因为我们华北既为东亚共荣圈之一环，又居全国防共第一线，大东亚战争实有赖我们华北〖一〗亿万民众热诚协助。同时我们华北的复兴也须于大东亚战争胜利中方可求得，二者关系至为密切，不容忽视。

第二，近年以来，各地秩序所以紊乱不安，人民生活所以困苦万状者，推根究底，实由于国人依存英美，盲目抗战，和信仰苏联，奉行共产邪说两种谬误思想所造成。行动根诸思想，纯正的人，其行为必良善，反之，思想谬误的人，其行为必恶劣。共产党所以称为我们华北治安唯一劲敌者，就是因为它利用共产邪说和抗战口号，诱感［惑］一般无知青年加入匪团，到处劫夺掳掠，实行其恐怖政策，形成了闾阎不安、民不聊生的凄惨景况。故今日强化治安，第一要事就是大家要以中日合作建国兴亚为理念，同心协力，剿灭共匪，肃正思想。如果人人的思想都能趋于纯正，那末，共匪自无煽惑余地，而治安亦有确立的希望。

第三，现在大东亚战争及世界战争何时收拾尚难预料，战事愈延长，人民生活愈困苦，所以各国人民对于增产节约二事没有不身体力行的。即使号称富强而又打仗的国家，其人民也都如此。像我们中国这种贫弱的国家，更应不遗余力，加倍奉行。且在此战争尚在进行的时候，一般无智商人必因各项物资缺乏，故意抬高物价，致使人民生活困苦。我们今日唯一之对策，就是一面奖励人民努力增加生产，并于收获后施用种种有效保护办法，妥为收藏，以防匪共劫夺；一方面力求运输灵便，俾使和平区域内之农产物互相流通无阻，以免各地粮荒。同时并厉行合作组织，合理配给一切物资，确立经济统制体制，平抑各种物价，如是而后方能使民生安定而无困苦之虞。

第四，人类生活可分为二种，一为物质生活，例如衣食住行是；二为精神生活，例如礼义廉耻是。这两种生活是人生缺一不可的。我们中国在近百年以来，因受英美经济文化侵略，精神方面既失所寄托，物质方面也无所发展，以致社会迟滞不前，国势日形衰弱。当此大东亚战争胜利之际，正是我们中国脱离英美束缚，图谋复兴的良机，大家应起而革新生活，以尽匹夫之责。至生活怎样去革新呢？消极方面，应自肃自戒，革除一切不好习惯、不良嗜好。积极方面，除以劳身焦思、锱积寸累的习惯，以求经济生活之改善外，并应养成廉洁勤劳、灭私奉公的精神。果能如此去行，自可积［集］中心力为社会而服务，以使生活安定无虞。汪主席说："中国在此东亚战争中，在军事上纵还没有实力来参加，然而在思想上能涤除旧污，在建设上能一息不懈，则于新东亚建设的意义上，中国终不失为一个良好侣伴。”他这段话意义正和我们华北各地举行治安强化运动相同。大家应坚定信念，戮力同心，努力推行。尤其我们从事教育事业的人，更应以身作则，切实协助，以期将来收得圆满效果才好。

附：裴教育厅长巡视赵城、霍县、襄陵、洪洞、临汾治强运动行事表（表略）。

九、裴教育厅长巡视临汾、洪洞、襄陵、赵城、霍县治运报告

查第五次治安强化运动系赓续前四次治强运动之最高理念，继续推进，以扩大其成果，已于十月八日华北全域展开热烈澎湃的实践运动。本部规定各委员巡视时间表，内列本人担任地区为临汾等十二县。因时间及各地治安关系，特择出临汾、洪洞、赵城、霍县、襄陵、汾城等县为实地巡视区域。又与临汾特机长官联络，认为汾城治安太差，不必前往。另定临汾地区各县巡视表，于十月二十三日早八时率领警备处曹瑞民，警务厅齐忠人，宣传处沈卜五，本厅雷德厚、刘光汉，协同山西特务机关加藤中尉、北京新民报记者王仲平乘车出发，沿途治运标语、传单、漫画甚为众多，秋季农产亦颇丰收，当晚到达临汾。二十四日上午九时，访问军司令部临汾特务机关，当与机关长会面，就督导临汾地区推进治运及努力实践四大目标诸事项，商谈极为圆满。并因汾城交通颇有障碍，决定不往。十时后即视察临汾师范学校及附属小学校，招集两学校职教员垂询学校协力治运情形。据云，曾派学生街头讲演数次，校内作文以治运出题，课程内加授第五次治强运动材料，教职员学生一律勤劳奉仕，以锻炼新民精神，召开座谈会，以研讨治运意义。复招集两校全体学生训话，对于学生协力治运要义详细指示。下午二时，赴临汾县立新民小学校、临汾道公署及道署治运分部、临汾县公署及县署治运支部、警察所、警备队等处巡视，推进情形尚属良好，就五次治运要旨加以训示。惟此次治运宗旨系于武力推进之中，更以文化要素辅助之，以冀任务目标及实施内容与民众之生活吻合，而促人民自主的活动，实现军政人民上下一致之总力量，亦即新体制下之国民运动也。又详阅临汾县第五次治运状况报告及治运实施规则、教育状况报告，知县内计划甚为周详，果能按照计划逐步推行，其成效定有可观。又阅治强运动巡回推进班行事预定表，亦可发生伟大效果。故临汾自展开治运后，大致尚属良好。二十五日早，乘车至洪洞，即开始视察县公署及县署治运支部、警察所、警备队，招集县属各机关职员训话，就其治运工作报告书及治运实施方案、治运预定实施细部、宣传计划、各村情报网组成要图等行事加以询问，颇能按其计划实行，足见其对治运能发挥指导性，能促进民众之协力，以及办理紧急物价对策，调节物资，实施全面之宣传等颇属良好。下午视察县立新民小学校，学生三百余名集合于操场，垂询协力治运情形，就其已经办过之学生讲演，当场指定十一二岁小学生三名，令其讲说，甚为动听。足征小学生之态度热烈，颇为宣传治运之好方法。又令全体学生合唱治运歌，声韵齐整，治运之空气布满全场。此皆该校职教员热心协力治运，教导得法之成绩也。当日午后七时，返回临汾。二十六日早，乘汽车渡汾河，直抵襄陵。该县警备队、警察所协同友军讨伐匪军，尚未返回。县知事王肇龄甫由运城开会，于治运宣传工作方在准

备之中，足征该县对治运之不热心也。又巡视县属各机关学校，垂询治运要旨，均属隔膜，因予以训示，令其照实施计划加紧进行。二十七日，由临汾赴赵城，下车后即开始视察县属各机关学校，后复视察赵城县新民会及合作社。此次巡视各县一切情况，以赵城县较为优良。赵城县署公务人员大部分系属青年，且资格学历皆较高深。县知事李慎言系军人，对讨伐共匪甚为尽力，对政治亦甚热心，自五次治运开始，即将办公时间提前一小时，改新民早操为军操，亲自教练。警察所、警备队队员质量皆优，询问四大目标及实行方法，皆回答如流。该县县立新民小学校共有两处，第一新民小学校校址广阔，设备齐全，且藏有中国古板［版］书籍甚多，男女学生服装整齐清洁，职教员热心教授。由李知事领导学生作新民操，步伐整齐，精神满足，天真活泼之精神充满全场。县立第二新民小学校系占文庙，校长夫妇（校内女教员）由民国二十七年开始办理，极尽心力，使人钦佩。两校员生对治运亦能努力，凡讲演宣传及治强论文等，均已做过，继续进行。综观赵城第五次治强运动工作计划及实施规则，可见该县对武装团体普施新民精神，实行讨伐工作，施行保甲制度，增强民众自卫力，经济封锁，调节物资，革新生活，办理廉洁运动及拒毒运动等，至为良好。二十八日，由赵城到达霍县，巡视各机关学校及新民会合作社。复阅其报告及治运实施状况、情宣工作报告等，业已展开热烈运动。而张知事不断率领警队下乡，实行讨伐工作，且指导所属机关积极推进，治运亦属良好，均分别予以训话，指示治运推进方针。总之，各县现已展开强力之实践阶段，迈进于本格运动。尤以赵城一切进行甚属圆满，而各县之治运计划亦颇周详。果能依照计划完全推进，无遗其效力，当必伟大也。兹将巡视过各县推进五次治运状况开列报告，尚祈公鉴。

十、裴教育厅长视察五次治运改进意见

查山西省治运，本部规定各委员第五次治运巡视，本人巡视地区为临汾、洪洞、赵城、霍县、襄陵等五县。兹将本人对视察治运改进意见择要陈述如下。

（一）各县实施事项方式过多。

就各县对五次治运实施事项方面而言，临汾有治运实施规则、巡回推进班行事等计划，洪洞有治运实施方案、治运预定实施细部、宣传计划、各村情报网组成，霍县有情宣工作等。视察实施方式甚多，殊觉繁杂，而人民之负担亦重，且不得重点，对于信念上莫衷一是，未能集中，难求效果。此须改进者一也。

（二）各市县应遵循治运范围，实施各种事项，并于实施前应呈请上级机关核准后始可实行。

五次治运固重自发自动自主活动，但各市县仍应遵循治运范围实施。乃当治运开始，各市县举办事项或系呈准后实施，或与呈报同时实施，甚至举办后始行呈报，则其实施事项何者合于治运原旨，何者不甚洽合，事先未经审核，更无通盘之计划，以致好事者出奇立异，怠惰者敷衍塞责，此须改进者二也。

（三）省内各学校各社教文化机关举办治运事项，均应于呈准后举办。

学校及社教文化机关为肃正思想之基地，故其所举办者多系肃正思想之宣传，关系民众心理方面甚大，影响治运工作甚巨，自应慎重为之。兹查太原市及各县属小学校，除依照省令举办者外，多自行实施，于实施后始行呈报，设有不合，亦无法救济。此须改进者三也。

（四）务实际不重外表。

就屡次治运情形而论，上令下行，表面上虽已按照原定计划办理完竣，但多务外表，不求实际，每次治运所定之目标是否达到，向未深究；民众之苦痛已否解除，亦不过问。此须改进者四也。

十一、第五次治运实施效果报告表（表略）

十二、协力五次治运终期实地工作情形及所收效果

第五次治运展开以来，经全省军政会社官民一体努力推进，截至治运终期，效果特著。就民众所表现者而言，不仅对治运四大目标之真义有所认识，而且随处可以见到全民协力治运之热诚。太原市内各学校各社机关在治运终期，除各该校社均能激励奋勉，按照规定实施外，一般民众尤能奋勇参加。每逢各校街头讲演时，听众异常踊跃。对于募集献金，仅两日间之募集，即得献金八百八十余元之多。此外，各道市县呈报举办各项治运集会时，当地民众参加者亦甚踊跃。足征本省对治运已收得全民总力推进治运之伟绩。兹将各道市县校及社教机关实施五次治运所收效果报告表暨太原市在治运终期（即大东亚战争一周年纪念）实施事项等表择要录附于后。（表略）

中国第二历史档案馆藏“伪华北政务委员会教育总署档案”二〇二一（2）·35

三、其他社教运动

山东省教育厅颁发兴亚纪念运动实施纲领

（1941年）

查兴亚纪念运动为当前之急务，而对于教育界，尤关紧要，兹根据教育总署颁发华北政务委员会制定兴亚运动实施要纲，及周督办训词，拟定本省兴亚纪念运动实施纲领（教育关系），分电各市区县及省立各级学校、社教机关遵照办理。兹将实施纲领附后：

兴亚纪念运动实施纲领（教育关系）

一、各教育机关应恪遵教育总署督办之训示彻底奉行。

二、各教育机关须彻底理解兴亚纪念节之诞生，并努力实行兴亚运动，以亲日灭共奠定东亚共荣圈为重心。

三、教育指导方针须贯彻兴亚运动之精神，并于各种教员讲习时期本此趣旨彻底训导。

四、各级学校须举办兴亚学艺会、讲演会、辩论会及展览会，自办或联合办理（已指定举行日期时间者照指定者办理）。

五、各级学校须使学生彻底明了日本情势。

六、各级学校应利用学生休闲时期，借宣传班之协力，实施街头讲演，以亲仁善邻和平反共建国为宗旨，以发扬东方文化道德，共谋东亚和平为中心。

七、各地新民教育馆应领导其他社教机关举行兴亚游艺会及映画会，借以介绍日本情势，俾资引起亲日信念，自动向兴亚途径迈进。

八、各社教机关应随时举行巡回讲演或召集座谈会，借以加强兴亚力量。

九、各地新民教育馆应请各学校或关系机关之协助，举行扩大识字运动，力谋灌输兴亚观念。

十、各社教机关举行兴亚运动应以新民教育馆为中心，先就所在地活动，逐渐向外发展，以深入农村为最终目的，并随时张贴标语，以反对蒋共长期抗战，实现中日亲善，迅速完成建设东亚新秩序为范围。

十一、各教育机关实施兴亚运动，除特别规定者遵照奉行外，应据上述纲领自七月一日起至七月七日止为一阶段，以后仍继续进行。

十二、各教育机关实施运动方案及经过情形应随时具报。

（伪）山东省公署编印：《山东省教育工作概览》，“教育行政”，1941年。

青岛特别市“兴亚纪念周”实施方案

（1942年6月）

一、趣旨

当此中日事变五周年之期，举办兴亚纪念周间，借以阐明由中日事变转为大东亚战争之意义（东亚解放），使之认识大东亚战争之辉煌战果以及现下之国际情势，彻底击灭英美，完成战争之目的，进而于中日提携之下，竭尽后防［方］人民之使命（勤俭增产），并排除其间之障害（剿共自卫），强化华北参战体制，以确立东亚共荣圈之基础。

二、期间

自中华民国三十一年七月一日起至八日止。

七、八二日为最热烈之期间。

三、主办

青岛特别市公署（新民会青岛特别市总会协办之）。

四、实施要旨

（一）使市民认识大东亚战争中日本之优势及绝对胜利之信念，英美之败势绝无挽回之余地，促进对日之信仰心，于中日提携下热烈推进参战体制。

（二）指摘目下“未治安地区”、“准治安地区”、“治安地区”之产业、经济、治安等之优劣情势，坚强进展大东亚之建设，使敌方军、官、民之抗战意识趋向灭亡之途，酿成和平建国之气象。

（三）将事变以来五年间之肃正建设进展之实况与敌区之穷困破坏之实况，两相比较，切实宣传。

（四）本周间之宣传须特别使之深入于“未治安地区”及敌方地区。

（五）本周间之实施事项，应注意不可过于刺激民心。例如事变当时之露骨攻击抗战之重庆等事，尤不可徒事糜费以致劳民伤财。

五、实施事项

（一）悬旗志庆

1. 于本周间内，由警察局通知全市一律悬旗志庆。

2. 各机关团体一律悬中日两国国旗，商店住户一律悬挂五色旗。

（二）举办兴亚民众大会

1. 主办机关

由青岛特别市公署总务、社会、警察、教育各局会同青岛日本居留民团共同主办之。

2. 日期

七月七日上午十时

3. 地址

4. 参加者

中日各学校学生（小学生五年级以上）

中日各机关职员

中日各团体

一般市民

5. 会场布置及警备

由总务局会同日本居留民团合同布置之。

会场之警备由警察局会同日方警宪负责。

6. 大会程序

（1）开会

（2）全体肃立

（3）奏乐（中日两国国歌）（警察局乐队）

（4）向中日国旗敬礼

（5）默祷一分钟（为感谢建设大东亚之英灵默祷）

（6）市民致辞

（7）日本居留民团长致辞

（8）大会宣言（民众代表，中日各一人）

（9）高呼口号

大中华民国万岁

大日本帝国万岁

大东亚万岁

（10）奏乐（兴亚进行曲）（警察局乐队）

（11）闭会

7. 会场布置图

（见另表，略）

（三）举行商号窗饰宣传

1. 商号之玻璃窗内装饰足以象征兴亚意义及中日亲善意义并大东亚建设意义之表示。

2. 自七月一日起至七月八日止实施之。

3. 由社会局通知商会转饬各商举办之。

（四）宣传物品之传阅散布

1. 由社会局印制下列宣传物品分别散布张贴：

漫画——以不识字者为对象，力求浅显明白。

标语——以小型纸条印书浅显字句。

传单——以散发为主。

2. 将大东亚战争之新闻照片向各团体学校传阅之。

3. 宣传物品应设法向匪区邮寄之。

（五）举办长途赛跑

1. 主办机关

由本署教育局会同新民会青岛特别市总会及日本居留民团共同举办之。

2. 日期

七月八日上午九时开始。

3. 参加者

中日学生及一般市民均可自由参加（先向教育局及日本居留民团报名）。

4. 路线

自太平路前海栈桥前起，经太平路、莱阳路、文登路而抵公共体育场取得证明牌后，再由体育场折回，经文登路、莱阳路、太平路，回至栈桥前。全程约计五千公尺。

5. 奖品及大会职员

奖品由教育局、新民会、居留民团酌定之。

大会之评判员、检查员、计时员等由主办机关会商决定之。

（六）举办乡区保甲励行周间

1. 由乡区机关于本周间举办之。

2. 在保甲励行周间内应实施下列工作：

（1）户口之清查

（2）保甲长集合训话

（3）保甲模范区之选定

（4）保甲自卫团大检阅

（阅兵式、分列式，并剿匪攻击演习）

（5）地方警察官之保甲工作督励视察

（七）宣传队之活跃

1. 于本周间分别向各区出动宣传。

2. 由新民会同乡区办事处宣传班分队负责工作。

六、经费

另定之（详见预算表）（表略）。

（中华民国三十一年六月二十五日青岛特别市公署印）

青岛市档案馆藏“市档临 23-2-223”

河北省咨送本省各道市县局处校所举办剿共讲演大会实况报告

（1944年1月11日）

案准贵总署育字第三零五号咨开：“为咨行事。案准华北剿共委员会总会传字第十七号公函开：‘本总会为阐明成立之意义，传达令后所负之使命及工作方针，期使全华北各地各团体、各级学校、各大公司人士与本总会相互协力，唤起各阶层民众了解剿共之重要性，俾实行结成华北政军会民之总力，一致推进剿共工作起见，特举办“全华北各地各团体各级学校各大公司剿共讲演大会”，拟定实施纲要，提经本总会常委会议通过，并呈奉华北政务委员会核准备案在案。兹以此项讲演大会亟待实施举行，爰特函请贵总署赐予协助，分别令行直辖、国立、私立各大学校院及各省市教育厅局转饬所属各地公私立各级学校依照附发实施纲要规定之内容，克期积极筹办，并希见复。’等因，附《全华北各地各团体、各级学校、各大公司剿共讲演大会实施纲要》一份。准此，除函复并分令各省市教育厅局遵照转饬所属一体筹办外，相应检附实施纲要，咨请查照为荷。附抄实施纲要一份。”等因，并据教育厅案呈，奉教育总署令同前因，经拟定举办实况报告表式，请通令遵办填报前来。当即电饬各道市县局处暨省立各所校馆克日遵办，依式表报在案。兹据清苑等一百三十九道市县局处校将举办实况依式填表，先后呈报到府，相应汇总，开列目录，检同原表，备文咨请督照为荷！

此咨

教育总署

计咨送各道市县局处举办剿共讲演大会实况报告表一百三十九份、目录一份

兼代省长　陈曾栻

附：咨送河北省各道市县局处校举办剿共讲演大会实况报告表目录

清苑县、满城县、徐水县、定兴县、新城县、容城县、雄县、安新县、蠡县、博野县、安国县、望都县、唐县、易县、涞水县、定县、曲阳县、行唐县、新乐县、大兴县、宛平县、通县、昌平县、顺义县、怀柔县、密云县、平谷县、蓟县、三河县、香河县、固安县、涿县、房山县、良乡县、昌黎县、滦县、卢龙县、抚宁县、遵化县、玉田县、兴隆办事处、宝坻县、宁河县、天津县、青县、大城县、文安县、霸县、永清县、武清县、新海设治局、顺德道公署、内邱县、临城县、柏乡县、南宫县、威县、清河县、沙河县、南和县、广宗县、巨鹿县、交河县、武邑县、沧县、盐山县、庆云县、河间县、肃宁县、任邱县、新河县、井陉县、灵寿县、获鹿县、束鹿县、晋县、藁城县、栾城县、元氏县、赞皇县、赵县、高邑县、宁晋县、深泽县、冀南道公署、广平县、东明县、长垣、邯郸县、大名县、南乐县、清丰县、濮阳县、永年县、鸡泽县、曲周县、肥乡县、成安县、磁县、

景县、故城、东光、吴桥、宁津县、南皮县、武强、饶阳县、安平县、冀县、枣强县、衡水、阜城、保定市、省立冀东道日语教员养成所、省立唐山第一中学校、省立正定师范学校、省立邢台初级农业职业学校、省立昌黎女子师范学校、省立津海道日语教员养成所、河北省燕京道联立顺义初级农业职业学校、河北省燕京道联立三河初级农业职业学校、省立宁河中学校、省立牛栏山简易乡村师范学校、河北省燕京道联立良乡初级农业职业学校、省立保定女子师范附属小学校、省立杨村简易师范学校、省立黄村初级农业职业学校、省立石门初级商业职业学校、省立沧县初级农业职业学校、省立冀南道日语教员养成所、省立遵化初级中学校、省立沧县师范学校、省立邯郸简易师范学校、省立通县师范学校、省立滦县师范学校、省立唐山第二中学校、省立赵县初级农业职业学院、河北省冀东道联立唐山初级农业职业学校、河北省津海道联立武清初级农业职业学校。

以上共一百三十九单位，每单位一份报告表，共一百三十九份（表缺）。

中国第二历史档案馆藏“伪华北政务委员会河北省政府档案”教社字第 81 号

第二次中日善邻旬间实施计划

（1944 年 4 月 4 日）

为训令事。查本会曾于去年十一月间颁发中日善邻旬间实施计划，令饬遵照实行在案。兹当大东亚战争已入决胜阶段，第二次华北新建设热烈展开之际，中日善邻工作尤宜继续推进，特制定《第二次中日善邻旬间实施计划》，定于四月二十一日起实施一旬，以期促进中日亲睦敦和之精神，合行检发上项计划一份，仰即查照列举要点，妥拟切合现地情势之具体推行办法，并仰转饬所属一体遵照为要。此令。

附发《第二次中日善邻旬间实施计划》一份

华北政务委员会委员长　王克敏

第二次中日善邻旬间实施计划

第一　方　　针

值此大东亚战争步入决胜阶段，第二次促进华北新建设热烈展开之际，亟待继续推进中日善邻工作，以唤起华北中日官民彻底理解中日善邻之重要，及发扬中日同盟大东亚共同宣言之精义，俾中日一体亲睦敦和精诚团结发挥总力增产增送［收］，以蕲最后胜利早日实现。

第二　要　　领

一、自四月二十一日起至四月三十一日止，为第二次中日善邻实施旬间。

二、本运动以华北政务委员会为总指导监督机关，由各省道市县政府联合新民会各级总会动员各民众团体公司组合等实施之。

三、在实施时期，充分发扬中日同盟条约与大东亚共同宣言之真髓，俾中日官民由彻底理解而入于努力实施。

四、阐述完成华北新建设须以中日合作为前提，以谋具体促进善邻工作。

五、从历史、地理、经济、政治、军事、文化各方面说明中日善邻之必然性。

六、宣示推行中日善邻工作与扑灭共匪有不可分离之关系，以启发民众奋力剿共之热诚。

第三 实 施

一、确立长期推行善邻工作机构。

二、社教机构彻底普及中日善邻思想。

三、召集善邻恳谈会、座谈会、讲演会。

四、整备及强化剿共组织与活动。

五、利用防空防疫等实践活动推行善邻工作。

六、请中日长官于此旬间作善邻广播及讲演。

七、广设日语及华语夜校或研究班以促进两国语言之沟通。

八、动员各宣传报道机关展开善邻宣传工作。

第四 注 意

一、主办及指导机关在实施区域内得随时派监查人员赴各处实地监查指导。

二、本旬间之实施事项须充分考虑各地方之特殊性，选择可收效者为之，勿仅作到空洞之宣传形式。

三、本旬间实施工作，务须作到理论与实践统一，都市与乡村并重。

四、本旬间实施可按照去岁实施中日善邻周间之经验妥拟推进方法。

五、本旬间实施终了后，仍须本此精神继续所获成果，推进善邻工作。

六、此次善邻旬间实施终了，依左记要领作报告书二份，于五月三十一日以前提交主办机关。

甲、指导概要及实施概况；

乙、指导及实施上之感想；

丙、实施善邻旬间之效果；

丁、对于将来指导及实施工作之建议；

戊、关于被表彰团体或个人之实绩。

七、本实施旬间如遇有非常事态时得临时中止进行

八、实施一项中列举办法，各机关可适应现地情形酌量办理，并以节省用款为原则。

青岛市档案馆藏“市档临 23-1-1274”

青岛特别市教育局第二次中日善邻旬间实施工作报告

（1944年5月）

一、各补习学校善邻讲习会

四月二十一日午后三时半，在市府会议厅召集本市各补习学校校长暨塾师，讲习关于中日同盟条约与大东亚宣言之要纲，并推行中日善邻暨勤劳增产各项工作。

二、参加盟邦陆军献机典礼暨飞行机模型比赛

四月二十三日上午十时，在汇泉马场举行盟邦陆军献机典礼，市、私立各中学学校全体学生参加，并举行飞行机模型比赛会，市、私立各级学校职教员及学生报名参加。

三、局长视察各级学校实施状况

四月二十四日起至二十九日止，教育局局长亲赴各级学校，视察各校推行教育方针暨善邻工作，并详加指导，由督学及专员随同前往。

四、奖励各级学校日本语研究会

市、私立各级学校教职员日本语研究会本期测验业已举行，所有成绩优良之教职员特于四月二十五日一律发给奖品以示鼓励。

五、中日学生交欢放送会

四月二十七日下［上］午十时半，由东文书院暨启明学校日语科、华语科各选学生一人，在广播电台放送，借以促进两国语言之沟通。

六、举行盟邦皇军慰问学艺会

本市市、私立各级学校学生准备各种表演，于四月廿七日午后二时赴浮山所陆军病院慰问白衣勇士，表演学艺项目共十项。

七、中日职教员交换视察学校

四月廿七日上午九时，由日本高等女学校招待中国师范学校、市中、市立女中、文德、崇德、礼贤、东文、圣功八校，第二国民学校招待师范附小、江苏路、台西镇、培基、三江、明德、圣功附小七校，第三国民学校招待台东镇、黄台路、北京路、兴亚路、尚德、培德六校前往视察。四月廿八日上午九时，由私立圣功女子中学校招待日本高等女学、日本中学、青岛学院、纮宇女学、日本工业等五校，圣功小学招待日本第一、第二、第三、第四国民学校、沧口小学、中央小学等六校前往视察。

八、中日女子篮、排球交欢比赛

四月廿九日午后一时，由中日两方各派代表队假日本高等女学举行篮、排球比赛。

九、大东亚战殁英灵追悼祭

四月廿九日午后一时由佛教同愿会假湛山寺为大东亚战殁英灵举办追悼祭。

十、庆祝佛诞节

四月三十日（即旧历四月初八日）为释迦牟弥［尼］佛诞辰，于是日下午三时由宗教联合会在陆军俱乐部举办庆祝大会。

十一、中日学生交换通信

教育局为中日学生联络感情及沟通语言起见，特由本市各级学校学生缮写日文信件送局汇转盟邦各学校交换通信。

十二、大东亚战争必胜祈祷会

由本市宗教协会通知各宗教团体利用礼拜日或公共祈祷日，随时随地为大东亚战争胜利作热诚之祈祷。

青岛市档案馆藏“市档临 23-1-1274”

四、书刊及出版

华北政务委员会教育总署咨

（1940 年 11 月 16 日）

咨文字第三〇四号

为咨复事。案准贵公署教字第二十九号咨略开：“日本兴亚院华北连络部选送介绍日本文化之图书若干册寄赠华北各省市图书馆及新民教育馆一案，查本省省立新民教育馆正在筹备，不久即可成立，现已成立者计有省立通俗书报社一处，所有图书均属旧籍，是项介绍日本文化之图书尚付阙如，可否按照甲级册数选送之处，相应咨请查照转请寄赠，以便参阅。”等因。准此，当经本署转达前途业已得其赞同允如所请寄赠矣，准咨前因相应咨复，即请查照为荷。

此咨

山西省公署

代行署务署长　方宗鳌

《华北政务委员会公报》第 37 期至第 42 期，“教署·公牍”，1940 年 12 月。

一年来中国的出版界[①]

（1941 年）

一、紧接着昨年……

一九四〇年，在仍然是中国的一个艰难年头下，到现在，尚想从回忆中去计数若干的日子中那些密如恒沙的事物与现象，抓到手的，也只是一把松软的沙子，仍然划下的是成为无限怅惘与空虚。为此，为测量一个文化的高度与力量，而散步于中国今年出版界，鸟瞰着他的正面成绩时，便感出一九四〇年，正因接受的是昨年度缺乏整齐安顿好了的系统的主潮式概念下，致使一九四〇年本身更少显明的集纳部分之标准。于是在今年度，正当

① 本文作者为萧菱。

逢迎了一个新的年历的日子起始时，而想对一九四〇年内提取一点即使是新陈代谢，在回溯之下，也是极其荒凉惨淡的。贫血的一九四〇年中国出版界，整个是还在动乱中，挣扎着孱弱的蠕动，直像一条缺乏血液的爬虫，由其中企图提取一点文化界的原动的活与力，俾使展开健强的姿态于一九四一年之初，并在拟使今年度的出版界能由其中携取一条彩色斑斓的腰带，做为依靠的伸缩与前进，一九四〇是应无所遵循的，无足做为根据的充当未来的一个因素。原因是："一九四〇年中国出版界既接着一九三九年的动乱下的骚动与贫乏，而本身所携有的乃仍是缺乏了系统的发展，便一贯的萧索与沉寂了。"

那么，怎么办呢？

为了多多少少的，一九四〇年新中国出版界，也许有其一丝迟缓的步伐，而做为今年度中国出版界的借镜与感触。当在一九四一年的头一个日子下，且做一个激发与冲动来展开一个新的日子中硬朗的步伐，原也无不可。但想达到这应有的企图与目标，应不管他本身如何短少条件，仍须回溯一九四〇年新中国出版界实际上的活动与姿态。

二、动乱下的一九四〇年中国文化层出版量的回溯

做为文化的先锋与记录者的出版界，是大众进展的教化先锋，但这先锋在一九四〇年，便使人感到已轻视了这愉快的名辞与义务，而显现着过端的疲倦与轻松。倘这萎靡心情下支持的现状，如其把错误全然搁置到中国出版界本身，这在说明"缘因"上，是过分不够的。应该再想及的是缺乏"主观的系统指导与推动"，乃至随在全世界纷乱不景气中的油墨纸张缺乏与价格的过昂。至于在纷乱下尤其没有应有的鼓励与支援，乃成为尤其无可否认的庞大主因。昨年度，大体上整个中国出版界，是在充斥着低级趣味的游艺趣味刊物的大量出现，生活在一端小角落里呈现着畸形的繁华。但这现象反映的并不是读者层鉴赏力的退行，而是没有大量正道刊物以为代替一般读者层的空间与时间。于是出版界生产的孱弱乃成为确然的动因了。一九四〇年的中国出版界，就这样在消极的信念下，打发着又整一堆组成了年的一个空虚的日子里……

紧跟着一个新的日子的开始，如想提取：在认清了一九四〇年踏过的脚步痕印后，去看看对逝去的一九三九年有了什么不同，那为脚印所留下的痕迹，更是否应为一九四一年遵循的路线呢？果为留下若干未完成待理的珍贵的保留与该剔挑的乱石与荆棘呢？

一九四〇年中国出版界能够形成一点表面上的繁华与生产，这要先提出来华北出版界。

华北出版界在整个茫无头绪中，也仅仅是表面上的繁荣。这在一年来华北出版界期刊杂志的彼倾此继，停刊的大量相继，出版的延期与合刊，一两月刊物的生活寿命，正适表现着艰难的挣扎与刊物本身缺乏健全性，故谈华北出版界，也是仍在极其惨淡中无可取得愉快的现象的！

综合刊物《中国公论》

谈华北出版界应先列举代表华北权威刊物的《中国公论》与《中国文艺》。前者是政治、经济、文艺的综合刊物。后者则是纯文艺的。《中国公论》以学术的政论，获到了大部分智识阶级。而且为了它对于现状中国时局，曾经提供了重要解说，故在极其苦闷的中国智识阶级层中，为了做到了微小的公论，故其所获到的读众，是大量且全属之于文化层中的。靠了这条件，《中国公论》在华北出版界的缺乏正统刊物下，乃形成了黄昏的光亮。乃是为了略微的做到了极端饥渴的文化滋养的一点原料。这刊物目前仍继续的在出版界遭逢着窘困的自然限制下，挣扎着它的达到四卷的短短的寿命。国际的教育的以及历史哲学……以至社会科学心理学的各各的学艺部门，《中国公论》大体上可说略略的做到对一般读众需要上供给的职能。至于文艺虽居于附庸，但在创作散文能一次刊出一万五千字的数量，而且在严格的审选下，再为了一部分接受素养较深的作者，供给着无限的心灵呼喊，于是这刊物在文艺方面的供献，也有其未来的期待的。

张深切主编下的《中国文艺》

另一方面的两大刊物之一的《中国文艺》呢，一九四〇年它曾开始着一点较新的姿态，迈进了第五期，但为了过于迎合部门的类目，篇幅的剩余无几，乃成忽略着创作那点做为纯文艺刊物的条件。缺乏创造精神，是无可如何的在实际上难于做到那《中国文艺》的广大题目。为了文艺是最好的反映现状人的环境的、政治的、经济的、时代的反映，《中国文艺》本应在文化界站有着重要的地位。为此，对仅仅的这一本纯文艺的《中国文艺》，愿多植一点意见与期望。

记得赛珍珠批评过中国创作界："对于创造太安分，故有时是做不到创造，而是缺乏创造精神的。"据此，《中国文艺》在时刻挣脱着类如在沙漠旅行中的灵魂的枯燥之际，果供给了一些什么呢？在忽略了创作这一题目下，是为人所失望的。在最初《中国文艺》并以艺术的标题下，刊载了一些大腿插图的照片，那显然说明了《中国文艺》另外的一点着眼是"暇余的消遣品"。在某一时间，它算是得罪了读者。最初，《中国文艺》获有着很多的虚心读者，捧着它找寻着壮美的鸽［鹄］标。而且每一个读者皆在要求着《中国文艺》向着结实的路径奔走，也许它的脆弱的脚步，不容许它阔步迈进，是并没有与读众善意的自尊的握手的。一般读众，大体都愿意要求《中国文艺》中每一个作者，应在适当的地方，留一些缝隙，让那些用着沉重的一把代价，使自己的想象与作品合作，在作者暗示的圈子中，去摸索补充那些欲得不果朦胧的隐象与影现，这原是读众共有的心情，惟这样，读者始意识到是在积极的追求光明的希望，在读着一本正经的书。也许是期待的过分沉重吧，在《中国文艺》的"一九四〇年的作家创作选"下，是意外由朦胧中瞧不见一点新鲜的生命的轮廓，于是失望也就过分的清晰了。这其［期］间，也许《中国文艺》对于声望破坏了读众的一点迷信，便常常疏忽了一个刊物使本身伟大所必需的努力。人人对《中国文艺》怀了一种期待，很关心的关心着他的发展，且有人计算他发展在社会方面的得失。但相反，《中国文艺》为了过分相信另一部分的纸面上的繁华，遂把《中国文艺》弄成异常放纵与异常懒惰的五［眼］花燎［缭］乱的，红红绿绿的在市场与好莱坞电影刊物平分春［秋］色。于是在创作这题目下，有时是颇与读者的期待所背戾。我们只知道国文根底与创作是两件事，唯其极其珍重《中国文艺》的唯一出版力，故对于那些常为创作一种阻碍的：类如拓版式蓝本形的某一种八股式散文，那种形成渣滓，淤塞文化做为文字解放后的从演的文字，是失望的。应注意的是那曾经滴落了无数汗珠的作品。《中国文艺》虽不见得对于陌生的作者加以漠视，但，由于尽力拉刊较具小名望的作家，难免对于生疏署名不生亲切之感。但是我们要说的，尽管初次提笔之陌生生的，虽必然要带点儿粗糙，但在粗糙中正藏有无限珍宝。《中国文艺》在建设的创作界下，是应找寻一些新鲜的作品代替着旧八股的活跃，方始当真做到了那四四方方四个大字“中国文艺”。

不过，华北文艺界，整个皆在一份沉寂的状态下沉默着，《中国文艺》又拿来什么可刊出呢？

于是《中国文艺》，在旧戏报导伶人起居注的风月记录刊物狂崛下，仍足以代表着中国出版界销沉灰暗中一盏交相辉映明亮着摇曳光亮的明灯。

新姿态的《中国文艺》

而且，这一点点意见，到现在也只能成为回忆下的记录了。一九四〇年九月的《中国文艺》，由张铁笙氏，接收了那整整十二期略具雏形的寿命的未来命运，在继续担负着在经济更其艰难的出版份量下，挺起胸脯的活动着……

新的做法下，《中国文艺》首先扫除了一切纯文艺领域外的掌故与影画，而且略略的提高了一点作品水准。企图在荒凉的文场上，弹奏一点美丽出色的曲子的志望下，仅仅一两期中，就增添了海外文学特辑使译文丰富了一些。在中国文艺界整个尚应属逗留于学习的过程中，外国的作品译借［介］，是不可忽略的。译品除去纯欣赏外，尚须使创作界看成一个俾［裨］益于创作的借镜手段。如果使我们接近着伟大作家灵魂，也只有不容忽略译作。译作，仅有一生中读不完的杰作的《中国文艺》能够注目于这点，是极其有其前途的。

在一份艰难的日子里，出版界一致的惨淡经营之下，《中国文艺》亦在迈进于给予一般期望着的读者面前几许试验中的前途。我们在期待着几经风雨唯一的纯文艺刊物到达做到了对读者的期待之阶级。

《辅仁文苑》及其他

迈着绅士步伐的《辅仁文苑》，已走到四个期数的份量了。在这四本刊物上，除去态度较为严肃外，为了仅是一个附属学校中的刊物，它的出版法乃至稿件的供给，虽然尽量做到一点风格的味道，但在发展一方面，就形成了滞塞。不过，文苑丛书的努力，几本单薄的自费单行本，也做到了冷落文坛角落里的一点点缀，何况又是比较姿态纯正的。

赓续着一九四〇年的若断若续的生命的华北出版界，尚有几个较具希望的刊物。在读者层中怀念萦系下，在与经济纸张做着挣扎与赌博，到了而为财力限制着的，有纯散文刊物《学文》月刊、《朔风》半月刊，乃至对艺术与文艺曾提供过很多的力与热的成果的《艺术与生活》半月刊。但倘如能由挣扎中再挺起胸脯跟随着一个新的日子从新做起时，都不免是极富前途的健壮刊物。我们愿祝福它们会再度的崛起来……

正在蜕变着的，有《新民报》半月刊。这个刊物，有着雄厚的支援，极富好的条件，但内容是尚须在不断改善下，付予最大的前进的。倘能不断使用革新与精进，也就是一本极其坚实的一册综合刊物。

随着欧战的刺戟下，华南出版界的政治经济刊物，在提供了读众不少的期望。对于欧局的详细介绍，具有这特色的有：南京出版的《中报译丛》、《中报周刊》乃至《兴建月刊》，在昨年度还有过一次大征文，也算是付予了出版界的一个较大的兴奋强心针。谈到华南出版界，销沉与沉默，较华北尤甚，除去在上海出的《西风》、《西风精华》、《国际间》，天下事一些纯译述西洋智识灌输刊物外，大体上皆偏重于国际的文字，特别是欧战的琐闻逸事之类的软性文字。

以纯文艺标榜的有南京的《国艺》，但这刊物则是新旧参半，印刷不太美观，到水准尚待改善的。

一九四〇年，中国出版界在极具销沉下，能够在量上取得较为繁荣的名称的，是期刊的若断若续的，贫乏中一点贫乏的量上收获。单行本的寥若晨星，足资一九四〇年中国出版界在接得一九三九年的茫无头绪后，仍然是茫无头绪而已。为了观察上的明显与容易获到一点概念，这里有一九四〇年中国出版界一点不大详尽的统计——

A、被称为点缀出版界的贫乏的一九四〇年期刊数

期刊名	刊物性质	出版地
三民周刊	社会科学	上　海
大　　民	综　　合	南　京
文　　苑	文　　艺	北　京
三六九画报	游艺戏剧	北　京
人类学集刊	人类学	上　海
力行月刊	政治经济文化	济　南
十日戏剧	戏　　剧	上　海
文教月刊	文化教育	山　东

续表

期刊名	刊物性质	出版地
中外经济统计会报	经　济	北　京
中　和	学　术	北　京
中原新潮	政治经济	河　南
中报周刊	综　合	南　京
中报译丛	综　合	南　京
中国月刊	政治经济	上　海
中国文艺	文　艺	北　京
中国公论	政治经济文艺	北　京
中国青年	青年问题	北　京
中国经济评论	经　济	上　海
中国医学月刊	医　学	北　京
中国医药月刊	医　学	北　京
中华法令旬刊	法　律	北　京
中德学志	介绍中德文化	北　京
反共战线	综　合	北　京
立言画刊	戏　剧	北　京
平议旬刊	综　合	上　海
古学丛刊	古　物	北　京
民治月刊	政治经济	天　津
民众画刊	画　刊	北　京
民教月刊	民众教育	天　津
民宪旬刊	政治经济	南　京
东亚道德月刊	文　化	北　京
北京新闻协会会报	新　闻	北　京
北京医药月刊	医　学	北　京
再建旬刊	综　合	北　京
回　教	宗　教	北　京
回教周报	宗　教	北　京
同愿半月刊	佛　教	北　京
合作半月刊	合作问题	保　定
全家福	游　艺	北　京

续表

期刊名	刊物性质	出版地
社会月刊	社会科学	上　海
社会统计月报	经　济	北　京
沙　漠	艺　术	北　京
更　生	政治经济	上　海
好朋友	总　记	北　京
改　造	政治经济	北　京
佛学月刊	宗　教	北　京
青　年	青年问题	北　京
青年良友	画　刊	上　海
青年呼声	青年问题	北　京
青岛教育半月刊	教　育	青　岛
长　城	艺　术	北　京
东亚联盟	综　合	北　京
新民教育月刊	教　育	天　津
首都旬刊	报　道	北　京
军事月刊	军　事	北　京
建设旬刊	综　合	北　京
唐山新民教育月刊	教　育	河　北
朔　风	综　合	北　京
时代妇女半月刊	妇女问题	北　京
时兆月报	综　合	上　海
时事画报	艺　术	北　京
商业月刊	商　业	南　京
商业旬刊	商　业	北　京
现代公论半月刊	政治经济	上　海
开封教育月刊	教　育	河　南
教育建设	教　育	南　京
教育学报	教　育	北京燕大
教育学报	教　育	北京教育总会
国　风	文　化	上　海
国际周报	国际政治	上　海

续表

期刊名	刊物性质	出版地
国医卫生半月刊	医　学	北　京
国艺月刊	文　艺	南　京
梨园七日刊	戏　剧	北　京
游艺画刊	戏　剧	天　津
师资月刊	教　育	北　京
妇女新都会	画　刊	天　津
妇女什志	妇女问题	北　京
妇女家庭	妇女问题	北　京
雅　言	文　化	北　京
华　光	文　艺	北　京
滑稽周报	画　报	上　海
义风旬刊	文　化	北　京
新民印书馆馆报	印刷报道	北　京
新民报半月刊	综　合	北　京
新民会报	报　导	北　京
新光月刊	妇女问题	北　京
新光邮票钱币什志	古　物	北　京
新良乡	报　导	河　北
新东方月刊	文　化	上　海
新东方月刊	综　合	南　京
新　命	政治经济	南　京
新东亚	政治经济	南　京
新妇女月刊	妇女问题	北　京
新轮月刊	铁　路	北　京
农学月刊	农　学	北　京
微妙声	宗　教	北　京
汇　报	报　导	北　京
荣　耀	文　化	北　京
课艺汇报	古　物	南　京
远东画报	画　刊	上　海
侨声月刊	报　导	北　京

续表

期刊名	刊物性质	出版地
兴亚青年	综　合	上　海
震宗月刊	宗　教	北　京
燕京学报	学　术	北　京
学　文	文　艺	北　京
兴亚月刊	政　治	徐　州
静海青年月刊	青年问题	河　北
冀东新民青年旬报	青年问题	唐　山
兴建	政治经济	上　海
宪政月刊	法律	上　海
覆瓿［瓿］月刊	文　艺	北　京
艺术与生活	艺　术	北　京
苏北民众月刊	民众问题	徐　州
警　声	警政问题	北　京
体育月刊	体　育	天　津

上面述列的期刊数，凡在一九三九年停刊的皆不列，全系昨年度一年中期刊在中国出版界的挣扎大势，自然“质”上是尤具较“量”为过分脆弱的。虽然这样的举出，是徒然占去了极其珍贵的篇幅，但为求中国出版界一年来的出版大势，这做为出版现象中心的期刊数目，在鸟瞰全部贫乏成绩的蠕动上，也许是无可忽略的吧？

B、支持着建树文化使命先锋的新闻纸

自从《中华日报》以新姿势崛起后，上海一贯的获取了新闻纸蓬勃着的大量活动。继之有以“合作”、“文艺”、“科学史话”、“游戏”、“中流”五个副叶［刊］，而出现于南京新闻界的《中报》，乃至《平报》的发刊，以及以舆论之舆论、新闻之新闻为目标的小型报纸《国民新闻》与《南京京报》。上海新闻界，除去报导报纸本身应负的报导外，副刊一方面大体皆以兴味为中心的软性文字。至于华北一方面则较重于文艺的倡合。北京《新民报》除去“国学周刊”、“回教”、“学生生活”、“社会服务”、“小学生”、“佛教”几个周刊外，尚且有一版每日刊的“文艺”副叶［刊］。天津《庸报》曾一度发刊“每日文艺”，但终因印刷原料的缺乏，而流为不定期刊。至《新民报》文艺版是较上海新《申报》“文艺”副【刊】篇副［幅］为小。北京《晨报》现在每天容纳一个不同的周刊，大半偏重于国际报导。在一年来，各种报纸都因印刷来源贫乏，在节省纸张下，缩减篇幅。故小型报纸杂志化的北京《实报》，在读者层中的发销数是极好的。不过已远不如事变前了。

C、一无所有的著者个人单行本

基于出版界的过分销沉，缺乏鼓励与支援下，著者个人单行本是一无所有的。杂志〖刊物〗既有创作不得超出五千字限制的条件，故分量较沉重的作品，在一九四〇年不易一见。这样就造成了图书馆无新书可买，读众是寂寞的落到了渐趋于趣味的圈围中。一九四〇年的出版界单行本的刊印，自是极其贫乏的。北京著者自费发刊的有赵宗濂《在草原上》、张铁笙《爱的故事》、赵今吾《女人们的故事》、王石子《风》。其他在天津方面有李木译的《处世奇术》，乃至上海类如以欧战为体裁的海明威一类的轻松的《战地春梦》等的迎合着趣味的单行本。多多少少也还续有其不断刊印。但为了对于文化的出版界供献颇微，故不详录书名。至从文艺报导的消息中，获到的旧作者的文集刊印，为了难于获见原文，也艰于概念的绍介，能略略一述的只有巴金的激流三部作之一的《春》、沈从文的《主妇集》、萧乾的《见闻》与《梦之谷》等尚能够获读，以外就只是消息而已了。

为此，一九四〇年新中国出版界是渡［度］着寂寞的日子的，贫乏产量下一无所有的惨淡与萧索。

三、今年度中国出版界的展望与期待

“从来未曾发生过的事件，与以一个详确的描写，这种能力不只是历史家的正当职务，而且是任何有学识者天赋的一种特别权利，不可避除。”——Oscar Wilde（王尔德）

由此，我们如想记留一把时代的钥匙，中国文化界的出版事业，应打破一九四〇年的销沉与贫血，而使出版界，在饱和着新鲜血液，使文化本身健康起来，这一大信念的标树，是毫无疑义的。

在一九四〇的尾巴下，中国出版界似乎应在极端出版困难之今日，一方面担起了经济的刻苦而想去以精致的出版质［物］，给予饥渴的读者了。但是接连到来的这使命，也并不尽应推委于那点拘泥于出版本身的所谓为条件所束缚的迟缓与奇窘，而应注重的先决大势，是应落到做为出版界的细胞的写作者身上。但在缺乏安定的生活下，究竟有没有值得出版的作品，这信念，原来是不太重要的。重要的是轻微近于寒窘的酬金下，倘如鼓励是无论如何必须出发于含有着衣食温暖的内在条件的话，中国出版界应先放弃了敷衍消极下的酬金与代价的办法，写作者虽不一定仅以酬金为写作的鹄的，至少写作者应先获取到安定的生活环境，俾在凝静中从事坚实的供献与制作。一九四〇年中，由华文《大阪每日》的千元征选乃至《兴建月刊》的大规模的重金征文，不皆在一堆大量的惊人的作品下，每每在惋惜着杰出的落选作品的过多吗？失去获选的所获到的自然惋惜与扼腕的过剩现象，这是值得参照重视的。

其次一九四〇年的趣味刊物，在读众中的大量深入问题，也是极其值得忧郁的，但是忧郁也只是忧郁而已，出版界如无好的办法以为代替，这也只能成为空空惋惜而已而已。但一九四一年的出版界，是否即应眼看着读众如是的自暴着下去呢？

当着一个新的阶段开始，我们愿对今年度中国出版界做着一个极其近视的展望。依据昨年度中国出版界发展方向下，可以在大体上知道：华南可说注重于国际的政治译述与评价，而华北则较着眼于文艺的兴隆。虽然承继着一九三九年混乱的局面下，又逢迎了印刷界的贫乏的一九四〇年仍呈露着惨淡，但这一年中，也应视为已迈过了一个过渡时期的阶段了后，而走入了期待路程做为发展的一个年代的。这其［期］间因大体上已做到了淘汰过分畸形的低级毒氛，纠正了读众的兴味路线。剩下的，虽全然应虚怀若谷的载［戴］上一顶不可避免的幼稚与脆弱的帽子，但是纯正路线下，是有资格更［赓］续于一九四一年中，而渡其少壮的希望花朵之耕播的遥远路程的。

必然的今年度中国出版界，应在一份坚实的脚步下，注重系统的创造出由文化批判中产生的主潮式观念的建树。在这观念下，更应有富足批判能力的疏导，热情的威胁着文化产量，促进中国出版界俾拥有大量的文化脚印，使读众将稳稳地步入精神食粮的王国，而健壮起来。

每一个萌芽期的最初，都是不大成熟的，中国出版界既又步入了一个新的而又算增长了一岁的日子里，倘如缺点并不缺少一份勇气的话，今年度的开始的日子，正是走稳了步骤迈入出版界灿烂时期的第一天。

大阪每日新闻社、东京日日新闻社：
《大阪每日》（华文版）第 6 卷第 1 期（总第 53 号），1941 年 1 月 1 日。

第九编

教育报告与教育统计

一、总体总结

（临时政府）教育部二年来行政摘要

（1939年11月）

关于总务事项

一、筹备本部部址

二十六十二月接收北京市市立第二女子中学，借用前教育部房屋为本部部址，布署一切，于二十七年元旦正式成立。

一、通令所属各机关校院编送财产目录

调查直隶各机关校院财产状况，曾于二十七年六月十五日通行编制财产目录呈部备查，并于二十八年四月十八日重申前令，迅予遵办在案。

一、制定并审核各项规程条例

教育部办事细则

教育部职员请假暂行办法

教育部部务会议规程

教育部各局分科办事规程

教育部公报简章

教育部教育法规编审会规程

国立各校院保管处章程

国立各大学或独立学院暂行教职员薪给等级表

国立专科学校暂行教职员薪给等级表

国立各校院教授及其他人员兼课限制办法

发给留日自费生留学证书暂行条例

外国学生入学规则

教育行政会议组织规程

国立北京女子师范学院教员聘任及服务规则并教员请假及补课代课规则

国立北京艺术专科学校选科生规则

教育部立外国语学校奖学金规则

国立各校院组织大纲并学则

国立北京大学文学院外国籍选科生旁听生入学细则

教育部主办中小学教职员讲演班办法大纲

教育部直辖编审会组织规程及办事细则

学术研究会规章

各级学校毕业证书规程（附图样说明）

学生制服规程（附图样）

教科图书审定规程（附共同标准）

各级学校学年学期及休假日期规程

教育部立师资讲肄馆组织大纲及学则

国立北京师范学院附属中小学贫寒学生优免学费暂行办法

教育部主办中等学校教员暑期讲习班办法大纲

国立北京女子师范学院附属中学组织大纲及校则

教育部立师资讲肄馆各省市教育行政机关保送学生试验简章

捐资兴学褒奖状程式

河北省小学教员暑期讲习班办法大纲一种

山东省拟定各项组织规章及暂行办法十四种

河南省拟定各项组织规程及简章并暂行办法八种

北京特别市拟定各项组织规章及暂行办法五种

天津特别市拟定各项暂行规程及办事细则三种

青岛特别市拟定小学教员暑期讲习班组织办法一种

山东省各市县社会教育机关暂行规则

山东省各市县社会教育职员任免待遇暂行规程

河南省各县新民学校暂行办法

河南省各县新民教育馆暂行规程

山西省新民职业学校暂行规程

一、编制本部及直辖各校院机关经常费概算

本部成立伊始，即编制二十七年全年度经常费支出概算，呈会核定。

二十八年度经常费概算，因各职员均进一级增加俸薪，故照上年度稍有增加。

二十九年会计年度行将开始，本部二十九年度全年经常费概算现已在编制中。

当事变时，国立各校院均陷停顿后，由北京地方维持会设立保管会酌定维持费，借维现状。

本部成立之初，即照维持会所定维持费暂行领发，嗣经着手筹备，次第成立，随即令其编造筹备经常等费支出概算，先后转会核定。

二十八年度上半年经常费支出概算均照二十七年度编造，其下半年因各校院添招新生，增加班次，故经常费概算均有增加，现在除师范学院、女子师范学院暨文学院等概算尚未核定外，余均转会核定。

二十九年会计年度行将开始，已令饬各校院机关赶编二十九年度经常临时收入支出各概算，呈部核转。

一、编制本部及直辖各校院机关支出计算

本部支出计算遵照行政委员会规定，每三个月造报一次，除将支出计算书、收支对照表暨单据粘存簿等件呈会核销外，并将列支及结余总数函知财政部，其结余款项即于每月发经费时扣缴掣给，收据存部备查。

各校院机关支出计算因事实上需要，每隔两月造报一次，呈部核转，其结余款项由部径解财政部，并令于呈送计算时，将该月份购置品物另造财产增加表呈部备查。

一、规定领发经费手续

本部自成立以来，每月二十五日以前将本部暨直辖各校院机关应领该月份各款开列数目清单，并分别填具请款凭单，函送财政部。至廿五日照数领到后，当即发给各校院机关，来员持据领讫。

一、发行教育公报

本部为宣达教育政令起见，特于二十七年六月订定《教育公报简章》，指派专员负责编纂，按期发行，所有一切法令、规章、公牍以及报告、记载、译述等项，分别门类搜集刊登，借资表著，而促进教育之发展。

一、设立图书室

本部为全国教育行政最高机关，关于过去及现在文化教育事项，随时有参考各种图书之必要，特于二十八年一月设立图书室，制定阅览及借书规则，指派专员负责办理，凡关于前教育部旧有之凌乱图书，分别整理，并增入现行颁布各项法令规章，以及外界赠阅之各种书报杂志暨本部新购置之图书，搜罗庋置，以期渐臻完备，便于本部职员随时浏览，以增学识而供参考。

一、成立统计科编制各项统计图表

本年五月，本部遵照组织大纲及分科规程，于总务局成立统计科，掌管搜集各项教育统计资料与编制图表，以专责成。

关于二十七年度本部所辖国立各校院统计图表，已于上年十二月编制完竣公布，并刊登教育公报在案。

关于二十八年度（上半年）本部直辖各校院与各机关统计图表，现已编印公布。

关于各省市各级学校与社会教育机关状况统计图表，正在编制中。

关于事变前各省市各级学校及社会教育机关概况比较表，现已令行各省市主管厅局查明具报，以凭编制。

一、国立交通大学唐山工程学院图书仪器令河北省教育厅查点保管该校因事变停顿后，所有图书仪器无人负管理之责，由部令河北省教育厅派员查点该校校产，妥为保管，以专责成。

一、国立交通大学图书仪器令国立北京大学工学院接收保管

该校因事变所限，复课无期，故由部令饬该校保管处将图书仪器移交北京大学工学院保管，并将该处裁撤，以节縻费。

一、接收并购置西什库园地为医学院院址

接收北京西什库硝磺分处第二仓库房地，并购置河北会馆园地，交由国立北京大学医学院，以备建筑新院舍，业于二十八年七月分别接收购买交接蒇事。

一、设立国立北京大学总监督办公处并国立北京大学图书馆

国立北京大学各学院依次成立之后，为事权上统一起见，当即于二十八年一月由本部筹备设立北京大学总监督办公处，俾便统属，至该大学图书馆，亦经组织成立，以备学生阅览之需。

关于文化事项

一、视察北京各文化机关

北京文化各机关，如历史博物馆、北平研究院、中国国语大辞典编纂处等，其沿革及经费等项亟待切实查明，爰派员会同行政委员会内务局人员前往视察，以明了其形式与内容，借为指导改进之计。

一、保管前北平研究院之物品及图书

派定原在该院服务各职员，将美术物件暨艺术陈列品及图书等类负责保管，随时加以整理，借备将来展览，并饬清查各种图书及拓片，另编目录妥为保存，俾免散失。

一、厘正孔诞日期及祀孔典礼

前国民政府将孔诞日期妄以阳历牵附，且对于释菜释奠一切典礼废止，殊失尊崇圣教本旨。本部派员会同行政部内务局主管员司筹商，爰决请政府明令公布，以夏历八月二十七日为孔子诞辰，并恢复春秋上下两祭，其礼仪、乐章、祭品等项，悉遵成案，隆重举行。

一、整顿各直辖文化机关

对于北京历史博物馆时加督励，且为之函请行政委员会勘修房屋，酌加经费，俾资发展。又将中国国语大辞典编纂处改称中国辞典编纂处，俾得续编辞典，以竟全功，又分令该馆及编纂处每月制送工作报告，以备考查。

一、整理陈列西安出土之古物

前北平研究院发掘西安古物集运来京约有一万七千余件，自发交历史博物馆后，逐渐整理陈列，以资展览。

一、褒奖文化事实

本京私立箴宜小学校长骆树华之母骆李氏热心兴学，由部奖给“育才垂范”四字匾

额；普励小学名誉校长金庚绪提倡教育功绩卓著，由部赠给“士林模楷”四字匾额；东和影片公司为融洽中日两国感情起见，拍制《东亚和平之路》影片，且用中国国语作有声之宣传，特给“观感攸资”四字题词。

一、主办东亚文化协议会

为谋振兴东亚文教起见，会同日本文化团体组织东亚文化协议会，由本部文化局负责筹备，拟定规程及宣言草案等，在怀仁堂开成立大会，嗣于东京及本京先后开会，议定各项要案，送部备核。

一、编纂历书

本部于去年秋季延揽专门人材，编纂民国二十八年度历书，其内容系参照民国以来历书成式，舍短取长，以期适应社会需要，本年复两次派员前往南京出席二十九年度编历会议，当经查照各项议定办法，从事编纂，以资敬授人时。

一、整理前审计院及前历史语言研究所各种档案

前审计院及前历史语言研究所之档案，一存于北京大学附属医院，一存于北海公园蚕坛，卷帙浩繁，足供历史参考之用。本部爰将上述两项档案先后移置历史博物馆中，分别保存，以资逐渐整理。

一、修订保存文物古迹各项法规

在前国民政府时代，曾订有《古物保存法》及《名胜古迹保存条例》等，现在政局变更，自应重加修订，乃由本部函请内政部派员会同本部主管员司研讨各项办法，以期妥适。

一、饬查各地文化机关团体及名胜古迹情况

本部为调查各地方文化机关、文化团体并名胜古迹一切情况起见，特制就调查表两种，咨请各省市公署依式印发，所属各主管机关逐项查明填注后，汇齐送部，嗣经各公署陆续送到，并由部分别整理抄印，以备参考。

一、保管或搜集各地文化物品

本部召开教育行政会议时，山西教育厅裴涧泉提出保管或搜集各地文化物品一案，决定由部通令办理，当经抄印原提案，令行各厅局切实酌办具报，嗣由各该厅局拟具暂行办法或规则等，并经分别核复，俾资进行。

一、计划开办国立中央编译馆

本部为沟通文化、阐扬国粹及容纳人才起见，拟设一国立中央编译馆，业将组织要纲草案暨筹备处组织规程草案并概算等咨呈行政委员会，请予核准施行。

一、计划开办国立中央观象台

查观测天文气象事项，须设一行政机关，俾专责成。当经拟具《国立中央观象台组织大纲及地点选择意见书》，并开办经常等预算，咨呈行政委员会核定，现正商洽进行，不久可期成立。

关于教育事项

一、调查本京国立各校院保管会状况并改组为保管处

二十六年事变后，北京地方维持会曾于本京国立各校院分别设置保管会，以维现状。本部成立后，为将来整理上便利计，首先制定表式，分别调查关于各保管会人员经费及成立日期，交由各该会填报，嗣更改组各保管会为保管处，遴委人员，专司保管之责。

一、通令调查本京私立专科以上各学校并派员亲赴各校实地视察

本部甫经成立，对于本京私立专科以上各校校董会之组织、经费来源、教学实状等情形，未尽明了，爰即分令各校将上开各项逐一呈报，并为切实调查起见，另委人员前往视察，俾资指示而谋改进。

一、确定教育方针

为纠正以往教育宗旨之错误，特确定新教育方针及其应行办理与注意事项十三条，通饬奉行。

一、设立国立各大学独立学院暨专科学校

为图便目前能以开课之国立各校院先行复课起见，分将各学院保管处结束改为筹备处，专办复课事宜，嗣即依次设立国立北京师范学院、北京女子师范学院、北京艺术专科学校、部立外国语学校，此外又合并以前国立北京、北平两大学成立一综合大学，定名为国立北京大学，内分文、理、法、医、农、工六学院，就中先成立者为理、农、医、工四学院，文学院亦于廿八年度成立，法学院正在筹备中。

一、核准中华民国教育总会备案

该会为事变后新成立之唯一教育团体，宗旨颇为正当，组织分子亦多知名之士，特准备案，以示提倡。

一、推荐留日学生及选拔学生

依据东亚文化协议会议决《中日两国交换派遣留学生》一案意旨，更为便利中国留日学生起见，特由本部发给留日学生推荐书，俾学生得以依其志愿投入日本各级学校。此外，日本外务省文化事业部又有选拔留学生之办法，就本部推荐之留学生加以铨衡，选定后酌予学资之补助，此项学生由本部推荐者，计已有十八名。

一、依据本部制定之《发给留日自费生留学证书暂行条例》发给留日自费学生证书

自本部制定前项条例后，陆续有自费留日学生请发留学证书，经部慎重审核资格后，分别予以准驳，截至目前止，请得此项证书之学生已有十七名。

一、审核国立北京大学农学院提议变通学生制服

关于各级学校学生制服，本部早经制定式样，通饬遵行，北京大学农学院院长以习惯上之不便及学生经济之拮据，请以部颁式样列为甲种制服，另制乙种制服以资变通。经部核议，以所请不无相当理由，除制帽仍照部定式样外，所拟乙种制服，姑准试办，令饬遵行。

一、介绍王钟麟等为日本学校教授、讲师

依据东亚文化协议会议决《中日两国交换教授讲座》一案，由部介绍王钟麟任日本东京文理科大学教授，郎恩文、金辅天任朝鲜府治下各官立专门学校讲师，各该员等俱已首途东渡。

一、核准国立北京大学农学院与华北棉产改进会合组植棉技术人员训练班

本案分据国立北京大学检具农学院所拟计划要纲并华北棉产改进会函开合组各项办法，请予备案前来。当经审议所请系关作育植棉技术人材，自应准其备案，分别函令知照。

一、举行教育行政会议

本部为明了各地方一般实际状况，并使各省市教育长官聚集一堂作密切之联络，俾得集思广益，达到通力合作之功效，完成革新教育之使命起见，特于本年五月一日至三日，召集各省市教育行政长官及本部各省市厅局有关系之重要职员，在本部开第一次教育行政会议，所有本部及各省市提案均得有相当之结果。兹将属于应办及实行议案分摘如次：

本部提议各省市应酌量增设各种有关产业及国民生计之专科学校；

本部提议预订全年度教育工作计划，实行分期呈报；

北京市教育局提议请国立北京大学理工农医各学院设奖学金名额，以资鼓励并救济优良贫寒学生；

增强视察指导工作，以谋各级学校之进展；

调查学龄儿童分别比较表；

关于义务教育之调查及其整理计划；

推行中心小学十年计划；

恢复旧有简师以培养师资；

中等学校课程加强自然学科，力图改善；

推广中等职业教育并注重实习；

举办中小学教员暑期讲习班；

实行新教科书分配及推销办法；

催报部颁五种学校状况调查表；

山西省筹办中心小学计划；

推广中等职业教育并请补助提倡；

各地一致推行注音符号，统一国音，以促进教育普及；

现行小学教科书酌予改良形式；

编纂小学分年儿童补充读物；

中学物理、化学教员在可能范围内改为专任，采用月薪制；

整顿旧有新民学校；

整顿旧有新民教育馆；

训练或培养社教师资暨重要社教职员之养成；

各省市县预筹办理社教事实经费专款存储；

各省市县应限期于奉文后六个月由预定实施社教方案或计划呈部备核，于一年以内分别施行。

以上各案均经会议时得有圆满之解决。

一、审核河南省教育厅呈《拟设立农业、矿冶两专科学校计划书》

河南省教育厅遵照本部训令筹设农业及矿冶两专科学校，经查设立之宗旨与学科之编制均属妥适，已令行该厅就省方财力所及先行筹办。

一、视察京内国立各校院

京内国立各校院在本部统辖之下上课已经年余，部方为视察各该校院实际状况以资指导改进起见，特派秘书陈封可，科长陈佶、徐树、杨敬慈、陈础涵，科员程之英等充视察员，前往各校视察。各员于奉令后，遵即拟定视察标准及各项表册，按月（日）分赴国立北京大学等十四校院切实视察，当于事竣后制成视察报告，所有应行改进之点，拟即分别令饬遵行。

一、核准设立河北省立师范专科学校并审核其组织大纲

河北省教育厅为造就简易师范学校并各县初级中学、初级职业学校师资及各县教育行政人员，故有省立师范专科学校之设，经呈送组织大纲前来审核，所拟关于学校之组织及学科之编制，尚称妥适，除备案外，令准施行。

一、通令国立各校院将本年暑假招生投考及录取人数分开送部以资统计

本部为统计各校院本年度招生投考及录取人数之比较，通令各校院将上项数目详确呈报，由部制成统计表，以资参考。

一、分令本部直辖各校院、北京市教育局及河北省教育厅派送本年度选拔留日学生

本部受日本外务省文化实业部之委托，由日本大使馆来函开送《本年度选拔留日学生各项办法要纲》，请代为执行，经部依照上项要纲，拟定选拔办法及名额分配办法，分令上开各校院及教育厅局遵照办理，此项学生现俱已选定，最近期内即将起行东渡。

一、组设北京公私立中小学教职员讲演班

为肃正中小学教育界思想起见，特组设北京公私立中小学教职员讲演班，特请各会部长官暨教育专家讲演，并汇刊讲演集，通行各省市仿照办理。

一、取缔北京私立中小学

令饬北京市教育行政机关派员分区彻底详查办理不良及设备不完之私立中小学，从严整顿，切实取缔。

一、设立编审会

本部成立之初，为纠正从前教科书之谬点并统一教材起见，积极成立直辖编审会，于会长及总副编纂下，分设中等教育、初等教育、社会教育、教育刊物、发行五股，延聘专

家分任编审，将从前所有各级学校之教科书彻底加以修正，并分期着手编纂。两年以来幸无大过，其间因卷帙浩繁，时间仓卒，关于印刷运输等项，虽得各关系方面之协助，仍多种种困难，迭经本部督饬该会，惨淡经营，力求改善，亦均获有圆满解决之办法。又关于审定图书部分，上年五月间制定《审查图书规程及共同标准》公布施行。兹将编印及审定书目分列如左：

甲、由会修正及编印之教科书种类册数：

初级小学教科书及教学法计八种，共五十册；

高级小学教科书及教学法计七种，共二十六册；

短小平民及民众学校课本计十种，共二十七册；

初中教科书计十四种，共四十册；

高中教科书计十种，共二十七册；

各级师范学校教科书计八种，共十五册。

乙、审定外来之教科书种类册数：

初级小学教科书计四种，共十一册；

高级小学教科书计一种，共四册；

初高中教科书计二十四种，共三十册。

一、设立师资讲肄馆

为造就中小学师资起见，特设师资讲肄馆，现已第三期招生，计毕业两期四班，均分发各省市任用。其成绩优良者李捷克等四名，并官费选送日本留学，以资深造。

一、组织学制研究会

旧有教育制度未尽适用，由部延聘专家暨召集各教育行政机关会议，决定改进办法八项，通饬遵办。

一、实施检定试验

救济事变后失学青年，特予变通中学，最后年级招收编级生，实行检定试验，由各教育行政机关主办，以一年为限。

一、确定中小学师范课程标准

旧有课程标准与现行教育方针未尽适合，由部召集各教育专家迭经会议讨论，确定公私立中小学及师范学校课程标准四种，公布施行。

一、改组国立两师范附属小学

划分附中附小统辖权限，实行男女分校，并增加班次扩充设备。

一、选送世界儿童展览会作品

美国纽约举行世界儿童作品展览会，由北京市教育局征集儿童作品，由部选送陈列。

一、改进北京市简小制度

为实施义教，提高小学程度起见，准北京市公署咨请废除旧有短小，一律改为四年制简小，令准城区试办，郊区仍旧。

一、通令推行中心小学十年计划

本案已于二十七年先由河北省试办，以每年新设二十校为原则，为各省市之模范，其第一年经、临各费特请国库负担，以资提倡，成效已著。现由部通令仿照办理，设法推行，惟此后一切经、临各费，概由各省市自行筹措，准正式列入预算。

一、举行中小学教员暑期讲习班

依据教育行政会议议决案，中等学校教员讲习班由部主办，集中北京，于七月十日开班，以四星期终了。其余小学教员讲习班，概由各省市自行筹办，以一个月期满，已通饬遵行。

一、调查日语教学实际状况

制定日语学校校数、教员人数统计表及日籍教员履历表，并中小学师范以及日语专校教学实况调查表，共计六种，通令限期填报。

一、整顿教育经费

拟恢复旧有教育经费独立之先例，关于各省市事变前后现有之教育款产及支出实数占行政费总收入百分比率，通令分别调查，切实整理，列表填报。

一、组织师范校长访日视察团

为改进师范教育之准备，经商得日本兴亚院华北联络部之赞助，组织华北各省市师范学校校长访日视察团，计十八人，由部加派普通教育科科长为团长，定期十月二十四日启程东渡。

一、调查事变后中等以下各级学校状况

为调查事变后恢复学校实际情形，制定事变前后中等以下各级学校状况统计表，通令各省市限期呈报，以资比较。

一、组织华北教育行政长官访日视察团

为筹备改进教育计，经商得日本兴亚院华北联络部之赞助，组织华北教育行政长官访日视察团，由本部次长担任团长，定期十一月四日启程赴日。

一、调查各省市社教状况

为明了社会教育现状起见，特定调查表，颁行各省市所属社教机关，分别详细查填，限期汇报。

一、核议天津市拟送《推进社教三年计划》

据津市教育局拟呈之计划，并附具开办经常各费预算加具说明，拟请中央补助，经本部核议，事属地方社教事业，应由市库支出，咨复市公署酌核施行。

一、参加集团勤劳运动

为发扬体育锻炼身心起见，由国立本京各校院学生选派参加集团勤劳运动，结果极为圆满。

中国第二历史档案馆藏“伪华北政务委员会教育总署档案”二〇二一·441

华北教育总署教育局普通教育科检送该署教育行政报告书

（1943年2月）

径复者：

顷准贵局文书科函开：“奉交《华北政务委员会训令》一件，内略开：‘本年三月三十日，为本会成立三周年纪念日，各总署应将三年以来政务推进情形，汇编小册，先期送会。’等因。相应函达，请查照办理，于本月廿八日以前交科，以凭汇辑刊印成册报会。”等因，到局。查日前督办赴京出席第三次全国教育行政会议，曾编印本总署教育行政报告书。该项报告书内，第一、二、三、四各项，均系本局就主管事项分别编辑。兹即拟以此项资料作为编印政委会三周年纪念册之用，相应将前项报告书一册检送贵局，即请查收发交文书科汇辑刊印呈报为荷！

此致

总务局

附本署教育行政报告书一册

（教育局戳）启　二月　日

附：华北政务委员会教育总署教育行政报告书〔自前临时政府教育部成立至现在（教育总署主管部分）〕

壹、关于高等教育事项

一、设立国立各大学独立学院暨专科学校

民国二十六年事变后，北京国立各校院全陷停顿，前临时政府教育部成立后，乃组设国立各院校保管处，以资整理，嗣即斟酌情形并实际需要，分别设立国立北京师范学院、北京女子师范学院、北京艺术专科学校、部立外国语学校、师资讲肄馆，并合并以前北京、北平两大学成立一综合大学，定名为国立北京大学，内分文、理、法、医、农、工六学院。兹将各校成立年月分述如次：

民国二十七年三月成立外国语学校、北京师范学院及北京女子师范学院、北京大学农学院；

外国语学校于民国三十一年八月改为国立北京外国语专科学校；

国立北京师范学院暨北京女子师范学院于民国三十年十月合并为国立北京师范大学；

民国二十七年五月成立北京大学工学院、医学院，艺术专科学校；

民国二十七年八月成立北京大学理学院；

民国二十八年一月成立北京大学总监督办公处，三十年四月改为北京大学校长办公处；

民国二十八年四月成立北京大学文学院；

民国三十年八月成立北京大学法学院。

一、确定教育方针

为纠正以往教育宗旨之错误，确定新教育方针，一本东方文化传统与亲仁睦邻之旨，对国民观感作正本清源之计，此外又规定应行办理与注意事项十三条，于民国二十七年四月通饬奉行。关于所规定之内容，摘要略述如次：

（一）取缔排外教育；（二）确定中小学年限（中学为三三制，小学为四二制）；（三）中学以男女分校为原则，专科以上学校得兼收女生，并对于女子教育应注重品格之修养；（四）切实监督与指导外国人所办学校；（五）由编审会改编各级学校之教科书；（六）废止会考制度；（七）从新训练中小学教职员。

一、举行教育行政会议

二十八年五月一日至三日召集各省市教育行政长官开第一次教育行政会议，三十年五月开第二次会议，借以明了各地方一般实际状况，聚集各省市教育长官于一堂作密切之联络，俾收集思广益效果，达到通力合作功能，并于三十一年三月召集第三次会议，以适应大东亚战争进展之教育设施，嗣于三十一年十二月召开华北临时教育会议，指示三十二年度教育施策要纲，除检讨本总署颁订之《教育刷新实施纲要》外，更对于学生协力食粮增产一案，详加研讨。

一、规定公私立专科以上学校及中小学校实施训育方针

教育实施方针既经确定，并剀切申明通令遵行，唯关于专科以上学校训育实施之方针尚未有具体之规定，爰经体察现实情形，于民国二十九年六月厘订专科以上学校实施训育方针八条：

1. 尽力提倡我国固有之美德，以领导学生之思想趋于正轨，而为建设东亚新秩序之始基；

2. 根绝容共思想，以亲仁善邻之旨，谋东亚及全世界之和平；

3. 善用我国固有之家族精神，以敦风纪而固国本；

4. 阐发修齐治平之道，以儒家精义为依归，摒弃外来之功利主义；

5. 注重人格之修养、品德之陶镕，宜使学生有以国士自许之志向，俾将来能以担负复兴东亚之责任；

6. 厉行节约运动，纠正奢侈陋习，以养成勤苦耐劳之精神与习惯；

7. 个人生活与团体生活宜有严格的规律，俾公私德双方得以平均发展；

8. 加强竞技运动等训练，以锻炼强健之体格及振奋有为之精神。

同时并咨行各省市转饬公私立中小学校一体遵办。

一、厘定国立专科以上学校聘任教职员办法

公私立专科以上学校教员均以专任为原则，但自事变后，优秀教员缺乏，事实上各学校有不得不聘请兼任教员，以为权宜之计，唯若漫无限制，于教学上不无影响。故于二十八年十二月间，曾订有《专科以上学校专任教员任课时数暨专任教员及其他人员兼课限制办法》，以资取缔。嗣感前项办法规定简略，难切实用，故于民国三十年十月再订《国立专科以上学校聘任教职员办法》，俾资遵守。

一、设立专科以上学校学生生活指导委员会

专科以上学校实施训育方针，既经制定通饬遵行，为增进推行效力起见，更于民国二十九年六月分令国立各校院组织学生生活指导委员会及学生生活联合指导委员会，嗣为增强组织发挥指导效能起见，于民国三十年十月另订方案，改组为国立专科以上学生生活指导委员会，于本总署设总会，于各校院分设学生生活指导委员会，并经厘订组织大纲，呈准施行。自经此次改组，举凡关于学生之修养锻炼公益等事项，均由该会负责指导，并于上年七月发行《学生新闻》，以为匡导之助。

一、厘订《国立专科以上学校补助清寒优良学生暂行条例》

本总署为体恤寒畯奖励成绩优良学生起见，爰于民国三十年四月厘定《国立专科以上学校补助清寒优良学生暂行条例》，内容规定，关于应受补助之学生，须（一）确系贫寒、（二）身体强健、（三）品行端正、（四）勤勉学业、（五）成绩可造，并须提出家境及体格证明书，由各校院学生生活指导委员会审查附具意见书，转请本校院核定，已通令实施矣。

一、各省市筹设有关实业之专科学校

关于各省市筹设或恢复有关实业及国民生计之专科学校一案，在第一、二两届教育行政会议已迭次提出研讨，只以地方教款不足，政府又无余力补助，以致迟迟未能实现。但在第二届教育行政会议时，因河北省有拟请在国立北京大学农工两学院附设农工职业师资养成所之提案，爰于三十一年度在北大农学院成立农事教育人员养成所，以为将来农业学校师资之准备（见另条）。最近河北省亦有先行筹设农业教员养成所，嗣后再行改组为农业专科学校之计划，其他各省市现亦正努力规划此项专科学校之设立，预计最近之将来，本案当不难逐步实现矣。

一、设立驻日办理留学事务专员办事处

留日学生逐年增多，为便于指导及监督起见，于民国二十九年四月在日本东京设立驻日办理留学事务专员办事处，拟定组织规程，并派员专司管理。

一、派遣留日学生

本总署力谋中日文化之沟通，以图我国学术之发展，自民国二十八年起，迭次派遣学生及国立各校院教员赴日留学。兹将历次办理选派经过情形分述如后：

1. 民国二十九年临时政府行将解消之际，教育部准行政委员会咨举办临时选派留学生，共录取国内外学生四十名，又就国立各校院现任教员中选取留日特别生十名。

2. 选拔留日学生，此项留学生之派遣，系选取国内外成绩优良、品行端正之学生，送往日本留学。在学期间由中日双方按月给予学资津贴，自民国二十八年起迄本年止，每年均照例举办，共计选拔学生一百六十八名。

3. 民国三十年七月选派国立各校院教员十二名赴日留学，三十一年十二月拟仍援以往之例，遴选国立各校院教员，计已选定教员六名，于三十二年二月东渡赴日。

一、规定留日公费生公费及选拔生津贴标准

本总署鉴于在日留学公费各生待遇不一，难昭公允，经令饬驻日办理留学事务专员办事处，考查中国学生在日本各级学生一般生活状况，厘订《公费生公费及选拔生津贴数目标准表》，于三十一年七月公布，并通令各省市及各关系机关查照办理。兹将原表附录于后（表略）。

一、厘订《留日学生出国暂行办法》

本总署鉴于以往华北留日公自费生每年出国名额既无限制，不无浮滥之憾，为慎选优良防止流弊起见，特厘订《留日学生出国暂行办法》，嗣后每年所有华北各项留学生名额，均由本总署预为规定，通行各省市查照办理。自此项办法公布施行之后，以前所订之《发给留日公自费生留学证书暂行条例》及《发给留日自费生留学证书暂行条例实施办法》即已废止。

一、遴选国立专科以上各学校教员及学生赴日见学

本总署为提倡中日两国文化之交流，并为增进专科以上各校教员教学经验起见，自民国二十九年起，每年均有派遣教员学生赴日见学之举。

民国二十九年二月寒假期内，选派国立各校院学生组织访日见学团，赴日见学。

民国三十年一月，选派国立各校院生活指导委员会委员组织访日视察团，赴日考查参观。

民国三十二年二月寒假期内，选派国立各校院学生赴日见学，此外，日本国际观光协会曾于民国二十九年十一月招请中国教育家赴日视察，三十一年十一月招请国立专科以上学校毕业生赴日见学旅行。

一、处理英美人所办各级学校

自大东亚战争勃发以来，首由本总署电请各省市将英美系各级学校一律予以封闭，嗣即厘订善后处置要纲，关于此项学校得斟酌情形，予以改组，筹划复校，其不能复校者，原有学生即令其转入公立或已立案之私立各级学校肄业，中国籍之教职员经严密考察，其思想行动果属纯正者，酌予录用或予以职业之介绍。至英美人所创办之专科以上学校，如燕京大学及协和医学院，则由本署直接处理，决定不予恢复，更厘订该两校教职员学生善后处置要纲，内容所订该两校原有学生经铨衡后，酌予编入国立北京大学各学院或其他私立各大学继续肄业。该两校原有教职员，视其学识技能并思想行动，酌予聘委或介绍于各教育学术机关，其实在无法安插者，则发给解散费。

一、厘订《教育刷新实施要纲》

本总署为适应目前之时势，拟作刷新华北教育之举，曾于三十一年十月阐明意旨，通饬公私立各级学校协力同心，黾勉以赴，嗣更于同年十一月厘订《教育刷新实施要纲》，分发各级学校，饬依实际情形，酌拟具体实施方案，送署审核。兹将本署所订要纲附录于后：

1. 知行合一为我国古来治学之根本精神，务期学问与生活、理论与实践相即不离，融会贯通。

2. 中国固有之道德文化为立国之基础，历代之政教民情为国民精神之表征，应于专攻学科之外，作课余之研究。

3. 为适应时代需要起见，专科以上学校原有学系学科应从新检讨，加以调整，课程指导书应从速编制。

4. 教职员应指导学生革新其日常生活，尤当以身作则，为学生之表率。

5. 专任教员应于授课之外，在学术研究上及生活上，与学生多所接触联系，俾收教学相长之实效。

6. 宜指导学生养成纪律生活自治能力、勤苦耐劳之习惯及进取向上之精神。

7. 宜使学生对于世界大势有深刻之认识，对于中国复兴有确切之信念，激发爱国热诚，振奋兴亚精神。

8. 学校之行政管理亟应整饬刷新，会计经理亦宜妥为运营，俾收最大之效果。

一、督促各省市设置留学省外学生奖学金名额

各省市在事变以前本有留学省外奖学金名额之规定，所为奖励有志深造之青年学子负笈远游，求学异乡，法意至为良美，故本总署于第二次教育行政会议时，特为提出专案讨论，并请各省市分别情形，其已经恢复者，赓续办理，同时仍应增筹专款，扩充名额，其未经恢复者，并应设法筹划的款，迅速设置，以资鼓励。

一、协力治安强化运动

自三十年三月间开始第一次治安强化运动以来，迄今已届第五次，本总署对于历次办理治运，节经遵照奉发实施纲要，自行拟订实施办法，通饬所属切实奉行。第五次治运目标意义更为重大，本总署曾厘订第五次治强运动实施办法十一项，内容大致规定各级学校应举行治运讲演会、家长恳谈会，宣传共党暴行及阴谋，并尽力提倡中国固有美德，以期把握民心。各文教机关应召集治运座谈会或征集治运论文，举办展览会，张贴壁报，以广宣传。各社教机关应组织巡回讲演团或治运宣传队，举行民众恳谈会，切实宣传此次治运之意义，通令各学校各机关切实遵办，并饬将办理情形随时具报备查。

一、刊行《教育时报》

教育事业经纬万端，举措兴革，胥赖集思广益。而教育行政一切设施，尤应普及于社会，以期共资研讨，借臻上理。前临时政府教育部时代，为登载关于文教之法令规程，曾

刊行《教育公报》，月出一册，计刊至第二十二期止。民国三十年五月本总署成立，此项公报停止印行，改刊《教育时报》，内容计分论著、消息、教材研究、法规、统计、各地教育实际问题检讨、日本语文研究、杂俎、特辑等九类，并设立教育时报编纂委员会，计划刊行事宜，迄今已刊至第九期，每期发行二万册。除自行订阅者外，大部分均分赠京内公私立各校院并各省市各级学校及文教机关。

贰、关于普通教育事项

一、设立编审会

前临时政府教育部成立之初，基于亲仁善邻之新教育方针，为纠正从前教科书之谬点并统一教材起见，将事变后北京地方维持会所组织之中小学教科书改订委员会改组为编审会，于二十七年三月公布编审会组织规程。设会长及总副编纂，以下分设中等教育、初等教育、社会教育、教育刊物及发行五股，延聘专家分任编审，并于同年五月制定《审查图书规程及共同标准》公布施行，嗣经本总署于三十一年春季将编审会组织规程呈准修正公布施行。修正规程除会长及总副编纂仍旧外，以下设国语、史地、数理、教育、外语五组及发行、总务两课，并设编审及特约编审，分别担任各组编审事宜。

一、设立师资讲肄馆

前临时政府教育部因中等学校缺乏优良师资，于廿七年三月成立教育部立中等教育师资讲肄馆，招收高中以上学校毕业生入馆讲肄。第一期学员三个月毕业后，续招第二期，改为一年毕业，并改馆名为教育部立师资讲肄馆，以积极造就中等学校师资。第三期仍照第二期成案办理，迄廿九年七月毕业，并选拔优良毕业生赴日留学以资深造。是月改馆名为教育总署直辖师资讲肄馆。嗣因国立北京男女两师范学院毕业生增多，河北省复成立省立师范专科学校，该馆无再造就新师资之必要，乃于廿九年十月自第四期起停止招生办法，改调华北各省市中等学校现任教职员分期来馆受训，以六个月为一期，期满赴日参观后仍回原校服务。现在第八期已讲习终了，赴日参观，第九期正在计划招集中。

一、确定中小学校及师范学校课程时数并编订中小学校教科书课程纲要

前临时政府教育部以事变后为适应新教育方针，对于中小学校教学科目及时数有改订之必要，乃于廿七年春夏两季由部招集各教育专家，迭经会议讨论，制定《中小学校及师范学校各学期每周教学科目及时数表》四种，于同年八月公布施行。本总署并为划一各种简师教学科目时数起见，于本年一月制定公布《华北各省市简易师范学校教学科目及各学期每周教学及自习时数表》三种，以资遵循，更为统一中小学校教材，确定各科课程标准起见，于三十一年十月由署制定《编订教科书纲要办法》，令行直辖编审会遵照负责编订。

一、举办中小学校教员暑期讲习班

前临时政府教育部及本总署为补充华北各省市中等学校教员之学识并促进其教学效能起见，于廿八年七月及廿九年七月分别举办第一届及第二届华北各省市中等学校教员暑期

讲习班，一、二两届听讲学员均额定二百人，并于三十年七月及三十一年七月分别举办第三届及第四届中等学校教员暑期讲习班，除听讲学员均定为一百人外，余均依照第一、二届成案办理。在举办上述各届中等学校教员暑期讲习班之同时，并饬由各省市教育厅局分区举办第一届至第四届小学校教员暑期讲习班，由部署特派讲师前往担任特别讲演，其川旅费均由部署支给，讲习班经费亦由部署分别拨款补助。

一、整顿私立中小学校

前临时政府教育部以北京为文化中心，市内公私立中小学校鳞次栉比，依法办理者固多，而办理不善者恐亦难免，因于廿七年二月令饬北京市社会局派员彻查私立中小学校，对于办理不善及设备不完者从严整顿，切实取缔。本总署并扩大范围，于三十年六月制定《整顿华北各级私立学校纲领及其实施方法》，公布施行，饬各厅局遵照认真办理。

一、规定检定试验实施办法

前北京市社会局以中等学校率有最后年级第二学期不得招收编级生之规定，而事变后停办各中学之第三年级肄业生照此规定无从转学，无法取得毕业证书，呈请前临时政府教育部设法补救。经前教育部核定检定试验实施办法三项，于廿七年三月通令各省市教育行政机关遵照施行，以资救济，惟以一年为限。

一、调查各省市中小学校学生失学人数统筹救济

本总署现以华北治安日益强化，乡村安定，都市繁荣，各省市中小学校学生骤增，原有学校不能容纳，颇感失学之苦，爰于三十一年九月由署制就调查中小学校学生失学人数表格，分发各教育厅局，查填本年暑假各校新生投考及录取人数，借明各地失学学生实况，以便统筹救济。并以北京市失学学生最多，特于本年十月由署先行拟具《救济北京市学生失学办法》，呈请华北政务委员会核示，嗣奉指令，将所拟救济办法分行各省市教育厅局及各大学签注意见，现正汇集核办中。

一、推行义务教育

吾国教育未能普及，人所共知，前临时政府教育部为推行义务教育起见，于二十八年五月第一次教育行政会议提出讨论，当经议决调查及筹划经费等办法，并于二十九年一月制定学龄儿童调查表，通令各省市教育厅局查填具报，复于廿九年五月通饬各省市教育厅局拟定扩充计划及改进办法，呈候核办，更于三十年五月第二次华北教育行政会议议决办法六项，于三十一年四月通饬各省市教育厅局斟酌地方财力情形积极办理，并于本年度内尽先成立义务教育委员会，计划推行。

一、推行农事教育

本总署以近代都市教育之发达，农村教育之落后，使都市文化与农村文化失其平衡。为补救此弊，拟利用大自然之优点，尽力推行农事教育，培养农业技术，以期农民生活安定，借使农村文化向上发展。为推行农事教育，特先办理左列各事项：

1. 组织农事教育设计委员会

为集思广益以期推行农事教育之计划万全起见，由署聘定农业专家及北大农学院院长、师范学院院长并本署关系局长、科长等担任委员，于三十年六月在署成立农事教育设计委员会，当经开会商订《农事教育实施草案》及《试办农事教育学校辅助费预算草案》等。上项委员会为推行农事教育之设计建议机关，本总署为急切养成农事教育之师资起见并举办左列二事。

2. 选拔农事教育委托生并于毕业后分配服务

三十年十月由署制定《储备农事教育人员选拔委托生办法》，就国立北京大学农学院农艺学系二年级以上学生选定委托生，每年级各四名，共十二名，于原习科目以外，加授教育科目，并给予津贴，由四年级选出之委托生四名，于三十一年暑假毕业，当经由署制定《农事教育委托生服务办法》公布施行，并将该委托生等分配在河北、山西、河南三省服务。

3. 设立农事教育人员养成所

在北京筹设农事教育人员养成所，于三十一年春季成立，饬由华北四省教育厅局考选高中及其同等学校毕业生共三十人，保送入所训练，以造就农业师资。此项学生二年毕业，在学期间由所免费供给宿膳，并发给制服，每年二套，毕业后服务年限定为四年。现在第一班学生正在肄业，本年度并拟添招第二班学生，以广造就而谋发展。

4. 选定中等学校添授农业课程

同时拟在中等学校添授农业课程，为慎重起见，于三十一年暑假后先由华北四省选定师范、中学各一校，计共八校，尽先添授，由署补助经费，暂作试办。本年暑假后拟将此项试办学校增加一倍，一切均照上年成案办理。

5. 选定小学校附设农业补习班

并为培养多数实际从事农业工作之基础人才起见，由华北各省市选定小学校二十校，附设农业补习班，招收小学校毕业生施以农业补习教育，肄业一年，俾将来能襄助其父兄实际从事农业工作，由署补助经费，业于三十一年暑假后实行，本年暑假后并拟将此项补习班增加一倍。

6. 举办农事教育人员暑期讲习班

此外更为说明本总署推行农事教育之主旨及目的与方法，并增进农职教员之学识及促进其教学效能起见，于三十一年暑假期间，抽调华北四省农职学校现任教员共三十人，来京受训两星期，仿照中等学校教员暑期讲习班办法，予以学科讲习及精神讲话。

一、举办教育行政人员讲习班

本总署为增进教育行政人员之学识并加强其服务效能起见，于三十年十月举办第一届华北各省市教育行政人员讲习班，饬由各省市区教育厅局选送现任科员阶级之职员共三十二人，来京讲习十日，并于三十一年十二月赓续举办第二届教育行政人员讲习班，本届受训员额共三十五人，将社会教育行政人员一并包括在内，讲习期间仍为十日。

一、分区派员视察各省市区教育现状

本总署为明了华北各省市区教育办理情形，以谋改进起见，于三十年十一月将华北划分为京、津、河北、青鲁豫徐、山西五个视察区，派参事、科长、秘书等分往视察，于十二月视察完毕。

一、确定教款成数

前临时政府教育部以教育推进首须经费充足，爰于二十八年五月第一次教育行政会议时，规定各省市教育经费数应占全经费数百分之十五，本总署并于二十九年十一月分咨各省市公署切实办理，凡教育经费不足前项规定成数者，应即设法补足。

一、提高华北各省市教员待遇

提高教员待遇，直接与教育经费有关，各省市教育经费规定须占全经费百分之十五已如上述，本总署并于二十九年度通令各省市教育厅局调查中小学校教职员生活现状及薪给数目，于三十年五月第二次华北教育行政会议时，议定省市立及县乡立中小学校教员最低薪俸额，更于三十一年暑假后，由署筹拨华北四省提高县区立小学校教员待遇补助费共四十万元，并规定由省库比照总署补助数目，筹拨专款以供应用，此款务于寒假前发给该教员等具领。

一、推行注音符号

本总署以注音符号关系普及教育甚巨，事变后，边乡学校间有对注音符号教学不甚切实之处，爰于三十一年暑假前由署分咨各省市公署转饬各教育机关，平时督饬学生认真练习，并令直辖编审会于编审教科书时，对注音符号特予注意，详加诠释，一面筹拨经费，饬由国语大辞典编纂处于三十一年冬季附设注音符号讲习班两班。

一、提倡学生修习日语

前临时政府教育部为提倡学生修习日语起见，于二十九年三月厘订《奖励修习日本语实施计划》，通令四省三市教育厅局遵照施行，本总署复于三十一年一月通令各省市教育厅局援照前案举办，奖励中小学校学生修习日本语，并定奖励办法三项，饬以后历年依例举办，同时并规定《举办中国教员日本语讲习会办法》及《各省市成立短期日语教员养成所办法》，于二十九年十月及三十年一月先后饬各省市教育厅局遵办。

一、派员视察各省市农事教育

本总署为明了各省市农事教育实际办理情形，以便督促改进起见，于三十一年十二月派北大农学院副教授朱延晟等四人前往河北、河南、山东、山西四省及北京市视察，已于本年一月分别视察完毕。

叁、关于社会教育事项

一、咨行各省市调查社教状况并分别拟具整顿社会教育方案

为明了社会教育现状起见，特于二十七年十月制定调查表式，颁行各省市教育厅局转

饬所属社教机关，分别详细查填，限期汇报，并于二十八年六月根据第一届教育行政会议议决《整顿社会教育事项纲领》，分行各省市县，自二十八年六月起，按照议决各款，参酌当地情形，拟具切合实际整顿社教方案。

一、举行各省市日本语文检定试验并制定《检定试验合格人员奖励办法》公布施行

本署以各公私机关团体服务人员多不谙日语，每遇涉外事项时生隔阂，贻误事机，用特拟订各种办法章则，于每年秋季举行日本语文检定试验一次，以资鼓励，经分别呈请政委会备案，及咨行各省市查照办理，曾于三十年六月及三十一年十一月逐年举行，结果均甚为圆满，并为奖励试验合格人员起见，厘订奖励办法五条，凡经中高级试验合格者，均分别酌予相当奖励，已于三十一年十二月呈准公布施行。

一、举办社会教育人员短期讲习班

为充实华北各省市社会教育人员之学识及促进其行政效率起见，特于三十年九月举办上项讲习班，选调各省市立新民教育馆馆长、图书馆馆长及各教育厅局办理社教行政人员（科员阶级），来京集合听讲，由本署聘请专门人员担任讲师，并举行讨论会，俾听讲人员对于社会教育理论与事实作深刻之研讨。

一、指导各省市社教人员组设华北社会教育协进会

各省市办理社教人员向少联络，本署于办理社教人员短期讲习班时，指导各省市教育厅局社教人员及各新民教育馆馆长、图书馆馆长等，组织华北社会教育协进会，以期互谋联络，借可加强社教事业之进展。

一、令行各省市教育厅局督饬所属社教机关组织识字运动宣传委员会

为积极扫除文盲，特于三十年十月令行各省市组织识字运动宣传委员会，由该会拟具各种有效计划，先从宣传入手。

一、分咨各省市确定社教经费成数并酌予提高社教人员待遇

社教经费成数，国府行政院于二十九年十月间曾有明文规定，在总教育经费中，所占成数应为百分之十五至百分之二十五，通令遵照实行。经本总署于同年十月十九日咨请各省市按照规定成数酌核办理。查服务社教人员待遇素称微薄，曾于三十年十月咨请各省市于编制三十一年度概算时，体察各省市经济状况，酌予提高，以昭激励，而利社教事业之发展。

一、训令编审会提前编印民众通俗读本及儿童读物

因民众通俗读本及儿童读物旧有者已不适用，又无新出之刊物，以致各省市社教机关感觉极端缺乏，特于三十年十二月训令编审会提前编印发行，以应需求，而谋社教事业之推进。

一、拟定《整顿日本语学校暂行办法》

查事变以来，各地公私立日本语学校日见增多，内容既极复杂，名称亦不一致，爰由本总署拟订整顿办法十七条，以资整理，而期一律，于三十一年二月二十一日以署令

公布。

一、督饬各省市教育厅局恢复事变前原有各省市立新民教育馆、图书馆

事变以后，各省市原有之新民教育馆、图书馆，或经破坏，或归停顿。当此兴亚建设猛进之际，殊有积极恢复之必要，本总署于三十一年三月分别咨达各省市公署转饬教育厅局，就各省市财力所及，酌予恢复原有之各社教机关。

一、督饬各省市教育厅局注重生产教育，筹设各种职业补习学校

查我国失业人民为数最多，其原因虽属复杂，但人民缺乏谋生技能，实为主要原因之一，本总署已于三十年十月间通令各省市教育厅局，注重生产教育，并筹设各种职业补习学校。

一、制定三十一年度社会教育调查表式，分咨各省市转饬依式填报

本总署为期明了各省市社会教育三十一年度实施状况起见，特制定《省市立社会教育机关调查表》及《县市（普通市）立社会教育机关调查表》各一种，咨请各省市公署转发教育厅局饬属详细查填，并限于三十二年二月底以前汇齐呈报，以资考核，而谋改进。

肆、关于体育事项

一、办理学生集团勤劳队

为锻炼学生之体格并养成其服务精神起见，每年利用暑期，由国立专科以上学校学生中选拔一百人至二百人组织勤劳队，使其从事于勤劳工作，并聘名人讲演，授以有关身心修养之知识，由民国廿八年起逐年举办，迄今已届四次，历次办理均著有相当成绩。

一、咨行华北各省市组织华北体育协会地方分会

二十九年十二月，本总署据华北体育协会呈请备案，并请转咨华北各省市组织华北体育协会省市地方分会，经指令准予备案，并咨行各省市转饬遵照，至三十年三月间，各省市先后报告组织成立。

一、调查华北中等以上学校体育状况

为明了华北中等以上学校体育状况起见，本总署特于三十一年五月制定《中等以上学校体育调查表》，训令直辖各校并咨请华北四省三特别市限期填报，一俟报齐，当即详加审核，参照实际情况，拟定发展体育之教育方案。

一、确定各级学校体育经费

为谋华北各级学校体育之发展起见，本总署特于三十一年六月节录前教育部二十一年颁行之体育实施方案，训令直辖各校并咨请华北各省市转饬遵照施行。

一、划一专科以上学校体育课程时间

为划一专科以上学校体育课程时间起见，本总署特于三十一年六月节录前教育部二十五年颁行之《暂行大学体育课程纲要》，令饬直辖各校遵照施行。

一、举办国立专科以上学校运动大会

为提倡学生运动兴趣并观摩技术联络感情起见，每年利用秋高气爽之时，举办国立专科以上学校秋季运动大会，又各校院选拔优良田径选手参加，自民国三十年起逐年举办，现已举行二次。

一、举办国立专科以上学校春秋季球类比赛大会

为提倡学生球类运动兴趣并观摩技术联络感情起见，自三十一年起，每年春秋两季分别举办国立专科以上学校球类比赛大会，去年五月间举办第一届春季球类比赛大会，十一月间举办第一届秋季球类比赛大会，男女分组举行，各校院学生均踊跃参加。

一、提倡本署职员公余运动

为谋本署职员体格之向上及振奋精神起见，特提倡本署职员公余运动，组织乒乓球及排球等球队，并于三十一年十一月间举办本署同仁乒乓球比赛会，同仁均踊跃参加。

一、派遣考察团赴日考察学生报国队及青少年团

本总署为推行新国民运动及组织青少年团有所借镜起见，特于三十一年十一月二十五日派汪健君、姚士叟、白春育、金复庆、刘实、郎恩文等六人组织考察团，赴日考察学生报国队及青少年团之组织训练实施状况，并派本总署学务专员重松龙觉为辅导员，担任照料及接洽事宜，于三十一年十二月二十五日返京，行程共计一月，为期虽短而所获甚多。

一、组织新民青少年团直辖团

为推行新国民运动，于三十一年十二月八日，将华北专科以上学校学生组织新民青少年团直辖团，在东单练兵场与北京特别市团同时参加中央统监部成立大会典礼，并赴天安门参加检阅式。当时直辖团内各校学生总计四千余人，均着制服前往，仪式极为隆重。

一、举办集团勤劳增产指导人员讲习会

本年一月二十二日，召集华北各省市教育厅局中等教育股长、体育股长、中等学校教务训育各主任、体育教员及专科以上学校管理股职员、体育教员，在北京举办集团勤劳增产指导人员讲习会。讲习期间八日，聘请中日专家担任讲师，授以集团勤劳训练及协力食粮增产之知识技能，俾能负起指导责任，为训练全华北学生集团勤劳服务及协力食粮增产之基础。

一、厘定《三十二年度华北教育施策要纲及其实施方案》通令施行

为适应当前需要，厘定《三十二年度华北教育施策要纲及其实施方案》，于本年二月通令国立各校院及各省市教育厅局转饬遵行。要纲内容为：（一）协力食粮增产运动；（二）实施集团训练；（三）肃正思想革新生活；（四）提倡体育及正当娱乐。

伍、关于文化事项

一、前教育部对于文化事项之初步工作

1. 视察北京各文化机关内容，予以指导改进，并调查北京以外各地方文化机关团体及名胜古迹一切情况，特制就调查表两种，分咨华北各省市公署转饬各主管机关查填汇

报，由部整理抄印以备参考。

2. 通令各省市教育厅局对于搜集保管各地文化物品应切实办理具报，嗣由各厅局拟具暂行办法或规则等，当经分别核复，并令按月制送工作报告，以备考核。

3. 奖励文教事业，如对于各私人热心兴学，提倡教育捐助资产功绩卓著者，又如东和影片公司为谋中日两国人民情感之融洽，特拍制《东亚和平之路》影片，用中国语作有声之宣传，收效颇宏，均经本署分别题词、赠匾以示褒奖而资提倡。

一、整顿各直辖文化机关

1. 整理前北平研究院所存各种图书、拓片，编订目录，派员妥为保管，俾免散失。至前该院发掘西安古物集运来京者约有一万七千余件，已发交历史博物馆整理陈列。

2. 前审计院之档案存于北京大学附属医院，及前历史语言研究院之档案存于北海公园蚕坛者，卷帙浩繁，足供历史参考之用，均先后发交历史博物馆分别保存，以便逐渐整理陈列，俾资展览。

3. 勘修历史博物馆房屋，恢复馆务，酌加经费，三十一年度增辟陈列室七楹，陈列冀陕两省新出土古物，收买郑成功遗像五巨幅，公开展览。

4. 将前中国国语大辞典编纂处改称为中国辞典编纂处，增加经费，督促赶编《国语辞典》、《国语常用辞典》、《国音常用字汇》、《国音标准字典》及《中国大字典》等书，限期完成工作，分别出版。其中《中国大字典》一书所收之字，系依据我国韵书字数最多之集韵而参以宋代以后字书各字，并广搜近代新制科学译名，综其总数，当在六万以上，每字分详其形音义之沿革变化，博引详征，明析简当，现在子丑两集初稿已编就十之六七，倘能全部完成，于东方文化不无贡献。最近复恢复国语速记讲习所及注音符号讲习班，造就实用人才甚多。

5. 整理前古物陈列所所存之版片。

将前存古物陈列所之满文圣训、汉满蒙藏各体文之经咒版片计七万九千余方，提归历史博物馆妥慎收藏，逐渐整理，并拟商内务总署设法印行，俾广流传，借宏文化。

一、扩展各文化事业

1. 接收前国立北平图书馆，予以改组。

前国立北平图书馆历史悠久，庋藏海内孤本善本及各项书籍、舆图、金石拓片等，极为丰富，其最著者为文津阁之《四库全书》及明《永乐大典》等，自三十年十二月大东亚战争开始，该馆即为友邦军部查封，经本署商洽，于三十一年一月接收保管，同年四月恢复馆务，开馆阅览并从事整理刷新，十月上旬由上海运回中文图书一百三十六箱，又第二批西文书一百四十余箱，均在清理中。

2. 收买李氏木犀轩藏书。

前临时政府曾购买德化李盛铎氏木犀轩藏书，令行本署派员点收，即经接收，发交国立北京大学图书馆负责整理保管，编制详目，公开阅览。

一、处理应行结束各图书馆之善后

1. 前国立交通大学北平学院之图书馆及博物馆。

该大学于二十七年结束时，其北平学院图书馆书籍与博物馆之模型、仪器完全拨交国立北京大学工学院妥为保管，以该学院教员学生之利用。

2. 前国立交大唐山学院之图书馆。

该学院图书馆之书籍等已交由河北省公署妥为处理。

3. 前国立天津北洋工学院之图书馆。

该学院之书籍仪器已交由天津市公署管理。

4. 前国立清华大学之图书馆。

该大学所存中西书籍舆图及仪器标本尚多，其中一部分由本署派员点收，拨交国立北京大学图书馆妥慎整理保管，以备该大学教员学生利用参考。

一、新创设之文化机关

1. 设置东亚文化协议会。

为谋振兴东亚文教起见，会合日本文化团体组织该会，由前临时政府教育部负责筹备拟定规程及宣言草案，于二十八年春在怀仁堂开成立大会，嗣次第于北京及东京每年开会一次，议定各项要案，送部备核。

2. 成立华北观象台及各地测候所。

华北观象台成立于二十八年十一月。

兖州、德州、张店、昌黎、西郊等五测候所成立于二十九年一月，新乡、保定、塘沽及阳泉等测候所于三十年、三十一年先后成立。

3. 成立观象技术员养成所。

为养成专门观象技术人才，于二十九年六月在观象台设立观象技术人员养成所，授以天文、气象学科，六个月卒业，第一期中日技术员二十六名，第二期三十九名，第三期二十二名，分发所属各测候所服务。

4. 成立国立华北编译馆。

为发扬东方文化，沟通中外学术起见，特筹设国立华北编译馆，从事纂辑译述，于三十年四月正式成立，先行编辑现代知识丛书及大学丛书，本年加强工作，已出版者计有《中国文学》与《日本文学》、《中国文字学概要》等六种。在印刷中者，计有《中国建筑》等五种。编译已竣者，计有《孔子事迹汇辑》、《中国地方自治发达史》等二十一种。在编译中者，计有《中国秋审制度》等十四种。此后拟致力于中日文化交流，为划期之改进与扩充，除自行编译出版外，并拟酌量采纳私人之译著，对于民间优良出版物，亦拟加以补助。

5. 兴亚美术展览会。

为沟通中日艺术交流起见，每年举行兴亚美术展览会一次，广征出品，以供研究观摩。第一至第三次系由新民会主办，三十一年度第四次由本署会同新民会合办，在太庙公开展览。

6. 设立学术文化审议会。

学术文化事业，端赖集思广益，共同研讨，本署于三十一年十二月间设置学术文化审议会，用作本总署咨询建议机关，延聘文教界夙负声望者若干人充任委员，每年开全体委员会议一次，每三月开常会一次，所有议决各案得随时送交本署采择施行。

一、刊行历书及华北节候表

1. 二十八年度之历书。

系由前教育部延揽专门人才，参照曩日历书成式，舍短取长，根绝迷信谬妄各点，审慎编行，以适应社会之需求。

2. 二十九年度之历书。

为南北两政府合编之历书，由本署两次派员前往南京参与编历会议，从事编制。自南京国民政府还都，此项编历工作完全属诸中央，停止编印。

3. 编制华北节候表。

自停止编印历书后，乃改刊华北节候表，由华北观象台依据各地测候所之报告负责编制此项节候表，以资应用。

中国第二历史档案馆藏“伪华北政务委员会教育总署档案”二〇二一·640

华北教育总署三十一年度施政概况

（1943年）

一、关于高等教育事项

（一）举办三十一年度选拔留学生。

本年度选拔留学生仍循历年成案办理，规定名额五十五名，计分配于兴亚高级中学二十一名、本总署直辖各校院十一名、华北各省市十五名、在日留学者八名。前经各保送机关分将学生名册证件送署，当经召集中国留学生选拔委员会会议议决，除兴亚高级中学学生尚未毕业，其名额暂予保留外，计直辖各校院部分选定学生崔宝瑛等十一名、各省市部分选定学生王绍亭等十五名、在日留学生部分选定学生阮志大等八名，此外复就国内外保送之成绩优良学生中选取五名为备补生，以备正选各生有缺额时，即以此项学生依次递补，所有国内选定各生，均于本年九月十九日由本总署黄秘书文雄率领东渡赴日。

（二）遴选专科以上各学校教职员及学生赴日本见学。

本总署为提倡中日两国文化之交流，并为增进专科以上各校教员教学经验起见，曾于上年选派国立专科以上学校教员十二名，赴日本见学，为期一年，现已陆续回国，本年度仍有派遣此项教员之举，预计名额六名，最近期内即将分令各校院选送。

（三）规定留日公费生公费及选拔生津贴标准。

本总署鉴于在日留学公费各生待遇不一，难昭公允，爰厘订公费生公费及选拔生津贴数目标准表，以示整齐。此项标准数目之订定，系由本总署令饬驻日办理留学事务专员办事处，考查中国留学生在日本各级学校一般生活状况，以为根据，此表业由本总署通行各省市及各关系机关查照办理矣。

（四）各省市应设置留学省外学生奖学金名额。

各省市在事变以前，本有留学省外奖学金名额之规定，所为奖励有志深造之青年学子负笈远游求学异乡，法意至为良美，故本总署于第二次教育行政会议时，特为提出专案讨论，并请各省市分别情形，其已经恢复者赓续办理，同时仍应增筹专款，扩充名额；其未经恢复者，并应设法筹划的款，迅速设置，以资鼓励。

（五）策划因大东亚战争封闭之教育学术机关善后办法。

自大东亚战争勃发以来，本总署当即电请各省市先将英美系各级学校一律予以封闭，嗣即厘订华北各省市封闭英美等国籍人所办各级学校善后处置纲要。关于此项学校得分别情形，予以改组，筹划复校，其不能复校者，原有学生即令其转入公立或已立案之私立各级学校肄业，中国籍之教职员经严密考察，其思想行动果属纯正者，酌予录用，或介绍其他职务，其不能恢复之学术机关之职员，并经发给解散费，以资维持。

关于私立燕京大学及协和医学院不予恢复，更订善后处置办法。所有该两学校学生酌予编入国立北京大学或其他国立各校院及已立案之私立专科以上学校，其中国籍教职员则视其学识、技能、思想、行动，酌予聘委或介绍于学术教育机关，前项学生由本总署组织铨衡委员会，经考询合格后，已分别编入上开各校继续肄业，教职员则分发国立北京大学录用，或给资遣散矣。

（六）审查公私立专科以上学校课程编制及课程指导书。

查专科以上各学校课程标准迄未订定，现在各学校课程之编配，大多率由旧章，不过因时势之推移，科目上亦有多少之变更，以图适合于新教育方针。关于公私立专科以上各校一般课程之编制，业经本总署审查核准，其有新设科系者，亦由各该校拟具课目及授课钟点，呈署审核，至课程指导书应由各学科主任教授自行编订，以便学生依据修习，现已由署令行各校院就各该学系主要科目分别拟订，呈送备核。

（七）各省市筹设有关实业之专科学校。

关于各省市筹设或恢复有关实业及国民生计之专科学校一案，在第一、二两届教育行政会议已迭次提出研讨，只以地方教款不足，政府又无余力补助，以致迟迟未能实现。但在第二届教育行政会议时，因河北省有拟请在国立北京大学农工两学院附设农工职业师资养成所之提案，爰于本年度在北大农学院成立农事教育人员养成所，以为将来农业学校师资之准备（见另条）。最近河北省亦有先行筹设农业教员养成所，嗣后再行改组为农业专科学校之计划，其他各省市现亦正努力规划此项专科学校之设立，预计最近之将来，本案当不难逐步实现矣。

（八）调查公私立专科以上学校教授日语课程情形。

日语课程在各级学校既列为主要科目，关于各校教授日语进行如何情形，本总署自应随时察查，俾便指导。前经制定调查日语课程概况表，内中对于日语教员人数、资历、授课时间、使用课本等项作详细之调查，分行公私立专科以上各学校查填去后，兹已分别填讫送署，现正由本总署详细审核中。

（九）推动国立专科以上学校学生生活指导委员会工作。

本署为推动此项工作，曾于署中成立国立专科以上学校学生生活指导委员会总会，并于国立各专科以上学校各设分会，举凡关于学生之思想、行为、生活以及教养、学艺等，均随时监督指导，除由各分会举办各种有关之研究会及讲演会，以资熏陶外，并自本年七月起，由总会发行《学生新闻》，以为匡导之助。此外对于提倡体育，则由总会主办春秋季各项球类比赛及秋季运动会，暑期则举办集团勤劳队，并不时行各项电影音乐演奏会等，俾使学生对于艺术生活与正当娱乐有相当之认识。他如卫生、保健、宿舍、饮食、消费、储蓄问题，以及贫寒生之援助、毕业生之出路、在校生之一切生活指导等，均由总会统筹擘画，而由各分会实施之。

（十）协力治安强化运动。

自上年三月开始，第一次治安强化运动首以强化乡村自卫力为目标，于其成果上民众力量已充分发挥，尤其乡民对于治安强化已有坚决之自信。上年七月至八月举办第二次治强运动，乃以民众与军警之协力剿除共匪为目标及其成果，则乡村治安已渐趋安定。第三次治强运动乃自上年十一月至十二月，其目标除强化剿共工作外，更注意匪区经济之封锁，一面促进华北各地物资之流通。本年三月三十日至六月十五日为举办第四次治强运动期间，其目标除勤俭增产、剿共自卫外，更扩大于东亚之解放。上述历次办理治强运动各时期，本总署节经遵照奉发实施纲要，自行拟订实施办法，通饬所属切实奉行。关于第五次治强运动既以：（一）建设华北完成大东亚战争，（二）剿灭匪共改正思想，（三）确保农产平抑物价，（四）革新生活安定民生为目标，其意义更为重大。本总署奉令后，遵即依照前项目标，并就附属各机关实际情形，厘订第五次治强运动实施办法十一项，通令各学校各机关切实遵办，并饬将办理情形随时具报备查。

二、关于普通教育事项

（一）调查各省市公私立中小学校教员待遇情形。

查教员待遇关系教育前途至深且巨，本总署为明了最近华北各省市中小学校教员待遇情形，俾作将来改进之参考起见，特于本年三月制定华北各省市公私立中等学校及小学校教员俸给调查表式各一纸，咨行各省市公署转饬教育厅局详细查填见复。现在各省市已先后填送到署，计中等学校教员待遇以北京市为最高，青岛、山东、山西三省市次之，河北、天津两省市又次之，河南省为最低；小学校教员待遇以天津市为最高，北京、青岛、河北三省市次之，山东、山西两省又次之，河南省为最低，一切详细情形现正在整理中。

（二）尽先提高县立中等学校及小学校教员待遇，俾与省立学校不甚悬殊。

本署原拟将县立中小学校教员待遇一律提高，俾与省立各校无甚轩轾，嗣以经费关系，未能全部实现，而现在各省之县区立小学教员待遇尤低，月薪所入几难维持个人生活，实有尽先提高之必要。爰经拟定自本年度下半年起，先将各省之县区立小学教员待遇酌予改善，所需经费，由总署补助四十万元，已呈奉华北政务委员会令准拨给半数，其余半数亦经呈准由本总署预备费项下拨付，日内即行分发。至分配各省数目系依据三十年县区立小学教员人数统计规定，计河北省十七万七千元，山东省十四万六千元，山西省五万四千元，河南省二万三千元，总计四十万元。

（三）规定初中及高小于修身科目内添授兴亚读本。

本总署为提倡东方文化以复兴东亚起见，饬由直辖编审会编辑兴亚读本。该读本第一册业于本年一月出版，当由本总署于本年二月通令规定为中小学校修身科补充教材，于修身科目原订教学时数内酌量讲授，凡小学校第五年级第二学期及第六年级、中学校初级第一二年级，均应添授，即日施行云。

（四）召集各教育厅局长在署举行华北教育会议，商定适应大东亚战争进展之教育设施。

查自大东亚战争发动以来，关于教育上以往施政及将来计划，有详为检讨之必要，本总署为集思广益起见，爰于本年三月二十日在署举行华北教育会议，各省市教育厅局长均出席。二十日上午开会，首由督办致训词，次由署长说明批示各事项，以次由各省市教育长官报告各本管教育状况，下午举行恳谈会，讨论当前教育上应兴革事宜，次日上午讲演并参观大东亚战争影片，下午即圆满闭会云。

（五）筹设农事教育人员养成所由华北四省考选学生。

本总署为养成中等学校农业课程教员及教育行政机关主管农事教育职员起见，拟定在北京设置农事教育人员养成所计划及组织大纲，于本年春季呈准公布施行，派农学院长兼任所长，积极筹备成立，一面分令冀、豫、鲁、晋四省教育厅就高中及其同等学校毕业生考选保送来所，复试额定河北省九名、山东省八名、山西省七名、河南省六名，共三十名，是为第一班学生，二年毕业，宿膳由所供给，并免费发给实习服装。各厅遵于本年四月杪将初试举行完竣，照额选送该所，于五月初复试，并于五月十二日举行开学典礼，翌日正式开课，现正积极办理，并拟于明年招收第二班学生云。

（六）选定中等学校添授农业课程，由华北四省共选八校。

本总署为训练中等学校学生身心一致之活动，以矫正以往重理论轻实际之谬误起见，拟订中等学校添授农业课程计划，呈准公布施行，就冀、鲁、豫、晋四省每省选定中学、师范各一校，计共八校，于本年暑假后添授农业课程，暂作试办，俟有成效，再行推广，并由总署补助经费，计师范学校每年每校补助四千元，中学校每年每校补助二千元。现在各省均将选定学校报齐，补助费亦经照发，本署已咨请各省将各校办理详情见复，以便派员视察云。

（七）选定小学校附设农业补习班，由华北四省三市共选二十校。

本总署为对小学校毕业生之无力升学者施以农业补习教育，俾能襄助其父兄耕作起见，拟订小学校附设农业补习班计划，呈准公布施行，由华北四省三市共选定乡郊小学校二十校，每校附设一班，每班以三十人为原则，计冀鲁两省各选四校，豫晋两省各选三校，京津青三市各选二校，共计二十校，每校由本总署补助一千元，共计二万元。现在各省市均将选定学校报齐，补助费亦经照发，正在积极办理云。

（八）分配上年由国立北京大学农学院选拔之农事教育委托生四名，于毕业后在华北四省服务。

本总署为储备农事教育师资及指导人员起见，经于上年秋季颁布储备农事教育人员选拔委托生办法，由北大农学院农艺学系二年级以上学生选定委托生，每年级四名，加授教育科目，并给予津贴。本年暑假四年级委托生四名毕业，当由本署拟订委托生服务暂行办法，呈准公布施行，并应各省请求，将该委托生等分发河北省二名、河南山西两省各一名，尽先在添授农业课程之中等学校服务，月薪最低一百四十元，各该生等业经分往服务云（河北省原请四名故分发二名，山东省请求较迟，故未分发）。

（九）举办现任农事教育人员暑期讲习班，抽调农职学校教员受训。

本总署为利用暑假补充现任农事教育人员之学识并促进其教学效能起见，于本年暑假借北大农学院地址举办第一届华北农事教育人员暑期讲习班，饬由华北四省教育厅选派农职学校现任教员共三十人，前来受训，于七月二十五日报到，二十七日开始讲习，八月八日讲习终了，讲习期间计共两星期，课程分特别讲演及农业科目二种，尤注重精神训练及农事教学之实际问题，并参观北京各农场及农事设施，结果颇为圆满云。

（十）选派专门人员视察各校添授农业课程情形，并予以指导。

各省选定中等学校，于本年暑假后添授农业课程，并由本总署咨请各省将各校办理详情见复，已如上述，拟俟各省报齐，于本年寒假遴派农学院讲师以上之专门人员分别前往视察，并予以指导云。

（十一）在北京举办第四届华北中等学校教员暑期讲习班，由各省市选送文科教员百名受训。

查照以前历届成案，于本年暑假在北京举办第四届华北中等学校教员暑期讲习班，饬由各省市教育厅局选送文科（包括国文、修身、史地等科）教员共一百名，来京受训，于七月十一日报到，十三日开始讲习，八月一日讲习终了，讲习期间共三星期，讲习科目分共修、选修二种（选修科目计分国文、历史、地理三组），讲习内容注重精神讲话及各科教授法及教材等实际问题，并举行晨操座谈会、映画会、参观等，结果亦颇圆满云。

（十二）在各省市举办第四届华北小学校教员暑期讲习班二十四处，由署特派讲师前往讲演。

本年暑假参照以前历届成案，由总署指定地点，饬由各省市教育厅局主办第四届华北小学校教员暑期讲习班，共二十四处，除山西省原定汾阳一处并入临汾举办外，余均依照规定，计共举办二十三处，每处由总署补助经费一千六百元，并特派中日籍讲师各一人前往讲演。讲习期间规定自七月十六日至八月四日，凡三星期，讲习科目分共修、选修二种，特别注重精神讲话及各科教授法及教材等实际问题云。

（十三）编订中小学校各科教科书课程纲要。

本总署以中等学校及小学校各科教科书纲要亟待编订，遂指挥直辖编审会积极办理，现已编订完成者，计有初中用动、植物，初中及师范用地理、历史、物理、化学，及各级学校用体育数种，其余亦正在计划，遴聘北京各级学校富有教学经验之现任教员及专家，并指派现任编审组织各学科委员会从事编订。

（十四）督饬各省市教育厅局实施义务教育，扩充初小，并先将义务教育委员会恢复成立。

本总署为推行义务教育起见，于本年四月将第二次教育行政会议议决之实施义务教育办法五项，抄发各省市教育厅局，饬就财力所及，尽量增设短期及初级小学校，并将义务教育委员会先行恢复，以期计划实施。现在前项委员会除北京市未经组织，河北、天津、青岛三省市已否成立尚未据报外，河南、山东、山西三省则据报均已组织成立云。

（十五）举办教育行政人员短期讲习班。

本总署拟参照上届成案，于本年在北京举办教育行政人员短期讲习班。本届拟将学校教育及社会教育行政人员合并讲习，讲习期间定为十日，由各省市教育厅局选送科员及其同等阶级职员共三十五名来京受训，以期增进其学识及服务效能，现正在筹备中云。

（十六）派员视察各省市教育状况。

本总署拟于本年秋后参照上届成案，分区派员视察各省市教育推进状况，仍将全华北分为五个视察区，每区派荐任以上职员一人，并派委任职员一人，随同前往，仍采抽查办法。

（十七）推行注音符号并举办讲习班。

本总署前准新民会中央总会函请通令各教育厅局推行注音符号，并饬于举办师资训练班时列为正规课程之一到署，当以事变后，各僻远地方对注音符号确有因种种关系教学上不甚切实之处，或因师资缺乏，所用代用教员亦难免有不甚熟习之人，自应予以提倡，经即分咨各省市公署转饬所属各教育机关各学校，对注音符号认真教学，其各地举办师资训练班或讲习会时，对于不甚熟习之代用教员酌予补习。又各地师范学校应于平时督饬学生认真练习，并令本署直辖编审会于编审教科书时，对注音符号特予注意，详加诠释，一面饬国语大辞典编纂处附设注音符号讲习班两班，经费由本署发给，凡具有小学教员资格者，均可自由投考，日内即开班讲习云。

（十八）调查各省市中小学校学生失学人数，统筹救济。

本总署为统计各省市本年暑假中小学校新生投考数及录取数，借知失学学生之比例数，以统筹救济起见，经于本年九月制就调查表格，分发各省市教育厅局，限期查填。现在除北京市外，其他省市尚未填报，北京市则中小学校录取新生人数均不及投考人数百分之五十，本总署正在筹拟救济办法云。

三、关于社会教育事项

（一）督饬各省市教育厅局恢复事变前原有各省市立新民教育馆、图书馆。

事变以后，各省市原有之新民教育馆、图书馆或经破坏或归停顿，当此兴亚建设猛进之际，殊有积极恢复之必要。本总署已分别咨达各省市公署，转饬教育厅局，就各省市财力所及，酌予恢复原有之各社教机关。

（二）汇编三十年度华北社会教育概况。

本总署为编制该项概况起见，曾经制定调查表式二种，咨达各省市公署转饬查填具报，现在各省市已陆续分别填报前来，刻正在汇核办理中。

（三）督饬各省市教育厅局注重生产教育，筹设各级职业补习学校。

查我国失业人民为数至多，其原因虽属复杂，但人民缺乏谋生技能，实为主要原因之一，本总署已通令各省市教育厅局注重生产教育，并筹设各级职业补习学校。

（四）举行日本语文检定试验。

三十年度日本语文检定试验，在本总署监督指导之下，各省市均经如期举行，办理颇为圆满。本年度自应赓续举行，以符定章，已由本总署日本语文检定试验委员会开会将考试日期规定，并订妥对于各省市应行指示事项，除已分咨各省市公署转饬教育厅局遵照办理外，并呈报华北政务委员会备案。

（五）督饬编审会编篡［纂］民众读物及儿童读物，并修订新民学校课本。

第二次教育行政会议时，各省市多有编篡［纂］民众通俗读本及儿童读物之提议，本总署根据前项议案，已令饬编审会遵照办理矣。

（六）分咨各省市确定社教经费成数。

社教经费成数，国府行政院于二十九年十月间曾有明文规定，在总教育经费中所占成数应为百分之十五至百分之二十五，通令遵照实行，经本总署咨请各省市，按照规定成数酌核办理。

（七）举办社会教育人员短期讲习班。

本总署为加强华北各省市社会教育人员之学识，并促进其行政效率起见，曾于上年度举办华北各省市社会教育行政人员短期讲习班，结果圆满，收效甚大，本年度决定与普通教育行政人员讲习班定期合并办理，现正着手筹备。

（八）分咨各省市积极训练社会教育人才。

训练社教人才非常重要，在第二次教育行政会议整顿社会教育纲领补充办法案内，已有规定办法，本总署业经分咨各省市公署转饬教育厅局切实实行。

（九）调查三十一年度华北社教概况

本总署对于各省市社教机关一年中之行事并过去工作之成绩以及其实收效果，均为注意，现正准备着手调查本年度社教状况，以资考核而谋改进。

四、关于体育事项

（一）调查华北中等以上学校体育状况。

本总署为明了华北各省市中等以上学校现在体育设施状况并力谋改进起见，特制定中等以上学校体育状况调查表式，训令国立专科以上学校并咨请华北各省市公署转饬教育厅局详填具报，调查表内容包括体育经费，体育教员学历、经历，体育教材及设备等项，现国立专科以上学校早已报齐，正在统计中，至各省市学校尚未报齐。

（二）划一直辖各校院体育课程时间。

本总署以所属专科以上学校各年级体育课程时间之支配颇不一致，有仅上正课而无课外运动者，亦有仅作课外运动而无正课者，不但与规定不合，亦且有碍体育之发展，实有调整划一之必要，特节录二十五年部颁暂行大学体育课程纲要，令饬遵照，自本年第二学期起施行。兹节录该项纲要如左：

1. 正课每星期两小时。

2. 课外运动每周至少二次，每次五十分钟。运动之种类得按当地气候分季规定，每种运动应于更换他种运动前举行校内比赛一次。每晨举行全体早操十五分钟。

（三）确定各级学校体育经费。

本总署以各级学校体育经费多未遵照部颁体育实施方案施行，对于体育之发展不无影响，特节录三十一年部颁体育实施方案，令饬所属专科以上学校并咨请华北各省市公署转饬所属遵照施行，以利体育之发展。兹节录该项实施方案如左：

各级学校之体育经费除学生所缴之体育费外，至少须占全校经常费百分之三，但体育教员之薪金及特殊之建筑，不在此限。

（四）咨行河北省公署从速设立体育股以专责成。

本总署以体育事业日见发达，华北各省市除河北省外，所属教育厅局均设有体育股或体育保健股，专负监督及指导体育卫生之责，颇著成效，特咨请河北省公署斟酌经费状况，转饬筹设，以专责成而利体育。

五、关于文化事项

（一）设立学术文化审议会。

为广事延揽集中人才，群策群力，谋新文化之健全发展起见，特行设置学术文化审议会，检讨教育设施或学术文化上之重要问题，制成建议案，随时送请教育总署采择施行。

（二）举行兴亚美术展览会。

为沟通中日艺术交流起见，每年举行兴亚美术展览会一次，广征出品，以供士民之研究，俾观摩矩矱得有遵循。自第一至第三回系由新民会主办，本年第四回系由本署会同新民会合办，自来年第五回起，则拟完全由本署主持，以一事权。

（三）督促国立华北编译馆加强编译工作。

华北系为全国文化中心，而比年以来，出版事业异常沉寂，政府自应积极负指导提倡之责，爰于三十年成立国立华北编译馆，审酌需要，负责编译各种高中以上暨大学程度之参考书暨一般用书，以期奖励学术，善导思想。该馆三十一年度编译工作已出版者，计有《中国文学与日本文学》、《中国文字学概要》等六种，在印刷中者计有《中国建筑》、《初级物理》、《化学》等五种，编译已竣者，计有《孔子事迹汇辑》、《中国地方自治发达史》等二十一种，在编译中者，有《中国秋审制度》、《黎明之前》等十四种。至三十二年度工作，亦经拟具方案，拟以致力于中日文化交流工作为目标，而为划期之改进与扩充，除自行编译并出版外，并拟酌量对于优良之民间出版物，加以补助。

（四）接收国立北京图书馆。

国立北京图书馆创自前清，历史最久，庋藏海内孤本善本及其他各项书籍舆图金石拓片等件极为宏富，关系东方文化至深且巨，现经本署负责接收，于本年四月一日开馆阅览，现正切实从事内部之整顿，于文教前途，俾［裨］益实非浅鲜。

（五）扩充国立华北观象台业务。

测候气象关系最为重要，华北观象台成立迄今，已及三年，创建北京西郊及保定、塘沽、新乡、阳泉、德县、兖州、张店、昌黎等处各测候所，发刊《气象月报》，并设立观象技术员养成所造就观测专门人才，计已毕业二次，本年仍继续办理第三届养成所，以备任用，更为造就事务人才起见，复设立事务员讲习班。该台一切进行日见扩展，华北观象事业大有利赖。

中国第二历史档案馆藏“伪华北政委员会教育总署档案”二〇二一·640

华北教育总署1943年度施政概要

（1943年11月）①

一、关于高等教育事项

（一）厘订选派留日公费生计划。本总署历年所派留日公费生计有国立各校院教员及

① 此件另见载《教育时报》第15期“专载”（1943年11月），题为《教育总署三十二年度施政概要》，故将时间定为1943年11月。

选拔留学生两项，兹因考察过去情形，为增强留学效用起见，爰订定《三十二年度选派留日公费生计划》。此项计划之要点，约略分述如下：

（1）留日教员选派之标准分为二项，第一项为国立各校院现任助理以上职员，第二项为北京大学及师范大学现任教授，而以留学期满能兼充师资讲肄馆研究部指导员为原则。

（2）为谋编审工作之向上，本年度选派编审会编审赴日留学。

（3）前两项留学人员于规定留学年限内，另选若干名送入日本国民精神研究所，并商同该所为此项人员特设讲座。

（4）为使前两项留学人员并本年度选拔留学生深切明了日本情形并预习日语起见，于派遣之前，先施以短时期之预备教育。

所有本年度留日公费生业经依此计划着手实施。

（二）厘订《管理留日学生事务规则》。近年以来，留日学生逐渐增多，关于管理临时选派留日学生等项办法，早经本总署分别厘订，适用在案，唯管理一般留日学生通则尚未颁订，爰于本年三月间由本总署厘订《管理留日学生事务规则》，发交驻日办理留学事务专员办事处遵照适用。

（三）选拔公费留学生。本年度选拔留学生仍循历年成案办理，规定名额五十五名，计分配于兴亚高级中学二十三名，本总署直辖各校院十一名，各省市十五名，在日留学者六名，前经各保送机关分将学生名册证件送署，当经召集中国留学生选拔委员会会议议决，除兴亚高级中学学生尚未毕业，其名额暂予保留外，计直辖各校院部分选定于凤林等十一名，各省市部分选定郭广章等十五名，在日留学部分选定熊先举等六名。此外，复就国外选送之成绩优良学生中选定备补生海金涛等六名，倘正选各生有缺额时，即以此项备补生依次递补。所有国内选定各生于出国之前，在兴亚高级中学先施以预备教育一个月，完毕后，均已于本年九月二十一日由本总署臼井专员率领东渡赴日。

（四）甄别自费留学生。依照《留日自费生甄别试验办法》之规定，凡每届声请自费留日学生超过本总署所规定之名额时，应受甄别试验。本年度关于自费留日生之名额计规定为一百名，第一次为三十五名，第二次为六十五名。除第一次已于本年一月间照章办理外，其第二次截至请发留学证书期间止，业已超过定额，爰于本年八月二十六日及三十一日分两日举行甄别试验，计共录取三十一名，均已分别发给留学证书，取得留日自费生之资格。

（五）选派教员学生赴日见学。本总署为使国立专科以上各校教员研究高深学术并增进其教学经验起见，本年仍循以往成例，遴选国立专科以上各校现任教员赴日留学，为期一年。经选定国立北京大学文学院研究员李忠霖等六员，资遣留学，于本年二月间启程东渡赴日。又选定国立各校院及师资讲肄馆之学生九十五名，亦于本年二月起分班赴日见学。此项学生见学期间仅及一月，虽属为时甚暂，然回国以后，对于日本各方面一切情形，均有深刻之认识云。

（六）扩充北大医学院科系并延长年限。《国立北京大学组织大纲》原规定医学院设医学及药学两系，唯医学院成立之初仅设有医学一系，药学系尚付阙如。本年四月间，北京大学依据医学院函请增设药学系以应需要，同时并请附设齿科专科学校，经本总署查核，增设药学系事属可行，应予照准，至附设齿科专科学校一节，核与大学组织规程不符，应改为齿科学系，除指令该大学遵照办理外，并呈报华北政务委员会备案。又北京大学医学院甫成立时，鉴于医学人才之缺乏及国民生计之艰难，曾缩短年限，改行四年制，嗣因修业期间短促，课程繁重，每周授课时数过多，以致学生缺乏自修与研究之时间，爰由本总署核定自民国三十二年度起，医学系改为五年制，以利教学。

（七）举办毕业生特别讲演会。上年六月间，本总署曾经举办国立各校院毕业生特别讲演会，邀请中日学术界名流莅会讲演，对于学生指导就职之趋向与思想之肃正，收效颇宏。本年仍循去年成案举办此项讲演会，定于六月二十四日起至二十六日止，在本总署大礼堂召集国立各校院本年度毕业生约七百余人参加听讲，所聘讲演人员如宇野、加藤、小山、余天休诸教授及北大钱校长、师大黎校长、华北政委会情报局管局长等，分期担任讲演，于学生之思想上予以甚深之印象。

（八）督促筹设有关实业之专科学校。查《关于各省市筹设有关实业及国民生计之专科学校》一案，曾在第一、二两届教育行政会议时迭次提出讨论，本年第三次教育行政会议复经本总署提议各省市应参酌当地需要设立专科学校计划一案，基于从速养成专门技术人才以完成建设大东亚之使命，故旧案重提，以促其实现，因之除河北省已先筹设农业教员养成所外，本年七八月间，河南、山东两省亦经筹设省立医学专科学校各一处，刻均已分别招生开学上课，其他各省市亦正在参酌当地需要筹措经费，计划设立专科学校预科，最近之将来当不难逐步实现云。

二、关于普通教育事项

（一）筹拟改善华北各省小学校教员待遇并发放补助费。本署前为改善华北四省之县区立小学校教员待遇，经呈准政委会，拨款四十万元作为补助费，按照教员人数比例分配，计补助河北省十七万七千元，山东省十四万六千元，山西省五万四千元，河南省二万三千元。依照此数目推计，每名小学教员所得无多，复经咨请各省公署斟酌各省财政情形，由省库比照本署分发数目，酌予补助同额以上，现在各省除河北省外，其余三省均已发讫，填表送署。至本年度，生活程度日高，华北各省市之教职员薪津实有不敷维持之势，为体恤各小学教员生活起见，由本署呈准政委会拨款五十万元，其分配办法正在核拟中。

（二）汇拟救济失学办法，通令遵照酌办。查北京市人口集中，青年过剩，多致被摒失学，故每遇暑期投考之时，一般学生纷纷请托，顿呈畸形状态。为谋挽救之方，除由本署拟具补救办法呈报政委会外，复分别咨请各省市公署并令饬各校院签注意见，汇核办理。兹据各省市公署及国立专科以上学校将签注意见先后咨呈到署，经分别详加查核所签意见，均属据实立论，不无见地。其内容计分下列四要点：（一）设法恢复事变前各省市各级学校。（二）调查事变前各省市内国、私立大学或学院现在废置情形，酌设有关实业之专科学校。（三）调查英美系教会及敌性国家所办事业，以资利用。（四）调查各省市教款所占政费成数，以期逐渐增加。除推行以上四项治本方法外，复拟具治标办法三项：（一）小学校推行二部教学制。（二）补助优良私立中学。（三）大学同日招生办法应予变更并早日发榜。以上各项业经通令各省市教育厅局遵令酌为办理，俾收实效。

（三）颁发《华北各省市各种简易师范学校教学科目及教学时数表》。查各省市简易师范学校教学科目及时数，率皆各自为政，极不一致。为期其统一，爰由本署参照二十四年前国民政府教育部公布之修正师范规程所附各表，修定各种简易师范学校教学科目及各学期每周教学及自习时数表计三种，颁发各省市，俾便一律遵照施行。

（四）举行第三次华北各省市教育行政会议。查本署前于三十年五月举行第二次教育行政会议，现在时经二载，为检讨第二次教育行政会议及三十一年三月、十二月两届临时教育会议成果，并研商今后在参战体制下华北教育行政上应行刷新改进之各问题起见，于本年六月一日起至三日止，在本署内举行第三次教育行政会议。出席者自本署督办署长以下、各省市教育厅局长及关系人员等均列席。一日上午开会，首由督办致训词并说明指示各事项，以次由本署报告第二次教育行政会议议决案处理经过，继由各省市教育长官报告各本管教育状况，下午审议议案并组织分组审查委员会。二日继续讨论未了各案，并开始分组审查。三日讨论分组审查报告，下午即圆满闭会云。

（五）参加南京教育部第三次全国教育行政会议。查南京教育部定于本年二月二十六日起至二十八日止，召开第三次全国教育行政会议，华北方面除本署督办外，各省市教育厅局长及国立北京大学、师范大学两校长均行出席，共同研讨教育问题，结果极为圆满，对于今后之教育施策，尤多建树。

（六）扩充农事教育人员养成所班次。本署为养成中等学校农业课程教员及教育行政机关主管农事教育职员起见，曾于上年度在北京设置农事教育人员养成所，由冀、豫、鲁、晋四省教育厅，就高中及其同等学校毕业生，考选保送，入所肄业。本年度为图农事教育之普遍发展，就该所增加学生一班，原定四十名，仍由各省选送到所复试，嗣以保送额数过少，令饬该所查照规定资格，就地招收京市学生，俾足原定增班名额，该所已拟具招生简章，于九月六日至九月十一日举行初试云。

（七）继续选定中等学校添授农业课程。本署为养成学生勤劳习惯并使其略具农业知识及技能，俾毕业后能实际从事农村工作起见，曾于上年度拟定计划，就冀、鲁、豫、晋四省，每省选定中学、师范各一校添授农业课程，计共八校。本年度仍拟继续办理，在各省各加选师范及中学各一校，计共加选八校（连上年度选定之八校，总计十六校），由本署补助经费，师范学校每校每年仍为四千元，中学校每校每年仍为二千元。现在各省均将选定学校报齐，补助费已先后照发云。

（八）继续选定小学校附设农业补习班。本署为对于农村小学毕业不能升学之学生施行农事训练，以期切实帮助其父兄从事农业工作起见，曾于上年度在各省市选定小学二十校，内附设农业补习班，推行经年，尚有相当成绩，本年继续推广，期收实效。其三十一年各省市原选定之二十校，每校每年仍补助一千元，三十二年各省市更行选定二十校，计河北、山东两省各选四校，河南、山西两省各选三校，北京、天津、青岛三市各选二校，每校每年仍由本署补助一千元，不敷之数由各省自行筹拨。选定标准，以规模较大，校款充足，并校址接近农村或在郊外为原则。其余各项计划俱与上年相同，预料未来之工作效果，极堪期待。

（九）分发本年毕业之选拔委托生。本署为储备农事教育人员，并适应目前急需起见，曾于上年度就国立北京大学农学院农艺学系二年级以上学生选拔委托生，加授教育及其他需要科目，给予津贴，规定毕业后服务年限，以为农事师资及指导人员之储备，上年度毕业共四名，业经分发竣事。本年度毕业生刘明愈、刘惠中两名，亦经按照实际需要情形，分发河北、山东二省服务，二生均已前往报到就职矣。

（十）举办第五届华北中等学校教员暑期讲习班。查照以前历届成案，于本年暑假在北京举办第五届华北中等学校教员暑期讲习班，饬由各省市教育厅局选送理科教员共七十名来京受训，于七月十七日报到，十九日开始讲习，八月一日讲习终了。讲习期间共两星期，讲习科目分共修、选修二种（选修科目计分数学、化学、物理、生物四组），讲习内容注重精神讲话及各科教授法及教材研究等实际问题，并举行晨操、座谈会、参观等，结果颇为圆满。

（十一）举办第五届华北小学校教员暑期讲习班。本年暑假，参照以前历届成案，由总署指定地点，由各省市教育厅局主办第五届华北小学校教员暑期讲习班，共二十四处，除山西省原定七处因故改为五处外，余均依照规定，计共举办二十二处。每处由总署补助经费一千二百元，并特派中日籍讲师各一人前往讲演。讲习期间规定自七月十九日起至三十一日止，凡二星期，讲习科目分共修、选修二种，特别注重精神讲话及各科教授法及教材之研究等实际问题。

（十二）举办第二届华北农事教育人员暑期讲习班。本总署参照上届成案，本年暑假借北大农学院地址，举办第二届华北农事教育人员暑期讲习班，饬各省教育厅选派农职学校现任教员共三十人前来受训，七月二十六日开始讲习，八月七日讲习终了。讲习期间共两星期，课程分特别讲演及农业科目二种，尤注重精神训练及农事教学之实际问题，并参观北京各农场及农事设施，结果颇为圆满。

（十三）举办第三届华北教育行政人员短期讲习班。本署拟参照以前历届成案，于本年在北京赓续举办第三届华北教育行政人员短期讲习班，本届仍拟将学校教育及社会教育行政人员合并讲习，饬由各省市教育厅局选送科员及其同等阶级之职员来京受训，以期增进其学识及服务效能，现正在筹备中。

（十四）规定《华北各省市选定师范学校设置日语专修科办法》。本署以当此中日文化彻底交流，力谋日本语普及之际，日语师资之养成实有必要。复以往日各师范学校附设之日语专修科，其修业期间虽均为一年，但其入学资格至不齐一，以致不能切合社会需要。兹为补救此弊，由本署规定《华北各省市选定师范学校设置日语专修科办法》，自本年秋季开学起，各省市应各暂选一校设置，由本署补助经费，以资提倡。其入学资格，一律限定师范毕业生。修业期间仍定一年。如此，则学生既受过专业训练，毕业后不但讲授日语不成问题，即讲授日语以外之各科目，亦可胜任愉快。

（十五）规定高中以上学校入学试验外国语一门，以日语为必试科目。查上年六月本署曾规定，初高级中学入学试验，均无庸考试外国语，但有必要时得以日语为参考科目（即考试不计分）或考试科目。本年度以初中以上各校均早已添授日语，特再规定自本年暑假起，高级中学以上学校入学试验外国语一门，应以日语为必试科目，业经通令遵办矣。

（十六）制定《对于第一次促进华北新建设实施方案》。奉华北政务委员会令，以大东亚战争已迈入决战阶段，为昂扬国民参战意识，完成华北基地使命，特制定《第一次促进华北新建设实施指导要纲》，并规定自八月九日起至十月三十一日为实施期间等因，遵即拟具实施方案九条，分饬所属，按照切实推行，并随时具报，以凭考核。

（十七）厘定《华北教育界举办返还租界宣传讲演办法》。查吾国自参战以还，友邦日本为实践尊重中国主权，首先返还租界。凡我国人，对于此种东亚道义精神之表现，自应同深感激，誓同甘苦，愿共死生。惟以敌性国家及宣传势力未尽清除，虽大多数人士早共信念，无可动摇，但仍恐有少数浅见无识者流，惑于谰言，妄生揣测，影响所及，妨害滋多。为使一般民众咸能彻底了解友邦亲善之诚意，用以激发兄弟急难之决心，特规定华北教育界各级学校讲词，阐明理能［论］，并酌量对中小学生映演富有涵义之图画剧本，以引起其观感。俾由学生渐次推及一般民众，以期人人激发其爱国思想，坚定其睦邻信念，策励其兴亚决心，共向建设新秩序之途径迈进。

（十八）充实编审会之组织，增编职业及教育教科用书以应急需。查编审会之编辑部分，原设有国语、史地、数理、教育、外语五组，此次拟予以修正，添设实业及艺能二组，实以华北各省市农、工、商各科职业学校已纷纷成立，当此推行新国民运动，励行增产救民之际，此种职业学校尤有继续增设之必要，而关于此项教科书尚付阙如，于推行职业教育妨碍滋多。本年度教育行政会议各省市代表纷纷请求即速编印此项教材，以便教学。是该会实业组之添设，实有刻不容缓之势。至该会原设之教育组，以前只担任美术、劳作、音乐、体育等艺能方面之教材审查、编辑，而关于教育学科之教材编辑审查，竟无专组负责掌管。当此励行普及教育时期，各省市皆分年增设师范广储师资，关于教育学科之教材及刊物之编辑，极为重要，是该会教育组之专设，亦为当务之急，现已将该组织大纲呈送政委会核示施行。

（十九）分发华北各省市各级学校日籍教员。查以往各省市各级学校日籍教员，向由各省市教育当局自行聘请，本署为统筹划一起见，特规定各级学校聘请日籍教员均须先经本署核准后方得任用，并以各校日语教员极为缺乏，经向关系方面联络聘请，分发各省市，现在均先后就职授课矣。

（二十）通令选送第九、十期师资讲肄馆受训学员。根据历届成案，仍赓续抽调各中等学校教员来师资讲肄馆受训。第九、十期均办文理科各一班，每班三十五名，总数为七十名。现在第九期业已训练完了，第十期已于八月二十一日开始上课，约于明年二月即可完了云。

（二十一）筹拟《华北各省市公立各级中小学校教职员生活补助办法》。查近来物价日高，尤以食粮一项为最，而各省市中小学校教职员薪津所入不敷甚巨。本署鉴于中小学校教职员生活困难，经提请华北政委会决议核准，每年发给补助费三百万元。其详细办法，现正在拟议中，俟呈经政委会核准后，即可分行各省市实施。

三、关于社会教育事项

（一）推行三十二年度《华北教育施策要纲》。三十二年度《华北教育施策要纲及其实施方案》内，关于社会教育事项甚多，爰由本总署教育局函达华北社教协进会，请其查照切实办理。

（二）咨行天津特别市公署，请于已交还之各国租界地区从速酌设社教机关。据华北社教协进会呈请转饬天津特别市公署，于已交还之各国租界地区从速酌设社教机关，以开民智等情，经查所请尚属切要，特咨请查照酌办。

（三）制定《国共相克宣传办法》通令遵照施行。奉政委会令发《国共相克宣传计划大纲》，仰遵照等因，经本总署根据前项大纲制定宣传办法，通令各省市教育厅局暨国私立各校院以及社教机关等，一体遵照施行。

（四）赓续举行日本语文检定试验。三十二年度日本语文检定试验，照章已届举行之期，自应赓续办理，以符规定。经本总署日语检试委员会开会决定日期，通令各省市教育厅局一体遵照举行。

（五）推行第三次教育行政会议议决各种案件。第三次教育行政会议议决各案，业经分别缓急，次第实施，关于社会教育部分者，如整顿职业补习教育，编订社教课本等事项，亦经查照内容情形，分别令行各省市教育厅局及直辖编审会、华北社教协进会等机关遵照实行。

（六）举办社会教育行政人员讲习班。本总署为增高教育行政人员学识，强化工作效率起见，曾历年举办讲习班一次，上年社教人员与普通行政人员合并办理，本年度自应援照成案赓续举行。

（七）提倡识字运动，以期达到扫除文盲之目的。本总署曾于三十年十月间咨请各省市公署，督饬所属社教机关组织识字运动宣传委员会，拟订计划，举行识字运动周，现拟援照成案继续倡导，以利推行，而期达到扫除文盲之目的。

（八）派员分赴华北各地传习注音符号。按推行注音符号，应先由师资方面着手，各省市现任师范学校、小学校教员及社教机关之职员中，不了解注音符号或发音讹误者为数甚多，兹为补救训练起见，拟就各省市内开办讲习班，由本署派员前往讲授，以期养成良好师资，而能辗转传授于一般学生及民众。

四、关于体育事项

（一）举办集团勤劳增产指导人员讲习会。本总署为讲习集团勤劳服务之意义及实施办法，俾使指导学生集团勤劳训练及协力食粮增产运动起见，特于本年一月二十二日起，假国立北京师范大学教育部街分校，举办集团勤劳增产指导人员讲习会，令饬华北各省市教育厅局及公私立专科以上学校，选派体健耐劳、年四十五岁以内之人员集合训练，计公私立专科以上学校二十八人，各省市六十四人，共九十二人。由署聘请集团训练及农业专家充任讲师，至一月二十九日止，训练完了，为期虽仅八日，而受训人员获益殊多。此项受训人员充作各省市及各专科以上学校集团训练及勤劳增产干部，俾使实际工作顺利进行。

（二）厘定三十二年度《华北教育施策要纲及其实施方案》，令发华北专科以上学校及各省市教育厅局遵照办理。查现值新国民运动展开之际，本总署为适应战时体制下当前需要起见，特厘定三十二年度《华北教育施策要纲及其实施方案》，令发专科以上学校及华北各省市教育厅局遵照施行，各级学校奉令后皆能遵照办理。

（三）视察华北各级学校学生协力食粮增产工作实况。为明了华北各级学校动员学生协力食粮增产实际工作状况起见，特派本总署简任督学孙季瑶、体育科科长李洲、学务专员重松龙觉及技术指导员清水益次等，分别前往视察，计自五月四日起至七月二十日止视察完了。

（四）举办第一届华北中等学校体育教员讲习会。为谋充实华北中等学校体育教员之学识并加强其教学能力起见，特于本年八月二日起，假国立北京师范大学绒线胡同分校举办第一届华北中等学校体育教员讲习会，令饬华北各省市教育厅局及国立北京师范大学附属中学，选派男性体育教员共五十人，集合训练，由署聘请体育专家充任讲师，至八月十一日止训练完了。

（五）视察华北各省市教育实况。为明了华北各省市教育实况起见，特派员分路前往视察，计派简任督学孙季瑶等五人视察东路（天津市、山东省、青岛市及北京市所属学校），荐任督学谭孔新等二人视察西路（河北省、河南省、山西省及北京市所属学校）。视察日期，东路自九月二十一日起至十月十二日止，西路自九月二十三日起至十月十五日止。

（六）推行青少年运动。本总署为推行青少年运动，对于学校青少年团，除通令华北四省三特别市教育厅局转饬组织成立外，关于直辖各校院青少年团之组织训练，亦经积极办理，日臻完密。

五、关于文化事项

（一）制定文化机关每季工作报告表式咨行各省市照填送核。华北各省市文化机关近年逐渐恢复，新成立者尤不在少数，向无准确统计。本署为振兴文化考核工作起见，特制定各文化机关每季工作报告表，咨请饬属照填送核。其各项公私学术团体，并请分别查明，汇转备核。关于文化物品之搜集或保管事宜，一并责成主管机关切实酌定办理具报。

（二）国立北京图书馆设立图书目录编印委员会。北京图书馆收藏最富，驰誉世界，惟普通中西文及日文书籍向无专目，阅者殊感不便。本署现呈准华北政务委员会另拨专款，设立图书目录编印委员会，延聘专家积极编订，以崇文化而便阅览。

（三）提倡民间文化团体。文化团体接近社会，足以辅助文化行政所不及，文明各国无不加意维持，助其成长。本年度内北京新成立之文化机关计有：（1）中国生活文化学会；（2）中国新文化建设协会；（3）中国文化学会；（4）华北作家协会；（5）华北美术协会等五团体，经本署分别指导核准立案，并饬互相联络，推进新国民运动，确立战时生活体制。

（四）拓印居庸关云台五体文石刻。居庸关云台五体文石刻建自元代，关系宗教、美术甚巨，惟以拓本流传不多，故往往不明内容。本署于八月间雇工前往该处拓印石刻，并研讨其沿革及各体文字之源流，俾得发皇美术，借供学者之考证。

（五）确立崭新文化体制办法。为促进华北新建设实施期间确立崭新文化体制，办法如下：（1）网罗华北专门学者，指导组织政治、文化、思想、经济、文艺及各种社会科学协会，以期渗透各种层阶级；（2）随时举行讲演会或座谈会，根绝共产邪说，发扬东方民族精神；（3）举行交换讲演、互译书籍、书画展览、音乐演奏、广播交欢放送；（4）设置各部门研究奖励金额，促成各层阶级对于战时体制之认识。

（六）举行兴亚美术展览会。本总署为沟通中日艺术交流起见，每年举行兴亚美术展览会一次，广征中日名家艺术作品，以供士民之研究与观摩。除自第一至第三回系由新民会主办，本总署后援外，其第四回则由本总署与新民会合办，自本年第五回起完全由本署主办。

（七）招聘日本文化使节并举办学术讲演会及音乐【演】奏会。本总署为沟通中日文化起见，特于本年借日本文化使节及音乐使节来华之机，举办学术讲演会及音乐演奏会，召集各专科以上学校之学生参加聆讲，并聘请中日两国文学作家举办交换原稿恳谈会，期使中日两国在学术上、思想上作紧密之提携，俾东亚文化得以早日复兴。

中国第二历史档案馆藏“伪华北政务委员会教育总署档案”二〇二一（2）·5

华北政务委员会教育总署施政辑要

（1944年）

自三十二年二月一日起至三十三年一月卅一日止

甲、总务事项

一、搜集三十一学年度暨三十二学年度上学期华北各级教育统计资料。

二、编制三十一学年度上学期华北教育统计简表。

三、编制三十一学年度华北专科以上学校学生生活状况统计。

四、编制三十一学年度华北教育统计。

五、办理直辖各机关学校教职员调查登记事项。

六、编制三十三年度本署暨附属事业经常、临时各费概算书，新增加者计春秋祀孔暨卫生行政经费等项。

七、编制三十三年度所属各机关校院经、临各费概算书，新减去者计国立华北观象台、国立华北编译馆、历史博物馆、清华大学保管处。

八、审核本署及各机关校院三十二年度支出计算书类。

九、转发三十二年度寄赠金。

十、核发本署暨各校院三十二年度选拔选派两项留日学生及教员学杂各费。

十一、转请核给本署暨所属机关公务员、校院教职员养老金、恤金、退职金及工役恤金等费。

十二、审核所属机关校院岁入款项。

十三、调整防空增产等项经费。

十四、审核国、私立专科以上学校在国外订购各项教育用品转请免税事项。

十五、与关系方面接洽办理各级学校使用减价乘车证事项。

十六、验收所属各机关校院建筑修缮事项。

十七、依照警防实施要领，加强本署特别警防分团机构，厘订各项计划暨各班组员役轮流值勤办法。

乙、文化事项

一、接收董康氏所刊《周礼疏》版本及余书。

奉华北政务委员会令，以董委员康影刻宋黄唐本《周礼疏》书版六百七十六块及余书二十五部，均已购归国有，饬照数接收具报等因。当经派员点收无误，转发国立北京图书馆妥为保存，以重珍品。

二、拓印居庸关五体文字石刻及编撰石刻考略。

居庸关云台洞壁旧有元代五种文字石刻，关系宗教、文化及艺术、历史等，至为綦切，爰经雇工前往拓印，以资研究而备传播，并由本总署钩稽群籍，遍访通人，纂成考略一篇，连同石刻一份，分送各方，以广流传。

三、核准国立北京图书馆设立图书目录编印委员会。

北京图书馆收藏丰富，誉满全球，除善本书籍印有目录外，其普通中外书籍向无专目，阅者既感不便，典者复苦检取。经本总署呈准政委会，另拨专款，设立图书目录编印委员会，延聘专家积极编订，以崇文化而便学人。

四、公布《中国辞典编纂处及历史博物馆组织规程》。

本署直辖中国辞典编纂处及历史博物馆，组织均系沿袭旧有办法，尚未正式新制规定。兹为加强组织整饬机构起见，特拟订该处、馆等暂行组织规程，先后呈奉政委会核准，即经公布，并分令遵行。

五、咨请各省市查填中日文化交流史迹。

中日文化协会函请查填中日文化交流史迹，当以此举与沟通日华文化至有关系，经即检同原表，通咨各省市公署饬属详填，以凭汇转。

六、协助华北综合调查研究所调查京汉沿线文化史迹及曲阜鲁城旧址。

准华北综合调查研究所先后函以拟派专员出发调查京汉沿线文化史迹，以备振兴文献学术之研究，并拟派员会同日方考古家赴山东曲阜调查鲁城旧址，请予支援以资便利等由。当经本总署分咨河北、河南、山东省公署查照转饬沿线各县及曲阜县公署遵照，届时妥为照料指导，并予特别便利。

七、拟定《第一次促进华北新建设运动期间崭新文化体制实施办法》。

遵照华北政务委员会颁发《第一次促进华北新建设实施指导纲要》，拟具崭新文化体制实施办法五项，分饬所属，一体遵照。

八、核准各文化团体立案事宜。

据中国文化学会、中国生活文化协会、中国新文化建设协会、华北作家协会、华北美术协会、东亚学术研究会、中国文化团体联合筹备委员会、华北漫画协会、华北新剧协会、中国工艺研究社先后检同应备附件呈请鉴核予备案等情前来，除华北漫画协会、华北新剧协会、中国工艺研究社正在核办中外，其他七文化团体经核组织、宗旨、简章、条文、会员资历大致尚属可行，亦切合时代需要，均已先后批准立案。

九、协助华北电影公司四大都市巡回电影。

准华北电影公司函以举办四大都市巡回电影请协助等由，即经本总署抄发原件译文，训令三特别市教育局及咨行山东省公署、三特别市公署，请查照附件所开各节，迅予照办，竭力协助。

十、制定文化机关每季工作报告表式。

本总署对于各省市文化机关工作情况亟待明了，特编制工作报告表式，通咨各省市政府饬属按季填报，以凭查考。

十一、通令各省市教育厅局将文化物品搜集或保管事宜切实酌定办理具报，并查明有无组织文化保管机关，一并呈核。

查华北各省市或系帝王宅京之所，或属中原绾毂之区，文化物品之丰富，甲于其他各省市，本总署为慎重文物保存古迹起见，通令各省市教育厅局遵照具报，以凭办理。

十二、呈报结束北京大学点收木犀轩李氏押在殷氏及上海中南、大陆两银行书籍事宜。

三十年春，政委会购妥李氏木犀轩书籍一批，发交国立北京大学点收整理具报，曾因量数既多，头绪又极复杂，或以本数残缺，应须借抄配补，或以抵押他处，应须备款赎回，以致公牍往返颇延时日。至三十二年秋，北京大学始将一切手续办清呈本署转奉政委会指令，准予备案，当告结束。

十三、咨行各省市征集地方志及金石拓片等件。

各省图志以及金石拓本、殷墟甲骨文字之拓片等，均有关文化，至为切要，经本总署通行各省市转饬所属尽量征送。

十四、咨行山东省公署保护汶上县思圣堂圣迹。

据汶上县思圣堂奉祀官孔祥蓂呈请咨行山东省公署饬县添设看守，以固道本而崇善德等情，当经咨请该省公署饬县设法保护。

十五、接收内务总署卫生、礼俗两局。

奉政委会令，因改革机构，适应体制，将内务总署裁撤，所有礼俗、卫生两局原管事务及各项文卷，移归本总署接办等因，遵经派员接收完竣，并将办理各情形呈报备案。

十六、华北观象台改隶工务总署。

奉政委会令，将国立华北观象台改隶工务总署等因，即经训令该台遵照移交，并将本总署关于该台历年各卷检整齐全，咨行工务总署派员来署接收，业经该总署交通局郑宇华科长率同职员何岳寿、朱文镒等，分别接收蒇事。

十七、直辖历史博物馆合并故宫博物院。

奉政委会令，将历史博物馆合并故宫博物院等因，即经分别训令该馆遵照赶办移交，并检同该馆移交总清册一份，函送故宫博物院点收接管。

十八、接收编译馆。

奉政委会令，国立华北编译馆应即裁撤等因，即经训令该馆遵照从速结束，听候接收。现已将该馆所有卷宗、书籍、家具等件由本总署派员点收清楚，运至本署暂存，至于该馆善后一切事宜，俟呈请政委会指示再行办理。

十九、举办兴亚美术展览会。

本总署为沟通中日艺术交流起见，每年举办兴亚美术展览会一次，除第一至第三回系由新民会主办、本总署后援外，其第四回则由本署与新民会合办，自本年第五回起，完全由本总署主办。

二十、招聘日本文化教育及音乐各使节，并举办学术讲演会及音乐演奏会。

本总署特于本年招聘日本文化教育及音乐各使节，举办学术讲演会及音乐演奏会，期使中日文化之交流日臻完密。

廿一、征集书家作品参加兴亚书道展览。

本总署为受日本书道报国会之嘱托，代为征集各省市书家作品多件，送往日本东京及中满两国各大都市，次第展览。

廿二、设置各项文化奖励金，促成各层阶级对于战时体制有所认识。

选拔华北思想、学术、演剧、音乐、美术、体育各部功绩显著之作品，予以奖励，除由本署遴聘专门人员担任审查委员外，并刊登报纸广事征集。

为适应大东亚决战体制，对振兴中国学术研究或开发华北最有贡献者予以辅助，此项办法业已通令各校代为征集。

关于对大东亚决战体制下有贡献之图书、电影、唱片等三项感想，托由本署函请各著名杂志社代为征集，酌予补助。

廿三、关于各种书籍杂志之审查事项。

出版物之主旨纯正与否，影响读者之思想甚巨，故所有各种书籍杂志等于出版前，须呈经审定后方准予出版，以肃正思想。

廿四、关于《直辖国立华北编译馆工作出版物办法》之审定事项。

自该馆成立以来，对于编译高中以上暨大学程度之参考书籍及一般读物，前后出版者已有数十种，故于三十二年度以中日文化交流为目标，拟具《现代知识丛书》第二期拟目，从事编译并出版工作，并为对于优良之民间出版物酌予补助，特拟订《接收委托出版书籍暂行办法》，委□□□□□□□□□□□□□，□□□，□□□□机构收毕，该馆奉令撤裁，由本总署接收所有未经出版之各项书稿，现在清理中。

廿五、为推进宗教行政刷新宗教精神起见，制定《刷新宗教令》、《宗教刷新实施要纲》、《华北宗教慈善团体宣扬大东亚战争必胜精神彻底实施办法》，并颁布《宗教团体协力食粮增产运动指导纲要》。

廿六、为培植各宗教传教师以期推广教义起见，成立北京中央基督教学院及附属北京基督教学院、各宗教教学研究所、道教学院、华北宗教勤劳指导员讲习会，并表彰宗教团体协力食粮增产运动。

廿七、办理春秋丁祀孔事项。

此项祀典例于每年夏历二月及八月上丁日举行，三十二年三月十日（夏历二月初五日）举行春丁祀典，例于先一日下午演礼一次，同年九月六日（夏历八月初七日）举行秋丁祀典，惟此次适因防疫关系，城内外交通受有管制，除六日晨刻正式典礼仍敬谨举行外，其先一日演礼暂停一次，所有各项礼节悉查照成案办理。关于祭品，大成殿至圣先师位前供设太牢少牢，四配十二哲两庑及崇圣祠祀以少牢，乐舞系由乐舞传习所学生担任，他如省视供品，则有省斋官纠察，仪节则有纠仪官，至前后殿典仪、赞引、司祝、对引及司帛、司爵等职，均派熟手担任，以资娴习而昭慎重。

廿八、办理褒扬各案。

此系依据民国二十九年九月十八日华北政务委员会修正公布之褒扬条例办理，专内褒扬华北德行优异或有功地方或热心公益之人，其褒扬品一为匾额，一为褒章，合于二款以上者得加给褒状。关于褒扬各案，凡咨请到署者，恪遵条例严密考核，以昭翔实而资观感。本年度先后准华北各省市公署及各机关咨请褒扬各该地方士绅妇女，经本署准呈请发给匾额褒章褒状者，共十七案。

廿九、审核典礼。

奉政委会令，审核河南省公署呈准新民会函送汤阴岳庙祭祀典礼等项一案，经遵令核复呈奉指令修正各节，均尚妥善，已令转饬遵照。

丙、教育事项

一、高等教育类

1. 厘订《选派留日公费生计划》。

本总署历年所派留日公费生，计有国立各校院教员及选拔留学生两项，兹为增强留学效用起见，爰订定《三十二年度选派留日公费生计划》，其要点略述如下：（一）留日教员选派之标准，第一项为国立各校院现任助理以上职员，第二项为北大、师大现任教授而以留学期满能兼充师资讲肄馆研究部指导员者为原则；（二）选派编审会编审赴日留学；（三）前两项人员于留学年限内，另选若干人送入日本国民精神研究所；（四）前两项人员并本年度选拔留学生于派遣之前，先施以短时期之预备教育。

2. 厘订《管理留日学生事务规则》。

3. 选拔公费留学生。

本年度选拔留学生，仍循历年成案办理，规定名额五十五名，计分配于兴亚高级中学校二十三名，本总署直辖各校院十一名，各省十五名，在日留学者六名，所有国内选定各生于出国前，先施以预备教育一个月，完毕后即东渡赴日留学。

4. 甄别自费留日学生。

依照《留日自费生甄别试验办法》之规定，每届申请自费留日学生超过本总署所规定之名额时，应受甄别试验。本年度自费留日生名额计规定为一百名，而请发留学证书之学生业已超过定额，爰于三十二年八月二十六日及三十一日分两日举行甄别试验，共计录取三十一名。

5. 选派教员学生赴日见学。

6. 扩充国立北京大学医学院科系并延长修业年限。

《国立北京大学组织大纲》原规定医学院设医学及药学两系，惟医学院成立之初仅设有医学一系，故于三十二年四月间增设药学系并齿科学系。又医学院甫成立时，学生修业年限为四年制，嗣因修业期间短促，课程繁重，学生缺乏自修与研究之时间，爰自民国三十二年度起，医学系改为五年制，以利教学。

7. 举办毕业生特别讲演会。

本总署历经举办国立各校院毕业生特别讲演会，对于学生指导就职之趋向与思想之肃正，收效颇宏。三十二年仍循历年成案办理，于六月间在本总署大礼堂召集国立各校院毕业生出席听讲。

8. 督促筹设有关实业之专科学校。

关于《各省市筹设有关实业及国民生计之专科学校》一案，迭经本总署于第一、二、三各届教育行政会议时提出讨论，除河北省已先筹设农业教员养成所外，三十二年七八月间，河南、山东两省亦经筹设省立医学专科学校各一处，其他各省市亦正在参酌当地需要，尽力筹划中。

二、普通教育类

1. 筹拟改善华北四省县区立小学校教员待遇并发放补助费。

三十二年度改善华北四省县区立小学校教员待遇补助费，经呈准政委会拨款五十万元分发补助，计河北省一十八万三千元，山东省二十万元，山西省八万四千元，河南省三万三千元。

2. 汇拟《救济失学办法》，通令遵照酌办。

前经本署拟具《救济失学办法》，由各省市教育厅局及国立专科以上学校签注意见，经署汇核整理拟订治本办法四项：（一）设法恢复事变前各省市各级学校；（二）调查事变前各省市原有专科以上学校现在废置情形，酌设有关实业之专科学校；（三）调查英美系教会及敌性国家所办事业，以资利用；（四）调查各省市教款所占政费成数，督促增加。治标办法三项：（一）小学校推行二部教学制；（二）补助优良私立中学；（三）大学同日招生办法废止，并早日发榜。以上各项均经通令各省市教育厅局遵照酌办。

3. 颁发《华北各省市各种简易师范学校每周教学科目及教学时数表》。

4. 举行第三次华北各省市教育行政会议。

本署为检讨三十年五月第二次教育行政会议及三十一年三月、十二月两届临时教育会议成果，并研讨今后在参战体制下华北教育行政上应行刷新之各项问题起见，于三十二年六月一日至三日在本署举行第三次教育行政会议，本署督办署长以下各重要职员、各省市教育局长及关系人员均分别出席、列席，议决各案，逐渐实行。

5. 参加南京教育部召集之第三次全国教育行政会议。

6. 扩充农事教育人员养成所班次，以应农事教育需要。

7. 继续增选中等学校添设农业课程。

8. 继续增选小学校附设农业补习班。

9. 举办第五届华北各省市中等学校教员暑期讲习班。

10. 举办第五届华北各省市小学校教员暑期讲习班。

三十二年度原定分二十四处举行，嗣山西省因故改七处为五处，计共举办二十二处。

11. 举办第二届华北各省市农事教育人员暑期讲习班。

12. 举办第三届华北各省市教育行政人员讲习班。

13. 制定《华北各省市师范学校设置日语专修科办法》，通饬施行。

14. 制定《对于第一次促进华北新建设实施方案》。

奉华北政务委员会令，以大东亚战争已迈入决战阶段，为昂扬国民参战意识，完成华北基地使命，特制定《第一次促进华北新建设实施指导要纲》，并规定自八月九日起至十月三十一日为实施期间等因，遵即拟具实施方案九条，分饬所属，切实推行。

15. 厘定《华北教育界举办返还租界宣传讲演办法》。

16. 充实直辖编审会之组织，增编职业及教育教科用书，以应急需。

17. 分发华北各省市各级学校日籍教员。

18. 制定《维持华北各省市公立各级中小学校教职员生活暂行办法》，公布施行，并分发补助费。

本署鉴于中小学校教职员生活困难，亟应救济，爰拟具《维持华北各省市公立各级中小学校教职员生活暂行办法》，提经华北政务委员会议决照办，每年由政委会发给补助费三百万元，分四次发给，由三十二年十月起发给第一次（十、十一、十二三个月）补助费七十五万元。

三、社会教育类

1. 推行三十二年度《华北教育施策要纲》。

三十二年度《华北教育施策要纲及其实施方案》内关于社会教育事项甚多，爰由本总署教育局函达华北社教协进会，请其查照，切实办理。

2. 咨行天津特别市公署，请于已交还之各国租界地区从速酌设社教机关。

据华北社教协进会呈请转饬天津特别市公署，于已交还之各国租界地区从速酌设社教机关，以开民智等情。经查所请尚属切要，特咨请查照酌办。

3，制定《国共相克宣传办法》，通令遵照施行。

奉政委会令发《国共相克宣传计划大纲》，仰遵照等因。经本总署根据前项大纲制定宣传办法，通令各省市教育厅局暨国、私立各校院以及社教机关等，一体遵照施行。

4. 赓续举行日本语文检定试验。

日本语文检定试验照章于每年秋季举行，本年度已为第三届，经本总署日语检试委员会开会规定日期，并遴派监试委员，通令各省市教育厅局一体遵照，如期举行。

5. 推行第三次教育行政会议议决各种案件。

第三次教育行政会议议决各案，业经分别缓急，次第实施。关于社会教育部分者，如整顿职业补习教育、编订社教课本等事项，均经查照内容情形，分别令行各省市教育厅局及直辖编审会、华北社教协进会等机关遵照实行。

6. 举办社会教育行政人员讲习班。

本总署为增高教育行政人员学识，强化工作效率起见，曾历年举办讲习班一次。上年社教行政人员与普通行政人员合并办理，本年度系援照成案赓续举行，结果颇为圆满。

7. 提倡识字运动，以期达到扫除文盲之目的。

本总署曾于三十年十月间咨请各省市公署督饬所属社教机关组织识字宣传运动委员会，拟订计划，举行识字运动周，本年度仍继续倡导，以利推行，而期达到扫除文盲之目的。

8. 派员分赴华北各地传习注音符号。

按推行注音符号，应先由师资方面着手，各省市现任师范学校、小学校教员及社教机关之职员中，不了解注音符号或发音讹误者甚多。兹为补救训练起见，特就各省市内开办讲习班，由本总署派员前往讲授，以期养成良好师资，而能辗转传授于一般学生及民众。

丁、保健事项

一、医药类

1. ①

查医药事业，关系民族健康，至为重要，倘不认真审验，则庸医充斥，赝品杂出，贻害社会，诚匪浅鲜。本署保健局于三十二年十二月一日成立，所有接管前内务总署卫生局部分之医药事项，如医师等请领证书以及中西成药化验，均经入手办理，依照定章先后成立医师资格审查委员会及华北成药审查委员会，委派专门人才担任委员，分组审查，以昭郑重。

2. 核发中西医证书。

本署接管内署移交之各省市咨转医师等请领证照一案文件，计二十余件，当交医师资格审查委员会详确审查，除不合规定者将原送各件分别退还外，计合格者共七十六名，内医师十名，镶牙士二名，药剂生十名，助产士七名，中医四十七名，共发证照七十六张。

3. 核发中西成药许可证。

接管移交化验不合者，退还四十种化验许可给证者二十七种，发证照二十七张，在华

---

① 此处文字阙如，特此说明。

北卫生研究所者尚有四十八种正在审查化验中。

二、保健类

1. 接办各省卫生讲习所。

前内务总署所属之华北各省卫生讲习所为河北、河南、山东、山西四处，划归本署管辖后，为普及保健常识及育成卫生行政专门人员起见，督饬各该所切实办理，所有受训学员由各该省所属市县选送相当人员入所肄习，每一年为一期，毕业后各回原籍服务，以资人地两宜。

2. 令饬各省所属市县造送法定传染病月报表。

疫疠流行传播堪虞，为统计及预防起见，令饬华北各市县按月造送法定传染病月报表，截至三十三年一月底，共收到表报一百七十八件。

三、体育类

1. 选派青少年团直辖团第一团团员参加检阅及集训营。

本年三月八日及十月间，分别选派团员参加庆祝国府还都三周年纪念、首都青少年团总检阅、新国民运动、青少年团暑期集训营及新民青少年团总检阅。

2. 派员视察学生协力食粮增产实况，并召开食粮增产会议。

本年五六月及九十月间，派员视察华北各省市学生协力食粮增产运动实况，并于十一月间召开食粮增产会议，直辖专科以上学校及华北四省三市教育厅局均派员参加。

3. 举办第一届华北中等学校体育教员讲习会。

为谋充实华北中等学校体育教员学识并加强其教学能力起见，特于本年八月初旬举办第一届华北中等学校体育教员讲习会，会期十日，受训教员共五十人。

中国第二历史档案馆藏“伪华北政务委员会教育总署档案”二〇二一（2）·5

华北教育总署五年以来关于华北文教施政概况之简略报告

（约1944年）①

（前略）

查本总署之前身为华北临时政府之教育部，于民国二十七年元旦正式成立，以迄二十九年四月南京新国民政府组成，华北临时政府改组为华北政务委员会，教育部则改为教育总署，此乃部署变迁之大概情形也。本总署之内部组织，分为总务、文化、教育三局，十

---

① 综合全文文意，此件内容与前录《华北教育总署教育局普通教育科检送该署教育行政报告书》有诸多相同之处，特此说明。因原件为打印稿，且未标明具体日期，故档案整理者将其定为“约1944年”所制。又，伪华北教育总署系伪华北临时政府教育部于1940年4月间改名而成，此件标题言及“五年以来”，亦可证明此件拟定于1944年间，很有可能系1944年4、5月间所作的“五年总结”。

一科。兹将本署所经办各事项共分四项列报如次：

壹、关于文化事项

一、前教育部对于文化事项之初步工作

1. 视察北京本市各文化机关，以便明了其内容而为指导改进之计划。

2. 调查北京以外各地方文化机关团体并名胜古迹一切情况，特制就调查表两种，咨请华北各省市公署转饬各主管机关查填汇报，嗣经陆续送到，由部整理抄印，以备参考。

3. 通令各省市教育厅局对于搜集保管各地文化物品应切实办理具报，嗣由各厅局拟具暂行办法或规则等，当经分别核复。

4. 分令各文化机关按月制送工作报告，以备考核。

5. 奖励文教事业，如对于各私人热心兴学、提倡教育、捐助资产功绩卓著者，又如东和影片公司为谋中日两国人民情感之融洽，特拍制《东亚和平之路》一片，并用中国语作有声之宣传，收效至宏等，均经本署分别题词赠匾，以示褒奖而资提倡。

一、整顿各直辖文化机关

1. 前北平研究院清查各种图书及拓片，另编目录，妥为保存，俾免散失，前该院发掘西安古物集运来京，约有一万七千余件，发交历史博物馆整理陈列。

2. 前审计院之档案存于北京大学附属医院，及前历史语言研究所之档案存于北海公园蚕坛，卷帙浩繁，足供历史参考之用，均先后发交历史博物馆分别保存，以便逐渐整理陈列，而资日后展览。

3. 对于历史博物馆为之呈请政府勘修房屋、恢复馆务酌加经费，徐图发展。本年度增辟陈列室七楹，陈列冀陕两省新出土古物，并收买郑成功遗像五幅，公开展览。

4. 将前中国国语大辞典编纂处改称为中国辞典编纂处，增予经费，督促赶编《国语辞典》、《国语常用辞典》、《国音常用字汇》、《国音标准字典》及《中国大字典》等书，限期完成工作，分别出版，最近并恢复国语速记讲习所及注音符号讲习班，造就实用人才甚多。

5. 整理前古物陈列所所存之版片。

将前存古物陈列所之满文圣训、汉满蒙藏各体文字之经咒版片计七万九千余方，提归历史博物馆妥慎收藏，逐渐整理，并拟洽商内务总署设法印行，俾广流传，借宏文化。

一、扩展各文化事业

1. 接收前国立北平图书馆，予以改组。

前国立北平图书馆历史悠久，庋藏海内孤本善本及各项书籍、舆图、金石、拓片等，极为丰富，其最著者为文津阁之《四库全书》及明《永乐大典》等。自三十年十二月大东亚战争开始，该馆即为友邦军部查封，经本署商洽，旋于三十一年一月承友邦将该馆交由本署接收保管，乃于本年四月改组内部，恢复馆务，开馆阅览，并从事整理刷新一切庶政。最近于本年十月中旬由上海运回中文图书一百三十六箱，另有西文图书四十余箱尚未运到（按前国民政府于民国二十三、四两年，曾数令该图书馆将所藏之中外图书珍本分运南京上海各若干箱，此次承兴亚院及各方面之协助，始得将沪存书籍运回，其中华文图书较前减少，而西文图书则较前增加，因二十四年以后外洋寄来之书籍均交由驻沪办事处接收故也）。

2. 收买李氏木犀轩藏书。

前临时政府曾购买李氏木犀轩藏书，经本署派员点收，发交国立北京大学图书馆负责整理保管，编制详目，公开阅览。

一、处理应行结束各图书馆之善后

1. 前国立交通大学北平学院之图书馆及博物馆。

该大学于二十七年结束时，其北平学院图书馆之书籍与博物馆之模型、仪器，完全拨交国立北京大学工学院妥为保管，以备该学院教员学生之利用。

2. 前国立交大唐山学院之图书馆。

该学院图书馆之书籍等已交由河北省公署妥为处理善后。

3. 前国立天津北洋工学院之图书馆。

该学院之书籍仪器已交由天津市公署办理善后。

4. 前国立清华大学之图书馆。

该大学之中西书籍舆图，及仪器标本之一部分，由本署派员点收，拨交国立北京大学图书馆妥慎整理保管，以备该大学教员学生利用参考。

一、新创设之文化机关

1. 东亚文化协议会。

为谋振兴东亚文教起见，会合日本文化团体组织该会，由本部文化局负责筹备拟定规程及宣言草案，乃于二十八年春在怀仁堂开成立大会，嗣次第于北京及东京每年开会一次，议定各项要案，送部备核。

2. 成立华北观象台及各地测候所。

华北观象台成立于二十八年十一月。

兖州、德州、张店、昌黎、西郊等五测候所成立于二十九年一月。

海州、新乡、保定、塘沽等四测候所成立于三十年度。

阳泉测候所成立于三十一年八月。

3. 成立观象技术员养成所。

为养成专门观象技术人才，于二十九年六月在观象台设立观象技术人员养成所，授以天文、气象学科，六个月卒业，第一期中日技术员二十六名，第二期三十九名，分发所属各测候所服务。

4. 成立国立华北编译馆。

为发扬东方文化，沟通中外学术起见，特筹设国立华北编译馆，从事纂辑译述，于三十年四月正式成立，先行编辑《现代知识丛书》及《大学丛书》。本年加强工作，已出版者计有《中国文学》与《日本文学》、《中国文字学概要》等六种，在印刷中者计有《中国建筑》等五种，编译已竣者计有《孔子事迹汇辑》、《中国地方自治发达史》等二十一种，在编译中者计有《中国秋审制度》等十四种。此后拟以致力于中日文化交流为目标，而为划期之改进与扩充，除自行编译出版外，并拟酌量采纳私人之译著，对于民间优良出版物，亦拟加以补助。

5. 兴亚美术展览会。

为沟通中日艺术交流起见，每年举行兴亚美术展览会一次，广征出品，以供研究观摩。第一至第三次系由新民会主办，本年第四次由本署会同新民会合办，在太庙公开展览。

6. 学术文化审议会。

最近即为本审议会之筹设，其设置原因及日后工作之目的，业经声述，恕不赘陈。

一、刊行历书及华北节候表

1. 二十八年度之历书。

系由前教育部延揽专门人才参照曩日历书成式，舍短取长，根绝迷信妄谬各点，审慎编成，以适应社会之需求。

2. 二十九年度之历书。

为南北两政府合编之历书，由本署两次派员前往南京参与编历会议，从事编制，以资敬授人时。自南京新国民政府成立，此项编历工作完全属诸中央，以一事权。

3. 编制华北节候表。

自停止编刊历书后，乃改刊华北节候表，由华北观象台依据各地测候所之报告，负责编制此项节候表，以资应用。

贰、关于高等教育事项

一、设立国立各大学独立学院暨专科学校

民国二十六年事变后，北京国立各校院全陷停顿，前临时政府教育部成立后，乃组设国立各校院保管处，以资整理，嗣即斟酌情形并实际需要，分别设立国立北京师范学院、北京女子师范学院、北京艺术专科学校、部立外国语学校、师资讲肄馆，并合并以前北京、北平两大学成立一综合大学，定名为国立北京大学，内分文、理、法、医、农、工六学院。兹将各校成立年月分述如次：

民国二十七年三月，成立外国语学校、北京师范学院及北京女子师范学院、北京大学农学院（外国语学校于民国三十一年八月改为国立北京外国语专科学校，国立北京师范学院暨北京女子师范学院于民国三十年十月合并为国立北京师范大学）；

民国二十七年五月成立北京大学工学院、医学院，艺术专科学校；

民国二十七年八月成立北京大学理学院；

民国二十八年一月成立北京大学总监督办公处；

民国二十八年四月成立北京大学文学院；

民国三十年八月成立北京大学法学院。

一、民国二十七年四月调查本京私立专科以上各学校，并派员视察

一、确定教育方针

为纠正以往教育宗旨之错误，确定新教育方针，一本东方文化传统与亲仁睦邻之旨，对国民观感作正本清源之计，此外又规定应行办理与注意事项十三条，于民国二十七年四月通饬奉行。关于所规定之内容摘要略述如次：

（一）取缔排外教育；（二）确定中小学年限（中学为三三制，小学为四二制）；（三）中学以男女分校为原则，专科以上学校得兼收女生，并对于女子教育应注重品格之修养；（四）切实监督与指导外国人所办学校；（五）由编审会改编各级学校之教科书；（六）废止会考制度；（七）从新训练中小学教职员。

一、派遣留日学生

本总署力谋中日文化之沟通，以图我国学术之发展，自民国二十八年起迭次派遣学生及国立各校院教员赴日留学。兹将历次办理选派经过情形分述如后：

1. 民国二十九年临时政府行将解消之际，教育部准行政委员会咨举办临时选派留学生，共录取国内外学生四十名，又就国立各校院现任教员中选取留日特别生十名。

2. 选拔留日学生，此项留学生之派遣，系选取国内外成绩优良、品行端正之学生送往日本留学，在学期间由中日双方按月给予学资津贴，自民国二十八年起迄本年止，每年均照例举办，共计选拔学生一百六十八名。

3. 民国三十年七月选派国立各校院教员十二名赴日留学，三十一年十二月拟仍援以往之例遴选国立各校院教员，计已选定教员六名，于三十二年二月东渡赴日。

一、举行教育行政会议

二十八年五月一日至三日，召集各省市教育行政长官开第一次教育行政会议，三十年五月开第二次会议，借以明了各地方一般实际状况，聚集各省市教育长官于一堂作密切之联络，俾收集思广益效果，达到通力合作功能，并于三十一年三月召集第三次会议，以适应大东亚战争进展之教育设施，嗣于三十一年十二月召开华北临时教育会议，指示三十二年度教育施策要项［纲］，除检讨本总署颁订之《教育刷新实施纲要》外，更对于学生协力食粮增产一案详加研讨。

一、设立驻日办理留学事务专员办事处

留日学生逐年增多，为便于指导及监督起见，于民国二十九年四月在日本东京设立驻日办理留学事务专员办事处，拟定组织规程，并派员专司管理。

一、办理中国学生集团勤劳队

为锻炼学生之体格并养成其服务精神起见，每年利用暑期，由国立专科以上学校学生中选拔一百人至二百人组织勤劳队，使其从事于勤劳工作，并聘名人讲演，授以有关身心修养之智识，由民国二十八年起逐年举办，迄今已届四次，历次办理均著相当成绩。

一、规定《公私立专科以上学校及中小学校实施训育方针》

教育实施方针既经确定并剀切申明通令遵行，唯关于专科以上学校训育实施之方针尚未有具体之规定，爰经体察现实情形，于民国二十九年六月厘订《专科以上学校实施训育方针》八条：

1. 尽力提倡我国固有之美德，以领导学生之思想趋于正轨，而为建设东亚新秩序之始基；

2. 根绝容共思想，以亲仁善邻之旨，谋东亚及全世界之和平；

3. 善用我国固有之家族精神，以敦风纪而固国本；

4. 阐发修齐治平之道，以儒家精义为依归，摒弃外来之功利主义；

5. 注重人格之修养、品德之陶镕，宜使学生有以国士自许之志向，俾将来能以担负复兴东亚之重任；

6. 厉行节约运动，纠正奢侈陋习，以养成勤苦耐劳之精神与习惯；

7. 个人生活与团体生活宜有严格的规律，俾公私德双方得以平均发展；

8. 加强竞技运动等训练，以锻炼强健之体格及振奋有为之精神。

同时并咨行各省市转饬公私立中小学校一体遵办。

一、设立专科以上学校学生生活指导委员会

专科以上学校实施训育方针，既经制定通饬遵行，为增进推行效力起见，更于民国二十九年六月分令国立各校院，组织学生生活指导委员会及学生生活联合指导委员会。嗣为增强组织，发挥指导效能起见，于民国三十年十月另订方案，改组为国立专科以上学校学生生活指导委员会，于本总署设总会，于各校院分设学生生活指导委员会，并经厘订组织大纲呈准施行，自经此次改组，举凡关于学生之修养锻炼公益等事项，均由该会负责指导，并于本年七月发行《学生新闻》以为匡导之助。

一、厘订《国立专科以上学校聘任教职员办法》

公私立专科以上学校教员，均以专任为原则，但自事变后优秀教员缺乏，事实上各学校有不得不聘请兼任教员以为权宜之计，唯若漫无限制，于教学上不无影响。故于二十八年十二月间曾订有《专科以上学校专任教员任课时数暨专任教员及其他人员兼课限制办法》，以资取缔。嗣感前项办法规定简略，难切实用，故于民国三十年十月再订《国立专科以上学校聘任教职员办法》，俾资遵守。

一、处理英美人所办各级学校

自大东亚战争勃发以来，首由本总署电请各省市，将英美系各级学校一律予以封闭，嗣即厘定善后处置要纲，关于此项学校得斟酌情形，予以改组，筹划复校，其不能复校者，原有学生即令其转入公立或已立案之私立各级学校肄业，中国籍之教职员经严密考察，其思想行动果属纯正者，酌予录用或予以职业之介绍。至英美人所创办之专科以上学校，如燕京大学及协和医学院，则由本署直接处理，决定不予恢复，更厘订该两校教职员学生善后处置要纲，内容所订，该两校原有学生经铨衡后，酌予编入国立北京大学各学院或其他私立各大学继续肄业，该两校原有教职员，视其学识技能并思想行动，酌予聘委或介绍于各教育学术机关，其实在无法安插者，则发给解散费。

一、厘订《国立专科以上学校补助清寒优良学生暂行条例》

本总署为体恤寒畯、奖励优良学生起见，爰于民国三十年四月厘订《国立专科以上学校补助清寒优良学生暂行条例》，内容规定，关于应受助之学生，须（一）确系贫寒，（二）身体强健，（三）品行端正，（四）勤勉学业，（五）成绩可造，并须提出家境及体格证明书，由各校院学生生活指导委员会审查，附具意见书，转请本校院核定，已通令实施矣。

一、规定留日公费生公费及选拔生津贴标准

本总署鉴于在日留学公费各生待遇不一，难昭公允，经令饬驻日办理留学事务专员办事处考查中国学生在日本各级学校一般生活状况，厘订《公费生公费及选拔生津贴数目标准表》，于本年七月公布，并通令各省市及各关系机关查照办理。兹将原表附录于后（表略）。

一、刊行《教育时报》

教育事业经纬万端，举措兴革，胥赖集思广益，而教育行政一切设施尤应普及于社会，以期共资研讨，借臻上理。前临时政府教育部时代，为登载关于文教之法令规程，曾刊行《教育公报》，月出一册，计刊至第二十二期止，民国三十年五月本总署成立，此项公报停止印行，改刊《教育时报》，内容分计论著、消息、教材研究、法规、统计、各地教育实际问题检讨、日本语文研究、杂俎、特辑等九类，并设立教育时报编纂委员会，计划刊行事宜，迄今以刊至第九期，每期发行二万册，除自行订阅者外，大部分均分赠京内公私立各校院并各省市各级学校及文教机关。

一、协力治安强化运动

自上年三月间开始第一次治安强化运动以来，迄今已届第五次，本总署对于历次办理治运，节经遵照奉发实施纲要，自行拟定实施办法，通饬所属切实奉行。第五次治运目标意义更为重大，本总署曾厘订《第五次治强运动实施办法》十一项，内容大致规定各级学校应举行治运讲演会、家长恳谈会，宣传共党暴行及阴谋，并尽力提倡中国固有美德，以期把握民心，各文教机关应召集治运座谈会或征集治运论文，举办展览会，张贴壁报以广宣传，各社教机关应组织巡回讲演团或治运宣传队，举行民众恳谈会，切实宣传此次治运之意义，通令各学校各机关切实遵办，并饬将办理情形随时具报备查。

一、遴选国立专科以上各学校教员及学生赴日见学

本总署为提倡中日两国文化之交流，并为增进专科以上各校教员教学经验起见，自民国二十九年起，每年均有派遣教员学生赴日见学之举。

民国二十九年二月寒假期内，选派国立各校院学生组织访日见学团赴日见学。

民国三十年一月，选派国立各校院生活指导委员会委员，组织访日视察团赴日考查参观。

民国三十二年二月寒假期内，选派国立各校院学生赴日见学。

此外，日本国际观光协会曾于民国二十九年十一月招请中国教育家赴日视察，本年十一月招请国立专科以上学校毕业生赴日见学旅行。

一、厘订《留日学生出国暂行办法》

本总署鉴于以往华北留日公自费生每年出国名额既无限制，不无浮滥之憾，为慎选优良防止流弊起见，特厘订《留日学生出国暂行办法》，嗣后每年所有华北各项留学生名额均由本总署预为规定，通行各省市查照办理，自此项办法公布施行之后，以前所订之《发给留日公自费生留学证书暂行条例》及《发给留日自费生留学证书暂行条例实施办法》即已废止。

一、厘订《教育刷新实施要纲》

本总署为适应目前之时势，拟作刷新华北教育之举，曾于本年十月阐明意旨，通饬公私立各级学校协力同心，黾勉以赴，嗣更于同年十一月厘订《教育刷新实施要纲》，分发各级学校，饬依实际情形，酌拟具体实施方案送署审核。兹将本署所订要纲附录于后：

1. 知行合一为我国古来治学之根本精神，务期学问与生活、理论与实践相即不离，融会贯通。

2. 中国固有之道德文化为立国之基础，历代之政教民情为国民精神之表征，应于专攻学科之外作课余之研究。

3. 为适应时代需要起见，专科以上学校原有学系学科应从新检讨，加以调整，课程指导书应从速编制。

4. 教职员应指导学生革新其日常生活，尤当以身作则为学生之表率。

5. 专任教员应于授课之外在学术研究上及生活上与学生多所接触联系，俾收教学相长之实效。

6. 宜指导学生养成纪律生活自治能力、勤苦耐劳之习惯及进取向上之精神。

7. 宜使学生对于世界大势有深刻之认识，对于中国复兴有确切之信念，激发爱国热诚，振奋兴亚精神。

8. 学校之行政管理亟应整饬刷新，会计经理亦宜妥为运营，俾收最大之效果。

中国第二历史档案馆藏“伪华北政务委员会教育总署档案”二〇二一·441

二、分 类 报 告

北京教育工作报告

（1938 年）

第一节 北京教育状况之概要

北京向为国都所在地，乃中华文化之中心，故教育较为发达。今就北京所设之学校言之，国立大学计有北京大学分设法学、理学、文学三院及研究院，北平大学分设工学、农学、医学、法商及女子文理五院，师范大学分设文学、理学及教育学三院，清华大学分设文学、理学、法学、工学四院，交通大学之铁道学院，私立大学有燕京大学、辅仁大学、中法大学、东北大学及中国学院、华北学院、朝阳学院、民国学院、协和医学院等校。各私立大学内部分院或分系，亦各有不同。至中小学等校，就市立、私立者分别计之，属于市立者，计有体育专科一校，师范一校，中学七校，高级工业一校，高级商业一校，小学六十九校，幼稚园五校，民众学校四十一校，职业补习学校三校，聋哑学校一校，短期小学一百九十九校，简易小学三十二校。属于私立者，计有中学五十六校，职业八校，小学一百一十校，幼稚园八校，民众学校二十校，各种补习学校七十校，聋哑学校一校，慈幼院、育幼院各一校，又颐和园及北京大学、师范大学、交通大学所立之民众学校各一校。以上各校名称、地址及职教员数、学生数、经费数详见下节各表，兹不赘述。惟北京教育前因趋向欧化，于中华固有之道德不甚注意，以致学风颇欠良好，识者忧之，故近年来提倡道德教育，于中学实行男女分校，并举行会考，俾学生平素专心学业，今更对于诱惑青年之邪说尤严行取缔禁止，学风赖以整顿，教育乃稍入正轨，此北京教育大概之情形也。

第二节 事变前北京各学校之状况

事变以前，北京各学校之状况调查不易，因各校办学人员在暑假时多已离校，迄今国立各大学职教员仍多未回京，故调查颇感困难。兹就调查所得之概况，分为大学及专科以下各学校列表如下：

一、北京私立大学及专科学校事变前概况表（略）

二、北京市立、私立专科以下各级学校事变前概况表（略）

三、北京市立及私立民众学校、各种补习学校、聋哑学校事变前概况表（略）

四、北京市短期小学事变前概况表（略）

五、北京市立简易小学事变前概况表（略）

第三节　事变后北京各学校之状况

北京国立大学因教职员星散，学生无多，经费来源顿绝，至今未能开学。惟第一助产学校因组织临时董事会，筹集经费照常开学，私立大学有固定经费者，业已逐渐开课。市立及私立中小学由本会督促，主管教育机关令其早行开课，以免儿童失学，并借以安定人心。各中学均于九月二十日一律开学。兹将私立大学及市立、私立专科以下各校已开学者之概况分列表如下：

一、北京私立大学事变后已开学者概况表（1937 年 12 月 11 日填注）

校名	地址	教员数	职员数	学生数	经费数及来源	校役数
私立燕京大学	西郊海淀	88	130	501	年约 733 495 元，驻美托事部及教育会拨款补助。	152
私立中国学院	西单新皮库胡同	69	35	401	学费收入，约 10 000 元。	36
私立中法大学	东皇城根	52	38	263	每年数目不等，法国补助、法人募捐、学费收入。	不详
私立辅仁大学	定阜大街	84	53	495	每年数目不等，罗马教廷补助及私人捐款、学费收入。	35
私立华北大学	西四羊皮市	23	20	174	校董捐款及学费收入，数目未确定。	6
私立协和医学院	东单三条	128	不详	136	每年数目不等，美人捐款及学费收入。	不详
国立第一助产学校	东城麒麟碑	11	10	36	每年经费 45 000 余元，原由卫生署拨。	25

二、北京私立大学各院系组织简明表（1937 年 12 月 15 日填注）

校名	地址	院别或科别	学系及学科	备考
燕京大学	西郊海淀	文学院	分设国文学系、历史学系、哲学系、心理学系、教育学系、新闻学系、音乐学系。	
		理学院	分设化学系、生物学系、物理学系、数学系、家政学系。	
		法学院	分设政治学系、经济学系、社会学系。	
辅仁大学	定阜大街	文学院	分设国文系、西洋语言文学系、历史学系。	
		理学院	分设数理学系、化学系、生物学系。	
		教育学院	分设教育学系、哲学心理学系、社会经济学系、美术专修科。	

续表

校名	地址	院别或科别	学系及学科	备考
中国学院	西单新皮库胡同	文科	分设国文学系、哲学系、教育学系、英文学系。	
		理科	分设化学系、生物学系。	
		法科	分设法律学系、政治经济学系。	
华北学院	西四羊皮市	本科	分设政治学系、经济学系、政经学系、法律学系。	
		专修科	分设教育科、商业科、艺术科、日文科。	
协和医院	东单三条		分设解剖学系、生物学系、生理学系、药物学系、细菌学系、免疫学系、病理学系、内科学系、外科学系、产妇科学系、公共卫生学系。	
中法大学	东皇城根		分设数学系、物理学系、化学系、生物学系、经济学系、医科。	

三、北京私立大学开学后各系各年级学生数统计表（1937 年 12 月填注）

校　名	系别	各年级学生数目					各系学生总数	备考
		一年级	二年级	三年级	四年级	五年级		
私立协和医学院		17	18	20	18	25	98	
	借读生		1	2	2		5	
总计		17	19	22	20	25	103	

四、北京市市立、私立专科以下各级学校事变后已开学者概况表（略）

五、北京市立及私立民众学校、职业补习学校、聋哑学校事变后已开学者概况表（略）

六、北京市立短期小学事变后已开学者概况表（略）

七、北京市立简易小学事变后已开学者概况表（略）

八、北京市私立专科以下各级学校开学后各年级学生数统计表（略）

九、北京市蒙藏学校现状表（略）

十、北京市内河北省立高级中学校现状表（略）

第四节　北京各校经费之统计

北京国立大学及专科学校之经费，向由南京财政部发给，市立各学校之经费，除每月由财政部补助五万元外，概由本市财政局发交社会局转发各学校。兹将国立学校及市立学校之经费，分别统计表如左：

一、北京国立大学及专科学校经费数目统计表（略）

二、北京市立各级学校及社会教育等经费数目统计表（略）

第五节　北京国立省立学校保管委员会之设立（见第一编）

第六节　审查教科书之经过

北京各中小学等校于事变既平，因急于开学，而原用之教科书又不尽适用，当由本会拟定标准，督令社会局选定审定委员，将中小学及短小、简易、社会教育各级所用教科书详加审核删定，送由本会决定。兹将审定教科书经过分述于左：

一、八月十六日在北京地方维持会提出“各级学校教科书改订”之案，当即通过。

二、八月十七日成立“临时教科书审定委员会”。

组织如左：

（1）小学组；（2）中学组；（3）师范学校组；（4）体育专科组。

办法如次：

各组各科审定委员三人或五人（委员由北京地方维持会令社会局选任之）。

小学组委员

初级国语三人　高级国语三人　常识三人　历史三人　地理三人　公民三人

中学组委员

国文五人　公民四人　历史四人　地理四人

师范学校组委员

负责人一人

体育专科组

负责人一人

标准如次：

（1）关于妨害邦交者；

（2）关于义务教育者；

（3）关于隐含共产主义者；

（4）地理历史上有虚构者。

三、八月十八日各组开始工作。

四、八月二十日小学组初审完竣。

五、八月二十一小学组开始复审〔复审委员会系由北京地方维持会第五组（文化）顾问及第一系委员担任之〕。

六、九月一日中学组、师范学校组、体育专科组各部初审完竣。

七、九月二日（1）小学组复审终了，当即着手填制表格，并决定将“公民”、“童子军”取消，改添“修身”、“国术”、“修身科”用书（选择）。

（2）中学组、师范学校组、体育专科组各部着手复审（复审委员会与小学组同）。

八、九月十一日，小学组表格完成，当即令行社会局转饬各小学校遵照。

九、九月十五日，中学组及其他各组复审完竣，同时决定取消“公民”、“军事训练”或“军训看护”，改添“修身”、“国术”。

“修身科”用书：

初级中学　《大学》、《中庸》、《诗经》。

高级中学　《礼记》、《左传》。

专门学校以上　《书经》、《易经》、《周礼》。

国术科：太极、形意、通背。

十、九月十八日，中学组及其他各组表格完成，当即令行社会局转饬各中学、师范、体专等校遵照。

十一、九月十九日，在怀仁堂举行中小学及其他各学校长全体会议，由北京地方维持会临时审定教科书委员会主席及顾问说明审定经过并今后之教学态度。

附：临时教科书审查委员会委员姓名履历表

姓名	年岁	籍贯	履历	担任审查科目	备考
李英瑜	32	湖北汉阳	北平师范大学毕业	国文	
杨荫广	47	河北武清	美国康乃尔大学毕业	国文	
马蔚青	37	河北安次	北平大学毕业	国文	
马乘风	36	山东临沂	日本国立文理科毕业	国文	
李昆源	31	山东临沂	日本国立文理科毕业	国文	中小学将公民改为修身，中小学修身课本均选授经学。
张景涛	45	河北武清	北京高等师范毕业	国文	
罗庆山	37	辽宁	北平大学毕业	公民	
罗遇唐	46	河北大兴	华北协合大学毕业	公民	
李潭溪	33	河北高阳	日本东京工业大学	公民	
姜绍祖	41	浙江象山	北京大学毕业	历史	
陈树森	42	河北高阳	北京大学毕业	历史	
赵子珊	44	河北安国	北平师范大学毕业	历史	
齐树芸	42	河北高阳	北京大学毕业	历史	
朱毅琛	31	河北涿县	北平师范大学毕业	地理	
吴宝廉	44	辽宁辽阳	北平师范大学毕业	地理	
郁士元	37	江苏	北京大学毕业	地理	

续表

姓名	年岁	籍　贯	履　历	担任审查科　目	备　　考
贺翊新	32	河北固城	北京大学毕业	地理	
韩秋圃	42	河北清苑	美国爱瓦大学毕业	师范用书	以上皆系审查中等学校教科书。
赵文奎	40	河北定县	河北省立第四师范	历史	以下皆系审查小学教科书。
赵孟超	37	北京市	前北京师范毕业	高小国文	
王松乔	51	河北通县	检定合格	地理	
蒋鸿伸	38	浙江诸暨	前北京师范毕业	常识	
付　亮	37	河北宛平	前北京师范毕业	初小国文	
李　楝	40	河北大兴	同上	常识	
马文鼎	39	河北新城	同上	常识	
李辅贤	37	北京	公立第一中学毕业	公民	
弥峻唐	44	山东德平	前北京师范毕业	公民	
张绍先	40	河北宛平	中学毕业检定合格	公民	
白文祥	40	河北大兴	检定合格	历史	
何全序	45	同上	前公立第一中学附设师范二部毕业	高小国文	
郑朝贤	45	河北衡水	河北省立第五师范毕业	高小国文	
梁文檀	36	河北束鹿	北京民国大学毕业	地理	
沙德恒	42	河北涿县	河北省立第十师范毕业	初小国文	
阎礼年	33	河北武邑	北京师范毕业	初小国文	
盖殿勋	40	河北平山	河北省立第二师范毕业	公民	
叶全明	49	河北宛平	检定合格	地理	

第七节　举办国术教员讲习会

本会为振兴国术、养成国民强健体格起见，令由社会局通令各校增加国术课程。自应造就师资，以应需求，故委托本市国术馆举办国术讲习会，将各校现任国术教员加以训练，并招收合格人员一体讲习，于十一月十四日开学。各校保送者一百六十二人，投考录取者五十二人，共二百十三人。学科与术科并重，又分为通背拳法科、太极拳法科、形意拳法科，令学员各精一科，并普授国术教材，以为教授基本学员，分上午下午讲习，并分组教授如下：

一、国术概论

二、国学概论

三、通背拳史

四、太极拳史

五、形意拳史

六、国术教材史

讲习会地址系借用通县师范学校原址练习场与教室，咸备定期一个月。于十二月十四日举行毕业试验，成绩尚佳。二十六日举行闭会式，各发给证明书分别录用，并拟组设同学会，以为永久精研国术组织。此项讲习会经费，由市政府拨发三百元，收入报名费七百五十三元，而支出约一千二百余元。毕业学员名氏如下：（略）

第八节 日语教员之检定

中日密迩，两国人士礼交渐繁，极应通晓日语，方免隔阂，故各级学校均以日语为必修科。本会为慎选日语师资起见，特由文化组设立中小学日语教员检定委员会，办理此事。小学部于十二月六日开始考试，两试结果，取录曹维民等五十四人，于十四日发给证书。中学部于同月二十一日开始考试，两试结果，录取洪云苏等三十六名，于三十一日发给证书。所有两部合格日语教员，均经公布并函送社会局依次录用。兹将章程、办法、试题及委员会名表、检定合格中小学日语教员名表分别附表：

北京地方维持会中小学日语教员检定委员会试验章程

第一条 本会管辖区域内中学（各讲习所同）、小学日语教员之检定，由本委员会办理，其检定办定均依本章程行之。

第二条 凡应检定试验人之资格如左：

甲、中学（各讲习所同）

一、国内外大学及专门学校毕业或有同等学力者。

二、已有小学日语教员资格者。

乙、小学

一、高级中学毕业者。

二、有与高级中学毕业同等学力者。

第三条 检定试验每年八月举行，于必要时得临时检定。

第四条 凡应检定试验人，应向本委员会报名，领取履历书，依式填明，粘连最近二寸照片，并附送学历、说明文件，如有日文翻译著作一并呈送。

第五条　检定试验方法如左：

第一试　日语（口语、笔试）

第二试　中文（作文、问答）

第六条　检定试验科目如左：

一、日语：会话、默写、日汉互译。

二、中文：作文、中日历史、中日地理、教授法。

第七条　第一试不及格者不得应第二试。

第八条　检定试验及格者，由本委员会发给证书，并送交所属主管机关依次任用。

第九条　凡未经检定试验及格者，不得充中学（各讲习所同）、小学日语教员。

第十条　本委员会设委员若干人，由地方维持会聘任，办理一切检定试验事项，其办理细则另定之。

第十一条　本章程如有未尽事宜，得提请维持会修正之。

第十二条　本章程自公布之日施行。

北京地方维持会举办中小学日语教员检定试验办法

本会为检定管辖区域各中小学日语教员起见，举办第一次检定试验，兹特定检定办法摘要如左：

（一）资格

甲、愿充小学日语教员者：（一）高级中学毕业；（二）有与高级中学毕业同等学力者；（三）年龄在十八岁以上（不分性别）。

乙、愿充中学日语教员者（各讲习所同）：（一）国内外大学及专门学校毕业或同等学力；（二）已有小学日语教员资格；（三）年龄在二十二岁以上（不分性别）。

（二）报名日期

小学自十一月十五日起至二十五日止。

中学自十二月十二日起至十七日止。

（三）报名地点

中南海新华门

（四）报名手续

先期向报名处领取履历书及保证书，依式填明，粘贴最近二寸半身照片一张，另相片一张随同学历、证明文件送缴，如有翻译著作亦得交付审查，报名费小学二元、中学三元。

（五）入考证

在报名之第二日向报名处领取考证。

（六）检定试验科目

甲、日语：会话、默写、日汉互译。

乙、中文：作文、中日历史、中日地理、教授法。

中学中日历史、地理二门并为中日史地一门，中学加试口语文法。

（七）考试日期科目

小学第一试

日　期	九时至十一时	一时至二时	二时三十分至三时三十分
十二月一日	日文中译	史地	作文
二日	中文日译	默写	

小学第二试

日　期	由九时开始		
十二月六日	会话		
七日	教授法		

中学第一试

日　期	九时至十一时	一时至二时	二时三十分至三时三十分
十二月二十一日	日文中译	中日地理	默写
二十二日	中文日译	中日历史	口语文法

中学第二试

日期	由九时开始		
十二月二十六日	会话		
二十七日	教授法		

凡第一试不及格者不得参与第二试。

（八）考证地址

西城西什库后库市立第四中学。

（九）检定结果

凡经检定合格者，由本会发给证书并送交本会所属机关任用。凡未经检定合格者，不得充任中小学日语教员。

中小学日语教员检定试验委员会委员名单：周肇祥（主席）　周大文　西田井一（副主席）　武田熙　桥川时雄　张仲直　李景铭　朱毓真　钱稻孙（检定委员）

日语教员考验试题（后略）

第九节至第十三节（略）

第十四节　学校名称之更定

京市各学校名称往往冠以刺激邦交之名称，以期号召。兹当中日真正亲善之际，尤为不宜。如五三中学经本会更定为明德中学，念一中学更定为定一中学，省党部小学更为司法部街小学之类是也。

（伪）北京地方维持会编印：《北京地方维持会报告书》（下），1938 年。

一年来教育实施之回顾①

（1939 年）

今天的讲题是“一年来教育实施之回顾”，以时间的限制，只能讲述一个很简略的大概，请听众原谅。现在所讲的，大约分下列几点：

（一）肃正思想；（二）复兴各级学校；（三）在短期内造就中小学师资；（四）厘订中小学及师范学校课程标准并改编各级学校教科书；（五）筹设河北省中心小学发展乡村教育。

（一）肃正思想：我国现在是处于更生的时期，一切都要从新建设起来，建设的基础当然是教育，而教育的实施工作，首先需要纠正国民的思想。换一句话说，就是改正过去党化教育的错误。因此教育部自本年一月成立以来，最先的工作之一，就是颁布新的教育方针，通令各省市教育行政机关，指示实施上切应办理及注意之事项共十三条，举办北京市中小学教职员讲演班，将讲演词刊印成集，颁发各地用作参考，并令京外各省市仿照举办，俾得纠正已往的错误观念，领导青年，使他们入于正轨，这是关乎百年大计的根本问题。

（二）复兴各级学校：事变以来，全国各省市教育，多陷停顿，青年辍学，光阴虚掷，实在可惜，所以本部成立之后，就赶紧谋各级学校的恢复。其经过情形大致如下：（1）本京高等教育：在本年一二月间，首先就北京地方维持会设置之国立各校院保管会改组为保管处，清查校产，整理一切，并订定保管处法，又因事实上之需要，急急筹备国立专科以上各学校之复课，因此又就各校院之保管处改为筹备处，以为复课之张本。事先并在京津沪三处组设旧生报到处，专为招集旧生回校上课。惟鉴于过去高等教育系统庞杂，院系科

① 此为伪临时政府教育部教育局局长张心沛的广播讲演词。

目多半重复，以及名义欠妥，因之一律加以彻底的改组，而次第予以成立。兹分述如下：（甲）将前国立北平师范大学及前北平大学女子文理学院分别改为国立北京女子师范学院及国立北京师范学院，均于本年四月间开学；（乙）将前国立北京大学及国立北平大学合并改组为国立北京大学，内分文、理、法、医、农、工六个学院，删正重复及无用之系别科目，使其统趋于合理化。农、医两学院已于五月间开课，工学院已于七月间成立，理学院已于八月间成立。至北京大学本部及其图书馆并文、法两院现均在组织期间，行将恢复。（丙）改组前国立北平艺术专科学校为国立北京艺术专科学校，已于五月间复课。（丁）此外本部新设立之学校，一为部立外国语学校，专为造就通晓外国语文之人才，已于五月间开课。一为部立师资讲肄馆，系于四月间开学，专为于短期内依据新的教育方针造就中小学师资而设立者，肄业期间仅三个月。第一届学生毕业后，经验告诉我们需要改组，因于九月间招第二届学生时将毕业期限延长为一年，课程内容悉加充实。以上所述各校关于课程、设备、人事各方面均有负责之院校馆长严行监督指导，一除以往松懈之弊，此乃关于本京高等教育方面工作实施之概况。（2）京外各地高等教育：京外各地高教因各种关系一时尚难恢复，已由本部印就各种表格，分送各地教育行政机关令分别填报，以备将来着手之准备。（3）本京中初等教育：本京各中小学仅在事变的时期稍有停顿，旋经地方维持会筹发维持经费，加以各教职员之热心与努力，始终不曾停课，可以说是没有受着时局的影响，这是北京儿童特殊的幸运。现在本市公私立男女中学及师范职业学校共有七十七校，公私立小学共有一百六十六校，市立短期小学有一百九十九校，市立简易小学有七十四校，幼稚园有十一处，中小学总数为五百二十七校。（4）各省市之中小学状况：京外各地之中等教育比较本京自是不如，然而现状还不能说是过坏，尤其是天津的学校，现时差不多都已恢复旧观。河北省除冀东道尚未据报外，其津海、冀南、保定三道区内已经复课之学校有师范三校，中学一校，小学共有一千三百四十八校之多。青岛市区及乡区复学者，有公私立男女中学共六校，市乡区各级小学共五十七校，女子补习学校二校，总数为六十五校。山东全省（青岛除外）恢复省立中学八校，省立小学三校，省立民众小学八校，济南市公私立小学四十七校，济南市日语学校二校，济南补习学校二校，各县立小学一百五十七校，以上共计二百二十七校。河南省内仅据九月间报拟恢复之校数，现时是否已经实行尚不得知，行开省立中学十九校，中心小学二十五校，新民小学五百校，短期小学五百校，共计一千零四十四校，此数不能确定。山西省迄未据报，详情不知。以上乃各省市学校恢复之大概情形也。

（三）在短期内造就中小学师资：因事变之后京外各地中小学师资颇感缺乏，故本部特设立师资讲肄馆，期于最短期间内造就中小学师资人才，其详情前面已经讲过，兹不赘述。

（四）厘定中小学及师范学校课程标准并编审各级学校教科书：本部于今年三月间接管编审会伊始，一方面由部召集教育专家设立学制研究会，厘定中小学及师范学校应用之课程标准，确定教学制度。一方面经编审会延聘总、副编纂，编审及特约编审，依据部订标准，分工合作，修正春季应用之初高级中学、初高级小学及短期民众各校课本计三十八种，以应急需。并继续编印新课本准备秋季应用者，如初高中及简易师范并各级小学教科书计四十九种。现在不特京、津、青岛各市河北、山东各省一律遵用，即维新政府上海市亦均采集本部新编之教科书以作参证引用之资料，成绩甚佳。

《教育公报》1939 年第 8 期

山东省公署教育厅工作纪要（节录）

（1939 年 1 月）

自二十七年三月三日至二十七年十二月三十一日

本厅组织经过　查本厅自本年三月间组织成立，当时因本省地方收入困难，一切设施皆赖临时政府协助，故用人力求减缩，经费力求撙节。内部组织按照临时政府颁布省公署组织大纲，设秘书室、一二三科及督学室。第一科分人事、文书、庶务、会计四股，第二科分初等教育、专门教育二股，第三科分社会教育、礼教二股，共八股。嗣因教育渐次推进，事务骤增，办公人员不敷分配，复增加科员一人，截至本年十二月底，共有员司四十三人。至本厅经费，亦因事实需要，每月预算数目各不相同，截至本年十二月底，除三月份无开支外，计九个月共实支经常、临时费四万三千四百余元。

设立小学教职员讲习所　鲁省自事变后，经前治安维持会竭力筹划，先就省会地方成立小学九处，复以慎重师资举行教员考试，计取合格者三百余人。二十七年三月间，省公署正式成立，本厅审查此项考取教员，固属现时需要，而时代递嬗思想或有异同，为整顿小学纠正错误之思想，并予以适合时代之教育正规计，确有训练师资之必要，爰仿照京津训练师资办法，拟订组织大纲及经临费预算，分呈省公署及教育部，设立省立小学教职员讲习所，函聘贾资厚充任所长，指定本市西门大街前维持会地址为该所所址，于五月二十三日编级上课。以东方文化概论、经学概论、普通教学法、伦理学、日语、学校卫生、史地概论、体育、音乐、图画等科为讲习科目。第一期学员二百名，内男学员一百五十名，女学员五十名，于六月十三日举行毕业试验，十八日完竣。第二期学员二百名，内男学员百五十名，女学员五十名，于七月二十五日举行毕业试验，三十日完竣。至第三期学员，以一二两期学员限于省城一隅未能推及外县，除以该所第二期录取副取生全部入所外，余额由鲁西、南、北各道每道保送学员二十名，是期学员计共二百三十八名，内男学员一百十六名，女学员一百十二名，于八月三十日举行毕业试验，九月五日完竣。本厅又令各县组织小学教职员暑期讲演会，其业经呈报到厅者，计有德县、潍县、济宁、福山四县。该讲演会均以明德新民改善教育纠正错误之思想为宗旨。其讲演期间不一，计德县一星期，潍县一星期，福山三星期，济宁一个月。其呈报学员名册者，计潍县七十一人，福山县二十六人，济宁县六十三人。

设立省立第一、二、三四模范小学校　自事变发生，本省教育无形停顿。济南维持会成立后，为救济一般失学儿童计，乃创设制锦市小学校、南城根小学校、全胜街女子小学校等校，每月经费均由会接济。及至省公署正式成立，本厅以变乱之后整理学务刻不容缓，乃就维持会立各小学校中，择其校址冲要广大、成绩优良者，改设模范小学校，以为各小学校之模范。遂合并私立普安小学校及前会立全胜街女子小学校为省立第一模范小学校，委任朱景东为校长。以前会立制锦市小学校改为省立第二模范小学校，委任秦道榕为校长。以前会立南城根小学校改为省立第三模范小学校，委任乔玉田为校长。嗣又接收皇军宣抚班主办之模范学院小学部，改为省立第四模范小学校，委任张方来为校长。自四模范小学校成立后，于本厅严厉监督下积极整顿，渐有成绩。计第一模范小学校共分八班，教职员十七人，学生三百九十一人。第二模范小学校共分八班，教职员十八人，学生四百八十人。第三模范小学校共分八班，教职员十七人，学生四百五十人。第四模范小学校共分四班，教职员九人，学生二百一十一人。综合四校共计二十八班，教职员六十一人，学生一千五百三十二人。

举办济南市公私立小学校长会议　自事变发生，济市教育破坏无余。本年三月间省公署正式成立，本厅依照环境之需要，兼顾本省之经济力量，尽先恢复小学，以救济失学儿童。九月间，济南市之公私立小学成立者为数更多。本厅以关于小学之经费、课程、教学、设备诸大端实有开会讨论一致进行之必要，爰于九月二十三日假济南师范学校，召开济南市公私立小学校长会议。省、市、私立小学校长到会出席人数为四十人，本厅出席者为厅长、秘书科长、第二科股长、科员等，会期自九月二十三日起至二十五日止，凡三日，共收到议案二十三件，本厅交议案一件、临时提案一件。其重要决议案计，关于讲演参观者有《延聘教育名流按期讲演案》、《组织京津参观团以资借镜案》，关于设备者有《体育器械应设法购置案》、《添设卫生室聘请校医案》，关于课程者有《课程标准应斟酌当地情形规定办法案》，关于经费者有《补助私立小学经费案》。

整理市县私立小学　本厅对于小学教育，除在省会地方设立省立第一、二、三、四模范小学外，又案呈省公署通令济南、烟台市公署及鲁东西南北道尹公署、各县公署，尽量恢复市立、县立、私立各小学，以救济失学儿童，而免教育长期停顿。自经省令严厉督饬后，各道市县署之呈报恢复小学业经开学上课者日积月累，为数不鲜。其详细概况见丙编统计表（表略）。

调查济南市失学儿童　查济南市自二十六年秋间学校停顿，全市儿童忽焉辍学，虽经前维持会先后成立小学九处，然为数甚少，不足容纳。二十七年三月间，省公署正式成立，本厅以新政初基，教育亟待推广，小学教育尤为当务之急，全市儿童除已入学者不计外，其失学人数共有若干，自应先行调查以便设计。爰案呈省公署，训令该市市长迅饬主管人员，就市区范围内所有儿童已届入学年龄尚未就学或已经入学因乱中辍者共有若干名调查清楚，分别列表呈报，以凭察核。

恢复省立济南师范学校　查省立师范原有济南男女各一处，曲阜、聊城、益都三县每县各一处，合计学生四十七班，自经事变悉皆停闭。此项学生攸关师资，值此大难初平，社会人心尚未十分安定，一般民众对于国际情势犹未认识清楚，凡所以纠正青年思想指导新民途径，胥于此项教师是赖。惟原有师范同时恢复又为情势所不许，爰于本年秋期先将济南师范设法成立，暂设学生三班，同时并成立济南女子师范一处，暂设师范部，学生一班。因女子中学一时尚难专设，并就该校内附设初中部三班。

恢复省立中学校　查中学学生原为社会中坚分子，其言论行动关系于国家前途者至深且巨，自经事变，各处高初级中学学生先后星散。此等青年血气方刚性行未定，一受利用即入歧途。本厅为急图救济起见，爰于本年秋间，在可能范围内成立济南中学一处，暂设高中一班、初中三班，并成立德县、益都、济宁初级中学各一处，各暂设学生三班，均已开学上课。

设立省立日语专科学校①　上以修业三个月为一期。自本厅成立旋将四校接收改归省立。惟各校在组成时间亟为迫□，虽有两期学生毕业，统计不下千人，然其成绩尚低，若不设法改进，难资应用，爰于本年八月二期学生毕业时将四校结束，改办省立日语专科学校。暂设高级科学生一班，招收高中毕业学生修业二年，毕业后得充中等学校日语教员；初级科学生二班，招收初中毕业学生，修业期限一年；速成科学生二班，招收前日语四校业经修业六个月之学生，再修业一学期，毕业后与初级科学生均得充小学日语教员。同时并接收皇军宣抚班所办之日语专门部学生两班，名为特别班，以一学期毕业。该校现有学生七班，于十月间筹备竣事开始上课。除特别两班专习日语外，他科学生兼习国文、体育、伦理学、教学法、教育学、东方文化史、世界史地、中国史地、法学通论等科。

派遣留日学生　查此次派遣留日学生系准日本帝国济南总领事馆函嘱，本厅代办，经考试之结果，录取史颖民等六名，业于十月底给资东渡。惟此次留日学生旅费学费统由帝国给予，嘉惠青年，洵属日华提携之真诚表现。

颁布中等学校校长任免及待遇暂行规程　查学校之成绩优良与否，端视校长之是否得人，而中等学校校长更应具有相当之校历与经验。惟资格既严定限制，其待遇亦应区分等级，本厅为慎重校长人选及促进服务校［效］率起见，参照旧教育法令并本省经济状况，制定中等学校校长任免及待遇暂行规程十二条，呈部核准并通令遵办在案。

调查全省公私立中等学校损失状况　查本省中等各校，自事变以来，黉舍邱墟，校具零散，其教职员学生等亦多流避，若求恢复原状，自应先从调查入手。凡省、市、县、私

---

① 此条后缺29字，特此说明。根据文意，此29字意在说明日伪在办理“省立日语专科学校”之前，开办有4所“日语学校”。

立各级中学校，各级职业学校，各种师范学校，在事变前教职员人数若干，系何姓名，学生人数、班数各若干，校舍校具现状若何，有无负责保管人员，原有教职员、学生等流亡情形，现在何处，均应彻底调查，经制定表式呈由省长令行各道尹暨济南市长转饬所属，对于上列各校如有在管辖范围以内者，务令按照表列各项切实调查，详细填列具报，以便通盘规划。

颁布小学校长任免及待遇暂行规程　查小学为学校教育之基础，小学不良则中学、大学难求深造。惟学校成绩之优劣，端视校长之能否胜任，而校长之胜任与否，又以资望之高低与待遇之丰啬为准，故对于校长人选问题不得不慎重将事。关于小学校长之任免及待遇等项，自应迅速厘订，以资依据。兹遵照教育部第二四六号训令，参酌旧法，衡以本省经济状况，制定山东小学校长任免及待遇暂行规程十一条，呈奉教育部、省长核准，并通饬遵行在案。此后关于校长之任免，均依法办理，而幸进滥竽之弊庶几可免。

颁布县公署教育科长及视学员任免暂行规程　查县公署教育科长、视学员，督率指导全县教育，责任綦巨，人选极关重要。从前任免章程在政局变迁之后自难适用。兹遵教育部第二四六号训令，参酌旧法，制定山东县公署教育科长及视学员任免暂行规程各七条，呈奉教育部、省长核准，并通令遵行在案。嗣后关于各县科长、视学之任免，均有一定之标准，滥竽充数之弊自免矣。

颁布各级学校学术讲演会组织办法　自党人柄政，厉行党化教育，仇视邻邦，迷信邪说，一般青年受其麻醉如饮狂泉，致酿空前浩劫。现值新政肇基，教育为国家百年大计，固未可置为缓图，而矫正学生思想，实为根本要义。教职员为学生之领导，矫正教职员思想尤为根本中之根本。查教育部二十七年四月十五日训令，中小学教职员应从新加以训练，俾得纠正以往错误观念，可由各该地方教育行政机关举办讲演会等因，鲁省各级学校次第成立，本厅深维毖后惩前之义，求树清源正本之基，特遵部令指示，拟订各级学校学术讲演会组织办法九条，期使各校员生借以交换智识研究，改正思想，造成纯正学风，已案呈省长通令遵行矣。

检定各级学校教职员　自七月后，省市各级学校次第恢复。深恐师资冒滥，影响学生，拟具筹设检定教员委员会方案，提经第九十三次省政会议议决通过。派周爱周为主任委员，照章以周秘书主任、一科王科长、二科王科长、三科梁科长、李督学、商股长为常务委员，并派济师徐校长、女师贾校长、日专张校长、济中田校长为临时委员，进行审查，两次榜示。计高中师范无试验检定合格者田象孚等七十四名，初中简师无试验检定合格者盛柏铭等七十一名，中学职员无试验检定合格者徐昌言等四十名。又以日语师资关系重要，各校日语教员程度不齐，教授方法亦不统一，特拟整顿办法，组织中小学校日语教员考试委员会，其资格较优成绩卓著者，定为无试验检定，计合格者中学李泽民等十九名。九月举行检定考试，参加者一百三十二人，计合格者中学王柏青等六名，小学窦桂云等二十五名。十一月续行登记中小学日语教员，中学张华年等八名，小学谭炳忠一名。

恢复省立图书馆　查前省立图书馆房屋设备极其完善，所藏图书物品亦极丰富，事变时均遭破坏，因限于经费，一时难复旧观。惟以全省文化所关，不能不急筹办法，因于五月间计划恢复委派馆员，先将被烧房屋断墙倾斜施工拆除，以免危险，复逐步修理残缺房屋搜集图书。除由省令悬奖征求外，并由图书古物审核委员会积极搜罗散佚图书，选购新旧珍书，又向济南维持会及警察局收回旧书八百七十六种，现共有图书九千八百五十册，正在整理编目中。至金石古物，惟李璧、李介休两碑尚未查获，其余由新购及搜寻得各碑像共三十件，又造像室、汉画堂及碑龛原存者共有二百五十九件，一俟各部整理就绪，即开馆阅览。

恢复省立通俗讲演所　五月计议恢复该所，委派所长、讲演员、事务员各一人，急觅所址，并进行工作。几经波折，始恢复城内府东该所旧址。讲演分固定及巡回两种，巡回讲演每周三次，固定讲演在该所内每日两次。讲演范围，以宣扬东方文化、灌输新政智识、改善社会风俗、促进东亚和平为旨。此外附设识字处、问询处、书报借阅处及壁报等。

恢复省立新民体育场　查体育场以指导民众发展体育养成健强国民为主旨，六月筹备恢复该场，委派场长兼指导员及事务员各一人，先修缮房舍，次修补球场，并添置运动器具。现该场已粗具规模，各界人士赴场运动锻炼体格者络绎不绝。十一月十二、三、四日为反共救国之扩大宣传期，曾举行小学组、女子组、中学组篮球比赛各一次。

筹设省立新民学校　查新民学校系救济一般失学平民，扫除文盲，极关重要，因于六月拟设该校八处，划分城内四关及商埠区域，分配校址，筹借桌凳，至七月就省立小学教职员讲习所第一期毕业生中择优委派各校校长，开始招生上课。现计八校，共有学生五百余名。

组织图书古物审核委员会　本厅为搜求前省立图书馆图书起见，于六月计划组织该会，七月成立，延聘于丹绂等七人为委员，皆义务职，每星期日早九点齐集省立图书馆，审核该馆搜得之散佚图籍及拟购新书。

恢复省立新民教育馆　查新民教育馆为灌输一般人民常识之重要机关，因于八月规划恢复该馆，九月委派管理员、指导员、事务员各一人，暂行保管。在保管时期，设计进行整理馆舍筹划设备。惟以馆内重要楼房均经事变焚毁殆尽，又因建设经费难以急筹，只得因漏［陋］就简，将已烧之残缺平房稍加修葺，以备办公、招待及阅览、讲演、陈列、游艺诸室之需。现阅览部、讲演部、陈列部内游艺部之围象棋席、饮茶席，已先行举办，并拟将反共救国图画展览之画品，运馆陈列为反共图画展览室。

督促各道市县推行社会教育　自七月二十五日拟就省令，通令各道市县推动社会教育，济南市已恢复新民图书馆、通俗讲演所、阅报所各一处，并添设新民学校及新民日语学校各十三处。又据各道尹呈报，烟台市成立第一至第二十一简易小学校，又第八至第十短期小学校，计共二十三处，历城、德县、益都、平原、滋阳等县均成立新民教育馆，禹城设立阅报所一处，胶县、即墨等县亦有图书馆之设立，潍县、高密、博兴、长清等县及烟台市对于社教各机关亦正在积极筹划进行中。

（伪）山东省教育厅编印：《山东省公署教育厅二十七年工作报告》“乙编”，1939 年 1 月。

青岛特别市教育概况

（1939 年）

一、恢复小学校九处

本市市乡区原有公私立小学共一百二十九所，事变后完全停顿。上年维持会成立，至年底已恢复六十余校。本年一月市公署成立，迄今教育局又先后恢复仙家寨、红石崖、南渠、东李村、张村、大埠东、小水清沟、下河村并私立培基小学校共九处。

二、增设分校扩充班次并采用二部制

本市户口激增，学童骤多，原有教室不能容纳，教育局力谋补救，除增设分校扩充班次外，复于市区五校及四方、沧口、李村各小学，将低年级班均改用二部制，以资收容新生。

三、建筑新校舍

本市各校虽将低年级班采用二部制，对于失学儿童仍未能全数安插，教育局为根本救济计，将教育复兴费八万五千元如数拨为修建校舍之用。市区台西镇江苏路两小学新建教室，及乡区小村庄、李村、吴家村三小学修理校舍，各项工程年底均已完成。

四、添增中学书籍

本市教育局为提倡学生自修起见，春间曾订购中文书籍万余册，近于七月间又添增中西文书籍共一百三十五种，以供学生阅览参考。

五、中学校注重管理

教育局为整饬学风起见，前经通令各中学教员兼负训育责任，下班之后，各教员须轮流值日管理学生，遇有校外集合，并须全体参加照料。近复规定各班设级任教员一人，由专任教员担任，对于管理注重严格主义。

六、添派小学日语教员及选送赴日留学候补人

教育局为普及日语起见，将特别师范科毕业学生四十名分别派往市乡区各小学担任日语课程，又因日本领事馆函请推荐赴日留学候补人，经选定马相儒、杨善书、孙宝荫三名，将推荐书并证明文件等呈本公署转送领事馆查核。

七、召开中日小学校教职员第二次恳谈会

教育局为中日教界联欢起见，于五月间在江苏路小学召开教职员第二次恳谈会。日本

方面到八十余人，中国方面到三百二十余人，两方面推定五人讲演，并有游艺等以助余兴。

八、修理汇泉各处球场并兴办体育竞赛会

教育局修理汇泉球场及儿童游乐区平垫第三公园等处体育场，以便市民练习运动锻炼体魄，并举办春季体育竞赛大会，各界参加队员三百余人，竞赛十日始终不懈，各机关团体并赠给优胜者纪念奖品以示鼓励。

九、添制巡回书车并张贴识字图画

教育局为提倡社会教育，特制巡回书车三辆，内置书报，逐日载送至游人会集处所，以供市民阅览。又为救济文盲，将有形实物绘成图幅，以中日两国文字注明各物名称，张贴冲衢，以便民众看图识字，并可借收随地练习日语之效。

十、添设台东镇小学幼稚园

教育局饬台东镇小学校筹设幼稚园一所，八月间已筹备完竣，招生足额，九月即开班。

十一、召开第四次教职员讲谈会

教育局于七月二日在江苏路小学召开第四次教职员讲谈会，共到中小各校教职员四百余人，并互提教学各项问题以供研究。

十二、组织各级学校联合音乐演奏会

教育局为陶淑性情、移风易俗起见，特注意音乐教育，饬各校联合组织音乐演奏会。先由局拟订简章，设委员会筹备一切，并派专员赴各校切实指导。于七月一日在市礼堂举行演奏会，各校参加演员五百余人，中外各机关团体学校到场参观者千余人，极感兴趣。

十三、举办教员暑期讲习班

教育局奉教育部令筹备教员暑期讲习班，先选送中学教员十二人赴京听讲，复举办本市小学教员讲习班，连同胶、即两县共二百人，于八月一日开班，至八月底讲习期满，举行休业式并发给证明书。

十四、成立图书馆

本市图书馆经教育局数月之筹备整理，至八月间一切就绪。本公署业经调任水族馆馆长李方琮为图书馆馆长，仍兼水族馆馆长，派定职员分任工作，年底已正式开馆。

十五、市立中学设级任教员

教育局通令市立中学及女子中学，规定自本学年起每班设级任教员一人，由专任教员担任，体育部设管理员一人，由体育教员兼任，教导处原有之训育员、教务员，一律改称教导员，至教导主任职务仍暂由校长兼办，不设专人。

十六、各学校查报财产目录

教育局通令各校，迅将所有校产查明，造具清册专案呈报，每月一切添置及损坏之件，并自八月份起分别填具损益表，按月随同计算书一并具报备查。

十七、审定小学校歌

市立市区五小学校前各自制校歌呈送教育局审定，经该局指派专员酌加调整，制成乐谱，令发各该校督同师生认真试唱，借收肃正风纪统驭精神之效。

十八、市立小学编队灭蝇

本市兴亚院发给蝇拍千把，转知学生灭蝇。兹经教育局规定，市区五小学校每校发蝇拍二百把，各编为五队，分持旗帜，由教员领导，在各校附近地点尽量灭蝇，以免疫菌传染。

十九、孔子圣诞各校开会纪念

教育局以十月九日（夏历八月二十七日）为至圣先师孔子诞辰，除照例休假外，特通令各级学校举行纪念仪式表示景仰，并附发开会秩序单，饬于是日集合全校师生遵照开会以重盛典。

二十、购置各校风琴二十三架

教育局以提倡音乐教育，风琴最为需要，事变以还，各校原有风琴多数损失，其完好仅存者又因增加班次不敷应用，加以乡区各校尚有原无风琴者，该局现拟统筹办理，或补充或新置，请准本署购置风琴二十三架，分发各校应用。

二十一、举行教职员艺术展览会

教育局为提倡艺术起见，在本年暑假期间曾通饬市区各中小学校教职员，各就所长，备具书画、雕刻、刺绣、摄影等艺术作品共五百余件，送局审查，择优展览，借资观摩。于十月八日至十日在江苏路小学校举行展览三天，并将所有作品标价出售，即以售价五成提充华北水灾赈款，共计应得赈款三百二十九元六角四分，如数函送本市新民报社转汇冀鲁灾区施赈。

二十二、嘉奖筹款修理校舍各村长

教育局以双山村、辛岛、红石崖各小学校校舍前被风灾损坏，部分经各该村村长、学务委员等自行筹款修理竣事，热心学务，均经传谕嘉奖，其余各校经通饬由各校校长负责，与村长、学务委员等会商筹款，赶速修复。

二十三、教育局长赴日考察

教育局长参加北京教育部组织之华北四省三特别市教育行政长官访日视察团，赴日考察各项教育设施，以资借镜，回局后就采访所得草成感想，分呈教育部及市署鉴核。

二十四、举行本市秋季运动大会

本市秋季运动大会于十月二十一日在汇泉体育场举行，二十二日圆满闭幕。

二十五、市立男女两中学购置物理化学仪器

市立中学及女子中学，自遭事变，原有各项仪器损失殆尽，于实验教学深感困难，经教育局呈准本署，购置中学化学仪器一百余种，女子中学化学仪器四十七种，物理仪器五十二种，以资应用。

二十六、添置各小学煤炉二百余具

本年因各小学增加班次，新建教室，及乡区恢复学校，以致去年冬季所购煤炉不敷，尚须添置大小煤炉共二百余具，经教育局呈准本署照购，分发各校应用。

二十七、东文书院报部立案

本市东文书院，专以教授日语沟通两国文化为宗旨，二十八年三月呈准教育局成立董事会，由本署月助经费四百元，近复蒙本市兴亚院允为筹拨相当不动产抵作永久基金，并拟每年补助经费四千五百余元，是关于基金经费均有着落，由教育局检附表册，呈请本署转咨教育部按照中等学校资格准予立案。

二十八、举办学生成绩展览会

教育局为庆祝临时政府二周年纪念，特举办学生成绩展览会，于十二月十四日在江苏路小学校举行，计参加者十八校，收到作品、作文、习字、手工、图画等共三千余件，展览三日，并择优由局发给奖状。

二十九、购置中小各校扩声机共七具

本市各中小学校学生人数众多，每遇课间操及全体集合时，对于师长之号令训话，以无扩声机之设备，未能听受清晰，殊感不便。教育局为弥补教学上之缺憾起见，拟以前次青岛取引所捐助本市小学基金三千元，为市立五小学购置携带用八瓦特扩声机五具，又以本年度教育临时费节余项下一千六百余元，为市立男女两中学购置十五瓦特扩声机两具，以应需要，业经呈请市署准予招商标办矣。

三十、拟定本市中小学校卫生实施方案

教育局对于各级学校卫生设施，为求其切合需要，加强保健组织设备，已拟就《青岛特别市市立中小学卫生实施方案》呈准施行。

（伪）青岛特别市公署编印：《行政年鉴》，“教育”，1939 年。

山东省公署教育厅推进日语教育概况

（1941 年）

1. 举办日本语文检定实验

教育厅奉教育总署令饬举办日本语文检定试验，附发日本语文检定试验委员会组织简章，并关于检定各项规程，遵即组织山东省公署教育厅日本语文检定试验委员会，并印发各项章则布告周知，限期报名检定。报名等级，计分高级中级初级三级，而高级又分一类二类两类，嗣经举行检定实验，试验结果计高级一类及格者三名，高级二类及格者四名，中级及格者四名，初级及格者二十三名，经呈奉，教育总署复核后，当即榜示周知，登报公布，并通知合格各员，前来领取检定合格证书。

2. 奖励修习日本语文实施计划

关于修习日语计划，本省向不遗余力，兹准教育总署咨，上年所举办奖励公私立中小学学生修习日本语文实施计划一案，本年仍拟援案办理，限三月份以前，由各厅局就近自行举办等因，当即编订山东省兴亚日本语学艺大会及日本语作文悬赏实施方案，通令办理，其举办情形及成绩，分述于左：

（一）兴亚日本语学艺大会

方案：

一、主办　由山东省公署教育厅主办，以济南市及铁路沿线各县之学生为准（烟台市特别办理）。

二、目的　为谋日语之普及，进而了解日本之情事，以之努力亲日思想之陶冶及确立反共工作之基础。

三、组织　由山东省公署教育厅及其他关系机关职员组织筹备委员会以便讨论进行。

四、会址　山东省公署大礼堂。

五、会期　三月二十一至二十二日（二日间）。

六、参加单位

甲、中学组

1. 省立中等学校十七校（烟台师范除外），特加入小学教员训练所及日语讲习会，人数与省内中学同；济南市私立正谊、爱美、懿范、淑德、泺源义塾等五校，共计二十二校。

乙、小学组

1. 日本小学校一校；2. 省立小学四校；3. 济南市公私立小学六十校；4. 历城等二十县小学校，县名列后（略）。

七、参加学生数

甲、中等学校每校十名以内（在济南市外者以三名为限）。

乙、济南市公私立小学校每校七名以内。

丙、历城等县每县三名以内。

八、表演项目

甲、中学组：朗读、对话、戏剧、唱歌；

乙、小学组：朗读、对话、唱歌。

九、报名日期　三月十日至十七日。

十、报名手续　省立各校直向教育厅报名，市县私立各校由市县公署径寄教育厅报名。

十一、奖品　除优秀者给予奖品外，凡参加者均给予奖品。

十二、经费

甲、概算另定之。

乙、旅费及宿费：

（1）省立各校参加学生之旅费由省公署补助之；

（2）市县方面参加学生之旅费由市县公署供给之。

丙、奖品费由兴亚院补助金充之。

丁、不足之款由省公署协助之。

十三、审查方法　细则由筹备委员会定之。

十四、参加者之注意事项

（二）日本语作文悬赏

日本语作文悬赏办法，亦援照上年呈案，拟订实施方案，附作文稿纸，通令颁发，遵造办理，限四月二十五日前呈送到署，旋据各道市公署及省立各校，先后选送日语作文试卷前来，当经审查委员会分别校阅，评定优劣，计应受优秀成绩赏者（赏者人数及姓名略）。

附：山东省兴亚日本语作文悬赏方案

一、主办　山东省公署教育厅。

二、目的　为谋日语之普及进而了解到日本之情势以之努力亲日思想之陶冶及确立反共工作之基础。

三、征集地域　山东全省各级学校。

四、征集时期　限三十年四月二十五日呈送山东省公署教育厅。

五、征集资格及范围（略）

六、作品内容　1. 表示热烈亲日思想；2. 表明坚强反共意识；3. 使用正确日本语并对日本情事之丰富认识。

七、用纸

八、审查方法　由山东省公署教育厅及其他关系机关职员组织审查委员会进行审查。

九、奖品（略）

十、发表方法　将优秀作文付印后令发全省各级学校外并登载报章。

十一、经费　印刷费及杂费由省公署负担之，奖品由兴亚院补助金项下动之。

十二、注意事项（略）

（三）调查日语实施状况

前准山东省陆军特务机关函为调查全省一般民众所设之日语学校状况，及普通学校教授日语实施状况起见，特制定表式二份，嘱转发各市区按日填报等因，查日语一科为沟通中日文化之工具，媒介亲善之枢纽，亟应明了现状以作实施日语教育之根据，当经分别函饬各市区县按月填报，数年之间毫无间隔。兹据本年呈报全省公私立日语短期学校日籍教员三十五人，华籍日语教员六十七人，学生约三千七百三十人，公私立普通各级学校日籍教员一百一十八人，华籍日语教员三百零九人，学生约五万六千五百二十二人，至各校所采用之教本，公私立日语短期学校，除标准及正则日语读本外，有讲义及各种会话等，公私立普通各级学校所采用者，中等学校多用标准及正则日语读本，余均用市廛流行各本。

（下略）

（伪）山东省公署编印：《山东省教育工作概览》，“教育行政”，1941年。

三年来之北京市教育①

（1941年）

谈吾国家教育者，莫不知芦桥事变以前京市庠序之间充满政治气味，徒使莘莘学子为政争之工具，供人之牺牲而已，学风之坏，莫此为甚。市教局于事变之翌年成立，一切俱当建设伊始。衡察过去之得失，深知欲求整个教育纳入正轨，首须树立教育方策而后逐渐兴革，务使一切法规制度皆以世界共同学术为准绳。丁兹抗日迷梦初醒，国步尚多艰难之秋，伪方宣传虚伪为前，共党鼓吹赤化于后，一般民众理智稍欠坚强者，辄易被淆惑，而自陷于水深火热、万劫不复之地。故办理教育者，如不以正确方策相与揭橥，自难防范环伺之隐患。此所以三年来无时无地不利用时机，切实对于辟邪说、正风气、注重实学之教育方策，加以详确阐明。所幸本市各学校校长，及全体教职员学生，均能共喻此旨，而身体力行，前路光明，尚堪期待也。自经教育方策树立以后，所有一切设施，无不本此原则以迈进，爰将兴革大端缕晰言之。

（一）中初教育

（甲）严厉监督中等学校数理化之教学

数理化，为世界各国富强基础，而中等教育又为造就人才之基础阶段。过去吾国各地中等学校，对于自然学科之教学不加重视，实不能不令人遗憾。爰经力为矫正，严饬各校对于数理化课程，认真讲求教学，加强自然学科各项设备，同时注意教师之慎选。继又应用从前会考制度，于民国二十八年六月举行自然科学观摩会，借以考验全市公私立高中三年级全体学生对于数理化之学修程度，而促社会之注意，其成绩优良之学校及学生，并分别予以奖励，以示倡导。以后对于全市公私各中等学校数理化教、学两方面，仍力求发挥监督指导之功能，迄今仍一贯此旨向前迈进。

（乙）增设市立中小学校班级

近年来本市人口激增，就学青年日形踊跃。市立中等学校之固有班额，殊感过少，且各校班级之编制，亦各有参差。不惟有志应受公家教育之青年多抱向隅，而各专科大学对于新生之招收，亦有辄感不足之憾。本市爰于二十八、九两年度分别就市立第二、三、四、五各中学校增设初高级共十四班，并拟在三十年度再予增设初高级共九班。预计至三

① 报告人王养怡。

十一年度，再分就各校现状，略作班级之增减，即可各别形成各校整齐的双轨班制或三轨班制。此为中学校方面增设班额之概略情形也。

本市人口既日益激增，则已届学龄儿童亦必随之加多，此为必然现象，是则此项国民教育之重大问题，亦不容忽视。因于二十九年度分就市立新鲜胡同小学等十九校，增设初高级共二十五班，并将西四北大街及东高房两简易小学校，改为普通完全小学校，各设六班。预计在三十年度仍可分就市立各小学校内，增设初高级共四十余班，以后当再斟酌情形，尽量增厚初等教育之实力，各使本市学龄儿童，普遍得有教育机会为原则。

（丙）增设市立中等学校及小学校

北京市区以内，向有河北省统辖者两校，计为省立北京高级中学校及北京女子家事职业学校。关于一切教育行政，及教育法令之推行，比照市立各级学校，纯属各有秉承，平素甚少呼应联络，以整个教育行政立场而言，自属需要作组织上之调整。当于二十九年七月经省市双方协议，将上述两省立学校移转于北京市，改办市立高级中学校及女子职业学校。

本市各私立中学校在市区内，校址地点适中，庭舍广大，或占用官产足有扩充余地者颇多，徒因限于经费致不能充分发展或中途停办，在目前市立学校尚感供不应求情况之下，自应接归市办，俾免旷置。其已经实现者，计在二十八年第一次为：接收私立三基中小学校。中学部分并入市立二中，小学部分改为市立史家胡同小学校。并收回私立两吉女子中学校东皇城根校址，改作市立第二女中校舍。在二十九年第二次为：收买私立华北中学校，改办市立第六中学校。第三次为：接管私立镜湖中小学校西城王府仓及大小车胡同全部校产教具校具，改办市立第七中学校及市立大水车胡同小学校。第四次为：接收私立东北小学校，改办市立四根柏小学校，最近并拟接收私立香山慈幼院女子中学校改为市立第三女子中学校，接收教育分会附设小学校改办市立北长街小学校。

（丁）取缔办理不佳之私立中学校

本市各私立中学校，成绩优良者固属甚多，而办理欠佳者亦复不少，自应加以取缔以免贻误。计由二十【六】年起，至三十年五月止，共停办十六校：（一）精业中学——因学生人数过少，又无固定校址，令饬停办。（二）文治中学——因经费不足，停办。（三）东方高级中学——因学校内部发生纠纷，令饬停办。（四）中法大学附属温泉初级女子中学——因不服从命令，令饬停办。（五）崇德中学、笃志女子中学——因特殊关系，学生多数转学停办。（六）中华中学——因校址无着，迁延不决，有碍学生学业，令饬停办。（七）豫章初级中学——因办理成绩过劣，令饬停办。此外尚有中法附属西山初高中两校、成城、培根女中、励志、协化女中、翊教女中、今是、定一等九校，均分别因故请准停办。迄今各私立中等学校之现有状况，虽未必径云糟粕尽去，然滥竽情形已较从前改善多多矣。

（戊）普及中小学校日语之学修

在今日东亚共荣圈紧【密】联络进程中，日本语学科之重要性，已日趋明显，而在中小学校学生求知时期，对于日本语修习上应如何努力，尤不得不力予督促。现在本市中小学校之必修日本语课程，除遵照部颁标准规定外，年来为鼓励勤加修习起见，当经分于二十八、九两年度，举行全市中小学生及中学生日本语作文募集学艺会各一次，均以奖励方式行之，所得结果，尚称佳良。

（己）成立教员训练所并举行各项讲习会

本市上年成立教员训练所一处，对于现任教员施以再精之教育，俾对时局得有深切之认识，以养成纯正健全之教育精神。其受训学员，计第一期为小学教员四十人，现已受训六个月期满。第二期仍为小学教员四十人，并已开始受训，将来对于中等学校教员亦拟加以训练。至训练科目，大体可分为思想研究、教育行政、日语、体育等四科。

本市为使公私立各级学校之华籍日语教员资质上进，以期增加日语教学之效率起见，因先由市、私立小学校日语教员着手，施以六星期之再教育，组织日语讲习会以办理之。第一、二期约二百人已经毕业。此外并循例举行小学教员暑期讲习会、体育教员暑期讲习会。

（庚）增进中日亲善互派学生留学

近三年来，日本中等学生来本市留学者，为数颇多，在入学之前，均经过日本大使馆及特务机关之介绍手续，由本市分令各中学编收旁听。除是否在学更有调查外，总计经过分布各校者，现已达七十四人。至于中国学生，前往日本留学者，除自费前往之留学生外，在二十八、九两年度历经日本官方之斡旋，协助留学费用，由本市选拔前往之中学生，计为二十名。关于此项留学生之交换，中日官方从事办理均极重视。良以两国文化之绍介，及亲善之增进，均与此有重大关联。

（辛）整顿义务教育

本局鉴于市区各简易小学校设置重复，短小学生在一年肄业期之所学，不过国语笔算，欲求粗通文理而不得，遑论其他？因首于二十七年度开始时，呈准将短期小学一年制改为二年制。继又以仅使短小延长肄业年限，犹未足以救弊补偏，为求整个义务教育之进展计，复于二十八年四月拟定整顿义务教育方案，呈准实行，其办理情形如次：（一）原有简短小距离相近，及学生数少之学校，分别予以归并。（二）市小附设之短小，尽量分立。（三）所有市区城内之短小一律改为简小，施行四年半日授课制。（四）制定简易小学规程，并规定授课标准，教学科目为修身、国语、读书、作文、写字、笔算、唱歌、体育。并于三四年级加授劳作、美术，俾四年所学，得与普遍初小程度相埒。（五）各校一律派定校长，雇用差役。（六）划一经费发放标准。经此次整顿后，计原有学校二百四十九处改为一百三十处。原有学生数二万一千四百八十八人，增为二万二千六百十七人。

右述整顿办法，迄今已行之二年，颇获效益。惟郊外各短小，现在尚仍旧贯。以经费及班制关系，校长一身须兼充教员及差役，月中例须数次因公往返城郊，精力既分，教学岂无影响。故仍拟本诸前定方案，对四郊短小，予以整理，现正在计划一律改办简易小学，比较短小不惟修业年限延长，而班数又可增添，学生人数容量及学校组织既均增强，则义教实施自趋普及也。

（二）职业教育

职业教育之实施，在于培养青年生活之知识，与夫生产之技能，关系至为重要，矧当地大物博，自昔即以农业相称之我国，尤当对于职业教育，特加提倡，尽力推行。

本市前为数百年之国都，其职业教育之实施，远自前清光绪三十三年。彼时京师督学局，为造就职业人材，就原有学政署旧址（即今之什锦花园市立高中职校现址），创立初等工业学堂，招生授课，是为公立工业学堂。民国八年前教育部复鉴于商业人材之缺乏，创立公立商业补习学校于琉璃厂土地祠内，后迁至未英胡同现校址，是为公立商业学堂，此为创立工商业职校之最初情形也。

民元以后该两校组织略有变迁，二十二年则在从前之工业学堂内增设机械、化学两科之高级班，招收初中毕业生，改为市立高级工业职业学校，其初级班并即逐年裁撤。二十五年增设土木科，并在从前之商业补习学校内添设高级班，改为市立高级商业职业学校，确定分设簿记、会计两科，此为事变前市立职业学校之概况也。

民国二十七年六月恢复教育局，当时鉴于职业教育之重要，于第二科增设实业教育股，专以掌理全市各级职业学校事项。兹将三年来关于职业教育重要事项分述如下：

二十七年度

一、市立高级商业职业学校增补银行科二年级，会计科一、三年级班次，共计增补三班。

一、市立高级工业职业学校增设土木科三年级班次，计增一班。

一、市立高级商业职业学校附设会计人员训练班一班，于本年七月开课。

一、市立高级工业职业学校以准建设总署委托，特设土木工程班一班，于本年七月开课。

一、通令市私立各中等学校，对于日语课程限原定每周每班教学二小时外，自本年度每班每周增设一小时，共三小时。

一、市立高工职教继续增购电摩托、轧条机、指示器等仪器，经派员点验后，装置应用。

一、私立公益高级助产职业学校校董会呈报学校立案，经予转部核准。

一、私立铁路高级职业学校、华北高级电影艺术科职业学校校董会呈请立案，经分别转部准予备案。

一、私立亚东、济才、广德、燕京、新亚、东亚、实善等打字科职补学校，华美、久丰、燕京、实用等汽车驾驶职补学校，北京电报、得泉簿记等职补学校，先后呈请设立，经分别派查相合，批示照准。

二十八年度

一、市立高级商业职业学校继续附设会计人员训练班第五期一班，该班系自本年四月开课。

一、举办市私立职业学校作品测验展览会，计自本年六月一日起，共七天，会址在中央公园水榭，参加作品 7 561 件，到场参观者 24 000 余人。

一、私立才正高级商业职业学校校董会呈报因经费困难拟将学校停办一年，经予转部核准，原有学生并饬市立高级商业职业学校安插。

一、市立高级商业职业学校增设银行簿记科三年级班次，计增一班。

一、市立高级工业职业学校以准建设总署委托，继续特设土木工程班一班，于本年九月开课。

一、市立高级商业职业学校续办会计人员训练班第六班，该班于本年十二月一日开课。

一、市立高级工业职业学校各科修业年限原为三年，兹拟自本年度起改为修业年限四年，计增一年，经呈奉部令，准予试办。

二十九年度

一、市立高级商业职业学校续办附设会计人员训练班第六期，分呈市教两署核准。

一、公用管理总局筹办初级工业职业学校，呈经市教两署核准。

一、市立高级商业职业学校增加实习费。

一、市立第一、二、三职业补习学校办公实习等费太少，教薪亦极微薄，且分配数目未能划一，经另行编配。

一、市立高级商业职业学校增加国文、日语教学时数。

一、建设总署委托市立高级工业职业学校附设土木工程班第二班。

总之，职业教育须以适应社会需要而实施，现当凡百事业，诸待建设，而各科之职业人材尤感缺乏，是职业学校之扩展与推进，更为不可或缓之举。惟如职业学科师资之培养与训练，经费之宽筹，校址之开辟，设备之完整，与夫各科职业学校学生于毕业后辅导其能以所学而就业等，则又胥有待于各方之实力倡导与共同之努力也。

（三）社会教育

（甲）社教机关之增设

社会教育机关，具有直接培养民众教育之特殊性，其潜移默化之功能，裨益社会良多。本局成立后，除对于原有各处所，择有必要者分别加以兴革整理外，首即从事添设新民日语学校八处，以造就一般市民之简易会话及普通文法作文，并介绍日本现代进化之情况。三年来得受此项教育者，为数不下千人。此外，如聋哑学校及新民学校，对于一般残废市民及成年失学者，均予以相当教育，务使不致流为文盲。其他如图书馆、阅书报处、新民教育馆、新民茶社……总计合公私立各种社会教育机关，将近一百二十处，学生人数，约计七千人。迄今仍在力求普遍化，市民蒙庥，实教育行政重大事业之一端也。

（乙）社会教育之实施

二十九年秋，本年为宣扬和平建国之兴亚精神，及灌输一般民众普通知识起见，特由教育局联合新民会本市总会，举办一相当规模之兴亚同乐会，会期共占八日，分在东南西北城各新民教育馆举行。节目以讲演现代大势及科学常识等为主，并辅以各项游艺以助兴趣。此举对于开通民智，促进社会进化，极有效益，因拟本此旨趣，逐一举办下列各行事：(1) 时事座谈会及评论征文并心理测验——目的在觇验一般市民思想，如有错误者加以纠正。(2) 敬老会及主妇会——目的在敦善风俗及唤起妇女注重家事。(3) 征集歌谣——目的在考查各地俗尚，并提倡民间文学。(4) 各社教学校成绩及一般书画展览会——目的在观摩艺术，及提倡鉴赏。(5) 儿童健美比赛会及育儿常识讲演——目的在提倡民众注意儿童健康。(6) 卫生实施宣传——种痘、防疫、灭蝇……目的在保持公共卫生。此外尚拟在年中四个季节分别举行同乐会，办法略同于兴亚同乐会，酌许市民参加，以资增进民众正确的情感。至于节约运动之宣传，以斥奢崇俭；识字运动之积极，以扫除文盲；整顿民众读物词曲，以正人心；及加强市立图书馆之设备及巡回阅览，并筹设分馆……均属社会教育事业切要之图，自当逐类计划兴举，不容偏废也。

（四）体育

本市设有体育专科学校一处，历届毕业学生服务各地者，为数甚多，成绩均极佳良，并证其在学时所受教育尚属完美。此外，各市、私立各级学校，对于体育科门之教学，亦均各有其相当成绩之表现。每年春秋两季，各举行全市学生运动会及各类球赛一次，借以促其平素注意练习。

公共体育场之建筑，在事变时一度停顿，旋于二十七年冬大致完成。惟仍有一部设备工程尚待完整，将来在可能范围中仍须力求尽善尽美。盖以公共体育之设，不独专供各学校师生实地练习之用，实兼备一般市民锻炼体格之需，为整个社会保健场所也。

然加强体育教练，不仅限于物质方面之发展。故三年来，对于各校体育教员均利用暑假时期予以适当训练，因有体育讲习会及体育教学研究会之组织，以期增善师资。至于规定学生清晨锻炼及学生体育测验等办法，以期提倡运动普及，养成学生健全精神体格，增进民族体力之发展。

（五）结论

北京夙有文化城之美誉，事实上各级学校林立，文风发达，亦足当此誉而无愧。然则负有教育行政之责者，宜如何夙夜匪懈，以求保持此令名而不坠耶！是盖不外保守固有优长而不渝，防范将来危害于未然，并择其精粗美恶以因时因事予以裁制之而已。华北方面，在前临时政府教育部时期，即有通令禁止各级学校教职员学生参加任何政治党派及活动，本市奉承此旨，迭经转饬市属各校切实凛遵，诚以教职员及学生之天职，各以造就人材，及专志读书为主。任何诱惑，统宜屏绝。何况当兹社会分子复杂，一切恶势力潜伏环伺，少有不慎，祸患随之乎？本市所以揭示辟邪说、正风气、注重实学之教育政策，即为此耳。

《教育时报》1941 年第 2 期

河北省教育厅呈报大东亚战争之政务择要

（1942年初）

谨将关于大东亚战争之政务择要报告，恭祈鉴核。

一、封锁英美系学校及办法

本省署接准钧署庚电，即通饬各道转饬所属各县，对英美系及与英美有关各国之私人或团体设立之各级学校即时予以封锁，听候处置，并与关系方面联络办理。计本省接办者，有通县潞河中学、富育女子中学两校，自封锁后，经本省派员调查，拟具复课办法，并将该两校及附属校产由省接收，潞河改称省立通县中学校，富育女中改称省立通县女子中学校，于三月一日两校同时开学，旧有教职员择优尽量录用。至其附属小学，则由县接办。又已改组者：（甲）保定有南关同仁中学校、西关福音女子学校两校，自封锁后，将该两校校董会及组织加以改组，同仁中学改为私立兴亚中学校，西关福音女校改为私立东亚家政女子中学校，均于本年一月十六日开学上课。（乙）昌黎有汇文中学一校，贵贞女子中学一校，自封锁后，经昌黎县呈请本省，饬先如期开学，嗣经该县与各关系方面联络，由县接办，汇文与县立中学校合并，贵贞与县立女子中学校合并，均于三月六日开学。（丙）滦县有汇文中学一校，封锁后改为县立，原有女生拟并归省立滦县师范学校接收，现正在办理中。（丁）唐山有丰滦中学一处，培仁女子中学一处，自大东亚战事爆发，将其校董会英美系董事取消，加以改组及整理。（戊）濮阳有私立华美中学一处，遵化有私立汇文初中一处，现正在办理中。

一、举办学艺会

本省为庆祝大东亚战争节节胜利，迭经举办学艺会，借以阐明大东亚战争之意义。

一、阐明大东亚战争意义宣传捷报

本省各级学校关于大东亚战争，均由各教员向学生详细说明其意义，并随时传达捷报，以期深切了解，坚决信念，共同协力。

一、增加生产注重农业教育

值此大东亚战争时间，增加生产，开发资源，实关重要。本省现经发展农业教育，力求改良农事，增加收获以裕民生而济军实。

一、通令调查外国人所办社会教育

为协力大东亚战争，完成后方之任务，遵照钧署令发《整理外国人所办社会教育案》，已先行拟定调查表式，由省署通令各县市翔实调查，限期填报，以备整理。

河北省公署教育厅厅长　孙今善（印）

中国第二历史档案馆藏“伪华北政务委员会教育总署档案”二〇二一·456

北京特别市教育局处理英美系学校情形报告

（1942年3月）

查自去年十二月八日大东亚战争勃发后，所有英美系学校均予封闭，交由本局处理。当于本年一月八日，遵令将私立育英中学改为市立第八中学，汇文中学改为市立第九中学，崇实中学改为市立第十中学，贝满女中改为市立第四女中，慕贞女中改为市立第五女中，崇慈女中改为市立第六女中，私立培元小学改为市立王府井大街小学，汇文第二小学改为市立正阳门大街小学，普育小学改为市立东四五条小学，汇文第五小学改为市立和外琉璃厂小学，汇文第三小学改为市立宣武门大街小学，汇文第一小学改为市立崇内盔甲厂小学，育英小学改为市立灯市口小学，博氏幼稚园改为市立大鹁鸽市幼稚园。又于同月三十一日，将私立崇慈女中附小及幼稚园改为市立安内大二条小学及幼稚园，崇实中学附小改为市立安内大三条小学。又崇实小学及附设幼稚园改为市立鼓楼西鸦儿胡同小学及幼稚园，友［又］于新民学校改为市立第四新民学校，又私立崇慈小学改为市立新街口南大街简易小学，汇文第六小学改为市立方巾巷简易小学，汇文小学改为市立左安门关厢桥头简易小学。此三处简小编余学生均插入附近学校。总计此次封闭学校原数为四十一处，改归市立者二十三处，均于改组成立之日开学上课。其仍以私立名义由本局严厉监督改组者，计为海淀培元小学，已于本月十日开学，其兴华小学原为中国人所设立，系因借用基督教会房产而被封闭，业于本年二月九日开学。以上私立复校者计为两处。此外不开复者共有十六校，计为私立燕大附属中小学及幼稚园，同仁高级护士职业学校，汇文小学及汇文第四、第七、第八小学，汇文职业学校，女青年会民众学校，青年会英语学校，真理学院，圣书学校，美国学校，华文学校，圣道学校等。至于燕大附属中小学及幼稚园学生转学事宜，现正由本局办理。计第一次考试录取者为初一二十四名，初二二十一名，初三十六名，高一十八名，高二二十三名，高三十三名，小学一年五名，二年二名，三年三名，四年六名，五年五名，六年十名，幼稚园一名，总计中学生一百十五名，小学生等三十二名。第二次转学考试，业于本月十九日举行，尚未结束，其余同仁护士职业学校等十三校，业均由市公署分别转饬查封及解散。其中汇文小学及汇文第四、第七、第八小学等四校学生，均插入附近学校上课。关于各该改组学校之原有教职员，均予全体留任。惟各该校之教育方针问题，关系至为重要，业经本局根据以下列五点办理：（一）接收学校之教育，一切悉遵照教育总署历次颁布之教育方针办理；（二）使学校完全脱离过去英美羁绊及教会关系；（三）使教职员及学生铲除从前依赖英美之思想；（四）使教职员及学生切实认清世界大势及日本实力，协力建设东亚新秩序；（五）使教职员及学生一致向华北固有之使命迈进。其次，各该校之原有校产等，亦经统行按册接收，经费一项，以维持原状为原则，并定为只可增加，不能减少。其学杂费等，仍照各该校往例征收，全部呈缴市库，由各校编造预算请［清］支、收支情形。盈亏比较，计本年度须由本市补拨八万余元，始符需用。以上各节，概为接收教会学校大致处理情形。特报。

中国第二历史档案馆藏“伪华北政务委员会教育总署档案”二〇二一·456

北京市公署关于处理美系学校情形致教育总署咨

（1942年3月16日）

为咨请事。案据教育局呈称，查奉令处理美系学校一案，业经随时呈报，现在所有各该校改为市立中小学及简易小学等共二十三校，仍以私立名义由局监督改组者两小学校，均已先后开学上课。其不能开复者计为十六校，均请再饬警察局切实封闭解散。除关于私立燕京大学附属中小学及幼稚园学生转学事宜前经呈报有案，现仍在继续办理中，拟俟另案【呈】报外，所有遵令处理美系学校前私立育英中学等四十一校一切情形，兹经汇案编制报告书，理合备文呈请鉴核，并予转咨教育总署暨特务机关等情附件。据此，除指令外，相应检同原件一份，咨请查照为荷。

此咨

教育总署

市长　余晋和

附件一：美系学校处理情形报告书

美系学校数目一览表

项别	原有校数	已立案学校数	未立案学校数	第一次开学学校数	第二次开学学校数	封闭学校数	附注
中等学校	8	8		6		2	
小学	20	8	12	7	8	5	
幼稚园	4	1	3	1	2	1	
新民学校	1	1			1		
其他	8		8			8	不属于中小学者统计于此栏内
合计	41	18	23	14	11	16	

附件二：美系学校处理情形一览表（略）

附件三：对于新接收美系学校之教育方针

一、接收学校之教育，一切悉遵照教育总署历次颁布之教育方针办理。

二、使学校完全脱离过去英美羁绊及教会关系。

三、使教职员及学生铲除从前依赖英美之思想。

四、使教职员及学生切实认清世界大势及日本实力，协力建设东亚新秩序。

五、使教职员及学生一致向华北固有之使命迈进。

六、使教职员及学生要认识时局而向新中国建设上迈进。

附件四：接收英美系学校处理办法

一、校舍校具及财产等概归市公署教育局接收，速造清册报局。

二、限无敌性行为之教职员全体留任，以固人心而免动摇，其月薪最低者，可酌量各该校情形做个别之考虑。

三、非经教育局令准，不得自行招收插班生。

四、经费以维持原有状况为原则，但可增加，不能减少，其处理办法列左：

1. 学费（学费杂费）仍照往例征收，应全部呈缴市公署。

2. 经常费（薪俸及办公费）由市公署支给，但如有特殊用途时，学校得呈请局长将收入之一部保管，以便支用。

3. 编预算表时须注意下列事项：

（一）收入预算须分别学费、杂费、宿费等各项。

（二）支出预算。

（1）薪俸一览表。

（2）办公费中之特别支出项目（认为应由杂费项下支出者），须在合计栏内注明。

附件五：处理市立第八中学等校彻底与教会脱离关系事宜报告

一、校长不得兼任教会牧师。

1. 市立正阳门大街小学：该校长孟德荣业经辞去校长职务，专任牧师，遗缺由本局派该校教员刘景春接任，于二月二十五日呈报到差。

2. 市立和外琉璃厂小学校：该校长陈耀华业已辞去牧师职务，专任校长，于二月七日将遵令情形呈报到局。

3. 市立宣武门大街小学校：该校长苏明汉业已遵令辞去牧师职务，专任校长，于三月四日呈复到局。

二、教会在学校不得兼用或借用同一建筑物。

1. 不得以讲堂兼礼拜堂而认为学校所有建筑物受教会之牵制或借用事项：

（1）市立第八中学校：据该校于二月二十七日呈称，现已划分清楚，与教会完全脱离关系。

（2）市立第四女子中学校：据该校于三月十一日呈称，现已遵照局令划分清楚，与教会完全脱离关系。

（3）市立东四五条小学校：该校礼堂现已完全划归学校使用，于二月二十五日令饬该校遵照。

（4）市立正阳门大街小学校：该校礼拜堂已改为学校大礼堂，门前福音堂字样已贴盖学校字样，经书、挂像均已迁运他处，于二月二十五日呈复到局。

（5）市立和外琉璃厂小学校：该校礼拜堂已改为学校礼堂，专备学校开会之用，于二月七日呈复到局。

（6）市立宣武门大街小学校：据该校呈复，礼拜堂已完全划归学校使用。

2. 学校基地内之教职员室或其他建筑物备用品等，对于经营学校不发生障碍者始得使用，不得以个人信仰及所有物为口实，使教育受宗教之影响近［进］而发生纠纷。

（1）市立宣武门大街小学校：据该校呈称，所有礼拜堂内教会存放之钢琴等项物品完全拨归学校所有。

3. 学校与教会兼用建筑物，非学校设施所必需者，凡在学校基地内存置之教公会独占物，必须从速撤去，如移转等，应为适当之处置。但是项情形处理之期间自接到正式公文之日起，以一个月内为实施期间，若逾期，则以放弃权利论，将所有物属于北京特别市公署管理之。

（1）市立第十中学校：据该校于三月九日呈复，自经此次收归市管复课后，现已划分清楚，与教室完全脱离关系。①

中国第二历史档案馆藏“伪华北政务委员会教育总署档案”二〇二一·456

冀东特别区三十三年度教育概况报告书

（1945年6月）

一、学校教育概况

查本区各级学校，现在开学授课者，共有中等学校二七处，教职员五三二人，学生二一〇班，九一〇四人，小学校一〇一一处，教职员三七〇三人，学生三〇七九班，一二六二四五人，所属各县教育经费概算，虽未能完全达到全经费百分十五之最低限度，但各县内之乡镇立小学所需经费，多由地方摊筹不须官款补助，若将其自行筹措之经费加入，则事实上均能超过百分十五之最低限度。

二、社会教育概况

查本区实施社会教育机关，除新民教育馆约可每县一馆计十二馆外，其他社教机关，率多附设于教育馆内，至于单独设立者，则有图书馆七所，国术馆一所，讲演所四所，他如新民学校暨民众问字代笔处等所，则多附设于各级学校内，不第节省经费，且设备充实，效用

① 原文至此无下页。疑原件有缺失，特为说明。此外，此件后有附页二：一为《接办美系学校三十一年度收支预算一览表》，一为《北京市立第八中学职教员薪俸一览表》（此表缺页）。

宏大，更为推广社教范围起见，复经次第通饬所属各市县处，增设识字班校，乡镇立新民教育馆，及举行识字运动、儿童健康比赛会、体育运动会等，以期普及文化，广收实效。

三、义务教育推行状况

查本区推行义教，除原有初级小学七一二校，短期小学五二校，为实施义教场所外，并于编制本区三十四年度教育经费标准时，规定所属各县，自三十四年度起，分别增设短期小学或短期小学班，计共一一〇学级，约可增收学生五五〇〇人，嗣经制定本区三十四年度义务教育推广办法，其中关于各市县处义务教育委员会之组织，义务教育实施区之划定，短期小学校班之筹设，以及普通小学之推广等项，均详为规定，并经分别咨报令遵各在案。总计本区现有初级小学七一二校，学生四三五四四人，短期小学九〇学级，学生一七九四人，预计各市县处筹备完竣，正式推行时，尚可增收学生四万余人。

四、增产运动实施状况

本署为期增产运动之彻底推行起见，曾经制订本年度各级学校协办食粮增产实施要纲，详定指导系统，动员人员增产地面积、种植种类，购置设备作业方法等项，通饬遵行并咨报备查各在案，所属各市县处校，率能遵照要纲，斟酌实际情形，妥拟计划，认真办理，并将实施状况先后呈报到署，预计将来收获量必有可观。

五、勤劳服务推行状况

本署为推行战时体制教育，振奋学生参战精神，特经制订本区各级学校奉公队团工作注意事项暨工作预定表，通饬遵行。其工作时间每学期每校至少为十日，其工作项目，为增产修路、掘防空壕、防空演习、防疫、运搬、植树、病院慰劳、清除街道校院等工作，各校均能认真办理，本署并随时派员视察，借资督导。

六、集团训练实施状况

本署为对全区各级学校学生实施集团训练，特经制订集团训练实施要纲，规定训练纲目、实施原则，及训练与学校行政之统一办法，并每月训练德目等项，通饬各县校遵照实施，并饬各中等学校拟具各该校集团训练实施计划呈核，复经制发青少年团检阅注意事项，定期实施检阅，以资励行精神动员、锻炼健全体格，树立中心思想，革新生活，达成决战体制教育。

七、各校教职员待遇状况

本署自成立以来，即注意提高教职员待遇，关于杂谷配给，初由每月每人三十公斤至四十公斤，嗣由三十三年度十月份起，特制颁杂谷配给要纲及实施细则，实施无价配给后，再度增加，计小学教员每人每月由七十公斤至一百二十公斤，中学教员由一百公斤至二百公斤，一律不收价款，并大部均能按月发放，至关于俸给津贴，鉴于以往各县校未趋一致，高低不齐，乃经编制中小学教职员俸给标准，通饬所属各县自三十四年一月起，一律增加，计小学教员本俸由六十元至二百元，中等学校由一百元至三百四十元，全区一致实施，无分区立、县立，至私立各校教职员，亦均酌予有价配给，以资补助。

八、划一教育经费标准

查本区各市县处教育经费，向均各就当地情形，自行规定，殊不一致，本署为谋划一起见，特经制订本区三十四年度教育经费编制标准，通饬各市县处校遵照编制，并咨报教育总署备查。

九、举办中等学校教员考选登记

本署为甄别中等学校教员奖励优秀，并延揽人才起见，特经制定本区中等学校教员考选登记暂行规程，暨进修津贴办法，于三十三年十一月十五、二十二、二十九日分三期实施考选，除现任教员因故请假及以交通不便事实难以参加者外，计考选合格者一百零七人，就中成绩最优者二十七人，除一律发给合格证书外，并对成绩特优者由三十三年十二月份，逐月发给进修津贴（初中教员由一五〇至二五〇，高中教员由二〇〇至三〇〇，各依成绩分三等颁发），满二周年为止，以资鼓励。

十、召开教育行政会议

本署为明了各县校教育推进状况及研讨本区教育上应兴应革事宜，以期集思广益共策进行起见，特于三十三年十月十八、九两日举行全区教育恳谈会，复于本年二月二十一、二两日举行全区教育行政会议，会议席上除本署指示及各县报告外，将提案分为教育行政、学校教育、社会教育、教育经费四类共同讨论，均获得圆满解决，并将两次会议记录，先后令发各县校遵照并咨报备案。

十一、遵电派员视察教育状况

案准教育总署教字第十二号代电嘱派员视察所属各校最近状况报核，遵于四月十九日起，分区派员视察唐山、滦县、丰润、昌黎、临榆、抚宁、丰南暨区立四校各市县处校教育状况，并将视察所得造具报告书分令遵照，暨咨报查核。

冀东特别区教育概况统计表

中华民国三十四年六月填造

类别			项目	学校或社教机关数	班级数			教职员数			学生数		
					高级	初级	合计	男	女	合计	男	女	合计
学校教育	中等学校	区立	中学校	1	7	16	23	50		50	1 161		1 161
			师范学校	2	8	16	24	48	7	55	254	437	691
			职业学校	1		9	9	21		21	317		317
			合　计	4	15	41	56	119	7	126	1 732	437	2 169
		县立	中学校	4	12	21	33	100	5	105	1 781	130	1 911
			初级中学	7		59	59	101	14	115	1 388	593	1 981
			职业学校	6		22	22	58	5	63	939	136	1 075
			合　计	17	12	102	114	259	24	283	4 108	859	4 967

续表

类别			项目	学校或社教机关数	班级数			教职员数			学生数		
					高级	初级	合计	男	女	合计	男	女	合计
学校教育	中等学校	私立	中学校	2	5	16	21	43	19	62	498	581	1 079
			初级中学	2		12	12	25	7	32	356	262	618
			职业学校	2		7	7	19	10	29	263	35	298
			合计	6	5	35	40	87	36	123	1 090	878	1 968
		共计		27	32	178	210	465	67	532	6 930	2 174	9 104
	初等学校	区立	小学校	1	4	6	10	9	8	17	238	56	294
		县立	小学校	82	130	605	735	393	390	783	20 307	7 942	28 249
			初级小学	124		145	145	129	27	156	3 678	791	4 469
			短期小学	52		90	90	31	24	55	1 341	554	1 895
			合计	258	130	840	970	553	441	994	25 326	9 287	34 613
		乡（镇）立	小学校	138	225	736	961	932	311	1 243	32 807	7 895	40 702
			初级小学	558		846	846	668	295	963	26 961	9 361	36 322
			合计	696	225	1 582	1 807	1 600	606	2 206	59 768	17 256	77 024
		私立	小学校	25	53	174	227	258	139	397	7 077	4 480	11 557
			初级小学	31		65	65	53	36	89	1 992	765	2 757
			合计	56	53	239	292	311	175	486	9 069	5 245	14 314
		总计		1 011	412	2 667	3 079	2 473	1 230	3 703	94 401	31 844	126 245
社会教育	学校	县立	新民学校	46	1	45	46	141	2	143	961		961
			补习学校	2		2	2	2		2	64		64
	社教机关	县立	新民教育馆	12				62	7	69			
			图书馆	7				21		27			
			体育场	2									
			讲演所	4				7		7			
			阅报所	30				31		31			
			问字代笔处	31				36		36			
			国术馆	1	1	1	2	2		2	30		30
	总计			135	2	48	50	302	9	311	1 570①		1 570①
备考													

中国第二历史档案馆藏“伪华北政务委员会教育总署档案”二〇二一（2）·51

① 根据表内有关数据统计，此总计数有误。

华北政务委员会第一直辖行政区公署三十四年度教育行政报告书

（1945 年 6 月）

一、状况报告

A. 学校教育

校别 \ 项目		校　数	学级数	职教员数	学生数	备　考
中学教育	师　范	1	5	26	250	
	中　学	5	20	64	869	
	其　他					
小学教育	完全小学	76	468	784	20 253	
	初级小学	1 041	1 370	6 320	61 538	
	其　他					
总　计		1 123	1 863	7 194	82 910	

B. 社会教育

馆所 \ 项目	馆　数	人　数
新民教育馆	7	112
阅报所	21	51
讲演所	7	28
体育场	7	14
总　计	42	205

二、分类报告

（一）教育行政

1. 令饬新划涿县、良乡、房山三县迅速成立教育款产管理委员会及三自教育促进会。

2. 举办教员检定，严行甄别师资，由本署拟定详细办法及各种行政组织章则，按期推进，逐步实行。

3. 改设区立固安师范学校及该校附属小学：本区为强化师范教育起见，特将固安县立简易农村师范学校及县立模范小学、女子小学三校合并改组，分别成立师范本校及该校附属小学，业于四月一日颁令改组成立。

4. 成立农村实验剧院。本区为提高乡村文化，推广社会教育起见，特由区成立农村实验剧院一处，专司社会教育工作，于四月一日正式成立。

（二）三自教育

本区自创立伊始，即行倡导三自教育，三自教育之内容为“自卫、自治、自给”。兹将年来推行状况报告如下：

1. 指导工作。拟定三自教育实施要纲，令颁各县切实施行，并令饬各县组织三自教育促进会，以辅助政府推行三自教育。

2. 自卫教育：令饬各县各级学校，依照学生学级实施军事训练，并由社教机关广为普及民众自卫常识。

3. 自治教育：令饬各县各级学校学生加强课外活动及自治组织，以训练其自治能力，并由社教机关实施乡村巡回讲演，普及自治常识。

4. 自给教育：令饬各县各级学校切实施行勤劳增产运动，并由社教机关组织增产宣导队，实际下乡指导农业增产工作。

（三）军事教育

于本年寒假期间，令饬各县举办各级学校学生集中训练，以军事学理为训练中心，锻炼学生体魄，加强精神教育。兹将各县举办集中训练参加学生人数统计如下：

县别 校别	固安	安次	永清	霸县	涿县	房山	良乡	合计
中等学校	120		250	50	242	60		722
小学校	4 041	3 214	4 670	3 011	5 420	2 987	1 895	25 238
总　计	4 161	3 214	4 920	3 061	5 662	3 047	1 895	25 960

（四）增产教育

本区增产教育之实施：一面遵照令颁增产教育实施要纲，一面参照本区自给教育实施方案，切实督导各级学校学生实施增产运动。兹将实施情形列表如下：

A. 参 加 人 数

县别 校别	固安	安次	永清	霸县	涿县	房山	良乡	合计
中等学校	250	80	370	80	380	150		1 310
各级小学	3 042	2 979	3 520	2 877	4 061	3 002	2 900	22 372
总计	3 292	3 059	3 890	2 957	4 441	3 152	2 900	23 682

B. 增产面积（略）

C. 播种作物（略）

五、保健教育

1. 令饬各县各级学校注重卫生及实行学生体格检查。

2. 令饬各县举办儿童保健讲习会。

3. 令饬各县举办春季运动会。

4. 令饬各县实施春季防疫。

六、教学研究

1. 令饬各县组织教学研究会，从资研究各种教学方法，提高学生学习效能。

2. 由区组织三自教材编审委员会，编拟补充读物及补充教材。

七、社会教育

1. 令饬各县调查文盲，并订立本年度推行识字运动及实行义务教育办法，分别实行。

2. 令饬各县增设识字班及民众夜校，普及民众教育。

八、其他举办事项

1. 由区县分别举办儿童节庆祝大会。

2. 由区县分别举办教师节庆祝大会，并举行教师征文。

中国第二历史档案馆藏“伪华北政务委员会教育总署档案”二〇二一（2）· 51

第五次教育行政会议山西省教育状况报告书

（1945 年 6 月 22 日）

查本省教育状况业经历次会议编具书面报告，兹谨将最近一年间施政情形分项撮要陈述于后。

一、关于教育行政

（1）调训教育行政人员：曾于卅三年七至十二各月分期调训现任各市县教育科长、督学，并甄训教育科长一班，本年仍令各市县选送，赓续训练。

（2）改善教职员待遇：本省中小学校教职员待遇自卅三年两次改善办法实施后，由于物质高昂，各职教员收入有限，仍难维持其最低限度之生活，爰于本年一月份起，比照本省公务员改善待遇标准，增加各项津贴及公费，约计低级月薪六十元者，可支一千二百六十元之谱，高级月薪二百六十元者，可支二千八百四十元之谱。此外并遵照钧署规定，分期筹发生活补助费，以资改善。

（3）实行教职员定期增薪：查本省制定《中小学教职员定期增薪办法》后，截至本年二月已届首次增薪时期，除省立各校已经实行增加外，并令饬各道市县一律遵照办理。

（4）配给学校员生用品：对于各级学校员生，由厅计划酌量配给制服、纸张及学用物品。

（5）举办讲习会：卅三年暑假中举办第六届小学教员暑期讲习会，七月及本年一月举办第六、七两届小学日语讲习会及第五届中等学校教员时局讲习会，四月间举办第二届农事教育人员讲习会。

（6）整顿学校内容：本年五月实行改革省立各级学校教员授课时数，并班教学及裁汰冗员，俾确立战时教育体制。

（7）训练师资：在省立师资训练所分期调训中小校长、教员，计卅三年共调训四次，本年已开始第三期训练，惟中等教员极感缺乏，尤须速谋补充之方。

二、关于高等教育

查本省除省立桐旭医学专科学校一处外，卅三年度又将华北日本语普及协会创办之太原日本语专科学校改组为省立，以期达到内容充实之目的。

三、关于中等教育

（1）中学校：本省现有中学十五校，卅三年度设置者计有省立太原第二中学一处，寿阳、五台、文水、离石、平遥等县立初级中学校五处。

（2）师范学校：本省现有师范学校九处，卅三年度设置者计有省立临汾女子师范学校及芮城、猗氏两县县立简易师范学校，并为确保师范学生计，于省立男女师范七校内各设置初中市县公费生一班。

（3）职业学校：本省现有职业学校六处，卅三年度设置者计有雁门道立忻县初级农业职业学校、河东道立新绛初级农科职业学校、太原市立初级商科职业学校。

四、关于初级教育

查本省现有完全小学四九四处，初级小学八一四九处，卅三年度全省统计增设完全小学四十二校。

五、关于义务教育

卅三年划定太原市等五处为义务教育实验区，共设有短期小学校九处，但因失学人数众多，本年复划定阳曲等十六县为推行义教区域，其他各县能办理者亦得尽量推行，以期最短时间内普及全省。

六、关于留学教育

三十三年度考选公费留日学生一名，于九月间东渡，并借留日学生归国之便，召开恳谈会，以为今后改进之参考。

七、关于社会教育

查本省推进社教以新民教育馆为活动中心，除省市立新民教育馆办理尚属完善外，各县亦多设立。此外新民学校、职补学校、通俗书报社、体育场等，均有单独设立或附设者。复自卅三年度起，指定太原市、阳曲等七处为推行识字运动实验区，先行试办，更于本年每道各增加两县，计有榆次等八实验区，又于卅三年冬季举办第二届注音符号师资训练班，造就识字师资，并遵令先后成立社教协进会山西省分会及各道市支会，借以协助推动各地社教。惟因各地社教经费较少，未能积极从事，达到预期目的，是所遗憾。

八、关于其他事项

（1）学生协办食粮增产：本年仍继续以往成果，督饬各校及教育机关积极从事准备耕地、农具、肥料等，并选定八十一县校发给农具、种苗，补助费共五万零九百元，分配蓖麻、蔬菜种籽及鸡种，提倡增加农产，派员分区视察，实地指导工作。

（2）学生青少年团训练：查本省学校青少年团训练实施迄今二年有余，对于各项训练尚能依照训练办法切实施行，虽未达预期之目的，但亦有相当效果。兹将卅三年度上学期青少团统计表附后，借资参考（附表三）。

（3）学生勤劳服务：查本省自订定《各级学校勤劳服务章则》，通令各道市县在不妨碍学生课业及健康范围内，分别中小学校每周定时实施勤劳服务以来，关于协力各地建设奉公及增产工作等，收效甚大，且对太原市内各级学校学生之勤劳服务，均由教育厅统筹办理，于市内、郊外实施集团勤劳服务，以为一般表率，而达成勤劳报国之使命，例如开发水田、挖掘防空壕、修筑河堤、搬运物资以及其他修整工事等，各员生均能认清时代，振奋工作，故尚能收到预期效果。据卅三年度上学期全省学生参加勤劳服务次数统计，共达八千二百余次出动，成绩尚属可观，详细情形附表示后（附表四）。

（4）教科书配给：查本省中小学校所需教科书数量不敷甚巨，除由厅切实监督太原新民书局计划配发外，概不准私人自由购买，而边远县份，因转运费时，学生尤感无书可读之苦，配售方法仍须改善。

（5）体育训练：改组华北山西省体育协会，整备省立太原综合体育场，使体育机构逐渐加强，并举办各种体育运动会，以期普及体育训练。

（6）教育经费：本省本年度教育经费计经常费四百一十万零一千一百一十四元，临时费二百二十六万七千五百元，两项合计比较上年增加二百九十万零八千二百五十四元，实占全省总经费百分之五。

附表一：山西省各级学校数目简明表

学校别	数　目	备　考
专科学校	2	
中学校	15	内有道立五校县立十校
师范学校	9	内有县立简易师范学校二校
职业学校	6	内有道立二校市立一校

续表

学校别	数　目	备　考
小学校	494	
初级小学校	8 149	
短期小学校	9	
简易小学校	3	
幼稚园	6	

附表二：山西省社教机关学校数目简明表

项　目	省　立	市　立	县　立	合　计	备　考
新民教育馆	1	1	29	31	
图书馆			10	10	
新民学校	1	15	1 813	1 829	
职业补习学校		3	371	374	
教育会	1		39	40	
讲演所			154	154	
阅报处			184	184	
体育场	1		27	28	
通俗书报社			10	10	
新民茶社			3	3	
问事处			182	182	

附表三：山西省二十三年度上学期青少年团统计表

团别 市县别	青年团		少年团		女青年团		少女团		备考
	团体数	团员数	团体数	团员数	团体数	团员数	团体数	团员数	
太原市	7	714	23	3 053	3	181	16	914	
阳曲等四十八县	1 155	104 577	1 650	21 622	488	50 743	757	40 397	
总　计	1 162	105 291	1 673	24 675	491	50 924	773	41 311	

附表四：山西省各级学校三十三年度上学期学生勤劳服务状况统计表

市县别	学校数	属于食粮增产事项者			属于建设奉公事项者			备考
		工作次数	参加人数	工作时数	工作次数	参加人数	工作时数	
太原市	市内省市立中小26校	213	9 545	263	254	19 102	335	
阳曲等五十三县	县区村立等718新民小学校	3 960	83 335	4 732	3 861	78 919	3 795	
总　计	744	4 173	92 880	5 015	4 115	98 021	4 130	

山西省各级学校卅三年度下学期（卅四年一至五月份）学生勤劳服务状况统计表

市县别	学校数	属于食粮增产事项者			属于建设奉公事项者			备考
		工作次数	参加人数	工作时数	工作次数	参加人数	工作时数	
太原市	市内省市立中等以上9校	12	3 213	30	54	6 500	315	
榆次县等四县	县区村立等140学校	1 374	39 872	3 378	593	15 449	1 882	榆次交城寿阳平陆
总　计	149	1 386	42 085	3 408	647	21 949	2 197	

附注：查本学期各道市县各级学校勤劳服务状况正在继续呈报中，故仅列呈报县校以供参考。

中国第二历史档案馆藏“伪华北政务委员会教育总署档案”二〇二一（2）·51

教育总署第五次教育行政会议天津特别市报告书

（1945年）

一、关于学校教育事项

事　项	办理情形	备考
举办高中以上学校学生暑期统一训练	奉令本年暑期高中以上学校缩短暑假，举行统一训练，经拟定办法签准，市府自三十三年七月一日起，分在原校实施训练并于七月十五日总检阅。	
举办本市留日公费学生考试	援照成案于三十三年七月十三日考选公费留日学生五名，九月二十八日由北京出发东渡。	
举办小学教员暑期讲习班	奉令举办第四届小学教员暑期讲习班，于三十三年七月二十五日开班，讲习十五日。	
动员中等以上学生实施勤劳服务	利用暑假及寒假期间，动员中等以上学生赴各军需工厂及张贵庄飞行场实施勤劳服务，并自三十四年五月赴陈塘庄实施农业工作。	

续表

事　项	办理情形	备考
实施学校防空训练	订定各级学校防空训练实施办法及空袭避难简则，通令各校切实奉行。	
推进职业教育	于三十三年秋季成立市立高级农业职业学校，内分畜产、农艺农业、土木等三科。	
举办学业竞赛	于三十四年一月举办中小学校学生学业竞赛，以励向学意志。	
实施学年休假暂行办法	奉令寒假延长日数，以春暑假期抵补，经拟定本市各级学校学年学期及休假日期暂行办法，呈准市府通令遵办，并咨请教育总署备案。	
加强初等教育研究会机构	本市市立中小学校原有四区初等教育研究会之组织，兹为统一教育行政，经将私立各学校并入，扩为八区，充实研究工作，负责辅导各小学校。	
整顿私立学校	本局为增强教育效率，于本年度逐步统一私立学校之行政、教学及训导方法，并随时派遣督学前往督导，以资整顿。	
举办中小学校学生教育文化影画会	本局为沟通中日文化增强战争常识，经联络华北影片公司映演关于文化教育及战争实况，各影片按期举行，招待各校学生参观。	

二、关于社会教育事项

事　项	办理情形	备考
举办勤劳节约座谈会	为启示市民勤劳服务节约物资，举办勤劳节约座谈会。	
举办自肃自励讲习宣传	为昂扬市民奋起，每月一日、十五日举办自肃自励讲演会。	
举办徒步比赛运动	为唤起市民体格向上，特举办徒步比赛运动。	
举办更生品工艺展览会	为提倡生产及废物利用，举办更生品工艺展览会。	
举办识字运动扩大宣传	为扫除文盲起见，举办识字运动，扩大宣传。	
举办读书竞赛	为启发市民读书兴趣，举办读书竞赛。	
于各民教馆图书馆辟设研究席	为加强各级学校学生学业向上及与市民研究学业机会，于各民教馆、图书馆辟设研究席。	
举办中小学生学业竞赛	为使各级学生观摩学业起见，举办中小学生学业竞赛。	
举办文化扩大讲演会	为发扬东方文化，举办文化扩大讲演会。	

续表

事　项	办理情形	备考
举办年俗讲演会	为破除市民迷信及纠正不正当娱乐，举办年俗讲演会。	
举办书画展览会	为提倡东方文艺，举办古今名人书画展览会。	
举办弈棋比赛	为提倡正当娱乐，举办弈棋比赛。	
拟订提倡奖励有关社教优良戏曲办法	为提倡有关社教优良戏曲，拟订奖励办法。	
改革广播节目	为谋社会教育之发展，商同无线电台改革广播节目。	
举办卫生防疫宣传	为保护市民健康，举办卫生防疫等宣传周。	
举办第四届华北都市交欢体育会	为加强各都市体育向上，办理华北第四届华北各都市交欢体育会。	
举办游泳比赛	为提倡市民游泳兴趣并联欢起见，举办国际及枢轴国游泳比赛。	
举办滑冰比赛	为昂扬市民冬季运动，举办滑冰比赛。	
举办青少年检阅式	为昂扬青少年战时精神，举办青少年检阅式。	
举办球类比赛	为发扬市民球类兴趣，举办篮球、足球等比赛。	
举办越野赛跑	为昂扬市民体育，举办越野赛跑。	
举办小学健美比赛及检阅式	为提倡小学学生体育，举行健美比赛及检阅式。	

三、关于学生协力食粮增产事项

1. 三十三年度增产成果

甲、关于实际工作事项

成立本市学生食粮增产指导部：遵照教育总署规定办法，于三十三年四月在本局内先行成立增产指导部，聘请专家担任指导，所有关于增产事项，统由该部办理，以专责成。

举办第二届增产指导员讲习会：该会参加各校学员七十人，受训期满分配各校指导学生实际工作。

耕地之调查：经查集团农场耕地约二百零三亩，学校农场耕地约二百五十八亩三分零八毫，总计本市增产农场耕地三百六十一亩三分零八毫。

指定参加增产学校及社教机关：市私立中等学校二十七处，市私立小学校七十三处，社教机关三处。

动员人数：集团农场及学校农场总计二万八千一百九十二人。

农具分配：关于农具一项，由经济局技术官向华北农具协会天津支部选购，分配各学校使用，其第一集团农场（宜兴埠）及第二集团农场（师范门前）由师范学校保管，第三集团农场（复兴庄）由市立第三十五小学校保管，第四场（南纬二十路）由慈惠中学校保管，第五场（师范附小前）由师范附属小学校保管，第六场（耀华学校内）由耀华中学保管，其他各校农具应各自负保管责任。

种植种类：计蓖麻、高粱、玉蜀黍、荞麦、花生、棉花、甘薯、豆类等十三种，瓜类八种，蔬菜类八种。

收获情形：计收获蓖麻、玉蜀黍、高粱、荞麦、花生、棉花、甘薯、豆类等一千一百九十七斤四两，瓜类一千七百三十九条，蔬菜类七百二十一斤。

分配情形：以上各种收获，除蓖麻献纳外，余均分配教职员及学生食用，以示酬劳，并择优良者备作本年种子。

乙、关于宣传事项

举办增产扩大讲演会：饬由各新民教育馆分别举办扩大讲演会，计举行四次，地点在第二、三、四、七新民教育馆，参加市民约三千余人。

举办学生增产指导员讲习会：参加讲习各校学员计七十人，受训期满后分配各校指导学生实地耕种。

绘制壁画标语：由本局饬令各新民教育馆绘制增产壁画及标语二万张，分别张贴各讲演厅及分发各听讲市民，俾使民众明了增产之重要。

2. 三十四年度增产办理概况

甲、关于实际工作事项

学生增产指导部之调整：为期加强学生协力食粮增产工作之指导力量，俾资督促学生增产事务之进行，特将指导部加以调整。

耕地之调查：

（1）集团农场。本年度集团农场设立八处，计第一场（复兴庄）、第二场（师范门前）、第三场（南纬二十路耀华农场）、第四场（南纬二十路丁茂英医院前）、第五场（市一体育场内）、第六场（达文中学校旁）、第七场（市府南楼花园内）、第八场（市二游泳池内），总计耕地九十六亩。

（2）学校农场。各级学校内外空地计一百一十一亩四分一厘。

参加学校及社教机关：集团农场指定参加学校三十六处，社教机关一处；学校农场参加学校八十处，社教机关二处。

动员人数：集团农场及学校农场计二万五千一百七十二人。

农具分配，关于农具一项，本年度因农具价格过昂，未便购置，故将本年度无耕地学校之农具全部收回，加以修理，分配各学校集团农场共同使用。其保管责任，第一场由市立第三十五小学校保管，第二场由师范学校保管，第三场由广东中学保管，第四场由志达中学保管，第五场由浙江中学保管，第六场由达文中学保管，第七场由市一女中保管，第八场由新亚小学保管。

种子：本年度增产以种植蓖麻为原则，该项种子由经济局选购，分配各校使用。

看守员之添设：查去年各集团农场因无人看管，所有农作物生成后多被儿童及行人偷窃，致使收获量减低，本年度拟于各集团农场雇农看守，俾资管理而利增产。

乙、关于宣传预定事项

举办增产扩大讲演会：饬由各新民教育馆分别举办增产扩大讲演会，俾使增产事业之普及宣传。

绘制壁画标语：由各民教馆绘制各种优良农产品、耕种方法、病虫害驱除等有关增产之壁画及标语，分别张贴各讲演厅及通衢路口，俾使市民明了增产之重要。

举办农产【品】展览会：本局拟照往例办法，于本年九月间举办农产品展鉴会，并于会后聘请专家担任批评，借资奖励，以利增产。

四、附各级学校及社教机关现有数目简明表

1. 天津特别市现有各级学校数目简明表

<table>
<tr><th colspan="3">项　　别</th><th>数　目</th></tr>
<tr><td rowspan="5">初等教育</td><td rowspan="2">幼稚园</td><td>市　立</td><td>1（4）</td></tr>
<tr><td>私　立</td><td>（15）</td></tr>
<tr><td rowspan="2">小学校</td><td>市　立</td><td>106</td></tr>
<tr><td>私　立</td><td>157</td></tr>
<tr><td colspan="2">合　计</td><td>383</td></tr>
<tr><td rowspan="6">中等教育</td><td rowspan="2">中学校</td><td>市　立</td><td>5</td></tr>
<tr><td>私　立</td><td>22</td></tr>
<tr><td>师范学校</td><td>市　立</td><td>1</td></tr>
<tr><td rowspan="2">职业学校</td><td>市　立</td><td>2</td></tr>
<tr><td>私　立</td><td>4</td></tr>
<tr><td colspan="2">合　计</td><td>34</td></tr>
<tr><td rowspan="3">专科教育</td><td>小学师资训练所</td><td>市　立</td><td>1</td></tr>
<tr><td>日语专科学校</td><td>市　立</td><td>1</td></tr>
<tr><td colspan="2">合　计</td><td>2</td></tr>
<tr><td colspan="3">总　计</td><td>419</td></tr>
<tr><td>附注</td><td colspan="3">（　）号内数字为小学校附设幼稚园</td></tr>
</table>

2. 天津特别市现有社教机关数目简明表

项　别		数　目	附设班级数	
			名　称	数　目
市立	新民教育馆	9	日语班	9
			职业班	47
	图书馆	2		
	美术馆	1	职业班	5
	博物院	1		
	体育场	3		
	职业补习学校	1		
	民众识字班	75		
私立	广智馆	1		
	补习学社	36		
	国术传习所	24		
总　计		153		61
附注				

中国第二历史档案馆藏“伪华北政务委员会教育总署档案”二〇二一（2）·51

三、教育统计

二十八学年度华北教育统计①

（1940年）

例 言

1. 本编系根据民国二十八学年度下学期各省市所填报各种调查表经详细整理后编制完成。

2. 本编内共分五项：一、总述；二、高等教育；三、中等教育；四、初等教育；五、社会教育。

3. 各级教育凡较重要之事项除统计表外，并绘有比较图以资显明。

4. 本署直辖各校院详细状况，已详载于本署所编印之直辖各机关校院统计图表内，本编不再重述。

5. 本编因急于付印，缺漏自属难免，希阅者指正是盼。

目 录

一、总述
1. 华北各级教育数量比较图（略）
2. 华北教育概况总表
3. 华北各省市各级教育数量比较表
4. 北京天津青岛三市学龄儿童统计表
二、高等教育
1. 华北专科以上学校概况比较图（略）
2. 教育总署直辖专科以上学校分科系统（略）
3. 省市立暨私立专科以上学校分科系统（略）
4. 华北专科以上学校概况统计表
5. 事变前华北专科以上学校一览表
6. 事变前后专科以上学校数量比较表（略）
三、中等教育
1. 中等教育概况比较图（略）

---

① 伪华北教育总署总务局统计科编制，1940年10月印。

2. 中等教育概况统计总表
3. 公私立中学概况总表
4. 公私立师范学校概况总表
5. 公私立职业学校概况总表
6. 各省市中等教育学校数比较表
7. 各省市中等教育学生数比较表
8. 各省市中等教育每年经费数比较表
9. 各省市中等教育教职员数比较表
10. 各省市中等教育学级数比较表
11. 各省市中等教育每教职员平均教授学生数暨每生岁占经费数统计表
12. 事变前后中等教育概况比较表
13. 事变前后各省市中等教育概况比较表
14. 各省市中等教育概况统计分表　河北省（略）
15. 各省市中等教育概况统计分表　山东省（略）
16. 各省市中等教育概况统计分表　河南省（略）
17. 各省市中等教育概况统计分表　山西省（略）
18. 各省市中等教育概况统计分表　北京市（略）
19. 各省市中等教育概况统计分表　天津市（略）
20. 各省市中等教育概况统计分表　青岛市（略）
21. 事变前后中等教育概况比较分表　河北省（略）
22. 事变前后中等教育概况比较分表　山东省（略）
23. 事变前后中等教育概况比较分表　河南省（略）
24. 事变前后中等教育概况比较分表　山西省（略）
25. 事变前后中等教育概况比较分表　北京市（略）
26. 事变前后中等教育概况比较分表　天津市（略）
27. 事变前后中等教育概况比较分表　青岛市（略）

四、初等教育

1. 初等教育概况比较图（略）
2. 初等教育概况统计总表
3. 各省市初等教育各项总数一览表
4. 各省市初等教育各项百分数比较表
5. 各省市初等教育每教职员平均教授学生数暨每生岁占经费数统计表
6. 事变前后初等教育概况比较表
7. 事变前后各省市初等教育概况比较表

8. 各省市初等教育概况统计分表　河北省（略）
9. 各省市初等教育概况统计分表　山东省（略）
10. 各省市初等教育概况统计分表　河南省（略）
11. 各省市初等教育概况统计分表　山西省（略）
12. 各省市初等教育概况统计分表　北京市（略）
13. 各省市初等教育概况统计分表　天津市（略）
14. 各省市初等教育概况统计分表　青岛市（略）
15. 事变前后初等教育概况比较分表　河北省（略）
16. 事变前后初等教育概况比较分表　山东省（略）
17. 事变前后初等教育概况比较分表　河南省（略）
18. 事变前后初等教育概况比较分表　山西省（略）
19. 事变前后初等教育概况比较分表　北京市（略）
20. 事变前后初等教育概况比较分表　天津市（略）
21. 事变前后初等教育概况比较分表　青岛市（略）

五、社会教育

1. 社会教育概况比较图（略）
2. 社会教育概况统计总表
3. 各省市社会教育概况统计表
4. 各项社会教育机关数量经费暨教职员百分比表
5. 各省市社会教育机关数量经费暨教职员百分比表
6. 各省市新民教育馆统计表
7. 各省市新民学校统计表
8. 事变前后社会教育概况比较表
9. 事变前后各省市社会教育概况比较表
10. 各省市社会教育机关统计分表　河北省（略）
11. 各省市社会教育机关统计分表　山东省（略）
12. 各省市社会教育机关统计分表　河南省（略）
13. 各省市社会教育机关统计分表　山西省（略）
14. 各省市社会教育机关统计分表　北京市（略）
15. 各省市社会教育机关统计分表　天津市（略）
16. 各省市社会教育机关统计分表　青岛市（略）
17. 事变前后社会教育概况比较分表　河北省（略）
18. 事变前后社会教育概况比较分表　山东省（略）
19. 事变前后社会教育概况比较分表　河南省（略）

20. 事变前后社会教育概况比较分表　山西省（略）
21. 事变前后社会教育概况比较分表　北京市（略）
22. 事变前后社会教育概况比较分表　天津市（略）
23. 事变前后社会教育概况比较分表　青岛市（略）

一、总　述

2. 华北教育概况总表

级别	校别	立别	校数	学生数	教职员数	全年经费数
高等教育	大学及学院	公立	3	1 966	1 066	2 679 318.94
		私立	5	4 224	686	7 092 042.00
		合计	8	6 190	1 752	9 771 360.94
	专科学校	公立	6	744	295	478 806.15
		私立				
		合计	6	744	295	478 806.15
	总计		14	6 934	2 047	10 250 167.09
中等教育	中学	公立	22	8 653	809	1 026 055.63
		私立	78	26 104	1 984	2 053 910.64
		合计	100	34 757	2 793	3 079 966.27
	初级中学	公立	7	985	108	111 840.00
		私立	27	4 125	439	210 223.00
		合计	34	5 110	547	322 063.00
	师范学校	公立	42	6 504	743	1 000 001.20
		私立	1	307	28	13 070.00
		合计	43	6 811	771	1 013 071.20
	职业学校	公立	9	1 244	215	283 019.20
		私立	11	2 041	253	272 902.00
		合计	20	3 285	468	555 921.20
	总计		197	49 963	4 579	4 971 021.67
初等教育	完全小学	公立	928	207 401	7 210	3 242 712.79
		私立	320	79 560	3 028	1 245 733.63
		合计	1 248	286 961	10 238	4 488 446.42
	初级小学	公立	19 880	662 458	30 625	4 186 053.81
		私立	476	20 862	896	177 265.80
		合计	20 356	683 320	31 521	4 363 319.61
	幼稚园	公立	14	1 186	40	30 038.80
		私立	11	904	29	16 466.00
		合计	25	2 090	69	46 504.80

续表

级别	校别	立别	校数	学生数	教职员数	全年经费数
初等教育	其他	公立	1 203	52 074	1 079	389 906.80
		私立				
		合计	1 203	52 074	1 079	389 906.80
	总计		22 832	1 024 445	42 907	9 288 177.63
社会教育	公立		1 305	11 449	1 026	587 571.10
	私立		63	3 035	269	216 484.60
	总计		1 368	14 484	1 295	804 055.70
各级教育总计			24 411	1 095 826	50 828	25 313 422.09

3. 华北各省市各级教育数量比较表

省市别	高等教育			中等教育					初等教育					社会教育	总计
	大学及学院	专科学校	合计	中学（高初中合设）	初级中学	师范学校	职业学校	合计	完全小学	初级小学	幼稚园	其他	合计		
河北省		1	1	19	2	29	4	54	371	6 938	2	962	8 273	663	8 991
山东省		1	1	14	15	8	3	40	393	7 966			8 359	247	8 647
河南省					2	2	1	5	79	986	2	2	1 069	162	1 236
山西省				1		1		2	66	4 352			4 418	43	4 463
北京市	7	4	11	45	9	2	10	66	122	40	11	139	312	121	510
天津市	1		1	14	6	1	2	23	155	51	10	100	316	89	429
青岛市				7				7	62	23			85	43	135
总计	8	6	14	100	34	43	20	197	1 248	20 356	25	1 203	22 832	1 368	24 411

4. 北京天津青岛三市学龄儿童统计表

市别	性别	数别 \ 项别	已就学学龄儿童	未就学学龄儿童	总计
北京市	男	实数	48 919	30 706	79 625
		百分数	61.44	38.56	100.00
	女	实数	28 765	29 092	57 857
		百分数	49.72	50.28	100.00
	计	实数	77 684	59 798	137 482
		百分数	56.50	43.50	100.00
天津市	男	实数	35 887	43 259	79 146
		百分数	45.34	54.66	100.00
	女	实数	19 928	49 111	69 039
		百分数	28.86	71.14	100.00
	计	实数	55 815	92 370	148 185
		百分数	37.67	62.33	100.00
青岛市	男	实数	12 005	20 465	32 470
		百分数	36.97	63.03	100.00
	女	实数	6 464	20 675	27 139
		百分数	23.82	76.18	100.00
	计	实数	18 469	41 140	59 609
		百分数	30.98	69.02	100.00
总计	男	实数	96 811	94 430	191 241
		百分数	50.62	49.38	100.00
	女	实数	55 157	98 878	154 035
		百分数	35.81	64.19	100.00
	计	实数	151 968	193 308	345 276
		百分数	44.02	55.98	100.00

附注：学龄儿童按实足年龄六岁至十二岁计。

二、高等教育

4. 华北专科以上学校概况统计表

立别	校名（项目）	校址	校长姓名	组织：院（校）数	组织：科系数	组织：组数	班级数	学生数：男	学生数：女	学生数：计	教职员数	全年经费数（元）	备注
教育总署直辖	国立北京大学	北京	汤督办兼	5	22		44	685	159	844	690	1 797 689.94	总监督办公处图书馆及附属医院均包括在内
	国立北京师范学院	北京	王谟	1	4	12	26	468		468	199	460 440.00	
	国立北京女子师范学院	北京	张恺	1	6	9	26		654	654	177	421 189.00	
	国立北京艺术专科学校	北京	王石之	1	3	2	12	57	78	135	88	153 167.00	
	直辖外国语学校	北京	刘宏钰	1	2		12	132		132	67	107 892.80	
	直辖师资讲肄馆	北京	刘家壎	1			2	72	13	85	42	52 860.00	
	合计			10	37	23	122	1 414	904	2 318	1 263	2 993 238.74	
私立	燕京大学	北京	司徒雷登	3	17		71	683	279	962	142	1 268 853.00	
	辅仁大学	北京	陈垣	3	12		51	1 115	496	1 611	209	650 000.00	
	中国学院	北京	何其巩	1	6		22	930	189	1 119	116	72 519.00	
	协和医学院	北京	胡恒德	1	2		8	86	69	155	141	4 800 000.00	
	天津工商学院	天津	刘斌	1	5		17	377		377	78	300 670.00	
	合计			9	42		169	3 191	1 033	4 224	686	7 092 042.00	
省市立	北京市立体育专科学校	北京	李洲	1	2		7	60		60	28	58 717.10	
	河北省立师范专科学校	河北保定	赵祖欣	1	3		6	75	51	126	46	87 600.00	
	山东省立日语专科学校	山东济南	张代均	1	3		4	206		206	24	38 569.25	
	合计			3	8		17	341	51	392	98	164 886.35	
总计				22	87	23	308	4 946	1 988	6 934	2 047	10 250 167.09	

附注：一、学生数包括休学生及旁听生总数。

二、国立北京大学法学院现在筹备中，故校院数未列入。

5. 事变前华北专科以上学校一览表

立别		校名	校址	编制	
				学院数	系科数
大学	国立	北平大学	北京	5	21
		北京大学	北京	3	14
		清华大学	北京	4	16
		师范大学	北京	3	11
		山东大学	济南青岛	2	8
		交通大学	北京唐山	5	16
	省立	河南大学	河南	5	11
		山西大学	山西	4	11
		东北大学	北京	3	9
	私立	燕京大学	北京	3	16
		辅仁大学	北京	3	10
		中法大学	北京	3	7
		南开大学	天津	3	12
		齐鲁大学	山东	3	11
独立学院	国立	北洋工学院	天津		4
	省立	河北工业学院	天津		3
		河北女子师范学院	天津	2	8
		河北法商学院	天津	2	4
		河北农学院	河北		3
		河北医学院	河北		1
	私立	中国学院	北京	3	9
		朝阳学院	北京		4
		协和医学院	北京		1
		民国学院	北京	2	6
		北平铁路学院	北京		1
		工商学院	天津	2	4
专科学校	国立	北平艺术专科学校	北京		8
	部立	北平税务学校	北京		1
		北平盐务学校	北京		1
	省立	河北水产专科学校	天津		2
		河南水利工程专科学校	河南		1
		山西工业专科学校	山西		3
		山西商业专科学校	山西		3
		山西农业专科学校	山西		3
		山东医学专科学校	山东		1
	市立	北平市立体育专科学校	北京		1
	私立	川至医学专科学校	山西		1

三、中等教育

2. 中等教育概况统计总表

项目		中学校				师范学校				职业学校				总计		
		国立 省立 特别市立	县立 市立	私立	合计	国立 省立 特别市立	县立 市立	私立	合计	国立 省立 特别市立	县立 市立	私立	合计	国立 省立 特别市立	县立 市立	私立
学校数	男	17	7	74	98	15	21		36	7	1	9	17	39	29	83
	女	5		31	36	4	2	1	7	1		2	3	10	2	34
	计	22	7	105	134	19	23	1	43	8	1	11	20	49	31	117
学生数	男	5 944	1 348	21 048	28 340	2 768	1 652		4 420	914	23	1 933	2 870	9 626	3 023	22 981
	女	2 266	80	9 181	11 527	1 925	159	307	2 391	306	1	108	415	4 497	240	9 596
	计	8 210	1 428	30 229	39 867	4 693	1 811	307	6 811	1 220	24	2 041	3 285	14 123	3 263	32 577
教职员数	男	670	114	1 966	2 750	485	199	21	705	180	5	232	417	1 335	318	2 219
	女	128	5	457	590	59		7	66	30		21	51	217	5	485
	计	798	119	2 423	3 340	544	199	28	771	210	5	253	468	1 552	323	2 704
学级数	男	156	37	504	697	70	45		115	31	1	54	86	257	83	558
	女	60		260	320	50	8	8	66	9		9	18	119	8	277
	计	216	37	764	1 017	120	53	8	181	40	1	63	104	376	91	835
全年经费数	男	765 017.10	116 493.00	1 643 962.45	2 525 472.55	732 725.20	105 605.00		838 330.20	240 484.20	2 760.00	256 378.00	499 622.20	1 738 226.50	224 858.00	1 900 340.45
	女	256 385.53		620 171.19	876 556.72	146 430.00	15 241.00	13 070.00	174 741.00	39 775.00		16 524.00	36 299.00	442 590.53	15 241.00	649 765.19
	计	1 021 402.63	116 493.00	2 264 133.64	3 402 029.27	879 155.20	120 846.00	13 070.00	1 013 071.20	280 259.20	2 760.00	272 902.00	555 921.20	2 180 817.03	240 099.00	2 550 105.64

3. 公私立中学概况总表

项目		中学（高初中合设）				初级中学				总计			
		国立 省立 特别市立	县立 市立	私立	合计	国立 省立 特别市立	县立 市立	私立	合计	国立 省立 特别市立	县立 市立	私立	合计
学校数	男	12	5	56	73	5	2	18	25	17	7	74	98
	女	5		22	27			9	9	5		31	36
	计	17	5	78	100	5	2	27	24	22	7	105	134
学生数	男	5 214	1 214	18 228	24 656	730	134	2 820	3 684	5 944	1 348	21 048	28 340
	女	2 190	35	7 876	10 101	76	45	1 305	1 426	2 266	80	9 181	11 527
	计	7 404	1 249	26 104	34 757	806	179	4 125	5 110	8 210	1 428	30 229	39 867
教职员数	男	588	93	1 628	2 309	82	21	338	441	670	114	1 966	2 750
	女	125	3	356	484	3	2	101	106	128	5	457	590
	计	713	96	1 984	2 793	85	23	439	547	798	119	2 423	3 340
学级数	男	136	33	438	607	20	4	66	90	156	37	504	697
	女	58		214	272	2		46	48	60		260	320
	计	194	33	652	879	22	4	112	138	216	37	764	1 017
全年经费数	男	662 897.10	106 773.00	1 514 640.45	2 284 310.55	102 120.00	9 720.00	129 322.00	241 162.00	765 017.10	116 493.00	1 643 962.45	2 525 472.55
	女	256 385.53		539 270.19	795 655.72			80 901.00	80 901.00	256 385.53		620 171.19	876 556.72
	计	919 282.63	106 773.00	2 053 910.64	3 079 966.27	102 120.00	9 720.00	210 223.00	322 063.00	1 021 402.63	116 493.00	2 264 133.64	3 402 029.27

4. 公私立师范学校概况总表

项目		高中师范				简易师范				总计			
		国立 省立 特别市立	县立 市立	私立	合计	国立 省立 特别市立	县立 市立	私立	合计	国立 省立 特别市立	县立 市立	私立	合计
学校数	男	10			10	5	21		26	15	21		36
	女	4			4		2	1	3	4	2	1	7
	计	14			14	5	23	1	29	19	23	1	43
学生数	男	2 196			2 196	572	1 652		2 224	2 768	1 652		4 420
	女	1 925			1 925		159	307	466	1 925	159	307	2 391
	计	4 121			4 121	572	1 811	307	2 690	4 693	1 811	307	6 811
教职员数	男	426			426	59	199	21	279	485	199	21	705
	女	59			59			7	7	59		7	66
	计	485			485	59	199	28	286	544	199	28	771
学级数	男	58			58	12	45		57	70	45		115
	女	50			50		8	8	16	50	8	8	66
	计	108			108	12	53	8	73	120	53	8	181
全年经费数	男	634 305.20			634 305.20	98 420.00	105 605.00		204 025.00	732 725.20	105 605.00		838 330.20
	女	146 430.00			146 430.00		15 241.00	13 070.00	28 311.00	146 430.00	15 241.00	13 070.00	174 741.00
	计	780 735.20			780 735.20	98 420.00	120 846.00	13 070.00	232 336.00	879 155.20	120 846.00	13 070.00	1 013 071.20

5．公私立职业学校概况总表

项目		高级职业				初级职业				总计			
		国立 省立 特别市立	县立 市立	私立	合计	国立 省立 特别市立	县立 市立	私立	合计	国立 省立 特别市立	县立 市立	私立	合计
学校数	男	2		7	9	5	1	2	8	7	1	9	17
	女	1		2	3					1		2	3
	计	3		9	12	5	1	2	8	8	1	11	20
学生数	男	332		1 674	2 006	582	23	259	864	914	23	1 933	2 870
	女	56		108	164	250	1		251	306	1	108	415
	计	388		1 782	2 170	832	24	259	1 115	1 220	24	2 041	3 285
教职员数	男	82		204	286	98	5	28	131	180	5	232	417
	女	19		21	40	11			11	30		21	51
	计	101		225	326	109	5	28	142	210	5	253	468
学级数	男	15		48	63	16	1	6	23	31	1	54	86
	女	2		9	11	7			7	9		9	18
	计	17		57	74	23	1	6	30	40	1	63	104
全年经费数	男	85 582.20		212 140.00	297 722.20	154 902.00	2 760.00	44 238.00	201 900.00	240 484.20	2 760.00	256 378.00	499 622.20
	女	39 775.00		16 524.00	56 299.00					39 775.00		16 254.00	56 299.00
	计	125 357.20		228 664.00	354 021.20	154 902.00	2 760.00	44 238.00	201 900.00	280 259.20	2 760.00	272 902.00	555 921.20

6. 各省市中等教育学校数比较表

省市别	中学		师范		职业		总计	
	实数	百分数	实数	百分数	实数	百分数	实数	百分数
河北省	21	15.67	29	67.44	4	20.00	54	27.41
山东省	29	21.64	8	18.60	3	15.00	40	20.30
河南省	2	1.49	2	4.65	1	5.00	5	2.54
山西省	1	0.75	1	2.33			2	1.02
北京市	54	40.30	2	4.65	10	50.00	66	33.50
天津市	20	14.93	1	2.33	2	10.00	23	11.68
青岛市	7	5.22					7	3.55
总计	134	100.00	43	100.00	20	100.00	197	100.00

7. 各省市中等教育学生数比较表

省市别	中学		师范		职业		总计	
	实数	百分数	实数	百分数	实数	百分数	实数	百分数
河北省	5 534	13.88	4 037	59.27	582	17.72	10 153	20.32
山东省	4 945	12.40	1 218	17.88	473	14.40	6 636	13.28
河南省	215	0.54	200	2.94	130	3.96	545	1.09
山西省	279	0.70	228	3.35			507	1.02
北京市	18 850	47.29	722	10.60	804	24.47	20 376	40.78
天津市	7 229	18.13	406	5.96	1 296	39.45	8 931	17.88
青岛市	2 815	7.06					2 815	5.63
总计	39 867	100.00	6 811	100.00	3 285	100.00	49 963	100.00

8. 各省市中等教育每年经费数比较表

省市别	中学		师范		职业		总计	
	实数	百分数	实数	百分数	实数	百分数	实数	百分数
河北省	497 009.00	14.60	402 212.00	39.70	111 885.00	20.13	1 011 106.00	20.34
山东省	259 488.00	7.63	205 728.00	20.31	99 432.00	17.88	564 648.00	11.38
河南省	18 000.00	0.53	53 000.00	5.23	42 400.00	7.63	113 400.00	2.28
山西省	55 028.00	1.62	78 846.00	7.78			133 874.00	2.69
北京市	1 639 325.24	48.19	164 402.00	16.25	239 279.20	43.04	2 043 006.14	41.10
天津市	734 835.00	21.60	108 883.20	10.75	62 925.00	11.32	906 643.20	18.22
青岛市	198 344.03	5.83					198 344.03	3.99
总计	3 402 029.27	100.00	1 013 071.20	100.00	555 921.20	100.00	4 971 021.67	100.00

9. 各省市中等教育教职员数比较表

省市别	中学		师范		职业		总计	
	实数	百分数	实数	百分数	实数	百分数	实数	百分数
河北省	464	13.89	449	58.23	102	21.79	1 015	22.17
山东省	369	11.05	124	16.09	51	10.90	544	11.88
河南省	28	0.84	13	1.69	13	2.78	54	1.18
山西省	24	0.72	26	3.37			50	1.09
北京市	1 719	51.46	99	12.84	236	50.43	2 054	44.86
天津市	545	16.32	60	7.78	66	14.10	671	14.65
青岛市	191	5.72					191	4.17
总计	3 340	100.00	771	100.00	468	100.00	4 579	100.00

10. 各省市中等教育学级数比较表

省市别	中　学		师　范		职　业		总　计	
	实　数	百分数	实　数	百分数	实　数	百分数	实　数	百分数
河北省	142	13.96	114	62.99	19	18.27	275	21.12
山东省	134	13.18	24	13.26	15	14.42	173	13.29
河南省	6	0.59	5	2.76	3	2.88	14	1.07
山西省	5	0.49	5	2.76			10	0.77
北京市	484	47.59	20	11.05	44	42.31	548	42.09
天津市	199	19.57	13	7.18	23	22.12	235	18.05
青岛市	47	4.62					47	3.61
总　计	1 017	100.00	181	100.00	104	100.00	1 302	100.00

11. 各省市中等教育每教职员平均教授学生数暨每生岁占经费数统计表

省市别	教职员数	学生数	每年经费数	教职员一人平均教授学生数	每生岁占经费数
河北省	1 015	10 153	1 011 106.00	10.00	99.59
山东省	544	6 636	564 648.00	12.20	85.05
河南省	54	545	113 400.00	10.11	208.07
山西省	50	507	133 874.00	10.14	264.05
北京市	2 054	20 376	2 043 006.44	9.92	100.26
天津市	671	8 931	90 6 643.20	13.31	101.52
青岛市	191	2 815	198 344.03	14.74	70.46
总计	4 579	49 963	4 971 021.67	10.91	99.50

12. 事变前后中等教育概况比较表

校别 \ 立别 \ 项别		校数		学生数		教职员数		全年经费数	
		事变前	事变后	事变前	事变后	事变前	事变后	事变前	事变后
中学（高初中合设）	公立	51	22	15 674	8 653	1 399	809	2 523 800.00	1 026 055.63
	私立	118	78	41 523	26 104	3 587	1 984	3 287 898.00	2 053 910.64
	计	169	100	57 197	34 757	4 986	2 793	5 811 698.00	3 079 966.27
初级中学	公立	190	7	36 687	985	2 299	108	1 979 071.00	111 840.00
	私立	28	27	6 080	4 125	223	439	155 160.00	210 223.00
	计	218	34	42 767	5 110	2 522	547	2 134 231.00	322 063.00
师范学校	公立	133	42	20 652	6 504	1 743	743	2 538 308.00	1 000 001.20
	私立	1	1	165	307	36	28	22 298.00	13 070.00
	计	134	43	20 815	6 811	1 779	771	2 560 606.00	1 013 071.20
职业学校	公立	54	9	4 622	1 244	440	215	601 314.00	283 019.20
	私立	17	11	1 858	2 041	288	253	200 041.00	272 902.00
	计	71	20	6 480	3 285	728	468	801 355.00	555 921.20
合计		592	197	127 259	49 963	10 015	4 579	11 307 890.00	4 971 021.67

13. 事变前后各省市中等教育概况比较表

项目 省市别	校数		学生数		教职员数		全年经费数	
	事变前	事变后	事变前	事变后	事变前	事变后	事变前	事变后
河北市	100	54	23 285	10 153	2 210	1 015	2 670 013.00	1 011 106.00
山东省	80	40	20 697	6 636		544	1 530 316.00	564 648.00
河南省	244	5	38 089	545	3 072	54	2 444 148.00	113 400.00
山西省	70	2	11 176	507	1 320	50	1 328 047.00	133 874.00
北京市	66	66	26 030	20 376	2 621	2 054	2 411 181.00	2 043 006.44
天津市	24	23	5 469	8 931	545	671	651 186.00	906 643.00
青岛市	8	7	2 513	2 815	247	191	272 999.00	198 344.03
总　计	592	197	127 259	49 963	10 015	4 579	11 307 890.00	4 971 021.67

四、初等教育

2. 初等教育概况统计总表

项目		数量＼校别	完全小学	初级小学	幼稚园	短小及简小	总　计
校数	公立	国立、省立或特别市立	168	56	12	316	552
		县立、市立	603	8 353	2	412	9 370
		区　立	157	11 471		475	12 103
		合　计	928	19 880	14	1 203	22 025
	私　立		320	476	11		807
	总　计		1 248	20 356	25	1 203	22 832
学级数	公立	国立、省立或特别市立	1 383	187	31	886	2 487
		县立、市立	2 842	12 864	2	521	16 229
		区　立	749	26 081		613	27 443
		合　计	4 974	39 132	33	2 020	46 159
	私　立		1 880	1 213	25		3 118
	总　计		6 854	40 345	58	2 020	49 277
学生数	公立	男	155 593	585 218	713	35 267	776 791
		女	51 808	77 240	473	16 807	146 328
		计	207 401	662 458	1 186	52 074	923 119
	私立	男	57 273	16 960	524		74 757
		女	22 287	3 902	380		26 569
		计	79 560	20 862	904		101 326
	总计	男	212 866	602 178	1 237	35 267	851 548
		女	74 095	81 142	853	16 807	172 897
		计	286 961	683 320	2 090	52 074	1 024 445
教职员数	公　立		7 210	30 625	40	1 079	38 954
	私　立		3 028	896	29		3 953
	总　计		10 238	31 521	69	1 079	42 907
每年经费数	公　立		3 242 712.79	4 186 053.81	30 038.80	389 906.80	7 848 712.20
	私　立		1 245 733.63	177 265.80	16 466.00		1 439 465.43
	总　计		4 488 446.42	4 363 319.61	46 504.80	389 906.80	9 288 177.63

3. 各省市初等教育各项总数一览表

项目 数量 省市别	学校数	学级数	学生数	教职员数	每年经费数
河北省	8 273	27 032	328 810	15 764	3 171 584.00
山东省	8 359	13 060	332 189	13 905	2 867 700.00
河南省	1 069	1 635	51 477	2 355	384 445.00
山西省	4 418	4 166	157 494	5 688	70 620.75
北京市	312	1 648	68 720	2 201	1 245 367.73
天津市	316	1 220	58 186	2 075	1 144 925.64
青岛市	85	516	27 569	919	403 534.51
总　计	22 832	49 277	1 024 445	4 2907	9 288 177.63

4. 各省市初等教育各项百分数比较表

项目 百分比 省市别	学校数	学级数	学生数	教职员数	每年经费数
河北省	36.23	54.86	32.10	36.74	34.15
山东省	36.61	26.50	32.43	32.41	30.87
河南省	4.68	3.32	5.03	5.49	4.14
山西省	19.35	8.45	15.36	13.25	0.76
北京市	1.37	3.34	6.71	5.13	13.41
天津市	1.38	2.48	5.68	4.84	12.33
青岛市	0.38	1.05	2.69	2.14	4.34
总　计	100.00	100.00	100.00	100.00	100.00

5. 各省市初等教育每教职员平均教授学生数暨每生岁占经费数统计表

数量　项目 省市别	教职员数	学生数	每年经费数	每教职员一人平均教授学生数	每生岁占经费数
河北省	15 764	328 810	3 171 584.00	21	9.65
山东省	13 905	332 189	2 867 700.00	24	8.63
河南省	2 355	51 477	384 445.00	22	7.47
山西省	5 688	157 494	70 620.75	28	
北京市	2 201	68 720	1 245 367.73	31	18.12
天津市	2 075	58 186	1 144 925.64	28	19.68
青岛市	919	27 569	403 534.51	30	14.64
总　计	42 907	1 024 445	9 288 177.63	24	9.07

附注：山西省经费数多未填报，故每生岁占经费数栏从缺。

6. 事变前后初等教育概况比较表

校别	立别　项别	校数		学生数		教职员数		全年经费数	
		事变前	事变后	事变前	事变后	事变前	事变后	事变前	事变后
完全小学	公　立	5 876	928	539 167	207 401	18 153	7 210	7 171 869.43	3 742 712.79
	私　立	330	320	57 302	79 560	2 100	3 028	948 136.93	1 245 733.63
	计	6 206	1 248	596 469	286 961	20 253	10 238	8 120 006.36	4 488 446.42
初级小学	公　立	99 766	19 880	3 360 605	662 458	82 401	30 625	10 651 400.80	4 186 053.81
	私　立	1 636	476	55 613	20 862	2 350	896	25 468.00	177 265.80
	计	101 402	20 356	3 416 218	683 320	84 751	31 521	10 676 828.80	4 363 319.61

续表

校别 \ 立别 项别		校数		学生数		教职员数		全年经费数	
		事变前	事变后	事变前	事变后	事变前	事变后	事变前	事变后
幼稚园	公立	65	14	3 248	1 186	116	40	68 835.00	30 038.80
	私立	28	11	1 763	904	69	29	32 952.00	16 466.00
	计	93	25	5 011	2 090	185	69	101 787.00	46 504.80
其他	公立	234	1 203	23 429	52 074	370	1 079	151 412.00	389 906.80
	私立								
	计	234	1 203	23 429	52 074	370	1 079	151 412.00	389 906.80
合计		107 935	22 832	4 041 127	1 024 445	105 559	42 907	19 050 034.16	9 288 177.63

7. 事变前后各省市初等教育概况比较表

省市别 \ 项目	校数		学生数		教职员数		全年经费数	
	事变前	事变后	事变前	事变后	事变前	事变后	事变前	事变后
河北省	29 039	8 273	1 152 024	328 810	34 233	15 764	7 823 781.00	3 171 584.00
山东省	35 068	8 357	988 298	332 189		13 905		2 867 700.00
河南省	21 043	1 069	974 073	51 477	39 379	2 355	5 201 595.00	384 445.00
山西省	22 030	4 418	780 621	157 494	27 685	5 688	3 397 679.00	70 620.75
北京市	424	312	61 405	68 720	2 039	2 201	1 122 257.96	1 245 367.73
天津市	204	316	46 245	58 186	1 173	2 075	1 019 616.20	1 144 925.64
青岛市	127	85	38 461	27 569	1 050	919	485 105.00	403 534.51
总计	107 935	22 832	4 041 127	1 024 445	105 559	42 907	19 050 034.16	9 288 177.63

五、社会教育

2. 社会教育概况统计总表

项目 类别	机关数			每年经费数			教职员数			学生数			每日平均观览人数		
	公立	私立	计	公立	私立	计	公立	私立	计	公立	私立	计	公立	私立	计
新民学校	763	6	769	83 234.10	6 200.00	89 434.10	204	27	231	8 123	418	8 541			
新民教育馆	150		150	292 759.40		292 759.40	453		453				4 989		4 989
图书馆	55	3	58	72 999.20	9 630.00	82 629.20	84	22	106				1 288	45	1 333
阅报处	130		130	21 365.90		21 365.90	45		45				4 556		4 556
补习学校	85	46	131	36 748.60	91 650.00	128 399.20	79	185	264	2 867	2 407	5 274			
新民茶社	32		32	288.00		288.00	5		5				805		805
体育场	36		36	19 126.00		19 126.00	17		17				1 226		1 226
讲演所	22		22	18 792.00		18 792.00	35		35				394		394
产业馆		1	1		100 000.00	100 000.00		12	12					80	80
美术馆	1		1	12 000.00		12 000.00	11		11				221		221
聋哑学校	2	3	5	19 337.90	6 164.00	25 501.90	17	15	32	78	89	167			
水族馆	1		1	4 500.00		4 500.00	5		5				100		100
其他社教机关	28	4	32	6 420.00	2 840.00	9 260.00	71	8	79	381	121	502	89		89
总计	1 305	63	1 368	587 571.10	216 484.60	804 055.70	1 026	269	1 295	11 449	3 035	14 484	13 668	125	13 793

3. 各省市社会教育概况统计表

项目 / 省市别	机关数			每年经费数			教职员数			学生数			每日平均观览人数		
	公立	私立	计	公立	私立	计	公立	私立	计	公立	私立	计	公立	私立	计
河北省	660	3	663												
山东省	247		247	245 892.00		245 892.00	600		600	3 595		3 595	1 056		1 056
河南省	162		162							886		886	3 105		3 105
山西省	43		43												
北京市	69	52	121	160 397.10	91 720.60	252 117.70	215	227	442	4 345	2 208	6 553	4 943	45	4 988
天津市	88	1	89	152 238.00	2 964.00	155 202.00	179	6	185	2 412	25	2 437	3 369		3 369
青岛市	36	7	43	29 044.00	121 800.00	150 844.00	32	36	68	211	802	1 013	1 195	80	1 275
总　计	1 305	63	1 368	587 571.10	216 484.60	804 055.70	1 026	269	1 295	11 449	3 035	14 484	13 668	125	13 793

4. 各项社会教育机关数量经费暨教职员百分比表

项目 / 类别	机关数		经　费		教职员	
	实　数	百分数	实　数	百分数	实　数	百分数
新民学校	769	56.21	89 434.10	11.12	231	17.84
新民教育馆	150	10.97	292 759.40	36.41	453	34.98
图书馆	58	4.24	82 629.20	10.28	106	8.19
阅报处	130	9.50	21 365.90	2.66	45	3.47
补习学校	131	9.58	128 399.20	15.97	264	20.39
新民茶社	32	2.34	288.00	0.03	5	0.39
体育场	36	2.63	19 126.00	2.38	17	1.31
讲演所	22	1.61	18 792.00	2.34	35	2.70
其　他	40	2.92	151 261.90	18.81	139	10.73
总　计	1 368	100.00	804 055.70	100.00	1 295	100.00

5. 各省市社会教育机关数量经费暨教职员百分比表

省市别＼项目	机关数		经费		教职员	
	实数	百分数	实数	百分数	实数	百分数
河北省	663	48.46				
山东省	247	18.06	245 892.00	30.58	600	46.33
河南省	162	11.84				
山西省	43	3.14				
北京市	121	8.85	252 117.70	31.36	442	34.13
天津市	89	6.51	155 202.00	19.30	185	14.29
青岛市	43	3.14	150 844.00	18.76	68	5.25
总计	1 368	100.00	804 055.70	100.00	1 295	100.00

6. 各省市新民教育馆统计表

省市别	机关数	每年经费数	教职员数	每日平均观览人数
河北省	34			
山东省	80	144 492.00	288	382
河南省	17			515
山西省	5			
北京市	4	49 865.40	60	1 452
天津市	9	97 302.00	104	2 590
青岛市	1	1 100.00	1	50
总计	150	292 759.40	453	4 989

附注：未据填报者从略。

7. 各省市新民学校统计表

项目 / 省市别	机关数			每年经费数			学生数			教职员数		
	公立	私立	计	公立	私立	计	公立	私立	计	公立	私立	计
河北省	579		579									
山东省	95		95	38 664.00		38 664.00	3 308		3 308	145		145
河南省	24		24				886		886			
山西省	33		33									
北京市	32	6	38	44 570.10	6 200.00	50 770.10	3 929	418	4 347	59	27	86
总　计	763	6	769	83 234.10	6200.00	89 434.10	8 123	418	8 541	204	27	231

附注：未据填报者从略。

8. 事变前后社会教育概况比较表

校别	立别 / 项别	机关数		学生数（暨每日平均观览人数）		教职员数		全年经费数	
		事变前	事变后	事变前	事变后	事变前	事变后	事变前	事变后
民众学校	公立	1 951	763	36 729	8 123	1 219	204	92 790.40	83 234.10
	私立	31	6	2 844	418	256	27	30 250.40	6 200.00
	计	1 982	769	39 573	8 541	1 475	231	123 040.40	89 434.10
教育馆	公立	89	150	964	4 989	175	453	121 603.00	292 759.40
	私立								
	计	89	150	964	49 89	175	453	121 603.00	292 759.40

续表

校别	立别	机关数		学生数（暨每日平均观览人数）		教职员数		全年经费数	
		事变前	事变后	事变前	事变后	事变前	事变后	事变前	事变后
图书馆	公立	65	55	2 273	1 288	128	84	2 795 060.75	72 999.20
	私立	5	3	157	45	17	22	34 947.00	9 630.00
	计	70	58	2 430	1 333	145	106	2 830 007.75	82 629.20
其他	公立	168	337	4 700	10 717	184	283	80 058.50	138 578.40
	私立	83	54	5 191	2 697	345	220	122 891.00	200 654.60
	计	251	391	9 891	13 414	529	505	202 949.50	339 233.00
总计		2 392	1 368	52 858	28 277	2 324	1 295	3 277 600.65	804 055.70

9. 事变前后各省市社会教育概况比较表

省市别＼项目	机关数		学生数（暨每日平均观览人数）		教职员数		全年经费数	
	事变前	事变后	事变前	事变后	事变前	事变后	事变前	事变后
河北省	1 010	663						
山东省		247		4 651		600		245 892.00
河南省	921	162	15 778	3 991	726		2 837 566.00	
山西省		43						
北京市	169	121	15 531	11 541	797	442	304 269.65	252 117.70
天津市	18	89	3 108	5 806	143	185	103 020.00	155 202.00
青岛市	274	43	18 441	2 288	658	68	32 745.00	150 844.00
总计	2 392	1 368	52 858	28 277	2 324	1 295	3 277 600.65	804 055.70

中国第二历史档案馆馆藏“伪华北政务委员会教育总署档案”二〇二一（2）·21

二十九学年度华北教育统计①

(1941年)

例　言

1. 本编系根据二十九学年度下学期各省市所填报各种调查表经详细整理后编制完成。

2. 本编内共分五项：一、总述；二、高等教育；三、中等教育；四、初等教育；五、社会教育。

3. 各级教育凡较重要之事项除统计表外，并绘有比较图以资显明。

4. 本编因急于付印，缺漏自属难免，希阅者指正是盼。

目　录

一、总述
1. 最近历年华北教育发展趋势图（略）
2. 华北教育概况统计总表
3. 华北各省市各级教育学校数比较表
4. 华北各省市各级教育学生数比较表
5. 华北各省市各级教育教职员数比较表
6. 华北各省市各级教育全年经费数比较表
7. 最近历年华北各级教育概况比较表
二、高等教育
1. 专科以上学校概况比较图（略）
2. 华北最近历年派遣各国留学生概况比较图（缺）
3. 专科以上学校概况统计总表
4. 教育总署直辖专科以上学校概况总表
5. 教育总署直辖专科以上学校教员状况统计表
6. 教育总署直辖专科以上学校职员状况统计表
7. 教育总署直辖专科以上学校学生数统计表（一）
8. 教育总署直辖专科以上学校学生数统计表（二）
9. 教育总署直辖专科以上学校学生数统计表（三）
10. 教育总署直辖专科以上学校学生年龄统计表
11. 教育总署直辖专科以上学校学生籍贯统计表

① 伪华北教育总署总务局统计科编制，1941年12月印。

12. 教育总署直辖专科以上学校学生婚姻状况统计表
13. 教育总署直辖专科以上学校学生家庭职业统计表
14. 教育总署直辖专科以上学校二十九年度经费支出统计表
15. 教育总署直辖专科以上学校投考学生及录取人数统计表
16. 教育总署直辖专科以上学校奖学金及学生纳费一览表
17. 教育总署直辖专科以上学校图书及设备统计表
18. 各省市省市立暨私立专科以上学校概况总表
19. 最近历年高等教育概况比较表
20. 华北最近历年派遣各国留学人数统计表
21. 华北最近历年派遣各国留学生教育程度统计表
22. 华北最近历年派遣各国留学生年龄统计表
23. 华北最近历年派遣各国留学生籍贯统计表

三、中等教育

1. 中等教育概况比较图（略）
2. 中等教育概况统计总表
3. 各省市中等教育各项总数一览表
4. 各省市中等教育学校数比较表
5. 各省市中等教育学级数比较表
6. 各省市中等教育学生数比较表
7. 各省市中等教育教职员数比较表
8. 各省市中等教育岁入经费数比较表
9. 各省市中等教育岁出经费数比较表
10. 各省市中等教育每教职员平均教授学生数暨学生岁占经费数统计表
11. 各省市教会设立中等学校概况统计表
12. 最近历年中等教育概况比较表
13. 各省市中等教育概况统计分表　河北省（略）
14. 各省市中等教育概况统计分表　山东省（略）
15. 各省市中等教育概况统计分表　河南省（略）
16. 各省市中等教育概况统计分表　山西省（略）
17. 各省市中等教育概况统计分表　北京市（略）
18. 各省市中等教育概况统计分表　天津市（略）
19. 各省市中等教育概况统计分表　青岛市（略）

四、初等教育

1. 初等教育概况比较图（略）

2. 初等教育概况统计总表
3. 各省市初等教育各项总数一览表
4. 各省市初等教育各项百分数比较表
5. 各省市初等教育每教职员平均教授学生数暨每生岁占经费数统计表
6. 各省市教会设立初等学校概况统计表
7. 最近历年初等教育概况比较
8. 各省市初等教育概况统计分表　河北省（略）
9. 各省市初等教育概况统计分表　山东省（略）
10. 各省市初等教育概况统计分表　河南省（略）
11. 各省市初等教育概况统计分表　山西省（略）
12. 各省市初等教育概况统计分表　北京市（略）
13. 各省市初等教育概况统计分表　天津市（略）
14. 各省市初等教育概况统计分表　青岛市（略）

五、社会教育

1. 社会教育概况比较图（略）
2. 社会教育概况统计总表
3. 各项社会教育机关数量经费暨教职员百分比表
4. 各省市社会教育各项总数一览表
5. 各省市社会教育机关数量经费暨教职员百分比表
6. 最近历年社会教育概况比较表
7. 各省市社会教育概况统计分表　河北省（略）
8. 各省市社会教育概况统计分表　山东省（略）
9. 各省市社会教育概况统计分表　河南省（略）
10. 各省市社会教育概况统计分表　山西省（略）
11. 各省市社会教育概况统计分表　北京市（略）
12. 各省市社会教育概况统计分表　天津市（略）
13. 各省市社会教育概况统计分表　青岛市（略）

一、总　　述

2. 华北教育概况统计总表

项目			学校数	学生数	教职员数	全年经费数
各级教育总计			34 817	1 653 034	72 602	36 997 318.13
高等教育	总计		14	7 553	2 358	10 587 107.68
高等教育	大学及学院	合计	8	6 761	2 066	9 901 329.48
高等教育	大学及学院	公立	3	2 208	1 376	4 789 413.84
高等教育	大学及学院	私立	5	4 553	690	5 111 915.64
高等教育	专科学校	合计	6	792	292	685 778.20
高等教育	专科学校	公立	6	792	292	685 778.20
高等教育	专科学校	私立	—	—	—	—
中等教育	总计		218	59 319	4 995	7 033 899.21
中等教育	中学校	合计	141	47 713	3 672	4 442 325.95
中等教育	中学校	公立	46	13 984	1 127	1 451 931.31
中等教育	中学校	私立	95	33 729	2 545	2 990 395.64
中等教育	师范学校	合计	51	6 002	828	1 743 700.65
中等教育	师范学校	公立	51	6 002	828	1 743 700.65
中等教育	师范学校	私立	—	—	—	—
中等教育	职业学校	合计	26	5 604	495	847 872.61
中等教育	职业学校	公立	15	2 035	304	498 385.01
中等教育	职业学校	私立	11	3 569	191	349 487.60
初等教育	总计		31 467	1 586 162	61 782	18 179 463.03
初等教育	小学校	合计	2 275	308 783	14 528	7 485 986.28
初等教育	小学校	公立	1 910	252 087	10 990	5 765 018.58
初等教育	小学校	私立	365	56 696	3 538	1 720 967.70
初等教育	初级小学校	合计	28 635	1 222 629	45 826	10 224 861.87
初等教育	初级小学校	公立	27 875	1 142 135	44 493	9 940 407.87
初等教育	初级小学校	私立	760	80 494	1 333	284 454.00
初等教育	其他	合计	557	54 750	1 428	468 614.88
初等教育	其他	公立	551	53 049	1 392	452 077.88
初等教育	其他	私立	6	1 701	36	16 537.00
社会教育	总计		3 118	—	3 467	1 196 848.21
社会教育	公立		3 050	—	3 178	1 098 003.61
社会教育	私立		168	—	289	98 844.60

3. 华北各省市各级教育学校数比较表

项目 \ 省市别		总计	河北省	山东省	河南省	山西省	北京市	天津市	青岛市
总计		34 817	12 030	13 199	2 265	6 004	487	443	389
高等教育	合计	14	1	1	—	—	11	1	—
	大学及学院	8	—	—	—	—	7	1	—
	专科学校	6	1	1	—	—	4	—	—
中等教育	合计	218	63	35	10	7	60	34	9
	中学校	141	24	25	6	1	50	26	9
	师范学校	51	32	7	3	5	1	3	—
	职业学校	26	7	3	1	1	9	5	—
初等教育	合计	31 467	10 604	12 787	1 537	5 588	297	313	341
	小学校	2 275	617	1 086	112	85	127	161	87
	初级小学校	28 635	9 672	11 701	1 423	5 503	32	50	254
	其他	557	315	—	2	—	138	102	—
社会教育		3 118	1 362	376	718	409	119	95	39

附注：初等教育其他项内包括短小、简小及幼稚园。

4. 华北各省市各级教育学生数比较表

项目 \ 省市别		总计	河北省	山东省	河南省	山西省	北京市	天津市	青岛市
总计		1 653 034	561 779	568 446	78 558	206 962	101 374	87 448	48 467
高等教育	合计	7 553	111	288	—	—	6 724	430	—
	大学及学院	6 761	—	—	—	—	6 331	430	—
	专科学校	792	111	288	—	—	393	—	—
中等教育	合计	59 319	9 881	9 208	1 352	1 449	22 157	12 197	3 075
	中学校	47 713	7 134	5 055	761	270	20 999	10 419	3 075
	师范学校	6 002	2 048	1 960	377	1 053	357	207	—
	职业学校	5 604	699	2 193	214	126	801	1 571	—
初等教育	合计	1 586 162	551 787	558 950	77 206	205 513	72 493	74 821	45 392
	小学校	308 783	94 474	145 850	4 688	6 716	11 485	12 944	32 626
	初级小学校	1 222 629	436 466	412 979	72 420	198 797	37 187	52 014	12 766
	其他	54 750	20 847	121	98	—	23 821	9 863	—

5. 华北各省市各级教育教职员数比较表

项目 \ 省市别		总计	河北省	山东省	河南省	山西省	北京市	天津市	青岛市
总计		72 602	26 343	22 385	3 732	7 808	7 025	3 600	1 709
高等教育	合计	2 358	23	27	—	—	2 247	61	—
	大学及学院	2 066	—	—	—	—	2 005	61	—
	专科学校	292	23	27	—	—	242	—	—
中等教育	合计	4 995	875	588	147	183	2 003	980	219
	中学校	3 672	418	386	85	35	1 735	794	219
	师范学校	828	369	143	36	131	65	84	—
	职业学校	495	88	59	26	17	203	102	—
初等教育	合计	61 782	24 355	20 876	3 244	7 251	2 329	2 309	1 418
	小学校	14 528	3 823	4 898	881	269	1 777	1 861	1 019
	初级小学校	45 826	19 724	15 978	2 358	6 982	142	243	399
	其他	1 428	808	—	5	—	410	205	—
社会教育		3 467	1 090	894	341	374	446	250	72

6. 华北各省市各级教育全年经费数比较表

项目 \ 省市别		总计	河北省	山东省	河南省	山西省	北京市	天津市	青岛市
总计		36 997 318.13	9 137 700.00	5 978 632.00	1 000 424.00	1 771 413.50	13 651 732.75	4 019 422.88	1 437 993.00
高等教育	合计	10 587 107.68	83 700.00	59 112.00	—	—	10 030 305.68	413 990.00	—
	大学及学院	9 901 329.48	—	—	—	—	9 487 339.48	413 990.00	—
	专科学校	685 778.20	83 700.00	59 112.00	—	—	542 966.20	—	—
中等教育	合计	7 033 899.21	1 184 214.00	963 711.00	251 604.00	501 487.50	2 150 871.31	1 621 439.40	360 572.00
	中学校	4 442 325.95	606 804.00	340 512.00	90 828.00	77 964.50	1 757 120.05	1 208 525.40	360 572.00
	师范学校	1 743 700.65	407 820.00	462 011.00	102 372.00	395 524.40	146 955.25	229 018.00	—
	职业学校	847 872.61	169 590.00	161 188.00	58 404.00	27 998.60	246 796.01	183 896.00	—
初等教育	合计	18 179 463.03	7 699 810.00	4 556 978.00	687 640.00	1 221 358.00	1 230 097.35	1 755 403.68	1 028 176.00
	小学校	7 485 986.28	2 352 242.00	1 594 360.00	318 804.00	135 989.25	932 731.95	1 584 135.08	567 724.00
	初级小学校	10 224 861.87	5 271 252.00	2 962 618.00	367 648.00	1 085 368.75	77 523.12	—	460 452.00
	其他	468 614.88	76 316.00	—	1 188.00	—	219 842.28	171 268.60	—
社会教育		1 196 848.21	169 976.00	398 831.00	61 180.00	48 568.00	240 458.41	228 589.80	49 245.00

7. 最近历年华北各级教育概况比较表

级别	项目　学年度	二十七学年度	二十八学年度	二十九学年度
总　计	学　校　数	8 815	24 411	34 817
	学　生　数	495 398	1 081 342	1 653 034
	全年经费数	16 886 819.07	25 313 422.09	36 997 318.13
高等教育	学　校　数	13	14	14
	学　生　数	5 053	6 934	7 553
	全年经费数	7 303 690.07	10 250 167.09	10 587 107.68
中等教育	学　校　数	183	197	218
	学　生　数	42 013	49 963	59 319
	全年经费数	3 782 361.00	4 971 021.67	7 033 899.21
初等教育	学　校　数	8 217	22 832	31 467
	学　生　数	448 332	1 024 445	1 586 162
	全年经费数	5 234 612.00	9 288 177.63	18 179 463.03
社会教育	机　关　数	402	1 368	3 118
	全年经费数	566 156.00	804 055.70	1 196 848.21

二、高等教育

3. 专科以上学校概况统计总表

校　名		校　址	学　生　数	教职员数	全年经费数
总　计			7 553	2 358	10 587 107.68
教育总署直辖	合　计		2 547	1 590	5 293 662.84
	国立北京大学	北　京	1 075	892	3 452 583.74
	国立北京师范学院	北　京	485	256	768 157.60
	国立北京女子师范学院	北　京	648	228	568 672.50
	国立北京艺术专科学校	北　京	158	92	238 152.75
	直辖外国语专科学校	北　京	118	77	167 915.75
	直辖师资讲肄馆	北　京	63	45	98 180.50
私立	合　计		4 553	690	5 111 915.64
	燕京大学	北　京	962	142	1 268 853.00
	辅仁大学	北　京	1 821	224	836 500.00
	协和医学院	北　京	103	139	2 413 236.00
	中国学院	北　京	1 237	124	179 336.64
	天津工商学院	天　津	430	61	413 990.00
省市立	合　计		453	78	181 529.20
	河北省立师范专科学校	河北保定	111	23	83 700.00
	山东省立日语专科学校	山东济南	288	27	59 112.00
	北京市立体育专科学校	北　京	54	28	38 717.20

4. 教育总署直辖专科以上学校概况总表

校名		校址	校院长姓名	成立年月	全年经费数		编制		教职员数				学生数			修业年限
					岁入	岁出	系科	组	合计	教员	职员	互兼	合计	男	女	
总计					5 390 996.68	5 293 662.84	49	8	1 590	909	737	56	2 547	1 609	938	
国立北京大学	合计				3 542 593.64	3 452 583.74	20	2	892	429	493	30	1 075	890	185	—
	校长办公处	北京松公府夹道	钱稻孙	二十八年一月	94 537.50	77 588.62	—	—	26	—	26	—	—	—	—	—
	文学院	北京松公府夹道	周作人	二十八年八月	300 735.00	279 151.64	5	2	154	79	78	3	218	153	65	4年
	理学院	北京景山东街	文元模	二十七年九月	417 615.50	417 615.50	5	—	90	56	38	4	95	69	26	4年
	工学院	北京端王府夹道	阮尚介	二十七年七月	440 834.10	428 149.29	5	—	156	96	66	6	347	341	6	4年
	农学院	北京东直门内海运仓	庞敦敏	二十七年三月	677 112.10	651 156.24	4	—	208	123	98	13	218	212	6	4年
	医学院	北京和平门外	鲍鑑清	二十七年五月	935 239.52	935 239.52	1	—	124	75	53	4	197	115	82	旧制6年 新制4年
	图书馆	北京松公府夹道	钱稻孙	二十八年二月	98 766.10	86 709.36	—	—	27	—	27	—	—	—	—	—
	医学院附属医院	北京西单背阴胡同	刘兆霖	四年二月	440 309.42	439 529.17	—	—	86	—	86	—	—	—	—	—
	内分泌学研究所	北京西四兵马司	鲍鑑清	二十九年六月	137 444.40	137 444.40	—	—	21	—	21	—	—	—	—	—
国立北京师范学院		北京和平门外	王　谟	二十七年三月	768 157.60	768 157.60	13	—	256	195	71	10	485	485	—	4年
国立北京女子师范学院		北京西单李阁老胡同	张　恺	二十七年四月	571 465.00	568 672.50	11	—	228	160	73	5	648	—	648	4年
国立北京艺术专科学校		北京东总布胡同	王石之	二十七年五月	242 684.19	238 152.75	3	4	92	54	45	7	158	68	90	3年
教育总署直辖外国语专科学校		北京鼓楼东大街	刘宏钰	二十七年四月	167 915.75	167 915.75	2	—	77	51	29	3	118	118	—	3年
教育总署直辖师资讲肄馆		北京西直门南小街	刘　骏	二十七年二月	98 180.50	98 180.50	—	2	45	20	26	1	63	48	15	6月

5. 教育总署直辖专科以上学校教员状况统计表

校院别＼项目		总计	国籍			兼职			学历				性别	
			中国	日本	其他	专任	兼校内职务	兼校外职务	留学日本者	留学欧美者	国内专科以上学校毕业者	其他	男	女
总计		909	770	127	12	468	56	385	287	129	412	81	841	68
国立北京大学	合计	429	347	80	2	282	30	117	128	59	187	55	406	23
	文学院	79	69	10	—	32	3	44	25	6	43	5	73	6
	理学院	56	51	5	—	52	4	—	18	12	25	1	52	4
	工学院	96	83	12	1	57	6	33	24	22	48	2	91	5
	农学院	123	94	29	—	85	13	25	47	7	48	21	117	6
	医学院	75	50	24	1	56	4	15	14	12	23	26	73	2
国立北京师范学院		195	174	19	2	82	10	103	68	30	91	6	194	1
国立北京女子师范学院		160	144	12	4	45	5	110	52	27	79	2	131	29
国立北京艺术专科学校		54	45	6	3	47	7	—	13	4	23	14	44	10
教育总署直辖外国语专科学校		51	45	5	1	8	3	40	20	9	21	1	47	4
教育总署直辖师资讲肄馆		20	15	5	—	4	1	15	6	—	11	3	19	1
百分比		100.00	84.71	13.97	1.32	51.71	5.94	42.35	31.57	14.19	45.33	8.91	92.52	7.48

6. 教育总署直辖专科以上学校职员状况统计表

校院别		总计	国籍			兼职			学历				性别	
			中国	日本	其他	专任	兼校内职务	兼校外职务	留学日本者	留学欧美者	国内专科以上学校毕业者	其他	男	女
总计		737	711	24	2	672	61	4	67	13	249	408	575	162
国立北京大学	合计	493	471	22	—	449	40	4	44	10	155	284	388	105
	校长办公处	26	26	—	—	25	1	—	6	1	7	12	25	1
	文学院	78	78	—	—	71	3	4	5	—	39	34	64	14
	理学院	38	38	—	—	34	4	—	3	—	15	20	34	4
	工学院	66	62	4	—	60	6	—	6	3	24	33	62	4
	农学院	98	98	—	—	85	13	—	7	—	37	54	91	7
	医学院	53	45	8	—	49	4	—	2	2	11	38	51	2
	图书馆	27	27	—	—	25	2	—	1	1	14	11	18	9
	医学院附属医院	86	79	7	—	83	3	—	8	1	5	72	28	58
	内分泌学研究所	21	18	3	—	17	4	—	6	2	3	10	15	6
国立北京师范学院		71	69	2	—	61	10	—	9	2	25	35	58	13
国立北京女子师范学院		73	73	—	—	68	5	—	7	—	34	32	41	32
国立北京艺术专科学校		45	43	—	2	43	2	—	3	1	13	28	37	8
教育总署直辖外国语专科学校		29	29	—	—	26	3	—	2	—	13	14	29	—
教育总署直辖师资讲肄馆		26	26	—	—	25	1	—	2	—	9	15	22	4
百分比		100.00	96.47	3.26	0.27	91.18	8.27	0.55	9.09	1.76	33.79	55.36	78.02	21.98

7. 教育总署直辖专科以上学校学生数统计表（一）

学生数 年级 校院科系组别			总计	一年级	二年级	三年级	四年级	五年级	六年级	休学生	旁听生	选科生
总　计			2 547	973	780	432	228	11	8	93	12	10
国立北京大学	总　计		1 075	409	348	263	—	11	8	20	6	10
	文学院	合　计	218	113	90	—	—	—	—	—	5	10
		哲学系	23	14	6	—	—	—	—	—	—	3
		史学系	40	19	15	—	—	—	—	—	4	2
		中国文学系	74	35	34	—	—	—	—	—	1	4
		日本文学系	38	25	13	—	—	—	—	—	—	—
		西洋文学系	43	20	22	—	—	—	—	—	—	1
	理学院	合　计	95	28	34	33	—	—	—	—	—	—
		数学系	19	4	8	7	—	—	—	—	—	—
		物理系	18	7	5	6	—	—	—	—	—	—
		化学系	38	11	14	13	—	—	—	—	—	—
		地质系	14	4	3	7	—	—	—	—	—	—
		生物系	6	2	4	—	—	—	—	—	—	—
	工学院	合　计	347	132	112	102	—	—	—	—	1	—
		电工学系	65	24	23	17	—	—	—	—	1	—
		机械工学系	76	27	24	25	—	—	—	—	—	—
		土木工学系	92	35	30	27	—	—	—	—	—	—
		应用化学系	52	21	17	14	—	—	—	—	—	—
		建筑学系	62	25	18	19	—	—	—	—	—	—
	农学院	合　计	218	74	59	65	—	—	—	20	—	—
		农艺系	75	20	22	28	—	—	—	5	—	—
		农业经济学系	58	19	18	15	—	—	—	6	—	—
		农林工程学系	45	16	10	15	—	—	—	4	—	—
		畜牧系	40	19	9	7	—	—	—	5	—	—
	医学院	合　计	197	62	53	63	—	11	8	—	—	—
		本　科	197	62	53	63	—	11	8	—	—	—

8. 教育总署直辖专科以上学校学生数统计表（二）

校院科系组别 \ 学生数 \ 年级			总计	一年级	二年级	三年级	四年级	五年级	六年级	休学生	旁听生
国立北京师范学院	合　计		485	163	139	114	64	—	—	5	—
	文科	教育伦理系	46	16	12	11	7	—	—	—	—
		国文系	65	22	20	14	9	—	—	—	—
		日本语文系	40	10	8	14	8	—	—	—	—
		西洋语文系	53	19	12	14	8	—	—	—	—
		史学系	51	17	22	7	4	—	—	1	—
	理科	数学系	21	6	5	6	4	—	—	—	—
		物理学系	30	13	2	9	6	—	—	—	—
		化学系	20	5	4	9	2	—	—	—	—
		生物学系	25	6	12	7	—	—	—	—	—
		地学系	25	9	9	4	2	—	—	1	—
	艺科	体育系	49	16	16	9	8	—	—	—	—
		音乐系	31	13	9	5	3	—	—	1	—
		工艺系	29	11	8	5	3	—	—	2	—
国立北京女子师范学院	合　计		648	196	217	7	164	—	—	64	—
	文科	国文系	104	32	34	—	31	—	—	7	—
		日文系	39	12	12	—	11	—	—	4	—
		西文系	61	21	18	—	17	—	—	5	—
		史地系	79	22	23	—	27	—	—	7	—
	理科	数学系	42	13	12	—	12	—	—	5	—
		化学系	53	14	10	—	22	—	—	7	—
		博物系	31	13	16	—	—	—	—	2	—
	家政科	家事系	74	18	28	—	21	—	—	7	—
		经济系	86	22	31	—	23	—	—	10	—
	体育专修科		29	12	16	—	—	—	—	1	—
	音乐专修科		50	17	17	7	—	—	—	9	—

9. 教育总署直辖专科以上学校学生数统计表（三）

校院科系组别			总计	一年级	二年级	三年级	四年级	五年级	六年级	休学生	旁听生
国立北京艺术专科学校	合计		158	79	41	38	—	—	—	—	—
	绘画科	国画组	53	23	14	16	—	—	—	—	—
		西画组	44	23	14	7	—	—	—	—	—
	雕塑科	雕刻组	4	4	—	—	—	—	—	—	—
		塑造组	16	7	3	6	—	—	—	—	—
	图案科		41	22	10	9	—	—	—	—	—
教育总署直辖外国语专科学校	合计		118	63	35	10	—	—	—	4	6
	商业科第三班		3	—	—	2	—	—	—	—	1
	商业科第四班		6	—	6	—	—	—	—	—	—
	商业科第五班		4	—	4	—	—	—	—	—	—
	商业科第六班		5	—	5	—	—	—	—	—	—
	外交科第三班		8	—	—	8	—	—	—	—	—
	外交科第四班		7	—	7	—	—	—	—	—	—
	外交科第五班		7	—	6	—	—	—	—	1	—
	外交科第六班		7	—	7	—	—	—	—	—	—
	第十三班		11	11	—	—	—	—	—	—	—
	第十四班		10	9	—	—	—	—	—	—	1
	第十五班		11	11	—	—	—	—	—	—	—
	第十六班		13	12	—	—	—	—	—	—	1
	第十七班		12	10	—	—	—	—	—	2	—
	第十八班		14	10	—	—	—	—	—	1	3
教育总署直辖师资讲肄馆	合计		63	63	—	—	—	—	—	—	—
	第一组		35	35	—	—	—	—	—	—	—
	第二组		28	28	—	—	—	—	—	—	—

10. 教育总署直辖专科以上学校学生年龄统计表

校院别 \ 年龄		总计	十八岁以下	十八岁	十九岁	二十岁	二十一岁	二十二岁	二十三岁	二十四岁	二十五岁	二十六岁	二十七岁	二十八岁	二十九岁	三十岁	三十岁以上
总　计		2 458	6	18	56	216	359	505	420	362	207	131	60	44	22	10	42
国立北京大学	合　计	1 055	—	1	17	106	180	223	189	139	84	50	24	22	11	5	4
	文学院	218	—	—	2	21	50	52	40	23	10	4	6	4	3	—	3
	理学院	95	—	1	2	9	9	23	26	13	6	4	2	—	—	—	—
	工学院	347	—	—	7	46	54	76	69	48	20	15	3	5	1	3	—
	农学院	198	—	—	1	10	37	37	32	32	28	9	3	5	4	—	—
	医学院	197	—	—	5	20	30	35	22	23	20	18	10	8	3	2	1
国立北京师范学院		480	—	1	2	18	47	82	114	97	59	39	12	7	1	1	—
国立北京女子师范学院		584	—	—	14	52	70	155	85	102	46	33	15	9	1	2	—
国立北京艺术专科学校		158	6	13	22	25	31	14	18	9	12	3	2	1	1	—	1
教育总署直辖外国语专科学校		118	—	3	1	15	31	31	14	14	3	4	2	—	—	—	—
教育总署直辖师资讲肄馆		63	—	—	—	—	—	—	—	1	3	2	5	5	8	2	37
百分比		100.00	0.24	0.73	2.28	8.79	14.61	20.54	17.09	14.73	8.42	5.33	2.44	1.79	0.89	0.41	1.71

附注：休学生未据填报者未列入计算。

11. 教育总署直辖专科以上学校学生籍贯统计表

校院别＼籍贯		总计	北京	天津	青岛	河北	山东	山西	河南	江苏	浙江	安徽	江西	湖南	湖北	陕西	广东	广西	四川	云南	福建	察哈尔	绥远	贵州	宁夏	西康	蒙古	满洲	日本	朝鲜
总计		2 458	124	137	4	1 146	187	48	28	99	83	49	12	18	34	1	40	6	24	1	21	34	9	7	1	1	2	253	69	20
国立北京大学	合计	1 055	38	63	2	458	79	22	10	57	42	20	5	9	13	1	23	4	9	1	9	19	4	1	—	—	2	81	66	17
	文学院	218	5	16	1	81	20	5	1	5	4	4	2	1	—	—	2	1	—	—	1	2	1	—	—	—	—	35	25	6
	理学院	95	4	4	—	51	8	2	1	7	5	2	—	—	—	—	4	2	1	—	1	1	1	1	—	—	—	—	—	—
	工学院	347	16	24	1	147	17	10	3	28	15	6	2	6	6	—	12	1	3	1	3	5	—	—	—	—	1	30	9	1
	农学院	198	5	1	—	86	19	3	2	5	4	3	1	1	2	1	3	—	2	—	1	6	2	—	—	—	—	9	32	10
	医学院	197	8	18	—	93	15	2	3	12	14	5	—	1	5	—	2	—	3	—	3	5	—	—	—	—	1	7	—	—
国立北京师范学院		480	26	34	1	277	35	9	5	7	5	7	1	1	6	—	2	—	8	—	5	7	3	1	—	1	—	38	1	—
国立北京女子师范学院		584	32	23	1	268	29	12	6	27	20	14	2	5	12	—	10	—	4	—	5	8	1	3	—	—	—	101	—	1
国立北京艺术专科学校		158	11	8	—	58	17	2	4	7	11	5	2	2	1	—	4	1	2	—	1	—	1	2	1	—	—	14	2	2
教育总署直辖外国语专科学校		118	12	8	—	56	9	1	1	1	4	1	2	1	2	—	—	—	1	—	—	—	—	—	—	—	—	19	—	—
教育总署直辖师资讲肄馆		63	5	1	—	29	18	2	2	—	1	2	—	—	—	—	1	1	—	—	1	—	—	—	—	—	—	—	—	—
百分比		100.00	5.05	5.58	0.16	46.62	7.61	1.95	1.14	4.03	3.38	1.99	0.49	0.73	1.38	0.04	1.63	0.24	0.93	0.04	0.85	1.38	0.37	0.28	0.04	0.04	0.08	10.29	2.81	0.82

12. 教育总署直辖专科以上学校学生婚姻状况统计表

校院别 已婚或未婚	总计	国立北京大学						国立北京师范学院	国立北京女子师范学院	国立北京艺术专科学校	教育总署直辖外国语专科学校	教育总署直辖师资讲肄馆	百分比
		合计	文学院	理学院	工学院	农学院	医学院						
总计	2 458	1 055	218	95	347	198	197	480	584	158	118	63	100.00
已婚	334	147	18	13	44	46	26	83	28	5	20	51	13.59
未婚	2 124	908	200	82	303	152	171	397	556	153	98	12	86.41

13. 教育总署直辖专科以上学校学生家庭职业统计表

职业 校院别		总计	农	商	学	政	工	医	法	军	警	其他	赋闲
总　计		2 458	427	590	326	267	45	69	47	6	14	81	586
国立北京大学	合　计	1 055	172	272	122	138	25	34	18	5	6	52	211
	文学院	218	31	69	19	25	4	5	6	2	2	5	50
	理学院	95	14	25	12	7	1	2	2	—	—	20	12
	工学院	347	53	86	42	61	10	8	3	1	1	10	72
	农学院	198	46	41	17	31	9	7	2	2	1	2	40
	医学院	197	28	51	32	14	1	12	5	—	2	15	37
国立北京师范学院		480	143	119	66	45	8	13	12	1	4	3	66
国立北京女子师范学院		584	44	101	76	49	10	14	8	—	3	17	262
国立北京艺术专科学校		158	7	53	23	27	1	4	3	—	—	1	39
教育总署直辖外国语专科学校		118	25	45	15	8	1	4	6	—	1	5	8
教育总署直辖师资讲肄馆		63	36	—	24	—	—	—	—	—	—	3	—
百分比		100.00	17.37	24.00	13.26	10.86	1.83	2.81	1.91	0.24	0.59	3.29	23.84

14. 教育总署直辖专科以上学校二十九年全年度经费支出统计表

校院别		总　计	经常费					临时费
			合　计	俸给费	办公费	设备费	特别费	
总　计		5 293 662.84	4 015 164.90	2 464 713.96	575 957.65	330 967.26	643 526.03	1 278 497.94
国立北京大学	合　计	3 452 583.74	2 389 592.56	1 413 273.41	346 180.84	259 954.00	370 184.31	1 062 991.18
	校长办公处	77 588.62	65 289.04	41 339.22	12 654.23	5 987.32	5 308.27	12 299.58
	文学院	279 151.64	229 151.64	163 191.75	27 368.87	27 215.73	11 375.29	50 000.00
	理学院	417 615.50	356 456.50	181 425.00	68 173.50	—	106 858.00	61 159.00
	工学院	428 149.29	338 149.29	226 898.27	38 777.10	21 566.47	50 907.45	90 000.00
	农学院	651 156.24	616 156.24	331 154.94	86 545.64	81 266.17	117 189.49	35 000.00
	医学院	935 239.52	535 239.52	314 662.13	52 728.00	98 665.64	69 183.75	400 000.00
	图书馆	86 709.36	58 155.26	35 784.04	10 139.39	8 637.37	3 594.46	28 554.10
	医学院附属医院	439 529.17	153 550.67	99 257.81	42 551.31	10 543.91	1 197.64	285 978.50
	内分泌研究所	137 444.40	37 444.40	19 560.25	7 242.80	6 071.39	4 569.96	100 000.00
国立北京师范学院		768 157.60	660 327.90	419 045.00	96 993.90	5 000.00	139 289.00	107 829.70
国立北京女子师范学院		568 672.50	534 892.78	348 300.55	70 537.66	49 764.39	66 290.18	33 779.72
国立北京艺术专科学校		238 152.75	186 412.16	114 665.00	33 695.75	16 248.87	21 802.54	51 740.59
教育总署直辖外国语专科学校		167 915.75	153 809.00	132 254.00	18 795.00	—	2 760.00	14 106.75
教育总署直辖师资讲肄馆		98 180.50	90 130.50	37 176.00	9 754.50	—	43 200.00	8 050.00

15. 教育总署直辖专科以上学校投考学生及录取人数统计表

项目 \ 校院别	总　计	国立北京大学						国立北京师范学院	国立北京女子师范学院	国立北京艺术专科学校	教育总署直辖外国语专科学校	教育总署直辖师资讲肄馆
		合　计	文学院	理学院	工学院	农学院	医学院					
投考人数	2 656	1 251	345	77	388	171	270	594	425	116	204	66
录取人数	1 406	522	158	39	163	82	80	297	302	83	136	66
录取与投考人数百分比	52.94%	41.72%	45.80%	50.65%	42.01%	47.95%	29.63%	50.00%	71.06%	71.55%	66.67%	100.00%

附注：师资讲肄馆学生系由各省市教育机关选送。

16. 教育总署直辖专科以上学校奖学金及学生纳费一览表

校院别		奖学金			学生每人每期应纳费用							
		奖金总数（元）	名额（人）	每名领奖数目（元）	总计（元）	学费（元）	体育费（元）	制服费（元）	赔偿费（元）	保证金（元）	杂费（元）	宿费（元）
国立北京大学	文学院	—	—	—	17	10	2	—	5	10	—	—
	理学院	—	—	—	17	10	2	—	5	10	—	—
	工学院	每学期 650	13	每学期 50	上学期 30 下学期 24	10	2	—	5	10	1	上学期 12 下学期 6
	农学院	—	—	—	上学期 23 下学期 20	10	2	—	5	10	—	上学期 6 下学期 3
	医学院	—	—	—	25	10	2	—	5	10	—	8
国立北京师范学院		每月 1 950	195	每月 10	26	—	—	半价 26	—	15	—	—
国立北京女子师范学院		每月 240	24	每月 10	免费	—	—	—	—	—	—	—
国立北京艺术专科学校		无	—	—	12	10	2	—	—	10	—	—
教育总署直辖外国语专科学校		每学期 900	38	每学期 20—30	34	12	2	12	—	10	—	—
教育总署直辖师资讲肄馆		每月 48	6	每月 6—8—10	免费	—	—	—	—	—	—	—

附注：保证金一项因毕业后发还，故总计内未列入。

17. 教育总署直辖专科以上学校图书及设备统计表

校院别		图书（册数）		设备（元）	
		中国文	外国文	教具	校具
总　计		201 879	73 213	1 377 252.90	340 931.10
国立北京大学	合　计	49 111	44 252	1 152 723.77	161 003.06
	文学院	1 449	695	11 654.67	10 331.76
	理学院	522	18 038	474 769.01	36 666.00
	农学院	9 451	8 529	—	—
	工学院	32 389	10 025	394 217.10	35 772.08
	医学院	5 300	6 965	272 082.99	78 233.22
国立北京师范学院		95 226	15 312	50 000.00	30 000.00
国立北京女子师范学院		43 781	10 091	159 256.56	108 492.14
国立北京艺术专科学校		5 440	1 152	9 433.75	31 019.70
教育总署直辖外国语专科学校		4 289	1 871	4 364.82	4 356.40
教育总署直辖师资讲肄馆		4 032	535	1 474.00	6 059.80

18. 各省市省市立暨私立专科以上学校概况总表

校名		校址	校长姓名	编制		学生数			教职员数			全年经费数	
				科系	组	计	男	女	计	男	女	岁入	岁出
总计				55	6	5 006	3 795	1 211	768	707	61	5 100 629.39	5 293 444.84
省市立	合计			8	—	453	422	31	78	71	7	181 529.20	181 529.20
	河北省立师范专科学校	河北保定	赵祖欣	3	—	111	80	31	23	19	4	83 700.00	83 700.00
	山东省立日语专科学校	山东济南	张代均	3	—	288	288	—	27	27	—	59 112.00	59 112.00
	北京市立体育专科学校	北京	李洲	2	—	54	54	—	28	25	3	38 717.20	38 717.20
私立	合计			47	6	4 553	3 373	1 180	690	636	54	4 919 100.19	5 111 915.64
	燕京大学	北京	司徒雷登	17	—	962	683	279	142	132	10	1 268 853.00	1 268 853.00
	辅仁大学	北京	陈垣	10	6	1 821	1 159	662	224	199	25	840 000.00	836 500.00
	协和医学院	北京	胡恒德	12	—	103	79	24	139	128	11	2 413 236.00	2 413 236.00
	中国学院	北京	何其巩	6	—	1 237	1 022	215	124	116	8	143 345.19	179 336.64
	天津工商学院	北京	刘斌	2	—	430	430	—	61	61	—	253 666.00	413 990.00

19. 最近历年高等教育概况比较表

立别	项目＼学年度	二十七学年度	二十八学年度	二十九学年度
总计	学校数	13	14	14
	学生数	5 053	6 934	7 553
	全年经费数	7 303 690.70	10 250 167.09	10 587 107.68
教育总署直辖	学校数	6	6	6
	学生数	1 487	2 318	2 547
	全年经费数	2 430 168.00	2 993 238.74	5 293 662.84
省（特别市）立	学校数	2	3	3
	学生数	285	392	453
	全年经费数	58 118.00	164 886.35	181 529.20
私立	学校数	5	5	5
	学生数	3 281	4 224	4 553
	全年经费数	4 815 404.07	7 092 042.00	5 111 915.64

20．华北最近历年派遣各国留学人数统计表

国别费别及性别			总计	二十七学年度	二十八学年度	二十九学年度
总计		计	510	10	87	413
		男	455	10	77	368
		女	55	—	10	45
日本	合计	计	474	10	87	377
		男	428	10	77	341
		女	46	—	10	36
	公费	计	83	—	—	83
		男	74	—	—	74
		女	9	—	—	9
	自费	计	391	10	87	294
		男	354	10	77	267
		女	37	—	10	27
美国	自费	计	36	—	—	36
		男	27	—	—	27
		女	9	—	—	9

21. 华北最近历年派遣各国留学生教育程度统计表

国别费别及性别			总计	国外大学毕业者	国内大学毕业者	国内专科学校毕业者	中等学校毕业者
总计		计	510	4	132	16	358
		男	455	4	125	12	314
		女	55	—	7	4	44
日本	合计	计	474	3	111	12	348
		男	428	3	110	10	305
		女	46	—	1	2	43
	公费	计	83	2	16	3	62
		男	74	2	16	3	53
		女	9	—	—	—	9
	自费	计	391	1	95	9	286
		男	354	1	94	7	252
		女	37	—	1	2	34
美国	自费	计	36	1	21	4	10
		男	27	1	15	2	9
		女	9	—	6	2	1

附注：本表所列数字系二十七、二十八、二十九三学年度合计。

22. 华北最近历年派遣各国留学生年龄统计表

国别、费别及性别			总计	20岁以下	20	21	22	23	24	25	26	27	28	29	30	31	32	33	34	35	36	37	38	40	40岁以上
总计		计	510	59	69	56	78	52	30	38	33	23	22	12	7	9	3	4	3	4	2	2	1	1	2
		男	455	49	63	49	66	48	26	34	31	23	21	12	6	7	3	3	3	4	1	2	1	1	2
		女	55	10	6	7	12	4	4	4	2	—	1	—	1	2	—	1	—	—	1	—	—	—	—
日本	合计	计	474	56	65	56	78	45	27	35	33	23	21	10	5	5	3	3	2	3	1	1	—	1	1
		男	428	47	59	49	66	42	24	32	31	23	20	10	5	5	3	3	2	3	1	1	—	1	1
		女	46	9	6	7	12	3	3	3	2	—	1	—	—	—	—	—	—	—	—	—	—	—	—
	公费	计	83	9	14	11	14	8	3	10	3	3	1	2	—	—	1	1	—	2	—	—	—	—	1
		男	74	7	12	9	11	8	3	10	3	3	1	2	—	—	1	1	—	2	—	—	—	—	1
		女	9	2	2	2	3	—	—	—	—	—	—	—	—	—	—	—	—	—	—	—	—	—	—
	自费	计	391	47	51	45	64	37	24	25	30	20	20	8	5	5	2	2	2	1	1	1	—	1	—
		男	354	40	47	40	55	34	21	22	28	20	19	8	5	5	2	2	2	1	1	1	—	1	—
		女	37	7	4	5	9	3	3	3	2	—	1	—	—	—	—	—	—	—	—	—	—	—	—
美国	自费	计	36	3	4	—	—	7	3	3	—	—	1	2	2	4	—	1	1	1	1	1	1	—	1
		男	27	2	4	—	—	6	2	2	—	—	1	2	1	2	—	—	1	1	—	1	1	—	1
		女	9	1	—	—	—	1	1	1	—	—	—	—	1	2	—	1	—	—	1	—	—	—	—

附注：本表所列数字系二十七、二十八、二十九三学年度合计。

23. 华北最近历年派遣各国留学生籍贯统计表

国别、费别及性别			总计	北京	天津	河北	河南	山东	山西	江苏	安徽	江西	浙江	福建	广东	广西	湖北	湖南	四川	陕西	贵州	察哈尔	绥远	蒙古	满洲
总计		计	510	53	20	236	6	69	19	25	15	3	14	11	5	2	5	2	5	1	5	2	2	2	8
		男	455	44	15	214	6	66	18	21	15	3	13	5	5	2	4	2	5	—	5	2	2	1	7
		女	55	9	5	22	—	3	1	4	—	—	1	6	—	—	1	—	—	1	—	—	—	1	1
日本	合计	计	474	49	19	232	5	67	19	21	13	3	9	3	4	—	5	2	4	1	5	1	2	2	8
		男	428	40	14	210	5	65	18	19	13	3	9	2	4	—	4	2	4	—	5	1	2	1	7
		女	46	9	5	22	—	2	1	2	—	—	—	1	—	—	1	—	—	1	—	—	—	1	1
	公费	计	83	6	—	49	—	3	12	2	5	—	4	—	1	—	—	—	—	—	1	—	—	—	—
		男	74	5	—	42	—	3	11	2	5	—	4	—	1	—	—	—	—	—	1	—	—	—	—
		女	9	1	—	7	—	—	1	—	—	—	—	—	—	—	—	—	—	—	—	—	—	—	—
	自费	计	391	43	19	183	5	64	7	19	8	3	5	3	3	—	5	2	4	1	4	1	2	2	8
		男	354	35	14	168	5	62	7	17	8	3	5	2	3	—	4	2	4	—	4	1	2	1	7
		女	37	8	5	15	—	2	—	2	—	—	—	1	—	—	1	—	—	1	—	—	—	1	1
美国	自费	计	36	4	1	4	1	2	—	4	2	—	5	8	1	2	—	—	1	—	—	1	—	—	—
		男	27	4	1	4	1	1	—	2	2	—	4	3	1	2	—	—	1	—	—	1	—	—	—
		女	9	—	—	—	—	1	—	2	—	—	1	5	—	—	—	—	—	—	—	—	—	—	—

附注：本表所列数字系二十七、二十八、二十九三学年度合计。

三、中等教育

2. 中等教育概况统计总表

项目			学校数			学级数			学生数			教职员数			全年经费数	
			计	男	女	计	男	女	计	男	女	计	男	女	岁入	岁出
总计			218	178	40	1 522	1 144	378	59 319	42 310	17 009	4 995	4 200	795	7 049 777.25	7 033 899.21
国立	中学校	合计	2	1	1	31	16	15	1 155	558	597	144	111	33	206 161.29	206 161.29
		中学校	2	1	1	31	16	15	1 155	558	597	144	111	33	206 161.29	206 161.29
		初级中学校	—	—	—	—	—	—	—	—	—	—	—	—	—	—
省（特别市）立	中学校	合计	28	23	5	275	202	73	10 433	7 286	3 147	770	679	91	1 064 218.52	1 063 870.02
		中学校	18	13	5	111	79	32	3 778	2 624	1 154	644	568	76	885 045.52	884 697.02
		初级中学校	10	10	—	164	123	41	6 655	4 662	1 993	126	111	15	179 173.00	179 173.00
	师范学校	合计	25	21	4	134	107	27	4 927	3 321	1 606	631	567	64	1 605 277.00	1 594 108.65
		师范学校	19	15	4	106	80	26	3 954	2 361	1 593	548	484	64	1 390 089.40	1 378 920.65
		简易师范学校	6	6	—	28	27	1	973	960	13	83	83	—	215 188.00	215 188.00
	职业学校	合计	13	12	1	70	60	10	1 847	1 655	192	287	261	26	484 850.80	483 265.01
		高级职业学校	3	2	1	20	18	2	418	390	28	122	97	25	90 704.20	89 118.41
		初级职业学校	10	10	—	50	42	8	1 429	1 265	164	165	164	1	394 146.60	394 146.60
县（市）立	中学校	合计	16	15	1	65	62	3	2 396	1 973	423	213	193	20	181 899.00	181 899.00
		中学校	3	3	—	8	8	—	247	233	14	41	41	—	62 254.00	62 254.00
		初级中学校	13	12	1	57	54	3	2 149	1 740	409	172	152	20	119 645.00	119 645.00
	师范学校	合计	26	24	2	39	37	2	1 075	801	274	197	179	18	149 592.00	149 592.00
		师范学校	—	—	—	—	—	—	—	—	—	—	—	—	—	—
		简易师范学校	26	24	2	39	37	2	1 075	801	274	197	179	18	149 592.00	149 592.00

续表

项目			学校数			学级数			学生数			教职员数			全年经费数	
			计	男	女	计	男	女	计	男	女	计	男	女	岁入	岁出
县（市）立	职业学校	合　计	2	2	—	7	6	1	188	166	22	17	17	—	15 120.00	15 120.00
		高级职业学校	—	—	—	—	—	—	—	—	—	—	—	—	—	—
		初级职业学校	2	2	—	7	6	1	188	166	22	17	17	—	15 120.00	15 120.00
私立	中学校	合　计	95	74	21	841	613	228	33 729	23 353	10 376	2 545	2 041	504	2 993 170.64	2 990 395.64
		中学校	57	43	14	295	205	90	10 652	7 468	3 184	1 915	1 536	379	2 658 752.64	2 655 977.64
		初级中学校	38	31	7	546	408	138	23 077	15 885	7 192	630	505	125	334 418.00	334 418.00
	职业学校	合　计	11	6	5	60	41	19	3 569	3 197	372	191	152	39	349 487.60	349 487.60
		高级职业学校	9	5	4	33	18	15	748	572	176	152	117	35	280 576.00	280 576.00
		初级职业学校	2	1	1	27	23	4	2 821	2 625	196	39	35	4	68 911.60	68 911.60

3. 各省市中等教育各项总数一览表

项目 数量 省市别	学校数	学级数	学生数	教职员数	岁入经费数	岁出经费数
总　计	218	1 522	59 319	4 995	7 049 777.25	7 033 899.21
河北省	63	278	9 881	875	1 184 214.00	1 184 214.00
山东省	35	185	9 208	588	963 711.00	963 711.00
河南省	10	35	1 352	147	251 604.00	251 604.00
山西省	7	38	1 449	183	501 487.50	501 487.50
北京市	60	576	22 157	2 003	2 163 974.35	2 150 871.31
天津市	34	334	12 197	980	1 621 439.40	1 621 439.40
青岛市	9	76	3 075	219	363 347.00	360 572.00

4. 各省市中等教育学校数比较表

省市别	总计		中学		师范		职业	
	实数	百分数	实数	百分数	实数	百分数	实数	百分数
总　计	218	100.00	141	100.00	51	100.00	26	100.00
河北省	63	28.90	24	17.02	32	62.75	7	26.92
山东省	35	16.05	25	17.73	7	13.73	3	11.54
河南省	10	4.59	6	4.26	3	5.88	1	3.85
山西省	7	3.21	1	0.71	5	9.80	1	3.85
北京市	60	27.52	50	35.46	1	1.96	9	34.61
天津市	34	15.60	26	18.44	3	5.88	5	19.23
青岛市	9	4.13	9	6.38	—	—	—	—

5. 各省市中等教育学级数比较表

省市别	总计		中学		师范		职业	
	实数	百分数	实数	百分数	实数	百分数	实数	百分数
总　计	1 522	100.00	1 212	100.00	173	100.00	137	100.00
河北省	278	18.27	174	14.36	73	42.19	31	22.63
山东省	185	12.16	130	10.73	40	23.12	15	10.95
河南省	35	2.29	20	1.65	9	5.20	6	4.38
山西省	38	2.50	7	0.58	28	16.19	3	2.19
北京市	576	37.85	520	42.90	12	6.94	44	32.11
天津市	334	21.94	285	23.51	11	6.36	38	27.74
青岛市	76	4.99	76	6.27	—	—	—	—

6. 各省市中等教育学生数比较表

省市别	总　计		中　学		师　范		职　业	
	实数	百分数	实数	百分数	实数	百分数	实数	百分数
总　计	59 319	100.00	47 713	100.00	6 002	100.00	5 604	100.00
河北省	9 881	16.66	7 134	14.95	2 048	34.12	699	12.47
山东省	9 208	15.52	5 055	10.60	1 960	32.66	2 193	39.13
河南省	1 352	2.28	761	1.59	377	6.28	214	3.82
山西省	1 449	2.44	270	0.57	1 053	17.54	126	2.25
北京市	22 157	37.35	20 999	44.01	357	5.95	801	14.29
天津市	12 197	20.56	10 419	21.84	207	3.45	1 571	28.04
青岛市	3 075	5.19	3 075	6.44	—	—	—	—

7. 各省市中等教育教职员数比较表

省市别	总　计		中　学		师　范		职　业	
	实数	百分数	实数	百分数	实数	百分数	实数	百分数
总　计	4 995	100.00	3 672	100.00	828	100.00	495	100.00
河北省	875	17.51	418	11.38	369	44.57	88	17.78
山东省	588	11.78	386	10.51	143	17.27	59	11.92
河南省	147	2.94	85	2.32	36	4.35	26	5.25
山西省	183	3.66	35	0.95	131	15.82	17	3.43
北京市	2 003	40.10	1 735	47.25	65	7.85	203	41.01
天津市	980	19.62	794	21.62	84	10.14	102	20.61
青岛市	219	4.39	219	5.97	—	—	—	—

8. 各省市中等教育岁入经费数比较表

省市别	总计		中学		师范		职业	
	实数	百分数	实数	百分数	实数	百分数	实数	百分数
总计	7 049 777.25	100.00	4 445 449.45	100.00	1 754 869.40	100.00	849 458.40	100.00
河北省	1 184 214.00	16.80	606 804.00	13.65	407 820.00	23.24	169 590.00	19.96
山东省	963 711.00	13.67	340 512.00	7.66	462 011.00	26.33	161 188.00	18.98
河南省	251 604.00	3.57	90 828.00	2.04	102 372.00	5.83	58 404.00	6.88
山西省	501 487.50	7.11	77 964.50	1.75	395 524.40	22.54	27 998.60	3.29
北京市	2 163 974.35	30.70	1 757 468.55	39.53	158 124.00	9.01	248 381.80	29.24
天津市	1 621 439.40	23.00	1 208 525.40	27.19	229 018.00	13.05	183 896.00	21.65
青岛市	363 347.00	5.15	363 347.00	8.17	—	—	—	—

9. 各省市中等教育岁出经费数比较表

省市别	总计		中学		师范		职业	
	实数	百分数	实数	百分数	实数	百分数	实数	百分数
总计	7 033 899.21	100.00	4 442 325.95	100.00	1 743 700.65	100.00	847 872.61	100.00
河北省	1 184 214.00	16.83	606 804.00	13.66	407 820.00	23.39	169 590.00	20.00
山东省	963 711.00	13.70	340 512.00	7.67	462 011.00	26.50	161 188.00	19.01
河南省	251 604.00	3.58	90 828.00	2.04	102 372.00	5.87	58 404.00	6.89
山西省	501 487.50	7.13	77 964.50	1.76	395 524.40	22.68	27 998.60	3.30
北京市	2 150 871.31	30.58	1 757 120.05	39.55	146 955.25	8.43	246 796.01	29.11
天津市	1 621 439.40	23.05	1 208 525.40	27.20	229 018.00	13.13	183 896.00	21.69
青岛市	360 572.00	5.13	360 572.00	8.12	—	—	—	—

10. 各省市中等教育每教职员平均教授学生数暨每生岁占经费数统计表

省市别	教职员数	学生数	岁出经费数	教职员一人平均教授学生数	每生岁占经费数
总　计	4 995	59 319	7 033 899.21	12	118.58
河北省	875	9 881	1 184 214.00	11	119.85
山东省	588	9 208	963 711.00	16	104.66
河南省	147	1 352	251 604.00	9	186.10
山西省	183	1 449	501 487.50	8	346.09
北京市	2 003	22 157	2 150 871.31	11	97.07
天津市	980	12 197	1 621 439.40	12	132.95
青岛市	219	3 075	360 572.00	14	117.26

11. 各省市教会设立中等学校概况统计表

省市别	学校数	学生数	教职员数	全年经费数
总　计	48	16 942	1 244	1 649 673.80
河北省	13	3 531	267	318 156.00
山东省	6	798	69	80 165.00
河南省	2	265	40	28 000.00
北京市	14	7 165	492	568 139.80
天津市	8	3 107	249	419 990.00
青岛市	5	2 076	127	235 223.00

12. 最近历年中等教育概况比较表

省市别	项目 \ 学年度	二十七学年度	二十八学年度	二十九学年度
总计	学校数	183	197	218
	学生数	42 013	49 963	59 319
	全年经费数	3 782 361.00	4 971 021.67	7 033 899.21
河北省	学校数	57	54	63
	学生数	11 568	10 153	9 881
	全年经费数	1 126 237.00	1 011 106.00	1 184 214.00
山东省	学校数	26	40	35
	学生数	3 726	6 636	9 208
	全年经费数	353 664.00	564 648.00	963 711.00
河南省	学校数	1	5	10
	学生数	36	545	1 352
	全年经费数	3 480.00	113 400.00	251 604.00
山西省	学校数	—	2	7
	学生数	—	507	1 449
	全年经费数	—	133 874.00	501 487.50
北京市	学校数	74	66	60
	学生数	17 208	20 376	22 157
	全年经费数	1 393 705.00	2 043 006.44	2 150 871.31
天津市	学校数	19	23	34
	学生数	7 393	8 931	12 197
	全年经费数	730 035.00	906 643.20	1 621 439.40
青岛市	学校数	6	7	9
	学生数	2 082	2 815	3 075
	全年经费数	175 240.00	198 344.03	360 572.00

四、初等教育

2. 初等教育概况统计总表

<table>
<tr><th colspan="3" rowspan="2">项目</th><th rowspan="2">总计</th><th colspan="2">小学校</th><th rowspan="2">幼稚园</th><th rowspan="2">短期小学校</th><th rowspan="2">简易小学校</th></tr>
<tr><th>高级</th><th>初级</th></tr>
<tr><td rowspan="6">校数</td><td colspan="2">合计</td><td>31 467</td><td>2 275</td><td>28 636</td><td>15</td><td>465</td><td>77</td></tr>
<tr><td colspan="2">国立</td><td>2</td><td>2</td><td>—</td><td>—</td><td>—</td><td>—</td></tr>
<tr><td colspan="2">省(特别市)立</td><td>464</td><td>176</td><td>54</td><td>7</td><td>150</td><td>77</td></tr>
<tr><td colspan="2">县（市）立</td><td>14 298</td><td>1 435</td><td>12 598</td><td>2</td><td>263</td><td>—</td></tr>
<tr><td colspan="2">区立</td><td>15 572</td><td>297</td><td>15 223</td><td>—</td><td>52</td><td>—</td></tr>
<tr><td colspan="2">私立</td><td>1 131</td><td>365</td><td>760</td><td>6</td><td>—</td><td>—</td></tr>
<tr><td rowspan="6">学级数</td><td colspan="2">合计</td><td>54 437</td><td>8 443</td><td>44 556</td><td>88</td><td>905</td><td>445</td></tr>
<tr><td colspan="2">国立</td><td>32</td><td>10</td><td>16</td><td>6</td><td>—</td><td>—</td></tr>
<tr><td colspan="2">省(特别市)立</td><td>2 561</td><td>877</td><td>870</td><td>31</td><td>338</td><td>445</td></tr>
<tr><td colspan="2">县（市）立</td><td>25 317</td><td>5 180</td><td>19 626</td><td>3</td><td>508</td><td>—</td></tr>
<tr><td colspan="2">区立</td><td>23 518</td><td>1 024</td><td>22 435</td><td>—</td><td>59</td><td>—</td></tr>
<tr><td colspan="2">私立</td><td>3 009</td><td>1 352</td><td>1 609</td><td>48</td><td>—</td><td>—</td></tr>
<tr><td rowspan="18">学生数</td><td rowspan="3">合计</td><td>计</td><td>1 586 162</td><td>308 783</td><td>1 222 629</td><td>3 633</td><td>33 642</td><td>17 475</td></tr>
<tr><td>男</td><td>1 355 049</td><td>227 480</td><td>1 091 052</td><td>2 093</td><td>24 648</td><td>9 776</td></tr>
<tr><td>女</td><td>231 113</td><td>81 303</td><td>131 577</td><td>1 540</td><td>8 994</td><td>7 699</td></tr>
<tr><td rowspan="3">国立</td><td>计</td><td>1 663</td><td>508</td><td>917</td><td>238</td><td>—</td><td>—</td></tr>
<tr><td>男</td><td>944</td><td>300</td><td>504</td><td>132</td><td>—</td><td>—</td></tr>
<tr><td>女</td><td>719</td><td>200</td><td>413</td><td>106</td><td>—</td><td>—</td></tr>
<tr><td rowspan="3">省（特别市）立</td><td>计</td><td>121 408</td><td>40 359</td><td>48 235</td><td>1 596</td><td>13 243</td><td>17 475</td></tr>
<tr><td>男</td><td>77 269</td><td>28 861</td><td>29 541</td><td>949</td><td>8 142</td><td>9 776</td></tr>
<tr><td>女</td><td>44 139</td><td>11 998</td><td>18 694</td><td>647</td><td>5 101</td><td>7 699</td></tr>
<tr><td rowspan="3">县市立</td><td>计</td><td>663 260</td><td>167 284</td><td>477 234</td><td>98</td><td>18 644</td><td>—</td></tr>
<tr><td>男</td><td>570 103</td><td>121 725</td><td>433 103</td><td>60</td><td>15 215</td><td>—</td></tr>
<tr><td>女</td><td>93 157</td><td>45 559</td><td>44 131</td><td>38</td><td>3 429</td><td>—</td></tr>
<tr><td rowspan="3">区立</td><td>计</td><td>660 940</td><td>43 436</td><td>615 749</td><td>—</td><td>1 755</td><td>—</td></tr>
<tr><td>男</td><td>605 814</td><td>36 983</td><td>567 540</td><td>—</td><td>1 291</td><td>—</td></tr>
<tr><td>女</td><td>55 126</td><td>6 453</td><td>48 209</td><td>—</td><td>464</td><td>—</td></tr>
<tr><td rowspan="3">私立</td><td>计</td><td>138 891</td><td>56 696</td><td>80 494</td><td>1 701</td><td>—</td><td>—</td></tr>
<tr><td>男</td><td>100 919</td><td>39 603</td><td>60 364</td><td>952</td><td>—</td><td>—</td></tr>
<tr><td>女</td><td>37 972</td><td>17 093</td><td>20 130</td><td>749</td><td>—</td><td>—</td></tr>
</table>

续表

项目			总计	小学校		幼稚园	短期小学校	简易小学校
				高级	初级			
教职员数	合计	计	61 782	14 528	45 826	81	1 074	273
		男	56 858	11 306	44 432	11	946	163
		女	4 924	3 222	1 394	70	126	110
	国立	计	79	79	—	—	—	—
		男	39	39	—	—	—	—
		女	40	40	—	—	—	—
	省（特别市）立	计	3 583	2 584	409	40	277	273
		男	2 473	1 769	305	6	230	163
		女	1 110	815	104	34	47	110
	县市立	计	25 552	6 773	18 051	5	723	—
		男	23 868	5 779	17 440	—	649	—
		女	1 684	994	611	5	74	—
	区立	计	27 661	1 554	26 033	—	74	—
		男	27 021	1 432	25 522	—	67	—
		女	641	122	551	—	17	—
	私立	计	4 907	3 538	1 333	36	—	—
		男	3 457	2 287	1 165	5	—	—
		女	1 450	1 251	168	31	—	—
全年经费数	合计	岁入	18 187 841.02	7 489 956.01	10 225 539.27	45 734.84	283 111.10	143 499.80
		岁出	18 179 463.03	7 485 986.28	10 224 861.87	45 178.60	281 728.74	141 707.54
	国立	岁入	77 939.44	77 939.44	—	—	—	—
		岁出	77 886.69	77 886.69	—	—	—	—
	省(特别市)立	岁入	2 674 619.88	136 866.62	154 292.52	28 009.84	211 951.10	143 499.80
		岁出	2 666 364.64	133 019.64	153 615.12	27 453.60	210 568.74	141 707.54
	县市立	岁入	6 724 450.00	2 794 332.25	3 928 929.75	1 188.00	—	—
		岁出	6 724 450.00	2 794 332.25	3 928 929.75	1 188.00	—	—
	区立	岁入	6 688 803.00	759 780.00	5 857 863.00	—	71 160.00	—
		岁出	6 688 803.00	759 780.00	5 857 863.00	—	71 160.00	—
	私立	岁入	2 022 028.70	1 721 037.70	284 454.00	16 537.00	—	—
		岁出	2 021 958.70	1 720 967.70	284 454.00	16 537.00	—	—

3. 各省市初等教育各项总数一览表

数量　项目 省市别	学校数	学级数	学生数	教职员数	岁入经费数	岁出经费数
总　计	31 467	54 437	1 586 162	61 782	18 187 841.02	18 179 463.03
河北省	10 604	19 615	551 787	24 355	7 699 810.00	7 699 810.00
山东省	12 787	20 666	558 950	20 876	4 556 978.00	4 556 978.00
河南省	1 537	4 267	77 206	3 244	687 640.00	687 640.00
山西省	5 588	5 720	205 513	7 251	1 221 358.00	1 221 358.00
北京市	297	1 685	72 493	2 329	1 238 405.34	1 230 097.35
天津市	313	1 424	74 821	2 309	1 755 403.68	1 755 403.68
青岛市	341	1 060	45 392	1 418	1 028 246.00	1 028 176.00

4. 各省市初等教育各项百分数比较表

数量　项目 省市别	学校数	学级数	学生数	教职员数	岁入经费数	岁出经费数
总　计	100.00	100.00	100.00	100.00	100.00	100.00
河北省	33.70	36.03	34.79	39.42	42.33	42.35
山东省	40.64	37.96	35.23	33.79	25.06	25.07
河南省	4.89	7.84	4.87	5.25	3.78	3.78
山西省	17.76	10.51	12.96	11.74	6.72	6.72
北京市	0.94	3.10	4.57	3.77	6.81	6.77
天津市	0.99	2.61	4.72	3.73	9.65	9.66
青岛市	1.08	1.95	2.86	2.30	5.65	5.65

5. 各省市初等教育每教职员平均教授学生数暨每生岁占经费数统计表

项目 数量 省市别	教职员数	学生数	岁出经费数	每教职员一人平均教授学生数	每生岁占经费数
总　计	61 782	1 586 162	18 179 463.03	26	11.46
河北省	24 355	551 787	7 699 810.00	23	13.95
山东省	20 876	558 950	4 556 978.00	27	8.15
河南省	3 244	77 206	687 640.00	24	8.91
山西省	7 251	205 513	1 221 358.00	28	5.94
北京市	2 329	72 493	1 230 097.35	31	16.97
天津市	2 309	74 821	1 755 403.68	32	23.46
青岛市	1 418	45 392	1 028 176.00	32	22.65

6. 各省市教会设立初等学校概况统计表

省市别	学校数	学生数	教职员数	全年经费数
总　计	233	33 631	1 684	653 319.77
河北省	123	12 722	714	221 428.00
山东省	15	4 142	182	103 408.00
河南省	36	2 330	154	21 185.00
山西省	24	2 015	128	40 545.00
北京市	17	6 252	273	121 615.77
天津市	10	3 674	139	93 448.00
青岛市	8	2 496	94	51 690.00

7. 最近历年初等教育概况比较表

省市别	项目 \ 学年度	二十七学年度	二十八学年度	二十九学年度
总　计	学校数	8 217	22 832	31 467
	学生数	448 332	1 024 445	1 586 162
	全年经费数	5 234 612.00	9 288 177.63	18 179 463.03
河北省	学校数	3 426	8 273	10 604
	学生数	149 500	328 810	551 787
	全年经费数	1 695 914.00	3 171 584.00	7 699 810.00
山东省	学校数	3 614	8 359	12 787
	学生数	147 752	332 189	558 950
	全年经费数	1 254 168.00	2 867 700.00	4 556 978.00
河南省	学校数	106	1 069	1 537
	学生数	6 266	51 477	77 206
	全年经费数	71 088.00	384 445.00	687 640.00
山西省	学校数	346	4 418	5 588
	学生数	15 866	157 494	205 513
	全年经费数	151 466.00	70 620.75	1 221 358.00
北京市	学校数	374	312	297
	学生数	55 784	68 720	72 493
	全年经费数	733 237.00	1 245 367.73	1 230 097.35
天津市	学校数	285	316	313
	学生数	52 647	58 186	74 821
	全年经费数	983 103.00	1 144 925.64	1 755 403.68
青岛市	学校数	66	85	341
	学生数	20 517	27 569	45 392
	全年经费数	345 636.00	403 534.51	1 028 176.00

五、社会教育

2. 社会教育概况统计总表

类别	立别	机关数	全年经费数		教职员数			学生数			每月平均观览人数		
			岁入	岁出	计	男	女	计	男	女	计	男	女
总计	计	3 118	1 202 602.88	1 196 848.21	3 467	3 181	286	33 298	27 819	5 479	636 637	608 356	28 281
	公立	3 050	1 103 638.28	1 098 003.61	3 178	2 968	210	30 555	26 107	4 448	634 510	607 075	27 435
	私立	68	98 964.60	98 844.60	289	213	76	2 743	1 712	1 031	2 127	1 281	846
新民学校	公立	754	144 609.18	143 814.89	1 038	961	77	24 997	21 589	3 408	—	—	—
	私立	13	6 400.00	6 280.00	46	32	14	523	318	205	—	—	—
新民教育馆	公立	196	508 629.74	506 011.44	902	849	53	200	100	100	306 941	296 877	10 064
	私立	—	—	—	—	—	—	—	—	—	—	—	—
图书馆	公立	70	119 676.00	119 676.00	177	162	15	—	—	—	63 986	59 277	4 709
	私立	3	7 920.00	7 920.00	26	25	1	—	—	—	2 127	1 281	846
阅报处	公立	327	32 550.50	32 122.50	224	221	3	—	—	—	171 222	163 593	7 629
	私立	—	—	—	—	—	—	—	—	—	—	—	—
补习学校	公立	179	125 602.20	125 252.00	393	353	40	4 774	3 878	896	—	—	—
	私立	48	79 186.60	79 186.60	198	142	56	2 102	1 318	784	—	—	—
体育场	公立	92	25 152.10	25 151.22	43	43	—	—	—	—	25 421	22 276	3 145
	私立	—	—	—	—	—	—	—	—	—	—	—	—
讲演所	公立	69	38 639.00	38 639.00	117	108	9	—	—	—	7 545	6 979	566
	私立	—	—	—	—	—	—	—	—	—	—	—	—

续表

类别	立别	机关数	全年经费数		教职员数			学生数			每月平均观览人数		
			岁入	岁出	计	男	女	计	男	女	计	男	女
新民茶社	公立	68	4 600.00	4 600.00	33	32	1	—	—	—	36 917	36 858	59
	私立	1	—	—	—	—	—	—	—	—	—	—	—
问字问事处	公立	1 271	120.00	120.00	199	194	5	—	—	—	11 080	11 080	—
	私立	—	—	—	—	—	—	—	—	—	—	—	—
盲哑学校	公立	2	22 448.40	21 005.40	17	11	6	81	68	13	—	—	—
	私立	1	5 458.00	5 458.00	11	8	3	80	51	29	—	—	—
博物馆	公立	3	1 200.00	1 200.00	19	19	—	—	—	—	2 849	2 718	131
	私立	—	—	—	—	—	—	—	—	—	—	—	—
美术馆	公立	1	13 014.00	13 014.00	11	10	1	—	—	—	5 003	4 502	501
	私立	—	—	—	—	—	—	—	—	—	—	—	—
水族馆	公立	1	3 168.00	3 168.00	5	5	—	—	—	—	3 546	2 915	631
	私立	—	—	—	—	—	—	—	—	—	—	—	—
其他社教机关	公立	16	64 229.16	64 229.16	—	—	—	503	472	31	—	—	—
	私立	2	—	—	8	6	2	38	25	13	—	—	—

3. 各项社会教育机关数量经费暨教职员百分比表①

4. 各省市社会教育各项总数一览表

省市别＼项目	机关数	岁入经费数	岁出经费数	教职员数	学生数	每月平均观览人数
总计	3 118	1 202 602.88	1 196 848.21	3 467	33 298	636 637
河北省	1 362	169 976.00	169 976.00	1 090	12 637	182 689
山东省	376	398 831.00	398 831.00	894	2 760	—
河南省	718	61 180.00	61 180.00	341	616	47 422
山西省	409	48 568.00	48 568.00	374	7 599	31 110
北京市	119	246 213.08	240 458.41	446	6 285	124 250
天津市	95	228 589.80	228 589.80	250	2 678	234 307
青岛市	39	49 245.00	49 245.00	72	723	16 850

① 因此表不全，故阙。

5. 各省市社会教育机关数量经费暨教职员百分比表

项目 / 省市别	机关数		岁入经费数		岁出经费数		教职员数	
	实数	百分数	实数	百分数	实数	百分数	实数	百分数
总　计	3 118	100.00	1 202 602.88	100.00	1 196 848.21	100.00	3 476	100.00
河北省	1 362	43.68	169 976.00	14.14	169 976.00	14.20	1 090	31.44
山东省	376	12.06	398 831.00	33.16	398 831.00	33.32	894	25.79
河南省	718	23.02	61 180.00	5.09	61 180.00	5.11	341	9.84
山西省	409	13.12	48 568.00	4.03	48 568.00	4.06	374	10.79
北京市	119	3.81	246 213.08	20.47	240 458.41	20.09	446	12.86
天津市	95	3.06	228 589.80	19.01	228 589.80	19.10	250	7.21
青岛市	39	1.25	49 245.00	4.10	49 245.00	4.12	72	2.07

6. 最近历年社会教育概况比较表

省市别	项目 \ 学年度	二十七学年度	二十八学年度	二十九学年度
总　计	机关数	402	1 368	3 118
	全年经费数	566 156.00	804 055.70	1 196 848.21
河北省	机关数	133	663	1 362
	全年经费数	119 908.00	—	169 976.00
山东省	机关数	116	247	376
	全年经费数	100 656.00	245 892.00	398 831.00
河南省	机关数	15	162	718
	全年经费数	11 302.00	—	61 180.00
山西省	机关数	3	43	409
	全年经费数	3 120.00	—	48 568.00
北京市	机关数	115	121	119
	全年经费数	186 562.00	252 117.70	240 458.41
天津市	机关数	14	89	95
	全年经费数	134 888.00	155 202.00	228 589.80
青岛市	机关数	6	43	39
	全年经费数	9 720.00	150 844.00	49 245.00

中国第二历史档案馆馆藏“伪华北政务委员会教育总署档案”二〇二一（2）· 21

第十编

言论及报道

一、思想言论

成立教育局之意义

（1938年6月18日）

张水淇[①]在“中央广播电台”讲演

全市听众，各地同胞：北京特别市教育局于六月十日成立，本人忝任局长。今天承中央电台之约，向大家说几句话，题目是“成立教育局之意义”。按北京市之有教育局，不自今日始。而前清光绪末年，废止科举制度，兴办学校，当时北京即首先设立八旗学务处，来负地方教育专责，不久改为督学局。民国元年改为学务局，十七年又改为教育局。二十一年又因财政支绌及种种关系，又并入社会局。一直到现在，又把社会局的一科拿来重新成立教育局。要知道这回改革，和每次遇着政局变更，便增加几处骈枝机关的惯例完全不同。现在把成立教育局的意义，分几点来说一说：

第一点，就纠正青年思想、改善教育状况而言。在过去的十年党化教育时期，青年学生，思想庞杂，异说横行，因而社会上引起种种不安，国际间添了许多纠纷。现在新政府教育部，即针对此种错误，决定了教育方针。辟邪说，正人心，安定社会，协和友邦，向着复兴中国之前途迈进。这种使命何等重大！况且京市为首善之区，教育事业，尤应为全国作个模范，因为这个原故，所以余市长认为非成立本局以专责成不可。

第二点，就整理和复兴固有文化及道德而言。中国立国四千余年，自有其千古不磨的立国精神存在。这种精神，就是所谓东方文化与吾国固有道德。十余年来毁灭遗弃，漫无条理，以致上无道揆，下无法守，社会秩序因而大乱，国家政治永失轨道。因此我们非加以整理提倡，设法发扬光大不可。但是一谈到东方文化与固有道德，真是典籍浩瀚，性理渊博，浑浑漠漠，无边无际，所以整理提倡，真是一个重大工作，没有负专责的机关，又岂能行？这便是成立教育局的第二种意义。

第三点，就教育行政机构而言。在这里我再分作两层来说：

（一）旧有机构；（二）新成立的机构。按北京市教育一向由社会局第三科办理。据本市教育机关之统计，公私立中小学共二百五十六处，简易及短期小学共二百十七处。其他

① 张水淇时任伪北京特别市教育局局长。

如教育馆、图书馆、补习学校、识字班等等，亦不下百余处。数目之多，实居全国第一位。处此情状之下，以社会局内之一科担任此重任，实难希望他应付裕如。回头来再看新教育局，计有秘书室、督学室，及一、二、三科，从表面来看，仿佛和从前一样，不过略加扩大而已。但是仔细检查，就知道与以前不同，其中确含有多少意义：第一，行政效率的增进，必须根据详密的调查和确切的统计，然后所定方案，才会有所依据，才能切实易行，而求其发展。我们为完成这种使命起见，所以本局第一科在文牍、事务两股之外，又有调查股的增设。第二，中国过去的教育，多偏重理论，不切实际，因而教育与生活分离。多一个教育的人，就多一个感失业的人，这种错误，推行多年而未改。我们为改正这种错误起见，所以本局第二科在中小学校教育股之外，又有实业教育股之增设。第三，吾国人身体衰弱，一向有“东亚病夫”之称。过去各学校的当局，也多不注重体育，不讲求卫生，因而影响到国民身心的健全。大家想一想，若没有健全的身心，又那能求得好学问，即便勉强求得了好学问，身体不好，又怎样施展出来呢？为克服这种困难起见，所以本局第三科，乃有体育保健股之设立。以上就新旧机构比较来说，更可以看出教育局的成立，确有意义了。

现在本局甫经成立，本人决本政府方针，努力向前迈进。惟个人才力有限，难期周全，还希望全市父老兄弟随时指教，加以匡正。这次讲话，时间仓卒，未能作详尽的叙述，甚为抱歉，更希望各位听众原谅。完了。

（伪）北京市教育局第三科设计股编印：《教育概况》，1938年7月15日。

论述新中国教育的新动向

（1939年）

周鸿绪①

（一）今次事变的意义

（一）迷梦醒了：共产党的赤化势力，推动了中华民国恶化政治的转轮，形成了卢沟桥的事变。这虽然是我人的魔劫，又岂是日本的愿望？就和平的立场说，要算是一个大的遗憾！但是就事变的结果而论，也可以说是“塞翁失马，安知非福”。因为中国的政治姿态，一向是走上英美路线，向亚洲集团的中心——中日合作，发了离心力的作用。因此，第三国际的大本营——苏联的赤化势力，在离间的罅隙里，渗透进来了，凑成了中国抗日

① 此文作者系伪立汉口教员训练所第一期毕业生，时年40岁，曾毕业于武昌中华大学政治经济系，历任湖北省各处中学教员，自“教员训练所”毕业后，即被日伪提拔为伪办武汉第五小学校长。此文为其毕业论文。

的政权，试把他们解剖一下。美国一向是尊重门罗主义，除在国外谋图利润以外，对于别人的实力援助是很少的；欧人为维持高度物质的享受和颓势，有时出以资力上的扶持。这种自我的助力，是有限度的，而且是一种有毒性的饴糖，承受的是有被毒害的危险。共产党的侵略，更其高明，先从文化侵略，而进步到政治掠夺，更谈不上援助。试把阿比西尼亚的灭亡，西班牙的战果，捷克的改组，一一的检讨一下，所谓欧美路线的政治，是不是含有毒素的饴糖呢？这种助力，是一种绝对有害的东西。好了，经这次事变，一切的毒害、麻醉、诱惑，都表面化了。由深刻的激烈的刺激，促醒了人们的迷梦。

（二）远东的十字军：这次事变，对于国民党的左派，和中国共产党的势力，给以猛烈的打击，甚至根本的铲除；无异对于中毒的原野施行消毒手术。人们的头脑清醒了，和平的渴望和呼声，随着日本政府及近卫首相的声明发生了冲动；更因汪精卫发出和平的通电，申明塘沽协定以来的和平主张，赞成善邻友好、共同防共和经济提携的原则，人们的和平情绪更趋白热化了。日本声明尊重中国主权和领土，望中国兴隆，与日本建立东亚和平的机构。在现势之下，日本的态度的宽大抱负，而自称明治宏谟的理想的圣战，以吾人看来，确是难能可贵。若以历史的经验推测，每每一时代的局势变迁，就有一种新文化的产生。当然中日此次事变，可谓亚洲空前大变化，也就是新局势的成熟。而东亚新秩序新文化的要求，自是急迫；可是新文化的形成，是在新教育的陶冶。所以此次战事的动员，就是东亚文化界的总动员创造时期。所以此次的事【变】不是大悲剧，乃是东亚文化的福音，是新教育的潜力，发生了激变的结果。固然是划分时代的圣战，却又是如同文艺复兴时代的十字军呢。

（二）亚细亚的文化建设

（一）世界两大思潮：在建设东亚新秩序的新文化的研究之前，我们来把世界的思想检阅一下，大抵归纳起来，可分两个集团，一个是资本主义思想的集团，一个是社会主义思想的集团。前者是白色恐怖，后者是赤色恐怖。

（1）白色恐怖：资本主义者因物质文明的极度的发展，资料和市场，都有大量的贪取的要求，所以欧洲大陆——尤其是巴尔干半岛，常常引起激烈的竞争。在非洲的殖民地的掠夺，也常起争执。由他们的狡狯避免同室操戈，就转移了视线，提倡什么大斯拉夫主义、大高加索主义、大萨克逊主义、大日耳曼主义。影响所及，在美洲也有什么大美利坚主义。这些用意，一方面是在协调同种族的自相残害，一方面另向他一种族谋防御和侵略的强化，那末一来，亚洲竟在四面楚歌之中了。倘若不是日俄战争的大胜，日本作了亚洲大厦的栋梁，恐怕亚洲的国家早已成了白种人的殖民地，而沦为非洲第二了，这也勿怪日人常引以自豪的。

（2）赤色恐怖：这就是以扰世的魔王的社会主义的共产党，联合各国的无产阶级大众，组成第三国际，向资产阶级进攻。但是工业落后的中国，也是他侵略的一员，无论外蒙古，已经成了赤化的俘虏，就是中国整个的政治，也受到很沉重的打击。无数的青年，做了麻醉的牺牲。但是日本呢？纵然有理论上的研究，可是没有政治上的活动，其文化上的思想健全可见一斑了。

目前资本帝国主义者，仍在恶意的援助抗日政权。中国共产党仍在玩弄国民党抢夺政权，延长事变，增加人民的痛苦，实行焦土战。试问忘掉人民和不合人民生活的战争，在历史上有没有胜利的结果？所以为防止祸乱，复兴中国，要排斥欧美势力，要根绝共产党的活动，建设起东亚的新教育，改造过去恶化的思想，作东亚永远和平的基础。

（二）亚洲民族的文化关系：亚洲人种除少数的黑人外，多半是黄种人，而黄种人中以日本最强，中国最大，其文化关系同出一源，其他附近各小国也是如此。东亚文化的大部分是中国的孔孟的儒教，其次是佛教和道教。日本采其精华，参以固有文化，而自成一种文化，但根源是相同的。我们为改革中国近代文化的腐败，须抛去自尊自大的旧观念，采取日本文化的优点，起思想上的交流作用。所以我们要建立同种同文的东亚新秩序的新文化，自有他的宿命关系，不须矫揉造作，而能很协作很和谐的自然形成。

（三）过去教育的检讨

（一）戊戌政变以后的教育思想：戊戌以前是以科举取士，除有少数的书院以外没有学校，但是私塾却很发达，科学的研究未萌芽。然而孔孟遗教，和诸子百家之学，一般学子自蒙童以至成年，固朝暮诵习，所以东方的特殊文化如五伦八德之类，还能人人奉为修身的圭臬，道德淳厚，学风朴实。自政变后，废科举，兴学校，以中学为体，保持固有的道德；以西学为用，吸取科学的技能。正如日本之明治维新时的状态，在近代教育史上，要为教育思想最纯正的时期。

（二）五四运动以后的教育思想：此时期因为学生干政相习成风，秉执国政者以为学生的力量可以利用，又从而引诱之，这才把学校教育弄糟了！终日不拿书本，日以奔走权门为事，于是胡适提倡语文学，一时学生因避难就易，群起附和，且由此演成废止读经，并及汉字改革。几欲将中国数千年文化，一扫而尽。共产主义复推波助澜，上教室则谈马克思，下教室则谈摩登女性，学风之坏，日甚一日。

（三）北伐后之教育：民国十五年革命军北伐，成立革命的国民政府。教育部招集海内教育学者商定教育宗旨，因为由一般学者的研究，宗旨尚属纯正，并非全以三民主义为范围，共产主义更不论矣。但是这种教育宗旨，徒有具文，国民党能以命令左右教育行政，甚至一个学校的教员及一个教育局或教育厅的命令，党部有委任和变更的权力。这样一来，所谓党化教育，成了一种非牛非马的东西，但是很巧妙的共产党，却不借政治的力量，运用着秘密活动方式，公然在教育思潮上起了巨大的波动。所以提到党化教育，要包有国共两党的色彩，才是正确的。

（四）党化教育的评判：

（1）国民党的三民主义，有一部分是包含东方文化的固有道德，及各国的法治精神，似乎未可厚非。如党童子军以智仁勇为信条，新生活运动以忠孝仁爱信义和平为目标，都是现在我人所不可废弃的。然而在三民主义的本身的民生主义的平均地权和节制资本，根本就不容易做到，就是极端社会主义的苏联，也还没有这个成绩。拿中国过去均田制的失败来比较，就是做到了也是不能持久的。民权主义的民权思想，首创的是法人卢梭的天赋民权，鼓铸而成为革命思想。换句话说，就是对于现状不满的一种破坏思想。所以法国的政局常有不安的烦闷；由此发生的反应，产生了虚无党的无政府主义的传播，这是何等的危险！至若民族主义，倒是合了我们的需要，但是我们要拿和平的王道手段作出发点，不应拿斗争式的霸道作出发点。中华民族的思想，是道治精神，整个的东亚，至少都有这道治精神的成分。我们要拿东方固有道德的伦理观念，以和为贵的民族精神，作东方民族团结提携的目标，岂不安全顺利呢？我们对于三民主义的本身应当择善而从，不善而改。至于国民党的抗日政策，根本是在和战神跳舞，应该是无疑义的把他扫荡净尽。

（2）共产主义的出发点是唯物史观，和东亚民族的道治精神的唯心观念完全两样。他是主张在资本阶级压迫下的无产阶级联合起来作阶级斗争，土地公有，无产阶级专政的独裁政治。但是这是马克思的理想境界，是不能实现的。法国政府在不久以前曾划区实验过，中国留法的学生，也有两个人参加。他们的报告是“使人民的生活失了常态，社会秩序起了变化”。在一九二〇年共产党的大本营的苏联，宣布土地国有，禁止人们财产私有。结果，这年度苏联的收获，大大地减少，经济上起了绝对的恐慌，不得不改行新经济政策，况且共产主义的阶级斗争，是工业极度发展，由剩余价值的再生产关系所发生的国家的病态现象，和我们工业落后没有大地主同资产阶级发生的国度的情绪，根本不和谐，没有采行的需要。

再就党化教育而论，党和人民是对立的，如以党的精神为教育精神，无异是把人民分化成一些团体，互相对立，形成一种斗争状态，这简直是“争”的教育，是破坏和好的教育，可见过去教育误入了歧途。

（四）新教育的方针

（一）新教育的理想：我们已经在上面发现了新教育的需要，但是需要的是怎样的教育呢？为要收拾变局，建设和平，创造新中国的教育，在森岗部长对于本所（汉口教员训练所）开学式的训词中有这样的一段话：“树立东亚新联盟之端绪，建设永远和平，一扫对立之状态，进而合作，向实现生命一体之东亚新秩序迈进，实为至要，新中国教育之大理想，亦在乎此。”

这可说是现在新中国的教育宗旨。日本人生的伦理观念，在明治的教育敕语中，与中国孔孟的伦常道德完全一致的。日本的民族精神，在圣德太子十七条宪章的“贵和”主张，与孔子的“和为贵”的美德，及“温良恭俭让”的品性，是彼此契合的。可见中日民族的精神文化，完全一致，所以用和作教育宗旨，是协调的，是定能完成新中国建设的理想任务的。

（二）教育的信念：新教育的建设责任，当然是一种艰巨的事情。我们不要自馁，要鼓起创造的勇气，竖起脊柱，整齐步骤，向前迈进。征诸历史，孔子承周代衰微，礼坏乐崩，设教于泗水的地方，以一身任万世绝学的传人，是何等的伟大。在日本吉田松阴先生，在私立的松下村塾里，训练生徒，把自己的抱负寄在教育事业上，结果推动了明治维新的机轮，恢宏无穷的皇运，这是何等的卓越。可见教育者的信念，若能贯彻始终，是有成功的。俗话说得好："热心能生天才，天才不能生热心。"我们要新教育的成功，只要有热情和信念。

（三）发扬东方道德精神：现在欧美的物质昌明，人民的生活的享乐，自然比中国强得多。可是在精神方面，道德破产，人心大坏，终日岌岌可危，一直到了欧洲大战以后，社会整个道德紊乱，文明破产。我们有了很好的东方道德，【为】什么不发扬光大起来呢？森岗部长在训词中告诉我们说："古来中国以精神教育为教学之大本，其精神文化，卓然冠乎全球之上，深望诸子努力潜修，恢复古圣贤之道，仁民爱物立于中国正直之学统上。"

我们有了教育的信念，没有这种修养，仍是徒然无益的。为要达到自己的人格完全，教育信念的成功，这是不可缺少的要素。

（五）结论

在历史上的教训，每每有一次的文化破坏，必然有新的文化的产生。这次事变的结果，当然也胚胎了东亚新秩序建设的新文化，中日以数千年的文化系统，自然容易结合。虽然民族间因为文化上发展的不同，和欧洲思想的侵入，而发生了复杂的纠纷，也给这次事变，和新中国的新文化建设，而统统廓清了。希望我人经此次深刻的觉悟，直向东亚共同新理想迈进，完成亚细亚乐园的惟一工程。

大阪每日新闻社、东京日日新闻社：《大阪每日》（华文版）
第 2 卷第 9 期（总第 13 号），1939 年 5 月 1 日。

教育部汤总长（尔和）民国二十九年新年感言

（1940 年）

流光如驶，我政府成立迄今，已两历寒暑，转瞬间民国二十九年元旦，又于万众腾欢中举行庆祝矣。回忆两年之前，承兵灾之后，疮痍满目，百政待举，鄙人不自揣量，出肩重任，集合同志，组织临时政府，期于水深火热之中，为谋救济人民之策。幸赖我政府同人，上下一心，与友邦之协助，历时未久，政治渐复常轨。在喘息休养之中，兴办建设事业，两年以还，虽所至不逮什一，而华北数省，确已奠定光明之基础。从此按照既定方针，向前发展，借以达成建设东亚新秩序之使命。此固吾人引为欣庆者也。唯此次中日不幸事件之发生，虽以卢沟桥肇其衅端，但究本推源，仍不出对外认识不清，与自身修养不足所致。故以后治本之道，必特别注意教育，方有对症投药之效。旷观一般青年智识浮浅，修养不足，或则浮躁矜奇，或则盲从附会，此皆教育不良之结果也。诚以教育为立国之本，思想之良莠，纯以教育为归依。吾国自古迄今，自有其中心思想，经五千余年而不坠，但自海禁大开，西风东渐，昧于取舍，无所适从，遂令思想庞杂，邪说横行，教育失却根据，伦常道德荡然无存。故事变之后，教部以职司所在，首先确定教育方针，纠正过去思想之错误，于旧有美德，固尽力发扬，于日新科学，亦尽量吸受。本此方针，除恢复各级学校外，如举办本市中小学教职员讲演班，延请各会部长官和教育专家分组讲演，并印成讲演集，分寄各省教育行政机关和各级学校。创办师资讲肄馆，造就中小学师资，分发河北省各省市任用。设立编审会，纠正以前教科书之谬误。集合中日两国之文化团体和专门学者，举办东亚文化协议会，以振兴东亚之文化。计划开办编译馆，阐扬国粹和容纳人才。凡此等等，皆为二年以来，继续努力事实，其余琐细，不必缕述矣。现值民国二十九年新年之际，略述感想如上，尚盼全国人士，同心一德，发抒东方伦教，醇化世界文明。在东亚一元化之下，共求建设新秩序之道，则邦国之兴其庶几乎。

（伪）青岛特别市教育局编印：《青岛教育半月刊》第1卷第1期，“专载”。

剿灭共产党以及教育者之任务*

（1941年1月24日）

甲、中国共产党之现况

（一）中国共产党之使命——中国共产党以国际共产党之实行东方政策为使命。即是：

1. 在蒙古方面之赤化势力，以及朝鲜、满洲方面之潜在共产势力，并时相俟，以期东亚之赤化。

2. 是为苏联之国际施策，并图取中国赤化工作的飞跃进展，要把握支配权。

（二）中国共产党之动向

1. 在遵奉国际共产党之使令，以赤化东亚为前提，而首图中国的苏维埃化，因此乘日中事变，两国疲弊之后，便欲乘机扩大党的势力，更进要掌握共政权。

2. 在华北边区之共产党，更要把其势力，而南进席卷华中华南。

---

* 本文是开封宪兵队长在寒假教员讲习会上的讲话。

（三）中国共产党之势力

1. 共产党同系分子约七十万；

2. 共产党约三十万。

共计一百余万，且以相当速度逐次膨胀。

（四）指导机关

1. 对于中国共产党的指导渊源是在国际共产党，已如前述。兹举在中国指导机关如左：

（1）延安党本部——毛泽东在此为中国共产之总枢轴，统辖党务及行政方面。共产军总指挥朱德，以前在该地总揽军事，后进出山西东南部，指挥共产诸军。而在延安留副总指挥彭德怀担任与党部之连络。

（2）重庆政府委员——民国二十六年国共合作之结果，周恩来以下之政府委员，遂得至参加重庆政府。从来此种人物，没有任何主要地位，但最近此等委员，必至来就重要地位，使之强化其发言权。

（3）各边区——华北分六边区，各区有区共党、军、政府之三机构，由边区军事最高级者统辖之。

党担任民众工作，新地盘开拓工作。军为政之武装团体，使之圆滑，其活动如苏联共产之组织同。

政府担任地方行政，设共产大学以下之学校，教育训练。又设立银行，发行通货。或为地方自卫起见，组织游击队，督察行政之推进。

乙、中国统一者利用共产党之失败

中国革命时，国民党骤与共产党合作提携，利用共产势力，一朝而北伐成功。

在国民政府内部装入共产分子，挥霍其优势之结果，国民党武汉政府，亦随而渐趋赤化。

国民革命军军权掌握者蒋介石，鉴于政府情势，坚决弹压国民党左翼派及共产党。民国十六年四月十【二】日在上海敢行第一次清党（政治革命军【运】动）。次于南京树立国民政府，与武汉政府相为树［对］立。

其结果武汉政府以下，苏联顾问完全被免，致有蒋介石的第二次北伐战。

民国十七年六月六日，北伐成功，遂布告全国统一，并布告弹压共党之后，国共至是遂分裂。

同年八月八日，逮捕共产党员，共党干部人员退出武汉，潜行华中各地，开展武装暴动，变成游击时代。于是蒋介石在五年间实行讨伐共产，备尝辛酸遂告驱逐之成功。但由湖南败北之共产党，自认称为二万五千里之大长征，而迂回僻地，遂闯入陕西驻扎。于斯更巩其他地盘，而造成苏维埃区。后来蒋介石再遣大军重行讨伐。但在这行程中，偶有民国二十五年十二月的西安事变，为共党奸策所陷，不得不妥协，而承认抗日的八个条件，国共又合作。

因为这种结果，国民政府的抗日政策，终于惹起此次事变，而使共党，把全中国浸入赤色统一的阶段。

民国二十六年九月，红军改编于中央军，在陕西边境游动，忽已三载。在华北边区扶植绝大势力，使中央快承认华北共产地区。已获确固地盘与势力之中共，自去年以来，特对重庆以党的立场，更为强力之发言。不待中央军事委员会之指令，辄自取行动，不服从国府。在另一方面，国民党欲中共势力之扩大，为之严制，爰有国共两党之葛藤冰汤也。

由是蒋正处在困难的抗日战中，对此好像身中虱子一般，共产势力的对策，不无宵旰之腐心，但到如今已无可奈何了。

如上所道，为政者苟利用共产党，更为保全自党势力，承认国共合作，然而反中共党之毒害而苦闷，适足噬脐已耳。

丙、共产党工作民众之实情

（一）获得民众工作——以民众生活向上的实行、宣传、教育等为工作手段。

1. 民众生活向上施策

驱逐土豪富农，押收其财产土地，分给下层民众，并且特讲可能的方法，使调达生活上必需物品，救民众于饥馁之中。其他救恤减免赋税，债款之延期，或庶厘等项之实施，总以对于下级民众之生活为之保障，聊以把握民心也。

2. 宣传

对于民众生活向上的实践运动，更加之以抗日宣传，特精巧表示共产党抱着绝大之信念。

3. 教育

将民众获得的目标，搁在青少地方，垄断教育权，以之掌握青少年，不拘泥民众的爱好不爱好，使之均受共产主义之教育。

另外还要依靠征兵制度，呼啸征集各家子弟于共产军圈内，施之主义宣传，以及民众武装训练，或者完全使民众领导于由不得依共产军的地步儿。可是民众工作的根本，绝对是实力行使也。就是一方面实行各种绥抚工作，并且同时使共产军励行“苦迭打”的革命。苟然有与此相反对者，或有不赞同者之时，决不宽宥，就即捕捉，决行坑埋枪决等苛酷的处置。更在弹压资本家的方法，因为还有押收其财产的目的，愈加酷烈的手段，使一般民心将沦陷于极度的恐怖里。

此种酷烈的手段，使一般民心，将沦陷于极度的恐怖。

（二）民众工作的实行方法——就是民众获行云云者。

1. 由行政机关把握来的民心。

2. 由民众组织来的结合，统由这两方面实行。即先使工作员派遣各地方，暗暗潜入，由地下工作，获得斗士，同时掌握地方行政机关照应。其地区部落，例如农村救国会、文化救国会、工人会、合作社等而组织之。

即先捉着精神，然后由其团结的能力，图取部落的武装化，于是中共的民众工作，仅不过三周星霜，而能席卷华北全边区。

丁、设何方法能够驱逐共产党呢？教育者之任务

（一）共产党之驱逐，其法有四，即是：

第一武力讨伐。

第二由警察力量之检举压制。

第三伏［仗］着武力及警察力量为背景之经济封锁。

第四对于民众予以反共教育。

第一方法在军队实施之。第二方法为行政的处置，就是先制定取缔共产党之法规，由各种警察机关实施，其警防弹压，要达成目的。第三方法把共产地区，将大批军队及警察力包围之，使其独立无扰，绝断其经济的补给路线，将其完全剿灭。

以上方法，是蒋介石在五年间的工夫，费尽许多经济心力，讨伐瑞金共产政府而成功之效力也。第四方法使民众保持不动之思想，对于共产党任何策动，毫不紊其听觉。所谓根底的民众教育，更要彻底。苟如此，则对于民众特别在第二国民的青少年，由家庭教育、公民教育，或其他教育方法，使之认识共产党之暴状。此种观念使之充满于脑海之中，是最要且紧者也。

上述第二、第三方法，均是要有民众之密接协力，不待赘论而自明也。

特试想共产党为工作手段，而要努力获得青少年之时，此等青少年反共教育之要彻底，是最要紧事项。

细推余之经验，则共产党是为获得青少年之手段，先获得教育也。在某某地方，由教育完全赤化之地方，其例颇多。

（二）教育者之任务——果如以上所论之理由，现在教育家诸位先研究共产党是甚么东西，于斯更把握着确固的信念，保有着刚健的精神，更理解共产主义是图将整个世界要赤化的犹太民族之大阴谋的手段，在教育青少年之时，必反映这种趋旨，以之黾勉努力，养成防共战士的次代国民，所以重望不已者也。又是驱逐共产党之根本对策，舍诸教育而无他求之道，深觉发愤努力之地有所厚望。

（伪）新民会开封教育分会编印：《开封教育月刊》第1卷第11期（1941年2月24日）、第12期（1941年3月14日）连载。

兴亚运动与教育的重要①

（1941 年）

中国近百年中，唯有此次的邦邻之战最长，也许，在此战烟弥漫中，战士们受到战争的惨酷，会感觉到“有仇宜解不宜结”的需求，到了那时，大家能停息了干戈，双方含着热泪作一个沉痛的握手，以后大家彼此协助，彼此扶持，那才是值得纪念的此次的战争教训呢。这种教训，就是兴亚之光。

自“七七”事变以来，中日两国的国民何尝未感觉到战争惨酷，何尝不焦灼的期待和平呢？何尝不希望中日两大民族真诚携手共向东亚兴隆呢？但是始终的在我们两个民族之间，仿佛是模［横］隔着一渠深的鸿沟，沟内充满了猜疑和抗日思想。反共党的流毒，现在我们为了建筑中日间永久的和平，我们不能不先做这件伟大的填沟工作了。这填沟工作，就是兴亚教育，也就是中日两国的国民教育再建的重要工作。

教育是兴亚的先躯［驱］。这是公认的一句话。有人说，这次事变的原因，不外有两方面的影响，引起了此次的巨战：第一个原因是事实上的磨擦共匪的骚扰，另一个原因便是两国的国民教育方针上在实质上精神上有所冲突。

我们检讨了过去，可以很清楚的考查出实现兴亚国民教育再建上之步骤了。

甲、事变的潜因是受了国民教育的影响。

一、教育的力量造成国民精神。二、两国教育精神的不合皆影响两国国民精神上的分歧。

乙、解决中日事件，实现东亚和平，必须从国民教育着手：

一、调整两国国民精神，需要用教育为工具。二、改善国民精神，必先改善教育精神。

丙、兴亚教育的再建，同时两国的家庭教育不可忽视。

按照上列的分论，兴亚教育的最终目标，当为建设东亚新秩序，所谓新秩序系对旧秩序而言，在旧秩序中中日两民族只是企图自己民族的复兴，并走顾及全东亚的幸福，这种民族意识可说是侠［狭］义的、自私的，今后中日已共同觉悟到从东亚的兴隆中去求得自己国家的兴隆，同时把自己国家的兴隆推展到全东亚方面去。中日两国既应“共存共荣”，其与东亚的关系也为“共存共荣”，那么这种爱国精神，民族意识方可称为伟大的、开广的、为公的，中日为实现新东亚必须使本国教育目标，从狭小的自己民族兴亡的圈子里跳出来，而投入东亚民族共同兴亡的理想中去才是。

那么中日两民族彻底携手，合力的向兴亚运动的工作道路上迈进，那才能产生出防共

① 本文署名仁。

的真实力量，这种合作的力量，便足能使过去存在于中日间的一切旧势力自形消灭。

“七七”事变，已经数年了，在战争中，不知牺牲了多少的英俊国民，我们为纪念这些英灵，今年的今日要举行一个隆重的“七七兴亚纪念节”大会，但是，在此纪念节中我们要拿出精神的祭品，共［供］献给牺牲者的英灵，这种祭品，不是用头颅放在坟头上去祭拜，祭拜的礼品，就是停戈息战，和平亲切的握起手来，一同在中日事变牺牲的英灵的公墓前面，向他们致敬，向他们宣誓，愿今后中日永久亲爱着，共同的为东亚的后代子孙们谋取幸福，而不再种下悲剧的种子。这时便是纯洁的表现着兴亚运动，与教育的光耀放射，开始的走到实践的日子了。

兴亚运动所给的果实，那就是兴亚教育的明朗实现。

（伪）新民会开封市教育分会编印：《开封教育月刊》第1卷第21期，1941年12月24日。

从抗日教育说到亲日教育*

（1941年）

教育，乃是国家民族的命脉，并且又是推动着国家民族向前进行的原动力，各种教育的设施成绩，从表面上看虽说是平淡无奇，可是，一个国家或民族的未来命运，却就靠赖着各个国家民族所举办的教育事业，在无形之间予以决定！

原来，教育的直接作用，就是在乎能引导人类行为的向上与向善，结合多数人这种向上与向善的行为，于是才造成国家民族的良好状态或进步现象，所以，一个国家民族要是不注重教育，或者所办的教育成绩不良，就能造成国家民族的严重危险！

不过，教育既然能影响国家民族的未来命运，在教育的设施上，就不能仅以一般人的个人品格和知识技能的完备为满足，最应注意的，还要能发扬各个国家民族所特有的精神条件，至于国家民族这种特有精神条件的简单名称，通常就叫民族性。这种民族性，等于是国家民族的灵魂，也就是构成国家民族的骨干。办理一个国家民族的教育事业，如果不注意这种民族性的发扬光大，就无异是忽略了国家民族的精神健康和精神营养，不久以后，一个个国民都就数典忘祖般把自己的国家民族观念淡忘了，这种人，就是其个人品格和知识技能都培育得很健全，对于国家民族也不会有什么帮助，甚至还往往能做出那不利于国家民族的行为，一样可以造成国家民族的危险。所以，那重视教育事业的国家，除了在教育事业的质量方面注意，竭力谋教育的普及造成很高的教育成绩而外，对于民族性这一层，更能特别的关心，各种教育的设施，随时随地都求其能和民族性发生很密切的联系作用。

---

* 本文作者为瘿公、潘璿。

我国，自从清末张之洞奏请罢科举兴学校以来，已有六七十年的新教育历史，和日本明治维新后的年代相比较，差不了多么长久的时间。政府当局和教育界的工作同志们，如果早就以国家民族的前途为重，认明我们东亚的环境和局势而以日本明治维新后的教育设施方法为借镜，继续努力几十年，老实说，现有的教育成绩，虽不能和日本一样的可观，也绝不会怎样相差过远罢！

然而，我国在几十年来的所谓新教育历史之下，教育界的风尚却愈过愈颓唐，学校的内容更愈趋愈腐败，谈到失学的儿童和文盲，依然是触目皆是，论到许多大学中学的毕业生，多半连个人生活都无力维持，成千成万的教育界人士辛苦经营了好几十年，不但不能使国家民族得到一丝半毫的裨益，哪知在过去好多年以前，一般盲从的教育工作人员，却不惜将神圣的教育事业供人利用，被一窝风［蜂］的轻狂抗日口号激动以后，竟也不知所云的提倡起所谓抗日教育，闯下了这一次中日事变的滔天大祸！

办理教育事业，本是为了国家民族的百年大计。教育事业的性质，更可说是最稳妥和平的建设工作，要是借教育事业来鼓吹战争，这等于是把战争当作人类的生活看待。任何穷兵黩武的国家民族，也从不会公然在百年大计的教育事业上，长期间训练战争，鼓吹战争，视战争为人类的生活一样。那么，我国教育界，为什么竟提倡这种以战争为教育生活中心的抗日教育来呢？我以为，这就是由于办理教育而忽略了民族性的缘故！

因为，我国当前清兴办学校提倡新教育的时候，正在对列强军事外交着着失败以后，举国上下，当时均抱了自暴自弃的势利见解，认为我国固有的一切，都是不值一顾，任何事情，非处处学外国不可。因了这种盲目崇信外人的结果，于是兴办学校提倡教育也就专门以抄袭为时髦。有时候，甚至连我国古代的学术思想，也都视如弊履，妄加非议！不过，当我国初办教育时的所谓抄袭，由于当时的朝野人士都力在钦信着日本的明治维新，都完全以日本为抄袭的对象，以我国和日本的情形互相比较，本来有许多很相同的地方，所以，将日本当时的教育情形用来做我们中国的参考，便处处都觉得很相宜很适当，因此，中日两国的国交，当时也为了这种关系而非常融洽。譬如，国父孙中山先生在策划革命大计时之所以一再以日本做根据地，赞助我国革命事业者之所以多为日本朝野间的名流，我们就可以认为是当初中日两国发生深切亲善关系的明证！

不幸，隔了些时间以后，欧美诸帝国主义者，借传布耶苏［稣］教为名，在我们国内推动起大规模的文化侵略手段，一方面在各重要都市广设教会学校，以麻醉一般贫寒青年的精神和思想；一方面拉拢大批青年往欧美各国留学，使醉心于欧美各国优美的物质生活。到后来，国内各地的教会学校愈设愈多，从欧美留学归国的青年愈来愈踊跃，那些崇拜欧美文化和生活的人士，便在国内形成一种很炫人的高贵气派。这样的互相夸耀传习成风，就渐渐的连教育事业也以模仿欧美算是光荣，算是适应时代的需要，把从前一般推许日本教育的学者【视】为守旧落伍的冬烘先生！

等到轰动一时的五四运动以后，接连又来了几个欧美的所谓教育学者，他们借了演讲考察的美名，到国内各大都市各大学校大放厥词的作了许多次带鼓动意味的教育演讲，并且，又乘机提出好些新鲜教育名词。这一来，国内一般自命为新教育家的人们，便对他们欢迎得了不得，像煞是我国教育必得要信奉这些欧美来的教育偶像才有救药一样，因而便把教育，重新依据这些教育偶像所说的话大大的加以一番改革。同时呢，这般新教育家们，就好像是欧美教育偶像的真传弟子，著书的著书，演讲的演讲，一方面将那些偶像捧得不可开交，一方面各人自己又随便标榜起一种某某专家的名义来造成特殊身份。许多二三等的喽啰蟹卒，眼见得这些新教育家的前途都未可限量，于是，便攀龙附凤般纷纷投入他们的门下做摇旗呐喊的工作，今日成立一个学会，明日组织一个社团，尽力将欧美的所有教育范本拿来鼓吹宣传，不问他是否合于我国国情，不问他是否切于我国国民的需要。总称他一句是："适应世界潮流的新教育"，便可将任何人的主张言论驳得不敢开口了！

论理，那些欧美的所谓教育家，内心上哪里不知道国家办教育不应专重抄袭吗？对于每个国家的民族性，哪里不知道是办教育的最要根据吗？然而，眼见得一般失却灵魂的中国人，自愿把他丢开这些重要问题不顾，虔心诚意要去依附他们，这真可说是给了他们以为国效命的机会，结果以那些欧美的帝国主义者，便进一步在教育上施用起更残忍的阴谋诡计！

大家且用极冷静的头脑思量思量看，欧美诸帝国主义者对于我们东亚这一脔肥肉，不早就计议着瓜分并吞的手段了吗？但是后来，忽然间看得日本一天一天强盛起来，而我们中国的版图人口又这样的多，再加东亚方面那时候的民族思想又异常之蓬勃，万一中日两国为了防御外患而携手联合起来，和欧美人为难，就反而使欧美人在远东方面蒙受极严重的打击。所以，他们便把一向施用的那种露锋芒的侵略手段暗藏起来，另外从"离间中日两国的感情"，"造成中日两国的仇视心理"下手！

恰巧，中日两国为了朝鲜问题发生甲午之战，在甲午之战的时候，虽说很快的就订立了行成的和约，但是中日两国的政府当局，当时都只在表面上觅取妥协方法。关于两国间要谋真正亲善和平的彻底问题，却从来没有人研究。本来，我们中国人有句俗话，叫做"翻脸无情"，中日两国在甲午年一次的冲突，既然没有能求得彻底携手言好的妥当办法，所以，本来很亲善的中日两国，从此便逐渐的不睦起来。那些虎视眈眈的欧美诸帝国主义者，遇了这种情形，真所谓得到千载难逢的机会，于是便老实不客气的利用中日两国人民在暗中勾心斗角、互相攻击互相报复的仇视心理，尽量施用挑拨离间的恶毒计策。再以后，看看我们连办教育也都愿意专心一意的模仿他们，因而他们就索性从教育方面结成中日两国的深恶冤仇，结果，便提倡起那闻所未闻的"抗日教育"！不但在教育主张上充满浓厚的抗日意味，教材上书本上也公然印刷起抗日词句，甚至，连每一个学生的生活行动上，也随时随地叫他们把抗日意识表露出来。当这种抗日教育高唱得最热烈的当儿，几几乎在许多小学生的衣帽上都绣了"抗日"两字的标识。

果然，不到多少时以后，日本看看中国的抗日情绪再也无法抑止的［得］了！他们满心要想设法和中国亲善，也绝无实现的可能，中国既然要对日本决裂，日本也只得和中国决裂了！所以，芦沟桥畔的炮声一响，空前未有的中日战争，便继续不断的延长到四五年之久。在这四五年之中，我们固然不能说日本没有损失，但是，我们的现状呢？渝方已往所借的那几十万万外债不算，地方失掉了十几省，人民死伤了近千万，物质的财产毁坏得无法估计，一般人精神上所受的苦痛更是难以形容。我们只要将每个中国人的面部气色仔细看看，就自然而然会使你落下了同情的热泪了！唉！这不都是抗日的结果吗？更不都是提倡抗日教育之赐吗？

现在，中日两国经了这四五年的血战，双方已都觉悟到黄色民族这种自相残杀的战争，实无异是东亚人在自掘坟墓，替白种人造机会。所以，相互间经过彻底的谈判以后，中日和平的基本条约，已于去年十一月里就签订成功了！这，未尝不是我们东亚民族不幸中之大幸，大家只要都能很诚意的从此合作，过去的损失不难能于短时期以内获得补偿的代价，而且，那更生的新兴东亚，将永远可以摆脱了欧美诸帝国主义者的系［羁］绊，依据着那大同王道的政治理想，为全人类的幸福与安宁而努力！

但是，中日亲善乃是一椿［桩］永久的事业，仅靠着现有的中日两国人民而努力，仍然还不够的，必须要倚仗着我们子子孙孙的继续努力，才能使中日两国的亲善理想，完全求其实现。而且，那些有关中日亲善的各种事业，各种工作，又都非靠赖着教育的力量不可！所以，在实现中日亲善的各种工作之下，我们不仅要将从前那抗日教育的残余观念铲除净尽，并且，还应进一步赶快奠定亲日教育的基础，用教育的力量，产生中日亲善的优良后果。

至于设施亲日教育的详细方案，现在为篇幅所限，也不能多所申述，兹且把最要的四件事情说明如下：

一、厘定亲日教育的宗旨

一国的教育宗旨，乃是国家办理各种教育的最高方针，也就是国家在政治建设上一种简要的提示。我们观于一个国家的教育宗旨，不仅可以明白这个国家所采取的教育原则，并且，还借此可以推想出这个国家在政治建设方面所设定的动向！

后来，国民政府规定三民主义为最高国策，因而就以三民主义为国家的教育宗旨。这原是不能有所非议的，但是，现在既然要提倡亲日教育，如果只以三民主义为教育宗旨，就觉得不能包括了！所以，大家对于今后的教育宗旨，应该赶快设法厘定！至于厘定的意见，我以为在青天白日满地红的国徽之下，仍然该保存着三民主义教育的精神，而且，中国国民党过去对于日本的关系又非常密切，简直可以说是和日本最有友谊历史的一种政党，在亲日教育的宗旨中间而言三民主义，就无异要用三民主义的力量，以达到中日亲善的目的。不过，除此以外，我们还得顾及以下的三大要点：

（一）亲日善邻

我国今后的教育既然以亲日为目标，那么，在所厘定的教育宗旨上面，就首先应该注明亲日的词句，俾中日两国的亲善关系，能以在中日两国人民的心意当中，很明显的提示出来，使一般人知道中日两国间的亲善关系，迥非其他国家所可比拟。同时，我们还要知道，在中日亲善关系方面的最先工作，就是要建设东亚新秩序，确立东亚的共荣圈，所以对于亲日教育的宗旨，除了要和日本亲善以外，还得和其他的东亚国家发生友善关系。因此，我们要厘定亲日教育的宗旨，必得以亲日善邻为重要的目标之一！

（二）防止共产党

共产党的阴谋，共产主义的危险，不仅是我们中国人知道得很清楚，而且，在国际间谁都把他看作同毒蛇猛兽般的可怕。这一次的中日战争，以及第二次的欧洲大战，更都是因为他在中间充当挑拨离间的主角，这种作恶多端的人间败类，差不多专门以捣乱破坏造成恐怖世界为能事。世界人类，如果不协力设法把他们歼灭得干干净净，人类的生活，简直就没有安宁的一天。现在，像英美等国，虽然为了要合力抵敌德国的关系，而在表面上和苏俄来往，但是，骨子里对于他的怀恨心理，却比仇视德国还要厉害！至于回想到我们中国过去受了共荣［产］党的伤害，加之凄惨残酷的手段，使好多人家的善良子弟，被共产党的蛊惑而误入歧途的往往竟造成妻离子散痛心结局，使优美愉快的家庭之间发生家破人亡的危险！现在，他们利用抗日口号，已几几乎将共产党的势力伸入到各处的农村当中去了，将来的流毒社会，尤其防不胜防。好在，日本方面已早就看透了他们的罪恶，平时对于共产党的预防方法，来得十分的严厉。在以前，他们所以要坚持要求我国加入防共阵线的，就是在于要协力防止共产势力到我们东亚方面来蔓延的缘故。我们既然洞悉了共产党的罪恶，我们既然知道共产党势力在国内各处蔓延得可怕，那么，我们就得抱具着爱护中国爱护东亚的心愿，和日本及其他的东亚国家同站在反共的阵线之上，竭力铲除共产党在东亚方面的活动势力。同时，我们中国自己，更须把防止共产党列为最主要的国策之一。所以，今后的亲日教育宗旨上面，也应当把防止共产党作为一个重要目标，使全国青年学子们的思想行动，以后可以不受共产党的诱惑和传染！

（三）发扬固有文化

一个国家的固有文化，乃是靠赖一个国家的祖先们，一代一代的继续努力所造就成功的，实在就是一个国家的精神遗产。一国人民，对于本国的固有文化，不仅都要竭力设法保存，尽心爱护，尤其还要继续不断的求其进步，使他能益发的发扬光大，才算得起是尽了对本国文化所应尽的责任。因为，讲到各国固有文化的盛衰状况，和各国前途的局运极有联带关系，我们在教育上所要注重的民族性，更完全要靠赖着国家固有文化的培植力量。如果，一个国家的固有文化被毁灭掉湮没掉，他的民族性也就联带的冰消瓦解。在我国几十年来的新教育当中，固有文化常常被许多新进时髦朋友所看轻，所以，我国有许多极优良的民族性，也就不能在现代一般国民中间发见，并且，那种真正能为国家民族设想的伟大人物，也就如凤毛麟角般的百不得一。从今以后，我们要提倡富有民族性的本位教育，我们就不得不先从发扬固有的文化为起点；而且，我国的固有文化，虽说我国自己人不注意，但是在日本方面却非常宝贵。许多在我国已找不到的古代文物，日本却都已很有系统的在整理着研究着。可见，我们要能在教育上从事于发扬固有文化的工作，不仅能得到日本的同情，并且，还极能得到日本的帮助，也确实是亲日教育方面一种很有意义的伟大精神表现啊！

二、确立亲日教育的训育方案

经过这一次长久时间、广大场面的中日战争以后，两国人民居然能从此结成永久的亲善关系，使东亚方面再也没有战神的光临。这，自然是我们东亚民族一件极值得庆贺的事情。但是，中日两国人民从前结下了这种深刻的仇视心理，也决不是一朝一夕所能如此，大家在这时候讲中日亲善，可万不能只求表面的暂时妥协心理，叫两国人民仍有着“面和心不和”的敷衍态度。所以，对于亲日教育的设施，一定要从训育方法上去注意，一方面养成亲日的思想，一方面习成亲日的行动。同时，在日本方面如果再能提倡亲华教育，同样的训练日本人民，那么，等到中日两国人民全都能在生活习惯上结成功相亲相爱的关系以后，中日亲善的大功方算是告成！

现在，且让我把亲日教育的训育方案简略的叙述于后：

（1）训育目标

关于亲日教育的训育目标，在各种不同的教育情况之下，本来也应分出许多的类别，但是，本文的内容，是在说明亲日教育的一般理论和设施，所以，这里也只能把最要紧的几件事情简单说一说。

（A）在一般人的心意当中，还常常有仇日的观念于有意无意之间表露出来，这种残余的仇日观念，如若不设法涤除干净，仍然是中日亲善的阻碍，所以，在亲日教育的训育方面，特别应该注意。

（B）共产主义的邪说，最能使年青人受其诱惑，但是，一受了共产主义蛊惑的人，便一定能对中日亲善做出种种破坏的行动。亲日教育的宗旨，既然明明的把防止共产党作为重要目标，那么，在教育的环境之中，就万万不许有信仰共产主义的人发现。

（C）英美等帝国主义者，他们乃是根本不愿意中日两国发生亲善关系的，因此，他们对于一般为中日亲善而努力的分子，一定会做出种种不利于中日亲善的宣传，或者，设定出各种破坏中日亲善的阴谋诡计。所以，我们对于英美帝国主义者所料想到的许多反宣传，或设定的阴谋诡计，务必要多多的在训育方面揭穿。

（D）中日两国构成了亲善关系，双方面就应该互相借重互相勉励。日本因为近几十年来的努力，当然就有不少可以供吾人仿效的优点，尤其是日本民族的思想行动和生活，都可以说就是使日本强盛起来的重要原因。我们仔细对他们观察观察，他们究竟有哪几种可资采取的宝贵精神，在平时的生活上，就该尽量的去取法。

（E）我国有不少的优良德性，老实说，现在已差不多看不见了，但是在日本方面呢，他们却处处把我国旧有的优良德性视同圭臬一般。新时代的国民，固然要能培养成新时代的精神，但是，对于我国许多旧有的优良德性，仍然该多恢复一点好一点！

(F) 要中日两国人民今后能发生很诚笃的亲善关系，当然是最好多多养成两国人民的共同生活，使大家在互相接近的时候，忘却了中日两国的界线。所以，对于亲日教育的训育方面，还要能成立各种中日亲善的组织，使两国的青年少年和儿童民众，得以不时的接近起来，常常来往来往！

(2) 训育方法

在训育方面，要能达到上述的几种训育目标，必须实行以下的几种训育方法：

(A) 将一般名人对于中日亲善的言论搜集起来，分门别类整理得很有系统的，介绍给大家阅读，并且，同时将日本朝野名流们对于中日亲善的声明和意见，供给他们做参考，使他们能彻底认清中日亲善的意义，以及各种事实的真象。

(B) 多多举办有关中日亲善的演讲会、谈话会，罗致一般热心参加中日亲善运动或者对中日亲善问题有切实研究的人士，时常讲述关于中日亲善的内容和办法，如对于中日亲善问题有什么疑义，最好就在这时切实的加以解答！

(C) 布置亲日教育的环境，不论是中日亲善的言论，中日亲善的事实，中日亲善的情报，或者有关中日亲善的图画照片等等，全都将他聚集起来，使一般学生的生活活动，能时常在中日亲善的气氛当中受着感化，受着陶冶。

(D) 把各校学生，各分为若干的小集团，每一个小集团中间，各派定一个教师或优等同学做领导，使大家一天到晚都在这种小集团的生活当中活动着，既能互相勉励，又能互相研究。这样把中日亲善问题如同当做一家人，互相自由谈笑般的常在一起切磋讨论，实在就能于无意之间获得极大的效果啊！

(E) 和友邦各教育机关约定，互相组织起各种研究会、观摩会，双方时常的聚拢来观摩研究，或是常常到各友邦的机关中间、家庭中间去访问联欢，结果，两方面的亲善感情，怎么还会没有长进呢？

(3) 训育上的注意

我们要提倡亲日教育，原是为了要结成功中日间的良好情感和亲善关系，共同负起了建设东亚新秩序的伟大使命，但是，如果因此而发现许多恶劣的情节，反失掉提倡亲日教育的美意。我们慎恐一般不自爱的人因此而矫枉过正，或者借着亲日教育的美名而做出不正当的态度，所以在亲日教育的训育方面，还得要注意以下几种卑劣的行为。

(A) 因亲日教育而做出欺骗日本的行为，想利用日本人士的疏忽，仍然在暗中做着反日的工作。

(B) 因亲日教育而做出谄媚日本的行为，只求日本人士的欢心，什么卑贱下劣的事情都干得出来。

(C) 因亲日教育而做出诱惑日本的行为，处处奉迎日本人士，逐渐引他们也步入腐化的途径。

（D）因亲日教育而做出迷信日本的行为，把日本人士看作是至高无上，什么都甘拜下风。

（E）因亲日教育而做出利用日本的行为，纯粹以个人的名利心为前提，得到了名利，就不愿与人家接近。

（F）因亲日教育而做出仗势凌人的行为，常常借日本人士的名义，欺待善良，以泄私愤。

以上各种情形，大半都只以一己的私利为目的，并丝毫没有什么为中日亲善而打算的用心。他们做出各种无耻的卑鄙行为，固然把个人的人格看轻，而且，又足以使中日亲善的前途受着极不良的影响。我们在提倡亲日教育的时候，如果仍然有这种分子发现，务必要严格的加以惩处。因为像这样的恶劣分子，明理的友邦人士，也绝不愿意接近的。

三、慎选亲日的各科教材

无庸讳言，我国教育上在事变前所采用的教材，那时候因为教育界已全都狂呼着抗日教育的口号，不论什么学校的各科教材里面，几几乎已全都充满了抗日的意味。到了事变以后，许多书局多已停业的停业，被毁的被毁，旧有的教材既不便再采用，新需要的教材又没有地方供给，所以，一般学校里都挂了一个自己编印教材的美名，而实际上在那里将学生的光阴当儿戏，整个学期只不过散发几张杂乱无章而又不美观的讲义就算完事。有的学校呢，竟还偷偷摸摸的叫学生们自己把旧日的教科书买来上课。这种情形，既然读不到所谓亲日教育，并且也未免太于误人子弟，所以对于选辑亲日教材这一层，无论怎样也不能再事延宕的。关于这一个问题，且分作两方面研究如下：

（1）选辑亲日教材的办法

选辑教材这一种工作，目前最要注意两点，第一是要好，第二是要快，因此，就非得将以下四种办法同时并行不可！

（A）审查旧有的教材　在很短促的时期以内，如要将全国各种教育的教材重行选辑起来应用，事实上是绝不能办到的，所以，对于旧有的各种教材，首先应该把他全部搜集起来，聘请国内外许多对编辑教材有心得的人士，用极慎重的态度将他审查一过。如果有可以采用的合当资料必须仍旧采用，或者将他保存着作为新编教材当中的一部分。

（B）编辑新需的教材　教育上所应用的教材，多半是靠编辑而来。不过，编辑教材最应该求其能有系统，并且又要和一国的教育宗旨相呼应。国家对于这种编辑教材的任务，务必要通盘筹划，选聘对各种教育有经验的人担任其事。至于在亲日教育的呼声之中，关于编辑亲日教材这一项工作，更属不可或缓。

（C）译述友邦的教材　要讲亲日教育，当然就须多多采取有关日本方面的教材为主旨。不过，有许多事实，如若由我们国内人士来凭空虚撰，倒不如向友邦去直接搜求，所以，除到我们能够编辑的教材以外，最好由一般精通日本文字的人去专门担任这种译述友邦教材的工作。

（D）征求各地的教材　有关乡土性质的教材，在教育上的人价值极其重大，在选定新教材的时候，也得要特予注意。还有一层，我们平时的搜罗人材，往往不能周到，在穷乡僻野的地方，照常有很多的杰出之士。可见，我们今后要能得到很丰富的优良教材，必须还要向各处广事征求。

（2）选辑亲日教材的标准

选辑各种亲日教材的标准，所包含的内容和范围，也非凡之空洞广泛。就我个人的想象所得，约可缕举如下：

（A）激励中日亲善情绪的诗歌、小说。

（B）感发中日亲善思想的言论。

（C）描写中日亲善事实的记载。

（D）涵养中日亲善意趣的艺术。

（E）中日两国有关的历史。

（F）中日两国有关的风俗习惯。

（G）中日两国有关的共同理想。

（H）中日两国过去的共同危难。

（I）欧美帝国主义者对中日两国的阴谋。

（J）有关日本的各种知识。

（K）有关东亚共荣圈各国的各种知识。

（L）日本能供我国借镜的各种优点和资料。

（M）建设东亚新秩序的各种知识。

（N）东亚联盟运动的各种知识。

（O）中日合作的各种知识。

（P）中日两国的时事新闻或情报。

（Q）日本古代今代各名人的介绍。

（R）日本新兴事业的介绍。

（S）日本政治经济上的各种新动态。

（T）日本的各种教育状况。

（U）中日两国已往的误谬思想和行动。

（V）其他有助于亲日教育的教材。

四、中日两国教育界人士的合作

我们提倡亲日教育，并不是只主张中国偏［片］面的去对日本亲善，而听凭日本随便怎样对我们。我们所以要提倡亲日教育的目的，当然要希望日本也就随即提倡亲华教育，并且，我们在设施亲日教育的时候，决不是由我们自己凭空设想就办得对［到］的。究竟要怎样才能和日本发生真正的亲善关系？必定还要能够多听一点日本方面的意见，而这种意见的来路，仍然以出之于教育界为最相宜。如果是由别方面来供给我们指示我们，仍然难免不流于隔靴搔痒。因为有这两种理由，所以，求中日两国教育界人士合作这一层，也是办理亲日教育所不得不注意的。至于他的办法，现分次说明如下：

（1）养成同一的教育志趋

中日两国自从去年十一月间签订了和平亲善的基本条约，不仅两国间的感情从此发生了极诚挚的友好关系，而且，中日两国在东亚方面的立场，和对国际间的动向，也已完全一致。至于两国以后关于国内政治经济上的种种设施，当然更加要保持着极密切的联络。所以，中日两国教育界的同志，应该赶快要养成同一的教育志趋，才能互本着真实的合作精神，使两国的教育事业得到美满的效果！

（2）结成中日两国的教育研究组织

中日两国的教育事业，此后既然要抱定同一的志趋，两方面一定就该切实的保持联络，尤其在人财两缺的中国现状之下，特别要能时常得到日本教育界人士的指导。在这时候，中日两国的教育界，如果能多成立几个研究组织，那么在中日两国的教育设施方面，便可时常得到许多参考资料，并且在互相切磋之间，教育事业的进步，必定更加未可限量！

（3）多使两国的教育同志调换工作

这种办法，中日两国的大学校方面已有人提倡过。我希望中学小学方面也多举行若干次这种办法。就是对于教育视导以及其他的教育工作，最好都一样的加以仿效。因为，在教育上举行这种办法的时候，双方才得真正了解各国教育的实在情形，同时才能对于对方方面的教育，下切实批评和意见，而且在调换任教的时候，一般学生们的学习兴趣也能格外的提高起来。至于两国不同的人士在态度言语上所受的感动呢，尤其非同小可！这一层办法，倒真值得用来提倡呢！

大阪每日新闻社、东京日日新闻社：《大阪每日》（华文版）
第7卷第8期（总第72号），1941年10月15日。

（山西）省长在山西第三届小学日语教员讲习会上的讲话（节录）

（1942年2月27日）

本省举办小学日语教员讲习会，现在已为第三次。

……说到日语的必要，大家平时在各地服务，当然感觉更深，因为在战事期间，往往有因语言不通发生误会的情形。至于在小学时期，是否应教授外国语，原是一个很大的问题。我们在事变后，因为感到事实上的需要，经过一番研究之后，便增加了日语一科。中国固然需要学习日语，同时日本因为不懂中国语言，也是大感困难。中日之间，过去所以起了偌大的问题，即由双方思想不能沟通之故，所以为沟通两国的思想，双方都有学习对方语言的必要，这确是今日至关重要的工作。过去日本一般学校的外国语，都一律是学习英文，到了高等学校，增加了第二外国语，也大都是横行文字。自事变发生后，日本方面觉得中日彼此言语不通所关甚大，所以现在一般学校的第一外国语便是中文。现在太原的日本学校，也都增加了中国语一科。我们由于事变的教训，觉得欲使两国人士彼此相认识、相沟通，必须先从学习语言入手。中日两国，幸而文字相同，所以在乡村间，往往由彼此写字，便可通晓一半意思，此与西洋的横行文字相较，迥然不一。自事变后，各地虽由言语不通，发生许多困难，然而因为文字相同，却也减除了不少的误会，这便是彼此同文的好处。我们再进一步，使双方语言互相沟通，那更是东亚方面百年和平的永久基础，这是决不可忽的事体。即如英美两国，也是文字相同，当日美国虽为要求独立，对英作战，然而直到今日，两国的关系还是最为切近。我们中日两国，自秦汉时交通以来，彼此关系至为和睦。中国的文物制度，以至儒家的尊孔，都传播到日本，日本将这些文化发扬光大，所以有今日的进步，过去历史上，双方平静和好，也是由于同文之故，至于彼此发生磨擦，乃在鸦片战争，西方势力东来之后，为时既浅，问题也很藐小，全是由一时的感情冲动而起。所以此后欲将两国间磨擦的原因消除，沟通语言，沟通思想，乃是极为重要的工作。

再者，我们欲复兴国家，当从何处作起呢？我平时在各处讲话，时常谈到此点。我们国家所以落后，乃是由于自然科学落于人后，我国数千年来，注重儒学道德，现在所以不能有昔日的盛况，并非儒学使我落后，皆因科学不足，不能跟随时代之故。我们处此科学文明突飞猛进之时，必须在自然科学上有所制作，陆海空各部门，都可以自己制造，才配立国于世。现在世界的趋势，固然如此，我们昔日所以立国，又何尝不是由于对人类社会有所发明与贡献呢？我国自黄帝以降，很有过许多独特的发明，所以历受世人的推崇。自十九世纪后，自然科学的发明日多，所谓蒸气、电气、内燃机三种原动力，都是西洋人所发明，这三种原动力，乃是造成现代科学文明的主要因素。他们已经发明了一二百年，我们仍然是一无所能，我们所以日益落后，原因即在于此。今日要想追求现代科学文明，就教育方面说，究竟当从何处取法呢？我国自从清末维新，关于教育的方向，屡有转变，最初是仿效日本，上次欧战后，我们的教育制度与设施，都变而仿效英美，事变以来，又专去仿效美国。日本的自然科学，自明治维新以来，即积极仿效西洋，追求科学文明，然而在精神教育上，却是根据数千年的立国历史，以他固有的万世一系为中心，所以仿效他人，能取各国的长处，集中成为日本独特的文化。所以然者，就是由于精神教育，能将固有的文化发扬光大，物质科学，能仿效各国的长处，到了现在，完全脱了模仿时期，已经有了特殊的文化，他的自然科学，往往有各国不及之处。所以就我国来说，今日欲图复兴，必须追求科学文明，追求科学文明，即以模仿日本最为便利。试看东亚与西洋的各种文物制度，性质截然不同。欧洲的各种文明，在东亚是否适用，日本数十年来，业已严加抉择，所以我们模仿日本，即可得事半功倍之效。我国清末创办学校，所用各种教科书与自然科学用语，多系采自日本。到了民国初年，还是如此。及至民国八九年以后，国内风气丕变，学校的制度与课本，都转而仿效美国。如数学一科，起初是算术、代数、几何、三角分别讲授，后来改为混合数学，即其一端。又如我国理化上的名词，最初也都是采自日本，后来又分为英德各派，因为名称不能统一，致使学生升学，诸感困难。历来教育部方面，也毫无一定统系标准，足资依据。我国教育所以不能收效，此亦一因。日本维新七十年，现在已经有时较人进步，跳在他人前边。我国自清末维新，至今仍无进步，即坐此故，我们今日不能如人，全由自然科学的不足。追求科学知识，应当仿效日本，在看书方面，因为同文关系，也较易为力，并且西洋科学文化，日本经过多年的选择，我们仿效日本，当然最为适当。现在我国的法律名词，采用的日本名词极多，我们有此根基，所以仿效日本，事实上也最为便利。因为要作此种工作，所以学习日语，甚属重要。我们因此种种关系，今后对于日语一科，自然须要加倍努力。

……

山西省档案馆藏“旧政权资料”日伪字卷七，第387号。

决战期间教育施策之重点

——第十二次省立学校校长、社教机关馆长场长座谈会讲词

（1944年）

俞康德

本省各级学校，现已正式开学，当此“一年之计在于春”之际，大好光阴，何可虚掷，教育人员正应振奋精神领导学生及时努力。教育为国家百年树人大计，其事业艰巨繁复千端万绪，绝非一朝一夕可获成效者，现值开学之始，正是刷新校务的良好机会，尤其际此决战期中，教育施策，莫不以适应战时体制为前提。今天借此机会，愿将本年度教育之重点向诸位一谈。

一、关于学生思想之指导

溯自民国成立以还，我国教育因受欧美自由思想之侵袭，与功利主义之影响，一般学生，摒弃固有道德，而崇尚享乐，以致学风浮嚣颓唐，学生程度低落，对于国家之复兴与民族之繁荣，影响甚巨。考其原因，实由于学生思想不正确，理解现实不适当之故。际兹大东亚战争步入决战时期，国民理念之统一，与决战总力之持续，均为当务之急，教育为实现决战体制之一环，而学生又为民众思想之前导，其责任之重大，不言而喻，所以树立学生中心思想，实为刻不容缓之图。

教育主旨为本省教育中心理念，教师指导学生思想，即应以此为最高方针，纠正过去不正当之观念，使之趋于正轨，以免为邪说所惑，坠入歧途。切实培育学生，养成正确健全之思想，坚忍卓绝之意志，光明磊落之人生，献身国家，效命疆场之精神。惟此种种信

念，若不认真实行，往往易陷于空洞理论，难奏实效。本厅为使教育主旨得以充分发挥其功能，获得最大之成果起见，特定本年为教育主旨实践年，并将其内容，列为训练周目，分期施行。各校教职员应善体此旨，以身作则，训教一致，师生一体，埋头实践，俾使学生身心向上，把握事态之真髓，得以担负思想战之重大任务，而达成教育报国之使命。

二、关于勤劳教育之彻底实施

在战时体制下，物资过度的消耗乃无可讳言者，欲期国家操必胜之券，实有赖于物资之充实，为使物资供给圆滑，不稍呈恐慌缺乏之状态，须力行节约，而增产之实施，尤为急要。华北各省人口稠密，所产食粮本不足用，近年来复因天灾人祸，民生愈趋艰苦，教育总署有鉴于此，且以华北为后方兵站基地，欲充实物力，完成决战使命，必须从培养资源，增加生产入手，遂竭力倡导勤劳增产运动，督饬各省市学校，认真办理。本省为适应当前需要，亦于去年令饬各校成立勤劳增产指导委员会，并利用学校隙地庭园或农场，从事增产工作。惜以实习指导之未尽适当与实习地之缺乏，未克奏效，今后各校应革除过去之积弊，强化增产机构，厘定实习计划，整备耕作地，并切实注重农业知识之灌输与技能之训练。教师尤应身体力行，率先垂范，不仅达到增产之目标，并使学生养成重视勤劳之观念，一洗过去“四体不勤，五谷不分”之耻辱，而炼成手脑并用，实践躬行之人才。

三、关于学校之整备与扩充

本省教育近年来在“质”、“量”双方，虽稍有进展，然距离理想之成果尚远，本年度对于各级学校之整备与扩充仍须积极推动。去年成立之医学专科学校，其设备虽具有雏形，然缺憾之处尚属不少，应再充实，以求完善。本年除拟积极筹备成立山东大学外，复定于八月在曲阜成立农业专科一所，以资造就专门农业人才，而应国家目前之急需。至于各省立师范、中学及小学等校，亦将尽可能范围，充实其设备，强化其机构，以期逐步改进，造就有用之人才，俾为建设国家之主干。关于师范毕业生，亦须遵照本省所定服务办法分配服务，不得改就他业。至于教职员之待遇，亦已规定提高标准，照案施行，今后务期职教各同仁振刷精神，安心服务，励行职域奉公。

此外本年度教育总署规定“彻底刷新教学”为施策重点之一，各校务须切实遵行，注意教科之统合，作有机之联络并改善教学方法，鼓励学生自发活动，力避过去注入教授之流弊，使学问与生活表里如一，理论与实际融会贯通。且教育随时代而前进，教师尤应把握时机，认真研究，俾使学识思想与时俱新，以为模范干练之师表。

四、关于国民体位之向上

国家之盛衰与国民体格之强弱，关系至巨，必谋国民体力之强化及精神之陶铸，养成坚忍持久、协同团结、勇猛精进之国民性，国家始能蒸蒸日上。惟我国过去教育，仅重知识之灌输，而忽略体力之锻炼，学校纵有体育之设备，亦多为少数运动员所独享，所有竞技比赛之举行，亦为几个选手之争名，而非为一般普遍之提倡，是故体育之振兴，与集团训练之实施，均极重要。三十二年度教育总署亦将“提倡体育”列为施策要纲之一，本年度各级学校，仍须继续推行严格实施，并禁绝学生无故旷废体育课程。本厅为奖励学生体力之向上，特制定体力【规】章检定办法，颁发各校遵照施行，以期引起学生对于体魄锻炼之注意，鼓励学生参与各项运动，以谋学生体位之向上，发扬尚武精神，炼成果敢健壮之体魄，担起国民之任务。至于社教机关，亦应对于民众体位向上之提倡，尽量筹划，充实健康教育之设施，并举办各种有价值之竞赛，俾使民众重视体育，乐于参与运动。

五、关于社会教育之普及

国家之复兴，与民族之繁荣，须赖各个体之自觉与努力，然我国文盲众多，知识浅陋，能力薄弱，思想拘旧，无由增进，国家观念难以养成，对于世界情况国际现势更无从明了，一个国家有着百之八十这样的人民当然难望强盛。社会教育之实施，不仅是使这些有眼不能看的人多认识几个字，也不仅是使这些有脚不能走路的人获得一点知识和技能，其最大目标，乃在国民组织全面的结合，使民众充分了解国势之阽危，而昂扬决战意识，并培成参战总力。

社会教育之推动，须从多方面入手，如识字运动之普及，新国民运动之推行，勤劳增产运动之提倡等等，无一不是启迪民众知识，陶铸民族意识者，然社教机关应与学校及其他文化团体密切联络，结成总力，互相研钻，群策群力，避空谈，尚实践，以撙节人力物力时间之最经济办法，使民众获得具体充实完满之代价，并阐扬各种运动之真髓，展开励行运动，以期全国民众达到同一之文化水准，拥有共同之观感而发生同一之信念，始得与盟邦协力合作，共存共荣，同甘同苦，负起建设东亚，完遂圣战之使命。

以上五点均为当务之急，应即分别施行，势难延缓，务期诸君领导所属同仁认真奉行施政方针，并努力实践教育主旨，一体励行，埋头苦干，则中华之复兴，东亚之繁荣，当堪期待矣！本人愿与诸君共勉之。

《山东文教》1944 年第 7 期

山东省第四届公私立中等学校校长会议训词

（1944 年）

唐仰杜

本省公私立中等学校校长会议，已经开过三次，每届会期，诸位校长都是不辛劳苦远道而来，对于本省中等教育之诸般实际问题，多所研讨，集思广益，共谋刷新。此种群策群力勇猛进取之精神，恒使仰杜感到无上欣幸与兴奋。今天是第四届校长会议，本人又得与诸位见面谈话，愿借此机会提出下列数事，来与大家共同奋勉。

（一）发扬自立自主自动之教育理念

溯自民国成立以来，我国教育因受欧美自由思想之侵袭与功利主义之影响，中国本位文化遂即发生动摇，一般青年徒趋时尚，而忘其根本。于是思想庞杂，邪说流行，以致学风浮嚣颓唐，学业程度低落，此种现象，对于国家之复兴与民族之繁荣，影响至巨。考其原因，实由于我国教育失掉其自立自主自动之性格，而陷入彷徨歧路无所适从之境地。盖我国乃一东方古国，文教夙著，一切教育制度，实应依据本国之需要确立自主之中心思想，屏除欧美之个人功利思想，发扬我东方固有文化与道义精神，以谋巩固自立自主自动之教育理念。教育方针既经确定，教育功能自得发挥，教育建国之口号，方不致流为空谈。关于此种自主教育之理念，尤须具有热意之发腾，对于自主教育之诸般问题，均须恳切研讨，以期获得结论，并设法见诸实行。这样，今日之会议，庶不致流于形式，而我鲁省之中等教育，定有长足进展，青年学生亦当感受无上之福利。

（二）从事教育者须有创造之能力

时代巨轮辗转不息，而教育理念又为时代之产物。故吾人亦应针对时代背景而创造现时教育方针。盖因教育之目的，实在于继续不断之创造与生长，以期达成健全社会之改进与伟大人格之向上。试观一切生物无不由新陈代谢而使其自身得以发展。教育理论，亦每因新陈代谢而有所改进。所谓教育理论之新陈代谢者，实即吾人对于教育施策之创造能力也。因吾人从事教育不能专以传授固有道德习惯及生活技能为满足，尤须根据过去之文化资料创造伟大更新的产物，以使人类社会保持在进化与生长之中。所以我们对于过去之一切，不应停滞不前，极应致力于无限创造之活动。对于教育事业，尤其是中等教育，更应随时认真检讨，及时改造，以期所有之教育施策，皆能切合国家之需要，紧随时代而更新。况当兹决战最后关头，新旧历史转折之伟大时期，教育施策，务须竭力养成全体国民俱有健强之身心与高尚之知识，并努力增产，完遂圣战，以谋中国之复兴与东亚之解放。

（三）着重科学精神之培养与实地观察

我国贫弱之主因，就在各种生产的落后，产业之所以落后，就是因为科学教育未能发达。所以要想产业丰盛，民强国富，必须一扫过去之专重文学之修养，轻忽科学之训练积弊，而需要积极的彻底的着重科学精神之培养与实施观察。所谓科学精神，即对一切事物要有多方的精确的观察，根据观察的结果，才能产生一合理的推论，根据此种合理的推论，再来拟定计划，见诸施行。所以科学精神不是凭空设想，而是脚踏实地干的精神。况且现代战争，正是总力决胜的战争，也就是科学技术的战争。试观参战各国，无论是武力方面或是物资生产方面，无一不是巧夺天工，极尽科学技术之能事，所以战争之胜负，纯系于科学技术如何，此乃自然趋势，毫无疑义者。然则关于科学精神之培养，科学技术之促进以及科学人才之造就，又非专赖诸位教育者之努力不可。尤其是在座各校校长，更是倡导科学教育之先锋，所以我们必须认清此点，激发青年学子之科学精神，以期增强战争之总力，早日完成大东亚战争。

（四）由民族国家主义的教育进至大东亚主义的教育

我国过去之教育方策，多半偏重人格的修养和品行的陶冶。此种教育，可以说是对人的教育。因为时代变迁，这种个人教育，不得不有所更改。质言之，现阶段所需之教育，就是由个人功利主义的教育一变而为民族国家主义的教育。这就是说教育的目标，不只是造成一个完善的个体，乃是要造成一个对国家民族有所贡献的人。此乃近代各国之共同倾向，绝不容吾人忽视者。所以现在我们要自力更生，必须提倡民族国家主义的教育，使当代受教育之人都成为健全的国民，为国家全体而服务，以期争取中国之复兴，不过中国之复兴，实有待于大东亚战争之完遂。由此可见我国复兴之路，必须由近及远，由小而大，先以国家主义唤起国民之爱国热诚，为国家之复兴解放而奋斗。同时亦须顾及东亚国际间之关系与民族间之牵联，由爱国的热诚，进而扩展至爱东亚之精神，所以国家主义教育，就是大东亚教育的开始，大东亚教育，也就是国家主义教育的终极。今后我国教育途径，应以东方道义精神，作为教育指导原理，以善邻友好作为教育方针，一致努力，完成东亚解放之伟业。

上述四端，俱为现今教育上极应推进的事项，兹特提出，尚望与会诸校长，深体斯旨，努力实行，以期于最短期间，昂扬国民之必胜信念，造就苦干之青年，致力于大东亚战争之完遂，并确立人类之永久和平，本省长不胜期待之至。

（伪）山东省政府教育厅编印：《山东省第四届公私立中等学校校长会议要览》，1944 年 11 月 1 日。

中日文化交流与东亚文艺复兴

（1944 年）

管翼贤

一

据史书的记载，中日文化具体的交流，实始于西历纪元后二八五年（晋太康五年），到隋唐时候，才臻于极盛。中日文化使节，来往频繁，中国文化源源东渐，促成日本的文化革新。当时日本的服饰、制度、法令，在在采取唐代的长处，中国固有文化得以保存于日本，从此奠定了巩固的基础。唐代以后，在中国，则迭经朝代兴替的变乱，与外族不绝的侵袭；在日本，则权臣争位，屡有战争，以致中日文化交流，无形中绝。德川幕府时代，明遗臣朱舜水渡日，阳明学说朱子学说盛极一时。日本对外来文化的吸收性包容性，尽量发挥，将已有的神道与儒学佛教融合，完成日本的文化类型，影响到明治维新，以固有文化为基干，抉择西洋文化的精华，乃有近日国势的隆盛。

西洋文化的东渐，堵塞了中日文化的交流。几十年来，两国都孳孳于西洋文化的研求，对于邻国的认识与了解反形忽略。西洋的科学技术，使日本成为现代化的国家，使中国沦为次殖民地！其原因，当是由于两国对于接受外来文化的态度不同：日本是弃短用长；中国，则几千年来民族文化的优势，养成强烈的保守性，对外来文化藐视、怀疑。到发现了自国的文化是退步的、落伍的、腐败的，则骤而陷于崩溃、混乱，而不能自持。否定了自己的所有，而盲目的追求西洋文化，瑕瑜既无暇选择，侵略主义者再从而蛊惑之；于是，功利思想，个人主义，甚至于共产主义，纷至沓来，中国的国事益不堪闻问了。

西洋文化的跋扈，不仅是中国的危机，且是全东亚的危机。孙中山先生在神户演讲，曾阐述亚洲古时文化的繁荣，以及近时西洋文化的威胁，并且呼吁："第一，要复兴亚洲固有的王道精神，要发扬光大亚洲固有的文化；第二，要对于近代的文明迎头赶上。"然而，功利思想与个人主义已使双方隔绝，终于在误解的积累之下，展开了东亚历史上空前的悲剧。中日文化往来的疏远，英美的文化侵略得以乘机而入，这实是中日事变的基本原因。解决中日事变，树立东亚永久和平，除击灭英美之外，中日文化的沟通交流尤为必要。中日的友好关系，需要文化的维系，东亚的安宁，也需要文化的支持，这是中日以及全东亚的文化人所应注意，所应努力的。

二

外来的压迫能促进内部的团结，现在全东亚十亿民众，已经一致蹶起，致力于解放的斗争。大东亚战争，不仅是东亚民族的解放战，且是东亚文化的解放战。东亚文化正在摆脱黑暗的桎梏，酝酿东亚的文艺复兴。中国、日本、印度文化，是东亚文化的三主流，中日文化的沟通、交流，不啻为东亚文艺复兴的前哨。

国民政府还都以来，中日关系转入新阶段，两大民族由隔膜一变而为善邻友好，为整个东亚的前途计，真是殊堪庆幸的事。但是彼此的密切关系，只有政治上或经济上的联系，是不能维持永久的，是表面的，需要的是心心相印，就是两大民族由文化上的深刻体会，进而获得感情上的融洽。这是比较艰难的工作，也是比较迫切的工作，而这种工作的业绩，却可以万世不移。

在中国，中日关系协会与东亚文化协议会的成立，大中小学以日语为主修课程，聘请日本学者来华讲学，派遣留学生赴日等，都是中日文化交流的初步，以中日近数十年来的隔阂，也不能不从根本下手。用河流来作譬喻是很恰当的，日文学家久米正雄氏曾做如是说，他说大东亚文学者大会只是"沟通"而非"交流"。交流当然先须有待于交通沟的挖掘与疏浚，其次，也必须注意审察两大河流的水量，若是有一条河的水源被乱草堵塞而近于干涸，需要设法通畅，以免交流变为直注。那么，中日文化的水量是怎样呢？

日本，保存着东方的固有文化，也蕴有近代的科学文明，文化是完整的，是充沛的。中国，则清末的西学东渐，使中国文化混乱之后，民国八年的新文化运动，民国二十四年的本位文化建设运动，都未能挽回衰颓。中国文化像年久失修的房屋，经过一阵狂飙，土崩瓦解了。然而，有一点是最值得注意的，就是：根基并没有动摇，几千年来树下的根基，已有了其永恒的存在性，这根基便是儒家思想——中国文化的中心。

纵有健全的根基，上面满是断瓦残砖，可以说文化没有统一的具体的表现。迹近干涸的江河，如何去和水量充沛的大川合流？无疑的，中国文化的重建应该是中日文化交流的序幕，而目前中日文化“沟通”的要点之一，当为协力中国文化的复兴。

文化，本来包括人类一切的生活活动，简括的说，文化就是生活，某一个民族文化的重建，也可以说是某一个民族生活的改善，必须适应环境的倾向与内在的要求。目前的情势，一则是盘据［踞］中国的功利思想个人主义被清除的时代，文化侵略加诸中国的锁枷，一一脱落，彷徨无依的国民思想，又将回归固有文化的怀抱。二则是近百年来英美帝国主义的压迫禁锢，更加加深了对于独立自主的热望。这就是中国文化重建或复兴的机运！一年以来，日本对华新政策的逐步实践，以及中日同盟条约的缔结，是中国独立自主的保障，也正是中国文化重建的动力。收效之大，是不下于双方文化人所努力而致的成绩的。因为，在一个不能独立自主的国家里，国民思想的不健全，容易把文化交流误解为文化侵略，也可能把文化侵略误认为是文化交流。在曾被西洋文化渣滓流毒的我民族，是不难寻出许多实例的。

独立自主的国家，独立的民族文化，都是文化交流不可或缺的先决条件。日本道义精神的具体表现，割断了中国独立自主的束缚，破除了中国建设的障碍，正是掘深了中日间的“交通沟”，中日文化的交流，从兹开始了。

三

中日盟约启迪了中日文化交流，中日文化交流也将确保中日同盟的永久存在。同样的，大东亚宣言奠定了东亚文艺复兴的基础，东亚文艺复兴，万邦协和，乃大东亚宣言目的的完成。大东亚宣言的第三纲领：“大东亚各国互相尊重其传统，发展各民族之创造性，以阐扬大东亚之文化。”由各民族文化的进步，各民族文化的融合，荟萃而成东亚文化的干流，完成东亚的永世和平，进而于世界的和平有所贡献。

东亚文化的精髓，是道义精神，也就是中国儒家所主张的“仁”，从人类生存的本能出发，推演及人类生存的道德。由自己求生的欲望，联想到别人求生的欲望，消极的“己所不欲，勿施于人”，积极的“己欲立而立人，己欲达而达人”。这就是人类所独有而异于其他动物的伟大同情。扩而大之，便是共存共荣，万邦各得其所，各国都得到合理的生存与发展。世界上消灭战争，得有永世和平，不是西方尚利的文化所能为力的。利的结合，是彼此相用的，会因利害冲突而决裂；仁的结合，是相忠相恕的，所以能够共存共荣。这是大东亚共荣圈建设的根据，也是到世界大同所必经的路途。东亚的文艺复兴，不只是全东亚的盛衰所系，且与全世界的命运攸关。

欧洲文艺复兴，是对于欧洲黑暗时代的反抗。东亚的文艺复兴，是对于东亚的黑暗时代的革命。东亚的黑暗时代，是帝国主义的侵略所造成，政治的欺凌，经济的榨取，文化的腐蚀，使东亚民族陷入痛苦的深渊。大东亚战争是历史上不可避免的战争，是全东亚人起而争取总解放。从事于现代的总力战，除去军事之外，资源、文化也都是重要的部门，特别是文化，一方面防御敌方文化毒素的内侵，一方面指示且凝固民众必胜的信念。文化阵线的重要，过于坚甲利兵。大东亚宣言第三纲领所启示的，勿［毋］宁说是建筑东亚文化阵营，也是东亚文艺复兴曙光的实现。

在前边已经说过：东亚文化的精髓是道义精神，是仁，而究竟以什么样的完整姿态而出现呢？或者说什么是东亚文化的全貌呢？东亚文化的形成，以博采各国文化的精华而言，东亚文化有三大干线，是中国、日本、印度。中国文化，是最初造成东亚文化的一大主力，现在则正在甦生中，并且科学技术亦相当贫乏。印度也是文化古国，如今印度的佛教还不如日本纯化。只有日本，包容固有神道、中国儒学、印度佛教，并且近代科学亦很昌明，恰是大东亚文化的雏型。东亚的文艺复兴，一方面是东方固有文化的昂扬，一方面是现代科学技术的融合运用，也就是这种雏型的充实与发扬光大。

雏型的充实，是中日文化交流的结晶，中国的文化树立起来，尚有发掘不尽的王道思想可供参考，也还有不少的缺陷，需要日本科学技术的补充。中日文化交流，不仅是中日朝野人士感情的维系，不仅是中日文化进展的源泉，还有更大的使命，期待彼此的戮力，那就是东亚的文艺复兴。

四

去年一月九日，中国参战以后，为树立战时体制，文化的整备更为当时之急。在六月十日的最高国防会议里，通过了《战时文化宣传政策基本纲要》，彼此有了中国战时文化建设的目标。战时文化体制的树立，既用以应付现在的战争，并用以开拓将来的发展。

《战时文化宣传政策基本纲要》的重点：第一，昭示大东亚战争的建设性格，与中日关系之不可分性。在国父遗教大亚洲主义三民主义的指导原理之下，谋中国文化的再建，中日文化的交融，期以全力从事于大东亚战争的完遂，以获得东亚的文艺复兴，及一切东亚理想的实现。第二，彻底排除英美的功利思想个人主义，而代以道义精神全体主义。本中国固有道德，提高民族的伦理观念。第三，综合国家民族的共同意志，复兴固有文化的优点，而以外来文化补足其缺乏，以确立中国文化完善的基干，俾成为现代化的国家。有了明确的规定之后，中国的文化人把握着正确的方向，文化建设，文化交流，都已趋于积极。去年中日文化使节的往来、交换，各文化协会的诞生，都在显示着中国文化的重建，东亚文艺复兴的象征。

现在，大东亚战争已迈入决战阶段，东亚全民族的盛衰，东亚全文化的兴亡，在此一举！我们为获得最后胜利，势必拿出最后决心，将中国的文化，建筑起坚强不拔的地位。日前由华北各地文化协会所成立的中国文化团体联合会，于前月南方文化人北上，成立全国作家协会的酝酿，正表示中国文化建设一元化，全国文化人在统一的理念之下，发挥其综合的全力。并且，由于对东亚文艺复兴的向往，更渴望中日文化的密切交流。愿一致努力，完成伟大的基业。

大阪每日新闻社：《大阪每日》（华文版）第7年5月号（总第129号），1944年5月1日。

大东亚与日本语座谈会

（1944年3月11日）

本文从二月号《日本评论》节译，全文因篇幅关系，移载四月号《申报》月刊，尚希读者注意。——编者附注

出席者：长谷川如是闲、泉井久之助、时枝诚记、神保光大郎、中岛健藏。

记者：今天座谈会要讨论的主题，是“大东亚与日本语”，请各位发挥高见……

诸君都知道，战争是愈演愈烈了。同时我们日本国的威力，业已在军事上、政治上、文化上、经济上，伸入十万万大东亚的每个角落。成为皇威普照的有力媒介者，总得算日本话吧！在南洋方面学习日语的风气业已盛行起来，听说政府当局以及各机关都非常努力于研究日语。关于日本语和大东亚共荣圈的关系，我想是有很多问题可以讨论的。仔细想一下，这并非单纯是语言问题，而在语言中尚含有重大的意义。想到这一点，关于现在的日本语普及于大东亚各处的这一形势，是有很多问题可以商谈的。看到日语能像今日如此的普及，实在是一件可喜可贺的事，然而要估计到前此大东亚各区内，是有着极其不同的五花八门语言系统的。因而谈到调整，就必须按现实的政治和文化情形而加以解决，进而实行大东亚的语言政策。当然这绝不是单单把日语普及于大东亚全区就够了，而根据伟大的语言政策立场来说，我想一定有很多的问题，今天就在这一方面，请大家多多发挥高见，以开鄙人茅塞。

日本语在大东亚各地的现状

中岛：我们曾在马来等地，直接担任过普及教授日语的任务，一般地说来，当地居民的学习日语，可分为经灌输才被动的接受与自动的要求学习两种，而我们这批推行日文工作者，也必须顾到授受者双方面的需求关系，方可达到顺利推行的目的。所谓“大东亚建设与日文”这一问题，绝不单纯是当地的问题，一方面最基本的日文研究和建立，即对日本本国也是必要的；另一方面从学问以外的观点来看，欲使各地居民衷心愿学或必需［须］学日文，则干脆就需要战争取得胜利，方可合理想地顺利进行。

长谷川：对于大东亚的语言问题，其推行的现状是怎样的呢？而现在怎样才能使对方接受呢？

中岛：从当地教授日文方面来说，其进行之方针，必须尽量求普遍化与能深入民间。现南洋方面已训练有日文教员干部，派遣到各地去工作了！至于工作之成绩，其一，就日方接收的学校，按部就班教授青年学生；其二，推动对方设立补习班及夜校自动学习日文。再说到普及的速度，遍翻过去历史，或与战时各国对殖民地之语言政策比较，速度皆可说是惊人的了。

日文为大东亚共同语言

关于南洋各地区，已宣告独立的各国，教育文化方面，亦自有其自主性，虽不拒绝日文，然对方亦是有语言的，且因宗教信仰的问题，语言更形复杂，欲求其统一化，势必不能不有一种占优势的共同的语言，而日文即应运代兴占有了这席地位，成为大东亚的共同语了！不过，倘使同化政策行之过火，或反成为普及日语的阻碍，而又不能取放任政策，只好强迫学习日文了！这就是目前的问题中心，足以影响政治而应予以密切注视的。

长谷川：以日文为共同语怎样呢？在大东亚所能接受的程度来说，日文比英文和荷兰文又怎样呢？

中岛：在过渡时期来说，总还是用英文更方便些，但现在由于民族主义的觉醒，还有一个亚洲问题在内，我虽不敢断定是普遍的人民，抑是国内的先知先觉者，而站在亚洲内的民族主义立场上，仍然还是想接受日文的。或许，在语言构成方面说，也不无难于接受的地方。但我认为政治力如加强，则对战争有利，如统治之方针不错误，则日文是很可能成为共同语言的。

神保：而且，征诸客观之事实，日语并不难学，当地的居民颇易接受，且成绩极其圆满呢！在马来方面，无论是校内或校外，对于学习日语及汉字都颇感兴趣哩。

求普及上的困难性

长谷川：语言一物，在国外普及的程度是与国家的势力一致的。所以所谓语言的困难，是用不着当作根本问题来看的。假使日本的国威宣扬于四方，则对方自会发展其本身接受日文的天才，而来克服一切学习的困难了。

再者，认文字为最难的，往往就是该国的本身。如英国人认英文最难，中国人认中文最难，日本人也和他们一样，认为日文最难。这是因为本国人的语用字每每精益求精，所以感觉难，但外国人学日语时不必求深造，只要到相当程度就知足了。

泉井：所以，普及这一问题，并不与语言本身的难易有何关联，现在是建设大东亚的时期，必须考虑到日文的普及是和积极扩展国威有关，我们亦需加些助力，不容对于日文的接受与否任其自然的。

普及的必要性

泉井：所谓语言政策，也是和民族政策问题有密切关系的，而且，语言是表现民族精神中的一种。形成民族特质的方面很多，但我认为这都是由各民族间相互综合起来的，所以，只要言语一通，而伴随着言语的东西也就自然相通了，因此只要学好日本话，便会和日本人发生接触的，于是也会把话写成文章，或是读日本的刊物，这样即会发生崇拜日本精神的心理。因此，纵或在实用意义上目前并不急需，但向远处看，是必须使日文普及的。

神保：最初日文是自动展开的，进而成为现在的语言政策问题，竟达到必须普及日本话的地步，我认为单纯为了实用，或当作非常手段，而立刻通行日文，这是不妥当的，应该说是由于来日方长，为了传达日本的心，而不能不传播日文的。

日本话的特性

长谷川：以日本话作共同语，这是既定方针，用不着我们再加伸说的。

神保：所谓共同语，是自然成长的结果，既然称作共同语，那末东亚各国语言中最好的就是日本语了！

时枝：而且无论在政治意义上，在经济方面，或是文化方面，日本都是核心中的领导者，由于这种自然的趋势，才被当作共同语的啊！

神保：我还想，借国家的威力使日文成为共同语，这虽是一件好事，但在语言学方面研究，实在也可证明日文是最美善的语言呢！

泉井：那么，美在什么地方呢？

时枝：日语美的所在，我以为就是模棱两可和模糊双关的地方……（笑声）

中岛：日文的优秀性，在语言学上也得公认的，如词汇的丰富，表现方式的五花八门、奥妙无穷，这都是它的特性。

长谷川：我认为这一问题，与其称作日文的特性，莫如称作日人生活的特性之为妥。因为日本语是从生活中产生出来，而又用以表现生活态度的，所以日本的艺术家流颇能懂得日语浓重的特性，这不是言传的学问，而是意会的心得，故日本的语言艺术，并不能单纯以语言形式来研究，而是应在整个方面才能研究出来的。

时枝：我所认为的特性，是日文历史的特性，这与欧洲语言的历史特性是相差很远的。一般说来，日本的原有语言，即大和语，是吸收着中国的语言成分，这一点的确使现在的日文非常复杂化了！我认为谈到语言政策和国语问题的时候，这一种特性是很重要的，有极不相同的因素在集合着、混杂着，如想简单的一下来解决它是不可能的。

泉井：以前输入日本的是汉字，所以对于汉文是能任意使用尽情发挥的，然而近来，对于欧洲文字也采取为同样消化吸取的态度，那末将来估量日本语时，就具有了两种历史特性，如忽略了此点，就不能研究日文的。如果说汉字太难，即不顾过去之历史而欲取消汉字，恐怕也是不行的。

长谷川：假使一般人都认为使用困难，自然而然就会渐被淘汰的。任其自行淘汰，而教者只管教下去，就让自然淘汰与主观的努力二者自然交错好了！纵或用不着提出汉字限制和不准用汉字的问题，但能够废除者任其废除好了！

汉 文 问 题

时枝：所以谈到日文美的时候，就会同时感到日文和汉文二者的美。但站在语学家的立场上，在意识方面、技巧方面看来，二者似很调和，而实际上在普通的言语里，是平行着完全不相同的东西。

泉井：从一般人的立场上来说，将来倘把汉字去掉，日文反会不完全了，这一点暂且不谈，那末日文中夹杂着汉字，将来又会发生什么结果呢？我认为，关于汉文问题，将来是会自归淘汰的，无论从文字方面说，也无论从语言法上讲，日文会慢慢简单化的。一般地说来，所谓伟大语言，乃是机能大，而构成反趋向简单的。再按理想说，构造比较简单，文字也自觉容易，表现力反而丰富，且能在极大的领域内通用，这才合理想。我认为明治以后的日文就具有这种倾向的。

长谷川：我们并不喜欢尽量制造汉字，可是事实上是仍然增添着的。

泉井：现因特殊技术方面的话，不断涌现于社会里，在形式上看，好像是非常勉强；不合道理的新造字，但实际上也许不是什么新造字，而是该社会里原有的字。如果把汉字认作是日文中的骨干之一，其使用的方法必不相同，而整个的日文也会简单化了！

中岛：但使用汉文的成语过多时，这在语言学上讲，就是用外国语，在这样关系上分析语言而作各种的研究之外，就需要某种的整理，并不是任意想使它简易的问题，也并不是造字的问题，而是需要在某种意义上适应现实的整理。现在纵或不写汉字，但大和语有许多话早已和汉字的音韵相近了，而且已认为是成熟的通用的话了！

长谷川：假使不用假借字，而把汉文用字母写出来，不是也很可能么？……我认为那是日文的一种特性，与其叫作难懂的汉文，倒莫如称为外国文，而经常使用外国文，这是日人自古以来就有的天性。中世纪汉文输入，也就是一个例证。在日常的话语中，喜用着难懂的字句与典故，日文中为什么会发展了这样特性呢？我敢断言，这是由于日人教养的均等性所致，下层人对于上层人的话，并不以为是另外一个世界的话，而只要是日本话，则不论上下阶层的人都能自由使用的，这的确是一种特性，也是一种超越善恶的语言的态度呢。

调查研究的急务

中岛：虽然站在指导的立场上说好与坏都可以，但实际上日文究竟处于何种状态里？这种具体的调查还非常欠缺，我希望能有政策、艺术或论理等方面的大作问世，同时我很盼望作一个最基本的埋头研究。

泉井：关于这一点，我也曾对日语词汇作过一个计划，首先将其分为许多部门而加以整理，编排成功的话，不仅可便利于日人的理解与学习，且对大东亚各地的民族话，这种词汇简单明了，也不失为可遵循的标准呢！同时，关于词汇，单纯大纲和体系亦曾有专书出版过，然而想完成一部更详尽更具体的著作，却是需要许多人力和许多费用的艰困工作呢。

时枝：政府目前从事研究的国语问题，如不充分进行基本调查，而想立即规定通行，也是不可能的，必须首先广为搜集资料，再加以系统化的整理，才能便于选择标准的。

神保：所以，我们希望政府对于统一语言，更要采取精细一点的政策才好。

中岛：为了将来普及发展日文起见，我认为根据文献和社会史的材料，而研究过去的历史是必要的。同时对于现时不断变动着的语言也有研究的必要。再者，关于构成语言骨干的基本文化也有看看它相互关联的必要。现在正是整个语言学问的一大转机，这是毫无疑问的。今天我们所讲的话，由别人看来或许是好奇的清谈，然而实际上却是极端紧急的问题，又是有关于国运盛衰的问题。这就是因为目前语言问题，不仅是理想上的问题，同时也是现实上的治安问题，现在也是战争的问题，所以必须了解到这种地步，而使其能够发展到这一地步。归根结底来说一句，语言本身是整个文化的反映，于是就可以明白，日文好，就是日本好！并且不要单纯说好，而就松懈起来，所以必须也当作一个实际的问题来加以努力不可！

神保：在这种严重的意义上，我盼望语言学家，能从象牙之塔、艺术之宫里，大踏步走出来才好。

关于敌性语言

记者：再谈一下最近对敌性语言的排斥，这是单单因为是敌国的语言而排斥的呢？还是欲使日文纯化，使日文复归于纯正姿态，而具有历史意义的呢？

中岛：因为目前在战争时期，从整体上看还是排斥敌性国语为对。所谓排斥敌性话，最低限度从心理问题上说，从作战问题上说，我认为是必要的，我想这个问题是早就明白的常识。这勿［毋］宁说是一个常识问题吧！

时枝：所谓常识问题，即对于说外国语那种极端好奇的心理，或那种近乎崇拜的神情，加以扑灭就可以了！

长谷川：有日本现成的话，反而故意喜说外国话，这真是一件怪事，但因此把今日业已日本化了的家也完全取消，也是事实上办不到的事，这种情形还会继续下去的。但我想，最低限度不要再像明治年代所采取的积极态度就好了！（节译二月号《日本评论》）

《申报》（日控），1944年3月11日。

二、相关报道

（冀东政府）内政改善之现状（节录）

（1937年7月10日）

于兹对冀东政府组织以来，关于管内施政之改善发达，略述改善政策之结果如左。

教育：

中国正在澎湃之抗日思潮实由于国民政府所采取之排日教育，此事极其明了。南京政府若真期望亲善，必除先铲除排日教育，要达到此目的，非首先全废排日教科书不可。冀东政府，关【于】此点加以深虑，决定教科书之改订，组织教科书编纂委员会，强调东洋精神，鼓吹防共思想，以亲仁善【邻】之主张为方针，着手教科书改编。小学教科书已终了三次之配本，中等教科书现在编纂印刷中。

关于教育机关，自从冀东政府教育厅成立以来，各方面力求改善，现已着手校舍之改筑及学级之增加等，冀区域内小学校共有四千九百九十五，【其】中政府直辖小学校三，县立小学二百二十二，县立初级小学四千二百七十六，私立小学二十八，私立初级小学四百七十六。

中学校共有十五，【其】中政府直辖者四，县立者十一。至于师范学校，政府直辖者有三（其中一为女师），县立者二十二，共有二十五。政府直辖之师范学校中，通县师范与通县女子师范学校，当自治政府成立同时，即实行校长之更迭，而积极改组。至于职业学校，则尚未有可述之学校成立，只有一个初等农科职业学校，设在通县而已。此职业学校自去年招生。据闻更将在各处设立此种学校。

教员数，以上各校共计二千九百七十四人，然自不免有多少增减，学生数则共有二十一万五千七百二十四人，此外社会教育机关如左：

民众教育馆（直辖）	二
同上（县立）	一八
图书馆	一五
体育场	一三
阅报处	三七五
民众学校	一〇一二
短期义务学校	二二四

公共体育场　设在通县之民众教育馆与公共体育场，系在去年新设立。

冀东政府已有计划采用义务教育制，其实现期恐不在远，此外大学校、水产学校等之设立，亦有计划，关于此项问题，已经数度协议。

（后略）

《盛京时报》，1937 年 7 月 10 日。

地方维持会文化组复审中小学教科书竣事

（1937 年 9 月）

小学组昨晨开会决定付印

（本市消息）社会局局长李景铭，以平市中小学已定十九日一律开学，二十日正式上课。关于开学后所用课本，现已由北平地方维持会复核竣事，并将审订标准及各种课本有妨碍邦交文字，转录成册，于前日转交社会局中小学教科书审订委员会，分发付印。该会小学组特于昨日上午十时在社会局会议室召开全体审定委员会，届时出席北平维持【会】文化组顾问武田熙、局长李景铭、第三科科长袁祚庠、小学股主任耆臣、委员赵伯英等二十余人。首届主席李景铭报告开会意义后，即开始讨论。议案如下：（一）审订删改课本已由北平地方维持会文化组复核竣事，并另拟具每课中有妨碍邦交文字另编成册，以便印时删除，有何意见案。议决：全文通过。（二）课本审定后，何日付印案。议决：即日付印。又该会中学组亦决定日内召开全体委员会议，讨论课本付印一切事宜。

《世界日报》，1937 年 9 月 12 日。

中学课本审委会昨开审查会议

（1937 年 9 月）

议决要案两项

（本市消息）平市社会局以各中小学定于二十日开学上课，对于课本问题，曾由中小学教科书审订委员会积极进行。小学组业于日前开会通过付印，中学组亦于昨日上午十一时在该局局长室召开全体审查委员会议。计出席局长李景铭，第三科科长袁祚庠，中学股主任乐永年，督学孙世庆、萧述宗、邵俊文，委员计市立第四中学齐树芸、市立女二中李昆源（俞大酉代）、平民中学马慰青、市立第一中学杨阴庆等二十三人。主席李景铭，首先报告开会意义，即由袁祚庠报告中学教科书审查之经过，及地方维持会函复审之希望。

旋即议决：（一）各组依照审查标准及原审查之结果，重行复审，于本月十五日以前送回。（二）定本月十六日再开会作最后之决定。

《世界日报》，1937 年 9 月 14 日。

中学课本审委会开会通过史地国文审查结果

（1937 年 9 月）

高初中分别选读经书

（本市消息）平市社会局中小学教科用书审查委员会中学组，昨日上午十时在该局局长室召开第三次全体审查委员会，计出席局长李景铭，第三科科长袁祚庠，中学股主任乐永年，督学孙世庆、萧述宗、邵俊文，委员计市立第四中学齐树芸、市立女二中俞大酉、平民中学马慰青、市立第一中学杨阴庆、崇实中学罗遇唐、大同中学贺翊新（周书元代）、第三中学赵树珊、北方中学罗庆山、华北中学平维恒、市立体专学校李洲、第五中学张景涛、市立师范学校韩秋圃、第二中学陈树森、高级职业学校李潭溪、志成中学王玉书，及北平地方维持会文化组顾问武田熙、桥川时雄等二十余人，主席李景铭，记录乐永年。首由主席报告开会意义，及各组委员报告审查经过后，即开始讨论，至十一时许散会。兹录报告及决议事项如次：

报告事项：（一）历史组、地理组、国文组三审查委员报告审查经过及结果。

决议事项：（一）历史组、地理组、国文组审查报告是否通过案。议决：照审查结果通过。（二）公民改为修身，并选读经书，是否通过案。议决：（甲）初中选修《大学》、《中庸》、《诗经》。（乙）高中选修《礼记》、《左传》。（丙）将来补充工作，仍由各组审查员继续负责，准备资料交局汇送地方维持会审查。

《世界日报》，1937 年 9 月 17 日。

中小学教科书平【市】维持会复审完竣

（1937 年 10 月）

（本市消息）平市府以前中小学各校所采用各教科用书多不适用，曾令社会局组织编审委员会加以审定，此项用书，业经社会局编审竣事，并经地方维持会复审完竣，江市长昨令社会局转饬各校采用。

《世界日报》，1937 年 10 月 6 日。

函请维持会补助教育经费

（1937年10月2日）

公函北平市地方维持会关于补助本市教育经费一案，兹再将困难情形详陈请准九月份起按月补助由（公函第五八号）。

案准贵会九月二十一日函开查补助教育经费之二万元系属临时性质，至于按月补助，俟筹款有定再行核酌办理，并希转知社会局等因，准此。查本市教育经费，因时局关系，七、八两月份仅发一成余，最近领到贵会补助之二万元，始发放九月份之一成八。各校方勉强开学，至七、八两月份，经费尚无着落，惟有暂作悬案。现在本市市库因市面萧条，收入锐减，所拨教育经费既不能按数筹足，而贵会补助之二万元，如再无着落，各校虽经开学，教职员工不能维持生活，势难免再度陷于停顿，事关本市教育前途至巨，用特再将困难情形披沥详陈，拟请贵会仍按每月五万元成数补助，倘有困难亦务乞俯念本市教育目前艰窘情形，准自九月份起，补助三万元，以免弦歌中辍，相应函达即希惠允见复为荷。

此致

1937年10月2日

《北平市市政公报》1937年第414期

被蹂躏的天津*

（1937年10月3日）

敌人于七月二十九日对天津施行惨酷的轰炸，实行军事占领之后，迄今将一月有半，津市的治安秩序不但未能完全恢复，而且愈益陷于无政府的纷乱不安状态之中。敌人阴谋在华北制造第二个“王道乐土”的伪国，但事实告诉我们，在敌人的军事占领范围之内，绝对没有安宁可言。（中略）

在汉奸的统治之下，最显著的成绩要算“文化侵略”，社会局为了献媚敌人，第一步工作就成立“中小学教科书修正委员会”，将国语、史地、公民、社会等科本“有碍邦交”及“有鼓吹革命思想”的部分完全删除，同时为了改变青年的思想，通令各校于本学年起加授日本语及四书；第二步，该局于九月六日起派员至市图书馆、各通俗图书馆、各阅报所，检查一切书报，将“有煽惑性”及“有碍邦交”的书报一律焚毁后再行开放；第三步方法，就是新闻检查，和精神食粮的断绝。本来津市新闻检查，归市政府第三科兼办，

---

* 此文系一篇通讯，作者为欣晓。

“此次事变以后，由日本宪兵队维持，幸尚存在，我们很感谢的，现由维持会委员会议决，改为新闻事业管理所，由社会局直辖”（引八月二十六日该所所发［长］谈话）。各报社因环境关系已自动停刊，所以这个机关实是无事可为，不过在原有汉奸组织里，多添一个名目而已。它的任务是极反动和道地汉奸式的，这可从它规定的新闻检查办法看出。该办法共计九条，现录其最荒谬的几条以见一斑：

“第一条，新闻界之使命，以新闻政权安定，强化人民安居乐业为宗旨，打破反日谬言，务使人民赖友邦日本之好意。”

“第四条，军事行动，多属机密，在此过渡期中所有军事，务以日军司令部发表及同盟通讯社为主，其他无关轻重之新闻纪事，概不限制，所有南京方面之逆宣传，一概不准登载。”

“第五条……凡治安维持会及日方许可以外之报纸，绝不许可贩卖，倘有发见，即通知公安局及日方宪兵队。”

津埠的地方秩序，除了租界之外到今日仍未恢复，因为天津仍为半军事区域，因为警察完全是徒手，因为华界人民所有的自卫枪械完全缴出，所以土匪与浪人流氓横行，良民无法安于生业。华界的商店虽经公安局一再催令复业，但开门不及一半，因为怕浪人与流氓勒索抢掠，更怕日兵买货吃食后不给钱或仅给十分之二三，所以大部分的商店宁肯将货物移存租界，长期关门。华界的居民，亦被骚扰不堪，浪人等勒索钱财，强买毒品。最可恨的是敌兵强奸妇女，强架少女，河北一带虽经敌方宪兵取缔，但偏僻的城区内及近部的村庄的少年妇女，仍被蹂躏，所以日来向租界逃难的年青妇女非常之多，不过无钱的老百姓怎能住得起租界呢？

日韩浪人近勾结地痞流氓，在东马路、河北及津界城内遍设白面馆、烟馆及赌场，原来在日租界开设的毒窟，现已大部移在华界，大概凡是日军所到之处，这些灭亡中华民族的“法宝”亦就随之而来了。

《抵抗三日刊》第14号，1937年10月3日。

奴化教育①

（1937年10月6日）

天津“地方治安维持会”成立仅一个多月，现在在治安方面是盗匪遍地，浪人横行，强奸掳掠，无日无之，不过他们也曾作了一件值得日本军部夸奖的事，就是替日方来施行“文化侵略”，麻醉青年。

① 本文为天津通讯，作者为欣晓。

“维持会”为了献媚日方获得日本军部的垂青，在社会局成立后的第二日就组织了一个“教科书修正委员会”，开始搜集中小学校所用的教科书，任意地加以修改，删除最多的是国语、史地、社会、公民等教科书，稍好一点的教材——如关于国耻史料、不平等条约、“九一八”、孙中山、三民主义、党国旗、帝国主义侵略中国等部分，都被完全删掉，因为他们认为这些是“有碍邦交”，“鼓吹革命”，“煽惑青年”。说来也无足怪，因为这个“修正委员会”的委员是社会局长钮传善、教育科长陶子权及专员林绍昌等，都是十足的汉奸，加上日本顾问多喜，自然很好的教科书要被目为“反动”了。

修正后的这几种教科书，已由该局招商承印，专利发售，全市附近各界至少有十万以上的中小学生购买，这也未尝不是钮氏与多喜的一笔投机好生意。

“维持会”为了要“改变”青年的思想，指导青年走入“正轨”，并为对日本表示亲善起见，特令各中等学校于本学年起加授四书及日本语。据记者所知，各校均已遵办，“四书”一科由老古董或一知半解的教员讲授，所用的教材是“四书注解”，旧书铺所存的铜版四书已销售一空，正由书商赶印中。日本语是由日本教员教授，每校一二人不等，大半是由日本顾问所介绍的，月薪与英文教员的不相上下，都在七八十元以上，这一批日语教员大半是由日本中等学校或高等学校毕业后而失业的，在天津赋闲很久，遇到这样好的差事，他们不免要高呼华北已成“乐土”了。至于日本语的教本，是采用饭河道雄所著的《中等日本语读本》及《速修日本语读本》，内容有一部分极其荒谬。如“地理问答”一课中将“满洲国”伪组织看作一个国家，将中国的版图割去了四省，“日本见物”一课中替日本宣传夸耀，绝对不适于我国学校采用。

日军部为肃清反日分子，根绝反日思想起见，顷又进一步地令社会局转令各校实行“思想检举”，凡教职员及学生的言行思想有反日的倾向者，均须加以检举，由学校开除，或报告官厅拘捕。因此，有不少的青年教员及过去曾参加课外活动的学生，早已不待检举而自动离去。不过虽在这样的高压政策之下，青年们的“反日思想”能否根本铲除，实属一大疑问。

除了学校教育以外，“维持会”还有精神顾及民众教育！在一星期以前，社会局已派员到市立第一、二两个图书馆，三个通俗图书馆及六个阅报所去检查，将所有“有碍邦交”及“有煽惑性”的书报杂志一律焚毁，同时将墙壁上的各种标语格言及总理遗嘱等一律洗刷，另外换上了“实现华北自治”、“促进中日亲善”、“造成华北乐土”等等荒谬的标语。

最后，还有一件事要提到，日韩浪人近数日来以各校已开学，认为是发财的机会，携带着大批日本出版的地图及替满洲伪组织歌功颂德的小册印刷品，去到各校兜销，各校因为避免麻烦，差不多都买一二份，不过价钱相当贵，因为这类东西没有定价，由他们随意要价，买者亦不好还价。地图的印刷很精致，不过是荒谬绝伦。例如“大日本全图”，竟将东北四省列入；“满洲国”地图竟将察哈尔亦列入，其他内容也就可想而知了。

此信付邮时教育科已独立，并且成立教育局，但“奴化教育”的计划仍丝毫无变更。

《抵抗三日刊》第15号，1937年10月6日。

京津教科书审委会今晨举行成立大会 分组审订中小学教科书

（1937年11月）

京市各校昨开筹备会

（本市消息）北京地方维持会，以本市为文化故都，学校林立，对于以往所有之各党化教科书，均不适用，特组织中小学校教科书审订委员会，分别予以删改，或贴补，通令各校照办，以谋救济，并由该会文化组负责处理一切。该组主任周肇详、顾问武田熙氏以此种贴补办法，究非长久之计，为一劳永逸起见，拟将各教科书从新编订，令各书局印刷出售，以备明年春季各级学校开学时购用。惟以此事重大，未便自行办理，特与津市地方维持会一同办理，共策进行。现天津方面已推选各级学校代表五十余人，业于昨（二十日）下午抵京，准备出席于今（二十一日）上午九时在中南海居仁堂召开之京津教科书审定委员会成立大会，本市各校昨并举行筹备会，商讨一切。兹将详情分志如次：

京市地方维持会文化组，昨（二十日）下午二时召集各级学校开会，计出席委员周肇详、顾问武田熙氏、社会局长李景铭、第三科长耆臣及市立中等学校校长、市立小学校长、私中联合会执委、私小联合会执委等约五六十人。首由主席周肇详报告，略谓：此次京津两市为谋从新审订华北各地教科书而脱离党化起见，拟于明天（即今日）上午九时在京召开京津教科书审订委员会联席会议。其目的在集思广益，共谋进行。本市学校众多，为准备参加明晨之会议，特预先召集诸位，举行筹备会，讨论一切。诸位若有意见，可尽量发表，以便集中采纳云。次由武田熙氏、李景铭略为补充，即决定将全市各级学校分为四部分，计高中部、初中部、师范部、小学部，每个部分将所教授之课程类似者归纳为数种，由各出席校长就性情所近，担任一种，以便参加会议时，即由该人发表意见，以免紊乱。旋每人认定一种后，即交由主席周肇详，审阅通过，迄四时半散会。

京津教科书审订委员会，津方代表五十余人，昨已抵京，决定于今（二十一日）晨在中南海居仁堂召开成立大会，京津两市参加者约有一百二十人左右，议程大致规定，首推选主席，报告意义，次开始分组，推定各组负责人，规定日期从事审查云。闻该会成立后，凡非该会所审订核准之教科书，即不准再行在华北一带发售。

《世界日报》，1937年11月21日。

中小学教科书将增添睦邻意识　扫除一切赤化思想

（1937 年 11 月）

京审委日内开始审查

京津中小学教科书审查委员会，前为便利审查起见，曾决定小学及民众学校课本由津方担任，中学课本由京方担任。京方审委会委员名单，昨已公布。兹闻审订之内容以扫除赤化思想，及树立华北新政权为标准，并增添睦邻意识。其删审时期，规定自明年二月起至八月底止，在此时期内对各校所用之课本，一律加以删改。自八月以后，则为编审时期，亦即为施用新课本时期云。

（又讯）京津中小学教科书审查委员会，现已着手准备一切，俾早日审查完后，交书局印制，以便明春各级学校开学时购用。京市方面全市审查委员，均已推定公布，社会局现正购集各级学校教科书。俟完竣后，将召开会议，分与各该审查委员会核订云。

《晨报》，1937 年 11 月 29 日。

极力养成东洋复兴思想人材①

（1937 年 11 月 3 日）

北京大中小学校，于暑假终了后，因事变关系，未能即时开学，其中抗日思想之巢穴北京大学、师范大学、东北大学等各国立大学，咸以此次事变为限，逢解散命运。而男女中小学校，均于华北治安平定同时，十月中旬起，已一律开始第二学期。此所谓第二学期者，乃展开新世纪之【第】一页，含历史性之第一学期，矫正过去谬误之教育方针，使之根本一新者也。向来南京政府，以排日侮日为教育之根本方针，同时并因崇拜欧美思想，以英语为第一外国语，专事学习德语、法语等欧美语言，舍历史悠久本国文言之难而就易，蔑视东洋精神文明圣典之四书五经为封建时代之遗物，毫不可惜即概行废弃，崇拜外国思想，养成摩登风流人材。结果，东洋的精神文化，日见颓废，上而大学，下至小学，完全化为西洋唯物思想与排日思想之秽土。然今次开课之各学校，完全改革从来之方针，以日语作为第一外国语，以亲日为第一目标，决定涵养复兴精神，又以南京政府放弃不顾之四书五经为根据，倾注全力，养成德育，另一方面倾力于实业教育，努力养成坚实之新

① 原文标题为《华北中小学校更生　一掷排日拜外思想　踏进新世纪之第一页　极力养成东洋复兴思想人材》。

国民，现已得良好成绩。而从来之教科书，目下由改订委员会着手研究，惟目下削除排日之文字，仍使用从来之教科书云。

《盛京时报》，1937年11月3日。

北平伪地方维持会的透视（节录）①

（1937年11月21日）

题记：笔者服务北平市政府四年，此次事变之后，忍痛离开旧都一切人、物，只身逃亡来汉。窃念后方人士对于陷落后之北平情况，所知辄为一鳞半爪之个人认识及印象，而于伪组织之内容罪状，容未周悉，爰撷其大要，供诸社会。——溶志

（前略）北平地方维持会在日顾问指导之下，对于“文化建设”的工作，异常紧张，近两日来，成效甚为显著，最要者有以下数端：

（1）成立“华北教育总会”　这算是日本人侵略中国以来，空前的斯文儒雅的技术。因为要安定北平人心，而北平是以教育为灵魂的都市，教育界的人心要能够安定，其他顺民也就容易驱遣了，况且日本对于北平的教育总认为有“党化”、“排日”一类的质素，趁着这个千载一时的机会，自然要树立一个澄澈的基础，所以就找出一批失意于政海而潜身教育的人物出来奔走。并且用了一个骗局的手段，先由地方维持会发柬遍请各大学教授、各中学校长在丰泽园谈话，届时让到会的人亲笔签到，主席是北平晨报社长宋介，开会后一读而通过了“华北教育总会”的简章及抨击党国的通电。所有出席人士的姓名，就成了议案的诺押，立刻送到报纸上发表，铸成一页中华民族文化罪史。

（2）修改中小学教科用书　修改教科书，本是仇敌一贯的伎俩，在北平的教育工作上，更不会放松，于是就由“文化组”顾问武田熙、桥川时雄、西田××等领导，着手教科书之审查，而事实上是命令北平市社会局主管教育科股会同各中小学当局按照“亲日”、“排除党化”的原则作一度初步审查之后，送请他们裁可而已。在中国人作初步审查工作的时候，他们那种心理在删改的痕迹上表示得很凄乱可悲。有些删改得细腻入微，体贴备至；有些大涂大抹，敷衍了事；末了又由社会局人员逐一整理，制就审定表，发交各学校，替学生把教科用书分别涂抹、糊遮或撕去。删改的科目有历史、地理、国文及常识等，公民一科，根本撤除，改授四书五经，名为“修身”，国文按照审定目录，采用活页教材，然而这不过是一个急就章，最近已经着手编订新教材的工作了。

（3）恢复市教育外观　北平市教育，包括六十几个中等学校，一百多所小学，二百多个义务短期小学班，这里面除了私立学校外，每一月政府负担的教育经费超过十万元。其

① 本文作者为戴溶江。

中由教育部按月补助普通教育协款五万元，义务教育经费一万元；其余四五万元就由市预算项下拨给。自从平津陷落，中央协款断绝，而市财政命脉又握于汉奸之手，移充日本军队的供养。自然不顾这些读书识字的事情，然而敌人杜攫得我们的土地以后，究竟要做一点“王道”的面子，同时为了安定人心，不得不设法酝酿开学，最后维持会承认每月补助二万元，市政府陆续给一点钱，勉强凑到四成经费，打开了学校的大门。

（4）筹设“最高学府” 国立大学都成了空城，剩下那些可爱的校舍，多半变了兵营，然而“文化组”的日本顾问颇能高瞻远瞩，要恢复北平文化的权威身份，异想天开地在筹划着组织一所“大学”，大约以北京大学第一院作文学院，北平大学的工、农、医等学院仍分别存在，总名则沿“北京大学”的旧称，以清华大学为体育馆。这么一来，场面也许楚楚可观了。不过这是少数人的意见（日人武田熙是北大学生，自命北京通，此次担任文化工作的策动，最为卖力，对于中国人，也极力拉拢），一时恐不能实现的（后略）。

《大公报》（汉口版），1937年11月21日。

市、私立中小学决定在中小学教科书未印就以前课务进行办法

（1938年2月）

查本学期现已开学，惟中小学各级教科用书前由编审局承印，现时尚未齐全，关于临时课务进行不得不先行筹划。兹经决定，于中等学校方面，凡上学期未经授完各科仍继续讲授，原用书籍其已授完者，暂行复习，对于作文、写字、演算，在复习时间内，尤应勤加练习，以资补充；修身科继续讲述《孝经》、《论语》、《孟子》，所有临时变通办法，业经分呈市公署、教育部奉令照准在案。除分令外，合行令仰遵照办理为要。此令。

局长 张水淇

中华民国二十七年二月二十八日

《市政公报》1938年8期

在和制伪组织下华北的奴化教育

（1938年3月24日）

编日教科书以奴化我青年与儿童 借孔子做招牌封住我华北同胞之口

（天津通讯）像在伪满所行施的一样，敌人对于我华北爱国的人民大众，除了残酷的

屠杀和严厉的压迫外，是运用各种手段实施麻醉，企图把华北同胞，变做所谓“临时政府”的“顺民”，让它“平平稳稳”地统治下去。

执行麻醉工作的最高机关当然是伪教育部，它和伪行政部、伪治安部、伪司法部、伪赈济部等并立，直辖于伪行政委员会。伪教育总长为汤尔和，次长为黎世衡。

伪教育部下面设有一个伪编审局，它负起了实施奴化教育的最大任务。该局原系前“京津地方维持联合会”所设，伪维持会解散后，即成为一单独存立的机关，至伪临时政府成立，乃决定并入伪教育局，但至最近始行接收。其主要工作，是编印和审查各种出版物，尤其是着重于各学校教科书，把关于具有国家思想和民族思想的完全铲除，而注入容易养成奴隶意识的东西。即敌人所谓“根绝抗日排日的教科书”，而易以“确立东亚和平，促进日、满、支协和之新的课本”。该局现暂分审查、编修及发行三科，目前正积极努力于各级学校（包括大学、中学、小学、民众学校）教科书之修订，其中关于中小学的，都早已修订完竣。这些教科书，甚至还是送到日本去审查过的，且在日本印刷。早在一月十一日，伪编审局派了伪编修科长陈达民等五人赴日，以日本国定教科书为标准，遵照敌意编辑。所谓“华北新教科书”，包括“国文”、“伦理”、“地理”、“历史”等等。编竣后，即在日本共同印刷会社印刷，由陈达民于二月十九日将已印竣的数十万部先行带回华北，分发各中小学应用。大阪《每日新闻》竟称这些教科书是“黎明支那文化的基石”！

同时，在统一和整理大学校务名义之下，各大学都给很大的变革。例如国立北平师范大学改称“国立师范学院”，女子文理学院改称“北京女子师范学院”，其他并院并科的很多。此外，私立各大学，并将大加所谓整理与归并，其唯一的作用，是使便于对我高等学府作奴性的统治。各校定四月一日开学，与日本国内的学历相同。至人选方面，北大校长内定伪教长汤尔和兼任，师大校长由前师大教授柯政和充任，清华校长由伪教次黎世衡兼任。

值得我们注意的，另外还有个专造高等奴隶的“新民学院”，他在系统上并不直属于伪教育部，而受辖于伪行政委员会，其重要可知。最近，伪政府又决定把该院学生（共六十名）送往日本去“受训”，路程为由塘沽至神户，再至东京、大阪、广岛、下关，经朝鲜、伪满而回华北，率领者为“新民学院”之副院长兼教务长佐藤三郎，“生徒队长”茂田秀和，及精通日语之汉奸钱稻荪等。名义上他们是乘樱花的季节而去观光，实际上是叫他们去多吸收些做奴隶的意识！

除了“新民学院观光团”之外，听说还有一个所谓“北京西城女子宣抚班”，也将作“观光”之行，团员约五十人，以女子学校教员为最多，由“汉奸太太”率领着，他们的任务是“从家庭上给予日支亲善之实”，真是无聊到极点了。

另一麻醉手段，就是所谓“尊孔”，借孔子做招牌，实行其奴化的政策。二月二十五日，曾由伪行政委员长王克敏、伪教育总长汤尔和连名训令各“地方长官”，饬“崇尊孔道”，“宣扬圣教美风”，“排除各种异说”，并恢复孔子春秋二祭。但着重点正在于那所谓

“排除异说”，在“排除异说”这一个口实之下，华北同胞，什么都不能开口了。

此外，各种麻醉手段，当然还很多，电影便是其中之一。日前敌电影界要员桑野正夫、大山昌纲等，曾赴天津、北平、张家口、大同等主要都市考察，预备把大量“宣扬王道”的影片，输往那些地方去，作为奴化教育之一门。（三月十七日）

（按：敌方文部大臣木户幸一，最近且有直接接管华北各大学，并管理华中各大学之议，见本报廿二日东京电）。

《申报》（香港版），1938 年 3 月 24 日。

敌对华北实施奴化教育与文化侵略

（1938 年 4 月 8 日）

（天津专讯）敌人在华北已实施着奴化教育和文化侵略，真是叫我们最痛心而又最感棘手的一件事，因为军事侵略与土地占领，这只是一时的损失，只要我们自强不息，抗战到底，终有收复的一天。但这深入到一般青年学生内心的烙痕，却是非常不易消灭无迹的。更何况有些败类知识分子竟也甘自供敌驱使，来用种种花言巧语欺骗于后进之学子呢！

敌人的奴化政策之唯一前提，便是扫除以往的一切抗日思想和民族精神，而从新树立一种以亲日思想为中心的教育基础。伪教育部长汤尔和，和次长黎世衡，便在敌人这种限制之下，来负责出卖中华民族的灵魂。关于奴化教育的开始，首先是训练一般为人师表的教员，使他们动摇了中心思想，然后再去欺骗大众青年。中小学方面首设立所谓“中等教育师资讲肄馆”，令先限［前］所有置身教育生活的全体中小学教员一律参加受训，已于四月一日在北平国立师范大学开始训练，其中主要的科目，就是加速造成师资之亲日教育的教授法，检讨过去每一个人的民族精神和仇日思想。这种训练是长时间的，另外为了应付当前急需，在二月初旬成立了一个中小【学】教师训练班，把北平市原有之中小学教师约三千人，集中加以赶造式的训练，由王克敏、汤尔和、黎世衡诸逆，分别到场发表荒谬绝伦的汉奸论。训练期共三天，至于受训的人们，是否能够那样听话，这当然是个疑问。

当北平混乱局面未过去的时候，江朝宗所成立的北平维持会，曾经遵从敌命成立了一个中小学教科书编审局，由日人饭河道雄任局长，局址在中南海里，后来傀儡政府成立，便由汤逆尔和派人接收，不过主持局务的还是日本人，名叫藤水［本］葛［万］治。这个所谓中小学教科书编审局的设立，也就是奴化教育的执行者，在去年暑假开学时，曾重加修订中小学教科书，把原有的民族思想删改了一点没有。并且把这批教科书拿到东京去印，其中一部分在伪满付印。修订的范围是小学课程全部改编，中学则只改编国文、修身等四种。最可笑的，是在该项教科书未运到以前，国文一门，先拿《古文观止》来替代。

关于大学教育部分，国立师大、北大、清华三大学均被迫开课，但是到校的学生，则寥寥无几。伪北大由汤逆尔和充校长，伪师大由柯政和充任，伪清华由黎逆世衡充校长。此外北平艺专及平大农科则均并入北大。另由郑颖荪及庞敏敦分任此二伪校长。北大因为是汤逆尔和自兼校长，经费方面较为方便，内中分文学、农学、工业、医学、法学五院，各院长均由汤逆自委。至于大学部分的女子教育，听说打算把原在九爷府女子学院的校址改为女子大学，成为华北敌伪统制下的最高女子学府。不过现在还未筹备完备，不曾开学。

敌人对我国的文化侵略，本来是早有准备的，这次华北既已沦于敌手，当然它便悍然不顾一切的干去。它们以“树立东亚和平基础”、“研究调查东洋文化”为标榜，设立一个文化侵略全权办理的中央机关，对于东亚及南洋以十年的计划，用每年二百万元调查研究费，来办理关于政治、经济、文化、宗教、艺术等项的侵略，即以倭首相广田统领其事，定名为财团法人东亚研究所，总所设东京，各被侵略地方设分所，现在已由倭方各关系团体通过成立，未来的工作开始，将先自华北入手。（四月八日）

《申报》（香港版），1938 年 4 月 17 日。

新生华北之一瞥（节录）[①]

（1938 年 7 月 9—10 日）

（上略）

2. 新民会诞生

由新政府成立之日起二周间后，以十二月二十七日成立新民会。查新民会对政府呈表里一体，系民众教化团体。新政府之施政直接对民众之一人亦期实施，民众之组织训练即其使命，当于实践，以新民主义为政治的指导原理，今略述新民主义如次：

“大学之道，在明明德，在新民，在止于至善。”则为王道政治具现之起见，以修身、齐家、治国、平天下之顺序，谋东洋之理想境之建设。

该理想依左之《新民会大纲》，为具体的表现：

一、护持新政权，以谋民意畅达；

二、开发产业，谋民生安定；

三、发扬东方之文化道德；

四、于剿共灭党之旗帜下，参加反共战线；

---

① 因本文系日人所撰，故而文字多有不通之处。

五、促进友邻缔盟之实现，贡献人类之和平；

为该对象，以农民为第一次的，中产知识阶级为第二次的，故现在企图农村经济合作而着手农村社会设施、农村医疗施设等之实现。

而新民会中国会人［员］以行［外］，第三国人亦为会员，兹得窥知日满业一体化之理想。

会长为新政府主席，又副会长推戴政府官吏以外之有力者。现在会长虽空席，副会长张燕卿氏就任，其他重要役员，中央指导部部长缪斌氏，总务部长为小泽开策氏，教化部长为宋介氏。

其后中央指导部内为积极农村救济之起见，增设更生部。随中央部之组织阵容整备化愈愈迈进，积极的民众指导教化，一月二十日在青岛、太原、张家口之三都市，设置各指导部，其他各省市亦渐次企图设立准备，天津已成立河北省指导部矣。

3. 新民学院

按史，中国政治之腐败，因官吏之腐败为多，新政府避免此弊，更积极的于新民主义下为养成中坚人物起见，一月十日开设新民学院，院长行政委员会委员长王克敏氏就任。

新民学院之学生，自二十五岁至三十五岁，由大学卒业者为选拔，特不偏思想的、对新政府之使命遂行、求献身的强韧之人物。各学生受三个月之新民教育，其三分之二为中华民国临时政府中坚官吏，三分之一为新民会员。现在为第一期六十名之学生受训练，其结果为颇好成绩，更募集第二期生，招募约百名。

讲师王克敏氏以外，麻子木员信氏、泷川政治郎氏、桥川时雄氏等著名日人为颇多。

4. 教　育

北京为中国学生运动之发祥地，学生运动，一般的为新时代代表之一流脉［派］，特为学生之纯粹思想行动，以高价为评价。北京之学生运动，于未成时期，须为进步的行动，然最近人民战线运动提倡以来，中国学生运动，呈抗日的色彩，于京津地方，望日华提携之一部学生大受排击［挤］。

事变勃发后，是等之抗日学生、教授等，参加中国军队南下。京津地方渐次表示日华亲善，以排共为基调，创生新学生团体，即八月二十八日在北京成立之华北学生联合会，于左记标语下为成立：

一、打倒祸国殃民的一切之流；

二、东方固有文化之发扬；

三、东亚和平基础之确立；

四、不良教育之改革；

更九月四日宋介氏为主席之华北教育总会遂亦成立。

于该总会，北京、清华、师范、北平之各大学，法、商、医、工之各学院及私立朝阳、民国、中国、华北、协和等之各学院，其他市内各中初等学校之代表者约三百名〖为〗出席，以东亚主义为教育方针，发表宣言。该总会，于地方维持会文化组指导下，离脱南京政府之手，谋混乱下之各学校之拥护、维持，且为将来之教育方针研究之机关，文化组更于其指导下，组织北京市中小学校教科用书【改】订委员会，担任从来之排日教科书之改订，渐次着手教育机关之恢复并改革，而九月末已开校，该开校申込之学校北京市内达大学二、中等学校十一、小学校三十。

中华民国临时政府成立后，教育部长汤尔和氏，企图南京政府时代之教育制度，对中华民国之更生，树立相应之教育方针，其根本目标，在中国固有之教学复兴，中国文化、社会、经济之研究奖励及产业技术之普及，随该目标谋国立大学之整备，中等教育及实业教育、一般民众教育之充实。具体的定次之方针：

一、国立大学之整备

北平、北京、清华、师范各大学及交通大学现在闭锁中，北平大学以外，不依综合大学，且教授课目呈重复，故整理配合，而复活各部并女子大学、各科综合之北京大学及师范大学，迨新学年之九月必使开校。

一、专门学校之改废

国立北洋公学校、省立河北工业学院、农学院、水产科学校等之专门技术学校，以将来之产业开发、技术员养成为其目的，可能范围内谋内容充实，以谋复活之实现。

一、私立学校之调查

在北京、天津，外国系之大中小学为多数，为教育系统整备之起见，不良者命闭锁。

一、初等中等教育之充实

中国教育之根本的缺陷，存于中初等教育之不备，故今后将励【行】省市县立中学之增设，小学校之增设，以谋初中等教育之普及。

一、实业补习教育之普及

做日本之制度，图农事教育之普及。

一、教授方针之刷新

排除大学教育，并从来之教授方针之偏重主义，奖励学生之演习自习，以函［涵］养青年之判断力为其根本方针。

更政府鉴教育之根本的刷新、教育者再教育之方针，二月二［中］旬以来，对管下之中小学校长约二千五百名，于北京大学、怀仁堂及其他，实施新民主义的再训练，又从前之国立师范大学为国立男女师范学院，自四月一【日】开校，谋教员之养成。

游行北京、天津市街内之时，注目者为“日语教授”之招牌增加之事实，新政府成立前后以来，中国人间日语热之旺盛，为一惊之点，如爱善学校，从来于组织的实施日语教授者以外，私塾等于随所为开设。该事实对日华之提携，为中国人关心之端的表现。政府于中小学校，为正科决定日语，又一月以来，编纂中之亲日教科书，亦最近完成，自四月之新学期于初中学校为使用。

又随伴日人之华北进出，日人子弟之教育机关整备，各方面进行种种考虑，特中等学校以上之教育，现在有天津商业、青岛中学，即应新情势之日人活跃上，呈多大之支障。北京高等专门学校、天津中等学校之设立要望等，在留日人间之要望为多，日本当局亦为留意中，鉴于现地之情势，实现性将为期不远矣。

（下略）

《盛京时报》，1938 年 7 月 9 日、10 日。

日军奴化北平教育（节录）①

（1938 年 10 月 15—16 日）

设立“新民学院”制造中坚傀儡
编辑删改中小学教材麻醉青年

（前略）日人进占北平以后，除由日鲜浪人联合无耻汉奸，组织“新民会”，高唱“新民主义”，以麻醉一般民众思想外，同时还有“新民学院”的设立。日人设立该院的目的，在其院则的第二条里很明显的透露出来：“新民学院直隶于‘中央’最高官厅，以奉行新民主义而养成能实现中日满一体之官吏为目的。”这换句话说，也就是它打算用教育训练的方式，制造大批的中坚傀儡官吏，好供其奴役和驱策，手段是非常毒辣的。“新民学院”最初是设在宣武门内平大法商学院原址，最近已有一部迁入西郊清华大学。主持该院的除日人外，大多为高等汉奸，院长一席为王克敏兼任，教务长为佐藤三郎。课程计有训育、东洋政治学、行政学、官吏学、经济学、财政学、法律学、史地学和日语等，训育一科由王克敏亲自讲授，其余讲师多数为日人。而素有日本通之誉的国立清华大学教授钱逆稻荪，也恬不知耻的受聘为日语教授。北平一般学生因已洞悉日人的诡计，所以对该院的招考，多裹足不前。日人为招徕学生起见，声言除供给学生食宿、学费、衣服、书籍外，卒业后，还升予月入四百元以上的职位。“利诱威胁”，无所不用其极。然往该院肄业者，只有少数汉奸子弟，至于正式大学毕业生，仍寥寥无几。现下第一期的学生业已毕业，分发到各伪机关服务，第二期正在加紧训练中。故都一般民众，因为该院是制造汉奸的特殊机关，所以多称之为“汉奸大学”。北平的教育，目前是整个处于日籍顾问武田熙支配指挥之下。武氏乃一旅居华北多年的中国通，并且精通中国的古书，如四书五经之

① 本文作者为景巡。

类，北平中小学校在武氏指挥之下，大多数尚照旧开学，惟课程则大大加以变动，同时并在伪社会局里成立“教科书编纂委员会”，负编辑删改中小学应用各科教材的专责。武氏并自任为高等顾问，其发表的教科书编纂方针如下：（一）为彻底实行日华亲善合作，必须取缔一切学生的一切排日言论与思想，各级学校应停授党义、公民两科，其他各科教材应斟酌删改；（二）为使学生明了“王道”之真意，各级学校添授经学一科。（三）为彻底日华文化提携，各级学校须添设日语一科。针对着日人奴化北平教育的方针，所以各校均以日语为必修科，国语改为国文，党义、公民、社会、军训取消，而代以读经、修身和国术，伪编纂委员会日夜加工的改编各科教科书，新教科书赶编不及者，则仍用旧的课本，唯凡有违碍日华【亲善】的字句，务须加以贴补或涂抹，就以现在各校所用的地理课本而论，东三省及热河等，已被删除。中国地图上面的东四省，也被涂去。历史则凡东北、朝鲜、台湾、琉球的沿革，以及带有国家观念、民族思想的段落，也都被删改或裁掉。此外武氏又时常到各中小学视察，和校长教员谈话，以期彻底洗刷各校校长教员的“危险思想”，有时还召集全校师生训话，讲些“皇军除暴安良”的功绩。

平市各大学惨遭浩劫
书籍及函电均被检查

日人进据北平后，平市各大学暨专门学校几完全停办。各校的校舍，也几乎都被占领，作为营房或马厩。就中受创最重者，当推北大、清华、平大、东大等国立院校。本来日军对以上各校，厌恶至深，向来就目为“排日或抗日的学校”，所以各该校的文物和建筑，加以摧毁，北大的图书、木器被日军当作燃料，研究院考古学会的石刻被用［作］拴马桩，室内的玉器、铜器，不遭破坏即被盗卖。至清华、平大等校的图书仪器和机器，也都抢掠一空。目前尚能勉强开学的大学，仅燕京、辅仁、中法、中国等校，但学生的数目大减，思想较前进的教授也都远走内地，各校行政，除中国大学系由汉奸何其巩主持外，余虽均未受日人直接干涉，但图书馆以及私人的书籍，稍有涉及违碍日华亲善合作者，都须检出焚毁，以防意外灾祸。教授和学生在校内只能“安分守己”的授课和读书，不许有任何的集会和结社，以免日人借口检查和搜索。日人除改变各校课程内容，以加强奴化教育外，对各项书籍的检查，亦颇严厉。本来在北平伪警察局成立之初，曾规定违禁书百二十余种，凡稍有妨碍日华亲善的书籍，都在禁读之列。本年六月中旬，媚日求荣的“新民会”，又有“剿共灭党运动周”的发起，在这一周内，对书籍的检查，尤特别严厉。主持检查事务的多为日人，检查的场所，包括机关、学校、住户、公寓、官厅，皆为彼等执行任务的地方，违禁书籍的范围亦极为宽泛，地图、史地、政治、经济、社会问题等，都成禁品，且日人多文理不通，因而无辜遭祸者，实更仆难数。此外日人对函电往来，也都加以密切的监视，智识分子间的往来，尤为注意，困居故都的国人，因接南方友人的函电，而被拘捕陷身囹圄者，更数不胜数。

日人对北平教育除了以上的蹂躏方式以外，还唆使伪社会局发起中小学论文演说竞赛会，凡主张“亲日”、“灭党”、“剿共”则颁给奖金。每逢占领中国重要城市，则强迫各校开会庆祝，有时还举行提灯游行，同时并组织“赴日教育考察团”、“亲善使节团”，以期彻底奴化北平教育。最近尤值我们注意的，就是日本对华文化侵略的策动机关“东亚文化协会”，在日鲜浪人主持下，又大事活跃，和无耻汉奸们组织的“教育联合会”、“日语协会”、“新民会”等狼狈为奸的，向北平教育界疯狂般的进攻，提倡“亲日降日”的谬论，励行奴化愚民的教育政策，俾使平市数十万民众，尤其是青年和儿童，忘掉了民族，忘掉了国家，子子孙孙俯首贴耳的为他的奴隶。

《申报》，1938 年 10 月 15 日、16 日。

北平学校的近况

（1938 年 11 月 26 日）

日人不断地在北平市肃清抗日思想和从事奴化教育。他们因为要肃清抗日思想，便有思想检查院的组织，以便负专责检查市民思想，教育界尤为被检查的主要对象，自从有了思想检查院的组织和活动后，奴化教育的发展更为捷速。

日人认为实行奴化教育最需要有奴化的师资，有了奴化的师资然后奴化教育才易普及。因此日人在北平对于小学方面，便创办小学师资训练班，对于原有的小学校长教职员加以奴化的训练，并强迫他们参加“新民会”和宣誓信仰“新民主义”。不是在小学教育界服务过的人，如愿任小学教师的，也可以参加此项奴化训练和参加新民会。倘若原有校长教职员中，有不愿受此项训练和限制的，那么他只可挂冠而去，不能再留在小学中服务，只可让新训练的奴化教师补充了。中学方面的校长教职员，日人也想加之奴化训练，但还没有完全实现。日人曾一度在中南海公园的怀仁堂办理一班中等学校职员训练班，把平市的中等学校校长、教务主任、训育主任和事务主任都召集去奴训，经过半个月才结束。本年八月时候，日人想把全北平市的中等教师集中在南新华街师范大学地方加以奴化训练。正在进行中，适逢城外游击队打得利害，城内也骚动，日人应付得焦头烂额，没有功夫再管到这事，这事便无形停顿了。（中略）

日人对于平市小学教育的奴化，算是有相当的成功，因为小学生的头脑正像一张白纸，你给他什么他就表现什么，小学生们已慢慢中了奴化教育的毒了！小学生们口中所常说的是：“我们的国旗是五色旗。”“我们的会旗是新民旗。”“我们的友邦是日本国和满洲国。”“我们的仇敌是国民政府和国民党、共产党。”“××××××××××。”……这种种荒谬的说法，都是奴化教师们给他们的。他们家中的父母虽然明知道这不是办法，但又不敢纠正，因为恐怕小孩子口中不紧，纠正后他到学校和街上说出来，不但小孩子要受罪，父母要受处分了。因此做父母的没有办法，只可让小孩子胡说八道。当小学生们被令排队去参加庆祝日人打下台儿庄等地的胜利大会时候，他们也是跟着他们的老师和队长笑嘻嘻活泼地叫出上列种种的口号，使有心人听到真是伤心。小学教师们也并不是都愿意小学生们那么表现，但是每一个小学内的一个日本顾问天天压迫着他们那样教给学生，倘若他们敢不听命令，他们的位置就会动摇，不但饭碗成问题，性命也就危险了。小学生每天早上到学校后，在上课前还有一套新民操和唱新民歌，并宣布尽忠于新民主义的把戏，这也是奴化教育的一端。

中学生的头脑比较复杂，不像小学生的易于奴化。虽然平市中等学校课程，如英文、国文、教［数］学等功课都减少了钟点和加上四书为修身科、日文为外国语科，与每三个星期中学生须有一个星期日受新民主义的训练，但学生们还知道注重他们所需要的基本功课。他们对于种种奴化的训练不但多不接受，且在他们心坎里常发生出热烈反抗的情绪，这种情绪因环境不许可他们发泄，只可暂埋在他们心坎里的深处。有的时候他们忍受不了压迫而表现于外面的便为苦闷的状态。如日人压迫他们排队参加祝捷大会的时候，他们都低着头不做声哭丧脸般的赴会场，他们所感到是追悼会，并不是庆祝会。日人很怕他们的功课不够忙会有机会生出抗日的思想和行动，因此便命令各校当局于课后领导他们上运动场运动和从事各种不必要而又不能避免的集会。最使中学生感到不愉快的，是每天早上到校后须和小学生一样的操新民操，唱新民歌，和宣誓忠实信仰新民主义，这对于他们精神上的侮辱太大了。但也无可如何，他们心里总是想："×××，××××××××××××，让他们也唱我们的党歌和宣誓忠实信仰我们的三民主义。至于无耻的汉奸们，只可军法从事。"还有一件事使中学生感到讨厌的，就是他们所用的课本有一部分被日人限制应该在日本印刷，在未印就寄到以前，只可由教师按照伪课程标准对所教功课暂写大纲编成讲义，常常在学期或学年功课结束的时候在日本印刷的教科书才寄到，这在学生和教员都感到不便。

平市教师和学生是不敢随便谈论抗日问题的，因为教员和学生中也有时有很少的被收买【为】汉奸，倘若谈抗日问题给汉奸听到报告给日人，教师或学生就会无故失踪，或受到惩罚。有一次市立四中一个学生有鼓吹抗日的议论表现，给汉奸学生报告给该校的日本顾问后，那个发表抗日议论的学生便被日本顾问罚跪在炸碎的玻璃屑上给许多学生看，使学生们不敢再有抗日的议论和行动发生。这样惩罚虽然在那个学生很痛苦，但并没有把性命丧掉，还算是日本顾问特别开恩！史地教员是最危险的，因为史地教材就是容易妨碍邦交不为日人所欢迎的东西，所以史地教员说话若稍不小心，不久就会失踪的。国文教员也容易出问题，选教材和讲解都应处处留心。有一回市立三中的国文教员出问题出得特别可笑，就是他们泥足的天皇知道了也会笑破肚皮。当三中国文教员发生问题那一天，他兴高采烈的讲到苏东坡，适逢日本顾问前往查堂，当天晚上国文教员便失踪了。后来学校当局问明国文教员所教的教材并不犯禁，便向日本顾问接洽营救。日本顾问说："国文教员讲的是苏东坡，苏东坡不是和苏俄有关系吗？为什么教员要提倡赤化的理论！"学校当局便把苏东坡的生平对日本顾问报告，并把苏东坡的著作交给他看。日顾问才恍然大悟，知道是自己弄错了，便答应把国文教员营救出来。

平市教会学校也逐渐受到日人的干涉和压迫。初时教会学校是拒绝日人一切无理的要求，日人还不敢怎么用蛮力压迫。后来日人想起一个妙法，除继续给教会学校直接发生麻烦外，便分别警告教会学校的教职员和学生，就是在教会学校未接受他们指导监督以前，教职员和学生都不能到教会学校去做事和念书，如故意要前往，他们对于教职员和学生的安全是不能予以保障。因此教师学生都不敢到教会学校去。教会学校不得已，便逐渐容纳日人的意见，以便教师和学生回校。连燕京、辅仁两大学，现在也让日人派顾问前往指导监督了。

最近日人在北平接办西北中学，每月经费三千元。西北中学原是北平回教总会所创办，专供回教徒念书，经费由中央政府拨给。自从"七七"事变后，校长逃跑，教职员虽然照常上课，但未再收到中央拨下经费。日人又想接办北平的蒙藏学校。这学校原来是蒙藏委员会所主办，专供蒙藏人念书，经费也是由中央政府拨给。"七七"事变后，中央也未再发下经费。日人所以要接办这二个学校，除普通的奴化教育意义外，并以为回、蒙、藏人不是和汉人同族，又不同宗教，正可利用这不同地方在接办后用挑拨离间的手段来分化我们中华民族的感情，正可鼓动回、蒙、藏各族脱离我国而独立，并做日本的附庸。其实这些我们倒不怕，因为住在北平和北平附近的回、蒙、藏族多已和汉族同化，由远道到北平求学的回、蒙、藏人，对于中央和汉族都是有信仰。他们都深明大义，他们对于日人的侵略都恨入骨髓，绝对不会受日人的挑拨离间和受日人的引诱利用，我们只有见到日人的心劳日拙啊！

《星岛日报》（香港），1938年11月26日。

（北京特别市）市立中小学校恢复十成教薪

（1939年1月）

财部拨六万元作半年补助　不敷之款则仍由市库筹给

本市教育经费，自按八成发放以来，迄今年余，一般市立中小学教职员及工役等生活困苦，不堪言状，加以近来百物昂贵，米珠薪桂，无法维持，市教育当局，有鉴于此，特一再恳请，承市长体恤下情，转请行政委员会，俯赐筹发，以便恢复十成教薪之数。兹奉行政委员会核准，着由财政部拨交六万元，作为六个月补助，并不敷之款，仍由市库筹给，即自廿八年度，将本市市立中小学教职员薪金及工资，一律恢复免折，其原预算短少之数，并着核实列入廿八年度概算，由市库筹拨，至所有各校事业则仍照八折支付。

《实报》，1939 年 1 月 8 日。

华北华中教育制度确立

（1939 年 6 月 7 日）

向提高青少年教育迈进

（北京五日电）临时政府对于担负更生中国协力建设东亚新秩序之青少年层教育，曾倾注凡有之努力，近借第五次联合委员会开会机会，与维新政府采取连络，确立华北华中一体的教育制度。是项制度，以决不受顽迷抗日思想蚕食之壮年层为对象，为策划于迈进提高时代下先觉之青少年教育。盖临时政府鉴于日军治下，治安渐次恢复，与此相并行，设以各村落为单位之中心小学校制度，设立一部落一校之学校普遍的新知识外，且扩充中学校。大学方面，去年已告开学之北京大学，曾设农、工、理、医四科，本年度起，创设文学院，整备该大学内容，且在天津、济南、青岛、太原、开封各处，亦进行准备开设大学，原来

一、临时政府管下中学校，为初等中学三年、高等中学三年，六年修业制度。反之，维新政府管下中等学校，为五年修业制度。

二、教科书于临时政府教育部内，设编纂委员会，编纂春秋二经七十种，小学用三百万册，中学用二十五万册，印刷分发，而中学用英语教科书及从前男女共同使用之教科书，今后区别男用女用。编纂女子用之一般教科书修身书，顾维新政府管下教科书，便异此相异。

夫在同一国内，教育制度大相径庭，将来中央政府成立，举行官吏交流之场合，非常感到不便。因之，除修业年限化为相同，且由临时、维新两政府选出委员构成编纂委员会，作成统一教科书。又两政府管下宣告不足之教职员问题，亦在联合委员会上有所讨论，盖已树立对于青少年教育之百年大计，此制度之改革，对于新中国将来实予重大结果，殊堪期待。

《盛京时报》，1939 年 6 月 7 日。

日人在华北的奴化教育[①]

（1939年8月10日）

今年一月二十五日上海《新闻报》登载《北平学界之危机》新闻一则，为路透社二十四日北平电：据教育界消息，本城教育当局决令各中小学校自下学期起，聘日籍指导员教授日文，目下日文指导员大半为华人。并闻此辈日籍指导员除作教授工作外，复兼任学监，负指导学生“智育与德育”之责。

《教育通讯》第三十九及四十两期上，连载荷生君之《倭寇在北平的奴化工作》一文，他说：（1）新民学院是最先成立的一个奴化机关，在院成绩优良者，有在新政府作官吏之优先权，在院期间，除供膳宿制服书籍外，按月发给津贴（规定五元，结果却发了几角钱），修业期限并无规定，应用时得伸缩自如，现已有两班人毕业，并曾由钱稻荪率领赴日京“观光请训”，回平准备为虎作伥。（2）继之又有新民会之出现，造出一种汉奸理论——新民主义，刊着：“铲除贪污官吏，实行廉洁政治。驱逐国共，救济民生。提倡旧有道德，发展东方文明。协和外交，经济提携。……”等等七八条。（3）“傀儡组织”的机关报是《新民报》，满篇全是“同盟电”。每天总登载一点汉奸要人的谈话或广播讲演。另外还一定有篇丧心病狂的社论，不是鼓吹他们那狗屁不值的“新民主义”，就是毁骂国民政府。它的定价虽不太昂，而所销却不多。另有新民通讯社，是一个奇特的组织，它的工作不是采访新闻的通讯稿，而是在另一方面。那里边有所谓“高等记者”和“普通记者”的分别，“高等记者”大都是些年方双十左右的小姐们，“普通记者”多是些已婚妇女或男子。据我们的推测这个组织不是个间谍训练所，便是个高等艺妓院。（4）高等警官学校，招收初中毕业或有同等学力十八岁至二十五岁的青年，修业时限并无规定，毕业之后，分发各地充任警官。新民学院和这个学校，可以说是日人预定的双管齐下的奴化毒腕！（5）青年训练团不只是奴化工作之一，而且是征兵的组织。经六个星期训练后，被派在各地的兽兵队里，冒着无情的炮火向祖国攻击！他们虽终日感到无可名说的悲惨和愤恨，但因势单力弱慑于兽威也莫可如何！（6）日语学校或速成班成了雨后春笋，大街小巷的墙壁上，遍贴招生广告，并以介绍职业，派赴日本留学的空头支票为幌子。同时在各大、中、小学都增加日语课程，定为必修科，将原定英文课程改为选修科，有的竟取消了。但街头巷尾也时常听见：“日本话不用学，过了两月用不着！”的童谣。足见人心不死，虽尽量奴化也只是徒劳。

“傀儡组织”成立后各机关来往公文，均改用文言，并取消标点符号，同时以增加效率为口号，积极的改用中文打字。这些举动全是遵照日本顾问的主张。北平市上向少教授

① 本文系顾增生《展开游击战区教育工作》一文的第二部分。

中文打字的学校，擅长这种技能的人也不多。到这时突然有大量的需要，简直是无处寻觅。日人此举，又可摄取数千百之青年，其奴化手段，真是无孔不入。其他如成立“宣抚班”及各社会团体之有日人作顾问及日本的信徒加入作会员，更大施其奴化魔手。（民国二十七年十二月十七日及二十四日出版）

又在《教育通讯》第十五期上，载有金戈君《铁蹄下的华北奴化教育》之一文，他告诉我们日人是如何在消灭我华北同胞抗日思想和民族精神，而重新树立一种以亲日思想为中心的教育基础。（民国二十七年七月二日出版）

《抵抗三日刊》第十五号上，有一天津通讯，题曰《奴化教育》，为欣晓君所作。对于天津“地方治安维持会”之替日方施行“文化侵略”，记述甚详。据载，有“教科书修正委员会”之组织，搜集中小学校所用的教科书，任意地加以修改或删除。日军部为肃清反日分子，根绝反日思想起见，顷又进一步地令社会局转令各校实行“思想检举”，凡教职员及学生的言行思想有反日的倾向者，均须加以检举，由学校开除，或报告官厅拘捕。（民国二十六年十月六日出版）

观上所述，则知日人因武力之不足以征服我中华民族，而已在施行“攻心政策”，以消灭我民族意识，廓清我抗日思想，扶植傀儡组织，以达到“以华制华”为目的。可是，在此广大之游击战区中，甚多爱国志士，皆不愿受日宰割，奋起作争斗工作。所以日人欲妄想统领我土地，奴化我民族，征诸事实，确非可能。只要我们加强组织，全面发动，努力反攻，积极建设，则最后胜利，必属于我。

《教育杂志》第29卷第8号，1939年8月10日。

北京大学各院所用之讲义将以日语为中心

（1939年11月16日）

北京讯，国立北京大学以现下所属各学院所用各科讲义，大都的［为］中国文字，惟值中日文化提携之时，日本之一切科学较为跃进，所授课程亦多自日本语中，若往返翻译，对其讲授文意，不免发生含混之疑，遂决定未来一切讲义将以日本语为中心，以免学生感到种种之不便，即在教授方面或亦摒除一切困难。北京大学［侧］既有此项意思，为期日本语讲义进行顺利起见，决于明年度起首由医学院实施，将来再推进其他各学院云。

《盛京时报》，1939年11月16日。

冀东沦陷区奴化教育的实况①

（1940年1月10日）

一、前言（略）

二、中等教育

已往河北省的教育比较起来还算普及。中等学校：省立中学，宝坻新集镇、唐山、遵化共有三处；省立师范学校，滦县一处，通县有男女师范各一处；至于县立中学，县立乡村师范学校，差不多每一县，都有最著名而成立年代久远的县立中学，如滦县县立中学、丰润县立车轴山中学等，都是民国元年左右成立的。至于乡师大多数是近几年才成立的。初级职业学校，也有不少的县里设立，如丰润县等。至于私立中等学校，虽比县立中等学校较少，但也有十余处，最著名的有临榆私立田氏中学、乐亭私立进修中学、乐亭私立尚志女子中学（在县属刘石各庄）等，以上属于私人方面立的。如昌黎汇文中学、唐山丰滦中学、淑德女子中学等，以上是教会立的。此外马家沟（滦县属）私立开滦中学，是开滦矿务局立的。

自从民国二十二年长城战役以至“塘沽协定”划该地为战区后，中等教育已受了极大的限制，各学校取消党义课程，不许再作总理纪念周。同时日本军队密探到各学校检查，已使各校师生如惊弓之鸟了。党国旗不许再挂起，有些教育界的败类趁着机会勾结日本人及保安队（倾向日本方面的，如刘佐周驻滦县之第一总队），图谋攫取校长的地位，以便自肥。例如现任滦县乡师校长张某是一个不学无术的人，即在当时借着日本及保安队的势力，逐去了办理成绩甚佳的王某而自任校长，同时把保安队里之书记等用去大批当教员，于是师范教育办来尚不及小学教育，可是课本方面，尚依旧应用商务印书馆或中华书局出版的。

民国二十四年冬伪冀东政府成立之后，于是奴化教育更进一步的施行，伪教育厅长刘云笙几次颁布命令于二十二县中等学校，严禁抗日思想，及国共两党的思想，由伪教育厅人员编辑中小学课本，总因伪组织下的工做［作］人员，都是不学无术，一年多的光阴，只编了几册小学课本，但也是大部抄袭商务、中华原课本的原文，除了删去几课有碍日本的文章，在这种情形之下，各中等学校很幸运的还能用原来课本，只把几课有碍日本的文章撕去或涂去而已。

各中等学校里添了日文课程，由伪政府派来日本教员担任。这些日本教员，多数是日本浪人，常常侮辱我国当局及在校的学生。这时多数有思想的教员，都辞却了那里的教职，所剩下的教员，不是年岁老大，思想腐化，就是毫无学问毫无学历的那些人了，冀东

① 本文作者为赵捷民。

的中等教育，从此全部破产。

芦沟桥事变之后，冀东一带完全变了亡国的惨状，伪北京政府成立，冀东伪政府乃不得不合流，伪教育厅长武学易也只好跟了池宗墨到北平再去活动。

河北省津浦、平汉两路的战事，正在猛烈的进行着，冀东一带的中等教育，大有完全停顿之势，因为各地的教员大多数因战事阻隔而不能来了。冀东中等学校都到十月十日以后，才筹备开学。同时有一小部北平各大学的学生暑期回乡，北平学校被敌人占领，他们一部就走入中学教员群中，于是抗日的种子，从此在各中等学校秘密的复燃起来。虽然日本人检查学校更严，搜捕教员、学生之事更多。

课程还和已往差不多，不过日文增加到每周三点钟，英文由每周六点钟减少为三点钟，同时已往的日本教员多数升了官，当了县政府的顾问，余缺多是日语学校毕业的中国学生或朝鲜人充当。

二十六年冬天，塘沽、宁河一带发生过游击队拆铁道的事，于是日伪双方通令各县县政府转知各中等学校，凡在校学生都组为护路队，这种消息传来，学生大哗，多数请假回家，校长急得没有办法，也留不住学生，因此校长被拘被侮辱者甚多，如滦县中学校长，被日兵捉去灌辣椒水，该县乡师校长被捉去罚跪、挨打，当时的该地一带中学成了恐怖世界，课业大有无法继续之势。

到二十七年暑假，因为冀东遍地都起了游击队，一直到十一月各校才又开学上课。这时更有了大的变动，课本全由伪文教部翻印，装订很是美观，以历史、地理、公民、国文改删较多，其余的只不过翻印一下商务、中华两书局出版的原课本罢了。

历史则是近代史方面改删较多，从鸦片之战起到最近为止，内容则偏重反对欧美各国，赞扬日本，一直叙到伪满洲国的情况及冀东伪组织的情况。地理方面，添上了伪满洲国的分省及冀东伪组织。公民则关系三民主义的各课都删去了。国文的选择有关爱国思想的文章都删去，所剩下的是些不关痛痒的风花雪月的文章。

日文课程增加到每周四点钟，英语更减至每周两点钟，以外就是音乐课程，仍用《卿云歌》为国歌，另有新民歌、新民会歌等，旧歌子“黄族”，也被复用起来。体育则被规定为新民操，是抄袭已往柔软操的。

伪北京文教部屡次下令各中等学校，规定教员学生皆剃光头，理由不知何在？大概也是日本化的办法吧！各公私立中学光头的学生很普遍。

驻在各县城的日本军队，常有几个到女师学生宿舍去胡闹，侮辱女生、照像之事层出不穷。滦县省立女师、乐亭女乡师都发生过此种类似事件，曾有许多时候，女生不敢入学。

三、小学教育

小学教育在冀东一带也算相当的发达，尤以滦县、乐亭二县比较更算发达。例如滦县，最近调查，全境有公立完全小学三十余处（平均每镇都有一所完全小学，也有立在乡村者)，公立初级小学一百余处，私立小学尚未计算，由此也可见到一般了。

小学因为多散在乡间，况且学生年岁都还小，日本方面在已往还不大重视。在战区的时候，也只是取消了党义课程，不许悬总理遗像，不许作纪念周，不许悬挂党国旗，到冀东伪组织成立之后，一群汉奸为了向日本人乞怜，乃改编小学课本。历史课本上，改中日之战为甲午之战。说我国那次战争，是妄启战端等情，最后添了一课满洲国之成立。地理增加满洲国、冀东等。其他各种课本则都是翻印商务出版的小学课本。最可笑的，初级小学国语第二册第一课《我们的国旗》，课文虽说是五色旗，但是图上仍是青天白日旗。后来又印，才改换了。高级小学国文，还有记孙中山先生故里的一课，真够滑稽，由此也可见到这般汉奸的不学无术了。

平津沦陷之后，伪冀东政府更天天喧嚷“王道乐土”，于是小学课程表上又加入《孝经》一门，连公民一课也没有了。英语课程由每星期两点钟减为一点钟，伪教育厅屡屡下令给县政府，叫转知各小学校添日文课程，取消英语，后来伪文教部又翻印小学课本，内容差不多和冀东伪教厅前所翻印的一样，只不过书后印上伪文教部出版等字样。

在二十七年暑假中，许多的小学教员都干了游击队，于是各处小学开学也晚至十一月。另聘的教员，多数是从奴化的中等教育下爬出来的。

以后很注重音乐的宣传，如命令学习新民歌等，和中学同样的，在乡村的小学校里，还有许多的学生学会了唱义勇军进行曲，这是与城市中学不同的地方，以外他们也上新民操。

在乡镇上的完全小学，因为环境的关系，比较自由些，但是也常有被搜查的事件发生。如乐亭的私立百善小学，就挨过日本兵的严厉的搜查。

二十七年暑假后，各小学多被派到日文教员，这些教员多是师范毕业而再从唐山日语人员养成所毕业出来的。

四、民众教育

在冀东各县的民众教育，大体上看起来已往也似乎有些成绩，如民众教育馆，差不多每县都有。如滦县全境竟有二处，即县城内一处，县属赵各庄一处。

战区时代，馆员只能讲点卫生常识。伪冀东政府成立之后，在通县、唐山各成立一处民众教育馆，叫“中心民众教育馆”。在外面所表现的，只是写几张关于“王道乐土”的标语，写几条新闻于壁报上，千篇一律恭颂日本德政及毁骂我政府的。后来伪北京政府成立，改各县民众教育馆为新民教育馆，所宣传的也无非是“建设东亚新秩序”及“共存共荣”等日本制造出来的毒素。

有时这种民教馆也印些图画宣传品，内容除不了侮辱国民党和共产党及蒋委员长个人的。

以外就是办民众学校，他们工作人员对伪河北省政府教育厅上呈文说的很好，什么实验区计划啦！什么全县需设多少处民众学校啦！实际的情形，满不是那么一回事，如他们计划办一百二十处民众学校，顶多也不过办五六处就算了。这些民众学校的教员，也都是他们的私人，多数没有教书的能力，只不过敷衍了事，因之对于乡民的印象很不好。他们领到的办民校的余钱，都由民教馆的较高职员分肥。

五、日本设立的奴化学校

在战区的时候，冀【东】各县城里差不多都有了日语学校，教员为日本人或朝鲜人，但上学的学生很少。伪冀东政府成立，各县的日语学校更增多了，学生也渐渐增多。到伪北京政府成立，冀东各县的日语学校更是如雨后春笋一般。文化汉奸们也设立什么补习学校，学生们多数是在学校因品行或学问不好而被退学的青年。此外最多的就是一些学商不成的青年，但是人数已经非常的多。

此等奴化学校以唐山为最多，其次则为河北省交通便利的头等县份，如通县、滦县等，大致统计如下：

日语学校，日语补习学校，日语人员养成所（学生毕业后分派各县完全小学为日语教员），协和学院（为势力较大的一个日语学校，规模也较大，有男女日本教员，现有学生三百人左右），新民补习学校（汉奸和日人合立的），以上唐山都有。普通的日语学校、日语补习学校，每县都有一两处。至于通县、滦县则有四五处之多。通县还有伪陆军军官学校及新民塾，该塾中日学生都有。后二者也是中日合办的。

六、一般教员思想

在战区的时候，多数的中小学教员们，也许由于爱国心切，对于政府的不对日本作战表示不满，但是也有不少始终信任政府是有计划的。伪冀东政府成立之后，多数的爱国教员辞去那里的教职，所剩下大多数是不问国事或有汉奸思想的。伪北京政府成立以后，汉奸思想的教员更加增多。但是隐藏着的有思想的爱国分子，也有相当的数目。

多数思想错误的教员受了伪冀东教育厅长武学易的影响最大，武本人为北平高师史地部毕业，历任师大讲师，河北省立第十一中学校长，在为伪厅长前尚为河北省立滦县师范学校校长，以身受高等教育为人师表的人，竟干出此等利欲熏心、寡廉鲜耻的出卖祖国的勾当。所给于［予］中小学教育界的影响是如何的大？于是一般毫无思想，惟利是图的中学教员及意志薄弱的小学教员（冀东各县大［小］学教员大多数出自省立滦县师范），都依据了武氏一贯的主张，对学生们大倡导“中国必亡论”。殊堪痛心！

另有一种中学及小学教员，常暗暗的听无线电报告，譬如听着台儿庄大胜，都欢喜的不得了！以为从此我军要反攻转败为胜了。可是当又听到徐州我军退出，并有四十万大军被围的消息（伪北京无线电台报告），又立刻感叹我国的战事没有希望！这种人我们对他尚可原谅，只因为他们没有各方面的常识，而因爱国心切，发出此等谬误的结论，绝不同于其他文化汉奸。

此外多是始终坚信我国抗战最后胜利的。他们得到国军胜利的消息，十分高兴，听到某地我军退出的消息，也不过分的悲观，并且时时提醒学生对于祖国的认识。他们有的是在那种恶劣的环境下，干着艰苦的秘密工作，在思想上、良心上始终爱护着中国，坚信中国的复兴。

七、一般学生的思想

学生们的思想，多数是要受了教育的影响。所以教员们的思想正确，学生的思想就也随而正确了。在战区时代，有些教员在上课时候，专门毁骂政府，常常以政府的不抗日为口实，许多意志薄弱的青年，又因在各县视教员为神圣不可侵犯的思想仍旧普遍的存在着，所以教员的一举一动，学生们常是确信不移。有的腐旧思想的老教员还提出了前清的好。例如前清的秀才某教员说：“你们说中华民国好呢，把东北四省丢了！前清不好呢，东北四省又没有丢！”这究竟是少数，因为他的思想太旧了，所以学生深信的也不多。最利害的则是宣传我国内政腐败，国民党专权或军阀专权的错误思想，影响许多青年学生最深。到伪冀东政府成立，此种宣传更为猖獗；因为当时冀东各校所存在的教员多是文化汉奸，真正为爱国而攻击政府的，以及思想腐旧的也多看不起一群汉奸的卖国行为而走了。

这种误国的思想，以在中等以上学校的学生为较多。小学生们因为年岁小的关系，还不大多见。例如在河北省各县当新民指导员的，以近年省立滦县师范毕业生为最多，原因就完全在前校长武学易的附逆，或因有一部学生的亲戚及父兄当汉奸。即是教小学的师范毕业生，也常常发些亡国的谬论。

此种思想错误的青年学生，我们可以检一段他们个人作的文章代表，如通县伪军校学生张某的一篇《寄给青年朋友的信》（注一）：

“……处今日环境之青年，实应觉悟，因友邦既无领土野心于吾国……将若（偌）大土地，尽行变成荒墟，使盗匪横行，造成一黑暗世界，那样既对不起我们的祖先，更何以对下辈儿孙？故有在野名流，素负众望之诸公，出而组织政府，测其本意，年多耳顺，何愿多事？惟万民无依，旨在救民，非为作官，处此环境之青年，既不能脱此社会而入桃源。朋友们，在这民族危急存亡的关头，不允许你在［再］睡了，还是觉悟吧！”

我们看到这一段文章，就很可以显明的看到奴化教育下的青年学生思想是如何的谬误了！胡［糊］里胡［糊］涂的过着日子，简直忘了自己是中国人！这和认贼作父还有什么分别呢？

可是仍旧有不少的青年学生有着纯正的思想，充满了爱国的情绪。有的在学校里干秘密工作，如去年省立滦县师范所发现的爱国标语。有的不惜牺牲了学业而正式的加入了游击队，如高佩之为第三军区的政治部主任（注二）。如乐亭学生被迫庆祝南京陷落，学生们之不肯唱庆祝歌，有不少的学生回校后大哭。滦县学生被迫庆祝徐州陷落，不肯喊口号，后来大家把小旗子扔在地上踏碎了，以致日本顾问把教育科长打了几个嘴巴。这些都可以表现出还有不少的青年学生在热烈的爱着他们的祖国呢！

八、一般民众的思想

我国民众因为教育的落后，已往对于国家的观念很是薄弱，可是从战区时代直到伪北京政府成立后的现在，那里民众已经十足的觉悟了。第一，因为那里的民众知识比较进步。第二，日本人的苛捐杂税，朝鲜人勾结地痞的卖白面、吗啡，及汉奸勾结日本人的敲诈民众，于是民众们对日本人无不恨入骨髓。于是当二十七年夏那里游击队初起时，不到一月就聚集队兵［伍］十几万人。在现在只有少数的家里或亲戚有人在伪政府当汉奸的，袒护日本及汉奸们，但是都为一般民众所不齿。

作者亲身听见有许多民众，常自造国军胜利的消息向大家告诉，大家听得都很高兴。有的亲身到庙里给国军讨签，以便决定将来的胜利。这事虽属于迷信，但也可以见到民众之爱祖国的热诚了。还有当袒护日本的乡人说话时，大家都群起而攻之。或当着有人说一句袒日本的话，大家都不理他，一哄而散，马上给他极大的难堪。民众始终看不起伪政府的联合准备银行纸票及冀东银行的纸币，他们称前者为被单子，暗示天气冷了，即不再用了。有一次，乐亭学生庆祝武汉陷落回校的途中，一个老农人向他们说："你们是庆祝什么呢？庆祝中国不早亡啊！"于是教员、学生都面红耳赤的没有话回答。

九、新民指导员的奴化民众

在伪北京政府成立后的去年，大批的新民指导员都派到各县城里来办奴化民众的教育了，每个县城里面，立一个新民会，挂一个木牌子，俨然是一个机关。同时日本人被派到各县办新民奴化教育的也不少。如最近伪冀东道指导部又派了一批，共有五名日本人到唐山，再分派冀东各县，如古思三郎（遵化）、铃木乘治（卢龙）、竹内繁秋（乐亭）、桥木正造（玉田）、渡旁升（道指）等（注三），由此也可以见到日人奴化我民众的积极了。

其实他们到县里之后，并没有多少工作。因为各乡游击队势力之大，使他们不敢下乡。结果只在街上贴贴那些无聊而令人欲呕的标语，如"建设东亚新秩序"、"庆祝皇军胜利"等。此外则须等到县政府招集各校学生庆祝某纪念日的时候，指导员又要演说了。实在对于民众的奴化演说，并无有多大的效果，因为民众们根本不听他们那一套玩艺儿，所以这些人在县城中，只是养尊处优过消费的生活而已。

十、结论

我们从以上的观察，很容易的看到日本人所施行的奴化教育，是一步一步的加紧。在中等以上学校的青年已经有大部分奴化了！这真是十分危险的一件事。在现在的各小学校里还不见到奴化教育的成功，但是照这样下去，日本人统制中等教育学生的思想，惨杀有思想的青年，所余下的很容易的是些奴化思想的青年了。他们走出了学校，再教小学生，小学生当然受他们的影响。至于一般民众，虽然现在大多数反日，但是日本的半引诱半压迫政策，也很容易改变一些知识不充足的民众。如此下去真是危险极了！

我们以为政府方面应该特别注意沦陷区的教育，除应用游击队积极的收复沦陷区外，更要注重于宣传方面。如游击队攻下某地，就要贴标语、宣言及宣传画，并招集民众演说，映演战时影片等，以便提醒民众深知日本人及伪指导员的宣传是错误的，而增加了他们爱祖国的思想，但是如能作到，每一游击队必须有一位好的政训人员。

我们还能看出沦陷区的民众的渴望国军到来，真如大旱之望云霓。有时他们自己看到日本飞机就以为是中国飞机到来。听到夏日的雷声，则以为是国军攻过来了的炮声。所以我们的飞机也应该到如冀东这些沦陷区域散散传单，以便坚定了民众的信任祖国，怀着祖国必定复兴的念头。

此外在沦陷区要多散布些秘密工作人员，所做的工作是宣传与刺杀。刺杀文化汉奸和刺杀政治汉奸可以说是同等的重要。如此，则使一般民众认清了祖国的实力，深知真理的不泯灭，我个人以为这些都是极端需要的。

（注一）见本年八月十四日北平伪《新民报》。

（注二）见《东方杂志》第三十六卷第十六期拙著《冀东游击队活动的实况》。

（注三）见本年八月三日北平伪《新民报》。

《教育杂志》第30卷第1号，1940年1月10日。

铁蹄下的北平（节录）①

（1941年）

北平——中国文化的摇篮，有数千年悠长历史的故都，在日寇的铁骑纵横下已四年多了，在抗战中间，北平没有遭受到丝毫的损失，如果单就表面看，巍巍的宫殿，古色古香的气氛，和往昔并没有多大的分别，然而实际上一切多在显著的改变着，今天的北平正是日寇侵略中国的大本营，也是魑魅群丑最活跃的地方，光怪陆离的现象，腐臭污浊的事物，充塞了各处，早已消失了它纯洁奋发、美丽、安宁的许多特点了。（中略）

这个旧时的“文化城”依旧有五所大学，可是它们多被日寇控制了。辅仁和燕京二教会大学虽然在表面上维持超然独立的状态，但在日寇不时的压迫下也已逐渐变质。日本教授络续增加，课外参考书也采用了日文的，最近日伪还对辅仁大学要求以日文做毕业论文。学生中间则布满了恐怖的气氛，每一级总有几个形迹可疑学生充着日伪的间谍，他们用反日的言论试探每个学生的心情，不小心的学生不久便失踪了，日伪最近在辅仁和燕京二大学公开逮捕了数十个学生。

出版界更其好像沙漠，自从沦陷以后，北平还未有出版过一本中文的书籍，现在出版的杂志虽已有四千余种，但十之三四是医药和佛教的刊物，十之四五是刊载的风花雪月的文字，余下来的则是日伪的宣传品，很多杂志不仅形式上改变为日本式的编排，甚至文字也改成艰涩难懂的日本化中文！

没有一张报纸不在日寇的控制之下，每天所登载的是神奇化了的“皇军的战绩”和“抗战的罪恶”。每张报纸的副刊，不是诲淫诲盗的小说，就是戏剧和宗教的文字。

① 本文作者系《华商报》华北特约通讯员伍中。

无线电所听到的尽是《何日君再来》、《妹妹我爱你》等淫靡的歌曲，在北平除了日寇外，没有人有权利装置二灯以上的无线电机，因为这样便可以听到上海、重庆等处真实消息的报道，不遵禁令的予以严厉处罚，然而实际上，一般居民秘密收听反日电台消息的很多，日寇是无法侦查的。（下略）

《华商报》，1941 年 11 月 3 日。

寇蹄下的中国学生①

（1942 年）

敌人在华北对于知识分子思想的侦察，除了各机关设立种种制度外，更用一种可怕的侦探方法，在每阶层每一个角落里都有的秘密警察可以随时地摇身一变，自称为“特务”。在一个小学里经常有一种人，可以自由出入，可以在任何时候，不经过任何手段进入课堂听讲，可以质问先生，又可以对学生发问题，甚至可以抽考学生的思想。这种人既非上方派来的督学，当然更不是来参观的，这就是所谓“特务”者也，真是一种“特物”，他是无冕皇帝，他是任何小民不敢慢待的。如果教员的教材或学生的思想被特务老爷认为有不良之处，学生是先生教出来的，当然其罪应归之先生了。在现在的华北当一个小学教员，选择教材实在是一件大费心思的事，有良心的人作事自然要不违背良心的主张，但为了保住一条小命话，还要格外花一翻工夫，当常把一套“剿共”的理论预先告给小学生们，当外边人来抽考的时候就写在上边，但小学生的天真永远是天真的，他们哪里分得很清楚外人与家人呢？一个不谨慎，先生的脑袋可就危险了。可喜的是这些“特务”势力，固然害几条人命不费吹灰之力（一纸报告可致人命），但有一种救急方法，大多时候是可以运用的，这群“特物”之所以来出动工作，多半是因为手边不大充裕，钱可以动鬼神，也可以改变“特物”的“特”性。

集会结社是倭寇所最忌禁的事。学生自治会咧，演讲会咧，辩论会咧，就是学校校政也不得自由开会。无论是校务或教务会议，在未开会以前必须先要呈送开会大纲，说明将要讨论事项，呈至新民会，经审核批准，派定监视人来参加，这会才算合法。开会后，还要写一呈文，呈报开会经过，这会才算完成。

所谓新民会，凡小学生年满十五岁均都参加，男的称少年团，女的称少女团，教员也要参加。其会宗旨完全是些复古的理论，含毒的奴化。在放暑假时候，全体教员要集中到城里受训，任何人不得辞职或请假，是因恐怕教员们去参加“抗日工作”，他偏偏占用暑假空间，训练日语麻醉思想。最使人可恨的，在受训期间，无形中他就从学员中挑选出几

① 本文作者为蒋旭初。

个人，用汽车带到日本宪兵队去，施以各种的刑罚，一面用刑一面问："你是不是反日分子，你是八路军共产党吗？你知道谁是共产党？"有人能够忍耐不屈招，有的人一受刑就糊［胡］说了，将自己的亲戚朋友都连累在内，几天以后这些人都无影无形不知去向，看来这亡国奴的生命哪里谈得上有丝毫的保障啊！

《新华日报》，1942 年 6 月 28 日。

牛鬼蛇神统制下的北平①

（1944 年 2 月 19—28 日）

是学校还是"奴隶养成所"

一、引

北平是中国著名的大中学校集中的地方，国立的、省立的、公立的、私立的，男女中学约有六七十所。当然谁都很关心敌寇血手下面的"北京"教育事业吧！那么，我的回答：太阳旗底下的"北京"市，"文化城"早已变成"奴隶城"了。教育事业是没有的。假如说还有"教育"的话，也应该把"教育事业"的"事"字改成"营"字，变成"教育营业"才对。因为今天"北京"的学校，不论公的私的，都是"生意兴隆"，很赚钱的买卖呀。日寇就经过这一座座的大小营业所，按步［部］就班地出卖它奴化中国青年"东洋牌号的奴化教育"，不管这些货色是否有它的买主，而掌柜的总是带着法西斯强盗的倾销味道，倒是没有问题的。

二、生意兴隆的四个"最高学府"

原有的大学搬走的搬走了，关门的关门了。现在"北京"仅存着的大学，号称"国立"的，有由敌伪盗窃名义占用原来校舍合并前北大、平大而开办的"国立北京大学"，分设文、法、理、工、医、农六院。最初由周作人任校长，现在校长是钱稻荪（注一）。还有由北平旧师大改称的"国立北京师范大学"，分设文、理、教育三院，由黎世衡任校长（注二）。这两个冒名顶替"私生子式"的官办大学，在初开张的时候，因为一般人都裹足不前，招考学生不易，就大开方便之门，把投考的"举子"，用有个脑袋就算数，"全体及第"的办法，总算胡乱的凑合了几百个学生。可是，教授仍旧不够。于是，又在无可奈何的情形下，只好东拉西扯吧。资格没有没关系，学识没有没关系，只要你从前教过

① 本文作者为凌有光。

书，也许连初级中学都教不好；只要你和校长有拉拢，哪怕是间接、间接再间接的朋友亲戚呢，都可以携手欢呼而上台。所以与其说那是“国立的大学”，倒不如说这是教育界里最没落的残渣和小丑们的“噉饭之所”。一个在西什库天主堂圣洁小学校教一年级学生，认字号的老“秀才”先生，因为他是钱稻荪“五服”以外的舅父，居然都能够因缘而上，做起堂皇的“北京大学”的文字学教授了，在他的履历表上，还很真实的写着：前清“赐进士”，曾到过美国，得哥伦比亚大学的“名誉教育博士”。由此观之，其他教授们的原来面貌，是不难了解的了。直到前年，“友邦”大使馆，为了加强整顿大学教育（其实是加强奴化），曾在暗中进行了个别教授资格思想……的检定，这位“赐进士”而兼“名誉教育博士”的教授，才一变而为校长室的秘书了。反正伪“国立大学”没有什么高明的学生，当然也不需要什么样高明的教授。学校又系初办，上课不上课，还相当自由，一切因陋就简的，凑合着也就行了。但在“友邦”政治势力竭力的维持下，给在校学生种种优待与便利，保证毕业后的职业出路，提高教职员的待遇，用各种方法网罗了一些穷困潦倒的、稍有名气的前北平各公私立大学的讲师们，这样也就使学校本身，日渐虚有其表了。从前年起，投考的学生突增，现“北大”有学生二千五六百人，“师大”也有一千七八百人之多了。

除这两个“国立”的大学而外，还有私立的中国大学，分设文、法、理三院，和辅仁大学，分设文、法、理、教育、神学等五院。这两个大学，从表面上看，好像丝毫没有受到中日事变的政治影响，巍巍然，和两个伪“国立大学”并立。但实际上，面目也和过去不同了。中国大学的校长是曾经宦海沉浮，有名的政客何其巩将军（注三）。辅大的校长是和一度下水的某“政治历史学”家齐名的陈垣教授（注四）。

中国大学近年来，因何校长的“经营得法”，利用着“北京”学生宁愿入“私”不愿“投官”的心理，又网罗了一批过去的北平二三流的教授，像教文字学的孙仁和，教数学的马士元，教诗词学的顾燧，教社会学的杨堃，教法国文学的陈聘之、郭道诚等，大事宣传。其生意之隆，营业之盛，在京市四大学中首屈一指。每年投考的“举子”，多如过江之鲫，而且招生又是三番两次的“既来之，则安之”，安之以后，只要“举子”们将学杂等费一交清，课上与不上，任凭个人自由。遂使这个高等学府，大有人满之患，上课的与不上课的，整年休学与整月请假的，据云有六千人之多，真是“浩浩荡荡”成大观焉。于是扩充校舍，修盖楼房，倒也“热热闹闹”。而他和敌伪的关系呢？好像始终是不即不离，维持的非常微妙。据何校长说，他是竭力挣扎，替“国家”保存“元气”。不过谁都看得见，“中国大学”也在什么什么的庆祝纪念的日子，一样的把骄傲的太阳旗，悬挂在学校的大门口；何校长却要经常不断的，由“友邦”的宪兵队，请去谈谈。在这样的景况下，“国家”的“元气”，究竟保存了多少？能够保存多少？倒还没有人给计算过。

如果“中国大学”是“北京”各大学中时代下面的“幸运儿”，“辅仁大学”就可以称之曰“天之骄子”了。当一九四一年十二月八日，燕大、协和在“友邦”血淋淋的刺刀下，将大门凄惨的关起，英美籍的教授们，都成了束手的俘虏，皇军高唱凯旋歌时，惟有“辅大”，谨［仅］因“误会”，关了两小时的门。有人推测，“辅大”之所以不被封闭，是因有两个日籍的教授，和“友邦”华北派遣军军部前川部队长有着密切的关系。其实满不是那么一回事，说真了，倒是因为“辅大”的副校长是德国人雷冕，创办人又是罗马教廷啊。总之这是“轴心国”两个盟兄办的学校，盟弟怎好不留些面子呢！从那时候起，“辅大”就成了“北京”市硕果仅存的，带着洋气的高等学府了。它不仅收容了燕京、协和学生的大部，而且也是豪富贵族之家的子女们唯一的就读之所。它号召学生的办法是：“辅大”超出于一切政治活动以外。这号召自然很有些吸引力，遂使这仅有三四百人的学校，在前年暑假后，学生就突增七八倍之多，变成拥有两千二三百人的大学府了。可是“辅大”真能超出一切政治活动以外吗？不能，绝不能够！他也一样的让学生们唱《大东亚进行曲》，它也一样接受“友邦”宪兵队的通令，让学生们手执“日章旗”，去参加数不过来的欢迎、欢送、庆祝、慰劳等集会的。而且养成“贤妻良母”，把女子打回床头去的“希特拉”式的家政系，“辅大”办的成绩是最出色的。因而获得了“友邦”大使馆的传令嘉奖啊！所以“辅大”的假面孔，是一天天的逐渐暴露了。学生们对它大失所望，群情动摇，齐喊“走啊，走啊！”究竟走到哪里去？他们还没有考虑到。另方面，学校经费，早是“水涸山空”，来源断绝，完全依靠增收学费，与募“慈善捐”过日子，长此以往，假若“友邦”不切实加以援助，“辅大”是会很快的拆台的。因此由“友邦”大使馆接办辅大，或者给它经常补助的风声，是一天比一天传播得更加响亮了。

三、好热闹的中学校与专科学校

伪教育总署在“友邦”大使馆的策动之下，办正规的大学以外，还办了几个号称“国立”的专科学校，来维持这“文化城”的门面。如“国立北京艺术专科学校”（注五）、“国立北京外国语专科学校”（注六）、“国立北京新闻学院”（注七）、“国立北京新民学院”（注八）等都是。但这几个专科学校，除了“新民学院”有着它特殊的政治背景和任务而外，其他的也不过是充充学校的数量，挂挂学校的招牌罢了。

“艺专”干些什么呢？不过是让学生们画画与现实无关，仅只供有闲阶级消遣的山水人物，花鸟草虫鱼……和一些“黑白道”的日本浮世画。“外专”造就几个通而不通，满口伊唎哇啦的日文翻译人材。“新专［院］”实际上还不是什么学校，只是个短期的训练班，也只能希望由这里培养出一批真正稀里糊涂，能够替“友邦”摇旗呐喊、编造谣言的新闻记者。这几个堂而皇之的大专科，实际上可怜的很，一直到现在，还是学生稀稀落落的，惹不起“北京”教育界的注意，只是在那里苟延残喘，带死不死的活着。年年投考的学生，有时就够不上它录取的额数：“新闻学院”去年暑假招生，虽然是录取各生，衣食住概由公家供给，每月并发给适当的津贴，一年毕业后，学校负责介绍职业，录取学生的标准，只要能够写出三百字的一篇白话文，知道“友邦”是帮助中国人建设“新中国”的朋友，就不成问题的可以“及第”。提出这样许多的优越条件，各报纸上，又大作其宣传介绍的文章。预备招考四班，每班四十人，结果报名的还是不足百名。到底因为它究属［竟］是“国立”的呀！在“友邦”军部报导部的盛怒之下，总算由伪教育总署，从各省市的学校里，“死鸡拉活雁”的，指派了一些公费生，了结了这幕“招生不得”的惨剧。

四、是学校还是“奴隶养成所”

“国立新民学院”，实际上是“新民会中央总会”建立的机关学校。它的任务：一方面是造就灭亡中国、奴役中国人民的急先锋，是一切汉奸机关团体的中级干部的取给处；另方面也是一切伪组织里的，“友邦”最嫡系、最信任的干员轮训所。按学员投考的程度来分，有初中毕业的预科，有高中毕业的本科，有大学毕业的研究院，还有现任伪政府县级官吏的特科。院内设有普通行政系、司法行政系、教育行政系、外交领事系和警政系（实际是造就高等特务的特务系）等等。在校的学生是一律公费，每月还有五十元到二百元的津贴。毕业后“成绩好”的，当然还会有着肥缺。但是，在学生中，除了有着十分沉重的“官瘾”的极少数败类外，谁也不愿意投到这“官费”的学院里。这煞费苦心的“新院”，就只好采用强迫与广纳双管齐下的办法了。“强迫”是通过伪教育总署的行政关系，指挥各学校，每年暑期，必须按比额送学生来。“广纳”就是降格以求，人尽可收。这么一来，千余名的“新院”的所谓学员，真是集各行各道的大成。据说，失意的小政客，有！混不上衣食的小知识分子，有！狗屁不通，一心只想升官发财的流氓地痞，有！甚至西长安街中央理发店的两个上海理发师，也因了宋介（注九）第三夫人的关系，扔下推子、剃头刀，自造了两张高中毕业的文凭，投考到里面，带上“三角帽子”（注十），做起学员来了。真是集“牛鬼蛇神”于一堂！

讲到“北京”的各中学，好像变动的很少。一般的都还是沿用过去的名称，占用原来的地位，继续开办着。除了有几个已经倒闭（如文治中学、五三中学、成城中学、协化女中、培化女中……）和几个英美教会系的学校，改称市立外（如育英中学改称市立八中，汇文改称九中，贝满改称市立女四中，慕贞改称市立女五中……），其余的都还是“照由旧章”。若把在“七七”事变时出走了的一些教职员不谈，那么今天“北京”办中学的是从前的那些人，教中学的也还是从前那些人。固然，各公私立中学的校长，是逐渐的都换了那些拥护“大东亚思想”的，至少也是唯唯诺诺不反对“和平建国剿共”思想的一派人物。真正在“友邦”大使馆和浪人势力支持下开办的中学校，有专门造就预备留日学生的“兴亚高级中学”，校长是江朝宗那个老而不死的“三朝元老”（注十一）；有纪念死去的陈觉生，那代替日寇开辟灭亡中国道路的有功之臣，而开办的“觉生女中”，校长是陈逆的日本姨太太；还有现在正筹备着，预备今年暑假后开办，纪念出卖中国有名的大汉奸殷同的“相声中学”。总计“北京”现有的公私立中学，是四十八所，学生约六万余人。如果说日寇血手统治下的“北京”是很畸形繁荣的，那么各中学校就是这畸形繁荣中顶繁荣的

“一项生意”。过去招不上学生的许多私立中学，今天都是主顾拥门，座无虚隙［席］的了。尤其以女中为甚。像顺治门大街的春明女中，西什库后库的燕冀女中……这些从前不足百人的学校现在都是千余人了。“北京”中学生激增的原因，当然又不外是城乡地主集中都市。一些小姐少爷们，与其在家中整天的吃饭闲着，倒不如送进学校里读书，吃“配给”的“兴亚面”，还能把家中的负担减轻呢！

五、“奴隶养成所”的种种

为了能把这万千的中国青年变成日寇的爪牙和工具，至少是服服帖帖地愿意当“不反抗的奴隶”，日寇是很费一番苦心计划的呀。首先在一切教育行政的机关里，由“友邦”的军部，会同大使馆，派进来一批顾问、专员、辅佐官。这些浪人与流氓，实际上就是一切伪教育领导机关的“太上皇”。前任“北京”市伪教育局局长王养怡，通令各市立小学教员，没有重要事情，不得任意请假的指示信，没有先拿到辅佐官那里去批准，后来就被辅佐官找到他的办公室里，大骂“八哥哑噜”。事后王“局长”很慨然的告人说：“……简直成何教育体统，使我们斯文扫地了。”

各学校里面，每一个大学，都有数不清的日籍教授。这些教授中，有的是日本文部省派来中国宣扬岛国文化的，有的是各大学经过“东亚文化协会”的关系直接聘请来的，这大概都还是日本国内二三流的文人学者。他们到了“北京”的各大学里，倒还在讲堂上装腔作势的讲点课给学生们听。至于那些挂名拿干薪，实际什么都不懂的日籍教授，那就是代表“友邦”特务机关，监视校长，特务学生，也干涉校政的多方面的人物了。中学校里的日籍先生，名义上通称之为“教官”，都是日寇通过“市教育局”的行政系统派到各中学的。他们在学校内担任的课程，都是日文，名义上他们要受各校长的领导，事实上校长是处处恭而敬之的听他们的指挥的。他们也不在任教内的学校领薪，而是直接由伪市教育局里统发的，且薪金之高，是超过伪“国立大学”的校长的。他们和“友邦”的宪兵队、大使馆的“支那研究系”（注十三）都有着密切的联系，他们每星期的报告，是可以决定任何校长、职教员、学生的生命与自由，影响改造学校的一切行政设施的。

从专员、顾问、辅佐官，到大学的“挂名教授”，加上在中学校的“皇上教官”，打入大、中学生里面的一些“金州系”（注十四）的小特务，这就是“友邦”统治“北京”各学校的垂直系统。

至于教育的内容呢？在奴隶训练之上是加着复古的外衣的。自“五四”以来，那些早已让进步科学埋葬了的，什么封建的、半封建的、奴才的、盲目的忠、孝、节、义、“尊君王道”等等的残骸，一古脑的都从坟墓中，像发掘古物似的，被日寇挖出来了。不过又给它加上了二十世纪法西斯强盗的色彩罢了。在大学校里，不管你是学什么的，即或机械系物理系的学生，不知道瓦特是十七世纪发明蒸汽机的，那不要紧，不晓得爱因斯坦是现在世界上最伟大的物理学家，那更没有关系，可是“窈窕淑女，君子好逑”的《诗经》，背不过来，就要记过，策论、八股、五七言韵诗，做不上来，就只好留级了。理、工、医等科的学生既如此，文法学院里面的学生，就更可想而知了。

恐怕世界上所有的大学，都没有这样的前例（日本国内的也算上）。文法各学系的课程，本科一年级到四年级，每学期都是三十八点钟至四十二点钟，每日平均是七八小时，比小学校的钟点还多，使学生们从早到晚，除了吃饭睡觉，就是坐到教室里去“先生讲，学生听”。这样多的钟点，但学生学来的东西是什么呢？就以各种文学系来说吧（中文、西文、日文的）。艺术论，他们不讲；文艺思潮，他们不学；就是文学史和研究各种文体的文学概论，也占不了他们全学年课程比例的百分之一。《孝经》、《东莱博议》、《六朝骈文》，是他们的最重要的课程。

大学的女学生，尤其倒霉。她们不仅和男生一样的受着千年以前的教育，读着朱注程注的木版书，另外还要受着极严格的“贤妻良母”的训练。各大学里面的家政系，不管怎样的解释说：“家是社会组织的细胞，家的生活不秩序，社会不平安”，只要看看它的课程表，就足够说明，这是日寇预备把中国成千累万的新女性，依照“希特勒的办法”，赶回生孩子的“炕头去”。不是家政系的女生们，也一样脱不开这种“炕头训练”的命运。因为学校里严厉的规定着，不论任何学系的女生，对于烹饪、卫生、育儿学、家庭管理法……都要尽先选修的。这些“东西洋法西斯”压榨辱污女性的反动文化，是整个的搬到“北京”，稳稳当当地放在中国女性们的头上了。而那些日寇的御用教授们，更进一步的，普遍的散布着什么“女性贞操论”、“三从四德”，与夫“男女授受不亲”。伪师大国文系的一个教诗词学的老腐儒（他的大名我给忘掉了），在讲堂上，从来不用眼睛看一看女生，甚至连女生们提出来的问题，都不屑予以解答，可是他的家中，却有两个妖艳异常的姨太太，供他任性淫佚玩耍。“师大”的女生们，就把“满口仁义道德，一肚男盗女娼”的两句旧话，恭而敬之送给他了。

中学校里的讲经、读传、讲道、明理和大学专科是没有什么等级上的差别的。不过他们特别注重的，是读《孟子》。这又使我想到了，早以读经闻名的四存中学。据说今年春假的考绩中，以四存读的最为惊人。无论高初级的学生，都能把《孟子》上的原文注解背下来，颇蒙“友邦”大使馆和“教育局”的嘉赏，特将“配给”面提高了三成做鼓励。那位白胡子的齐树恺校长，骄傲的对学生们训话说：“我们吃的面，比旁的学校又多又强，这是我们‘讲道德说仁义’讲说来的。望尔诸生好自为之。”后来我也曾遇见几个四存的学生，看他们依然是年青活泼，并没有走路迈方步，说话也没有像孔乙己先生那样“多乎哉，多乎哉，不多也”的风味。我惊奇的问着：“你们能背《孟子》吗？”“教我们的老师，也许能背。”他们爽快的回答我：“有一部分同学，是学校指定的也必须背。但我们都背的很少，背过也就忘了。说真真的话，当老师很有兴趣的在堂上酸溜溜的讲：‘……王曰：叟！不远千里而来，亦将有利于吾国乎?!’我们就都要睡觉了。因为‘之乎者也矣焉哉’的，谁有耐心去听它呢!”北平中学生读经的成绩大概都是如此。

敌寇统治下的北平各大中学，整个的教育精神，是尽一切可能的力量，把男女青年带到旧书堆里去，希望他们都变成古腐的“僵尸”，然后再改造他们，成为不反抗的“奴才”。表现在这“奴才教育”上的教育方法，就是改订国文、史地的课本，和加强日文的训练。所以，这样造就成功的“奴才”还不是简单的“奴才”，而是“旧奴才”内容，“新奴才”形式的“洋奴才”呢！

这里不能忽略：改订课本，是直接模糊中国青年们的民族意识，在不知不觉中，就间接的把学生们的文化水平也降低了。加强日文的学习，就是从根本上麻醉中国青年，使他们变质，逐渐的达到言语和中国文字消灭的目的。

谁能否认，课本的改订，对于劣［奴］化青年毫无功效？先不要说，改订后的课本，加进去的那些乌七八糟的谣言，和一些莫名其妙的论断，就说借此把中学各学年的程度降低吧，也已经可以洞见日寇劣［奴］化中国青年手段的毒辣了。像过去的高中史地，不是力求其详的厚厚的几册吗？今天经“新民印书馆”改订后的史地，就成了薄薄上下两本了。打开一看，稀稀拉拉的用四号字排印着，说是小学生们读的亦无不可。当然，敌寇要想用这种卑污的小偷手段，就想把中国青年的民族意识给磨灭了，使他们从根本上，忘掉了他们正在战斗的祖国，那还只是空想。

看了大中学校的课程表，就可以知道敌寇在那里是怎样的不遗余力，提倡和奖励学生们学习日文了。各中学校，普遍的设立着日文奖学金；日文课，每星期有多至十三四个钟点的（像兴亚、觉生等校），顶少也有七八堂。大学校特别奖励投考日文系的学生，在录取的时候，尽先把额数提高，分数降低。在学校中，从日文系转其他各系，是绝对不准；若从其他各系转日文系，那是百请百应，并传令嘉奖的。这样“北京”的学生，恐怕不要初中毕业，就一定满口的“哈一”（是），“得斯噜”（不是）的了。然而，其实连“友邦”看了，都会感到失望的。因为“北京”学生们的日文程度，若把个别的学校和学生除外，普通都是不及格的。有一种风气流行着：大学生吗？是看不起日文系，认为日文系的学生，都是和日本有着拉拢的（其实不尽然）。中学生吗？谁的日文在班中顶好，谁就是“众矢之的”，遭受大家的嘲笑怒骂，喘不过气儿来。但到了上堂的时候，总不能不抱着课本去应付日文教员，而教日文的教员，差不多又都是真正的“友邦”人士。不论教员在堂上是怎样的“瓦喀哩吗希他喀”（明白了吗?）的，卖着一百二十分的气力，学生们不是把脑袋歪着，想入非非，就是把脑袋低下，寻“周公”去了。考试来到，对于旁的功课，同学们彼此还有点藏拙，不愿全盘告人。惟有对于日文，总是大家各尽所能的，互相帮助，你给他代造句子，我给你注释文法，只要大家把难关渡过就算了。所以学生们说：这是学校中“先生教而学生不学的课”。

假若有人故意的问问“北京”的学生，你们今天的学校里，也有“学生学而先生不教”的课吗？他们会很直爽的告诉你，“有啊！有啊——日文以外的课，只要讲得对的都是。”然而最典型的最成为笑话的却是英文。当一九四一年十二月八日后，“北京”就在日寇的指示下，到处展开了反英美的宣传，当时有人在大街上拿一本英文书，看一份英文报，都能够被捉起来，说你是"大东亚建设"的妨碍者，亲英美有据的反动分子。可是各大、中学的英文课程，却还照样的保留着。只是一面减少钟点，一面通知教员，不准多教。这样可把一些教英文的教员们难着了。不去教吧，还有英文课，尽力教吧，又不准许。于是他们应付的办法是"教而不教"的鬼混。如是"师大女附中"的英文，半年的工夫，没有把"ABCDE"的二十六个字母学完。一位历任"北京"各学校英文教员的姜梦九先生曾说：他在一年的工夫里，到各学校上课去，只说了一句话："This is a book."并且他还说，今天只要谁能够念两句："I love you，no，I am not a boy."（我爱你，我不是个孩子）就是可以教大学的英文系而无虑了。

六、日寇完全失败了

不论日寇怎样的日夜劳心劳力，用什么样的花言巧语和诡计，对付北平学生，可是事实上是完全失败了。处在残酷压迫下，大多数北平学生们根本不理什么"大东亚战争"、什么"汪精卫的和平建国"那些东西，他们最关心的问题，是战斗的祖国怎样了，是国内的团结问题，是国内各党派合作到底、坚持抗战的问题。假若有谁告诉他们一点祖国胜利的消息，哪怕就是为了说着痛快、编造的新闻呢，他们也会感激兴奋的落泪的。他们总是把他们个人听到的消息，咬耳相传，没有半日的工夫，就弄得各校皆知，满城风雨了。无论在中学和大学，同学们是不愿意听那些鬼话的课的。他们总是东一个国内时事，西一个国际问题，让教员答复，其实先生还不是一样的，不知真详。一些饭桶教授和教员，正好借此而溜之大吉。因为他们在想，他们也大言不惭的说："我先生是混饭吃，你的学生是混文凭，咱们大家一起鬼混，把时间混过而已矣。"好一点的呢，不愿意辜负学生们对于自己的热望，遂也顺口答应地，对学生们提出来的问题，马马虎虎地哼咳以了之。所以今天北平的教员们，谁能在堂上编造两段新闻，给学生们听，最受欢迎，看风声借故而溜之的，也为学生们所乐道。最为他们讨厌，而且忌恨的，就是那些满口"友邦"、"亲善"，讲又讲得一知半解的东洋留学生了。这就是［足］够说明"北平"学生们思想苦闷的情形，是早已达到沸点了。

是的，"北平"的大中学生们，他们衷心爱护的，是他们的祖国——战斗的中国。他们咬牙愤恨的是日本法西斯强盗。只要他们看到一种现象和敌寇联系关系密切的，他们就自觉的拒绝它。像"兴亚高中"因为是日本大使馆直接办的学校，"觉生女中"是纪念大汉奸陈觉生的，于是在学生里面，就普遍的有着一种敌忾同仇的风气。因为反对日寇，因为反对陈觉生，旁的学校的学生，就不愿和兴亚、觉生的学生来往，不愿意和这两个学校的学生交朋友——甚至于不愿同走路和找恋爱对象。几个学校的学生，大家碰了头，正在高谈阔论，见了"兴亚"学生，就可能闭口无言，见了"觉生"学生，便会一哄而散了。因此，也就使"兴亚"的学生，见了人，不敢说他在"兴亚"读书。"觉生"的学生，竟将校章收藏在裤袋里去了。其实“觉生”与“兴亚”的学生，除了对日语比旁的学校讲的稍好外，我敢说，在他们那里，百分之九十以上，和旁的学校学生们，一样的关切爱护着他们的祖国和人民。

北平学生，还和过去一样，是一支革命的火炬。只要这火燃烧起来，是会使敌伪丧胆，“北京”爆炸的。今年四月中旬，新民会在东单练兵场集合了“北京”市所有的大中学生，在那里举行什么“青少年结成式”，日寇方面从岗村、盐泽（注十五）以下，伪政府方面，从朱深、齐燮元以下，到场的“优孟衣冠”，白昼现形的人物，约有一二百名。他们看着那几万青年，忘形得意。左一套右一套的又臭又长的训话完了，就是喊口号。第一句“大日本万岁”，只是站在前边的学生，无可奈何的举了举手，微微的附和了一点声音。接着“新民会万岁！”“大东亚战争胜利万岁！”都是领导喊口号的高声喊了，学生们却像睡了觉一般的沉寂，惟有最后的“新中国万岁”，几万个声音，才像雷霆似的一齐爆发，帽子飞了半天。右手的拳头，树林般的举起来了。岗村看到这情况，大为不满，朱深只好鞠着九十六度的大躬赔罪，连说“我的错、我的错”不止。等到示威游行，就更热闹了。大队刚刚到了王府井大街，可就乱的不可收拾了。喊的口号，都是庆祝战斗的中国的，拥护他们热爱的祖国的，打倒的是日本法西斯强盗，是朱深、汪精卫等大小汉奸，把带队的新民会职员，急得个个捶胸顿足。看热闹的商民人等，也跟着欢呼，连负责弹压秩序的警察们，也都不由得举起了右手。到了东安市场的交叉路口，各学校的学生，就一群一伙的跑散了，谁也没有再到天安门前，去等候宣布闭会。他们手中拿的太阳旗、五色旗，扔得个满街满巷，任人践踏着。这件事情闹出后，全“北京”市都为之振［震］动了。事后喻熙杰、苏体仁（注十六）等大汉奸，给气得要发疯。还把伪“北京”市教育局长孙世庆叫来，说他领导无能。可是岗村也将喻熙杰、苏体仁喊去，大骂了一顿“巴咯”（混蛋的意思），以后永远不准再将学生们集合在一齐开会了。苏体仁很感慨的发着牢骚：“俺老西儿才倒霉呢，赶上这样捣鬼的事情——不过俺才接任督办十一天。”

（注一）钱稻荪，浙江人，曾留学日本和意大利，“七七”抗战前在清华大学历史系任教，并授日语，乃一亲日有素的文化汉奸。

（注二）黎世衡，字子鹤，安徽当涂县人，日本东京帝国大学经济部毕业，抗战前曾任成达中学校长，北平大学【经】济系讲师，中法大学文经学分院代理院长，乃京市久已闻名的流氓教授。敌军入北平后，巴结拉拢就任伪华北临时政府教育部次长，直到汤尔和死后，才任伪师大校长。

（注三）何其巩，曾任北平市长，乃闻名的政客之一。

（注四）陈垣，过去即为北洋军阀的黑暗统治势力的爪牙，与南京汉奸周佛海等甚友善。事变前即任北京大学历史系教授，辅仁大学校长。

（注五）伪国立北京艺术专科学校乃前国立北平艺专改称。校长王石之，前北平艺专的教授，曾留学日本。

（注六）伪国立外国语专科学校的校长是王谟，久已亲日，在岛国里念过两年书。

（注七）伪国立新闻学院的院长是著名的日本浪人佐佐木健儿，前大阪每日的副编辑局长，教务长是前实报社长管翼贤。

（注八、九）伪国立新民学院的院长，就是历任伪新民会会长兼任的，像朱深、王揖唐等，教务长是反共亲日的前中国大学教授宋介。

（注十）“三角帽子”是日本式的大学生帽。

（注十一）江朝宗是有名的大官僚，前清时即为官，民国后还为官，“华北政务委员会”成立，他又是委员之一，故称“三朝元老”。

（注十三）“支那研究会”，即日寇的中国通们研究如何灭亡中国的特务组织。

（注十四）因为学生中的特务分子，十之八九都是东北金州的人，故号为“金州系”。

（注十五）岗村是敌寇华北派遣军最高指挥官。盐泽是日寇“北京”大使馆的公使，最近由少将升为中将。

（注十六）喻熙杰是日本留学生，“新民会”事务部长，殷同死，代其为副会长，乃死心的大汉奸之一，颇得日寇信赖。苏体仁亦为留日学生，事变前曾任绥远财政厅长，事变后即任伪山西省长，去年四月代周作人而为“教育总署督办”。

饥饿线上的北平学生

“北京”的大中学校的同学们告诉我，把沙子和粗、酸、霉臭的玉茭面合一起的叫“兴亚”面，蒸出来的又黑又大又难吃的“窝头”叫做“兴亚”馒头。

不论“官立”和私立的大中学校，“兴亚”馒头总是住校的普通学生们的日常饭食。别看“兴亚”馒头不好吃，但学生们伙食费却高涨的不得了。一般的中学校，又都是在每学期开学时，强迫着学生们把饭费和学杂宿费一齐缴纳的。他们说，这样既可以防止学生们拖欠饭费，又可以使学生养成节约的美德，免得他们在外边任意挥霍。其实中心问题倒不在这些堂皇的大理由上，倒是怕学生因饭食不好，和学校捣乱。学校事先将学生半年的伙食费都拿到手里，放在银行中去生息，当然再不怕学生们不吃饭了。学生们既然将饭费都交了，别说还有沙子的“兴亚”馒头好吃，就是“兴亚”石头（北平学生语）也得天天囫囵的吞几个，不然就只有饿着。

学校既然包办着学生们的伙食，当然就可以借口粮食恐慌，“配给”的不够，外面又不能大批购买，而从中取利。（尤其是各私立中学）对学生们自己，就只有“兴亚”馒头的日渐减少，管吃不管饱了。于是各大中学，就都到处展开了为“兴亚”馒头而斗争的事件。

由育英中学改称的“北京”市立第八中学，是很贵族的。从前开饭的时候，学生们到了饭厅，信教的同学要安安静静地向耶稣圣像做十分钟的祈祷，不信教的同学坐在饭桌那里，看着饭菜都不动手，静静地等着同学们一齐吃。而今，虽然吃的东西要比从前坏几十倍，但信教的同学，才把眼睛合上，两手的双十字还没有打好，不信教的同学，早在饭桌上风卷残云般，将所有的“黄金塔”都一扫而光，连那白开水泡菜叶加盐花的“和平汤”，也不会剩下一滴。耶稣的儿子们说：“像这些没有礼让的人们，死了会进地狱的。”但吃着的同学们也会回答："管他将来进地狱不进地狱呢，现在能够多抢点吃就算占下啦。"这样过了一个时候，祈祷的同学们，都不再做了，只要能够多抢个窝头吃，肚子不饿，是不是会进地狱，也顾不到了。

北方中学和志成中学为了"窝头"问题，常闹纠纷，到了五月端阳节那天，学生们以为好容易盼到节下，可该大解一回馋了。结果是"白面馒头虽有而不多，青菜是仅有盐而无油……不用说肥的和瘦的肉啦"（学生们相互解嘲用语）。他们遂乘着这个机会，在饭厅里，借着吃饭的时间，一呼百诺的联合起来了。首先到了厨房，不分青红皂白地将厨师傅打了个不亦乐乎。然后蜂拥到了训育厅，气势汹汹几乎要和训育主任动武。那位以经营"学校买卖"而发巨财的北方校长罗庆山，给吓得只好从后门狼狈逃窜了。他的惟一的手段，又是把宪兵警察请来，借着"思想不良"的口实将几个为首的学生抓走了。学生们把这次请愿称之曰"窝头暴动"。

类似这样的事情连在"北京"的各大学里也有发生，伪国立师范大学学生有一次为争夺窝头而起的"窝头战争"，也是我亲眼见到的事情。

学生们除了经常的吃"兴亚"面，一般的公私立中学，每星期总还有三四顿真正的白面馒头吃，这样又造成许多笑话。就是每一个学生都觉得今天吃白面太不容易了。他们便在饭厅里，将吃剩的馒头，偷偷地装在自己荷包里，带到宿舍的被底下，留到饿了的时候，慢慢地吃。久而久之，学生们"偷馒头"的事情，就被各学校的训育处发觉了。他们管理的方法首先是布告，警告学生"勿自甘落后"。随后负责训育的先生们，就做起检查学生不法的"检察官"了。就以素以"讲经读传"闻名的四存中学做例子吧，饭厅里贴着一张布告，有这样的几条规定："查学生在饭厅内每每不守公共秩序，不尊重个人道德，私自将馒头等物由饭厅携出，兹订定处罚条例如下：一、携带五个以下者罚洋三十元。二、携带五个以上，十个以下者罚洋一百元。三、若携带十个以上，实为不法之至，不堪造就之徒，着即开除学籍，希尔诸生注意之，勿谓言之不预也。"这布告好像告诉学生们说：你们"偷馒头"千万别偷十个以上，偷个三个四个的就好了。虽云偷多偷少，总是一样的"偷"，但是偷多了，乃"不可造就之徒"，偷少了即或被查出来，也不过罚上几十块钱，"徒"还是"堪造"的呀。因此，四存的学生们，并没有因为这张布告而将偷风肃清，反而偷得更起劲了。不久四存的学校当局，也就知道了他那张严厉的布告，对于学生等于具文，什么作用也没有起。没办法只好在每次吃馒头的当儿，由那位白发飘飘的齐树楷校长率领着训育主任、教务主任、训育员、事务员……把各出入口都把着了，形势异常森严。当学生吃完了饭，从饭厅里往外一走，负责检查的"检察官"们，看到那个形迹可疑的，就和车站上军警们检查旅客一样的，搜腰解怀。不过他们总还没有好意思让学生们把裤子脱了。故此，大胆的学生还是把馒头带到裤裆里了，偷得多的还分给要好的同学吃，这许多偷的能手，就被同学们誉为"神偷"了。

但其实不仅学生，就是以身作则，负责指导学生的教员们，有些因居住校内，和学生们一齐生活，也有做这样的“贼”的。像丰盛胡同的“兴亚”高级中学，不就有一位国文教员和一位书记，因为拿着馒头在自己房里吃，被学生们发见了，遂羞愧辞职而去么？李广桥斜街的辅仁附中，不是有四位教员，因为偷馒头问题，被学生们大打大闹的给赶跑了么？曾参加远东运动会，跳百米低栏的体育健将金岩（现任伪师大体育系讲师），不是因为在饭厅，替学校监视学生，自己无意中（据说如此）将两个馒头塞在荷包里，被学生们当面辱骂吗？

教员们学生们，因为肚子吃不饱，“偷”一两个馒头充饥，称之曰“贼”，那么专以侵吞、克扣学生们应吃的“配给”面的公私立的校长，当然就是“文明强盗”；而侵吞克扣动以千百袋计的伪国立师大的黎世衡，伪国立北大的钱稻荪，无疑问的就是“强盗头子”了。据熟习［悉］内幕者说，日本大使馆配给学校学生的面粉，国立大学每人每月一袋（约合四十四市斤），私立大学每人每月半袋，公立中学每人每月半袋，私立中学每人每月十五斤。按配给的数量，像伪国立大学的学生，每月至少还可以吃廿天左右的面食的。然而现在他们一个月，至多也只有四五顿的白面吃，经常也只好吃“兴亚”面。

“配给”来的面粉，早成了校长们的私产，变成累累的黄金，而入了腰包。我们想想看，按“配给”的价格，特等面粉是十五元钱一袋，市上的三等面粉的价格，都是一百七八十元以上的。而且公开的到粮店中去买，是一斤也买不到的啊！校长们照配给一倍的价钱买进“配给”面，再照市价卖出去，只要一倒手的工夫，每袋面就可以赚到一百六七十元，这是多么稳当的买卖呀！怨不得黎世衡只在不到二年的伪师大校长任内，以每月五百元的薪金，他居然置了二十余间的房屋。只他自己住的大水车胡同的一处房子，估价就在十五万元以上。有名的大成房产公司，就是他开办的。在这米珠薪桂的年头儿，别人家豆饼都吃不饱，而在他家里，据说他每顿非有“炖鸡”不能下咽。他的太太每顿必须一鸡一鲫鱼，他的小姐和少爷都必须“红焖干烧牛肉”佐食。

有人说，钱稻荪确实不愧为“国立的北大”校长，对于发财的方法比黎世衡更高一筹。看他表面上装的多么艰苦啊，校务处的公家汽车他不坐，因为可以给“大东亚战争”省点汽油（他本人语）。包月洋车他也不坐，“因为每月收入太少，还有很重的家庭负担不够开销”。见着熟朋友就诉苦：“你看，我二年都不能做一套西服了，我的大女孩子，连双摩登的皮鞋都不能给她买……”有一两次他还真的装腔作势，跑进沙滩的小饭棚，吃两碗炸酱面。但是谁还不知道，收足百万资本，开设在前门大街的聚义银行，不就是克勤克苦的钱校长的字号买卖吗？缸瓦市大众百货商行，恐怕还是钱校长太太独资经营的呢？

校长们侵吞学生们的“配给”面，不知怎的，被日本的宪兵队得知了。有一天，宪兵队突然到了黎世衡家里，弄了个翻箱倒柜。居然两千袋成堆的洋面被查出了。他们向着那已经噤若寒蝉的黎校长——这面是哪里的呀？校长也只好忍着十二分的痛苦说——“师大”的。于是，在日本宪兵皮靴监视下，这两千袋洋面押送还了“师大”。第二天，“友邦”宪兵再去光顾钱宅，结果是毫无所得，倒惹起校长发了威风，用电话质问了大使馆，认为这是对“中国”教育的侮辱。其实呢？是在检查黎宅的下午，钱校长觉着风声不稳，早就很机警的把千余袋的面粉，连夜用汽车送进“北大”的饭厅，代为保险了。

北平的小学生

太阳旗统治下的北平市，于今尚有公私立小学二百六十余所，将近十万的小学生。但在极端复古的教育精神下面，北平所有的小学校里，首先把打骂学生的“专制时代的老师制度”恢复了。各小学校的大门口，所谓那位“至圣先师”孔老二的像，都高高地悬挂起来，规定着那些千百的活泼儿童，每次出入校门，都必须向他恭而敬之的行三鞠躬礼。三年级以上的学生，就要“咿唎哇啦”的读起日文了。

敌寇很骄傲的说，敌伪报纸也经常的描绘着：“中日亲善”的事实，最具体的表现，是中日小学生间的相互“谅解”。他们吹嘘的有声有色，说中日小学生在街上走路碰头的时候，彼此诚恳的鞠躬握手，互道早安。什么中国小学生在街上晕倒了，日本小学生给救护到医院。日本小学生的帽子被狂风吹掉了，中国小学生跑着步给追回来，诚恳和善的用双手给戴上。

我在北平溜［遛］大街，很注意的向各处看究竟有没有这类事件，然而，在早晚上下学的时间，在大街上，三三两两的中日小学生，真够千千万万起，可是我所看到的都只有和报纸描写的相反的现象。

一回，我亲眼看见，东四牌楼小学校的几个男学生，和日寇东城国民小学校的几个女学生，在电车站上遇见了。因为抢上电车，大家都要在前边站，这两伙学生便发生了冲突。中国的小学生，捏着拳头说：“北京是我们中国的，电车也是我们中国的，你们日本人在这里，要守中国的秩序。”日本的小学生，立刻就态度蛮横，盛气凌人的表示：“中国是我们征服了的国家，中国人不能对我们反抗，应该温和的听我们指挥。”于是中国小学生大骂“八嘎呀噜”，日本小学生就大喊“支那混蛋”，双方各不相让的打起来了。看热闹的围了一大堆，谁也不敢上前拉这场架。等把警察先生请了来，已经是打的墨水洒了满身，铅笔纸簿子扔了一地了。结果是：中国小学生一个衣服被撕破，两个日本小学生，哭哭啼啼地走了。

又一回，我是听北长安街小学校的一位教员讲的。他们那里的几个三四年级最优秀的学生，在下晚学的时候，不知因为什么，和走在街上的日本学生打起来了，而且打的很凶，大概两个小“友邦”的脸都被打破了。事后，日本的学生跑到家里一说，这可把我们的大“友邦”气恼了。于是他们联合了几个人，在盛怒之下，挨门的到中国小学生的家里，不容分说，就将正在吃饭或玩耍的小学生拖出来就打。学生们的家长，给弄得摸不着一点头脑，睁眼看着自己的子女被日本人痛打，也不敢抵抗。这几个日本人将中国学生都打完了，还是盛怒未消，又蜂拥着找到学校来了。幸亏那校长，会讲几句日本话，“晒嚅衣嗬嘶嘎”（对不起），鞠了不知多少九十六度的大躬，才把这些“友邦”人士应付去。不然的话，恐怕连校长，都要因为“教育不良”，而饱餐一顿老拳头了。被蛮打的中国小学生，也只好认打了。有两个因受伤过重，还住了一个多月的医院呐！

今年儿童节，中日小学生在“中央公园”（前中山公园）集体动武的事情，尤其是哄传一时的大事件。参加打架的中国小学生，有十几个小学校，集体行动的，够一百六七十名。为了这件事情，伪北京市教育局，是受了“友邦”大使馆很大的申斥的。我把它发生的经过详情写在下面。

儿童节那天，天气是晴和而温暖。各小学，照例放假，成群搭伙男男女女的小学生，都跑到“中央公园”的儿童体育场那里，尽情的放纵嬉耍。正在那里玩得高兴，“友邦”第二国民小学校的学生，也结队而来了。到了体育场一看，所有的运动器具，都被中国小学生占得满满地没有一点闲空。在日本法西斯教育的优越感上，日本的小学生，总以为他们到了，中国的小学生就应该把游戏的地盘让出来。想不到他们站在那里，足足有半个多钟头的光景，中国小学生，不仅没有腾出来一两种运动工具，礼让给日本小学生，反而越玩越起劲儿了。日本的小学生，就不容分说，强迫着几个正在打秋千的中国小女学生下来，让他们上去打。中国的小女学生没有答应，在一冲之间，将两个日本的小学生撞倒了。于是大一点的日本小学生，就上前将秋千架上的中国小女学生拉下痛打。这样，妹妹被打了，姊姊加入。弟弟受伤了，哥哥挺身而起。同伴脸破了，朋友大抱不平。你也加入，我也加入，全儿童体育场的二三百中日小学生，都扰在一团了。最后公园内的警察，跑来有一队之多，连吓唬带拉的，算是给双方解了围。

为了这事件，北平的“日本居留民团”，还很严重的招集了一次会。一方面，通知日本各国民小学校的校长，要严防学生们的外出，不准个别的在街上行走，以防中国小学生的无理。另方面，还很强硬的向北平伪教育局提出，要严惩这次事件的“祸首”。其实那个“祸首”不过是北池子小学一个四年级的十二岁的女孩子罢了。对于这样的“祸首”，是打呢？还是杀呢？伪教育局虽说是日寇的御用机关，但他们究竟不好意思把这个“冒天下之大不韪”的小祸首怎样。结果是伪教育局长孙世庆，代表全体的中国小学生，向“友邦”的小学生道歉，保证以后不再有同类的事件发生完事了。当然要真正保证以后“不再有同类事件发生”，那也只有中国土地上，没有日本小学校的时候。

这种小孩子打群架的事情，发生在今日的北平，而且是中日小学生的集体行动，是不能以“偶然”的字眼而了之的。这也是中国人反抗压迫、反抗奴隶的具体事实。固然，今天生活在北平的那些六七岁的小同胞们，他们是没看见过他们祖国的“庐山面目”的；从记事学步那天起，他们就到处看着那天空悬挂的太阳旗，听着那自己不懂的，然而习惯了的“嘎啮嘶嘚”的言语，课堂上又尽是受着“中日亲善”的奴化教育，可是他们那些好的老师，好的爹娘，好的哥哥和姊姊，总会在背后很沉痛的告诉他们：“孩子，咱们是中国人哪……出城不远就是你自由的祖国，你听——那隆隆的大炮声，就是×路军和鬼子打仗哪！”

我就很知道有一个小学的教日文的教员，当他给学生上课的时候，他一边念着：“阿衣乌哀卧”，跟着就说：“咱们是中国人。”再念：“卡其库开可”，又是：“中国的小学生，永不能忘掉中国的呀！”另一个小学的一位国文先生，每当与中国的小同胞们，提到中国历史的时候，他会很沉痛的，含着满眼的泪水，向学生们诉说甲午以来日寇压迫中国人的血史，让学生们永久的记在心里。当我因了旧日的关系，跑到某一个小学去参观时，就和那些活泼的小同胞们玩玩。最初的时候，他们用着奇异的目光看着我，一句话也不说。等到他们的一位老师，告诉他们说：“有问题尽管问吧，不必怕这位先生。”于是他们像开了话匣子一样的问着我：“咱们什么时打走鬼子呢？咱们的军队也有大炮飞机吗？”

只从这些问题上也可以看出，北平的小学生，是没有一个忘掉他的祖国的！

《新华日报》，1944年2月19—22日、24—28日。

华北敌伪奴化教育一瞥（节录）①

（1944年9月）

一、伪华北政权

伪华北政权的建立，先于汪伪组织，然而汪逆成立了伪组织后，伪华北政权依然独立，它的势力范围是北平、天津、青岛三市，河北、山东、山西、河南四省，这华北伪政务委员【会】下，设教育总署，先由汤逆尔和任督办，汤逆死后，由王逆揖唐继任，二十九年秋，周逆作人任华北伪政务委员会委员兼教育总署督办，奴化尤见生色。

二、奴化教育的方针

伪组织下的奴化教育方针，无疑的要奉承“主子”的意旨，在三十一年三月“华北教育会议”决议了十二要点，颇尽奴化的能事，其要项，一曰：“教导方针应以努力东亚之建设为目的，彻底翦除英美文化之流弊，积极增进中日文化之交流。”再曰：“肃正思想，训练学校教员、社教人员，使一般国民咸具善邻防共及协力建设东亚新秩序之理念。”所以伪教育行政，采严格统制，英美私立学校一律封闭，日语学校通令整顿扩充。

三、奴化的留学教育

伪教育总署历年均选派各院校教职员及公费自费留学生赴日留学，而在规定留学期内又要选若干名入日本国民精神研究所，计二七至三十年度，赴日留学者八〇三名；赴美者四五名，三十二年度选送公费留学生五十五名，自费生一百名，此外并派伪国立专科以上学校教员及师资讲肄馆学生九十多名赴日见学，据说“回国后对日本各方面均有深刻之认识”云。

四、奴化的高等教育

二十七年春，日寇就北平内迁各校旧址，选择几个来冒牌招摇，现华北专科以上学校

① 本文作者为长松。

共有十二所：（一）伪国立北京大学，学生二二三〇人；（二）伪国立北京师范大学，学生一二二五人；（三）私立辅仁大学，学生二〇五四人；（四）私立中国学院，学生一四八三人；（五）伪教署直辖外语专科，学生一九〇人；（六）伪国立北京艺术专科，学生一八七人；（七）伪教署直辖讲肄馆，学生六三人；（八）伪北京市立体育专科，学生二六人；（九）私立天津工商学院，学生四六一人；（十）天津市立日语专科，学生三九人；（十一）河北省立师范专科，学生七二人；（十二）山东省立日语专科，学生二六二人。以上十二所专科以上学校，有八所在北平，山东只有一所日语专科。

五、奴化中等教育

有二特色，一是取消英语改修日语，二是学生须参加新民会的青少年团，中学教员诚恐其不能驯服，所以历年暑假，均设班讲习。据三十一年底统计，华北各省市中等学校，计河北省七七校，学生一〇六五一人；山东省六七校，学生一一八七〇人；河南省一九校，学生二六〇五人；山西省八校，学生一九七七人；北京市五八校，学生二三六五七人；天津市三四校，学生一三九一六人；青岛市一一校，学生三九五一人；共计二七四校（内中学一七六，师箦［范］六二，职业三六），学生六八六二七人。

六、奴化初等教育

敌人要从根奴化我同胞，不得不办初等教育，要奴化初等教育，所以历年暑假，令各省市教育厅局设班训练教师，每班由教育总署派中日籍讲师各一人，前往讲演，各市县小学又分别令设农业讲习班，发展农产，以遂其榨取的企图。据三十一年底统计，华北各省市共有小学四一二六七校，六六五五八级，学生二一〇〇四九八人（河北省一三九九七校，学生七二二七六一人；山东省一六三九二校，学生七六三一五六人；河南省二〇〇四校，学生一〇二四九三人；山西省七九五一校，学校［生］二九八二七九人；北京市三〇二校，学生七九一七二人；天津市二七九校，学生八七六〇二人；青岛市三四二校，学生四七〇三五人）。

七、奴化的社会教育

特别的设施，有新民学校和新民教育馆及兴亚美术展览等，无非要加速同胞的奴化，便利敌人的统治，而社教人员历年亦均设班训练。据三十一年底统计，华北各省市有新民学校八六一所，新民教育馆二二九所，图书馆一一五所，阅报处八一五所，补习学校一四七所，体育场一五七所，讲演所一六〇所，新民茶社五九所，问字问事处一二一三所，盲哑学校四所，博物馆二所，美术馆一所，水族馆一所，其他社教机关五七七所，共四三四一所（内河北一八七八所，山东六二〇所，河南八六四所，山西七一七所，北京一二所，天津一一二所，青岛三九所）。

八、奴化的文化事业

显然想确立“崭新文化体制，促进华北建设”，所以要网罗专门学者，组织政治、文化、思想、经济、文艺及社会科学各种协会，进行研究、讲演、座谈、翻译各项工作，要根绝共产邪说，发扬东方民族精神，此外如欢迎日本文化使节、举行音乐演奏、中日文学作家交换原稿恳谈会等花样，也颇见用心之周到毒辣。

总之，华北奴化教育，已有多年历史，我们虽不必高估其效能，但也不宜忽视其流毒。目前如何争取敌伪雇用的教育人员，使共晓大义，共行反奴化工作，胜利后如何涤除秽臭，咸与更新，都需要我们努力。

（后略）

《中央日报》，1944年9月18日。

伪蒙之畸形教育①

（1944年9月）

一、伪蒙政权

在敌寇的分割主义下，它无权管辖蒙古全部，只是管着察哈尔和晋北一部而已。二十六年经敌人导演组成察南自治政府于张家口和蒙古自治政府于归化，二十七年又设蒙疆联合委员会于张家口，以联络各伪组织，二十八年唆使各县汉奸上书请愿成立蒙疆国召开国民大会，成立伪蒙古自治邦，管辖的区域是宣化、大同两省，张家口特别市，察哈尔盟、锡林郭勒盟、巴颜塔拉盟、伊克昭盟、乌蓝札布盟，伪中央政府设正副主席，其下设参议府、政务院、蒙古总司令部及最高法院等，政务院下设内政、经济、产业、交通各部，内政部下设文教科，掌理教育行政，省公署下的民政厅也设文教科，组织堂皇，但沐猴而冠，适足显其丑相。

二、伪蒙教育方针

据察南各县伪成纪七三八年度（即民国三十二年）所订教育计划中之旨趣一项说：“为强化必胜参战体制，而期造成大东亚共荣建设之下中坚基干人才，以谋东亚之永久和平……”又察南师范附小的教育方针说：“谨遵教书之宗旨，重视东亚道义之修炼，树立亲日灭共协和之信念，造就有为邦民之基础的练成。”这种滥调，是否能欺瞒蒙古同胞亦成疑问。

三、初等教育

察南省县小学有二〇七所，学生五〇五一七名，察盟小学一八二所，学生七三六七名，锡盟小学十余处，学生四七〇人。

四、中等教育

宣化有农科实业学校一所，学生二百五十名，工科实业学校一所，学生一〇三名，张

① 本文作者为柏子。

家口有商科实业学校一所，学生八二名，女子中学一所，学生八九名，师范学校一所，学生三五〇名，警察学校一所，学生八〇名，女子工业学校一所，学生六〇名，铁路学院一所，学生九五名，兴蒙学院一所，学生二三〇名，陆北县有察哈尔盟师范学校一所，学生二二〇名，绥远县有巴颜塔拉盟师范学校一所，学生二四〇名，德化有蒙古中学一所，学生九八名，贝子庙有阿蒙巴噶兴蒙中学一所，学生七五名。这伪蒙寥寥可数的几所中等学校，修业年限多为四年，其设备之简陋与程度之低落，及奴化气味之混浊，真是不堪设想。

五、高等教育

伪蒙并无名副其实的大学，只有类似大学的教育机关，有中央学院一所，为训练汉奸的短期学校，院长日人。全院学生分两部，第一部训练大学毕业生及现任官吏，第二部训练汉蒙回日四种中学生，修业年限自六个月至一年一［不］等，已有毕业生四百九十余人；有蒙疆高等学院一所，是留日预备学校；有中央警察学校一所，训练警官；又有中央医学院一所，铁路学院一所，无非养成汉奸和高级工匠。

六、特殊学校

有女子工业学校一所，学生年龄有小至十三岁，有大至三十多岁，程度高低不一，学习刺绣缝纫日语等科。又有蒙疆交通学院一所，分驾驶、机械、工程等部门，只是训练汽车驾驶修理和路政的技工而已，所以学生只须身体健壮，不论学识高下，所谓“学院”云何哉！

七、社会教育

伪蒙社教机关种类亦多，有青年训练所，已办十二期，受训者七四〇名，训练各村镇青年，做敌人的鹰犬；有日语学校，招收公务员、教职员、学生补习日语；有防共妇女团，组织汉奸之妻女，但无甚效用；有民众集会所，设于各县保甲会所，以宣传敌伪政治设施；有佛教会，以统制僧侣；有喇嘛教会，以麻醉喇嘛；有民生会，为低级汉奸组织；有基督教团，是监视基督徒的组织；有电影院，放映宣传影片。花样不为不多，可见其用心了。

伪蒙的教育状况在是，各种教育机关都倡导时局教育，以掩护敌人侵略野心，养成奴化思想，又推行实际教育，养成乡土观念、农事技能，普及日语，企图夸张敌人的文化，逐渐消灭我国的文化，举凡一切政教经济设施，都不能脱离敌人的导演。伪蒙是傀儡之尤甚者，居然另起炉灶，要与汪伪组绩［织］分庭抗礼，诚可谓伪天下的大稽矣！

《中央日报》，1944 年 9 月 18 日。

北平的“学府”①

（1945年7月9日）

北平——这沦陷了八个年头的中国文化城，虽然表面上依然学校林立，学生也有五六万人；然而在敌寇的奴化教育，监视压迫，榨取劳力与物资的统治下，学校却变成了敌人的奴才训练所，校长的“敛财店”，学生们的“受难地”。

奴才教育

现在北平无论大学、中学甚至小学，都有一些“友邦”的“金州系”的教授，专门宣传“大东亚和平”，宣扬“岛国文化”，企图把中国第二代青年，变成顺民奴隶。还有一些拿干薪的教员（都和宪兵队有关系），专门监视教职员学生，干涉校政。他们有着最高的权威，随便说几句话，写了报告，教员学生的生命和自由，立刻就会失掉。四三年冬，中国大学的学生经常失踪，被抓到宪兵司令部去。前伪河南省长田文炳的女儿，在中大读书，也曾失踪不见。从初中起，每班都插进几个日籍学生，他们专门监视中国学生行动，搜集学校情报。

日语、《诗经》、《论语》、《孟子》，成了学校必修课程。物理系的学生，不晓得瓦特，不晓得爱因斯坦，倒不要紧，如果不会背《论语》、《孟子》，不会作几首五言七言的歪诗，那就要留级。

对于女学生，他们高嚷着“女子要回厨房里去”，要学烹饪、卫生、育儿学、家庭管理法，甚至还公开讲“女性贞操论”、“三从四德”、“男女授受不亲”的复古滥调。

小学校里，“至圣先师”的牌位，也已悬挂起来，学生每次出入校门，必须行三鞠躬。连初小三年级的学生，也“咿唎哇啦”的读起日文来。

课外读物，多是淫秽、言情，及武侠仙道之类，什么《碧血鸳鸯》、《红杏出墙记》、《三侠五义》、《雍王剑侠图》等。西城胡同小学，有三个女学生，于去年十月突然出走，访师修道，家人追到涿县才把她们找回来。

饥寒生活

在敌寇“配给”“统治”下，百物稀贵，许多学校，实行“节约”（?!），去夏起，已不再供给学生饮用的开水。学生渴了，只得到校外自来水管下争喝冷水。

冬天，煤涨到二千元一吨，学校都不生火炉，有些小学不得不将上课时间改为上午十时至十二时，下午二时到三时，每天只上两三小时课。西城等小学，教室不生火，学生冻

① 本文作者为彭石。

的受不住，开会议决，每天上学的时候，每一个人要带劈柴两块，煤球十个，全班数十人，把劈柴煤球集合起来，勉强够一天之用。某校图书馆，过去很少有人问津，近来同学进馆的非常踊跃，但多数学生不是借书看的，而是来围炉取暖的。有一些私立学校，强迫学生缴纳一百元——一百五十元的炭火费，逼坏一般贫苦学生，学生们有的愤怒，有的消极抵抗，有的联名向社会呼吁，连伪《华北新报》（敌华北派遣军的机关报）也不得不供认："强迫着贫苦学生们缴纳一百——一百五十元的炭火费，是要学生掏钱，还是要学生退学呢?"

伙食费现在每月虽增加到三四百元，而学生只能吃到沙子和玉米面掺在一起的"兴亚面"，及又粗又黑的"兴亚馒头"，喝的是开水泡菜叶的"和平汤"，就连这最粗糙的食品，也还不能吃饱。育英中学，过去是贵族化的教会学校，开饭时，信教的学生，先向耶稣做十分钟的祈祷，不信教的学生，还没有等他们眼睛闭上，就把桌子上的饭菜，一扫而光，信教的学生说："像这些没有礼教的人们，死了会进地狱的。"但过了几天，他们也不祈祷了，开饭时，比别人抢的凶。

生财有道

学生进校，除了应一次缴齐学费、图书费、制服费、膳宿费、体育费、杂费等等之外，平时还有种种摊派，重重盘剥。教师添一根教鞭，要学生出钱；课堂里买一把扫把，几张糊窗纸也要学生出份子。今天设备费，明天桌椅修理费，名目繁多。不仅中小学如此，大学亦不例外。中大扩充饭厅，训育处即公然规定："凡入伙食者，须纳五十元桌椅费。"某师范学校则皇［堂］皇规定："学生凡请假一日，应缴津贴五毛。"至于以学生名义而购得的"配给"食粮煤炭等，则成为学校当局的牟利肥肉。他们将这些配给品，克扣囤积，倒把贩卖。去年冬天，各"公立"学校，都配给煤炭，但学校却只将火炉铺子当样子，而不生火，将配给的炭，以木□的厚利卖给黑市。□□□□□，在四年"师大"校长任内，以此法购置了二十余处房地产。钱稻荪在华北［北京］大学校长任内，也以此法，而由太太出面独资经营了缸瓦市的"大众百货商店"。

校长既视学校为敛财之所，教员也就创造了一种叫做"囤积倒把式的教授法"。即教员上课故意敷衍，对于学生的分数，尽量克扣，学生不能及格，教员则另开补习班，借此可增加一部分收入。有的教员，保险考入自己执教的学校，事先自己开办补习班，代为补习，招生时将试题出卖自己补习班的学生。有些教员，一出校门，即奔旧货摊，热心买卖。许多学校的教员预备室里，只听到"物价"、"配给"、"黑市"的高谈阔论，活像一个"临时交易所"。教员如此，学生怎样呢?

他们不是唱着"石三郎进门来，迎儿骂道……"便是呼着"我那梦中的人儿啊？你在何方？……"上课五分钟过后，教员要不来，喧哗之声便哄然而起，十分钟不来，教室立刻"空空如也"。

因为教的课不是"教而不学"，就是"学而不教"，所以学生毫无兴趣。所谓"教而不学”是指先生认真教的，但学生不愿学的课，如“日语”，如什么“大东亚战争”，什么“和平建国”，对于这些课，因为教员不是日籍，便是有“特殊势力”的人物，所以学生只以瞌睡打坐，来应付过去。所谓“学而不教”，是学生愿意学，而先生不肯教的课，如中国历史、地理等，每逢这样的课，学生总要提出几十几百个国内国际的问题来问，弄得有些说谎骗嘴的教员，左右支吾，无法回答，只盼望早些下课。有些老实教员，则热泪夺眶，不敢回答，也望混过时间，下堂完事。久而久之，学生对于这样的课，也就懒于听得，于是在下面调情猜拳，押宝下棋，把教室变成了杂技场。教员因穷于应付问题，宁肯讲给教室听，也就懒于过问这些了。

课外活动

青年学生蓬勃英伟的气息，在如此“教”“学”下，苦闷万状，于是去年七八月间，就有所谓“五霸”、“七雄”、“十人团”、“十二门徒”、“二十八宿”、“三十六友”、“一百单八将”等五花八门的组织出现。据时报载，这些“霸山为王”的学生，大多“威风凛凛，杀气腾腾”十人，有的竟扩充到百以上，名义上是拜把子，结同志，骨子里是有团结行凶，集体聚义。伙友多携带暗器，有的手戴有针的指戒，有的怀抱双锋白刃刀，有腰缠皮鞭，有袖藏袖剑……常在什么瀛台誓师，天坛聚义，有时成群结队，呼兄唤弟，出没于各戏院公共娱乐场所，干着打架、群殴、闹戏院、追女生、盗自行车，有时三五成群，歪戴礼帽，唱着流行歌曲，或并肩骑车，口打呼哨，疾驰过市，有时漫步公园，挟携女友，喁喁情话，有时集体夜赌，打麻将推牌九，输赢动辄千元，胜者下饭馆，溜前门外，败者打赌架，当衣服。

“勤劳奉仕”

敌寇因劳力不足，“增产”落空，前年起即提出“勤劳奉仕”、“勤劳服务”等口号，强迫学生为敌寇义务劳动。开始时，还只是要学生拔拔野草，修修马路，抬抬石头，种点蔬菜，做一点轻便的工作。但自去年五月开始，就强迫学生参加军事部门的劳作，在五月二十五—六月十四日期间，北平各校要每天轮流抽出五十名“勤劳挺身队”，在酷热的炎日下，挖防空壕。去年十一月，又动员了五百名青少年团员，编成一支“勤劳挺身队”，派往×地，做了十天挖地工作（可能是修飞机场）。

寒假期间，敌寇又迫令全市各大学生一千八百名，组织“勤劳服务队”，运输煤炭，及军需搬运工作。并派了男女学生二百余人，分配到电业公司及交通部门，担任制图、搬运、设计、调查……各项工作，规定为两个月，任务完成以后，才可以返校读书。后来又令延长寒假假期，继续组织“学生挺身队”，到主要矿山去挖煤炭半个月。

反抗情绪

北平的学生，在敌伪如此奴化麻醉、高压剥削之下，虽然有一部分流于颓废堕落，但大部分学生仍保持着传统的五四精神，反抗的情绪随时在各种机会中表现出来。在各学校里，日语学得好的，就成为众矢之的，到处遭到白眼。对日籍学生，尤为仇视，平常从不答［搭］话。有些日本学生，想尽各种方法，要和中国学生来往，结交朋友，但到处碰壁。学校常请中日要人讲演，每次赴听者，不过总数十分之一。每逢集合时，学校须先发车资（其实用不着坐车），不然根本没有人去参加。

一般学生对奴化教育的“兴亚高中”、“觉生女中”，普遍的有着仇视心理，各学生见面时，都是亲亲热热，碰到“兴亚”、“觉生”的学生，便闭口无言，哄然而散。市政府强迫学生一律要着制服，但学生们却消极抵抗。上学的时候，把制服放在荷包里，到校门口才拿出来，套在便衣外面，放学时，马上把制服帽子脱下，放在书包里走回家去。

去年儿童节，中山公园体育场，有许多小学生在那里玩耍，日本“二小”学生，也结队来了，他们强迫打秋千的中国女学生让位，这中国女学生撞倒了两个日本小学生，有几个比较大的日本学生，上前将打秋千的学生拉下痛打，当时就引起了中国小学生集体参加了战斗，日本小学生也参加进去，全儿童体育场的二三百个中日小学生，互相厮打在一起，作了一场泥［混］战，直到跑来一队多警察，才把双方解了围。

学生反抗校方的事件，更是普遍，市立某中学生，和训育主任作对，打电话木材店，叫了一口棺材，一直送到训育主任的家里，气得训育主任哭笑不得。另外一个学生跑到旅社里，借电话打给校长，听到接电话的是校长，便破口大骂。像这样的例子是很多的。北平大中小学生，一刻也没有忘掉他们心爱的祖国和人民。时间到来时，他们将燃起复仇的火焰。

《新华日报》，1945 年 7 月 9 日。